민수기 II

민수기 II

2025년 9월 25일 1쇄 인쇄
2025년 9월 30일 1쇄 발행

지은이 | 박철현
펴낸이 | 박영호
펴낸곳 | 도서출판 솔로몬

주소 | 서울시 동작구 사당로 143
전화 | 599-1482
팩스 | 592-2104
직영서점 | 596-5225

등록일 | 1990년 7월 31일
등록번호 | 제 16-24호

ISBN 978-89-8255-631-9 04230
978-89-8255-632-6 (세트)

민수기 II

위험한 거룩성과 선택

박철현 지음

NUMBERS

솔로몬

이 책을 나의 어머니이자 내 신앙의 멘토이신

정정자 권사님께 바칩니다.

믿음은 먼저 네 외조모 로이스와 네 어머니 유니게 속에 있더니

네 속에도 있는 줄을 확신하노라(딤후 1:5)

목 차

서문

드디어 민수기 주석을 출판하게 되었다. 민수기는 흔히 구약 성경 혹은 신구약 성경 전체에서 가장 골치 아픈 책들 중의 하나로 간주된다. 왜냐하면 민수기 본문은 굉장히 지루해 보이는 부분들이 많고, 도무지 두서없어 보이는 내용들이 끊임없이 이어지거나, 내러티브와 율법 본문이 마구 뒤죽박죽으로 섞여 있거나 하며, 내러티브와 율법의 내용 역시 출애굽기부터 신명기까지의 비슷한 본문들과 모순이 있는 것으로 보이는 것들이 많기 때문이다. 또한 민수기에는 현대의 신자들이 보기에는 기괴해 보이는 내용들도 꽤 있다. 예를 들어 민수기 5장의 간음한 여인의 시험 문제 본문은 악명 높다. 여자가 간음을 한 것으로 의심이 되는 경우에 남편이 그 문제를 제기하면 여자는 제사장 앞으로 나아가서 "저주가 되게 할 쓴 물"(민 5:18)을 마셔야만 하며, 만약 여자가 간음을 한 것이 맞으면 "네 넓적다리가 마르고 네 배가 부어서 네가 네 백성 중에 저줏거리, 맹셋거리가 되게" 된다고 말하고 있다(민 5:21, 22, 27). 도대체 이것을 어떻게 이해해야 할 것인가 난감하기 그지없다.

예전에 영국에서 유학할 때 BST 주석 시리즈의 민수기 주석을 쓴 레이먼드 브라운(Raymond Brown)이란 주석가가 한 교회에서 민수기를 강해하면서 이 지겹고 어려운 책을 듣겠다고 자기를 초대한 분들에게 심심한 위로를 드린다고 말하는 것으로 강의를 시작하는 것을 들었다. 사정이 이렇다고 보니 민수기는 오경의 다른 책들에 비해 주석들의 수도 현저히 적고, 각 주석책의 분량도 적고, 내가 생각하기에는 주석들의 질도 상대적으로 떨어지는 것처럼 보인다.

이런 점에서 볼 때 민수기는 앞으로 더욱 더 좋은 주석들이 더 필요한 책이다. 또한 민수기에는 어려운 문제들이 산적해 있는 만큼 학자들의 분발

이 요구된다. 나의 이 주석은 이러한 인식에 바탕을 두고 있다. 아무쪼록 이 책이 민수기에 대한 자료의 부족에 허덕이는 독자들에게 조금이나마 도움이 되었으면 한다. 특히 언제나 나의 신학 공부의 목적은 목회자들에게 좋은 설교 자료를 제공하는 것인 만큼 설교자들이 이 책을 읽고, 민수기도 설교할 만한 책이구나 하고 생각하게 되었으면 한다. 실제로 총신대학원의 제자들 중 한 명이 원고 형태의 이 주석을 읽고, 그것으로 중고등부 설교를 시리즈로 했다고 한다. 그 전도사님이 어떻게 설교를 했는지 그 내용을 들어보지는 못해서 알 수 없지만 나의 주석이 그 전도사님의 사역에 도움이 되었다는 점에 큰 기쁨을 느낀다. 이 동일한 기쁨이 다른 목회자들을 통해서도 얻어질 수 있기를 간절히 하나님 앞에서 소망한다.

이제 본 민수기 주석의 구성에 대해서 설명을 하고자 한다. 기본적으로 이 책의 구성은 내가 쓴 레위기: 위험한 거룩성과의 동행 (서울: 솔로몬, 2018) 이란 책과 동일하다. 그러나 다시 한번 이에 대한 설명을 독자들에게 하고자 한다.

이 주석책은 민수기의 각 장에 대한 분석을 다음과 같이 일곱 개의 부분으로 나누어서 다루었다. 가장 먼저는 매 장에 대한 개관이며, 그 다음에는 1. 사역, 2. 사역 해설, 3. 단락 구분, 4. 본문 해설, 5. 적용, 6. 설교로 구성되어 있다.

우선 각 장의 시작 부분에는 개관이 있다. 이 개관에는 각 장을 이해하기 위해서 필요한 사항들이 정리되어 있다. 혹시 시간이 없는 독자라면 이 부분만 읽어도 민수기 각 장의 핵심적인 내용 및 신학을 포착할 수 있을 것이다.

1. 사역 부분에는 민수기의 히브리어 원문을 직접 사역한 것을 담아 놓았다. 이 사역이 꼭 필요했던 이유는 레위기와 마찬가지로 현재 한국의 절대 다수의 교회가 공인 성경으로 사용하고 있는 개역개정의 번역이 생각보다 적절치 않은 경우가 많고, 그런 면에서 성경 본문에 대한 바른 이해를 방해하는 경우가 꽤 되기 때문이다. 아마 민수기에서 이런 점을 가장 잘 볼 수

있는 예는 민수기 15장일 것이다. 15:3의 경우에 개역개정의 번역과 나의 민수기 주석이 제공하는 사역을 비교해보자.

개역개정	사역
여호와께 화제나 번제나 서원을 갚는 제사나 낙헌제나 정한 절기제에 소나 양을 여호와께 향기롭게 드릴 때에	여호와께 번제, 서원이나 자원한 것을 갚는 제사, 절기에 드리는 [제사]로 소나 작은 네발 가축으로부터 향기로운 냄새가 되도록 화제를 여호와께 드려라.

이 구절에서 개역개정의 가장 큰 번역상의 문제는 히브리어 구문을 잘못 파악해서 제사의 종류를 "화제나 번제나 서원을 갚는 제사나 낙헌제나 정한 절기제"라고 함으로써 마치 화제가 뒤의 다른 제사들과 동일선상에 있는 제사의 한 종류처럼 번역하고 있다는 점이다. 그러나 사실 히브리어 원문이 말하고 있는 바는 화제라는 범주 하에 이 구절의 나머지 모든 제사가 포함되어 있다는 것이다. 레위기의 제사법에 대해 제대로 이해하고 있는 사람은 개역개정의 번역이 어불성설이라는 생각을 하지 않을 수 없을 것이다. 이런 경우 이 사람이 히브리어 원문 자체를 읽을 능력은 안 된다면 민수기의 이 구절이 레위기의 제사법과 충돌한다고 생각할 수밖에 없을 것이다. 그런 분들이 원문을 제대로 살려 놓은 이 주석책의 사역의 번역을 보게 되면 사실 원문상으로는 이런 충돌이 존재하지 않는다는 것을 깨닫게 될 것이다. 이처럼 민수기를 이해하는데 있어서 히브리어 구문을 제대로 반영한 사역은 절대적으로 필요한 존재이다. 이 주석을 읽는 학생들이나 목회자들은 사역을 적극 활용했으면 한다.

2. **사역 해설**은 위의 사역이 왜 그런 식으로 번역하고 있는지에 대한 해설을 제공하고 있다. 이 주석을 읽는 학생들이나 목회자들 중에서는 원문을 구문론적으로 읽거나 해당 히브리어 단어들에 대한 고급 분석 방법에 익숙하지 않을 수 있기 때문에 사역이 왜 원문을 그런 식으로 번역하고 있는지에 대한 해설은 필수적이다. 이미 출간되어 독자들의 사랑을 많이 받은

레위기 주석의 경우처럼 민수기의 경우에도 '1. 사역'과 '2. 사역 해설'이 이 책의 가장 큰 기여점들 중의 하나가 아닐까 생각한다.

3. **단락 구분**은 각 장의 구조가 어떤지를 일목요연하게 볼 수 있도록 본문을 나누어 놓은 것이다. 민수기는 본문 안에 단락의 구조를 파악할 수 있는 표지들이 상당히 선명하게 나타나 있는 경우가 많다. 이 '단락 구분'의 설명들을 통해서 이런 표지들을 보는 눈을 얻게 되면 민수기를 이해하는 데 있어서 큰 진보가 있을 것이다.

4. **본문 해설**은 각 절별 분석을 해 놓은 것이다. 독자들이 앞의 부분들을 잘 이해했다면 이 본문 해설은 큰 어려움이 없이 잘 이해될 것이다.

5. **적용**은 본문이 삶에 어떻게 적용됐을까 하는 점들을 다루었다. 본 주석에서는 매 장에 설교 하나씩을 제공하고 있는데, 때로는 설교를 하고 싶은 내용이 더 많은 경우도 꽤 있었다. 그러나 지면의 한계상 한 개 이상을 넣을 수가 없었는데, 목회자들은 이 적용 부분의 내용을 설교로 전환하는데 활용할 수도 있을 것이다.

6. **설교**는 민수기의 각 장을 어떻게 설교할 수 있는지를 보여주기 위해 설교 샘플을 하나씩 넣어 놓았다. 이 설교는 주석가이자 목회자로서의 내가 해당 장에서 가장 설교하고 싶은 내용을 한 번 샘플 삼아 써보았지만 이 책의 독자들은 지금까지 매 장의 주석 내용을 바탕으로 다른 설교들을 얼마든지 할 수 있을 것이다. 아무쪼록 이 책의 내용이 목회자들에게는 설교를 위한 자극제가 되며, 평신도들에게는 어떻게 삶의 경건을 위해 활용할 것인지에 대한 좋은 단초가 되기를 소망한다.

이제 이 책이 출판되기까지 내가 감사를 드려야 할 분들에 대한 언급을 하고자 한다. 감사의 첫 번째 자리는 그말씀의 민수기 전체 원고를 나에게 맡겨주신 두란노 출판사의 김보경 기자와 기타 스텝들에게 드리고자 한다. 김 기자님과 출판사 관계자들은 내가 2018년 8월부터 2019년 7월까지 1년에 걸쳐서 민수기 전체에 대한 주석을 연재할 수 있게 허락해주셨다. 집필 과정의 그들의 끝없는 인내가 아니었다면, 그리고 그들의 보챔이 없었다면 이 책은 절대로 출판되지 못했을 것이다. 원래 이 책은 이보다 훨씬 더 빨리 책으로 엮어서 출판되었어야 하지만 개인적인 여러 가지 사정으로 이렇게 시간이 많이 흐른 후에야 겨우 빛을 볼 수 있게 되었다. 이 점에 대해서 이 분들과, 이 책의 출판을 기다려 주신 분들에게 깊은 사죄를 드린다.

두 번째 감사의 자리는 이 책의 출판을 허락해주신 솔로몬 출판사의 박영호 장로님이다. 박 장로님은 처음 M.Div. 때 만난 이후로 내 삶의 여정에서 참 많은 도움을 주셨다. 내가 솔로몬출판사에서 계속 책을 내는 이유는 그 은혜에 대한 감사와 의리 때문이다. 아무쪼록 독자들이 이 주석 책을 사랑해 주셔서 내가 사장님께 받은 은혜에 조금이라도 갚음이 되었으면 한다.

마지막으로 이 책은 나의 연로하신 어머니 정정자 권사님께 헌정하고자 한다. 어머니는 안 믿는 가정에 시집와서 온갖 박해를 받으면서도 자녀들을 신앙인으로 되게 인도하셨고, 경영학을 공부하던 아들이 신학을 하기로 헌신했을 때 그 모든 과정에서 나의 멘토 역할을 하셨다. 어머니가 없는 나는 상상할 수도 없다. 지금 어머니는 많이 연로하시고, 몸이 약해지신 상태이다. 아무쪼록 어머니께서 이 땅에서 오래 오래 사시면서 이 아들이 하나님을 위해 헌신하는 것을 목도하시게 되기를 소망하면서 내가 지금까지 낸 책들 중에서 가장 두꺼운 이 책을 어머니께 헌정한다.

민수기 18장

제사장과 레위의 기업이신 여호와

민수기 18장의 신학 개관

"민수기 16장의 신학 개관"에서 이미 살펴 본 바와 같이 민수기 18-19장은 16-17장에서 이스라엘 백성들이 고라와 다단과 아비람, 그리고 이들의 죽음 이후에 추가적으로 하나님께 반역한 14,700명의 사람들이 죽은 이후에 하나님께서 아론의 지팡이를 택하시면서 하신 말씀(17:10[25])을 듣고 한 탄식에 어린 질문, 즉 "여호와의 성막에 가까이 나아가는 자들이…죽어야 합니까"(17:12-13[27-28[1]])라는 질문에 대한 하나님의 대답 혹은 조치를 담고 있다. 이 중 18장은 하나님께서 제사장 및 레위 지파가 성막에서 백성들을 위해 사역을 하고 성막에 다가서는 일을 관리함으로써 그들이 죽지 않게 해 주신다는 점을 말하고 있다(18:1, 3, 5, 7, 22, 32). 그리고 19장은 이스라엘 백성이 시체를 만진 후 그 부정으로 인해 "여호와의 성막을 더럽혀서" 이스라엘 가운데에서 끊어지게 된 경우에 그 부정을 씻어냄으로써 하나님의 진노를 피하고 죽지 않게 될 수 있는 조치를 담고 있다. 이처럼 민수기 18-19장은 16-17장이 제기한 문제에 대한 해결책을 담고 있다.

이제 18장의 내용을 간단하게 개관해보자. 18:1-7은 제사장과 레위 지

1 17장은 절 번호가 개역개정과 히브리어 원문 사이에 차이가 나는데, 괄호 안의 숫자는 히브리어 원문의 절 번호를 나타내고 있다.

파의 역할과 책임에 대한 내용을 담고 있다. 이들은 하나님과 백성 사이에서서 성막과 관련된 직무들을 담당함으로서 "진노가 다시는 이스라엘 자손에게 미치지 않게" 함으로써 이들이 죽지 않게 하는 것이다. 18:8-20은 이런 중대한 역할을 하는 제사장이 받을 보상들 혹은 수입에 대해서 다루고 있다. 18:21-24는 제사장의 보조 역할을 하는 레위 지파의 수입에 대해서 다루고 있다. 특히 이스라엘 백성들이 바친 십일조가 레위인들의 수입원이라는 내용이 중요하다. 마지막으로 18:25-32는 레위 지파의 십일조에 대해서 다루고 있다. 레위인들은 백성들이 낸 십일조의 십일조를 다시 하나님께 드려야 했다.

1단계: 사역

1. 여호와께서 아론에게 이르셨다. 너와 네 아들들, 그리고 너와 함께 있는 네 조상의 가문은 성소에 대한 죄를 짊어질 것이다. 그리고 너, 그리고 너와 함께 있는 네 아들들은 너희의 제사장 직분에 대한 죄를 짊어질 것이다.
2. 너는 네 형제들인 레위 지파, 곧 네 조상의 지파를 너와 함께 데려다가 너와 함께 있게 하여 증거의 장막 앞에서 너, 곧 너와 네 아들들을 돕게 하여라.
3. 그들은 너의 직무와 장막의 모든 직무를 도울 것이다. 그러나 성소의 물품들과제단에는 다가가지 못하게 해서 그들, 그리고 너희들이 죽지 않게 하여라
4. 레위인은 너와 함께 하며, 회막의 직무들과 장막의 모든 일들을 할 것이다. 그러나 허락되지 않은 사람은 너희에게 가까이해서는 안 된다.
5. 그리고 너희는 성소의 직무와 제단의 직무를 담당하여라. 그러면 진노가 다시는 이스라엘 자손에게 미치지 않을 것이다.
6. 보라 내가 이스라엘 자손 중에서 너희 형제들 레위인을 취하였다. 그리고 그들이 여호와를 위해 회막의 일에 봉사하도록 너희에게 선물로 주어졌다.
7. 너, 그리고 너와 함께 있는 네 아들들은 제단과 휘장 안의 모든 일에 대하여 제사장의 직분을 담당하여 섬겨라. 내가 제사장의 직분을 너희들에게 선물적인 일로 주었다. 그리고 허락되지 않은 자가 가까이 다가가면 죽임을 당하게 될 것이다.
8. 여호와께서 아론에게 말씀하셨다. 보라 내가 나의 들어올린 예물들의 관할을 너에게

주었다. 이스라엘 자손의 모든 성물들을 너에게 몫으로 주었으며, 네 아들들에게 영원한 몫으로 주었다.

9. [들어올린 예물]은 불에 [태워지지 않은] 지성물들 중에서 너의 것이다. 그들이 나에게 바친 소제와 속죄제와 속건제의 모든 예물들은 지극히 거룩하다. 그것이 너와 네 아들들의 것이다.

10. 너는 그것을 지성물로 여기며 먹어라. 모든 남자는 그것을 먹을 수 있다. 그것은 너에게 성물이다.

11. 이것, 곧 이스라엘 자손의 모든 흔들어 드린 것들과 더불어 그들의 헌물 중 들어올린 것이 너의 것이다. 내가 그것을 너, 그리고 너와 함께 한 네 아들들과 딸들에게 영원한 몫으로 주었다. 네 집의 모든 정결한 자는 그것을 먹어라.

12. 그들이 여호와께 드린 첫 소산, 곧 제일 좋은 기름과 제일 좋은 포도주와 곡식을 내가 너에게 주었다.

13. 그들이 여호와께 드리는 그 땅의 모든 처음 익은 것들은 너의 것이다. 네 집의 모든 정결한 자는 그것을 먹어라

14. 이스라엘 중에서 [하나님께] 헌납된 것은 모두 너의 것이 될 것이다.

15. 사람이나 짐승 중 여호와께 드린 모든 생물의 태를 [처음] 연 것은 다 너의 것이다. 사람의 처음 태어난 것은 반드시 대속해야 한다. 그리고 가축의 처음 난 부정한 것도 대속해야 한다.

16. 그리고 대속해야 하는 사람은 난 지 한 달이 되었을 때 성소의 세겔대로 정해진 가치를 따라 은 5세겔로 대속하여라. 1세겔은 20게라이다.

17. 그러나 소의 첫 새끼나 양의 첫 새끼나 염소의 첫 새끼는 대속하지 말아라. 그것들은 거룩하다. 그것들의 피를 제단에 뿌리고 그 지방은 불살라라. 그것은 여호와께 향기로운 화제이다.

18. 그리고 그 고기는 너의 것이다. 흔들기의 가슴과 들어올리기의 오른쪽 넓적다리 같이 너의 것이다.

19. 이스라엘 자손이 여호와께 들어올리기로 들어올린 모든 성물은 내가 너, 그리고 너와 함께 한 너의 아들들과 딸들에게 영원한 몫으로 준 것이다. 이것은 여호와 앞에서 너, 그리고 너와 함께 한 후손을 위한 영원한 소금 언약이다.

20. 여호와께서 아론에게 이르셨다. 너는 그들의 땅에서 기업도 없을 것이며, 그들 가운데에서 아무런 분깃도 없을 것이다. 내가 이스라엘 자손 가운데에서 너의 분깃이며, 너의 기업이다.

21. 보라 내가 이스라엘에서 모든 십일조를 레위 자손에게 기업으로 주어 그들이 회막

에서 하는 일에 대한 보상을 한다.

22. 이스라엘 자손은 죄를 짊어지고 죽지 않게 되도록 회막에 가까이하지 말아야 한다

23. 그러나 레위인은 회막에서 봉사하며, 그들의 죄를 짊어져야 한다. 이것은 너희 대대로 영원한 율례이니, 그들은 이스라엘 자손 가운데에서 기업이 없을 것이다.

24. 이스라엘 자손이 여호와께 들어올려 드린 십일조를 내가 레위인에게 기업으로 주었으므로 내가 그들에 대하여 말하기를 그들이 이스라엘 자손 중에 기업이 없을 것이라고 하였다

25. 여호와께서 모세에게 말씀하셨다.

26. 너는 레위인에게 말하며 그들에게 일러라. 내가 이스라엘 자손에게 받아 너희에게 기업으로 준 십일조를 너희가 그들에게서 받을 때에 너희는 그 십일조의 십일조를 들어올리기로 여호와께 들어올려 드려라

27. 너희가 들어올려 드린 것은 타작 마당의 곡식과 포도즙 틀의 산물같이 여겨질 것이다.

28. 그러므로 너희 역시 이스라엘 자손에게서 받은 모든 십일조 중에서 여호와께 들어올려 드릴 것을 드려라. 너희는 그것으로부터 여호와께 들어올려 드릴 것을 제사장 아론에게 주어라.

29. 너희가 받은 모든 헌물 중에서 너희는 제일 좋은 것, 곧 그것 중에서 가장 거룩한 것을 여호와께 들어올리기로 드려라.

30. 너는 그들에게 일러라. 너희가 그것으로부터 제일 좋은 것을 들어올려 드리면 그 [남은 것이] 너희 레위인을 위하여 타작 마당의 소출과 포도즙 틀의 소출 같이 될 것이다.

31. 너희와 너희의 집이 어디서든지 이것을 먹을 수 있다. 왜냐하면 이것은 너희가 회막에서 일한 너희의 보상이기 때문이다.

32. 너희가 가장 좋은 것을 들어올리기로 드렸으므로 너희가 그것으로 인해 죄를 짊어지지 않을 것이다. 너희는 이스라엘 자손의 성물을 더럽히지 않았기 때문에 죽임을 당하지 않게 될 것이다.

2단계: 사역 해설

4절. "허락되지 않은": 자르(זָר). 개역개정은 이 단어를 "다른"이라고 번역하고 있다. 그러나 이 단어는 "허락되지 않은"(unauthorized)이라고 번역

하는 것이 더 낫다. 이에 대한 자세한 설명은 민수기 1:51의 본문 해설을 보라.[2]

5절. "진노가": 개역개정은 독자의 이해를 돕기 위해 여기에 "여호와의"란 문구를 추가하여 "여호와의 진노가"라고 번역하고 있지만 원문상으로는 "진노가"라고만 되어 있다.

8절. "들어올린 예물들": 트루모트(תְּרוּמֹת). 트루마(תְּרוּמָה)의 복수. 개역개정은 트루마를 "거제물"이라고 번역하고 있지만 이런 번역은 마치 이것이 번제, 소제 등과 같은 제사 제물의 한 종류인 것처럼 오해하게 만들 소지가 많다. 사실은 트루마는 제물로 바쳐진 고기 중 제사장 몫을 표시하는 행위를 가리키는 표현이다. 레위기에서는 "들어올리기"로 번역하였지만 현재 구절에서는 문맥을 고려하여 "들어올린 예물"로 번역하였다.[3]

"몫": 모쉬하(מָשְׁחָה). 이 구절에 나오는 두 개의 "몫"이란 단어 중 첫 번째 것을 개역개정은 "(위임을 위해) 기름을 붓다"(to anoint)란 뜻의 동사인 마샤흐(מָשַׁח)에서 파생된 것으로 간주하여 "기름부음"이라고 번역하고 있다. 그러나 현대적인 사전들과 주석들은 대부분 이 단어가 이 동사의 동음이의어에서 파생된 단어로서 "몫"(portion)을 의미한다고 본다.[4] 참고로 두 번째 "몫"이란 단어의 히브리어는 호크(חֹק)이다.

9절. "지성물"과 "지극히 거룩하다"의 히브리어는 동일하게 코데쉬 코다쉼(קֹדֶשׁ קָדָשִׁים)[5] 혹은 코데쉬 학코다쉼(קֹדֶשׁ הַקֳּדָשִׁים)이다. 한국어로는 문맥에 맞추어서 좀 더 자연스럽게 번역하다 보니 다르게 되었을 뿐이다.

---

2 또한 더 자세한 설명은 박철현, 레위기: 위험한 거룩성과의 동행 (서울: 솔로몬, 2018), 313-314를 보라.

3 더 자세한 설명은 민수기 5:9의 해당 사항의 설명과 거기에 제시된 참고문헌들을 보라.

4 예를 들어 William Lee Holladay and Ludwig Köhler, *A Concise Hebrew and Aramaic Lexicon of the Old Testament* (Leiden: Brill, 1972) 등을 보라.

5 Holladay and Köhler, *A Concise Hebrew and Aramaic Lexicon*, 314은 이 히브리어 문구 중 두 번째의 카다쉼을 코다쉼이라고 읽는 것이 더 맞을 수도 있다는 점을 지적하고 있다. 비록 맛소라 본문의 모음 표기상으로는 카다쉼으로 읽는 것이 더 맞다고 생각되지만, 이 단어의 변화들을 총체적으로 고려할 때는 코다쉼이 맞을 가능성이 더 높다고 여겨진다.

14절. "[하나님께] 헌납된 것": 헤렘(חֵרֶם). 헤렘은 하나님에게 헌정되어서 세속적인 사용이 완전히 금지된 물건이나 사람 등을 가리키는 용어이다. 때로는 이것이 세속적인 용도로 사용될 수 있는 가능성을 원천 차단하기 위해서 이것을 완전히 파괴하기도 한다. 이 구절에서는 이 헤렘의 뉘앙스를 살리기 위해 "하나님께 헌납된 것"이라고 번역하였다.

16절. "정해진 가치를 따라": 브에르크카(בְּעֶרְכְּךָ). 이 히브리어 문구를 직역을 하자면 개역개정이 번역하고 있는 대로 "네가 정한 대로"라는 뜻이 될 것이다. 그러나 이 문구는 언어의 발전 과정에서 그 문자적인 의미를 떠나서 관용화되고, 고착되어 버린 표현으로써, "정한 가치에 따라"(evaluated) 정도의 의미를 갖고 있다. 다시 말해서 이 문구는 일종의 숙어처럼 사용되는 표현으로서, '네가'(your)란 2인칭 소유격 어미(카, ךָ)는 그 기능을 완전히 상실해버린 것으로 학자들은 생각한다. 그리고 이 경우 대속물의 가치는 "너"란 사람, 즉 대속을 하고자 하는 사람이 정하는 것이 아니라 이미 "정해져 있는" 어떤 가치에 따라 한다고 이해된다. 이런 면에서 볼 때 현재의 개역개정의 번역은 오해의 소지가 있기 때문에 반드시 수정되어야 한다.[6]

29절. "제일 좋은 것": 헬레브(חֵלֶב). 이 단어는 원래는 "지방"(fat)을 의미하며, 개역개정에서는 보통 "기름"이라고 많이 번역하였다. 그러나 이 단어는 또한 "최상의 것", "가장 좋은 것"이라는 의미로 사용되기도 하는데, 이런 의미로는 이미 12절에서 사용된 바가 있다. 그런데 일관성이 없게도 개역개정은 현재 구절에 와서는 단어를 "그 아름다운 것"이라고 번역하였다. 사역은 이 민수기 18장 내에서의 이 단어의 번역의 일관성을 유지하기 위해 "제일 좋은 것"이라고 번역하였다.

---

6 박철현, *레위기*, 209의 설명과 거기에 제시된 참고문헌들을 참고하라.

3단계: 단락 구분

민수기 18장의 단락 구분은 다음과 같다.

18:1-7 제사장과 레위 지파의 역할과 책임

 18:1a 말씀 도입구

 18:1b-7 제사장과 레위 지파의 역할과 의미

  18:1b-5 제사장과 레위 지파의 역할

  18:6-7 제사장과 레위 지파의 역할의 의미

18:8-19 제사장의 수입

 18:8a 말씀 도입구

 18:8b-19 제사장의 수입

18:20-24 레위 지파의 수입

 18:20a 말씀 도입구

 18:20b 제사장의 진짜 기업은 하나님

 18:21-24 십일조: 레위 지파의 수입

18:25-32 레위 지파의 십일조

 18:25 말씀 도입구

 18:26-29 레위 지파의 십일조: 십일조의 십일조

  18:26a 말씀 전달 도입구

  18:26b-29 십일조의 십일조

 18:30-32 십일조의 십일조의 효과

  18:30a 말씀 도입구

  18:30b-32 십일조의 십일조의 효과

민수기 18장은 흔히 레위기와 민수기의 규례 본문들이 그렇듯이 말씀 도입구인 "여호와께서…에게 이르셨다(아마르, אָמַר)"(18:1, 20) 혹은 "여호와께서…에게 이르셨다(다바르, דָּבַר)"(18:8, 25)를 통해 네 개의 큰 단원으로 나뉜다. 한 가지 흥미로운 점은 이 말씀 도입구에서 동사의 목적어는 주로 모세이다(예, 레 1:1; 4:1 등). 그런데 민수기 18장에서는 네 개의 말씀 도입구 중에서 세 개의 경우에 목적어가 아론으로 되어 있다(18:1, 8, 20). 모세가 목적어인 경우는 마지막의 경우 한번뿐이다(18:25).

큰 단원 도입구에 추가적으로 이 큰 단원들을 더 세부적으로 나누어 주는 문구들이 있다. 첫째는 "보라"(힌네, הִנֵּה)라는 문구이다(18:6, 8, 21). 특히 이 문구는 18:20-24의 단원은 크게 두 부분, 즉 20절과 21-24절로 나누어 주는 역할을 하기 때문에 중요하다. 6절의 해당 문구 역시 이와 비슷한 역할을 한다. 그리고 21절의 경우에는 말씀 도입구에 바로 이어 이 문구가 나오기 때문에 이 경우에는 단원을 쪼개는 역할보다는 그냥 청중의 주의를 집중시키는 역할만 하고 있는 것 같다.

둘째는 "너는 레위인에게 말하며 그들에게 일러라"라는 문구(18:26)와 "너는 그들에게 일러라"라는 문구이다(18:30). 이 유사한 두 문구는 18:25-32의 레위 지파의 십일조에 대한 본문을 다시 두 부분으로 나누어서, 각 부분의 시작점 표시 역할을 하고 있다.

4단계: 본문 해설

1a절. "여호와께서 아론에게 이르셨다": 이 문구는 오경의 율법 본문들에서 하나님의 말씀을 도입하는 전형적인 문구이다. 한 가지 흥미로운 점은 이 말씀을 하나님께서 주시는 대상이 통상적인 경우들과 달리 모세가 아니라 아론이라는 점이다(참고, 위의 "단락 구분"의 설명). 아마 그 이유는 이 민수기 18장의 내용의 상당 부분이 아론의 관할 하에 있는 사항, 즉 아론 및 레위 지파의 성막 임무 및 그들의 임무로부터 오는 수입에 대한 내용이기 때문인 것으로 생각된다.

1b절. 이 본문은 레위 지파와 제사장의 역할에 대한 서론적 언급이다. 이들의 역할은 백성들 혹은 허락되지 않은 자가 하나님의 거룩한 영역인 성막에 접근함으로 발생할 수 있는 "죄를 함께 짊어지는" 것이다.

이 구절에는 몇 가지 살펴보아야 할 사항들이 있다. 첫 번째 사항은 "너와 네 아들들과 네 조상의 가문"이란 표현에서 "네 조상의 가문"이란 표현이 레위 지파 전체를 가리키느냐, 아니면 고핫 자손만을 가리키느냐 하는 것이다. 이에 대해서 대부분의 해석자들은 전자의 견해를 택하지만 소수의 학자들은 후자의 견해를 택하기도 한다(애쉴리, 밀그롬 등).[7] 특히 애쉴리는 "네 조상의 가문"이라는 표현이 "지파"(tribe)와 "가문"(clan)의 하부 개념이라는 점, 그리고 "네 조상의 가문"이란 표현에서 "가문"에 해당하는 히브리어 단어인 아브(אָב, 원래는 "아버지")가 복수가 아닌 단수가 사용되었는데, 민수기 3장에 따르면 이 단수 표현은 레위 지파의 각 가문, 즉 고핫, 므라리, 게르손 가문을 따로따로 언급할 때 사용되었다는 점(3:24, 30, 35), 그리고 성막의 물품들 중에서 가장 거룩한 물품들을 제사장을 도와 운반하는 역할은 고핫 자손의 임무라는 점(민 4:1-20) 등을 들었다.[8]

그러나 여기에서는 몇 가지 반박이 가능하다. 첫째, 히브리어에서 단수와 복수 사이의 경계선은 그다지 확고하지 않을 때가 많다. 둘째, 18장은 그 어디에서도 고핫 자손을 나머지 레위 지파와 분리해서 따로 다루고 있지 않다. 따라서 이 "조상의 가문"은 고핫 자손만을 국한해서 언급하고 있는 것이 아니라 레위 지파 전체를 지칭한다고 봐야 할 것이다.

이어서 이 구절에서 살펴봐야 할 다음 사항은 두 번이나 반복되고 있는 "죄를 짊어진다"는 표현이다. 이 표현은 민수기 18장 내에서는 하나님께 다

---

7 전자의 견해를 따르는 학자들의 목록은 Timothy R. Ashley, *The Book of Numbers. The New International Commentary on the Old Testament* (Grand Rapids: Eerdmans, 1993), 309, n. 8을 보라. 또한 Jacob Milgrom, *Numbers*, The JPS Torah Commentary (Philadelphia: Jewish Publication Society, 1990), 146도 중세 시대 유대교 주석가들인 라쉬(Rashi)와 이븐 에즈라(Ibn Ezra) 등의 견해를 따라 동일한 주장을 하고 있다.

8 Ashley, *Numbers*, 309.

가갈 권한이 없는 자가 함부로 다가가는 죄에 대한 책임을 진다는 의미이다. 레위 지파와 제사장 직분자들은 사람들이 허락 없이 성소에 함부로 다가가는 것에 대한 책임을 진다. 그리고 "너와 네 아들들", 즉 아론과 그의 아들들은 "제사장 직분"에 대한 죄를 짊어진다. 밀그롬은 제사장 직분자가 성소를 허락 없이 다가가는 경우들에 대해서 몇 가지 예를 제시한다.[9] 육체적 흠결(레 21:23), 술 취함(레 10:19), 몸을 씻지 않음(출 30:20), 옷을 갖춰 입지 않음(출 28:43), 일반 제사장이 지성소 안으로 들어가려 함(민 18:7), 지성소로 들어가는 대제사장이 적절한 조치를 취하지 않음(레 16:2) 등이 그런 경우들이다. 제사장이 성소에 잘못된 방식으로 접근하는 죄는 레위 지파가 짊어질 수 없고, 오직 제사장들이 짊어져야 했다. 이 점은 거룩성의 서열 정도를 고려할 때 당연한 규례였다.

이런 점들을 정리해볼 때 죄의 담당의 문제는 다음과 같이 정리될 수 있다.

제사장 및 레위 지파 (너와 네 아들들과 네 조상의 가문)	성소에 대한 죄를 함께 담당
제사장(너와 네 아들들)	제사장 직분에 대한 죄를 담당

2-4절. 이 본문은 레위 지파가 성막의 각종 직무들에 있어서 제사장을 보조하는 역할을 담당한다는 것을 언급하고 있다. 그러나 레위인들도 성막의 기물들과 제단에는 다가가지 못하게 되어 있었다. 이런 내용은 이미 민수기 3장의 내용 등을 통해 표현되어 있었다(참고, 3:10 등).

5절. 레위인들이 접근할 수 없는 성소와 제단의 직무는 제사장이 맡도록 되어 있었다. 이런 식으로 레위 지파와 제사장들이 하나님의 거룩한 것들에 대한 접근을 통제하고, 하나님 앞에서 그것들을 담당하면 "진노가 다

9 Milgrom, *Numbers*, 146.

시는 이스라엘 자손에게 미치지 않을 것이다". 이 말씀을 통해서 17:12-13(27-28)에서 이스라엘 백성들이 했던 탄식, 즉 "우리가 사멸할 때까지 죽어야 합니까"란 탄식은 답을 찾았다. 레위 지파와 제사장들이 자신들의 사역을 제대로 하는 가운데, 허락되지 않은 자가 하나님에게 함부로 다가서는 일을 통제하면 이스라엘 자손들이 죽는 일은 없을 것이다.

6-7절. 내용에 대해서 다시 한번 청자(聽者)의 주의를 환기시키는 감탄사인 "보라"(헤힌네, הִנֵּה)라는 표현을 사용하면서 레위인과 제사장의 역할과 의미에 대한 설명을 해주시고 있다.

6절에서 하나님은 제사장들을 위해 그들의 지파 내의 형제들인 레위인을 선택하셔서, 그들을 "회막의 일에 봉사하기 위하여 선물로" 제사장들에게 주셨다고 말씀하시고 있다.

7절은 제사장들의 임무에 대해서 말씀하고 있다. 제사장들은 "제단과 휘장 안의 모든 일에 대해서 제사장의 직분"을 담당한다. 이 제사장 직분은 제사장들에게 있어서 "선물적인 일"(아보다트 마탄나, עֲבֹדַת מַתָּנָה)이다.

참고로 대부분의 학자들은 7절의 "내가 제사장 직분을 너희들에게 '선물적인 일'로 주었다"는 표현을 사역의 번역처럼 이해하고 있으나, 애쉴리는 이 표현이 이해하기 어렵다고 지적한다. 문맥상 이 문구가 갑작스럽게 튀어나온다는 점, 그리고 "일"이라는 뜻의 아보다란 단어가 제사장의 일로 사용된 적이 없다는 점을 그 이유로 들었다.

그러나 이 문구가 결코 갑자기 튀어나온 것은 아니다. 이미 6절은 레위인을 제사장에게 주어진 "선물"(마탄나)이라고 표현하고 있다. 이미 이 단어가 바로 앞 구절에서 사용된 상황에서 이 단어가 다시 한번 제사장의 일을 묘사하는 단어로 사용되지 못할 이유가 없다. 또한 아보다란 단어는 흔한 단어이기 때문에 이 단어가 비록 민수기의 다른 곳에서는 레위 지파의 직무를 지칭하는데 사용되었다고 할지라도 그 때문에 이 구절에서 제사장의 직무에는 절대 사용될 수 없다고 보아야 할 필요는 없다.

8a절. "여호와께서 아론에게 말씀하셨다": 이 문구는 1a절과 동사가 아

마르에서 다바르로 바뀐 점을 제외하고는 본질상 동일한 말씀 도입구이다. 이것은 8-19절의 제사장의 수입에 대한 본문을 도입하는 역할을 하고 있다. 이 말씀 역시 하나님께서 모세를 통하지 않고 아론에게 직접 주시고 있다. 아마 그 이유는 이것이 아론이 수장으로 있는 제사장 집단에 직접 관계된 내용이기 때문인 것 같다.

8b절. "보라": 6절에서 사용한 것과 같은 힌네라는 문구는 청중의 주목을 유도하기 위한 문구이다. 하나님은 제사장의 수입에 대한 규례의 말씀을 하시면서 처음부터 아론의 주의를 환기시키고 있다. 이 점은 그만큼 그 내용이 중요한 내용이라는 뜻일 것이다.

8절은 9-19절의 제사장의 수입 본문에 대한 서론 역할을 하고 있다. 9-19절이 열거하고 있는 수입의 내용은 크게 두 개의 범주로 되어 있다. 즉 "지성물"(9-10절)과 "성물"(11-19절)이 그것들이다.

9-10절. 지성물로는 세 가지 항목, 즉 "소제와 속죄제와 속건제"로 드려진 제물 중 제단 위에서 하나님께 태워 드리고 남은 부분들이 지목되고 있다. 이것들은 제사장 가문의 "모든 남자"들이 먹을 수가 있었다. 그리고 이것들은 성막 영역 내에서 먹어야 했다(레 6:16[9], 26[19[10]]; 7:9).[11]

11절. 이 구절은 12-19절에 열거되고 있는 "성물"의 목록의 서론 역할을 하는 본문이다. 앞의 "지성물"의 경우와 달리 이것들은 "네 아들들과 딸들", 즉 "네 집의 모든 정결한 자"들이 먹을 수 있었다. 따라서 이것들은 당연히 성막 외의 장소들에서 섭취가 가능한 것들이었다.

12-13절. 이 두 구절은 "성물"들 중 레쉬트(רֵאשִׁית)와 빅쿠림(בִּכּוּרִים)에 대해서 언급하고 있다. 이 둘 다 개역개정은 상당히 느슨하게 번역하고 있다. 예를 들어 현재 본문에서는 레쉬트는 "첫 소산", 그리고 빅쿠림은 "처음 익은 열매"라고 번역하고 있다. 그러나 이런 번역은 분명히 이것들이 "처음

---

10 사각 괄호 속의 숫자들은 히브리어 원문상의 절 번호이다. 개역개정의 레위기 6:1-7이 히브리어 원문상으로는 레위기 5:20-26으로 표기되어 있다.

11 Milgrom, *Numbers*, 150.

난 것"이라는 기본 개념을 가질 수가 있기 때문에 아주 틀린 것은 아니라 할 수 있지만 그럼에도 불구하고 여전히 적절하지 못하다고 생각된다. 그러나 다른 한 편으로 이것들이 정확히 어떤 것을 가리키느냐고 따진다면 거기에는 또한 여전히 학자들의 의견이 나뉘어 있기 때문에 그 정확한 것을 파악하는 데에는 한계가 있다. 이 두 용어에 대한 좀 더 상세한 논의는 민수기 15:19-20의 "본문 해설"을 참고하라. 이 용어들이 사용된 경우들을 고려할 때 레쉬트가 초실절(레 23:9-14, 특히 10절)의 봉헌물을 가리키고, 쿠림이 칠칠절(레 23:15-22, 특히 17, 20절)의 봉헌물을 가리킨다고 보는 것이 가장 타당한 해석이 아닌가 생각된다.

이 본문에서 특히 중요한 표현은 "제일 좋은"이란 표현이다. 이 표현의 히브리어는 헬레브(חֵלֶב)이다. 이 단어는 원래는 제물의 "지방"(fat)을 지칭하는 단어이다. 이 "지방"은 고대 시대에는 굉장히 고급스러운 음식 재료였으며, 제물의 부위들 중 최상의 부위로 간주되었다.[12] 여기에서 파생적으로 "가장 좋은"이라는 뜻이 나왔다. 현재 본문에서 이 단어가 바로 이런 후자의 의미로 사용되고 있는 것이다. 이스라엘은 제사장의 몫으로 레쉬트를 바칠 때 단순히 아무 것이나 드린 게 아니고 이처럼 최상의 것을 드렸다. 그 이유는 이것이 단순히 제사장 몫으로 드려진 것이 아니라 먼저 하나님께 드려지는 것이었기 때문이다. 단지 이 하나님의 것을 하나님이 다시 제사장의 몫으로 할당해 주셨을 뿐이다.

14절. 이스라엘이 하나님께 "헌납한 것", 곧 헤렘(חֵרֶם) 역시 모두 제사장의 몫이 된다. 헤렘에 대한 규례의 핵심 본문은 레위기 27:28-29에 들어 있다: "어떤 사람이 자기 소유 중에서 오직 여호와께 온전히 바친 모든 것은 사람이든지 가축이든지 기업의 밭이든지 팔지도 못하고 무르지도 못하나니 바친 것은 다 여호와께 지극히 거룩함이며 온전히 바쳐진 그 사람은 다시 무르지 못하나니 반드시 죽일지니라".

---

12 이에 대한 더 자세한 설명은 박철현, 레위기, 119를 보라.

헤렘은 하나님께서 속한 것이 때문에 결코 세속적인 용도로 사용되어서는 안 되었다. 이것들은 "팔지도 못하고 무르지도 못하였다". 혹시 무르고자 하면 차라리 죽여야 했다. 하나님께서는 이렇게 하나님께 드려진 것 역시 제사장들에게 주셨다.

15a절. 15-18절의 본문은 사람과 짐승의 초태생에 대해서 다루고 있다. 그 중에서 15a절은 서론적 역할을 하는 본문이다. "생물의 태를 처음 연 것" 역시 하나님은 다 제사장의 것으로 주셨다.

15b-18절. 이 초태생들은 대속할 수 있는 것과 대속할 수 없는 것, 이 두 가지 범주로 나뉜다. 그리고 초태생이 사람이냐 아니냐, 그리고 정결하냐 부정하냐에 따라서 더 다양하게 세부적인 범주로 나뉜다. 이것들을 정리하면 다음과 같다.

(1) 대속해서는 안 되는 것: 정결한 짐승으로서 제물로 사용되는 가축들인 소, 양, 염소의 첫 새끼는 대속해서는 안 된다(17-18절). 이것들은 제단에 바친 후 피는 제단에 뿌리고, 지방은 불사른다. 그리고 나머지 고기는 제사장 몫이 된다.

제사 드려지는 방식으로 볼 때 현재 본문에 명시되어 있지는 않지만 이 제사는 화목제로 생각된다. 통상적인 경우에는 화목제물의 부위들 중 지방은 하나님께 제단 위에서 불살라 바쳐지고, 제사장은 가슴 부위와 오른쪽 넓적다리를 차지하며, 나머지는 다 봉헌자의 몫이 된다. 그러나 초태생의 경우는 하나님께 바쳐진 후 하나님께서 제사장의 것으로 주셨기 때문에 지방 외의 모든 부위가 다 제사장 몫으로 귀속된다(18절).

(2) 대속해야 하는 것들: 사람, 그리고 부정한 가축.

(가) 사람은 "반드시" 대속해야 한다(15절). 구약의 사상에 따르면 사람을 인신 제사로 드리는 것은 결코 허용이 되지 않는다(레 18:21; 20:2-5; 왕하 16:3; 대하 28:3 등). 따라서 사람은 제물로 바치는 대신에 대속해야만 했다. 대속의 방법은 그 사람이 태어난 지 한 달이 되었을 때 "성소의 세겔대로 정

해진 가치를 따라 은 5세겔"로 대속하는 것이었다. 이 5세겔은 당시 노동자의 약 6개월 정도의 봉급에 해당했다고 하니 상당히 많은 금액이었다.[13] 참고로 사람이 어떤 일로 해서 하나님께 서원을 했다가 그 서원을 물리는 경우에도 1개월에서 5세 사이의 아이의 무르는 값이 5세겔이었다. 이 연령대의 아이의 목숨 값이 양자의 경우가 동일하다.[14]

이것과 레위기 3:40-51은 충돌하지 않는 건가?

- 즉 민수기 3장은 그 때까지 아직 대속되지 않은 아이의 값을 그렇게 하는 것이고, 민수기 18장은 이후로 태어난 아이들의 경우, 다시 말해 일반적인 경우를 5세겔로 하라는 것인가?
- 이런 해석은 양 본문을 잘 조화시키는 것 같다. 민수기 3:46은 이스라엘의 자손의 장자의 수가 레위인의 수보다 넘어서자 초과 인원 한 명 당 5세겔씩을 성소의 세겔로 받았는데, 이것은

(나) 부정한 가축의 경우에도 역시 대속을 해야 한다고 되어 있다(15절). 그러나 레위기 27:27을 볼 때 이 대속 여부는 선택 사항이었던 것 같다.[15] 우선 대속할 경우에는 "정해진 가치에 오 분의 일을 더해서" 대속을 했다. 그리고 만약 무르지 않을 경우에는 "그것이 팔려야 한다"라고 되어 있는데,[16] 이 초태생 가축의 재산권은 제사장에게 넘어가 있는 상태이기 때문에 어차피 그 팔린 값은 제사장 몫이었다.

19절. 이 구절은 "성물" 본문에 대한 정리 구절이다. 하나님께서는 위에

---

13 Gordon J. Wenham, *Numbers: An Introduction and Commentary*. Vol. 4. Tyndale Old Testament Commentaries (Downers Grove: InterVarsity Press, 1981), 161.

14 박철현, *레위기: 위험한 거룩성과의 동행* (서울: 솔로몬, 2018), 718-719.

15 Milgrom, *Numbers*, 152.

16 개역개정은 "네가 정한 값대로 팔지니라"라고 번역함으로써 마치 소유자가 파는 것처럼 되어 있지만 원문은 수동형으로 되어 있다. 즉 위에서 제시한 사역처럼 번역되어야 한다. Jacob Milgrom, *Leviticus 23–27: A New Translation with Introduction and Commentary*, vol. 3B, Anchor Yale Bible (New Haven; London: Yale University Press, 2008), 2391.

서 언급한 것들을 제사장 및 그 "아들들과 딸들에게 영원한 몫"으로 주셨다. 이 규례의 강력한 구속력을 강조하기 위해 "후손을 위한 영원한 소금 언약"이란 표현이 사용되었다. "소금 언약"이 무슨 뜻인지에 대해서는 언급이 없지만 아마 제사장의 수입에 대한 이 규례가 영속성이 있음을 강조하기 위한 것 같다. 이 점은 "후손을 위한"이란 표현과 "영원한"이란 표현이 수식구로 사용되고 있음을 통해서 알 수 있다.[17]

20a절. "여호와께서 아론에게 이르셨다": "단락 구분"에서 설명한 바와 같이 이 표현은 새로운 단원인 20-24절의 도입구 역할을 한다. 이 단원은 제사장과 레위인에게 따로 기업이 없고, 오직 하나님이 그들의 기업이 되신다는 점을 강조하고 있다(20, 23-24절).

이 단락에서 이 도입구를 제외한 나머지 부분은 두 개 부분으로 나뉘어 있다. 20b절은 제사장에게 기업이 없다는 내용이고, 21-24절은 레위인에게 기업이 없다는 내용이다. 이 두 부분을 나눠주는 분기점은 21절 서두의 "보라"(힌네, הִנֵּה)라는 표현이다.

20b절. 이 구절은 제사장의 기업에 대한 구절이다. 이들에게는 8-19절에 언급된 제사장의 몫 외에 약속의 땅에서의 다른 기업이나 분깃이 없을 것이다. 대신에 하나님은 당신 자신이 그들의 분깃이며, 기업이라고 말씀하신다. 다시 말해 제사장은 약속의 땅에서 자신들만의 지분을 갖지 못할 것이며, 대신 오직 자신들의 제사장 사역을 통해서만 먹고 살게 될 것이다.

또한 문맥상 중요한 것은 이 구절이 이스라엘 백성이 결국 약속의 땅에 들어가게 될 것임을 전제하고 있다는 것이다. 민수기 13-14장의 정탐꾼 사건으로 인해 이스라엘 백성들은 광야 1세대가 다 죽기까지 40년 동안 광야에 머물러야 했다. 이 시간은 한 세대가 사라지는 것을 기다리는 시간이며, 출애굽 당시에 성인이었던 사람들이 다 죽을 때까지 기다리는 시간이기 때문에 아주 긴 시간이었다. 이런 상황에서 약속의 땅에서의 기업의 문제를

---

17 참고로 성경에서 유일하게 다시 한 번 "소금 언약"이 사용된 경우는 역대하 13:5이다.

논하는 것은 이스라엘 백성에게 여전히 희망이 남아 있음을 보여준다. 비록 이들은 광야에서 끝이 나지 않을 것 같은 방랑을 하고 있지만 결국 하나님은 이스라엘 백성을 약속의 땅으로 들어가게 하실 것이고, 지파들은 땅을 갖게 될 것이고, 제사장들은 거기에서 사역을 하게 될 것이다.

21-24절. 이 본문은 18장의 세 번째 단원인 20-24절 본문의 두 번째 부분이다. 이 본문은 "보라"(힌네, הִנֵּה)라는 접속사를 통해서 앞 부분과 구분되어 있다. 내용적으로는 앞의 20b절이 제사장의 기업에 대한 내용을 다뤘다면 이 본문은 레위인의 기업에 대해서 다룬다. 제사장들과 마찬가지로 레위인들 역시 약속의 땅에서 기업을 갖게 되지는 못할 것이다.

이처럼 기업이 없고, 제사장들과 달리 제사 제물들에 대한 소유권도 없는 레위인들의 수입에 대한 내용은 오경 전체에서 여기에서 처음으로 언급된다. 그 수입은 이스라엘 백성이 하나님께 내는 십일조이다. 이 십일조는 "그들이 회막에서 하는 일에 대한 보상"으로 주어진다(21절; 참고, 31절).

이 보상은 또한 22-23a절에 따르면 회막에 대한 봉사뿐만 아니라 이스라엘 백성들이 함부로 성막에 다가와서 하나님의 거룩한 영역을 침범함으로써 짊어지게 되는 죄를 대신 짊어지는 것을 포함한다(민 1:51).

이어서 23b-24절은 레위인들에게 기업은 없고, 대신에 하나님이 기업을 가진 이스라엘 백성들의 십일조를 그들에게 주신다는 점을 다시 한번 강조하고 있다.

25절. "여호와께서 모세에게 말씀하셨다": 이 문구는 18장의 마지막 단원(25-32절)의 말씀 도입구이다. 18장의 다른 말씀 도입구(1, 8, 20절)과 달리 이 도입구에서 하나님의 말씀을 받는 사람은 아론이 아니라 모세이다. 그 이유는 아마 이 단원이 다루고 있는 내용, 즉 레위인들이 자신들이 받은 십일조에서 다시 십일조를 바치는 내용은 아론의 통제 하에 있는 문제라기보다는 레위인들 자신의 결단의 문제이기 때문일 것이다.

이 단원은 다시 두 개의 부분으로 나뉜다. 이 단원 구분의 역할은 30절의 "너는 그들에게 일러라"라는 하부 말씀 도입구가 하고 있다.

26b-29절. 레위인들은 자신들이 이스라엘 백성들에게 받은 십일조에서 다시 십일조를 드려야 한다. 이 때 중요한 것은 이들이 받은 것들 중에서 "제일 좋은 것"(헬레브), 즉 "가장 거룩한 것"을 드려야 한다는 점이다. 마치 이스라엘 백성이 하나님께 제일 좋은 것을 드렸듯이 레위인들 역시 자신들이 받은 것들 중에서 가장 좋은 것을 드려야 했다.

30-32절. 이 본문은 18장의 마지막 단원의 두 번째 부분이다. 26a절의 본문 해설에서 설명한 바와 같이 30절 서두의 말씀 도입구를 통해서 앞 부분과 나뉜다.

30절에 따르면 레위 지파가 29절의 말씀과 같이 십일조의 십일조를 "제일 좋은 것"으로 드리고 나면, 나머지는 일반적인 이스라엘 백성들의 소출과 같이 된다. 즉 이것이 자신들의 소득이고, 식량이 된다.

31절은 이것이 레위 지파가 회막에서 일한 대가로 주어진다는 것, 그리고 이것을 어디서든지 먹을 수 있다는 것을 말하고 있다.

32절은 이스라엘이 이처럼 하나님께 십일조의 십일조를 드림으로써 하나님의 성물을 침해하지 않으면 그로 인해 죄책을 당하지 않을 것임을 말하고 있다. 여기에서 다시 한번 이들이 드려야 하는 것이 가장 좋은 것이어야 함을 밝히고 있다.

5단계: 적용

7절. "내가 제사장의 직분을 너희들에게 선물적인 일로 주었다": 하나님께서 제사장들에게 주신 일은 그들에게 "선물"이었다. 이것은 그들에게 고통이 아니었다. 일반 백성이 거룩하신 하나님과 만날 수 있도록 중개자 역할을 하고, 혹시 백성이 하나님을 만나는 과정에서 생길 수 있는 위험을 방지하는 역할을 하는 것은 분명 영광스럽고 좋은 일이었다. 그리고 이 영광스러운 일을 하는 과정을 통해서 거기에서 파생되는 수입으로 생활을 하는 것 역시 참으로 감사한 일이다.

이처럼 하나님은 당신과 당신의 백성 사이의 일을 위해 종사하는 제사장들에게 은혜를 베푸셨으며, 이 일은 제사장들에게 "선물"이었다. 그러나 때때로 하나님의 소명을 받은 자들이 자신들이 하는 일이 "선물적인 일"로 여기지 않고, 부득이하고 불편하고 무거운 짐처럼 여기게 될 때는 그 자신과 그 자신이 봉사하는 공동체 모두에게 불행한 일이 된다.

따라서 사역자들은 과연 자신이 소명에 따라 하는 일을 "선물적인 일"로 여기는지를 고민해봐야 한다. 혹시 그렇지가 못하다면 이 점에 대해서 고찰하고, 문제점을 찾아보아야 한다. 자신이 하나님으로부터 부여받은 일을 "선물적인 일"로 여기지 못한다면 차라리 그 일을 아니함만 못할 때가 많다는 점을 명심해야 한다.

그리고 이런 점은 현대 교회에서 "만인제사장"들인 모든 성도들도 역시 고민해봐야 한다. 자신들이 교회에서 하는 봉사는 자신들에게 하나님의 "선물"인가, 아니면 천국에 가기 위해 마지 못해 짊어져야 하는 "무거운 짐"인가? 예수님은 "수고하고 무거운 짐 진 자들아 다 내게로 오라 내가 너희를 쉬게 하리라…나의 멍에를 메고 내게 배우라 그리하면 너희 마음이 쉼을 얻으리니 이는 내 멍에는 쉽고 내 짐은 가벼움이라"고 하셨다(마 11:28-30). 예수님은 쉬게 하신다고 해주셨고, 그 짐은 가볍다고 했는데, 정작 교회에서 하는 일이 "선물"로 느껴지지 않고, 무겁다면 문제가 있는 것이 아니겠는가?

29절. "너희는 제일 좋은 것을…드려라": 레위인들은 이스라엘 백성들에게서 받은 십일조 중에서 다시 하나님께 십일조를 드릴 때 자신들이 받은 것들 중에서 가장 좋은 것들을 드려야 했다. 마치 이스라엘 백성들이 자신들의 소산물 중에서 가장 좋은 것을 하나님께 드려야 했던 것처럼 레위인들도 그래야만 했다. 이처럼 모든 성도들은 하나님의 교회에서 자신들이 어떤 위치에 있든지 간에 상관 없이 하나님께 자신이 가진 것들 중에서 가장 좋은 것을 드려야 했다.

이처럼 하나님께 가장 좋은 것을 드리는 것은 결국은 그가 하나님을 어떻게 섬기느냐 하는 것과 관계가 있다. 그가 하나님을 자신의 삶에서 가장 소중한 존재로 여기면 그는 가장 좋은 것을 드리고자 할 것이다. 반면에 하나님을 하찮은 존재로 여기면 자신의 삶의 열매들 중에서 어떤 것을 드리는 것조차도 싫어하게 될 것이다.

말라기 1:6-14에서 하나님은 후자와 같은 사람들을 책망하신다. 하나님과의 관계를 소중히 여기지 않는 자들에게는 하나님도 동일한 방식으로 응답하실 것이다.

6단계: 설교 "누가 천국의 열쇠를 가지고 있는가"(민 18:20)

크로닌(A. J. Cronin)이 쓴 "천국의 열쇠"라는 유명한, 그리고 아주 감동적인 소설이 있습니다. 이 소설은 신부로 헌신한 두 사람의 평생의 삶을 따라가며 이야기가 진행됩니다. 주인공인 프랜시스 치점과 그와 대조되는 인물인 안셀모 밀리가 그 둘입니다.

어린 시절부터 고향에서 같이 자란 둘은 항상 비교 대상이 됩니다. 치점은 불우한 시절을 겪으며, 아웃사이더 같은 행동과 분위기로 자꾸 사람들에게 오해를 사고 천덕꾸러기 취급을 당합니다. 반면 밀리는 항상 사람들의 칭찬과 주목을 받습니다.

결국 이들의 이런 삶의 여정은 신학교에서도 계속 이어집니다. 치점은 올바른 사람이고, 신념을 가진 사람이었지만 그의 비타협적인 삶의 방식이 사람들에게는 일반적으로 보이지 않았기 때문에 신학교에서도 진짜로 그의 가치를 알아주는 소수의 사람들을 제외한 나머지 사람들에게서는 계속 배척을 당합니다. 반면 밀리는 그가 가진 여러 가지 매력들, 외모, 행동거지, 말투, 학습 능력 등등의 여러 가지 요소들 덕분에 계속 사람들에게 인정을 받습니다. 사람들은 치점은 언젠가 제대로 사고를 칠 것이지만 밀리는 장차 추기경이 되고, 교황의 자리에까지 오를 수 있는 인물이라고 생각합니다. 사실은 그가 외식적인 인간이었음에도 불구하고 진실을 꿰뚫어보지 못하는 사람들에게는 그의 이런 외적인 매력이 통했던 것입니다. 치점은 이런 밀리에게 미묘한 질투도 느끼고, 그로 인해 번민도 하지만 자신이 그와 같은 방식으로 살 수는 없다는 점을 받아들입니다.

밀리가 승승장구하는 사이 치점은 처음 부임 받아 갔던 곳에서 음흉한 진실을 까발렸다가 오히려 궁지에 몰리게 되고 할 수 없이 중국의 오지에 선교사로 파견됩니다. 거기에 도착한 날 그를 마중 나온 중국인 교인은 그에게 교인 한 명당 얼마씩 돈을 지불하면 자기가 교인들을 모아주겠다고 제안합니다. 이전의 선교사 신부님도 그렇게 하셨다는 달콤한 유혹의 말과 함께! 그가 그런 편법을 단호하게 거부하자 가짜 교인들은 교회를 떠나고 교회는 텅 비고 맙니다. 이 당시는 교황청에서 하달되는 지원금이 교인의 수에 영향을 받기 때문에 이것은 큰 문제였습니다.

그러나 치점은 편법과 타협하지 않고 자신의 방식으로 교회을 이끌어 나갑니다. 우여곡절 끝에, 비록 극소수이긴 하지만 진실된 교인들도 좀 생깁니다. 이런 와중에 사제 집단 내에서 승승장구하는 그의 고향 친구 밀리가 해외선교 담당자로서 그의 교회를 방문하러 옵니다.

평생 외적인 것이 신경 쓰지 않고, 오직 자신이 옳다고 생각하는 신념대로 우직하게 좁은 길을 걸어온 치점 신부는 이 때만은 외형에 신경을 씁니다. 그는 승승장구하는 친구 밀리에게 자신의 초라함을 보이고 싶지 않아 성당을 사정이 허락하는 한 열심히 꾸밉니다. 그러나 밀리가 도착할 때쯤 쏟아진 폭우로 성당이 허물어지고, 치점은 친구에게 초라한 모습만을 보이고 맙니다.

이 때 치점이 느끼는 고통은 이 소설의 백미라고 생각합니다. 아무리 진실만을 추구하는 사람이라도 결국은 인간인지라 때로는 자신과 반대되는 삶을 살면서 승승장구하는 밀리에게, 그래도 자신도 뭔가를 잘 해내고 있다는 것을 보이고 싶었는데 그 작은 소망마저도 외면당했을 때 치점의 고통은 너무나도 처절했습니다.

그럼에도 불구하고 이런저런 위기를 극복해내면서 한 줌의 진실된 신앙인들과 교회를 잘 이끌어가고 있을 때 공산당이 중국을 차지하고 치점은 추방당하게 됩니다. 그의 성도들이 공산당의 박해 앞에서도 자신들의 신앙을 고수한 것이 아마 치점이 이 땅 위에서 유일하게 하나님으로부터 받은 보상이며, 그가 참된 삶을 살고 있다는 것에 대한 증거일 것입니다.

치점은 중국에서 추방 후 모국인 스코틀랜드로 돌아와서도 여전히 자신의 신념에 따라 진실된 삶을 살아나가고, 언제나 그랬듯이 그의 진실된 가치를 꿰뚫어 보는 사람에게는 인정받고, 그렇지 못한 사람들에게는 이상한 사람 취급을 받으면서 살아갑니다. 그에 대한 악평으로 인해 그의 신부 자격 박탈 여부를 조사하러 나온 신부가 그의 인생 여정을 훑어 보고, 그의 진실과 숭고함에 감화를 받아 부정적 조사 보고서를 찢습니다.

이 소설은 카톨릭을 배경으로 해서 쓰여진 것이기 때문에 개신교의 신학 체계 및 가치관과 차이나는 점이 있음은 인정해야 합니다. 그러나 여전히 두 신부가 삶과 자신들의 소명을 대하는 방식, 그리고 소명을 살아내는 방식은 모든 목회자들과 신자들에게 많은 도전을 던져 줍니다. 소설의 제목처럼 과연 치점과 밀리 어떤 사람에게 하나님은 천국의 열쇠를 주시고 싶으실까요? 물론 우리 개신교 신학에서는 오직 예수 그리스도에 대한 믿음과 그것을 통한 은혜로 구원을 얻기 때문에 어떤 사람의 삶이 구원을 가져다 주고 말고 하는 것은 아닙니다. 그럼에도 불구하고 하나님이 구원 사역에 사람을 쓰시는 것은 분명합니다. 그런 차원에서 볼 때 과연 하나님은 이 둘 중 누구를 더 진정한 구원의 도구로 사용하신 걸까요?

이 소설의 치점과 밀러 두 핵심 인물의 삶 중에서 오늘 본문인 민수기 18:20의 말씀, 즉 "너는 그들의 땅에서 기업도 없을 것이며, 그들 가운데에서 아무런 분깃도 없을 것이다. 내가 이스라엘 자손 가운데에서 너의 분깃이며, 너의 기업이다"라고 하신 말씀대로 산 사람은 당연히 치즘일 것입니다. 그는 선교지의 사이비 교인들이 교인의 머릿수를 가지고 홍정을 했을 때 그것을 거부했습니다. 그는 사람의 방식이나 그것을 통해 얻어낼 수 있는 교황청의 지원금에 자신의 선교의 성공을 의지하고 싶어하지 않았습니다. 그는 눈 한번만 딱 감으면 갈 수 있는 넓은 길을 거부하고, 오직 하나님을 두려워하고 진실을 추구하는 사람만이 갈 수 있는 좁을 길을 갑니다.

진정한 소명자, 사역자가 가야할 모습은 이런 것입니다. 하나님의 사역자는 하나님께서 그에게 이 땅에서 의지할 분깃이나 기업을 주지 않으셨으며, 오직 하나님의 나라를 위한 사역에서 나오는 것으로 먹고 살아야 한다는 것을 알아야 하고, 마음에 새겨야 합니다. 이럴 때 소명자는 타락하지 않을 수가 있습니다.

지금 현재 한국 교회의 위기의 상당 부분은 말씀 사역의 소명자들이 자꾸 하나님이 주지 않으신, 이 땅의 분깃과 기업을 탐하기 때문에 생기는 것이 아닙니까?

고 옥한음 목사님은 후배 목회자들을 위해 "사명자는 낙심하지 않는다"는 위대한 설교 시리즈를 유산으로 남기셨습니다. 그 안에 담긴 설교 중에서 옥 목사님이 너무 과도하게 좋은 차를 타고 다니는 목회자들을 책망하신 대목이 있습니다. 교인 수는 몇 명 되지도 않는, 가난한 지역의 교회의 목회자들이 교회와 교인들의 형편에 맞지 않게 그런 차를 탈 때 성도들이 얼마나 고통을 당하겠느냐 하는 점을 지적하셨습니다. 물론 옥 목사님은 형편이 되는 교회의 목회자는 그래도 된다고 말씀하신 것이 아닙니다. 자꾸 이 땅의 분깃과 기업을 탐하고, 외형적인 것을 추구하는 모든 목회자들을 꾸짖으신 것입니다.

지금 한국 교회, 그리고 한국의 목회자들은 심각하게 물어보아야 합니다. 과연 자신들이 치점처럼 진실과 본질적 가치를 추구하고 사는 것인지, 아니면 밀리처럼 껍질과 외형을 추구하고 사는 것인지. 그리고 과연 하나님은 어떤 목회자에게 천국의 열쇠를 맡기고 싶으실 것인지.

한국 교회의 운명은 이런 질문들에 제대로 된 답을 하고, 세상의 부귀와 영화, 세상의 분깃과 기업, 세상의 흠모과 환호를 추구하지 않은 채 오직 하나님만을 자신의 기업으로 여기고 사는 목회자들에게 달려 있습니다. 하나님의 교회가 더 이상 그리스도의 향기가 아니라 세상의 악취가 되어버린 이 위기의 시대에 아무쪼록 오직 하나님만이 자신의 유일한 기업임을 믿는 참된 목회자들이 많아져서 하나님의 촛대가 다른 곳으로 옮겨지지 않고, 다시 이 땅 위에 굳게 심어지게 되기를 주님의 이름으로 간절히 소망합니다.

민수기 19장

“부정을 씻는 물”: 간이 속죄제

민수기 19장의 신학 개관

이 장은 17:12-13(27-28)의 이스라엘 백성이 했던 탄식에 찬 질문, 즉 “[여호와의 성막에] 가까이 나아가는 모든 자들…이 사멸할 때까지 죽어야 합니까”라는 질문에 대한 하나님의 두 번째 대답이다. 하나님의 첫 번째 대답인 18장이 제사장들과 레위인들을 통해서 이스라엘 백성들의 죽음을 방지하는 것이었다면, 이 19장은 사람의 시체(11절)로 인해 부정하게 된 자들을 “부정을 씻는 물”(9, 13, 20, 21절; 31:23)로[1] 씻어서 정결하게 함으로써 죽음을 방지하는 것에 대해서 다루고 있다.

이 “부정을 씻는 물”은 본문의 표현에 따르면 “속죄제”(9절)로서 작용을 한다. 그러나 아마 이 물이 작동하는 방식을 고려하자면 좀 더 부연적으로 표현하여 “간이 속죄제”라고 부르는 것이 더 적절할 수도 있다.[2] 이 점을 좀

1 민수기 8:7의 “속죄의 물”은 이 19장의 “부정의 물”과는 다른 것일 가능성이 높다. 전자의 히브리어 표기가 메 할타트(מֵי חַטָּאת)인 반면에 후자의 것은 메 닏다(מֵי נִדָּה)이다. 이 후자의 표현은 아래의 민수기 19:9의 “사역 해설”에서 보듯이 시체로 인한 부정을 처리하는데 사용되는 물을 가리키는 전문용어인 것으로 보이며, 전자의 물, 즉 민수기 8:7의 레위인의 정결 의식에 사용되는 물은 시체로 인한 부정과는 상관이 없는 것으로 생각된다.

2 이하의 설명은 Gordon J. Wenham, *Numbers: An Introduction and Commentary*. Vol. 4. Tyndale Old Testament Commentaries (Downers Grove: InterVarsity Press, 1981), 163의 설명을 따른 것이다. 웬함은 “간이 속죄제” 대신에 “즉각적 속죄제”(instant sin offering)라는 용어를 사용하고 있으나 전자의 표현이 더 적절해 보이며, 이 글에서는 이것을 계속 사용하도록 하겠다.

더 자세하게 설명하자면 다음과 같다. 레위기에 따르면 간단한 부정들의 경우에는 그냥 물로 씻거나 저녁까지 기다리는 것으로 해결되었지만 심각한 부정들의 경우에는 7일 동안 기다린 후에 속죄제를 드려야만 했다(레 14:10-32; 15:13-15, 28-30). 그러나 제사는 상당히 비싸고 번거로운 해결 방식이었기 때문에 쉬운 일이 아니었다. 이런 면에서 "부정을 씻는 물"은 "사망으로 인해 발생한 오염의 심각성을 나타내 주면서도 비싸고 번거로운 제사라는 방식에 의존하지 않고 문제를 해결하는 방법"이었다.[3] 이런 면에서 이 물은 심각한 오염에 대한 정결 의식 및 그에 따르는 속죄제를 결합한 것과 비슷한 형식 및 성격을 갖고 있는 것으로 보인다.[4]

"부정을 씻는 물"을 만드는 과정은 다음과 같다(2-10절). 우선 이스라엘 백성이 "흠이 없고 아직 멍에를 메지 않은 완전한 붉은 암소"를 가져오게 한다(2절). 제사장 엘르아살은 이것을 진영 밖으로 끌고 가서 누군가 다른 사람이 이것을 도살하게 시킨다(3절). 이어서 그는 도살된 암소의 피를 손가락으로 찍어 그 피를 회막 쪽을 향해 일곱 번 뿌린다(4절). 이 의식은 대제사장의 속죄제(레 4:6; 참고, 8:11)나 온 회중의 속죄제(레 4:17) 혹은 대속죄일의 의식(레 16:14, 19)을 연상시킨다.[5] 이어서 엘르아살은 그 암소가 자기 앞에서 불태워지게 한다. 이 때 "불태우다"란 동사(싸라프, שָׂרַף)는 희생 제물이 제단에서의 "불사름"을 통해 정식으로 하나님께 올려지는 용도로 태워지는 뜻을 가진 동사(히크티르, הִקְטִיר)가 아니라 그냥 태워 없애는 용도로 태워지는 것을 가리키는 동사이다.[6] 암소 중 불태워지는 부위로 나열되는 것은 가

---

3 Wenham, *Numbers*, 163.

4 Wenham, *Numbers*, 163은 "부정을 씻는 물"이 속죄제와 비슷하다고 지적하지만 사실은 이 물을 만드는데 사용된 "백향목, 우슬초, 홍색 실"의 사용은 레위기 14장의 악성 피부병 환자의 정결 의식이나 집에 생긴 악성 곰팡이의 정결 의식에 사용된 것들과 동일하다(14:4, 6, 49, 51-52). 따라서 "부정을 씻는 물"은 "정결 의식+속죄 의식"의 역할을 하는 것으로 이해하는 것이 더 적절할 것이다

5 이것은 피를 일곱 번 나병 환자의 몸에 직접 뿌리는 악성 피부병 환자의 정결 의식과는 상관이 없는 것으로 생각된다(참고, 레 14:7).

6 이 두 동사의 용법 및 의미의 차이에 대한 좀 더 상세한 설명은 박철현, *레위기: 위험한 거룩성과*

죽, 고기, 피, 똥이다(5절). 피를 제외한 나머지 부위의 목록은 대제사장의 속죄제 및 온 회중의 속죄제의 경우를 연상시킨다(레 4:11-12, 21). 이런 점은 이 "부정을 씻는 물"이 일종의 "간이 속죄제"로서, 사람의 시체로 인한 부정이라는 심각한 오염을 해결하는 역할을 하리라는 것을 나타내주는 듯하다.

그러나 물론 이 물이 대제사장의 속죄제나 온 회중의 속죄제와 같은 정식 속죄제가 아니기 때문에 이것들과의 차이점들도 분명히 존재한다. 이런 차이점들 중에서도 가장 눈에 띄는 것으로는 속죄제의 경우와 달리 제물의 지방 부위 역시 제단이 아니라 진밖에서 불태워진 것으로 보인다는 점이다(참고, 레 4:8-10).[7] 왜냐하면 이 물을 만들기 위한 붉은 암소는 아예 처음부터 진 밖으로 이끌려갔고, 지방만을 따로 진 안으로 가져와서 제단 위에 불태워 드렸다는 언급이 없기 때문이다.

이처럼 암소를 진 밖에서 불태울 때 엘르아살이 아닌 다른 제사장이 정결 의식에서 주로 사용되는 백향목, 우슬초, 홍색 실을 불 속으로 던져 넣는다(참고, 레 14:4, 6, 49, 51-52). 그리고 마지막 단계로 암소의 재를 모아서 진영 밖의 정결한 곳에 모아 두었다가, 이스라엘 회중의 "부정을 씻는 물"로 사용한다(민 19:9). 이 물을 마련하는 과정에서 백향목, 우슬초, 홍색 실을 불에 던져 넣은 제사장, 암소를 불태운 사람, 재를 모은 사람은 다 부정하게 되기 때문에 옷을 빨고, 몸을 씻어야 하며, 저녁까지 부정한 상태에 머무르게 된다(7-8, 10절). 물론 마지막 사람의 경우에는 몸을 씻어야 한다는 언급이 없지만 정황상 그 역시 같은 종류의 부정을 겪고 있기 때문에 몸을 씻는 문제도 나머지 두 사람의 경우와 같았으리라고 생각된다.[8]

이렇게 해서 만들어진 "부정을 씻는 물"은 본문이 분명히 "속죄제"라고

의 동행 (서울: 솔로몬, 2018), 68을 보라.

7 Timothy R. Ashley, *The Book of Numbers*. The New International Commentary on the Old Testament (Grand Rapids: Eerdmans, 1993), 363.

8 Jacob Milgrom, *Numbers*. The JPS Torah Commentary (Philadelphia: Jewish Publication Society, 1990), 160.

부르고 있다(9, 17절). 그러나 이것이 앞에서 설명한 바와 같이 일반적인 속죄제와 같은 절차와 방식을 엄밀하게 따르고 있지 않기 때문에 아마 일종의 "간이 속죄제"로서, 사람의 시체로 인한 부정을 씻는 역할을 하는데 있어서 사용되었다고 생각된다. 만약 이 물이 없었다면 이스라엘은 레위기 14-15장의 심각한 부정을 해결하는 의식들에서 보듯이 정식으로 속죄제를 드려야 했고, 이것은 상당한 절차적, 비용적 부담을 야기했을 것이다. 이런 면에서 이 "간이 속죄제"로서의 "부정을 씻는 물"은 하나님의 섬세한 배려와 은혜를 보여준다.

이 물은 사람의 시체와의 접촉으로 인해 부정해진 사람을 정결하게 하는데 사용될 것이다(11-13절). 사람의 시체를 만진 사람은 7일 동안 부정하게 되는데, 이 부정하게 된 사람을 제3일과 7일에 이 "부정을 씻는 물"로 정결하게 한다(11-12절). 만약 이런 의식을 치르지 않는 경우 그 사람은 여호와의 성막을 더럽히며, 이스라엘 가운데에서 끊어지게 된다(13절).

이런 19장의 전반부(1-13절)의 내용은 후반부(14-22절)를 통해서 약간 다른 관점에서 다시 반복된다. 이 점은 이 19장이 가진 이중적 구조에 대해서 반영되어 있다. 이에 대한 좀 더 상세한 내용은 "단락 구분" 항목을 통해서 다루기로 한다.

참고적으로 민수기 5:2-3은 "모든 악성 피부병 환자와 유출증 있는 자와 죽은 자로 인해 부정하게 된 모든 자를 다 진 밖으로 내보내라"고 명령하고 있다. 여기에서 악성 피부병과 유출증의 경우에는[9] 사람이 항상 겪는 일이 아니고, 생리 작용 등과 같이 부득이하게 겪는 일도 아니다. 그러나 시체로 인한 부정은 가족이 죽거나, 혹은 가까이에서 어떤 사람이 갑자기 죽는 경우, 그리고 전쟁과 같이 광야 시대의 이스라엘이 정복 활동을 위해 가나안 접경에 다가가는 상황에서는 어쩔 수 없이 다수의 무리가 겪을 수밖

---

9 특히 "유출증"은 여성이 매달 겪는 생리나 남자의 몽설과 같이 부득이하게 발생하는 종류의 가벼운 부정의 경우는 말고 혈루병 등과 같은, 좀 더 지속적이고 심각한 종류의 유출증의 경우만 가리킨다고 봐야 할 것이다. 이에 대한 설명은 민수기 5:1-4의 "본문 해설"을 보라.

에 없는 일이었다. 이런 때마다 각 사람이 시체로 인한 부정이라는 심각한 부정의 문제를 해결하기 위해 다 레위기 4:1-5:13과 같은 일반적인 속죄제를 드려야 한다면 그것은 너무나도 비싸고 번거로운 일이었을 것이다. 이런 점에 있어서 시체의 부정이라는 부득이하게 발생할 수밖에 없는 문제에 대해서 "간이 속죄제"로서의 "부정을 씻는 물"이라는 조치를 마련해 주신 것은 하나님의 큰 은혜라고 할 수 있다.

이제 마지막으로 신약과의 관계를 잠깐 살펴보도록 하자. 히브리서 9:13-14는 "염소와 황소의 피와 및 암송아지의 재를 부정한 자에게 뿌려 그 육체를 정결하게 하여 거룩하게 하거든 하물며 영원하신 성령으로 말미암아 흠 없는 자기를 하나님께 드린 그리스도의 피가 어찌 너희 양심을 죽은 행실에서 깨끗하게 하고 살아 계신 하나님을 섬기게 하지 못하겠느냐"라는 말씀을 통해 민수기 19장의 붉은 암소로 만든 "부정을 씻는 물"에 대한 언급을 한다. 그러나 구약의 다른 모든 제사들이 그러했듯이 민수기 19장의 이 물도 결코 이스라엘 백성들에게 부정으로부터의 완전한 자유를 주지 못했으며, "너희 양심을 죽은 행실에게 깨끗하게" 할 수는 없었다. 이것을 가능하게 하는 것은 오직 그리스도의 피이다. 그리스도는 단 한번의 제사를 통해서 우리 성도들을 영원히 "온전하게" 하셨다(히 10:10-14[특히 14절]). 이것이 그리스도를 믿는 우리가 하나님 앞에서 가지는 담대함의 원천이며, 또한 우리가 하나님 앞에서 진정한 성도가 되기 위해서 가지는 숙제이다. 우리 각자는 히브리서 9:14의 말씀이 던지고 있는 질문, 즉 "그리스도의 피가 어찌 너희 양심을 죽은 행실에서 깨끗하게 하고 살아 계신 하나님을 섬기게 하지 못하겠느냐"란 질문에 대해서 대답을 해야 한다.

1단계: 사역

1. 여호와께서 모세와 아론에게 말씀하셨다.

2. 이것이 여호와께서 명령하시는 율법의 율례이다. 이스라엘 자손에게 말하여 흠이 없고 아직 멍에를 메지 않은 완전한 붉은 암소를 너에게 데려오게 하여라.
3. 너는 그것을 제사장 엘르아살에게 주어라. 그리고 그는 그것을 진 밖으로 끌어내고, 그것이 자기 앞에서 도살되게 하여라.
4. 제사장 엘르아살은 손가락에 그 피를 찍고 그 피를 회막 쪽을 향하여 일곱 번 뿌려라.
5. 그 암소를 자기 앞에서 불태우게 하여라. 그것의 가죽, 고기, 피를 똥과 함께 불태우게 하여라.
6. 제사장은 백향목, 우슬초, 홍색 실을 취하여 암소를 태우는 불 가운데에 던져라.
7. 제사장은 자기 옷을 빨고, 물로 몸을 씻고 난 후에 진에 들어가라. 그는 저녁까지 부정할 것이다.
8. 소를 불태운 자도 자기 옷을 물로 빨고, 물로 몸을 씻어라. 그도 저녁까지 부정할 것이다.
9. 그리고 정결한 사람이 이 암소의 재를 모아서 진 밖 정결한 곳에 두어라. 이것은 이스라엘 자손의 회중을 위하여 부정을 씻는 물에 쓸 것이다. 이것은 속죄제이다.
10. 암소의 재를 모은 자도 자기 옷을 빨아라. 그는 저녁까지 부정할 것이다. 이것은 이스라엘 자손과 그 중에 거류하는 거류민에게 영원한 율례이다.
11. 사람의 시체를 만진 사람은 7일 동안 부정할 것이다.
12. 그는 셋째 날과 일곱째 날에 [물로] 자신을 정결하게 하여라. 그러면 그가 정결하게 될 것이다. 만약 그가 셋째 날과 일곱째 날에 자신을 정결하게 하지 않으면 그는 정결하게 되지 않을 것이다.
13. 누구든지 죽은 자, 곧 사람의 시체를 만지고 자신을 정결하게 하지 않는 사람은 여호와의 성막을 부정하게 한다. 이 사람은 이스라엘에서 끊어지게 될 것이다. 왜냐하면 부정을 씻는 물이 그에게 뿌려지지 않았기 때문이다. 그는 부정할 것이며, 그의 부정함이 그에게 그대로 있을 것이다.
14. 이것이 장막에서 사람이 죽을 때의 율법이다. 누구든지 그 장막에 들어가는 자와 그 장막에 있는 자는 7일 동안 부정하다.
15. 뚜껑이 위에 덮여 있지 않고 열려 있는 모든 그릇은 부정하다.
16. 들에서 칼에 잘려 죽은 자나 사람의 시신이나 해골, 그리고 무덤에 접촉한 모든 사람은 7일 동안 부정하다.
17. 속죄제로 태운 [암소의] 재를 그 부정한 자를 위하여 취하여, 그것을 흐르는 물과 함께 그릇에 담아라.

18. 그리고 정결한 자가 우슬초를 취하여 그 물을 찍어 장막과 그 모든 물품들과 거기 있는 사람들, 그리고 해골이나 시신이나 잘려 죽은 자나 무덤에 접촉한 자에게 뿌려라.
19. 그 정결한 자가 셋째 날과 일곱째 날에 그 부정한 자에게 뿌리고, 일곱째 날에 그를 정결하게 할 것이며, 그는 자기 옷을 빨고 물로 씻어라. 그가 저녁이면 정결하게 될 것이다.
20. 사람이 부정하게 되고도 자신을 정결하게 하지 아니하면 그 사람은 회중 가운데에서 끊어질 것이다. 왜냐하면 그가 여호와의 성소를 부정하게 만들기 때문이다. 부정을 씻는 물이 뿌려지지 않은 자, 그는 부정하다.
21. 이것은 영원한 율례이다. 정결하게 하는 물을 뿌린 자는 자기 옷을 빨아라. 그리고 부정을 씻는 물에 접촉한 자는 저녁까지 부정할 것이다.
22. 부정한 자가 만진 모든 것은 부정하다. 그리고 그것을 접촉한 자도 저녁까지 부정하다.

2단계: 사역 해설

2절. "흠이 없고…완전한": 트미마 아쉐르 엔-바흐 뭄(תְּמִימָה אֲשֶׁר אֵין־בָּהּ מוּם). 트미마(תְּמִימָה)는 레위기에서 제물의 신체적 상태와 관련하여 흔히 언급하고 있는 특징인 "흠이 없는"이라는 뜻으로 사용된 단어인 타밈(תָּמִים)의 여성형이다. 그리고 아쉐르 엔-바흐 뭄은 그 자체가 직역을 하자면 "흠이 없는"이라는 뜻이다. 개역개정은 트미마를 다른 본문들(레 1:3, 10 등)에서는 "흠이 없는"이라고 번역하고 있지만 이 구절에서만은 "온전한"이라고 번역하고 있다. 그 이유는 정말 "흠이 없는"이라는 뜻을 가진 아쉐르 엔-바흐 뭄이라는 문구가 바로 뒤이어 사용되고 있기 때문에 양자를 구분지어 주고자 한 것으로 보인다. 그리고 여기에서 볼 수 있듯이 타밈의 일차적인 뜻은 원래는 "완전한" 혹은 "온전한"이 맞다.[10]

---

10 제물의 "흠 없음"을 "완전함" 혹은 "온전함"이라고 이해해야 하는 것의 신학적인 중요성에 대해서는 박철현, *레위기: 위험한 거룩성과의 동행* (서울: 솔로몬, 2018), 71-74을 보라. 나는 이 점이야말로 제사법 신학의 핵심들 중의 하나라고 생각한다.

"암소": 파라(פָּרָה). 이 단어를 민수기 19장은 "암송아지"와 "암소"를 섞어서 번역하고 있다. 이 단어 자체는 나이에 대한 정보를 담고 있지 않다.[11] 따라서 총칭인 "암소"로 번역하는 것이 좀 더 적절하다.

3절. "도살되게 하도록 하여라": 샤하트(שָׁחַט). 샤하트는 칼형이며, 능동형이다. 그러나 그 앞의 "자기 앞에서"란 표현이 분명히 보여주고 있듯이 이 동사의 주어는 엘르아살일 수가 없으며, 누군가 다른 사람이어야만 한다. 이처럼 동사의 주어의 정체가 특정되어 있지 않으며, 그 주어가 동사에 내포되어 있는 경우에 능동형 동사는 수동적인 의미로 해석하면 된다.[12]

5절. "불태우게 하여라": 붸싸라프(וְשָׂרַף). 제사법 본문에서 무엇인가를 "태우다"라는 의미로 사용되는 단어는 두 개가 있다. 첫 째는 여기에서 사용된 바와 같이 싸라프라는 동사이다. 그리고 다른 하나는 히크티르(הִקְטִיר)이다. 제물을 제단 위에서 태워서 하나님에게로 바쳐 올리는 행위는 후자, 즉 히크티르라는 동사로 표현된다. 반면에 제물의 남은 재, 혹은 제단 위에서 태우지 않고 진밖에서 제물의 부위들을 태워 없애는 행위는 싸라프로 표현된다.[13] 이 둘을 구분하기 위해 사역에서 싸라프는 "불태우다", 히크티르는 "불사르다"로 일관되게 번역하고 있다. 현재 구절에서는 싸라프라는 단어를 사용하고 있으며, 이 경우 이 의식의 의미가 무엇인지에 대해 유념하여야 한다.

이 단어와 관련하여 또 한 가지 유념하여야 할 점은 이 단어 자체는 사

---

11 오경의 제사 및 제의와 관련된 동물들을 지칭하는 단어들이 그 자체로 나이 개념을 내포하고 있지 않다는 점에 대해서는 René Péter-Contesse and John Ellington. *A Handbook on Leviticus* (UBS Handbook Series; New York: United Bible Societies, 1992), 15, 40; 박철현, *레위기*, 293을 보라.

12 이에 대해서는 George Buchanan Gray, *A Critical and Exegetical Commentary on Numbers*. International Critical Commentary (New York: C. Scribner's Sons, 1903), 253을 보라. 또한 문법적 자료는 A. B. Davidson, *Introductory Hebrew Grammar Hebrew Syntax*. 3d ed. (Edinburgh: T&T Clark, 1902), §108a; Friedrich Wilhelm Gesenius, *Gesenius' Hebrew Grammar*. Edited by E. Kautzsch and Sir Arthur Ernest Cowley. 2d English ed. (Oxford: Clarendon Press, 1910), §144d를 보라.

13 이런 두 단어의 차이에 대한 좀 더 자세한 설명은 박철현, *레위기*, 55을 보라.

역형이 아니라는 점이다. 그러나 8절의 내용을 고려해볼 때 이 불태우는 의식은 제사장이 직접 한 것이 아니라 다른 사람이 한 것으로 보인다. 이런 문맥을 고려하여 이 단어를 사역적인 의미로 번역하였다.

9절. "부정을 씻는 물": 메 닏다(מֵי נִדָּה). 메는 "물"(water)이란 뜻의 단어인 마임(מַיִם)의 연계형이다. 닏다(נִדָּה)란 단어의 뜻은 크게 두 가지 정도로 압축된다(레 15:19).[14] 첫째, 이 단어는 제의적인 부정을 나타내는 단어이다. 즉 월경으로 인한 부정(레 12:2; 15:19-20; 겔 18:6; 22:10 등), 시체와의 접촉으로 인한 부정(민 19:9, 13, 20, 21; 31:23) 등을 나타낼 수 있다. 둘째, 이 단어는 각종 부정을 나타낼 수 있다. 즉 여러 가지 부정한 물건이나 대상들(스 7:19, 20; 애 1:17), 우상(대하 29:5; 스 9:11), 기타(슥 13:1) 등이다. 이 중에서 특히 민수기 19장이 다루고 있는 메 닏다, 즉 "부정을 씻는 물"이란 표현은 오직 시체와의 접촉에만 관련되어 있는 특수한 용어로 사용되고 있는 것으로 생각된다.

"속죄제": 핱타트(חַטָּאת). "속죄제"라고 번역한 이 단어는 기본적으로는 "죄"(sin) 혹은 "죄의 상태"(condition of sin)라는 뜻을 갖고 있지만 또한 이 "죄에 대한 심판"(punishment for sin)을 의미할 수도 있으며, 더 나아가서는 이 죄의 해결을 위한 제사(sin offering)를 의미할 수도 있다.[15] 또는 최근의 레위기 제의법 전문 학자들은 핱타트가 "깨끗케 함"(cleansing) 혹은 "정결케 함"(purification)을 의미할 수도 있다는 지적을 하며, 이에 따라 "속죄제"라는 전통적인 용어도 "정결제"(purification offering)라고 번역해야 한다고 주장하기도 한다.[16]

이 단어가 가진 이런 다양한 의미들에 기초해서 볼 때 이 9절의 핱타트

---

14 Wilhelm Gesenius and Samuel Prideaux Tregelles, *Gesenius' Hebrew and Chaldee Lexicon to the Old Testament Scriptures* (Bellingham, WA: Logos Bible Software, 2003), 534; Francis Brown, Samuel Rolles Driver, and Charles Augustus Briggs, *Enhanced Brown-Driver-Briggs Hebrew and English Lexicon* (Oxford: Clarendon Press, 1977), 622(BDB로 약어 표기)를 보라.

15 Ashley, *Numbers*, 368.

16 Milgrom, *Numbers*, 253. 이런 류의 견해에 대한 정리는 박철현, *레위기*, 161-162를 보라.

는 문맥상 "속죄제", "정결 의식" 혹은 "정결 의식에 관계된 것" 등으로 번역될 가능성이 있다. 현재 사역에서는 전통적인 성경번역본들(KJV, 개역개정 등)을 따라서 "속죄제"라고 번역하였다. 그러나 좀 더 최근의 여러 번역본들은 이 "부정을 씻는 물"의 제작 과정과 그 결과물이 결코 레위기 4-5장 등에 나오는 일반적인 속죄제와 명백히 성격이 다르므로 이 단어를 "속죄제"로 번역해서는 안 된다고 보며, 그 대신에 여러 가지 다른 방식으로 번역을 한다. NIV, NASB95, NET 등은 "죄의 '정결'(혹은 '정결을 위한 것')"(purification for/from sin) 등으로 번역하고 있다. 또한 새번역 성경은 아예 이 단어를 풀어쓰기 하여 "죄를 속하려 할 때에"라고 번역하고 있다. 그러나 민수기 19장의 내용 전반을 고려할 때 현재의 사역과 같이 전통적인 번역을 고수하는 것이 최선으로 생각된다.[17] 이 번역에 대한 추가적인 설명과 논의는 아래의 "본문 해설"을 참고하라.

12절. 이 구절은 히브리어 원문 자체만 보면 "그는 셋째 날에 자신을 정결하게 하여라. 그러면 일곱째 날에 정결하게 될 것이다. 만약 그가 셋째 날에 자신을 정결하게 하지 않으면 일곱 째 날에 그는 정결하게 되지 않을 것이다"처럼 읽을 수 있는 소지도 있다. 그러나 19절이 명시적으로 언급하고 있는 내용을 볼 때 개역개정이나 현재 사역과 같이 번역하는 것이 더 타당하다고 생각된다.

"[물로]": 보(בּוֹ). 히브리어 원문을 직역하자면 "그것으로"이다. 그러나 문맥의 흐름상 단지 직역대로 번역하면 그 내용을 파악하기 힘들다. 이 문구에서 "그것"은 앞에서 언급된 "부정을 씻는 물"이 분명하다.[18] 사역은 이

17 물론 이 말은 이 "부정을 씻는 물"이 일종의 "간이 속죄제"라는 개념을 유지해야 한다는 뜻, 다시 말해 일종의 제사의 대체물로서의 기능을 한다는 뜻이지 꼭 "속죄제"라는 단어 자체를 고수해야 한다는 의미는 아니다. 따라서 최근에 할타트를 "속죄제"보다는 "정결제" 로 번역하는 것이 더 낫다는 최근의 레위기 학계의 거의 만장일치적 견해를 고려할 때 "정결제"로 번역하는 것도 좋은 선택이라고 본다. 단지 이 사역은 이 글의 주된 독자들이 학자들이 아니라 목회자들이라는 점을 고려할 때 교회에서의 사용시의 혼란을 방지하는 차원에서 "속죄제"라는 번역을 유지하는 것뿐이다. 이런 제사 용어에 번역에 대한 논의는 박철현, *레위기*, 161-162를 보라.

18 Ashley, *Numbers*, 368.

점을 살려서 번역하였다. 물론 개역개정이나 대부분의 영어성경들도 다 이렇게 번역하고 있지만 이것이 원문의 직역은 아니기 때문에 이 문구를 사각 괄호 속에 넣었다.

13절. "끊어지게 될 것이다": 붸니크르타(וְנִכְרְתָה). 이 표현은 항상 하나님에 의한 심판을 의미한다. 이에 대한 자세한 설명 및 참고문헌은 민수기 4:18의 "본문 해설"을 참고하라.

"부정을 씻는 물": 메 닏다(מֵי נִדָּה). 개역개정은 이 구절에서 이 문구를 "정결하게 하는 물"이라고 번역하고 있다. 그러나 이미 9절에서 개역개정은 이 동일한 문구를 "부정을 씻는 물"이라고 번역한 바가 있다. 사역은 본문의 일관성을 살리기 위해 9절과 일치시켜 번역하였다.

"뿌려지지": 조라크(זֹרַק). "뿌리다"라는 뜻의 동사인 자라크(זָרַק)의 푸알 3인칭 남성 단수. 이 푸알형은 간혹 칼 수동형으로 간주되기도 한다.[19] 이 동사는 이 형태로는 구약에서 오직 두 번만 사용되며, 모두 이 장에만 나온다(13, 20절).

제사법 신학 속에서 볼 때 이 자라크는 힛자(הִזָּה, 나자[נָזָה]의 히필형)란 동사와 항상 비교된다. 자라크가 좀 더 많은 양의 피를 뿌린다는 의미에서 보통 영어로 splash라고 번역되는 반면, 힛자는 작은 양의 피를 손가락으로 찍어 뿌린다는 의미에서 영어로 sprinkle이라고 번역된다.[20]

문제는 민수기 19장이 동일한 의식을 지칭하는 것으로 보이는 동작에 이 두 개의 분명히 의미가 다른 단어를 혼용해서 사용하고 있다는 것이다. 즉 13, 20절은 자라크를 한번씩 사용하고 있고, 18, 19절은 힛자를 한번씩 사용하고 있다.[21] 이에 따라 어떤 학자들은 이 두 단어의 혼용이 19장 본문

---

19 William Lee Holladay and Ludwig Köhler, *A Concise Hebrew and Aramaic Lexicon of the Old Testament* (Leiden: Brill, 2000), 93.

20 이에 대한 더 상세한 해설은 박철현, *레위기*, 66을 보라.

21 Dennis Cole, *Numbers*. Vol. 3B. The New American Commentary (Nashville: Broadman & Holman Publishers, 2000), 313.

에 깔린 상이한 자료들 및 편집 과정의 흔적을 보여주는 것이라고 생각하기도 한다.[22]

그러나 이런 역사비평학적인 해결책보다는 콜(Cole)의 주장이 더 좋은 해결책인 것 같다. 그에 따르면 이 두 단어는 교차대조법적 구성을 갖고 있다.[23]

13절: 자라크

18절: 힛자

19절: 힛자

20절: 자라크

또한 그에 따르면 자라크는 모두 "부정을 씻는 물"을 뿌림으로써 부정을 씻는 의식을 치르지 않은 부정적인 경우들에 대해서 언급하고 있다: "부정의 물이 뿌려지지 않았기 때문"(13절), "부정의 물이 뿌려지지 않은 자"(20절). 반면에 힛자는 모두 정결 의식의 와중에 이 물을 뿌리는 절차를 언급할 때 사용되고 있다(18, 19절). 이런 면에서 그는 자라크는 정결 의식을 수행하지 않은 잘못된 경우를 지적하는데 쓰이는 표현으로 사용된 것이며, 힛자는 실제 정결 의식을 수행하는 절차를 구체적으로 묘사하는데 사용된 것일 뿐이라고 주장하였다. 따라서 우리는 이 두 용어가 문맥상 각자의 역할이 있을 뿐 다른 문서나 편집 과정의 증거라고 볼 필요가 없다.

16절. "시신": 메트(מֵת). 이 단어는 "죽다"(to die)라는 동사인 무트(מוּת)의 칼 분사 남성 단수 형태이다. 이 분사형은 현재 문맥에서는 "죽은 자"(a dead man) 혹은 그의 "시신"을 의미한다. 이 시신은 바로 앞의 "들에서 칼에 잘려 죽은 자"와 대조적으로 어떤 자연적인 원인으로 죽은 자나 그의 시신

22 이 점에 대해서는 Ashley, Numbers, 372-373의 정리를 보라.

23 Cole, *Numbers*, 313.

을 가리킨다. 이런 점에서 이 단어를 "시신"이라고 번역하였다.

17절. "속죄제로 태운 [암소]": 쓰레파트 하핟타트(שְׂרֵפַת הַחַטָּאת). 여기에서 "속죄제"라는 표현은 레위기 4-5장의 속죄제를 가리키는 것이 아니라 이 민수기 19장에서 "부정을 씻는 물"을 위해 태운 암소를 가리키는 표현이다(9절). 이 점을 분명히 해주기 위해 "[암소]"라는 표현을 추가하였다. 개역개정은 하핟타트를 "죄를 깨끗하게 하려고"라고 풀어서 번역하고 있는데, 이 번역은 이 히브리어 표현의 문맥상의 의미를 모호하게 만들고 있기 때문에 좋지 않다고 생각되며, 폐기되어야 한다고 본다.

"흐르는 물": 마임 하임(מַיִם חַיִּים). 이 히브리어 표현에서 "흐르는"에 해당하는 하임의 기본 뜻은 "살아 있는"이다. 즉 "흐르는 물"은 "살아 있는 물"이다. 레위기 14:5-6, 50-52; 15:13에 따르면 악성 피부병으로 인해 죽은 자와 같은 취급을 받았던 사람이나 같은 증상으로 인해 부정하게 된 집, 그리고 유출병이 있는 자를 정결하게 하는 의식에 이 "흐르는 물"을 사용하였다. 이 때 이 "흐르는 물", 곧 "살아 있는 물"은 악성 피부병 환자나 집,[24] 그리고 유출병 환자의 회복이 곧 생명의 회복과 같다는 점을 나타내는 것으로 보인다.[25] 이런 면에서 시체로 인한 부정을 처리하기 위한 "부정을 씻는 물"의 제작에 "흐르는 물"이 사용되는 것은 아주 적절하다.

20-21절. "부정을 씻는 물": 개역개정은 "정결하게 하는 물"이라고 번역하고 있다. 앞의 13절의 사역 해설을 참고하라.

---

24 현대의 의학적 개념으로는 악성 피부병은 사람이 걸리는 것이지 집이 걸리는 것은 아니다. 아마 집에 걸린 악성 피부병은 현대적 개념으로는 악성 곰팡이 같은 것이었을 것이다. 그러나 레위기 본문에서는 집에 피는 이런 곰팡이들을 지칭할 때도 사람에게 걸린 "악성 피부병"을 지칭하는 용어를 그대로 사용하였다. 원어상으로 이처럼 양자가 연결되어 있다는 점을 부각시키기 위해서 이 글에서는 계속 "악성 피부병에 걸린 집"이라는 표현을 사용하고 있다. 이런 용어상의 문제 및 번역에 대해서는 박철현, *레위기*,

25 박철현, *레위기*, 412, 415, 434의 해설을 보라.

3단계: 단락 구분

민수기 19장의 단락 구분은 다음과 같이, 19:1의 말씀 도입구와 19:21b-22의 부기(appendix) 사이의 부분이 두 개의 평행하는 패널(A, B)을 구성하고 있는 이중적 형태(bifid structure)로 이루어져 있다.[26]

19:1 말씀 도입구

19:2-20 패널 A-B

패널 A(19:2–13)	패널 B(19:14–20)
19:2a 패널 도입구 19:2b-10 "부정을 씻는 물"의 준비 (이 물의 준비 과정이 부정 야기) 19:11-12 정결 의식 절차 19:13 정결 의식 간과할 때 처벌	19:14a* 패널 도입구 19:14a*-16 시체를 만지는 것이 부정 야기 19:17-19 정결 의식 절차 19:20 정결 의식 간과할 때 처벌
*표시는 해당 구절의 일부만이 이 항목에 포함된다는 표시이다.	

19:21-22 부기(appendix)

이 장은 레위기와 민수기의 규례 본문들이 항상 그렇듯이 하나님의 말씀 도입구인 "여호와께서 모세와 아론에게 말씀하셨다"라는 문구로 시작된다. 이 장에서는 이 문구가 더 이상 나오지 않기 때문에 이 장은 단일한 주제, 즉 "부정을 씻는 물"에만 집중하고 있음을 알 수 있다.

이 장의 중심이 되는 2-20절의 본문은 두 개의 단원, 즉 2-13절과 14-20절의 두 개의 단원으로 이루어져 있는데, 이 두 단원은 두 개의 마주 보는 병풍처럼 서로 상응하고 있기 때문에 이 각 단원을 각각 "패널"(panel)

---

26 이하의 19장의 구조에 대한 분석은 Milgrom, *Numbers*, 437-438과 그에 기초한 Cole, *Numbers*, 303-304의 제안을 바탕으로 해서 약간의 수정을 가한 것이다. 이와 본질적으로 상응하는 분석은 Gray, *Numbers*, 241; Baruch A. Levine, *Numbers 1-20: A New Translation with Introduction and Commentary*, vol. 4, Anchor Yale Bible (New Haven; Yale University Press, 2008), 457-458 등에서도 역시 찾아볼 수 있다.

A와 B로 칭한다.

각 패널의 첫 부분은 다음과 같이 서로 상응하는 단원 도입구로 되어 있다.

패널 A: 이것이…율법의 율례이다(조트 훅카트 할토라, זֹאת חֻקַּת הַתּוֹרָה) (19:2a).

패널 B: 이것이…율법이다(조트 할토라, זֹאת הַתּוֹרָה) (19:14a)

각 패널의 두 번째 부분은 언뜻 보기에는 서로 상응하지 않는 내용을 담고 있는 것처럼 보인다. 패널 A의 이 부분(2b-10)은 "부정을 씻는 물"의 준비 과정에 대해서 다루고 있고, 패널 B의 이 부분(14a*-16)은 시체를 만짐으로 인해 발생하는 부정에 대해서 다루고 있기 때문이다. 그러나 양자 사이에는 몇 가지 상응점들이 있다. 첫째, 패널 A의 "부정을 씻는 물"과 패널 B의 시체와의 접촉은 모두 대상을 부정하게 만든다는 점에서 서로 상응성이 있다(7-8, 10절과 14a*-16절).

둘째, 패널 A의 "부정을 씻는 물"이 패널 B의 부정을 처리하는 물건이기 때문에 양자는 각각 해결책과 그 해결 대상이라는 측면에서 내용상의 상응성이 있다.

각 패널의 세 번째 부분은 정결 의식의 절차를 다루고 있다는 점에서 서로 상응성이 있다. 패널 A의 이 부분(11-12절)이 좀 더 원론적인 측면을 다룬다면 패널 B의 이 부분(17-19절)은 절차적인 부분들을 다루고 있다.

각 패널의 마지막 부분은 19장이 다루고 있는 바, "부정을 씻는 물"을 사용한 정결 의식을 간과할 때의 문제를 다루고 있다. 시체를 만지고도 이 정결 의식을 시행하지 않는 사람은 성막을 더럽히기 때문에 백성 가운데서 끊어지게 될 것이다(13, 20절).

19장의 마지막은 21-22절의 부기(appendix)가 장식하고 있다. 이 부기는 19장의 내용을 정리해주고, 이 장이 지금까지 미처 언급하지 않았던 점, 즉 시체로 인해 부정하게 된 사람에 의해 부차적으로 오염된 사람의 처리에 대해서 간략하게 다루고 있다.

단락 구분과 관련하여 마지막으로 살펴 볼 사항은 이 장의 구조 분석을 위해서 보조적인 역할을 하는 문구이다. 이 문구는 "영원한 율례"(훅카트 올람, חֻקַּת עוֹלָם ה)라는 문구이다. 이 문구는 19장에 총 두 번(10, 21절) 나온다. 이 문구의 첫 번째 것은 패널 A에서는 해당 패널의 핵심 부분인 "부정을 씻는 물"을 제작하는 과정(2b-10절)과 해당 패널의 나머지 부분(11-13절)을 나눠주는 구분선의 역할을 하고 있다(10절). 그리고 이 문구의 두 번째 것은 패널 B(14-20절)과 마지막의 "부기" 단락(21-22절)을 나눠주는 구분선의 역할을 하고 있다.

4단계: 본문 해설

1절. "여호와께서 모세와 아론에게 말씀하셨다": 민수기 19장은 레위기와 민수기의 규례 본문들에 흔히 사용되는 이 말씀 도입구로 시작한다. 단지 이 장의 차이점이라면 통상적인 경우와 달리 이 규례의 말씀의 청자(聽者)가 "모세와 아론"이라는 점이다. 대개의 경우는 말씀 도입구에 언급되는 청자는 모세 단독이거나 간혹 아론 단독이다(참고, 민 18:1, 8, 20). 둘 모두가 공동 청자로 언급되는 경우는 극히 드물다(참고, 레 11:1; 13:1; 14:33; 15:1). 2절의 "너" 등을 고려할 때 이 규례의 말씀의 주 청자는 모세이기는 하지만, 그 내용이 심각한 오염으로 인한 부정을 씻는 내용이라는 점에서 제사장의 역할이 중요했기 때문에 그가 공동 청자로 언급되지 않나 생각된다(참고, 11:1 등).[27]

2a절. "이것이…율법의 율례이다": 이 문구는 패널 A(19:2-13)의 도입구이다. "율법의 율례"(חֻקַּת הַתּוֹרָה)란 문구는 구약내에서 이 장을 제외하고는

27 레위기 11:1에서 아론이 공동 청자인 이유에 대한 비슷한 설명에 대해서는 박철현, *레위기*, 196-197을 보라.

단 한번, 역시 시체로 인한 부정을 다루는 본문에서 언급되며(민 31:21), "율법"과 "율례"라는 비슷한 어휘의 중첩은 이 규례의 중요성을 부각시켜 주기 위한 것으로 보인다.[28]

또한 앞의 "단락 구분"에서 이미 본 바와 같이 이 문구는 패널 B(19:14-20)의 도입구인 "이것이…율법이다"란 문구(14a절)와 상응한다. 이 두 문구는 패널 A와 B가 서로 상응하는 내용으로 진행될 것임을 예고해주는 역할을 한다.

2b절. 2b-10절은 패널 A의 도입구에 이은 부분으로서, "부정을 씻는 물"의 준비 과정에 대해서 다루고 있다. 2b는 특히 이 "물"의 가장 중요한 재료가 되는 "붉은 암소"의 선택 기준을 명시하고 있다.

"흠이 없고 아직 멍에를 메지 않은 완전한 붉은 암소": 19장의 "간이 속죄제"인 "부정을 씻는 물"을 만드는데 사용될 짐승은 "붉은 암소"이다. 이 경우를 제외하고는 제물의 선택 조건을 따지는데 있어서 가축의 색깔이 언급된 적은 단 한번도 없다는 점에서 독특성이 있다. 아마 이 색깔은 피를 상징하는 것으로 생각된다.[29]

이 암소의 선택 조건으로는 또한 "흠이 없고…완전한" 것이어야 한다는 점이 언급되어 있다. 이 때 "흠이 없고"란 표현은 엔-바흐 뭄(אֵין־בָּהּ מוּם)이고, "완전한"은 트미마(תְּמִימָה)의 번역이다. 이에 대한 상세한 해설과 참고문헌은 앞의 "사역 해설"을 보라. 이 두 문구는 현재 문맥에서는 동어반복적인 용도로 사용되고 있는 것으로 보인다. 따라서 이것은 "부정을 씻는 물"이란 특별한 하나님의 조치에 사용될 제물이 아주 엄격한 기준에 따라 선택되어야 함을 강조하고 있는 것으로 보인다.

또한 이 암소는 "아직 멍에를 메지 않은" 소여야 한다. 이 말은 이 암소

---

28 Ashley, *Numbers*, 363.

29 Baruch A. Levine, *Numbers 1-20: A New Translation with Introduction and Commentary*. Vol. 4. Anchor Yale Bible (New Haven; London: Yale University Press, 2008), 461.

가 세속적인 용도로 사용된 적이 없어야 함을 뜻한다.[30]

이처럼 "부정을 씻는 물"을 만드는데 사용될 암소는 일반적인 제물의 경우보다 훨씬 더 엄격하게 선택되었던 것으로 보인다. 그 이유는 아마 이 물이 일종의 "간이 속죄제"로서 작용하면서 이스라엘 백성의 부정을 좀 더 쉽게 처리할 수 있게 해주는 대신 이 물을 만드는데 사용된 기준은 더 높게 요구함으로써 이것이 단순한 편법적 방법이 아니라는 점을 부각시키기 위한 것이 아닌가 생각된다. 편한 조치의 배경에는 더 엄격한 기준이라는 요소가 놓여있는 것이다.

3절. "제사장 엘르아살": 대제사장 아론 대신에 그의 아들 엘르아살이 이 일을 하는 유는 다음의 몇 가지로 생각된다.[31] 첫째, 이스라엘의 제의의 가장 중심에 있는 대제사장 아론은 될 수 있는 한 모든 종류의 부정으로부터 오염되지 않아야 했기 때문에 이 "부정을 씻는 물"을 만드는 과정에서 야기될 수 있는 부정의 가능성을 피해야 했기 때문인 것으로 생각된다. 둘째, 엘르아살은 이미 성막 운반 및 기타 상황과 관련하여 중요한 역할들을 해왔는데(민 3:32; 4:16; 16:37-39[히브리어 원문, 17:2-4]), 이 번 경우에도 대제사장 아론이 해서는 안 되는 일에 있어서 최종 책임을 감당하는 역할을 하고 있는 것으로 보인다.

"그것을 진 밖으로 끌어내고, 그것이 자기 앞에서 도살되게 하여라": 제사장 엘르아살은 암소를 진 안에서 잡아 제단에 태우는 것이 아니라 진 밖으로 데리고 나간다. "부정을 씻는 물"을 준비하는 과정은 모두 진 밖에서 이루어지며, 만들어진 물도 "진 밖 정결한 곳"에 보관되었다가 필요한 경우에 사용될 것이다(9절).

"사역 해설"에서 다룬 바와 같이 히브리어 원문을 고려할 때 엘르아살은 진 밖으로 암소를 데려가는 일을 맡았지만 도살은 다른 사람이 했던 것

30 Jacob Milgrom, *Numbers*. The JPS Torah Commentary (Philadelphia: Jewish Publication Society, 1990), 158.

31 Milgrom, *Numbers*, 158을 참고한 것이다.

으로 보인다.

4절. 제사장 엘르아살은 도살한 암소의 피를 손가락에 찍어서 회막 쪽을 향하여 일곱 번 뿌린다. 이 의식은 대제사장의 속죄제(레 4:6; 참고, 8:11), 온 회중의 속죄제(레 4:17), 대속죄일의 속죄 의식(레 16:14, 19)과 같이 구약 이스라엘의 제의에서 가장 중대하고 높은 차원의 속죄제나 속죄 의식에 했던 행위를 연상시킨다. 이 점은 앞에서 살펴 본 바와 같이 암소의 선택 기준을 더 엄격하게 요구했던 점과 상응한다.

5절. 이 암소는 진 밖에서 불태워지는데, 가죽, 고기, 똥을 불로 태우는 의식 역시 대제사장의 속죄제나 온 회중의 속죄제를 연상시킨다(레 4:11-12, 21). 역시 중대한 속죄제를 드리는 의식과 비슷하면서도 더 엄숙한 면이 있다. 왜냐하면 후자의 두 속죄 제물의 경우에는 최소한 지방은 하나님께 태워 올리고(레 4:8-10, 19-20), 그 나머지만을 진 밖으로 내어가서 정결한 곳에서 불로 태웠다(4:11-12, 21). 또한 그 제물의 피도 특별한 방식으로 성막 안의 기물들과 뜰의 제단에 사용하였다(4:5-7, 16-18). 반면에 이 19장의 암소의 경우에는 그 피와 지방과 더불어 나머지 모든 것들을 다 처음부터 진 밖에서 태웠다.

6절. 암소를 태우는 과정에서 "백향목, 우슬초, 홍색 실"을 불 속에 던져 넣는다. 이 세 가지 물건은 정결 의식에 흔히 사용되는 물품들이었기 때문에 "부정을 씻는 물"을 만드는 작업과 잘 어울린다(레 14:4, 6, 49, 51-52).

이 때 이 작업을 하는 제사장에 대해서는 단지 "제사장"이라고만 되어 있고, 엘르아살의 이름(참고, 3-4절)은 언급되어 있지 않다. 아마 그 이외의 다른 제사장이 이 절차를 담당했을 것이다.

7-8절. "부정을 씻는 물"에 관여한 제사장과 암소를 태운 사람은 이 물을 만드느라 부정하게 되었으므로 옷을 물로 빨고, 몸을 씻어야 하며, 저녁 때까지 부정한 상태에 머무르게 된다고 한다. 이런 절차는 각종 부정에 의해 오염된 자들이 행하는 정결 의식의 절차였다(레 11:25, 40; 14:8, 9; 15:5).

9절. 앞의 과정들을 통해서 만들어진 암소의 재는 "정결한 사람"이 모아 가지고, 진 밖의 정결한 곳에 보관한다. 이렇게 해서 모아진 재는 나중에 이스라엘 백성들과 거류민들에게 발생한 부정을 씻는 데 사용될 것이다.

"이것은 속죄제이다": "부정을 씻는 물"을 "속죄제"(핱타트, חַטָּאת)라고 부르고 있는 이 문구는 아주 중요하다. 상당수의 주석가들과 성경 번역본들은 이 "부정을 씻는 물"이 일반적인 속죄제(참고, 레 4:1-5:13)와는 너무나도 다르기 때문에 상당수의 학자들은 핱타트가 결코 "속죄제"라는 의미일 수가 없다고 보고, 대신 이 단어를 정결의 행위나 의식을 가리키는 표현이라고 본다. 일례로 그레이(Gray)는 이 단어를 "속죄제"로 번역하는 것은 의미가 통하지 않으며, "죄를 제거하는 수단"(a means of removing sin)이라고 해석해야 한다고 주장한다.[32] 그러나 19장의 앞의 구절들의 본문 해설에서 보듯이 이 물을 위해 준비하는 과정은 일반적인 속죄제들, 그 중에서도 특히 대제사장의 속죄제와 같이 의식의 엄숙성 수준이 높은 속죄제들을 흉내내고 있다는 점은 이것이 일종의 "간이 속죄제"로 기능하도록 하기 위한 하나님의 안배임을 보여주고 있다. 따라서 전통적인 성경 번역본들의 해석과 마찬가지로 "속죄제"로 번역하는 것이 좋다고 생각된다.

10절. 7-8절에서 본 바와 마찬가지로 9절의 재를 모은 "정결한 사람" 역시 부정하게 된다. 따라서 그도 역시 동일한 정결 의식을 치러야 했다. 그 역시 옷을 빨고, 저녁까지 부정의 상태에 겪어야 했다. 또한 비록 10절에는 물로 몸을 씻는 절차는 언급되어 있지 않지만 그 역시 이 절차를 치러야 했을 것이다. 7-8절의 사람들과 이 재 모으는 사람만 이 점에 있어서 달라야 할 이유가 없기 때문이다.

11-12절. 2-10절이 "부정을 씻는 물"을 만드는 과정에 대한 내용이라면 패널 A의 세번째 항목인 11-12절은 이 물로 정결 의식을 치르는 절차에 대해서 다루고 있다. 이 항목은 패널 B의 상응 부분(17-19절)과 상당히 비슷한

---

32 Gray, *Numbers*, 252. Cole, *Numbers*, 308; W. H. Bellinger Jr. *Leviticus, Numbers*. Understanding the Bible Commentary Series (Grand Rapids: Baker Books, 2012), 254도 결국 비슷한 견해를 가진 것으로 보인다.

내용을 담고 있기 때문에 함께 다루는 것이 좋을 것이다.

먼저 이 두 평행 본문을 함께 모아보면 다음과 같다.

패널 A(11–12)	패널 B(17–19)
11절. 사람의 시체를 만진 사람은 7일 동안 부정할 것이다.	
	17절. 속죄제로 태운 [암소의] 재를 그 부정한 자를 위하여 취하여, 그것을 흐르는 물과 함께 그릇에 담아라. 18절. 그리고 정결한 자가 우슬초를 취하여 그 물을 찍어 장막과 그 모든 물품들과 거기 있는 사람들, 그리고 해골이나 시신이나 잘려 죽은 자나 무덤에 접촉한 자에게 뿌려라.
12절. 그는 셋째 날과 일곱째 날에 [물로] 자신을 정결하게 하여라. 그러면 그가 정결하게 될 것이다.	19절. 그 정결한 자가 셋째 날과 일곱째 날에 그 부정한 자에게 뿌리고, 일곱째 날에 그를 정결하게 할 것이며, 그는 자기 옷을 빨고 물로 씻어라. 그가 저녁이면 정결하게 될 것이다.
만약 그가 셋째 날과 일곱째 날에 자신을 정결하게 하지 않으면 그는 정결하게 되지 않을 것이다.	

위의 두 구절의 비교에서 보듯이 11-12절은 좀 더 원론적인 점에 집중한다. 그리고 그 평행 본문인 17-19절은 좀 더 절차적인 측면에 집중한다.

우선 11절은 "사람의 시체를 만진 사람"이 7일 동안 부정한 상태에 있게 된다는 대원칙을 천명하고 있다. 그러나 이 대원칙은 몇 가지 점에서 추가적인 사항들을 유념하여야 한다.

첫째, 이 원칙의 내용이 7일 후에는 이 시체로 인해 부정하게 된 자가 자동적으로 정결하게 된다는 의미가 결코 아니라는 점을 놓쳐서는 안 된다. 12절의 끝, 그리고 13절 후반절이 분명하게 밝히고 있듯이 그는 "부정을 씻는 물"로 씻는 절차를 치르지 않는 한 결코 자동으로 정결하게 되지 않을 것이다.

둘째, 11절에 따르면 단순히 "시체를 만진 사람"이 "부정을 씻는 물"의 적용 대상인 것 같지만 평행 본문 중의 18절은 이 물의 정결 의식 정결 대상에 대해서 추가적인 세목을 제공해주고 있다. "장막과 그 모든 물품들과 거기 있는 사람들, 그리고 해골이나 죽은 자나 잘려 죽은 자나 무덤에 접촉한 자" 등이 다 이 물의 적용 대상이다. 즉 그가 거주하는 장막, 그의 물품들과 그 장막 안에서 함께 기거하는 사람들도 역시 이 물로 정결하게 하는 의식을 거쳐야 한다. 또한 "시체"는 "해골", "시신", "잘려 죽은 자", 그리고 심지어 "무덤에 접촉한 자"까지도 포괄한다.

이제 12절을 보자. 앞에서 본 18절의 "부정을 씻는 물"의 적용 대상의 목록 속의 다른 사람이나 사물들과 달리 직접 시체로 인해 부정하게 된 자는 좀 더 복잡한 정결 과정을 거쳐야 했던 것으로 보인다. 그는 단순히 한번만 물 뿌림을 받는 것이 아니라 셋째 날과 일곱째 날에 각각 한번씩 물 뿌림을 받아야 했다. 이렇게 하지 않는 한 "그는 정결하게 되지 않을 것"이라고 이 구절은 밝히고 있다.

12절의 평행 구절인 19절에서는 이 물 뿌림 외에도 추가적인 절차를 밝히고 있다. 그것은 그가 7-8, 10절의 부정을 씻는 물에 참여한 자들과 마찬가지로 자기 옷을 빨고, 물로 씻으며, 저녁까지 기다려야 했다는 것이다.

13절. 이 구절은 패널 A의 네 번째이자 마지막 항목이다. 이 구절은 "정결 의식 간과 시의 처벌" 내용을 담고 있다. 이 구절은 패널 B의 마지막 항목(20절)과 상응하기 때문에 역시 함께 비교하고, 내용을 살펴 보고자 한다.

패널 A(19:13)	패널 B(19:20)
누구든지 죽은 자, 곧 사람의 시체를 만지고 자신을 정결하게 하지 않는 사람은 여호와의 성막을 더럽힌다. 이 사람은 이스라엘에서 끊어지게 될 것이다. 왜냐하면 부정을 씻는 물이 그에게 뿌려지지 않았기 때문이다. 그는 부정할 것이며, 그의 부정함이 그에게 그대로 있을 것이다.	사람이 부정하게 되고도 자신을 정결하게 하지 아니하면 그 사람은 회중 가운데에서 끊어질 것이다. 왜냐하면 그가 여호와의 성소를 부정하게 만들기 때문이다. 부정을 씻는 물로 뿌림을 받지 않은 자, 그는 부정하다.

어구의 순서는 전반절의 경우에 약간 차이는 있지만 그 내용은 거의 동일하다. 이것들을 정리하면 다음과 같다.

첫째, 시체를 만짐으로 인해 부정하게 된 사람이 "부정을 씻는 물"로 정결 의식을 치르지 않으면 그는 자신의 부정으로 인해 여호와의 "성막"(13절) 혹은 "성소"(20절)을 더럽힌다. 아마 여기에서 "성막"과 "성소"는 동의어로 이해하면 될 것이다.[33]

둘째, 그는 이스라엘 회중 가운데에서 끊어지게 될 것이다. "끊어진다"는 개념은 하나님께서 직접 그의 심판에 관여하실 것임을 의미한다.

셋째, 그가 시체로 인해 겪는 부정은 오직 "부정을 씻는 물"로만 해결될 수 있다.

14a*절. "이것이…율법이다"(조트 할토라, זֹאת הַתּוֹרָה): 이 문구는 패널 B(14-20절)의 첫 항목이며, 패널 도입구로서의 기능을 하고 있다. 이 문구는 "단락 구분"과 2a절의 해설에서 지적한 바와 같이 패널 A의 도입구와 상응한다.

14a*-16절. 이 부분은 패널 A의 두 번째 항목인 2b-10절과 상응하는 부분이다. 패널 A의 이 부분이 "부정을 씻는 물"의 준비 과정에 대해서 언급하고 있다면, 패널 B의 이 부분은 시체를 만지는 것이 부정을 야기한다는 점에 대해서 이야기하고 있다. 즉 패널 A의 이 부분이 해결책을 만드는 과정에 대해서 이야기하고 있다면, 패널 B의 이 부분은 이 해결책이 적용되어야 하는 대상에 대해서 이야기하고 있다고 할 수 있다.

그러면 시체들과의 어떤 식의 접촉이 부정을 야기하며, "시체"라는 것에는 어떤 것들이 포함되는가, 그리고 부정이 어느 정도 유지되는가 하는 것 등에 대해서 14a*-16절은 다음의 몇 가지 사항들을 열거하고 있다.

(1) 장막에서 사람이 죽은 경우 그 장막에 들어가는 자와 그 장막에 있

---

33 Milgrom, *Numbers*, 162. 밀그롬은 20절의 "성소"가 성막이 더 이상 기능하지 않게 된 후대 시대를 반영하고 있는 것일 수도 있지 않을까 하는 가능성을 내비치고 있지만 이런 추측은 불필요한 것으로 보인다.

는 자들은 부정하며, 그 부정의 기간은 7일 동안이다. 한 가지 유념할 점은 위의 11절의 본문 해설에서 설명한 바와 같이 이 부정은 7일이 지나면 자동으로 소멸된다는 것이 아니라 7일 내에 적절하게 처리를 해야 한다는 의미라는 점을 간과하면 안 된다(14a*절).

(2) 사람이 죽은 장막에서 뚜껑이 덮여 있는 물건들의 경우에는 상관이 없지만 뚜껑이 열려 있는 그릇들은 다 부정하다(15절). 이것들도 "부정을 씻는 물"로 정결케 하는 의식의 대상이다(18절).

(3) 들에서 칼에 잘려 죽은 자, 사람의 시신이나 해골, 혹은 무덤에 접촉한 자들 역시 7일 동안 부정의 상태에 머무르며, 역시 동일한 정결 의식의 대상이다(16절). 이 목록은 18절의 대상 목록과 근본적으로 동일하다.

17–19절. 패널 B의 세 번째 항목인 이 부분과 패널 A의 상응 항목(11-12절) 사이의 관계 및 기본적인 해설은 11-12절의 본문 해설에서 이미 다루었다.

여기에서는 단지 17-19절이 언급하고 있는 의식 절차를 간략하게 정리하고자 한다.

(1) 14-16절이 언급하고 있는 부정이 발생한 경우 그것을 처리하기 위해 2-10절의 과정을 통해 만들어서 보관해 놓은 바, "간이 속죄제"로 사용할 암소의 재를 부정한 자를 위해 취하여 흐르는 물과 함께 그릇에 담아 놓는다(17절). 이 때 "흐르는 물"을 담는다는 규정은 악성 피부병 환자, 악성 피부병에 감염된 집, 혹은 유출병 환자의 정결 의식에 흐르는 물을 사용한 것과 동일한 의미를 갖고 있는 것으로 보인다(참고, 레 14:5-6, 50-52; 15:13). 이 점에 대해서는 앞의 사역 해설을 참고하라.

(2) "정결한 자", 즉 아마 제사장이 아니라[34] 그냥 정결한 상태에 있는 사람이 우슬초를 사용하여 "부정을 씻는 물"을 찍어서 16절에 언급된 모든 부정한 사람이나 사물에게 뿌린다. 이 때 아마 물품의 경우에는 한번의 뿌

34 Ashley, *Numbers*, 372.

림의 절차로 부정이 마무리된 듯하고, 사람의 경우에는 19절의 좀 더 복잡한 절차를 따라야 했던 것 같다.

(3) 19절은 18절의 내용을 부연하는 역할을 한다. 즉 뿌림의 절차가 셋째 날과 일곱째 날에 행해져야 함을 밝히고 있다.

(4) 뿌림의 절차가 마무리되고 나면, 부정한 자는 옷을 빨고, 물로 씻어야 했다. 그리고 저녁까지 기다리면 정결이 회복되었다(19절).

20절. 패널 B의 마지막 항목인 이 구절에 대한 해설은 패널 A의 상응하는 항목을 담은 구절인 13절의 본문 해설에서 이미 다루었다.

21-22절. 부기(appendix)에 해당하는 이 두 구절은 19장의 내용을 정리하면서 이 정결 의식의 다른 측면을 지적하고 있다. 이 본문은 "이것이 영원한 율례이다"라는 서두의 문구를 통해 앞의 단원들과 구분된다.

먼저 21절은 이미 앞의 17-19절에서 언급된 바 있는 사항, 즉 "부정을 씻는 물"을 뿌림 받은 사람이 옷을 빨아야 한다는 점을 다시 한번 지적하고 있다. 이어서 이 부정을 씻는 물에 접촉한 자가 저녁까지 부정하다는 점을 지적하고 있다. 그가 저녁까지 부정하다는 언급은 이미 19절에 언급되어 있기는 하다. 그러나 여기에 추가적으로 이 구절은 그의 부정이 바로 "부정을 씻는 물"과의 접촉으로 인한 것임을 밝히고 있다. 이 점은 7-8, 10절의 이 물을 씻는 자가 저녁까지 부정하다는 점과 상응하는 것으로 보인다. 비록 이 물이 정결 의식을 위하여 준비된 것이기는 하지만 이 물은 또한 해당 사람을 저녁까지 부정하게 만드는 것이다.

22절은 시체로 인한 부정의 전염성, 그리고 전염으로 인한 부정의 처리에 대해서 언급하고 있다. 시체로 인한 부정이 전염될 수 있다는 점은 사실 이미 14-15절 등에 전제되어 있기는 하지만 해당 본문에서는 이 점을 적극적으로 부각시키지는 않았다. 이제 이 점을 22절은 전면에 내세우고 있다.

이 구절이 말하는 바에 따르면 시체로 인해 부정하게 된 사람은 접촉하는 모든 것을 부정하게 만든다. 그로 인해 부정하게 된 것에 접촉한 사람은 저녁까지 부정한 상태에 있게 된다.

그러나 이처럼 부정의 전염성으로 인해 이차적으로 부정하게 된 사람은 원래의 당사자만큼 심각한 부정을 겪고 있지는 않기 때문에 19장에 언급된 의식을 치를 필요는 없다. 그는 단지 저녁까지 기다리기만 하면 부정에서 벗어나게 된다. 이처럼 부차적으로 부정하게 된 자들이 원래 부정한 자보다는 부정의 정도가 약하다는 점, 따라서 그에 따른 조치도 더 간단하다는 점은 레위기 15장에서 다루고 있는 부정의 경우와 비슷하다.[35]

5단계: 적용

2-10절. "흠이 없고 아직 멍에를 메지 않은 완전한 붉은 암소…그것을 진 밖으로 끌어내고…그 피를 회막 쪽을 향하여 일곱 번 뿌려라…그것의 가죽, 고기, 피를 똥과 함께 불태우게 하여라": 이 본문에서 하나님은 이스라엘 백성들이 시체로 인해 부정하게 될 때마다 항상 엄격하게 속죄제를 드려야 하는 수고(레 5:1-13)를 겪지 않고도 그 부정을 해결할 수 있도록 소위 "간이 속죄제"로서 붉은 암소를 태운 재를 흐르는 물에 타서 만든 "부정을 씻는 물"을 사용할 수 있도록 하셨다. 하나님은 당신의 백성이 하나님을 섬기는 일에 있어서 너무 번거롭지 않도록 좀 더 쉽고 단순한 방법을 마련해 주셨던 것이다.

그러나 여기에서 중요한 것은 이처럼 하나님께서 쉬운 방법을 허용하셨다는 것이 곧 하나님이 당신과 백성 사이의 관계에서 모든 기준을 다 낮추셨다는 것을 의미하는 것은 아니라는 점이다. 이 점은 "부정을 씻는 물"을 만드는데 있어서 하나님이 일반적인 속죄제(참고, 레 4:1-5:13)보다 더 엄격한 기준들을 요구하시는 것을 통해서 드러난다.

첫째, 이 물을 만드는데 사용하는 암소의 기준으로 "흠이 없고 아직 멍

35 이 점에 대해서는 박철현, *레위기*, 428-429, 436-437을 보라.

에를 메지 않은 완전한 붉은 암소"라는 기준이 제시된다(2절). 이런 까다로운 기준은 일반적인 속죄제의 제물로 사용되는 짐승을 고르는 기준인 "흠 없음"이라는 단순한 기준과 비교된다.

둘째, 이 암소를 처리하는 과정은 일반적인 속죄제 중 가장 엄격하고 높은 기준이 요구되는 대제사장의 속죄제(레 4:3-12)나 온 회중의 속죄제(레 4:13-21)의 제물을 처리하는 과정과 비슷한 것들이 많다. 제물의 피를 회막 쪽을 향하여 일곱 번 뿌리는 동작은 위의 두 속죄제의 피를 지성소의 휘장에 뿌리는 동작을 연상시킨다. 일반적인 속죄제 중 오직 이 두 가지 속죄제물의 피만 이처럼 지성소의 휘장에 뿌려진다. 또한 암소 전체를 진 밖으로 끌고 가서 거기에서 그 암소 전체, 즉 그것의 가죽, 고기, 피, 똥을 불로 태우는 것은 앞의 두 속죄제의 경우보다 더 엄격한 것이기도 하다(민 19:5; 참고, 앞의 "본문 해설").

이런 점들이 주는 교훈은 다음과 같다. 첫째, 이런 점들은 하나님이 당신의 백성을 향해 섬세한 은혜를 베푸시는 분임을 보여준다. 하나님은 이스라엘 백성이 장막 안에서 가족이 죽는 것 등(민 19:14-15)과 같은 상황으로 인해 겪을 수 있는 부정을 항상 번거롭게 속죄제를 통해서 해결하지 않고, 간단하게 "부정을 씻는 물"로 간단하게 처리할 수 있게 해주셨다.

둘째, 하나님이 간단한 조치를 통해 부정을 해결할 수 있도록 은혜를 베푸셨다고 해서 하나님이 방종을 조장하시는 분은 결코 아니다. 하나님은 비록 "부정을 씻는 물"이 마치 "간이 속죄제"처럼 작용할 수 있게 허용하시기는 했지만 그것을 만드시는 과정에 있어서는 다른 속죄제들보다 더욱 엄격한 요구들을 하셨다. 하나님의 은혜는 더욱 엄격한 요구들이 충족된 결과로 얻어진 것이다.

그리고 이 점은 예수 그리스도를 통해 우리에게 주어진 구원의 은혜의 경우에 있어서도 마찬가지이다. 예수 그리스도를 통한 구원은 우리에게 구약의 모든 제사들보다 훨씬 편하게 주어져서, 우리는 이제 더 이상 번거로운 제사들을 드림이 없이 오직 그리스도를 믿기만 하면 죄 사함을 받고 구원을 받을 수 있게 되었다. 그러나 이 놀라운 은혜가 가능하게 되기 위해 하나님 편에서는 더 엄격한 것들이 요구되었다. 짐승 대신에 하나님의 독생자가 제물로 드려졌고, 제물이 단순히 도살되는 대신에 우리 주님이 십자가에 달려서 오랜 고난을 당하시고, 성부 하나님의 버림을 받는 과정이 치러졌다(마 27:26). 따라서 우리는 예수 그리스도를 통한 구원이 값없이 주어진 것이라고 해서 결코 가볍게 여겨서는 안 된다. 이 값없는 은혜를 위해 하나님이 더 엄숙하고, 더 엄격하고, 더 수고로운 과정을 거치셔야 했으며, 또한 더 비싼 값을 치르셔야 했다는 것을 우리는 망각해서는 안 된다.

6단계: 설교 "그리스도의 피로 당신은 거룩하고 온전하게 되었는가?"

(민 19:2–13; 히 9:9–14)

구약에서 하나님은 우리의 죄와 부정의 문제를 해결하기 위해 여러 가지 제사들과 정결 의식들을 마련해 주셨습니다. 민수기 19장은 하나님이 한 가지 조치를 더 마련해 주신 것을 말씀하고 있습니다. 그것은 "부정을 씻는 물"이란 것입니다. 이 물은 일종의 "간이 속죄제"와 같은 것으로서, 시체로 인해 부정하게 된 자들, 즉 심각한 부정으로 인해 오염된 자들이 굳이 레위기 4:1-5:13의 일반적인 속죄제를 드리지 않고도 정결 의식을 치를 수 있게 해주는 수단이었습니다. 원래는 이런 심각한 부정을 해결하기 위해서는 번거로운 속죄 제사를 드리고, 정결 의식들을 행해야 했습니다. 그러나 "부정을 씻는 물"은 이런 모든 절차들을 간소화시켰습니다. 그런 면에서 이 물은 하나님의 섬세한 은혜의 방편이었습니다.

그러나 히브리서는 구약의 제사들이나 "부정을 씻는 물"이 분명히 옛 언약에서의 하나님의 임시적인 조치로서, 분명히 한계가 있는 것들임을 밝히고 있습니다. 히브리어 9:9-10은 "[구약의] 예물과 제사는 섬기는 자를 그 양심상 온전하게 할 수 없나니 이런 것은 먹고 마시는 것과 여러 가지 씻는 것과 함께 육체의 예법일 뿐이며 개혁할 때까지 맡겨 둔 것이니라"고 말씀하고 있습니다. 다시 말해 구약의 이런 제의법적인 조치들은 임시적으로 죄와 부정을 처리해서 하나님과 백성 사이의 관계를 유지할 수 있게 해주기는 하지만 이런 것들이 사람의 양심 자체를 온전하게 만들어주지는 못한다는 것입니다.

하지만 예수 그리스도는 이런 "염소와 송아지의 피로 하지 아니하고 오직 자기의 피로 영원한 속죄를" 이루셨습니다(히 9:12). 이 점에 기초해서 히브리서 9:13-14는 이렇게 말씀하고 있다: "염소와 황소의 피와 및 암송아지의 재를 부정한 자에게 뿌려 그 육체를 정결하게 하여 거룩하게 하거든 하물며 영원하신 성령으로 말미암아 흠 없는 자기를 하나님께 드린 그리스도의 피가 어찌 너희 양심을 죽은 행실에서 깨끗하게 하고 살아 계신 하나님을 섬기게 하지 못하겠느냐". 구약의 제물들과 민수기 19장이 말한 바, 즉 "암송아지의 재"로 만든 물로 인해 구약에서도 비록 임시적이기는 하나 "그 육체를 정결하게 하여 거룩하게" 하였는데 "하물며…그리스도의 피가 어찌 너희 양심을 죽은 행실에서 깨끗하게 하고…하나님을 섬기게 하지 못하겠느냐"는 것입니다.

이 말씀은 우리 신약의 성도들에게 엄청나게 강력한 메시지이며, 또한 큰 숙제와 도전을 줍니다. 이 점들을 몇 가지로 살펴보고자 합니다.

첫째, 구약의 성도들과 비교해서 신약의 성도들은 죄와 부정의 문제에 있어서 훨씬 더 강력한 하나님의 조치를 누리고 있습니다. 구약에서도 하나님은 죄인인 백성과 함께 하시기 위해 각종 제사와 "부정을 씻는 물" 등을 그들의 죄와 부정을 처리하는 수단으로 허락하셨습니다. 구약의 성도들도 이것들을 통하여 "그 육체를 정결하게 하여 거룩하게" 할 수 있었습니다(히 9:13). 그러나 이것들은 다 한시적인 것이며, 사람 자체를 온전하게 할 수는 없었습니다(9:9). 반면에 예수 그리스도의 제물과 피는 "영원한 속죄를" 이루었습니다(9:12).

둘째, 하나님의 더 강력한 조치는 신약 시대 이후의 성도들에게 큰 숙제와 도전을 남깁니다. 히브리서 9:14는 "그리스도의 피가 어찌 너희 양심을 죽은 행실에서 깨끗하게 하고 살아 계신 하나님을 섬기게 하지 못하겠느냐"고 묻습니다. 이것은 수사의문문입니다. 수사의문문은 강한 긍정을 기대하고 던지는 질문입니다. 다시 말해 이 본문은 "그리스도의 피가…너희 양심을 죽은 행실로부터 깨끗하게 하고, 살아 계신 하나님을 섬기게 할 수 있다"는 것입니다. 아니, 더 나아가서 "반드시 그렇게 한다"는 것입니다.

이 말씀은 놀랍고 축복된 약속이기는 하지만 또한 커다란 도전이기도 합니다. 우리가 이 말씀을 엄중하게 받아들일 때 우리는 각자 자신에게 진지하게 물어보아야 합니다. 성도 여러분, 과연 여러분은 그리스도의 피를 통해 "죽은 행실로부터 깨끗하게" 되고, 살아 계신 하나님, 거룩하신 하나님을 섬기게 되었습니까? 현재 여러분의 삶은 "죽은 행실"에서 벗어나 있습니까?

만약 이런 질문들에 대해서 우리가 자신 있게 "Yes"라고 대답하지 못한다면 우리는 정말 심각하게 각자 자신에게 물어봐야 합니다. 왜 성경이 단언적으로 말씀하고 있는 바가 우리 자신의 삶 속에서는 구현되고 있지 않는 것일까요? 그리스도의 피가 무능력한 것일까요? 아니면 이런 일이 우리 삶 속에서 구현되고 있지 않다는 점은 우리가 아직 그리스도의 피로 인해 깨끗함을 얻고, 구원을 받은 상태에 이르지 못했음을 보여주는 것일까요?

요한1서 2:24는 "그를 아노라 하고 그의 계명을 지키지 아니하는 자는 거짓말하는 자요 진리가 그 속에 있지 아니하되"라고 무섭게 경고하였습니다. 따라서 우리는 진실로 이 점에 대해서 우리 자신에게 심각하게 물어보아야 합니다.

현재 한국 교회는 역사상 가장 타락하고, 가장 세상의 비난을 받는 와중에 있습니다. 이렇게 된 이유는 아마 히브리서 9:13-14가 우리에게 던지고 있는 수사의문문에 대해서 우리가 충분히 진지하게 생각하지 않았기 때문일 것입니다. 성경은 그리스도의 피가 우리의 양심을 죽은 행실에서 깨끗하게 하고, 살아 계신 하나님을 섬기게 하실 수 있다는데 왜 우리의 삶 속에서는, 그리고 교회의 모습 속에서 이런 점이 실현되고 있지 않은 것입니까?

우리에게 현재 주어진 숙제는 성경의 말씀과 우리 삶 사이의 불일치를 해소하는 것입니다. 이 불일치가 해소될 때에야 우리는 진정으로 거룩하신 하나님의 성도와 교회가 될 것입니다. 이 점을 위해 우리 모두 함께 고민하고, 노력해야만 하겠습니다.

민수기 20장

광야의 끝과 리더십의 전환

민수기 20장의 신학 개관

민수기 20장은 "제1월"이라는 문구로 시작하며, 그 장소적 배경은 "가데스"이다. 이스라엘은 시내산에서 출발한 후 얼마 안 되어 이 "가데스"에 도착한 적이 있었다(민 13:26). 그러나 그 때는 이들은 정탐꾼 사건을 통하여 약속의 땅에 들어가는 것을 거부했다가 심판을 받고 38년 동안 광야를 방황해야 했다. 그러나 드디어 이들은 광야 마지막 해에 다시 한번 가데스에 이르렀다.

이 장은 민수기의 거시 구조 속에서 볼 때 네 번째 대단원(20-25장, B′)의 첫 장이다.

A. 1-10장: 제1세대의 가나안 여행 준비

B. 11-15장: 제1세대의 실패와 희망

C. 16-19장: 반역 세대의 소멸

B′. 20-25장: 제2세대의 실패와 희망

A′. 26-36장: 제2세대의 가나안 입성 준비

이 거시 구조에 따르면 우리는 지금까지 앞의 큰 단원인 16-19장(C)을 살펴보았다. 이 단원은 이스라엘이 광야 생활 제2년으로부터 마지막 해인

제40년 사이의 기간 동안 겪은 대표적인 사건들(민 16-17장)과 그 때 주어진 율법들(민 18-19장)을 담고 있었다.

이제 그 다음 단원인 20-25장은 광야 생활 마지막 해인 제40년째 되는 해의 일을 다루게 될 것이다. 비록 이 단원의 시작점인 20:1은 "제1월"이라고만 언급하며, 이것이 몇 번째 해인지는 밝히고 있지 않지만 이어지는 내용들이 이스라엘이 요단 강 동쪽 지역부터 시작해서 정복 활동을 개시하는 상황(민 21, 32장 등)을 다루고 있는 것으로 볼 때 이 제1월은 "제40년 1월"을 의미하는 것으로 생각된다.

이처럼 광야 시대 마지막 해인 제40년의 일들을 다루고 있는 이 단원(20-25장)의 내용은 광야 "제2세대의 실패와 희망"에 대한 내용이다. 제1세대는 민수기 14장의 하나님의 심판의 말씀(14:29-35)대로 광야에서 소멸되어 갔다(민 16-17장).

이렇게 해서 1세대가 다 죽고 난 후(참고, 신 2:14-16), 이스라엘은 아모리 지역과 바산 지역을 치게 된다(민 21:21-35; 참고, 신 2:17-3:9). 이런 내용을 볼 때 민수기 20-25장의 내용은 광야 1세대의 이야기가 아니라 2세대의 이야기라고 이해하는 것이 타당할 것이다.

이처럼 광야 2세대의 이야기를 담은 이 민수기 20-25장의 단원(B′)은 민수기의 거시적 구조상 광야 1세대의 이야기를 담은 민수기 11-15장의 단원(B)과 짝을 이룬다. 이 두 단원은 각 세대의 "실패와 희망"에 대해서 이야기하고 있다.

그러면 단원 B′의 광야 2세대가 어떻게 단원 B의 광야 1세대와 실패의 측면에서 비슷한지를 살펴보도록 하자. 첫째, 이 단원의 서두인 민수기 20:2-13에서 광야 2세대는 마치 1세대가 그랬던 것처럼 다시 한번 물로 인해 하나님과 다툰다(참고, 맛사의 물 사건[출 17:1-7]). 이 사건 때문에 모세와 아론은 약속의 땅에 들어가지 못하게 된다(민 20:12).

둘째, 민수기 21:4-9의 놋뱀 사건에서 역시 이스라엘은 자신들이 처한 상황에 대한 불평, 특히 음식에 대한 불평을 하다 하나님이 보내신 불뱀들로 인해 여러 명이 죽는 일을 겪는다(참고, 21:5, "우리는 이 하찮은 음식이 싫다"). 이 사건 역시 음식으로 인해 하나님에게 불평을 하다 심판을 받은 1세대의 이야기와 상응하는 바가 있다(만나 사건[출 16장]; 메추라기 사건[민 11:4-35]).

셋째, 민수기 25장의 바알 브올 사건에서 2세대의 이스라엘은 광야 1세대의 황금 송아지 사건 때와 마찬가지로 우상 숭배에 빠지며, 그로 인해 하나님의 심판을 크게 받아 24,000명이 염병으로 죽게 된다(25:9).

이런 광야 2세대의 실패의 이야기들은 이들도 1세대와 성정이 같은 존재들이며, 하나님의 심판 아래 있는 자들임을 보여준다. 1세대가 약속의 땅을 가지 못하고 다 죽었다면 2세대 역시 그렇게 되어야만 할 것이다.

그러나 민수기 20-25장(B′)에는 이런 실패의 이야기만 있는 것이 아니다. 마치 상응 단원(민 11-15장, B)이 실패와 절망으로 가득 찬 내용 중에도 희망적인 내용을 여러 군데 심어 놓았던 것과 마찬가지로 이 20-25장에도 희망적인 내용들이 많이 들어 있다. 이 점들을 살펴보도록 하자.

첫째, 민수기 21:1-3은 호르마란 곳에서 이스라엘이 다시 한번 가나안 족속과 싸워서 승리를 거두는 내용을 담고 있다. 이 전투는 민수기 14:39-45에서 이스라엘이 역시 호르마란 곳에서 가나안 족속과 싸워 패배한 것을 보복한 것이다. 이 승리는 이후로 여호수아서까지 계속 이어질 승리의 이야기들의 전조 역할을 한다.

둘째, 민수기 21:21-35의 아모리 왕 시혼 및 바산 옥과의 전쟁에서 승리한 이야기들 역시 강한 희망의 메시지를 던져주고 있다. 특히 이스라엘이 승리 후에 이들의 땅을 차지하고 거기 거주한 내용은 다시 한번 가나안 땅 정복에 대한 강력한 희망을 던져준다(참고, 21:31, 35).

셋째, 민수기 22-24장의 발람의 신탁들은 이스라엘에 대한 하나님의 축복과 은혜를 강조하는 내용들이 많다. 이 내용들은 어휘적으로 볼 때 창세기의 족장들에게 주신 축복의 문구들과 비슷한 경우들이 많은데, 이 점은

하나님께서 약속의 땅에 대한 약속을 지키실 것임을 강력히 보증해준다.[1]

마지막으로 약간 간접적이기는 하지만 엘르아살이 아론을 승계한 내용(민 20:22-29)은 결코 므리바 사건을 통한 모세와 아론의 징계로 인해 이스라엘의 역사가 끝나는 것이 아님을 보여준다. 마치 모세가 이스라엘을 인도하던 역할을 여호수아가 이어갈 것(민 27:12-23)처럼 아론이 했던 역할을 그의 아들 엘르아살이 이어갈 것이며, 결국은 약속의 땅을 차지하게 될 것이다. 비록 1세대의 지도자들은 약속의 땅에 들어갈 수 없었지만 그들을 승계한 2세대 지도자들이 이 일을 이뤄낼 것이다.

이제 민수기 20장 자체를 좀 개관하도록 하자. 이 장은 여러 개의 이야기로 나뉘어 있으며, 그 이야기별로 본문을 나누어 보자면 다음과 같다.

20:1 미리암의 죽음과 장사

20:2-13 므리바 사건

20:14-21 에돔을 우회함

20:22-29 아론의 죽음과 엘르아살의 승계

첫째, 단원의 시작 본문인 20:1은 미리암의 죽음을 알린다. 이 일은 앞에서도 지적한 바와 같이 해에 대한 언급은 없지만 제40년 1월에 발생한 것으로 보인다. 따라서 그녀의 죽음은 광야 시대의 마지막 해이자 가나안 정복의 원년이 되는 해(신 1:1-5, "마흔 째 해 열한째 달", 3절)의 시작을 알리는 사건이었다. 또한 그녀의 죽음은 이 장 마지막 단원(22-29절)의 아론의 죽음 사건과 마찬가지로 세대 교체의 신호탄과 같은 사건이기도 하다.

둘째, 20:2-13의 므리바 사건은 새 세대인 2세대마저도 1세대와 성정이 같은 자들임을 보여준다. 이들은 자기 부모 세대와 마찬가지로 하나님과 다

1 Gordon J. Wenham, *Numbers* (Sheffield: Sheffield Academic Press, 1997), 57-61. 특히 59-60쪽이 이 주제에 대해 집중적으로 다루고 있다.

투며, 책망을 받는다. 이 사건의 여파로 모세와 아론은 약속의 땅으로 들어가지 못하게 된다(20:12). 아론은 엘르아살에게 직책을 승계한 후 바로 이 장 내에서 죽으며(20:22-29), 모세는 후계자 여호수아를 위해 모든 준비를 마친 후에 이스라엘 백성에게 긴 설교와 권면들(신명기 1-34장)을 하고 나서 역시 여호수아에게 직책을 승계하고 죽는다(신 31, 34장).

셋째, 20:14-21은 모세가 에돔 왕에게 그 땅 가운데로 지나가도록 허락을 구하였다가 거절당한 내용을 담고 있다. 모세의 공손한 부탁에도 불구하고 에돔 왕이 강력하게 거절하자 모세는 에돔 영토를 우회한다. 비록 현재 본문에는 안 나와 있지만 모세가 나중의 아모리 왕 시혼이나 바산 왕 옥의 경우와 달리 에돔과의 전쟁을 피한 이유는 하나님께서 그 땅을 에서의 후손에게 주셔서, 이스라엘이 건드리지 못하게 하셨기 때문이다(참고, 신 2:5).

넷째, 20:22-23은 므리바 사건으로 인해 가나안 땅에 들어가지 못하게 된 모세와 아론 중 아론이 에돔 땅 경계선에 있는 호르 산에서 죽은 것을 기록하고 있다. 모세는 하나님의 명령대로 아론의 옷을 벗겨서 그의 아들 엘르아살에게 입힘으로써 직책 위양을 한다. 이 사건 역시 앞의 미리암의 죽음(20:1)과 마찬가지로 광야 1세대와 2세대의 교체의 신호탄이었다.

1단계: 사역

1. 제1월에 이스라엘 자손 곧 온 회중이 신 광야에 이르러서 백성이 가데스에 머물렀다. 미리암이 거기서 죽어, 거기에 장사되었다.
2. 회중에게 물이 없자 그들이 모세와 아론에게로 모였다.
3. 그리고 백성이 모세와 다투어 말했다. "우리 형제들이 여호와 앞에서 죽을 때에 우리도 죽었더라면!
4. 왜 너희가 여호와의 회중을 이 광야로 데려와서 우리와 우리 가축이 여기에서 죽게 하느냐?
5. 너희가 어찌하여 우리를 애굽에서 이 나쁜 곳으로 데려왔느냐? 이 곳에는 씨 뿌릴

곳이나 무화과나 포도나 석류나 마실 물이 없구나".
6. 모세와 아론이 회중 앞으로부터 회막 문으로 와서 엎드렸다. 여호와의 영광이 그들에게 나타났다.
7. 여호와께서 모세에게 말씀하셨다.
8. "지팡이를 취하고, 너와 네 형 아론이 회중을 모아라. 그리고 그들의 목전에서 반석에게 말하여 바위로부터 물이 나오게 하여 회중과 그들의 가축이 물을 마시게 하여라".
9. 모세가 [하나님이] 명령하신 대로 여호와 앞에서 지팡이를 잡았다.
10. 모세와 아론이 회중을 반석 앞에 모았다. 그리고 모세가 그들에게 일렀다. "반역자들이여, 들으라. 우리가 너희를 위하여 이 반석에서 물이 나오게 할까?"
11. 모세가 자기 손을 들어 지팡이로 반석을 두 번 치니 물이 많이 나와서 회중과 그들의 가축들이 마셨다.
12. 여호와께서 모세와 아론에게 이르셨다. "너희가 나를 믿지 않고, 이스라엘 자손의 목전에서 내 거룩함을 나타내지 않았기 때문에 너희는 이 회중을 내가 그들에게 준 땅으로 데려가지 못할 것이다".
13. 이것이 므리바 물이다. 이는 이스라엘 자손이 여호와와 다투었기 때문이다. 여호와께서 그들 중에서 스스로를 거룩하게 하셨다.
14. 그리고 모세가 가데스에서 에돔 왕에게 사신을 보냈다. "당신의 형제 이스라엘이 말씀드립니다. 당신은 우리가 당한 모든 고난을 아십니다.
15. 우리 조상들은 애굽으로 내려가서 애굽에서 오래 거주했습니다. 애굽인은 우리 조상들과 우리를 학대했습니다.
16. 우리가 여호와께 부르짖었더니 그가 우리의 소리를 들으시고 사자를 보내어 우리를 애굽에서 이끌어내셨습니다. 이제 우리는 당신의 영토 끝의 한 성읍인 가데스에 있습니다.
17. 우리로 하여금 당신의 땅을 지나갈 수 있게 해주십시오. 우리는 밭이나 포도원으로 지나가지 않을 것이며, 우물물도 마시지 않을 것입니다. 왕의 대로(King's Highway)로만 갈 것이며, 우리가 당신의 지경을 지날 때까지 왼쪽으로나 오른쪽으로 벗어나지 않겠습니다".
18. 에돔이 말했다. "너는 내 가운데로 지나갈 수 없다. 내가 칼로 너를 대적하러 가지 않게 하라".
19. 이스라엘 자손이 말했다. "우리가 큰길로만 지나가겠습니다. 그리고 우리, 곧 저와 제 가축이 당신의 물을 마시면 제가 그 값을 치르겠습니다. 제가 아무 일 없이 그냥 걸어서 지나가겠습니다".

20. 그가 말했다. "너는 지나가지 못한다". 그리고 에돔이 많은 백성과 강한 손으로 맞서서 나왔다.
21. 에돔이 이스라엘로 하여금 자기네 영토를 통해 지나감을 거절하자 이스라엘이 그들을 비켜 갔다.
22. 이스라엘 자손 온 회중이 가데스를 떠나 호르 산에 이르렀다.
23. 여호와께서 에돔 땅 경계선에 있는 호르 산에서 모세와 아론에게 말씀하셨다.
24. "아론은 자기 조상들에게로 돌아가게 될 것이다. 왜냐하면 너희가 므리바 물에서 내 말을 거역한 것으로 인해 내가 이스라엘 자손에게 준 땅에 들어갈 수 없기 때문이다.
25. 너는 아론과 그의 아들 엘르아살을 데리고 호르 산을 올라라.
26. 그리고 아론의 옷을 벗겨서 그의 아들 엘르아살에게 입혀라 아론은 거기서 죽어 [그 조상에게로] 돌아갈 것이다".
27. 모세가 여호와의 명령대로 그들과 함께 회중의 목전에서 호르 산으로 올라갔다.
28. 모세가 아론의 옷을 벗겨 그의 아들 엘르아살에게 입혔다. 그리고 아론이 그 산 정상에서 죽었다. 모세와 엘르아살이 산에서 내려왔다.
29. 온 회중이 아론이 죽은 것을 보았다. 모든 이스라엘 자손이 그를 위하여 삼십 일 동안 애곡하였다.

2단계: 사역 해설

18절. "에돔": 에돔(אֱדוֹם). 개역개정은 이것을 "에돔 왕"이라고 번역하고 있으나 이것은 일종의 의역이다. 집단으로서의 에돔이 이렇게 직접 말할 리가 없으며, 또 그 말한 내용에 따르면 "나"라는 1인칭 단수를 사용하고 있으니 에돔을 대표하는 왕이 했을 것이라고 보고 "왕"이라는 문구를 추가한 것이다. 그러나 비록 왕이 에돔 국가를 대표해서 이 말을 했다 할지라도 여전히 원문은 그냥 에돔으로 되어 있다. 굳이 "왕"을 추가할 필요는 없다고 생각되며, 대다수의 영어 성경 번역들은 이런 입장을 따르고 있다.

"내 가운데로": 비(בִּי). 개역개정은 "우리 가운데로"라고 번역하고 있지만 원문은 분명히 단수로 되어 있다. 앞의 "에돔"의 경우에 설명한 바와 같이 14-21절의 에돔과의 대화에서는 지도자인 에돔 왕과 모세, 그리고 집단인 에돔 국가와 이스라엘 민족이 계속 혼용되어 사용되고 있는 것으로 보인다.

19절. "저와 제 가축이…제가…치르겠습니다": 아니 우미크나이…붸나탙티(וְנָתַתִּי...אֲנִי וּמִקְנַי) 개역개정은 "우리나 우리 짐승이…우리가…낼 것이라"라고 번역하고 있다. 그러나 원문에는 분명히 이 부분이 단수로 되어 있다. 앞의 18절의 에돔 왕과 에돔의 관계처럼 모세도 이스라엘을 대표로 해서 말하면서 때로는 "우리"라는 복수를 쓰기도 하고, 때로는 "나"라는 단수를 쓰기도 한다.

"아무 일 없이 그냥": 엔-다바르(אֵין־דָּבָר). 직역하자면 "아무 것도 없다"(there is nothing) 정도이다. 이 문구는 모세와 이스라엘이 아무런 분란도 일으키지 않고 에돔을 조용히 통과하겠다는 것을 나타내는 의미로 사용되었다. 사역은 이런 의미를 반영하여 어감이 통하는 한국어로 바꾼 것이다.

21절. "에돔이": 에돔(אֱדוֹם). 개역개정은 "에돔 왕이"로 되어 있다. 그러나 18-19절에서 설명한 바와 같은 이유로 해서 여기에 그냥 "에돔"이 쓰인 것으로 보인다.

26절. "[그 조상에게로]": 원문에는 이 문구가 없다. 그러나 이 문구는 24절의 첫 문장을 반복한 것이며, 이 괄호 부분의 문구가 전제되어 있기 때문에 이것을 살려 놓았다.

29절. "모든 이스라엘 자손": 개역개정은 "온 회중"과 "모든 이스라엘 자손"을 동격 관계로 번역하고 있으나 원문상으로는 이 두 표현은 각기 다른 절의 주어로 되어 있다. 사역은 이 점을 살려서 번역하였다.

3단계: 단락 구분

민수기 20장의 단락 구분은 다음과 같다.

20:1 미리암의 죽음과 장사

20:2-13 므리바 사건

- 20:2 사건의 발단
- 20:3-5 백성들의 불평
- 20:6 모세의 반응과 여호와의 영광의 등장
- 20:7-8 여호와의 말씀
- 20:9-11 모세의 시행
  - 20:9 지팡이 잡음
  - 20:10 모세의 말
  - 20:11 모세가 물을 냄
- 20:12 여호와의 말씀
- 20:13 정리

20:14-21 에돔을 우회함

- 20:14-17 모세의 청원
  - 20:14a 청원 도입부
  - 20:14b-16 역사 서술
  - 20:17 청원
- 20:18 에돔의 대답
- 20:19 이스라엘의 재청원
- 20:20 에돔의 대답
- 20:21 결말

20:22-29 아론의 죽음

- 20:22 호르 산 도착
- 20:23-26 아론의 죽음에 대한 하나님의 말씀
- 20:27-28 모세의 시행
- 20:29 아론의 죽음 애도

20장은 내러티브 본문이며, 규례 본문들과 달리 선명한 단원 구분 문구들이 존재하지 않는다. 따라서 이 본문은 통상적인 내러티브적 요소들, 즉 시간, 장소, 등장인물들, 플롯 및 내용의 변화를 통해서 단원 구분을 해야만 한다.

이런 구분 기준에 따르면 1절은 서두의 "제1월"이라는 문구를 통해 앞의 장과 확연히 구분된다. 또한 그녀의 죽음을 통해서 뒤의 내용들과도 구분된다.

2-13절은 물로 인한 갈등을 내용으로 한다는 점, 그리고 1절에는 언급되지 않던 모세와 아론이 전면에 등장한다는 점으로 인해 앞뒤 단원들과 구분된다. 이 단원은 마지막 13절의 내레이터의 정리로 마무리된다.

14-21절의 단원은 에돔이라는 새로운 등장인물군을 통해 앞뒤 문맥과 구분된다. 이 단원은 모세 및 이스라엘과 에돔 간의 여러 번에 오간 대화로 진행된다.

22-29절은 "호르 산"이라는 새로운 장소로의 이동을 통해서 앞 문맥과 구분된다. 이 산에서 아론은 죽음을 맞이하고 엘르아살이 그 직책을 이어받는다. 이 단원의 마지막은 이스라엘 온 회중이 30일 동안 애도하는 것으로 마무리된다.

4단계: 본문 해설

1절. "제1월에…신 광야에 이르러서…가데스에 머물렀다": 시간과 장소의 변화를 나타내는 이 문구는 민수기의 거시 구조 속에서 세 번째 단원(C. 16-19장)이 끝이 나고, 새로운 단원(B′. 20-25장)이 시작되었음을 알리는 역할을 한다.

우선 장소를 고려할 때 신 광야는 민수기 13:21에 언급되어 있으며, 민수기 13:26은 "바란 광야 가데스"란 표현을 사용하고 있다. 아마 구약 내에서의 신 광야와 바란 광야에 대한 언급들을 종합해볼 때 신 광야는 좀 더 광역 지명인 바란 광야의 북동쪽 귀퉁이 지역을 가리키는 용어인 것으로 보인다.[2] 이스라엘 백성들은 이미 민수기 13-14장의 정탐꾼 사건에서 이 약속의 땅의 언저리에 있는 이 장소에 머물렀던 적이 있다. 그러나 불행하게도 이들은 이 당시 정탐꾼들의 부정적인 보고를 듣고 약속의 땅으로 들어가기를 거부함으로써 하나님의 심판을 받아 그 반역의 세대인 1세대가 다 죽기까지 거의 40년을 광야에서 방랑해야 했다. 그리고 이제 2세대가 다시 한번 약속의 땅 앞에 도착하게 된 것이다. 이스라엘에게는 다시 한번 기회가 주어졌다.

이제 시간을 고려할 때 이 구절은 "제1월"이라고 언급하고 있다. 현재 본문에는 이것이 출애굽 후 제 몇 년을 가리키는 것인지가 명시되어 있지 않지만 민수기 33장의 광야 경유지 목록(특히 33:36-39)과 민수기 20-36장의 내러티브상의 사건들의 흐름을 고려할 때 제40년 1월을 가리키는 것으로 이해하는 것이 가장 적절해 보인다. 다시 말해 이 민수기 20:1에 이어지는 사건들은 제40년에 일어난 일들인 것으로 보인다.

이 새로운 시간과 장소와 새로운 단원에서 벌어지는 첫 사건은 미리암의 죽음이다. 광야 1세대의 퇴장을 알리는 그녀의 죽음은 다음에 이어질 므리바 사건(2-13절)을 통해서 모세와 아론이 가나안 입성이 금지되는 것과 더불어 아론의 죽음(22-29)으로 이어진다. 이런 일련의 사건들은 세대 교체와 더불어 광야 시대가 종료되고, 가나안 정복 시대가 시작됨을 알린다.

2절. "회중에게 물이 없자 그들이 모세와 아론에게로 모였다": 이 구절은 2-13절의 므리바 사건의 발단을 담고 있다. 이 구절은 므리바 사건 본문의 평행 본문인 출애굽기 17:1-7의 맛사 사건의 시작과 상당히 비슷하다: "백성이 마실 물이 없는지라"(출 17:1).[3]

---

2 이에 대한 설명과 참고문헌 목록은 민수기 13:21-22의 본문 해설을 참고하라.

3 광야 시대의 1기와 2기의 평행 본문들, 그리고 이 광야 시대 본문들의 신학에 대해서는 박철현, "광야 이야기의 개관과 신학", *그말씀* 통권 349호 (2018), 84-100이나 박철현, *출애굽기 산책* (서

이처럼 이스라엘 백성들은 광야에서 자신들이 부족한 것들이 있을 때마다 모세와 아론에게 모여 들었다. 이 때 "모이다"라는 의미로 사용된 통사 카할(קָהַל)의 니팔형은 광야의 불평 모티프를 담은 이야기들 속에서 항상 부정적인 의미로 사용된다.[4]

3절. "그리고 백성이 모세와 다투어 말했다": 이미 앞의 카할 동사를 통하여 예기된 부정적 내용은 "다투다"란 동사를 통해서 더욱 강화된다. 이 동사는 히브리어로 리브(רִיב)인데, 이 단어는 "다투다"(to strive), "말싸움하다"(to quarrel), "법정 소송을 하다"(to conduct a legal suit) 등의 의미를 갖고 있다.[5] 오경에서 이 단어가 사용된 경우들을 볼 때 이 단어는 거의 맛사 사건과 므리바 사건에 한정되어 사용된 것으로 보인다.[6] 사실 므리바(מְרִיבָה)란 지명 자체가 이 리브란 동사에서 파생된 명사이며, 맛사 사건(출 17:1-7)의 경우에도 해당 사건의 지명을 말할 때 "맛사 또는 므리바"라고 하고 있다(17:7). 따라서 이 동사는 물 사건 전문 용어라고 할 수 있을 것이다.

"우리 형제들이 여호와 앞에서 죽을 때에 우리도 죽었더라면!": 이 문구는 간혹 역사비평학자들이 주장하는 것과[7] 달리 이 민수기의 므리바 물 사건이 결코 출애굽기의 맛사 물 사건과 동일한 사건이 아님을 보여준다. 맛사 사건과 달리 이 므리바 사건은 하나님의 심판으로 인해 이스라엘 백성

울: 솔로몬, 2014), 142-167을 참고하라.

4 박철현, *출애굽기 산책* (서울: 솔로몬, 2014), 151.

5 John M. Bracke, "רִיב", in Willem VanGemeren (ed.), *New International Dictionary of Old Testament Theology & Exegesis* (Grand Rapids, MI: Zondervan Publishing House, 1997), III: 1105-1106.

6 이 단어가 나온 본문들은 창 26:20, 21, 22; 31:36; 출 17:2; 21:18; 민 20:3, 13; 신 33:7, 8이다. 모세와 이스라엘 사이의 일들을 다루지 않는 창세기 본문을 제외한 오경의 나머지 책들에서 율법 본문인 21:18을 제외한 나머지 본문들은 모두 맛사와 므리바의 물 사건과 관계가 있다.

7 역사비평학자들의 견해의 정리는 William H. C. Propp, *Exodus 1-18* (Doubleday: The Anchor Bible, 1998), 615-616을 보라. 비록 이들 사이에도 다양한 의견의 차이는 있지만 최소한 초창기의 역사비평학의 일반적 견해에 따르면 출애굽기의 광야 사건들은 원래는 시내산 언약 이후에 벌어진 민수기의 광야 사건들의 내용을 시내산 언약 본문 앞에 다시 한 번 적은 것이며, 그 이유는 언약 본문 앞뒤의 사건들 간의 대칭성을 강화시키기 위한 것이라고 본다.

들이 이미 많이 죽은 상황을 반영하고 있다. 현재 이스라엘은 자기네 형제들이 죽을 때 자기들도 죽었으면 한다고 불평을 하고 있는 것이다.

4절. "왜 너희가 여호와의 회중을…죽게 하느냐": 이 문구는 고라가 했던 말을 연상시킨다: "회중이 다 각각 거룩하고 여호와께서 그들 중에 계시는데, 너희가 어찌하여 여호와의 총회 위에 스스로 높이느냐"(민 16:3). 고라는 자신의 반역을 정당화하기 위해 모세와 아론이 "여호와의 총회" 위에 무단으로 군림하려 하느냐고 따짐으로써 여호와의 이름을 팔았다. 이 므리바 반역 사건에서 이스라엘 회중 역시 마치 모세가 하나님의 명령과는 상관없이 무단으로 자신들을 이 장소로 이끌어 "여호와의 회중"을 죽게 만드냐고 따짐으로써 역시 하나님의 이름을 팔아 자신들의 반역을 정당화시키려고 한다.

5절. "이 나쁜 곳으로 데려왔느냐?": "나쁜 곳"(함마콤 하라, הַמָּקוֹם הָרָע). 정탐꾼 사건에서 부정적인 보고를 하는 다른 정탐꾼들에게 맞서서 긍정적인 보고를 한 여호수아와 갈렙은 약속의 땅에 대해서 말하기를 "그 땅은… 좋은 땅"(토바 하아레쯔, טוֹבָה הָאָרֶץ)라고 말한 적이 있다. 이어서 이들은 "만약 여호와께서 기뻐하신다면"이라고 말했다. 이들은 하나님의 시각으로 약속의 땅을 바라보려고 했다. 그럴 때 그들에게 축복이 왔다.

반면에 이스라엘 회중은 이런 시각을 갖지 못하고, 자꾸 나쁜 쪽으로만 상황을 보려고 한다. 그런 그들의 시각에 따르면 이제 다시 한번 약속의 땅을 목전에 두고 있는 상황에서 자신들이 있는 곳을 "나쁜 곳"이라고 부른다. 이어서 그들은 "이 나쁜 곳"에 대해서 부연하기를 "이 곳에는 씨 뿌릴 곳이나 무화과나 포도나 석류나 마실 물이 없다"고 말한다.

6절. 모세와 아론은 이스라엘의 불평을 듣고 회막 문으로 와서 엎드린다. 이어서 여호와의 영광이 나타난다. 민수기의 광야 시대 본문에서 모세와 아론의 엎드림은 여호와의 영광의 등장과 밀접한 관계에 있는 경우가 많다(민 14:5, 10; 16:4, 19, 42[17:7]; 45[17:10]). 이스라엘 백성이 모세와 아론에게 위협적으로 다가와서 불평을 할 때 하나님이 직접 "여호와의 영광"의 형태

로 임재하셔서 상황에 개입하시는 것이다.[8]

참고적으로 말해 여호와의 영광의 등장은 이 번이 마지막이다. 이후로 이것은 솔로몬 성전 완성 후 언약궤를 지성소에 안치할 때까지 다시는 나타나지 않는다(왕상 8:11).

7-8절. 이 상황에 개입하신 하나님은 지팡이를 들고, 회중을 모은 후 그들의 목전에서 "반석에게 말하여 바위로부터 물이 나오게 해서" 그들과 그들의 가축으로 하여금 마시게 하라고 말씀하신다. 출애굽기의 평행 본문(17:1-7)과의 차이점은 반석을 쳐서 물을 내느냐 그냥 말하여 물을 내느냐 하는 것이다. 출애굽기 본문에서는 반석을 쳐서 물을 내었다(출 17:6). 반면에 여기에서는 "반석에게 말하여"라고 분명히 말씀하시고 있다(민 20:8).

9-11절. 모세는 하나님의 말씀을 시행한다. 그러나 출애굽기의 평행 본문과는 다른 방식으로 상황이 전개되는 부분도 있다.

9절은 평행 본문과 같다. 모세는 하나님이 "명령하신 대로" 지팡이를 잡는다. 여기까지는 문제가 없다.

10절에서 백성들을 반석 앞으로 모은 모세는 평행 본문과 달리 그들에게 말을 한다. 그의 이 말은 출애굽기로부터 지금까지 그가 해 온 말들과 달리 상당히 거칠다. 그는 우선 이스라엘 백성들을 "반역자들"(함모림, הַמֹּרִים) 이라고 부른다. 이 "반역자"라는 표현의 어근이 되는 히브리어 동사는 마라(מָרָה)이다. 이 단어 역시 3절의 리브와 마찬가지로 오경 내에서는 므리바의 물 사건에만 관련되어 사용된 단어이다(민 20:10, 24; 27:14).[9] 특히 리브와는 달리 이 단어는 출애굽기의 평행 본문에서는 사용된 바가 없고, 오직 이 므리바의 사건에서만 사용되었다. 이것은 이 두 평행 본문 사이의 중요한 차이점 중의 하나이다.

---

8 모세와 아론의 엎드림과 여호와의 영광의 관계에 대해서는 민수기 14:5, 10의 "본문 해설"을 보라.

9 출 23:21의 하나님의 권면 중에 한 번 더 사용되기는 했지만 오경의 내러티브 본문들 중에서는 오직 므리바의 물 사건에만 관계되어 있다. 또한 민수기 20:24와 27:14에서는 므리바의 물 사건과 관련된 하나님의 말씀들 속에서 사용되고 있다.

"반역자"라는 호칭으로 이스라엘 회중을 부른 후 모세는 "우리가 너희를 위하여 이 반석에서 물을 나오게 할까?"라고 말한다. 그는 마치 자신과 아론이 자신들의 능력으로 물을 낼 수가 있는 것처럼 말을 한다. 이것은 그의 중요한 실책인 것으로 보인다.

11절. 모세가 지팡이를 들어 반석을 두 번 친다. 그러자 반석에서 물이 "많이" 나와서 회중과 가축들이 마실 수 있게 되었다. 물이 "많이" 나왔다는 표현은 출애굽기의 평행 본문에서는 나오지 않는다.

모세가 지팡이로 반석을 두 번 친 것은 명백히 하나님의 말씀과 어긋난다. 그럼에도 불구하고 하나님은 일단 백성들의 불평에 "많은" 물로 응답을 하셨다. 이어지는 본문들(12절; 또한 민 20:24; 27:14)에서 하나님은 모세와 아론의 잘못에 대해서 강력하게 대처하셨지만 그럼에도 불구하고 "많은" 물을 허락하시는 은혜를 베푸셨다.

12절. "많은" 물을 주신 후에 하나님은 모세와 아론을 책망하신다. 이들이 하나님을 "믿지 않고, 이스라엘 자손의 목전에서 내 거룩함을 나타내지 않았다"고 하나님은 말씀하신다.

이 말씀에서 모세와 아론이 하나님을 믿지 않았다는 것은 신약에서 예수에 대한 믿음과 관련하여 사용하는 의미로 이해해서는 안 된다. 구약 본문들에서 "믿지 않는다"는 표현은 불순종과 동의어적으로 사용되는 경우가 많다. 예를 들어 신명기 9:23은 "여호와께서 너희를 가데스 바네아에서 떠나게 하실 때에 이르시기를 너희는 올라가서 내가 너희에게 준 땅을 차지하라 하시되 너희가 너희의 하나님 여호와의 명령을 거역하여 믿지 아니하고 그 말씀을 듣지 아니하였나니"라고 말씀하고 있다(또한 왕하 17:14 등).[10]

현재 본문에서도 "믿지 않았다"는 하나님의 말씀은 이런 의미로 사용되고 있는 듯하다. 그러면 현재 문맥에서 모세와 아론이 하나님의 말씀대로

---

10 Gordon J. Wenham, *Numbers: An Introduction and Commentary*. Vol. 4. Tyndale Old Testament Commentaries (Downers Grove: InterVarsity Press, 1981), 169.

행하지 않고 하나님의 거룩함을 나타내지 못한 잘못들은 어떤 것들일까? 최소한 네 개 정도를 지적할 수 있는 듯하다.[11]

(1) 모세가[12] 행한 가장 명백한 잘못은 하나님이 "반석에게 말하여…물이 나오게 하여"라고 명령하셨지만 모세는 지팡이로 반석을 친 점이다. 이렇게 하고도 물이 나온 것은 하나님의 은혜이지 결코 바위를 두드린 것 때문이 아니다.

(2) 또 한 가지 큰 잘못은 모세가 물을 내게 하는 원천이 하나님임을 충분히 드러내지 못하고 마치 자신과 아론이 이 이적을 행하는 것처럼 말했다는 것이다: "우리가 너희를 위하여…물이 나오게 할까?"(10절).

(3) 간접적이지만 모세가 하나님의 명령을 시행하는데 집중하지 않고, 과도하게 백성들을 비난하고 거칠게 말한 것도 역시 문제가 되는 것으로 생각된다: "반역자들이여…"(10절). 참고로 시편 106:33은 아마 (2), (3)의 사항과 관련하여 언급하면서 "이는 그들이 그의 뜻을 거역함으로 말미암아 모세가 그의 입술로 망령되이 말하였음이로다"라고 표현하고 있다.

(4) 모세가 바위를 칠 때 두 번이나 친 것 역시 불필요하고 과도한 행위였다(참고, 출 17:6). 일단 바위를 친 것 자체가 잘못이었지만, 혹시 두드린다 하더라도 그는 결코 두 번이나 두드릴 필요가 없었다.

이처럼 모세가 하나님의 말씀대로 행하지 않고 과도한 말과 행위를 한 것은 결과적으로 하나님의 거룩함을 드러내지 못한 것이었다. 이 장의 뒤에서 아론의 죽음에 대해서 말씀하시면서 하나님은 모세와 아론의 이런 점에 대해서 평가하시기를 "너희가 므리바 물에서 내 말을 거역했다"고 하셨다

---

11 Wenham, *Numbers*, 169.; Timothy R. Ashley, *The Book of Numbers*. The New International Commentary on the Old Testament (Grand Rapids: Eerdmans, 1993), 385도 역시 간략하지만 비슷한 점들을 언급하고 있다.

12 물론 이 일을 행한 것은 모세 자신이지만 아론 역시 그와 함께 이 상황에 공동 대처를 한 것으로 보아야 할 것이다. 이들은 계속 "모세와 아론"으로 함께 언급되며(2, 6, 10, 12절), 백성들의 항의나 하나님의 명령 속에서도 함께 언급된다(4-5, 12절, "너희"; 8절, "너와 네 형 아론"). 또한 모세 자신도 바위에서 물이 나오게 하면서 백성들에게 말할 때 "우리"라는 표현을 쓰고 있다(10절).

(24절). 이 때 "거역하다"란 단어는 마라(מָרָה)인데, 이 단어는 10절에서 모세가 이스라엘에게 사용했던 "반역자들"이란 표현에 사용된 단어이다. 하나님은 모세가 이스라엘에게 적용하였던 죄목을 모세와 아론에게 적용하고 계신 것이다. 하나님이 24절과 동일한 말씀을 27:14에서 다시 한번 하시는 것을 볼 때 모세와 아론의 잘못에 대한 하나님의 평가는 절대적이다.

모세와 아론이 "믿지 않았다"는 말씀은 민수기 14:11과의 관계를 통해서 볼 때 다시 한번 의미심장하다. 이 두 본문은 민수기에서 하나님을 "믿지 않았다"(동사 아만[אָמַן]의 히필형)라는 표현이 사용된 유일한 본문들이다.

사실 오경 내에서 "믿는다"라는 의미를 가진 표현인 아만의 히필형 자체가 별로 사용되지 않는다. 다 합쳐야 봐야 총 15번이다(창 15:6; 45:26; 출 4:1, 5, 8[x2], 9, 31; 14:31; 19:9; 민 14:11; 20:12; 신 1:32; 9:23; 28:66). 그리고 이 중에서 이스라엘 백성이나 어느 개인들이 실제로 하나님을 믿지 않은 것에 대한 표현으로 사용된 경우는 모두 이 정탐꾼 사건(민 14:11; 신 1:32; 9:23)과 이 므리바 물 사건(민 20:12)뿐이다. 따라서 오경에서의 불신앙의 문제와 관련하여 이 두 사건의 상응성은 상당히 중요하다.

결국 이스라엘은 광야 여행 중에 하나님께서 보여주신 수많은 표징과 능력에도 불구하고 약속의 땅으로 들어가라는 하나님의 명령을 거부하는 불신앙을 보여주다가 약속의 땅으로 들어가는 것을 거부당했다(14:29-35). 이와 마찬가지로 모세와 아론 역시 므리바 사건을 통해 보여준 불신앙, 즉 하나님의 말씀에 대한 거역을 통해서 동일한 운명을 겪게 되었다.

13절. 이 구절은 므리바 사건에 대한 내레이터의 정리를 담고 있다. "므리바"란 지명은 이 사건을 통해 "이스라엘 자손이 여호와와 다투었기 때문이다". 그리고 비록 모세와 아론은 하나님에 대한 불순종과 불신앙으로 하나님의 "거룩함을 나타내지 않았지만"(12절), 하나님은 결국 바위에서 물을 내셔서 이스라엘 백성들과 가축들이 먹을 수 있게 하심으로써 "그들 중에서 스스로를 거룩하게 하셨다".

14-21절. 비록 바로 앞에서 이스라엘이 하나님과 다툼을 하고, 모세와

아론이 이 끝도 없이 불평을 해대는 이스라엘 백성들로 인해 과도한 반응을 보이다가 약속의 땅에 들어가지 못하게 되는 불미스러운 일이 발생했음에도 불구하고 약속의 땅을 향한 여정은 멈추지 않는다. 모세는 어찌 보면 하나님의 부르심 이후로 항상 충성된 종이었던 자신의 한번의 실수에 대한 과도한 심판과도 같아 보이는 처벌의 선언을 들은 이후로도 여전히 성실하게 자신의 일을 한다. 그는 약속의 땅으로 들어가기 위해 지나야 하는 에돔 통과를 허락해달라고 에돔 왕에게 사신을 보낸다. 이로 인해 발생하는 일들을 담은 것이 14-21절의 내용이다.

14a절에서 모세는 에돔 왕에게 사신을 보낸다.

14b-16절은 모세가 사신을 통해 전한 말의 전반부이다. 이 본문에서 모세는 예의 바른 태도로 자신들과 에돔의 관계, 그리고 그 동안의 역사와 여정에 대해서 서술한다.

먼저 모세는 자신들을 일컬어 "당신의 형제(아흐, אָח) 이스라엘"이라고 부른다(14b절). 이스라엘은 에돔의 시조인 에서의 형제 야곱의 후손이다. 따라서 양 민족은 원래 한 뿌리에 난 존재들이고, 형제들이다. 신명기 2:4에 따르면 하나님 역시 야곱과 에서의 관계에 대해서 이렇게 표현하고 계신다: "너희 동족(아흐[אָח]의 복수) 에서의 자손". 이런 가까운 인척 관계에 대한 호소를 통해 모세는 에돔 왕의 은혜를 이끌어내기를 바랐을 것이다.

이어서 모세는 창세기 말미로부터 민수기 20장의 시기까지의 역사를 간략하게 훑는다(15-16절). 자신들은 애굽 땅에 들어가서 오랫동안 노예 생활을 하다가 겨우 하나님의 구원을 통해 출애굽해서 이제 에돔 왕의 영토 끝자락인 가데스에 도착했다.

17절은 앞의 내용들에 기초해서 현재 자신이 하고자 하는 청원을 담고 있다. 그는 자신들이 에돔 영내를 가로질러 통과하는 행위 외에는 그 어떤 일, 심지어 물을 먹는 등의 사소한 일마저도 하지 않겠다고 굳게 약속한다. 단지 에돔 영토를 조용히 관통하게만 해달라고 요청한다.

모세의 이런 요청은 충분히 그럴 만한 가치가 있는 사항이었다. 다음의 지도에서 보듯이 이스라엘이 가데스에서 바로 에돔의 영토를 지나 왕의 대로(King's Highway)를 통해 모압 쪽으로 올라간다면 가장 간편한 여행이 될 수 있었다. 그런데 에돔이 거절한다면 이스라엘은 지형상 남쪽으로 한참을 "홍해 길"(민 21:4)을 따라 내려가 홍해 북단의 아카바 만까지 이르러서, 거기에서 다시 에돔 영토의 동쪽을 에둘러서 모압 쪽으로 올라가야만 했다. 실제로 이스라엘은 에돔의 거절로 인해 이렇게 길을 가다가 "백성의 인내심"(민 21:4)이 한계에 이르러 불평을 해댄 것 때문에 불뱀 사건을 겪게 된다(21:4-9). 이런 면에서 보면 모세의 요청은 납득이 간다.

18절은 모세의 요청을 에돔과 그 왕이 거부한 것에 대해서 말하고 있다. 이 거부의 말의 화자는 "에돔"이라고 되어 있지만 그 내용상으로는 볼 때 에돔 왕이 나라 전체를 대표해서 이 말을 하고 있는 것으로 보인다(참고, 사역 해설). 에돔 민족과 왕의 의지는 확고했다: "내가 칼로 너를 대적하러 가지 않게 하라".

19절에서 이스라엘과 그 대표자 모세는 다시 한번 간곡하게 요청한다. 비록 이 구절의 화자는 "이스라엘 자손"이라고 되어 있지만 앞의 18절과 마찬가지로 이들의 말의 내용 속에서 "우리"라는 복수와 "나"라는 단수가 혼재되어 있는 것으로 볼 때 모세가 이스라엘 전체를 대표해서 이 말을 하고 있는 것으로 생각된다. 하여튼 이스라엘은 자신들이 아무 일도 일으키지 않고 조용히 지나갈 것이며, 혹시라도 물이라도 마시는 일이 발생한다면 값을 치르겠다고 말한다.

20절에서 다시 한번 에돔과 그 왕은 거부를 한다. 그리고 "많은 백성과 강한 손"으로 맞섬으로써 실제로 실력 행사를 하겠다는 의지를 나타낸다.

21절은 이 문단의 마무리이다. 이스라엘은 에돔의 거부로 인해 할 수 없이 돌아가는 길을 택한다. 비록 이 민수기 본문에는 안 나타나 있지만 신명기 2:4-6에 따르면 이스라엘의 이런 선택은 하나님의 명령 때문인 것으로 보인다. 하나님은 이스라엘이 자기 "동족 에서의 자손"과 다투는 것을 허락하지 않으셨는데, 그 이유는 하나님께서 에돔 영토를 "에서에게 기업으로"

주셨기 때문이다(2:4-5).

22-29절. 20장의 시작 구절인 1절이 미리암의 죽음에 대해서 기술했다면, 20장의 이 마지막 단원은 아론의 죽음에 대해서 기술하고 있다. 앞의 12절에서 모세와 아론은 므리바 사건에서의 잘못으로 인해 약속의 땅에 들어갈 수 없게 되었다는 하나님의 말씀을 들었다. 그런데 이 둘 중 아론이 먼저 이 본문에서 죽음을 맞이하고, 그의 직책을 엘르아살이 이어받게 된다. 모세 역시 민수기 27장에서 여호수아에게 안수를 함으로써 직책을 위양하며(27:12-23), 결국 백성들에게 마지막 축복과 유언을 남기고 죽을 것이다(신 31-34장).

20:12에서 가나안 땅 입성이 거부된 이스라엘의 가장 큰 두 지도자의 죽음 기록 사이에는 몇 가지 상응성이 있다.[13] 첫째, 두 지도자 모두 므리바 사건으로 인해 가나안 입성이 거부되었다(20:12, 24). 둘째, 두 지도자의 죽음은 모두 산에서 일어난다(아론, 20:22-23; 모세, 신 27:12; 34:1[14]). 셋째, 두 지도자의 죽음에 대한 애도 기간이 모두 30일이다(아론, 민 20:29; 모세, 신 34:8). 양 지도자 모두 직책의 전수가 언급된다(아론, 민 20:25-26; 신 34:9). 미리암의 죽음과 더불어 이 두 지도자의 죽음을 통해 광야 1세대는 완전히 막을 내리게 되며, 결국 모세를 이은 여호수아와 아론을 이은 엘르아살에 의해서 광야 2세대가 정복 전쟁을 수행하게 될 것이다.

22-23절은 이스라엘이 에돔 경계선에 있는 호르 산에 이르렀다고 말한다. 이 산에서 하나님은 모세와 아론에게 말씀을 주신다.

24절에서 하나님은 아론이 "자기 조상들에게로 돌아가게 될 것"이라는

---

13 Ashley, *Numbers*, 394.

14 모세의 사망 장소에 대해 민수기 27:12는 "아바림 산"이라고 말하고 있고, 신명기 34:1은 "느보 산"이라고 말하고 있다. 그러나 이 두 다른 지명은 전승의 모순을 보여주는 것이 아니다. 신명기 32:49은 "너는 여리고 맞은 편 모압 땅에 있는 아바림 산에 올라가 느보 산에 이르러"라고 말씀하고 있다. 이것으로 볼 때 아바림은 산줄기를 가리키며, 느보는 그 산줄기 중의 특정한 산 꼭대기를 지칭하는 것으로 생각된다. 이 느보는 예벨 엔-네바(Jebel en-Nebā)(해발 2,740피트[약 835미터])를 지칭하는 것으로 생각된다. 이런 견해에 대해서는 N. H. Snaith, *Leviticus and Numbers*, The Century Bible (London: Thomas Nelson, 1967), 311을 보라.

충격적인 말씀하신다. 그리고 모세 역시 얼마 안 있어 죽음을 통보 받게 될 것이다(27:12-23). 하나님이 이렇게 하시는 이유에 대해서 이 구절이 밝히고 있는 바는 므리바 사건에서의 이들의 "거역"(마라, מָרָה) 때문이다. 마치 정탐꾼 사건에서 광야 1세대가 하나님의 말씀을 "거역"한 것 때문에 가나안 땅에 들어가지 못하게 된 것(민 14:11)처럼 이들 역시 동일한 잘못으로 인해 같은 벌을 받게 될 것이다.

25-26절에서 하나님은 모세에게 명령하시기를 아론과 그의 아들 엘르아살을 데리고 호르 산에 올라가서, 아론의 옷을 벗겨 엘르아살에게 입히라고 말씀하신다. 엘리사의 이야기에서 보듯이 후계자가 전임자의 옷을 물려받는 것은 그 직책을 계승한다는 의미이다(왕하 2:12-14절).[15]

27-28절은 앞의 하나님의 명령대로 모세가 시행한 것을 보고하고 있다. 아론이 죽은 후 모세와 엘르아살만 산에서 내려온다.

아론이 호르 산에서 죽었다는 진술과 관련하여 가장 큰 문제는 신명기 10:6이 아론의 죽음의 장소를 "모세라"(מוֹסֵרָה)라고 언급하고 있다는 점이다. 이 명백한 모순에 대해서 반대하면서 해리슨은 이 신명기 구절에서 "모세라"는 "견책"(chastisement)이라는 뜻의 단어로서, 이 장소의 사건에 대해 언급한 것이지 아론의 죽음 장소에 대해서 언급한 것이 아니라고 주장한다.[16] 그러나 신명기의 이 구절의 히브리어를 고려할 때 모세라가 장소의

---

15 엘리사가 승천한 엘리야의 옷을 가지고 요단 물을 쳐서 가른 사건(왕하 2:13-14)은 바로 직전의 2:8에서 엘리야가 같은 이적을 행한 것과 상응한다. 이 사건은 엘리야의 능력이 온전히 엘리사에게 임했으며, 그가 정통 계승자가 되었음을 시사한다. 이것은 또한 모세를 계승한 여호수아가 자기 스승의 홍해 기적과 비슷한 기적을 요단 강에서 경험한 것(수 3장)을 연상시키며, 이런 면에서 옷으로 요단 강물을 가른 이적은 모세-여호수아의 계승 사건이 엘리야-엘리사에게서도 답습되었음을 보여준다. 즉 모세의 역할을 담당한 것이 엘리야이고, 여호수아의 역할이 엘리사인 것이다. 이런 양 시대의 중요인물들의 계승 이야기 사이의 연결성은 또한 여호수아("여호와께서 구원하신다"란 뜻)와 엘리사("하나님께서 구원하신다"란 뜻)의 이름의 유사성을 통해서도 강화된다. 이런 점에 대한 설명은 Iain W. Provan, *1 & 2 Kings*, Understanding the Bible Commentary Series (Grand Rapids, MI: Baker Books, 2012), 172-173을 보라.

16 R. K. Harrison, *Numbers*, The Wycliffe Exegetical Commentary (Chicago: Moody Press, 1990), 272.

명칭으로 사용되고 있음이 분명하다고 생각된다. 또한 그의 견해를 비판하면서 애쉴리는 성경에 단 한번만 언급되고 있는 이 지명이 민수기 33:31의 "모세롯"(מֹסֵרוֹת, 히브리어의 명사 변화상으로는 '모세라'의 복수 형태)과 동일한 장소를 지칭하며, 이 경우 이 모세롯은 33:37의 호르 산에 도착하기 전 몇 단계 앞의 체류지였기 때문에 해리슨의 설명은 부당하다고 지적한다.[17] 따라서 그는 아론의 죽음과 관련해서 민수기와 신명기10:6이 다른 전승을 반영하고 있는 것 같다고 결론내린다. 그러나 일단 모세라와 모세롯이 언어상으로는 분명히 연결점이 있기는 하지만 정말 동일한 장소를 지칭하는지는 의문이다. 성경에 한번씩밖에 안 나오는 이 두 지명을 가지고 어떤 결론을 내리는 것은 분명히 한계가 있다. 그리고 비록 모세라가 신명기 10:6에서 분명히 지명으로 사용되고 있기는 하지만 이 명칭이 민수기 20:13의 므리바나 출애굽기 17:7의 맛사와 마찬가지로 충분히 해당 장소에서의 상황을 반영하여 명명된 이름일 가능성도 배제할 수만은 없다.[18]

29절은 이스라엘이 아론의 죽음을 애도한 것을 보고하고 있다. 민수기 33:38-29에 따르면 아론이 죽은 것은 제40년 5월 1일이었으며, 그의 나이는 123세였다. 이 날짜에 근거할 때 그의 죽음은 미리암이 죽은 지 4-5개월이 지난 후에 발생한 것이다(민 20:1). 또한 아론의 나이가 123세였다는 것과 모세가 같은 해에 죽을 때의 나이가 120세였다는 것은 출애굽기 7:7에 언급된 내용, 즉 모세가 80세에 부름 받았을 때 아론의 나이는 83세였다는 점과 잘 상응한다.

아론의 죽음을 애도하는 기간은 30일이었다. 통상적인 죽음에 대한 애

---

17 예를 들어 Ashley, *Numbers*, 397의 정리를 보라.

18 오경에서 지명이 이런 식으로 정해진 다른 경우들도 많이 찾아볼 수 있다. 모세와 이스라엘이 경험한 사건들과 장소들 중에서는 "마라"(출 16:23), "다베라"(민 11:3), "기브롯 하다아와"(11:34), "호르마"(21:3) 등이 이런 경우들이다. 또한 창세기에서는 창세기 26장의 우물을 판 여러 장소들, 그리고 "브엘세바"(창 32:31), "벧엘"(창 28:19), "엘벧엘"(창 35:7) 등이 이런 경우들이다. 또한 민수기 21:16의 "브올"이나 창세기 22:2의 "모리아" 역시 비슷한 사유로 해서 해당 이름이 지어졌을 가능성이 상당히 있다. 물론 이 마지막의 장소들의 경우에는 저자가 원래의 지명을 활용하여 해당 본문의 주제를 드러내는 키워드로 사용하는 것일 수도 있기는 하다.

도의 기간이 7일(창 50:10; 대상 10:12; 욥 2:13)이었던 것을 고려할 때 이 긴 애도 기간은 이스라엘 민족에게 있어서 아론의 중요성을 나타내준다. 모세의 죽음에 대한 애도 기간 역시 30일이었다(신 34:8).

5단계: 적용

11절. "물이 많이 나와서 회중과 그들의 가축들이 마셨다": 하나님께서는 다시 한번 기적을 일으키셔서 바위에서 많은 물이 나와 이스라엘 회중과 가축들이 마실 수 있게 해주셨다. 그러나 이 이적을 둘러싼 상황은 하나님이 이렇게 풍족하게 은혜를 베푸실 만한 것이 아니었다. 이스라엘 백성은 항상 그랬던 것과 마찬가지로 다시 한번 출애굽과 광야 생활에 대해서 불평을 해댔다(3-5절). 그리고 모세는 이스라엘 백성의 40년 동안의 지긋지긋한 불평에 질려서 결국 폭발하고 말았다. 그리고 그것 때문에 해서는 안 될 실수들을 저질러버렸다. 그는 백성들을 심하게 힐난하고(10절), "반석에게 말하여…물이 나오게" 하라는 하나님의 지시(8절)를 무시하고 바위를 두 번이나 두드렸으며(11절), 마치 자신이 이적을 행할 능력이 있는 자인 것처럼 말함(10절)으로써 하나님의 영광과 거룩을 나타내는 데 실패했다.

그럼에도 불구하고 하나님은 당장에 백성이 필요로 했던 물을 허락해 주셨다. 그것도 아주 풍성하게 말이다. 하나님의 이런 모습은 마치 사춘기를 겪는 중학생이 부모님과 다투고 가출을 했다가 들어왔을 때 그 잘잘못을 따지기 전에 먼저 잘 지은 밥과 좋은 반찬을 차려 주시는 어머니와 같다. 잘못한 일에 대해서는 향후 혼을 내기도 해야 하겠지만 자식을 진정으로 사랑하는 어머니는 당장은 밖에서 떠도느라 밥이 그리울 아이에게 밥 한 끼를 잘 먹이는 것이 더 급한 법이다. 이처럼 우리 하나님은 무작정 공의와 원칙만 내미시는 분이 아니라 필요한 경우 섬세한 은혜도 베푸시는 분이다. 마치 매를 드시기 전에 먼저 배가 곯은 자식에게 밥을 내미시는 어머니와도 같은 하나님의 이런 은혜에 감사할 줄 알고, 그 마음에 순복할 줄 아는 자가 진정한 신자라 할 수 있을 것이다.

21절. "에돔이 이스라엘로 하여금 자기네 영토를 통해 지나감을 거절하자 이스라엘이 그들을 비켜 갔다": 민수기 21:22에서 모세는 아모리 왕 시혼에게 이 20장에서 에돔에게 했던 것과 같이 공손하게 그 영내를 통과하게 해달라고 요청한다(17절). 그리고 아모리 왕이 이것을 거절하자 그를 공격해 멸망시켰다. 하지만 이 민수기 20:21에서 보는 바와 같이 에돔의 경우에는 그 거절을 수용하고, 그들을 피해 갔다. 이런 차이는 신명기 2:4-6이 말씀하고 있듯이 하나님께서 에돔의 땅을 야곱의 형제인 에서의 후손에게 할당하셨기 때문이다. 이런 하나님의 뜻 때문에 이스라엘은 에돔과의 전쟁은 포기해야 했다.

때로 하나님은 우리가 어떤 것을 필요로 하고, 그것에 대해서 간구해도 그 일을 허락하지 않으실 때가 있다. 하나님은 우리만의 하나님이 아니라 온 세상의 주인이시기 때문에 다른 이들에게도 섭리가 있고, 또 그들에게 은혜를 베푸시는 분이시다. 이런 온 세상의 주인이신 분의 자녀로서 우리는 때때로 하나님께서 우리가 다 알 수 없는 경륜으로 인해 우리가 원하는 바를 허락하지 않으실 때에도 그것을 받아들여야 한다. 성숙한 신앙이란 하나님께서 우리의 모든 것을 우리가 원하는 방식대로 다 들어주시기를 바라고 떼를 쓰는 것이 아니라 하나님의 마음을 이해하고 하나님의 선하신 뜻이 온전히 이 땅에 이루어지기를 바라는 것이다. 이러할 때 우리는 탕자의 비유에서 형이 저지른 것과 같은 잘못을 피할 수 있을 것이다.

6단계: 설교 "한 시대가 저무는 것을 바라 보면서"(민 20:22-29)

오늘 본문에서 이스라엘의 초대 대제사장 아론이 죽음을 맞이하고, 그 자리를 그의 아들 엘르아살이 승계합니다. 조만간에 모세도 자기 종 여호수아에게 자리를 위양하고 이들의 길을 뒤따르게 될 것입니다(민 27:12-23). 또한 이 20장의 첫 절에서는 미리암이 죽은 것이 기록되어 있습니다. 이처럼 출애굽기 서두에서 하나님의 부름을 받고 이스라엘의 지도자로 나선 모세와 아론과 미리암은 출애굽 과정과 광야 40년의 기간 동안 이스라엘을 인도하다가 이렇게 모두 비슷한 시기에 죽음을 맞이합니다. 그리고 그들의 뒤를 여호수아와 엘르아살 등의 계승자들이 이어받습니다. 이렇게 해서 구약성경 전체에서 가장 긴 본문을 차지하고 있는 가장 중요한 지도자들이 드디어 역사의 무대 뒤편으로 사라집니다.

요즘 한국 교회는 1980년대부터 전성기를 이끌었던 많은 위대한 목회자들이 자리에서 물러나거나 세상을 떠나고 있습니다. 그리고 그 자리를 다음 세대의 목회자들이 이어받고 있습니다. 그러나 불행하게도 한 때 한국 교회에서 가장 존경받았던 지도자나 가장 명성이 자자했던 교회일수록 세대 교체에 실패하는 모습을 보여주고 있습니다. 그래서 분란이 일면 일수록 세상은 하나님과 교회를 욕해댑니다. 그 때문에 가뜩이나 여러 가지로 힘든 한국 교회는 세대 교체의 실패 문제로 더욱 힘든 시기를 지내고 있습니다.

과연 우리 한국 교회는 이런 상황에서 어찌해야 할까요? 오늘 민수기 20:22-29의 본문을 통해서 몇 가지 교훈을 얻고자 합니다. 첫째, 우리 모두는 우리의 삶에 정해진 시간이 있다는 것을 알아야만 합니다. 하나님이 우리에게 허락하신 삶의 시간이 얼마이든 우리의 삶에는 반드시 끝이 있습니다. 어릴 때나 젊을 때, 혹은 전성기 시절에는 자신이 영원히 그렇게 살 것처럼 느껴지지만 시간은 흐르고, 그 흐름 속에서 우리는 늙게 됩니다. 그리고 결국은 우리의 삶은 끝을 맞이합니다.

모세와 아론은 구약 역사상 가장 위대한 지도자들 중의 하나입니다. 이들의 이야기는 구약성경에서 가장 긴 분량을 차지하고 있습니다. 이들이 남긴 업적은 구약 전체, 그리고 신약 성경의 모든 부분에 다 영향을 미치고 있습니다.

그러나 이들의 업적이 아무리 위대해도, 이들이 이 땅에서 영원히 살 수는 없었습니다. 때가 되면 모든 사람들이 가야만 하는 길로 이들도 가야 했습니다.

또한 이들이 이룩한 업적들을 생각할 때 이들의 끝은 아쉬움을 남깁니다. 왜냐하면 이들의 죽음이 갑자기 임한 것은 바로 앞에서 발생한 므리바 사건 속의 불미스러운 일들로 인해 촉발된 측면이 있기 때문입니다. 이들은 출애굽과 더불어 40년 동안의 광야 생활 내내 불평과 불만을 해대는 이스라엘 백성들의 행태에 신물이 났는지 과도하게 상황에 대처하다가 하나님의 거룩성을 나타내지 못한 것 때문에 가나안 땅에 들어가는 것을 금지당했습니다(민 20:12). 가나안 땅의 정복 전쟁을 막 시작해야 하는 상황에서 하나님은 이들의 목숨을 거두시고, 리더십 이양을 서두르십니다. 그 결과로 이들은 죽음을 맞이했습니다. 그리고 아쉽게도 이들에게, 특히 아론에게는 다시 한번 백성을 잘 인도할 기회가 주어지지 못했습니다. 아마 아론은 므리바 사건이 자신의 인생의 마지막 사건인 줄 알았다면 "조금은 달리 그 상황에 대처했을 텐데"라는 생각을 하지 않았을까요?

이처럼 현재 한국 교회의 위대한 지도자들에게도 마지막 순간이 이미 찾아온 경우도 많고, 또 찾아오고 있습니다. 이런 상황에서 각자 만약 현재 자신이 하는 행동이 인생의 마지막 행동이라면 어떻게 할 것인가 하는 점에 대해서 깊이 생각하셨으면 합니다. 인생의 수많은 업적에도 불구하고 자신이 현재 하는 행동이 자신의 인생이 마지막이고, 그 행동이 하나님과 사람 앞에서 결코 아름답지 않은 것이라고 한다면 얼마나 슬픈 입니까? 그 분들도 만약 이게 나의 마지막 행동인 줄 알았으면 "조금은 달리 그 상황에 대처했을 텐데"라고 생각하시지 않겠습니까?

우리는 시편 89:47의 "나의 때가 얼마나 짧은지 기억하소서 주께서 모든 사람을 어찌 그리 허무하게 창조하셨는지요"라는 말씀을 기억해야 합니다. 또한 우리가 그렇게 창조된 존재이기 때문에 더욱 더 이 시편 다음의 시인 모세의 기도(90장)의 한 소절처럼 "우리에게 우리 날 계수함을 가르치사 지혜로운 마음을 얻게 하소서"라고 기도해야 합니다. 그리고 이런 기도의 내용처럼 자신의 날을 계수하고, 하나님 앞에서 정말 지혜롭게 살아야 합니다. 전도서의 말씀처럼 결국 "하나님이 이 모든 일로 말미암아 너를 심판하실 줄" 알아야 합니다(전 11:9).

둘째, 물러나는 구세대를 이어 받아 하나님의 백성을 이끌 자들은 자신들이 선택한 자들이 되어야 합니다. 아론의 경우에는 하나님께서 그의 아들 엘르아살을 선택하셔서 지도자로 삼으셨습니다. 그러나 모세의 경우에는 여호수아를 그 후계자로 삼으셨습니다.

혹시 엘르아살의 경우를 보며 많은 목회자들이 자신의 친아들에게 교회를 물려주는 것을 정당화하실 분들이 있을까 봐 분명히 말합니다. 아론의 후계자는 친아들이라서 된 게 아니라 하나님이 선택하셨기 때문입니다. 이 본문은 결코 인간이 자신의 혈육에게 교회를 물려줘도 된다는 것을 정당화해주는 본문이 아닙니다. 모세의 경우 리더십이 친아들이 아니라 하나님께서 선택하신, 전혀 다른 사람에게 계승되었던 것처럼 아론의 경우에도 하나님의 선택이 중요한 것입니다.

또한 고린도전서 10:23-33에서 사도 바울이 음식의 문제를 가지고 논한 것처럼 비록 자신은 하나님 앞에서 선한 양심에 따라 아무 거리낌 없이 먹을 수 있는 음식마저도 교회 공동체의 덕과 약한 지체들을 위해서 먹지 않아야 한다는 점도 고려해야 합니다. 우리 모두는 "먹든지 마시든지 무엇을 하든지 다 하나님의 영광을 위하여" 해야 하며(고전 10:31), "모든 일에 모든 사람을 기쁘게 하여 자신의 유익을 구하지 아니하고 많은 사람의 유익을 구하여"야 합니다(10:33).

그런 면에서 교회를 자꾸 자신의 인간적인 욕심으로 자기 아들에게 물려주려고 하시는 분들은 하나님 앞에서 심각하게 물어봐야 합니다. 자신이 하는 일이 과연 "하나님의 영광을 위하여" 하는 일인지, 그리고 "자신의 유익을 구하지 아니하고 많은 사람의 유익을 구하는" 일인지에 대해서 말입니다.

셋째, 세대 교체가 이루어지고, 직책을 위양하는 문제는 하나님이 능력을 허락하셔야만 하는 일입니다. 아론의 경우 하나님은 모세에게 그의 직책을 상징하는 그의 옷을 벗겨서 엘르아살에게 입히라고 하셨습니다(민 20:26). 나중에 위대한 선지자 엘리야의 경우에도 하나님께서 그의 능력을 상징하는 옷을 엘리사에게 허락하심으로써 엘리사가 능력을 행할 수가 있었습니다.

마찬가지로 후계자 문제는 결국 하나님께서 그 능력을 허락하실 때만 가능한 것입니다. 민수기 20:10에서 모세가 그랬듯이 하나님이 허락하셔서 행하는 이적을 마치 자신 스스로의 능력으로 하는 것처럼 착각할 때가 가장 위험한 순간입니다. 한국 교회가 지금의 위기에 빠진 이유들 중의 하나는 한국 교회의 전성기를 이끌었던 목회자들이 언젠가부터 마치 그 전성기를 하나님이 허락하신 능력이 아닌 자기 자신의 능력으로 이끈 것처럼 착각하는 목회자가 많아졌기 때문입니다. 그런 목회자일수록 자신의 능력으로 만든 자신의 교회를 자기 아들에게 물려줄 수 있다고 생각합니다. 호랑이가 호랑이 새끼를 낳듯이 능력 있는 목회자인 자기가 능력 있는 후계자 아들을 낳았기 때문에 그 아들에게 물려주는 것이 정당하다고 생각하는 분들이 많습니다. 실제로 한 때 TV의 예능 프로에도 많이 나오던 어떤 유명한 목사는 그 예능 프로에서 비기독교인 연예인들 패널들 앞에서 말하기를 자기가 목회하는 것을 낱낱이 지켜본 아들에게 물려주는 것이 생판 모르는 사람에게 교회를 넘기는 것보다 낫지 않냐는 식의 말을 해서 많은 사람들을 경악시킨 바도 있습니다.

그러나 이것만큼 위험한 생각이 없습니다. 성경이 일관되게 가르치고 있는 바는 우리의 모든 능력이 하나님으로부터 온다는 것입니다. 하나님이 허락하지 않으시면 우리는 아무 것도 할 수가 없습니다. 만약 교회 승계 문제에 있어서 위와 같이 생각하는 목회자가 있다면 자신이 하나님 앞에서 아주 위험한 상태에 처해 있다는 것을 속히 깨달아야 합니다. 하나님의 일은 하나님의 결정에 맡겨야 합니다.

지금까지 아론의 죽음과 권한 위양에 대한 본문을 통해서 한국 교회의 세대 교체의 문제를 좀 살펴봤습니다. 이 본문의 교훈은 요즘 세대 교체가 빈번하고 이루어지고 있고, 또 이 문제로 해서 시끄러운 잡음이 끊이지 않는 한국 교회에 시사해주는 바가 큽니다. 아무쪼록 한국 교회의 모든 구성원들이 하나님 앞에서 겸손하게 귀를 기울임으로써 이 어지러운 시기를 지혜롭게 잘 지나갔으면 합니다.

약속의 땅을 향하여

민수기 21장의 신학 개관

민수기 21장은 민수기의 다른 장들에 비해서 다음과 같이 상대적으로 다양한 내용들을 담고 있다.

(1) 전쟁 이야기들: 가나안의 아랏 왕과의 전쟁(1-3절), 아모리 왕 시혼과의 전쟁(21-31절), 바산 왕 옥과의 전쟁(32-35절).

(2) 불평 이야기: 놋뱀 사건(4-9절)

(3) 여정의 기록(10-20절)

이 중에서 여러 전쟁 이야기들, 그 중에서도 특히 아모리 왕 시혼과의 전쟁 기록(21-31절)은 이어지는 민수기 22-25장에서 왜 모압 왕 발락이 발람 선지자를 통해서 이스라엘을 저주하고 싶어 했는지를 잘 보여준다. 한때 모압은 아모리 왕 시혼과의 전쟁에서 지고, 조롱을 당한 적이 있는데(26-30절), 자신들을 이긴 아모리 왕 시혼을 압도한 이스라엘은 모압 사람들에게 공포를 불러 일으키기에 충분했던 것이다.

이외에도 아랏 왕과의 전쟁이나 바산 왕 옥과의 전쟁 등도 지금까지 진행되어 오던 우울한 분위기를 바꾸고, 이스라엘로 하여금 충분히 가나안 정복 전쟁을 앞두고 낙관적인 전망을 가지게 할 만큼 신이 나는 내용들을 담고 있다. 이런 긍정적인 분위기는 10-20절의 여정의 기록 속에도 잘 나타나 있다.

그러나 민수기 11장 이후로 지금까지의 본문들이 항상 그래 왔듯이 민수기 저자는 여기에서도 긍정적인 내용과 부정적인 내용 사이의 균형을 갖춘다. 왜냐하면 오경에 기록된 마지막 불평 사건인 이 21:4-9의 사건은 민수기 11장 이후의 여러 광야 시대 이야기들 속에서 보아온 것과 비슷한 내용을 갖고 있는데, 이것이 광야 2세대 역시 1세대와 성정이 같은 사람들임을 보여주기 때문이다. 그런 면에서 이 이야기는 이스라엘의 가나안 정복이 결코 이스라엘 자신이 가진 미덕 때문이 아니라 오직 하나님의 은혜에 의한 것임을 보여준다. 그리고 이 점은 22-24장의 발람 이야기 다음에 나오는 25장의 바알 브올의 사건을 통해서 다시 한번 강조되게 될 것이다.

1단계: 사역

1. 네게브에 거주하는 가나안 사람인 아랏 왕이 이스라엘이 아다림 길로 온다는 것을 듣고 이스라엘과 싸워서 그들 중에서 포로를 잡았다.
2. 이스라엘이 여호와께 서원하여 말하였다. "만약 당신께서 이 백성을 제 손에 맡기신다면 제가 그들의 성읍들을 완전히 멸절시키겠나이다".
3. 여호와께서 이스라엘의 목소리를 들으시고 그 가나안 사람을 맡기시자 [이스라엘이] 그들과 그들의 성읍을 완전히 멸절하고, 그 곳 이름을 호르마라고 불렀다.
4. 백성이 호르 산에서 출발하여 홍해 길을 따라 에돔 땅을 우회하려 하다가 길 때문에 백성의 인내심이 떨어졌다.
5. 백성이 하나님과 모세를 대항해 말하였다. "왜 우리를 애굽에서 이끌어 내어 이 광야에서 죽게 하느냐 이 곳에는 먹을 것도 없고 물도 없으며, 우리는 이 하찮은 음식이 싫다".
6. 여호와께서 불뱀들을 백성 중에 보내어 백성을 물게 하시자 이스라엘 가운데서 많은 백성이 죽었다.
7. 백성이 모세에게 와서 말했다. "우리가 여호와와 당신을 대항하여 말함으로써 죄를

지었습니다. 여호와께 기도하여 이 뱀들이 우리에게서 떠나게 하여 주십시오". 모세가 그 백성을 위해 기도했다.

8. 여호와께서 모세에게 이르셨다. "불뱀을 만들어 장대 위에 달아라. 물린 모든 자는 그것을 보면 살 것이다".
9. 모세가 놋뱀을 만들어서 그것을 장대 위에 달았다. 뱀이 문 자가 그 놋뱀을 보면 살았다.
10. 이스라엘 자손이 떠나서 오봇에 진을 쳤다.
11. 그리고 오봇을 떠나서 모압 앞쪽 해 돋는 쪽 광야의 이예아바림에 진을 쳤다.
12. 그곳을 떠나서 세렛 골짜기에 진을 쳤다.
13. 그곳을 떠나서 아모리인의 영토에서 흘러 나와서 광야에 있는 아르논 강 건너편에 진을 쳤다. 아르논은 모압과 아모리 사이에 있는, 모압의 경계였다.
14. 이러므로 여호와의 전쟁기에 언급되어 있기를 "수바의 봐헤브, 아르논의 골짜기들,
15. 그리고 그 골짜기들의 비탈들, 즉 아르의 위치까지 뻗어 있고, 모압의 경계에 기댄 곳"이라고 하였다.
16. 또 거기에서 브엘까지였다. 이곳은 여호와께서 모세에게 이르시기를 "백성을 모아라. 내가 그들에게 물을 주겠다"라고 하시던 우물이었다.
17. 그 때 이스라엘이 노래하였다. "우물아 솟아라. 너희는 그것을 노래하여라.
18. 이 우물은 방백들이 팠고, 백성의 귀인들이 규와 자기들의 지팡이로 판 것이로다" 하였다. 그리고 그들이 광야에서 맛다나로 갔다.
19. 그리고 맛다나에서 나할리엘로, 나할리엘에서 바못으로 갔고,
20. 바못에서 모압 들에 있는 골짜기로 갔다. 그리고 예쉬몬을 내려다 보고 있는 비스가 산 꼭대기로 갔다.
21. 그리고 이스라엘이 아모리 왕 시혼에게 사신을 보냈다.
22. "우리로 하여금 당신의 땅을 지나갈 수 있게 해주십시오. 우리가 밭이나 포도원으로 치우치지 않을 것이고, 우물물도 마시지 않을 것입니다. 우리가 당신의 지경을 지날 때까지 왕의 대로로만 가겠습니다".
23. 그러나 시혼이 이스라엘이 자기 영토로 지나감을 허락하지 않았다. 그가 자기 백성을 다 모아 이스라엘을 치러 광야로 나와서 야하스로 와서 이스라엘을 쳤다.
24. 그러자 이스라엘이 칼날로 그들을 치고, 그의 땅을 아르논으로부터 얍복까지, 곧 암몬 자손에 이르기까지 빼앗았다. 암몬 자손의 경계는 견고하였다.
25. 이스라엘이 이 모든 성읍들을 빼앗고, 그 아모리인의 모든 성읍들, 곧 헤스본과 그 모든 가옥에 거주하였다.

26. 헤스본은 아모리인의 왕 시혼의 도성이었다. 시혼이 이전 모압 왕과 싸워서, 그의 모든 땅을 아르논까지 그의 손에서 빼앗았다.

27. 그러므로 시인들이 말하였다. "너희는 헤스본으로 와라. 시혼의 성이 지어지고 견고해지게 하여라.

28. 헤스본에서 불이 나오고, 시혼의 성에서 불꽃이 나와서 모압의 아르, 아르논의 높은 곳들의 주인들을 삼켰구나.

29. 화 있을진저, 모압이여. 네가 멸망하였구나, 그모스의 백성이여. 그가 자기 아들들을 피난민들로 만들었고, 자기 딸들을 아모리인의 왕 시혼의 포로가 되게 하였구나.

30. 우리가 그들을 쏘아서 헤스본이 디본까지 멸망하게 하였다. 그리고 우리가 메드바에 이르는 노바까지 황폐하게 하였다"

31. 그리고 이스라엘이 아모리인의 땅에 거주하였다.

32. 모세가 야셀을 정탐하게 하게 사람을 보냈다. 그리고 그것의 촌락들을 빼앗고, 거기에 있던 아모리인들을 쫓아냈다.

33. 그들이 돌이켜 바산 길로 올라갔다. 바산 왕 옥, 즉 그와 그의 백성이 그들을 맞이하여 에드레이에서 싸우기 위해 나왔다.

34. 여호와께서 모세에게 이르셨다. "그를 두려워하지 말라 내가 그와 그의 백성과 그의 땅을 네 손에 주었기 때문이다. 너는 헤스본에 거주하던 아모리인의 왕 시혼에게 한 것 같이 그에게 행하여라".

35. 이에 그와 그의 아들들과 그의 모든 백성을 쳐서 생존자가 한 명도 남지 않게 하였으며, 그의 땅을 빼앗았다.

2단계: 사역 해설

1절. "아다림 길": 데레크 하아타림(הָאֲתָרִים דֶּרֶךְ). 성경에 단 한번만 언급된 이 "아다림"이라는 장소가 어디인지는 알려져 있지 않다. 칠십인경을 제외한 다수의 성경 역본본들은 아타림이 "정탐하다"(to spy)(민 13:2 등)라는 뜻을 가진 투르(תּוּר)의 분사형인 타림(תָּרִים)인 것으로 봐야 하며, 앞이 알레프(א)는 그냥 추가된 어두음(prothesis)일 뿐이라고 본다. 이 경우 데레크 하아타림은 "정탐꾼의 길" 혹은 "정탐꾼의 형태(나 방식)"으로 해석되는 것이 맞는 것으로 생각된다.[1] 이런 견해가 상당히 타당성이 있는 것으로 생각되고, 본문 해설 역시 맞추어서 하였다. 그러나 이 문제에 대한 결론을 확고히 할 만한 증거들이 부족하기 때문에 사역에서는 개역개정의 번역을 유지했다.

5절. "하찮은 음식": 레헴 학클로켈(לֶחֶם הַקְּלֹקֵל). "음식"이란 뜻의 레헴을 수식하는 클로켈이란 단어에 대한 최근의 논의는 크게 두 가지 방향으로 전개되고 있다. 첫 번째는 히브리어의 동족어들인 아카드어 등에서 이 단어의 어원을 찾아서 이 단어를 "구황식품"(starvation food)으로 번역하려고 하는 것이다. 두 번째는 이 단어가 히브리어 동사 칼랄(קָלַל), "가볍다"(to be light), "조롱하다(필펠형[피엘의 특수한 형태])"에서 파생된 형용사라고 보는 것이다. 현재로서는 이 두 가지 가능성이 팽팽하게 맞서고 있기는 하지만 문맥과 성경 번역 전통, 그리고 성경 히브리어 시대 이후의 히브리어의 역사 등을 고려할 때 두 번째 견해가 더 가능성이 높아 보인다.[2] 개역개정과 사역은 이런 입장을 반영하고 있다.

6절. "불뱀들": 한느하쉼 핫쓰라핌(הַנְּחָשִׁים הַשְּׂרָפִים). 문자 그대로 번역하면 "불타는 뱀들"(burning snakes)이다. 주석가들과 고대 성경 번역본들은 "불타는"이라는 표현이 뱀의 색깔을 나타내는 것으로 보아 붉은 색의 뱀이라고 하기도 하고, 불과 같이 강력한 독을 가진 뱀을 가리킨다고 보아 "독 있는"(poisonous)나 "치명적"(deadly)이라고 번역하기도 한다.[3]

18절. "그리고 그들이 광야에서 맛다나로 갔다": 우밈미드바르 맏타나(וּמִמִּדְבָּר מַתָּנָה). 이 문장은 히브리어 원문은 "그들이…갔다"라는 것이 없이

---

1 Carl Friedrich Keil and Franz Delitzsch, *Commentary on the Old Testament*, vol. 1 (Peabody, MA: Hendrickson, 1996), 744.

2 이 단어에 대한 논쟁의 상세한 설명은 Robert H. O'Connell, "קְלֹקֵל", in Willem VanGemeren (ed.), *New International Dictionary of Old Testament Theology & Exegesis* (Grand Rapids: Zondervan, 1997): 3:933-935을 보라.

3 Phillip J. Budd, *Numbers*. Vol. 5. Word Biblical Commentary (Dallas: Word, 1998), 232, 234; Timothy R. Ashley, *The Book of Numbers*. The New International Commentary on the Old Testament (Grand Rapids: Eerdmans, 1993), 404-405와 거기에 언급된 자료들을 보라.

"그리고 광야로부터 맛다나"만 있다. '맛다나'란 지명이 아닌 보통명사로는 "선물"(gift)란 뜻을 갖고 있다. 이 문장의 이런 파편적인 성격과 더불어 '맛다나'란 단어의 뜻 때문에 이 문장을 앞의 노래의 일부로 보고 그냥 히브리어를 있는 그대로 직역하여 "그리고 광야에서, 선물"이라고 번역해야 한다고 주장하는 경우도 있었다. 그러나 이런 해석은 이어지는 19절 이하가 '맛다나'를 지명으로 취급하고 있다는 점 때문에 어려움에 처한다. 따라서 대부분의 성경 번역들은 이 문장의 파편적인 성격에도 불구하고 이것을 우리의 사역처럼 번역하고 있다.[4]

20절. "예쉬몬": 히브리어상으로는 정관사가 함께 쓰여 하예쉬몬(הַיְשִׁימֹן)이라고 되어 있다. 이 예쉬몬(יְשִׁימֹן)이라는 단어는 원래 "황무하다"(to be desolate)란 뜻을 가진 야삼(יָשַׁם)에서 파생된 것으로 보이며, "황무지", "광야" 등의 보통명사로 쓰이기도 한다.[5] 그리고 보통명사로 쓰인 경우에는 정관사가 사용된 경우가 없다.[6] 밀그롬(Milgrom)은 이 단어가 일반 황무지가 아니라 사해 북쪽의 요단강 양편 지역을 가리킨다고 본다. 그리고 이 요단강 양편 지역 중 동쪽 강변에는 벧-예쉬모트(Beth-jeshimoth)가 있는 곳이었다. 따라서 그는 이 단어를 "예쉬몬"이라는 고유명사로 번역하는 것이 낫다고 본다.[7]

27절. "견고해지게 하여라": 붸틱코넨(וְתִכּוֹנֵן). 원형은 "세우다"(to establish, found). 본문의 이 동사의 형태는 기본적으로는 각종 컴퓨터 프로그램이나 사전 등의 파싱 정보를 보면 히트파엘형이라고 제시된다. 그러나 또한 이 단어가 니팔형에 눈 에네르기쿰(nûn energicum)이 들어간 것이라는 분

---

4 이런 본문상의 문제들에 대한 것은 주로 Timothy R. Ashley, *The Book of Numbers*, The New International Commentary on the Old Testament (Grand Rapids: Eerdmans, 1993), 408의 논의를 참고하였다. 거기에 나오는 추가적인 문헌들의 논의를 참고하라.

5 Jacob Milgrom, *Numbers*, The JPS Torah Commentary (Philadelphia: Jewish Publication Society, 1990), 179.

6 William Lee Holladay and Ludwig Köhler, *A Concise Hebrew and Aramaic Lexicon of the Old Testament* (Leiden: Brill, 2000), 146.

7 Milgrom, *Numbers*, 179.

석도 있다.[8] 물론 전자의 견해가 더 많은 지지를 받고 있기는 하지만 어느 분석을 따르든지 의미는 결국 동일하다.

32절. "그것의 촌락들": 브노테하(בְּנֹתֶיהָ). 직역하자면 "그녀의 딸들". 여기에서 그녀는 야셀을 의미한다. 그리고 "딸들"의 "딸"에 해당하는 단어인 바트(בַּת)는 현재 문맥에서는 인간의 딸을 의미하는 것이 아니라 야셀에 딸린 마을들을 가리킨다. 개역개정의 번역과 사역은 이 점을 살려서 번역하고 있다.

3단계: 단락 구분

민수기 21장의 단락 구분은 다음과 같다.

21:1-3 가나안의 아랏 왕과의 호르마에서의 전쟁
21:4-9 놋뱀 사건
21:10-20 모압으로의 여정
21:21-31 아모리 왕 시혼과의 전쟁
21:21-25 아모리 왕 시혼에게 승리
21:26-30 아모리의 추억: 모압에게 승리
21:31-32 아모리 왕 시혼에게 승리 및 정착
21:33-35 바산 왕과의 전쟁

내러티브 본문의 특징상 뚜렷한 단원 구분 표시 문구는 거의 없다. 단지 내러티브적 요소들, 즉 등장인물, 장소, 사건 등의 요소들로 단원을 나누는

8 이런 분석에 대한 상세한 정보는 Timothy R. Ashley, *The Book of Numbers*, The New International Commentary on the Old Testament (Grand Rapids: Eerdmans, 1993), 416을 보라.

수밖에 없다.

위의 사항들을 고려하여 단원을 나눠볼 때 21장은 크게 다섯 부분으로 나뉜다. 첫째 단원(1-3절)은 가나안의 아랏 왕과의 전쟁 이야기를 담고 있다. 이 장소의 이름은 "호르마"라고 명명되는데, 이 지명은 민수기 14:39-45의 가나안과 아말렉 연합군과의 전쟁을 연상시킨다.

두 번째 단원(4-9절)은 이스라엘 백성이 호르마를 떠나서 에돔 땅을 우회하는 중에 생긴, 유명한 놋뱀 사건을 담고 있다. 장소와 내용이 앞뒤 단원과의 구분을 확실하게 해준다.

세 번째 단원(10-20절)은 이스라엘이 계속 여행을 하는 여정을 담고 있다. 이 짧은 문단 안에서 장소는 계속 변한다.

네 번째 단원(21-31절)은 아모리 왕 시혼과의 전쟁 내용을 담고 있다. 한 가지 흥미로운 점은 25, 31절의 "이스라엘이…아모리인의…에 거주하였다"란 평행 문구로 구성된 수미쌍괄식 구성의 안(26-30절)에 아모리 왕 시혼과 모압 왕 사이의 전쟁에 대한 내용이 들어있다는 점이다. 아모리 족속이 모압을 압도한 이 전쟁 이야기에 대한 언급은 왜 이어지는 22-24장에서 모압 왕 발락이 발람 선지자를 통해서 이스라엘을 저주하고 싶어했는지를 설명해준다.

다섯 번째이자 마지막 단원(32-35절)은 바산 왕 옥과의 전쟁 이야기를 담고 있다. 역시 이스라엘은 승리를 거둔다.

4단계: 본문 해설

1–3절. 이 단원은 가나안의 아랏 왕과 이스라엘 사이의 전쟁에 대해서 다루고 있다. 20장을 다루면서 첨부한 지도에서 보듯이 이스라엘은 아랏의 남쪽에 있었다. 이스라엘은 원래 에돔 남쪽과 동쪽을 에둘러서 모압 쪽으로 올라가 요단 강을 건너 여리고로 갈 길을 택할 생각이었기 때문에 굳

이 아랏과 전쟁을 일으킬 필요가 없었을 것이다. 또한 이스라엘이 이런 길을 택하기로 한 점은 이미 민수기 20:14-21의 에돔과의 이야기를 통해서도 확인할 수 있다. 아마도 이스라엘이 민수기 14:39-45에서 이미 호르마(참고, 21:3)란 곳에서 가나안 및 아말렉 연합군과의 싸움에서 패배한 적이 있다는 점도 굳이 아랏과의 전쟁을 피하고, 대신 에돔을 돌아가는 길을 택한 이유가 되었을 것이다.

그러나 1절의 "아다림 길"이란 표현의 사역 해설에서 보았듯이 이스라엘은 상황 파악을 위해서 아마 일부 정탐꾼을 보내서 상황 파악은 하려고 했던 것 같다. 그러나 이것을 알게 된 아랏 왕은 이들을 포로로 잡아버렸다. 그래서 이스라엘은 선택의 여지가 없이 이들과 싸움을 하게 되었다. 우선 이스라엘은 여호와께 서원을 하기를 만약 하나님께서 그들을 자기네 손에 맡기면 완전히 멸망시키겠다고 한다(2절).

하나님이 그들을 이스라엘의 손에 맡기자 이스라엘은 그들의 성읍을 완전히 멸망시키고, 그곳의 이름을 "호르마"라고 불렀다(3절). 이 지명은 지리상 민수기 14:39-45의 배경이 된 장소와 동일하거나 비슷한 장소의 명칭일 가능성이 상당히 있다. 그러나 이스라엘이 이 비슷한 장소에서의 이전의 패배의 경험을 극복한 것을 기념하여 동일한 이름을 해당 전쟁터에 붙인 것일 수도 있다.

하여튼 이 사건을 통해서 이스라엘은 과거의 트라우마를 극복한다. 그리고 이 사건은 가나안 정복 전쟁의 서막을 알리며, 여호수아서와 사사기 처음 부분까지 이 어지는 수많은 승리의 시작점이 된다.

4절. 이 구절은 4-9절의 놋뱀 사건, 즉 오경에 기록된 바 광야 시대의 마지막 불평사건의 발단이 되는 구절이다. 앞 단원의 아랏과의 전쟁 후 이스라엘은 남쪽으로 방향을 틀어, 원래 가려던 길을 간다. 20:14-21에서 에돔이 자신들의 경내를 관통하는 길을 허락하지 않자 이스라엘은 홍해 길을 따라 에돔 땅을 우회하는 먼 길을 택해야 했다.

이 "홍해 길"에 대해서는 이미 민수기 14:25의 본문 해설과 관련 지도를 통해서 설명한 바가 있다. 정탐꾼 사건의 결과 이스라엘은 그 때 홍해길을 지나서 다시 바란 광야 쪽으로 회귀하여 그곳에서 38년 어간을 방랑해야 했다. 그러나 다시 언급된 이 홍해 길은 민수기 20장에 첨부된 지도에서 보듯이 에시온 게벨에서 바란 광야 쪽으로 가는 길이 아니라, 이 곳에서 에돔 동쪽을 돌아서 가는 길을 가리킨다.[9] 14장의 경우와 달리 이스라엘은 이번에는 약속의 땅 입성을 향해 한 발씩 앞으로 나아가고 있는 것이다.

그러나 이 번거로운 경로는 이스라엘 백성의 짧은 인내심을 다시 한번 바닥나게 했으며, 앞의 승리로 인한 좋은 분위기를 망친다. 하나님께서 허락하신 승리의 기쁨에도 불구하고 이스라엘의 본성은 결코 변하지 않음을 이 사건은 확인시켜 준다.

5절. 이 구절은 백성들의 탄식과 불평을 담고 있다. 이들의 불평의 출발점은 에돔을 에둘러 가는 번거로움에서 발생했지만, 오경에 기록된 마지막 불평 이야기에서 이들은 그 동안 불평 이야기들 속에서 자신들에 했던 모든 불평을 다 몰아서 쏟아 놓는다. 마치 오랫동안 부부 싸움을 해온 부부가 사소한 말싸움이라도 시작하기만 하면 그 동안 있었던 모든 불평들을 다 쏟아내는 식이다. 그래서 이들은 출애굽 사건과 광야에서의 그 동안의 불평들, 물과 음식 등에 대해서 다 싸잡아서 이야기한다. 마지막의 "하찮은 음식"이란 표현은 사역 해설에서 보았듯이 조롱이 가득 담긴 표현이다.

6절. 이스라엘의 조롱과 냉소를 가득 담은 총체적인 불평에 대해 하나님은 즉각적으로 심판을 내리신다. 보통은 지금까지는 이스라엘의 불평을 모세가 듣고, 하나님께 엎드리면 하나님이 개입하시는 식으로 상황이 전개되었지만 현재의 사건에서는 하나님의 처벌이 더 빨리 작용하였다.

하나님이 택하신 처벌의 방법은 불뱀들에 물려서 백성들이 죽게 하시는 방식이었다. 이 일로 인해서 "많은 백성"이 죽었다.

---

9 Baruch A. Levine, *Numbers 21-36: A New Translation with Introduction and Commentary*, vol. 4A, Anchor Yale Bible (New Haven; London: Yale University Press, 2008), 86.

7절. 백성들이 모세에게 와서 자신들이 하나님과 그에게 대항한 죄를 사죄한다. 그리고 뱀이 물러가게 해달라는 기도를 부탁한다. 모세는 그들의 부탁을 들어준다.

8절. 하나님이 택하신 해결 방식은 오경에서 가장 독특한 것들 중의 하나이다. 하나님은 모세에게 불뱀의 모습을 만들어서 장대 위에 달게 하고, 그것을 바라보는 자들이 목숨을 부지하게 될 것이라고 말씀하신다.

9절. 모세가 하나님의 말씀대로 놋으로 뱀을 만들어서 장대 위에 단다. 뱀에 물린 자들 중에 하나님의 말씀대로 이것을 보는 자들은 목숨을 구한다.

이 독특하면서도 단순한 사건이 신학적인 중요성을 띠는 것은 요한복음 3장에서의 예수의 말씀 때문이다. 예수께서는 "모세가 광야에서 뱀을 든 것 같이 인자도 들려야 하리니 이는 그를 믿는 자마다 영생을 얻게 하려 하심이니라"라고 하셨다(요 3:14-15).

예수께서 이 놋뱀 사건을 자신의 십자가 사건과 연결시킨 이유는 양 사건사이의 상응성 때문이다. 놋뱀 사건에서 이스라엘 백성들을 살리는 능력은 놋뱀 자체에 있는 것이 아니었다. 불뱀의 독으로부터의 구원을 결정짓는 것은 장대에 달린 놋뱀이 아니라 그것을 바라보는 자가 낫는다는 하나님의 말씀에 대한 순종의 여부였다. 하나님은 당신의 말씀에 순종하는 자에게 구원을 베푸시고자 하셨던 것이다. 이와 마찬가지로 예수 그리스도의 십자가 사역에서도 하나님의 구원의 핵심은 십자가에 달려 죽으심으로 죄인들의 대속 제물이 되신 예수 그리스도를 믿는 자가 구원을 받는다는 하나님의 명령에 순종하는 것이다. 다시 말해 양 사건 모두에서 구원은 하나님이 정하신 구원의 방식에 순종하는 것에 달려 있었다. 구원은 하나님이 준비하시지만, 그 구원은 오직 이 하나님의 뜻과 방식에 순종하고 받아들이는 자에게만 임한다.[10]

---

10 이런 분석은 유월절에 피를 문 인방과 설주에 바르는 사건에도 동일한 방식으로 작용한다. 이

10–20절. 이 본문은 이스라엘이 에돔 땅을 우회하는 와중(4절)에 지나간 길들에 대한 경로를 담고 있다. 여기에 나오는 상당수의 지명은 현재 우리가 다 정확히 파악할 수는 없다. 이 경로의 대체적인 흐름에 대해서는 20장의 본문 해설과 관련해서 첨부한 지도의 화살표를 참고하라. 이스라엘은 오봇, 이예아바림, 세렛 골짜기를 지나 모압과 아모리 사이의 경계선에 있는 아르논 골짜기 건너편에 진을 쳤다(10-15절). 그리고 다시 거기를 떠나 브엘, 맛다나, 나할리엘, 바뭇을 거쳐 모압 들의 골짜기로 갔다가 예쉬몬을 굽어 보고 있는 비스가 산 꼭대기로 갔다(16-20절). 이 비스가 산 꼭대기는 발람이 신탁을 베푼 곳이기도 하다(민 23:14).

이런 이동 경로를 볼 때 이스라엘은 에돔의 경우와 마찬가지로 모압의 경우에도 그 동쪽 경계선을 따라 우회했던 것으로 보이는데 이에 대해서는 신명기 2:9에 따르면 하나님께서 아브라함의 조카 롯의 자손들에게 주셨기 때문이라고 한다. 만약 모압 왕 발락이 이 사실을 알았더라면 그는 쓸데없이 선지자 발람을 통해 이스라엘을 저주하려는 일을 하지 않았을 것이다(민 22-24장).

21절. 이 구절은 21-31절의 아모리 왕 시혼 왕과의 전쟁 이야기의 서론 역할을 하는 본문이다. 비스가 산 꼭대기에 이른 이스라엘 백성은 아모리 왕 시혼에게 사신을 보낸다.

22–23절. 사신이 전한 메시지는 앞의 20:17에서 에돔 왕에게 전한 메시지와 거의 문자적으로 동일하다. 그리고 이 동일한 메시지에 대해 시혼 역시 에돔 왕과 마찬가지로 적대적으로 반응한다. 그는 이스라엘을 대적하러 나온다. 에돔의 경우에는 하나님께서 그들과의 충돌을 허락하시지 않으셨기 때문에 이스라엘이 전쟁을 피했음을 본 적이 있다(민 20:14-21; 참고, 신 2:5). 그러나 시혼의 경우에는 그의 적대적 행동은 전쟁을 촉발시킨다.

에 대한 좀 더 자세한 분석은 박철현, *출애굽기 산책* (서울: 솔로몬, 2014), 129-130에서 찾아볼 수 있다.

24-25절. 이스라엘 백성은 시혼과 그의 군대를 쳐서 모압의 북쪽의 아르논 골짜기로부터 얍복 강까지의 영토를 다 차지하고, 그들의 성읍들에 거주하였다.

24절 끝에는 "암몬 자손의 경계는 견고하였다"는 표현이 나온다. 이 말은 이스라엘이 서쪽의 사해 및 요단 골짜기와 암몬 사이에 위치한 아모리 족속은 다 쳐서 멸망시킨 반면에 그 동쪽에 위치한 암몬은 공격하지 않았음을 나타내준다. 앞의 모압의 경우와 마찬가지로 신명기 2:19에 따르면 하나님은 암몬 자손의 땅을 롯의 후손에게 허락하셨기 때문에 이스라엘이 그들과 싸우는 것을 금지하셨다.

26-30절. 이 본문은 시혼과의 전쟁 본문에 삽입구로 들어가 있는 본문이다. 앞의 단락 구분에서 보았듯이 25절 끝과 31절의 평행구, 즉 "이스라엘이…아모리인의…에 거주하였다"란 평행구가 앞뒤를 감쌈으로써 이 본문의 경계선 역할을 하고 있다.

이 삽입구에 따르면 이스라엘이 시혼에게서 빼앗아 거주하게 된 헤스본이란 곳은 원래는 모압에 속한 것이었는데, 시혼이 전쟁을 통해서 빼앗은 것이었다(26절). 모압에 대한 이 승리를 기념하여 아모리의 시인들은 모압을 조롱하는 시를 만들었다(27-30절). 이 시는 모압에 대한 아모리 족속의 군사적 우월성을 보여주는 역할을 한다. 그리고 이것은 다시 이런 아모리 족속을 이긴 이스라엘의 강력함을 더욱 돋보이게 만드는 수사학적 효과를 갖고 있다.

31절. 25절 끝 부분과 평행 본문인 이 구절은 다시 한번 이스라엘이 아모리 땅을 차지했다는 것을 강조하고 있다.

32-35절. 이 본문은 이스라엘이 바산 옥마저도 무찌른 이야기를 담고 있다. 32절에 따르면 모세는 얍복 강 남쪽의 야셀을 정탐하도록 사람들을 파견했으며, 거기의 촌락들을 차지하고, 아모리인들을 무찔렀다. 그리고 거기에서 더 북쪽, 얍복 강 너머의 바산으로 가는 길까지 진격했다(33절).

결국 이스라엘과 바산 왕 옥은 얍복 강에서 상당히 북동쪽에 위치한 에

드레이라는 곳에서 맞닥뜨린다. 이 때 하나님은 이 바산 왕 옥마저도 아모리 왕 시혼과 마찬가지로 이스라엘에게 허락하셨다는 말을 모세를 통해 주신다(34절). 이스라엘이 하나님의 말씀대로 그들을 치고, 승리를 거둔다(35절).

이렇게 해서 이스라엘은 요단 강 동쪽 지역 중 하나님께서 아브라함의 조카 롯의 자손들인 모압과 암몬에게 허락하신 지역을 제외한 나머지 지역들을 다 차지한다. 이곳들은 나중에 이스라엘 지파들 중 두 지파 반, 즉 르우벤 지파, 갓 지파, 그리고 므낫세 반 지파의 땅으로 할당된다(민 33:33).

5단계: 적용

3절. "여호와께서 이스라엘의 목소리를 들으시고 그 가나안 사람을 맡기시자 [이스라엘이] 그들과 그들의 성읍을 완전히 멸절하고, 그 곳 이름을 호르마라고 불렀다": 민수기 21:1-3의 사건은 독자들에게 민수기 14:39-45의 호르마란 곳에서 이스라엘이 패배한 사건을 떠올릴 수밖에 없게 만든다. 이 후자의 본문에서 이스라엘은 정탐꾼 사건을 통해 이미 하나님의 말씀을 거역하다가 가나안 땅에 들어가지 못하게 되었으며, 그 거역의 세대가 다 죽을 때까지 거의 40년 동안 가나안 땅에 들어가지 못하게 되는 처벌을 받은 바 있다.

이처럼 하나님의 말씀을 거역하는 것이 얼마나 무서운 것을 뼈저리게 경험하고도 이스라엘은 바로 이어서 다시 한번 하나님의 말씀을 거역한다. 아이러니컬하게도 이 거역은 회개의 형태를 띠었다. 그들은 "보십시오. 우리가 여기 있습니다. 우리가 여호와께서 말씀하신 곳으로 올라가겠습니다. 우리가 죄를 지었기 때문입니다"(민 14:40). 하지만 불행히도 이들은 타이밍이 어긋난 회개와 돌이킴 역시 또 하나의 거역의 행위일 수 있다는 것을 알지 못했다. 그래서 이들은 모세가 그들의 실패를 경고했음에도 불구하고 가나안 및 아말렉 연합군과의 전쟁을 강행하다가 패배하고, 호르마까지 내몰렸다(14:41-45).

다행히도 이스라엘이 현재 본문에서 다시 한번 호르마에서 가나안인들과 전쟁을 벌이게 됐을 때에는 자신들의 고집을 내세우지 않았다. 이들은 전쟁 수행 여부에 대해서 하나님께 서원을 하고, 하나님의 결정을 따른다. 그 결과 이들은 승리를 거두고 과거의 수치를 극복하게 된다.

이를 통해서 배울 수 있는 것은 오직 하나님의 뜻을 따르는 것이 우리 삶의 성공의 비결이라는 것이다. 때때로 우리의 판단과 하나님의 판단은 틀릴 수가 있다. 또한 하나님의 판단과 우리의 판단이 어긋났을 때 타이밍이 맞지 않은 회개도 죄가 될 수 있다. 우리는 항상 예민하게 하나님의 뜻에 귀를 기울여야 한다. 오직 하나님의 뜻대로 할 때에야 비로소 우리 삶의 모든 것은 합력하여 선을 이룰 수가 있다.

4-5절. "백성이…에돔 땅을 우회하려 하다가 길 때문에 백성의 인내심이 떨어졌다. 백성이 하나님과 모세를 대항해 말하였다": 오경의 마지막 불평 본문인 이 본문에서 이스라엘 백성들은 에돔 땅을 돌아가다가 길 때문에 다시 한번 불평을 해댄다.

이 불평 사건에서 특별히 인상적인 것은 이것이 앞의 승리의 이야기(21:1-3) 직후에 벌어진 일이라는 점이다. 과거의 패배와 수치를 극복한 고무적인 경험을 방금 전에 했으면서도 이들은 상황이 바뀌자 곧바로 인내심을 잃고, 하나님과 모세에게 대항한다.

광야 시대의 이스라엘이 부족한 것은 이처럼 상황에 따라 급박하게 마음이 뒤집히는 것이다. 그들에게 필요한 것은 신앙의 성숙이고, 성숙한 신앙은 마치 깊은 물처럼 웬만한 자극에는 요동하지 않는 것이다. 따라서 우리 성도들은 야고보 사도는 다음과 같은 가르침에 귀를 기울여야 할 것이다. "내 형제들아 너희가 여러 가지 시험을 당하거든 온전히 기쁘게 여기라. 이는 너희 믿음의 시련이 인내를 만들어 내는 줄 너희가 앎이라. 인내를 온전히 이루라"(약 1:2-4).

6단계: 설교 "오직 주를 바라보라"(민 21:4-9)

아마 역사상 가장 영향력 있는 설교자를 꼽으라고 하면 상당히 많은 사람들이 찰스 스펄전을 뽑을 것입니다. 그가 살아서 목회를 하던 시절, 그가 설교를 하면 바로 속기사에 의해서 기록되고 그 주 내로 바로 영국 전역에 배포되었고, 얼마 안 가 유럽 전역과 신대륙에까지도 배포되었다고 합니다. 또 그의 책들은 기독교 역사상 그 어느 저술가들의 책들보다 훨씬 더 많이 팔렸다고 합니다.

이런 위대한 설교가도 처음부터 하나님의 종으로서 활약을 했던 것은 아니었습니다. 그의 간증에 의하면 그는 진정한 회심을 경험하기 전에는 자신의 죄 문제로 인해 심한 고통을 느끼고 있었습니다. 그렇게 계속 죄책으로 인해 고통을 당하면서 방황하던 어느 주일, 눈 폭풍이 심하게 휘몰아치던 날 그는 어느 작은 교회의 예배에 참석했습니다. 그 예배에는 단지 열서너 명 정도의 교인들만 참석하고 있었습니다. 마침 심한 눈보라 때문에 원래의 설교자가 교회에 오지 못했고, 대신 아주 볼품 없어 보이는 구두 수선공 같은 사람이 강단에 올라갔습니다.

스펄전의 말에 따르면 그는 정말 무식해 보였다고 합니다. 그의 발음도 아주 엉망이었습니다. 그는 잘 알아 듣기도 힘든 어투로 설교 본문을 읽었습니다. "땅끝의 모든 백성들아, 나를 바라 보아라, 그러면 너희는 구원을 받을 것이다".[11]

스펄전은 이어진 자신의 경험에 대해서 이렇게 적었습니다. "하나님께 감사하게도 그는 별로 할 말이 없었습니다. 그 때문에 그는 자기가 읽은 본문을 계속 반복해서 읽을 수밖에 없었습니다. 그리고 어찌 됐든 저에게는

11 스펄전은 이 본문이 이사야서 45:22라고 밝히고 있다. 그러나 그가 간증의 글에 언급하고 있는 이 문구는 해당 구절의 원문과 정확하게 상응하지 않으며, 이렇게 번역하고 있는 영어 성경 번역본들도 존재하지 않는다. 아마 하나님께서 스펄전에게 회심의 은혜를 베푸시기 위해 그 날 그 사람과 그의 부족한 지식을 활용하시지 않았나 추측된다.

그가 읽은 본문 외에는 어차피 더 필요한 게 없었습니다. 그러다가 그는 제가 앉아 있는 쪽을 가리키며 말했습니다. '거기 있는 젊은이, 무척 비참해 보이는군요'. 그리고는 그가 외쳤습니다. '바라보세요! 바라보세요! 젊은이! 바라보세요!'. 그 때 저는 이런 환상을 보았습니다. 그 환상은 제 눈에 보인 것이 아니라 제 마음에 보인 것이었습니다. 저는 구세주 예수가 어떤 분이신지를 보았습니다…저는 이 때 뭐가 어떻게 된 것인지를 이제는 도무지 설명할 수가 없습니다. 그러나 그 때 제가 믿어야 할 분을 바라보는 바로 그 순간 저는 믿는다는 것이 무엇인지를 바로 깨닫게 되었습니다. 그리고 순식간에 저는 믿게 되었습니다".

그리고 그가 집으로 돌아가는 길에 그의 모습이 완전히 변했기 때문에 그의 어머니가 그를 보고는 "뭔가 엄청난 일이 너에게 일어났구나"하고 외쳤다고 합니다. 한 어눌한 성도가 상황 때문에 할 수 없이 올라가서 강단에서 외친 "예수를 바라보라"는 외침 하나가 죄로 인한 고뇌에 찬 한 젊은이, 그래서 비참한 몰골을 하고 있던 한 젊은이를 완전히 죄로부터 벗어나게 했고, 역사상 가장 위대한 설교자들 중의 하나를 탄생시켰습니다.

오늘 본문의 놋뱀 사건 역시 바라봄과 구원의 관계에 대해서 다루고 있습니다. 이 본문의 내용을 살펴 봄으로써 영적인 교훈을 얻고자 합니다.

첫째, 이 본문은 우리 인간의 죄성이 얼마나 뿌리 깊은 것인지를 잘 보여줍니다. 이스라엘은 이 본문의 바로 앞에서 하나님의 크신 구원을 경험한 바 있습니다(민 21:1-3). 가나안의 아랏 왕이 이스라엘을 공격하자 하나님은 이스라엘로 하여금 그와 싸우게 하시고, 승리를 얻게 하셨습니다. 이스라엘이 승리를 거둔 장소인 호르마는 민수기 14:39-45에 따르면 이스라엘이 원래 하나님의 말씀을 거역하면서까지 가나안 및 아말렉 군대와 싸우다 패배를 경험한 곳이었습니다. 그런데 비슷한 상황에서 이 번에는 하나님의 뜻을 따라 승리를 거뒀으니 이스라엘은 얼마나 기뻤겠습니까? 그들이 얼마나 하나님께 감사한 마음을 가졌겠습니까?

그런데 이런 기쁨과 감사의 마음은 오래 가지 못했습니다. 이스라엘 백성들은 에돔을 우회하는 길이 조금 힘들자 바로 인내심의 바닥을 드러냈습니다(4절). 그리고는 곧바로 하나님과 모세에게 대항하여 불평을 늘어 놓았습니다. 마치 돌밭에 뿌려진 씨처럼 이스라엘은 그렇게 큰 은혜를 바로 앞에 경험하고 나서도 잠깐 어려움이 임했다고 해서 바로 넘어지고 말았습니다(마 13:20-22).

사실 이스라엘의 이런 모습은 우리 인간이 가진 보편적인 모습입니다. 우리는 하나님이 은혜를 베푸시면 좋아하고 감사해 하지만 그런 마음은 약간의 어려움만 와도 바로 사그라지고 마는 것을 자주 경험합니다.

우리의 이런 모습은 우리의 죄성이 얼마나 뿌리 깊은지를 보여줍니다. 우리는 우리 안에 결코 선한 것이 없음을 깨달아야 합니다. 칼빈주의 5대 교리의 첫 번째 것이 바로 "인간의 전적 타락"(Total Depravity)입니다. 오늘 본문의 이스라엘의 모습은 바로 이 교리가 진리임을 보여줍니다.

둘째, 구원은 오직 하나님만이 주실 수 있습니다. 우리 자신의 힘으로 우리는 구원을 얻을 수가 없습니다. 구원은 오직 하나님으로부터 옵니다. 따라서 이스라엘이 할 일은 오직 하나님의 구원을 간구하는 수밖에 없습니다.

오늘 본문에서 하나님은 이스라엘의 불평을 듣고 바로 불뱀을 보내 심판을 하십니다(6절). 이스라엘은 하나님의 진노로부터 스스로 자신을 구원을 수단을 갖고 있지 못합니다. 그래서 그들은 모세를 통해 하나님께 간구합니다(7절).

성도 여러분, 혹시 죄 중에 빠져 고민하십니까? 자신이 스스로의 힘으로 결코 죄와 그로 인한 하나님의 진노에서 벗어날 수 없다는 것을 인정하셔야 합니다. 그리고 하나님께로 나아와야 합니다. 오직 하나님만이 우리를 구원하실 수가 있습니다.

셋째, 구원은 오직 하나님께서 정하신 방식으로만 얻어집니다. 절대적인 주권자인 하나님은 구원의 방식을 주권적으로 정하실 수 있는 분입니다. 따라서 구원은 오직 하나님께서 정한 구원의 방식을 통해서만 얻어집니다.

오늘 본문에서 하나님은 모세로 하여금 놋뱀을 만드시게 하셨고, 그 놋뱀을 장대에 매달아 높이 들게 하셨습니다. 그리고 그것을 바라보는 자들이 불뱀으로 인한 사망에서 구원을 얻을 수 있다고 말씀하셨습니다(8절). 그리고 실제로 하나님께서 정한 이 방식을 따른 자들이 구원을 얻었습니다(9절).

여기에서 핵심은 놋뱀 자체에 있는 것이 아니고, 그 놋뱀을 바라보는 자들이 살게 해주시겠다는 하나님의 결정에 있는 것입니다. 다시 말해 구원은 하나님이 정하신 구원의 방식을 따르는 자들에게 주어지는 것입니다.

예수께서 니모데모에게 구원의 도를 가르치시면서 장대에 높이 들린 놋뱀과 십자가에 높이 들리게 될 자신을 연결시키신 것은 바로 이 점 때문입니다. 놋뱀을 바라보는 자를 살게 해주시겠다는 것이 불뱀 사건에서 하나님의 구원의 결정이었듯이 신약에서 십자가에 달린 예수 그리스도를 믿는 자들에게 구원을 주시겠다는 것 역시 하나님의 결정입니다. 오직 하나님의 이 결정을 따르는 자만이 구원을 얻게 될 것입니다.

그러므로 성도 여러분, 우리는 어떻게 해야 하겠습니까? 우리가 할 일은 스펄전이 했던 것과 마찬가지로 오직 십자가에 달리신 예수 그리스도를 바라보는 것입니다. 하나님께서 우리를 위해 정하신 유일한 구원의 방식인 예수 그리스도를 바라보고 믿는 것입니다. 그러할 때 하나님께서 스펄전을 구원하시고, 그를 위대한 설교자로 만드셨던 것처럼 성도 여러분의 삶에도 하나님께서 놀라운 구원을 베푸시고, 큰 은혜를 베풀어 주실 것입니다.

발람의 신탁(1)

민수기 22장의 신학 개관

민수기 22장은 22-25장 전체의 맥락 속에서 살펴봐야 한다. 왜냐하면 이 장은 독립된 장이 아니라 모압 왕 발락이 발람이란 주술사를 초청해서 이스라엘을 저주하게 하려고 하면서 일어난 이야기(22-24장)와 이 이야기와 연결된 추가적 이야기(25장)로 구성된 본문의 서장(序章)일 뿐이기 때문이다. 따라서 우리는 이 큰 맥락을 먼저 이해한 상태에서 22장의 세부적인 측면들을 살펴 보아야만 한다.

그러면 먼저 민수기 22-25장 전체를 살펴보도록 하자. 이 큰 본문은 두 개의 단원으로 나뉜다.[1] 첫번째 단원은 민수기 22-24장이다. 이 세 장으로 이루어진 단원은 모압 왕 발락이 발람을 통해 이스라엘을 저주하려고 했지만 결국 실패하고 마는 내용을 담고 있다. 두 번째 단원인 민수기 25장은 이스라엘이 싯딤에 체류하는 중에 모압 여인들과 음행을 저지르고, 그녀들의 신인 브올의 바알에게 절을 하다가 하나님의 심판을 받는 내용을 담고

1 민수기 22-25장에 대한 해설은 기본적으로 목회와신학 편집부(편), *민수기 어떻게 설교할 것인가* (서울: 두란노아카데미, 2009), 315-351에 실린 박철현, "야누스적인 인간 발람과 이스라엘의 운명(민 22-25장)"이란 소논문에 바탕을 두고 있다. 이것은 또한 박철현, *깨진 토기의* 축복 (서울: 솔로몬, 2012), 287-332에도 역시 실려 있다. 이 소논문에 이 민수기 본문에 대한 나의 핵심적인 해석들을 다 담아 놓았기 때문에 필요한 경우 이 소논문의 내용을 자주 활용할 수밖에 없음을 독자들은 양해해주기 바란다. 또한 이 소논문에 담긴 분석들 중 이 새 글에서 다르게 쓸 필요가 전혀 없는 부분들은 그대로 반영하기도 했다는 점을 밝힌다.

있다.

언뜻 보기에는 22-25장을 구성하고 있는 이 두 단원은 서로 별 연결이 없는 것처럼 보인다. 우선 첫 단원(22-24장)은 발람이 발락의 희망과는 달리 이스라엘에게 저주 대신 축복만 해대는 이야기를 담고 있다. 그리고 두 번째 단원(25장)은 발람에 대한 언급이 전혀 나오지 않으며, 앞 단원과 달리 이스라엘의 음행 및 우상숭배에 대한 내용만으로 구성되어 있다.

그러나 좀 더 자세히 파고 들어가 보면 이 두 단원의 이야기들은 서로 여러 가지 연결점들을 갖고 있다.

첫째, 등장인물의 측면에서 보도록 하자.

(1) 이 두 이야기는 모두 모압과 관련되어 있다. 22-24장의 이야기는 모압 왕 발락이 너무 막강한 이스라엘을 저주해서 약화시키려고 하는 내용을 담고 있다(22:6). 25장의 이야기는 이스라엘 백성이 모압 여인들과 음행을 저지르고, 그녀들의 신에게 절을 하다가 하나님의 심판을 받는 내용으로 구성되어 있다(25:1-3).

(2) 두 이야기는 또한 미디안 사람들과도 관계가 있다. 22-24장에서 발락은 이스라엘을 저주하는 일에 있어서 미디안과 함께 한다(22:4, 7). 25장에서도 이스라엘과 모압 여인들 사이의 음행에는 미디안 사람들도 깊숙이 개입되어 있었던 것으로 보인다. 시므온 지파의 사람과 음행을 저지르다 비느하스에 의해 죽임을 당한 여인은 모압 사람이 아니라 미디안 사람이었다(25:6-18). 또한 이 여인은 일반 평민이 아니라 미디안의 한 가문의 수령의 딸이었다. 이로 볼 때 이스라엘 백성과 모압 여인들 사이의 음행 사건에는 미디안 족속이 깊숙이 참여하고 있었던 것이 분명하다.

(3) 두 단원의 이야기는 모두 발람과도 관계되어 있다. 그는 22-24장에서 이스라엘의 축복과 저주의 이야기의 핵심 인물이다. 반면에 25장의 본문 자체에는 그가 전혀 등장하지 않고, 언급도 되어 있지 않다. 그러나 민수기의 뒷부분으로 가면 그가 25장의 음행 사건의 배후에 있다는 점이 언급되어 있다(민 31:8,16; 참고, 유 11; 계 2:14).

둘째, 장소적인 측면에서 볼 때 22-25장의 두 단원은 모두 요단 강 동편, 즉 여리고 건너편의 모압 평지를 무대로 하고 있다(22:1). 22-24장의 무대로 추가로 언급된 비스가(23:14), 브올(23:28)은 모두 이 지역에 속한 곳들이다. 그리고 25장의 싯딤 역시 이런 곳이다. 또한 25:3에 언급된 "브올의 바알"이란 표현(개역개정은 "바알브올")에서 "브올"은 23:28에 언급된 곳과 동일한 곳이다. 따라서 양 단원은 공간적 배경을 공유한다고 할 수 있다.

셋째, 두 이야기는 모두 이스라엘의 운명과 관련되어 있다. 22-24장에서 모압 왕 발락은 20-21장에서 너무나도 강력함을 보여주었던 이스라엘의 힘을 약화시키기 위해 발람의 저주 능력을 이용하려고 했다(22:6). 그러나 역설적으로 이 사건은 이스라엘이 하나님의 보호 아래에서 복을 받은 백성이며, 다른 누가 저주할 수 있는 대상이 아님을 보여준다(22:12; 23:7-8). 하지만 25장은 이런 이스라엘도 자신들을 보호하는 하나님과의 관계를 깨뜨리는 행위를 저지르면 하나님에 의해서 심판을 받을 수 있음을 보여준다(민 25:3, 11). 이런 면에서 이 두 이야기는 이스라엘이 누리는 축복과 그 축복에 대한 위협의 양 측면을 다 보여준다. 하나님의 보호가 있기 때문에 외부의 그 누구도 이스라엘을 해할 수는 없다. 그러나 이스라엘 자신이 내부에서 하나님께 죄를 지으면 하나님의 심판이 대상이 된다.

넷째, 앞의 첫 번째 사항의 (3)에서 다른 사항을 다루면서 이미 부분적으로 언급된 바 있기는 하지만 다시 한번 부각시키고자 하는 점은 22-24장과 25장의 음모가 모두 이스라엘이 전혀 알지 못하는 중에 진행되었다는 점이다. 전자의 본문에서 발락은 발람을 통해 이스라엘을 저주함으로써 그들의 전력을 약화시키려고 하였지만 실패하였다. 그런데 이 점은 최소한 해당 본문내의 이야기 속에서는 이스라엘에게 전혀 알려지지 않았다. 또한 후자의 본문에서 발람은 결코 이스라엘을 저주할 수 없다고 스스로가 했던 말(민 23:23)과 달리 발락에게 이스라엘을 해칠 수 있는 굉장히 효과적인 방법을 조언해 주었던 것으로 보인다. 그것은 이스라엘이 그 수호자이신 여호와 하나님께 죄를 짓게 만드는 것이었다(민 31:16). 그러나 이런 발람의 역할에 대해서 25장의 이스라엘이 알고 있었다는 증거는 없다. 이 일은 나중에 가서야 어떤 경로를 통해 이스라엘에게 알려지고, 그에 따라 이스라엘이 발람에게 복수를 한 것 같다(민 31장, 특히 8절).

이제 관심의 폭을 좀 좁혀서 22-24장의 발람의 이야기 자체에 맞추어 보도록 하자. 단일한 에피소드로는 민수기에서 가장 긴 이 이야기는 뛰어난 통일성을 갖추고 있다. 이 이야기는 모압 왕 발락이 주변의 여러 민족들과의 전쟁에서 압도적인 힘을 보여주면서 자기네 턱밑까지 다다른 이스라엘의 힘을 빼놓기 위해 발람이란 주술사를 초청하여 이스라엘을 저주하게 만들고자 하는 것으로부터 시작된다(22:1-6). 그러나 하나님은 발람의 저주를 막고, 그가 오히려 이스라엘을 축복하게 만드신다(22:12; 23:7-10, 18-24; 24:3-25). 결국 발락은 원래의 계획을 포기하고 발람을 돌려 보낼 수밖에 없게 된다(24:10-25).

이 이야기는 이런 거시적인 플롯의 흐름 외에도 앞으로 본문 해설을 통해서 상세히 살펴보게 될 바와 같이 세부적인 부분들에서도 서로간에 치밀하게 연결되어 있다. 각 부분들은 각자 제 위치에 잘 배치되어 있고, 각각의 역할을 잘 수행하고 있다.

이제 이 22-24장의 구조를 살펴 보도록 하자. 이 본문은 크게 두 부분으로 나뉜다. 첫 번째 부분(민 22:1-40)은 발락이 발람을 모압으로 초청해오는 과정을 담고 있는데, 이 속에 그 유명한 발람과 나귀의 이야기(22:21-30)가 들어 있다. 두 번째 부분(민 22:41-24:25)은 발람이 여러 번에 걸쳐서 이스라엘을 저주하게 촉구함에도 불구하고 발람이 계속에서 이스라엘을 축복하는 내용을 다루고 있다. 결국 발락은 포기하고, 발람은 자기 집으로 돌아가게 된다.

이 두 부분의 내용을 좀 더 상세하게 구조 분석해보면 다음과 같다:

A. 민 22:1-40 발락의 발람 초청

1. 22:1-6 발락의 발람 초청 계획

2. 22:7-35 초청 과정

a. 22:7-14 첫 번째 초청

b. 22:15-20 두 번째 초청

c. 22:21-30 말하는 나귀 사건

d. 22:31-35 발람에 대한 하나님의 경고

3. 22:36-40 발락의 발람 환대

B. 민 22:41-24:25 발람의 신탁들

1. 22:41-23:12 첫 번째 신탁

2. 23:13-26 두 번째 신탁

3. 23:27-24:13 세 번째 신탁

4. 24:14-24 발람의 네 번째, 다섯 번째 신탁

5. 24:25 발락과 발람의 결별

앞에서 언급한 바와 같이 22-24장은 크게 두 부분(A/B)으로 나뉘어 있으며, 이 두 부분 사이에는 유기적인 관계가 있다. 첫 번째 부분(A)에서 발람이 발락의 초청을 받아들이는 과정과 발람이 발락에게로 가는 과정에서 나귀로 인해 겪게 되는 해프닝들은 두 번째 부분(B)에서 발람이 이스라엘을 향한 신탁들을 쏟아내는 과정에서 겪게 될 일들의 전조(前兆) 역할을 한다. 즉 발람이 나귀와 겪는 일은 각각 다음의 도식과 같이 발람과 다른 등장인물들 사이의 관계의 그림자 역할을 한다.[2]

---

2 유비관계에 있는 등장인물들이나 주제들에 대해서 이런 식으로 도식화하는 것은 Richard Levin, *The Multiple Plot in English Renaissance Drama* (Chicago: The University of Chicago Press, 1971)을 참고한 것이다. 이것을 성경의 더블 플롯에 적용하여 등장인물들 및 주제들 간의 유비를 분석한 것은 나의 박사논문인 "From Mount Sinai to the Tabernacle: A Reading of Exodus 24:12-40:38 as a Case of Intercalated Double Plot" (Ph.D. diss; University of Gloucestershire, 2002)에 들어 있다. 특히 이 더블 플롯과 유비의 개념을 사울-나발-다윗의 관계 속에서 분석한 박철현, "사울과 나발-다윗의 원수 갚음과 영적 성장의 이야기: 사무엘상 24-26장의 더블 플롯과 등장인물의 묘사 기법"이란 논문은 박철현, *깨진 토기의 축복* (서울: 솔로몬, 2012), 253-285에 들어 있다. 이 논문은 성경의 등장인물 분석과 관련하여 설교에도 쉽게 적용할 수 여러 가지 이론적 사항들을 많이 담고 있으므로 설교자들에게 일독을 권한다.

나귀:발람 ~ 발람:하나님 (A부분 내에서)

나귀:발람 ~ 발람:발락 (A와 B 사이에서)

위의 첫 번째 도식에서 나귀 이야기(민 22:21-30[A.2.c.]) 속의 나귀와 발람 사이의 관계는 A부분(22:1-40) 전체 속의 발람과 하나님 사이의 관계와 상응한다. 즉 A의 전체 이야기 속에서 하나님과 발람이 하는 역할을 그 하부 단위인 민 22:21-30에서 각각 발람과 나귀가 하고 있는 것이다. 이 점을 좀 더 부연 설명하자면 다음과 같다. A 전체에서 발락의 초청에 따라 발람이 모압으로 가는 것을 하나님은 막으신다(22:12). 이 본문에는 표면적으로 나타나 있지는 않지만 발람은 발락이 약속한 재물이 탐이 났던 것 같고, 그래서 꼭 가고 싶었던 것 같다(민 31:8, 16; 유 11; 계 2:14). 그러나 하나님이 워낙 강권적으로 막으셨기 때문에 발람은 선뜻 가겠다고 나서지는 못한다. 하지만 그는 발락이 보낸 사신들을 자꾸 자기 집에 머무르게 하는 것 등의 방식으로 은연 중에 자신의 욕심을 드러내고, 발락이 자꾸 자신을 초청을 하게 만드는 동기를 부여한다(22:8, 19 등).[3] 이처럼 하나님의 명시적 금지 명령에도 불구하고 자꾸 욕심을 부리는 발람의 모습은 22:21-30에서 나귀가 자기 주인인 발람의 명령에도 불구하고 자꾸 앞으로 나아가기를 거부하는 모습과 상응한다. 양 본문 모두에서 발람과 나귀는 자기에게 명령하는 자의 명령을 수용하기를 거부하는 것이다.

이런 식의 유비는 A(22:1-40)와 B(22:41-24:25) 사이에도 존재한다. 나귀가 자기 주인 발람의 말에 순종하기를 세 번이나 거부했듯이 발람은 자신을 고용한 발락의 저주 명령을 거부하고 세 번이나 이스라엘을 축복한다(23:7-10, 18-24; 24:3-9).

이런 각 부분의 유비 관계를 총체적으로 정리해보면 발람은 각각 하나님과 발락에게 있어서 마치 나귀와 같은 사람으로 그려지고 있는 것을 알

3 이 대목은 아주 미묘하기 때문에 본문 해설의 상세한 분석을 통해서 다루도록 하겠다.

수 있다. 따라서 나귀 이야기는 발람 이야기 전체에 대한 주석의 역할을 하고 있다고 할 수 있다.

이제 민수기 22장(A)으로 범위를 좁혀서 개관하도록 하자. 이 장의 구조는 위에서 이미 제시한 것에서 볼 수 있듯이 크게 세 단원, 즉 1-6절, 7-35절, 36-40절로 구성되어 있다. 마지막 절인 22:41은 독립된 큰 단원인 B의 일부로 봐야 하지만 전통적인 장 구분을 고려하여 그냥 이 장의 끝에 가서 간단하게 취급하도록 하겠다.

먼저 22:1-6에서 발락은 이스라엘이 20-21장에서 거둔 전훈들, 그 중에서도 특히 아모리 왕 시혼과 바산 왕 옥에게 거둔 승리들(21:10-35)로 인해 혼비백산해 한다. 특히 시혼은 전에 모압 왕을 쳐서 "그의 모든 땅을 아르논까지 그의 손에서 빼앗았"던 적이 있던 자였다(21:26). 자기네를 이긴 그런 자와의 전쟁에서 이긴 이스라엘은 발락에게 공포를 불러 일으켰고, 그에 따라 발락은 어떻게든 이 강력한 적을 약화시킬 방법을 찾아야 했을 것이다. 그것이 그가 발람을 부르기로 한 이유이다. 그는 그에게 이스라엘을 저주하도록 시킬 생각이었다.

22장의 두 번째 부분이자 가장 긴 부분인 22:7-35은 그 길이만큼이나 복잡하게 다음과 같이 세분화될 수 있다.

a. 22:7-14 첫 번째 초청
b. 22:15-20 두 번째 초청
c. 22:21-30 말하는 나귀 사건
d. 22:31-35 발람에 대한 하나님의 경고

7-14절이 기술하고 있는 바와 같이 발락의 첫 번째 초청은 실패로 돌아간다. 발람은 자신을 초청하러 온 사신들에게 하나님이 단호하게 하신 말씀을 전한다: "너는 그들과 함께 가지 말아라. 그 백성을 저주하지 말아라. 왜냐하면 그들은 복을 받은 자들이기 때문이다"(12절).

15-20절은 두 번째 초청에 대해서 다루고 있다. 첫 번째 초청에 동원된 자들이 빈손으로 돌아오자 발람의 두 번째 초청은 더 간절해진다. 그는 사신들의 지위와 숫자를 격상시키고, 더욱 간곡한 표현을 쓰며, 더 큰 보상을 약속한다(15-17절). 그러나 발람은 일단 단호하게 거절한다(18절). 그러면서도 그는 사신들이 자기 집에서 하루 머무르면 하나님의 말씀을 다시 듣고 전해주겠다고 말한다(19절). 놀랍게도 하나님은 첫 번째 계시와는 다르게 이번에는 그가 가는 것을 허락하신다. 그러나 "내가 너에게 말한 것만을 행하여라"고 명령하신다(20절).

21-30절은 그 유명한 발람의 나귀 사건이다. 이 사건은 앞에서 언급한 대로 발람의 말을 듣지 않는 나귀가 그에 대한 유비의 역할을 하는 대목이다. 이 유비는 다음과 같은 구조를 고려하면 더욱 선명해진다.

하나님과의 첫 번째 대면(7-14절)
하나님과의 두 번째 대면(15-20절)
나귀와의 해프닝 I(21-23절)
나귀와의 해프닝 II(24-25절)
나귀와의 해프닝 III(26-30절)
하나님과의 세 번째 대면(31-35절)

이 본문의 세부적인 내용들과 구조가 제시해주는 바와 같이 발람과 나비 사이에 유비 관계가 존재한다는 것을 고려할 때 발람은 언뜻 보기에는 하나님의 말씀을 충실히 듣는 것 같지만 속으로는 계속 발락이 약속한 제물을 탐낸 것으로 보인다(참고, 유 11). 결국 그는 하나님의 여러 차례의 경고에도 불구하고 25장의 싯딤에서의 이스라엘의 영적, 육적 음행 사건을 통해 이스라엘이 하나님에 의해 멸망 당할 뻔하게 만든다(민 25:11; 31:8, 16). 그런 발람이 겉으로는 하나님의 말씀에 순종하는 척하면서도 속으로는 계속 발락이 약속한 재물을 탐하자 하나님은 그에게 나귀 사건을 통해 강력하게 경고를 하신다.

31-35절은 나귀 사건을 통해 간접적인 교육을 하신 하나님이 여호와의 사자를 통해서 나귀 사건의 의미를 설명하신다. 발람은 하나님의 말씀을 듣고 "만약 이것이 당신의 눈에 악하다면" 자신이 그냥 돌아가겠다고 말한다(34절). 그러나 하나님이 그에게 갈 것을 허락하신다. 대신 다시 한번 앞의 20절에서와 같이 "오직 내가 너에게 하는 말만을 너는 말해야 한다"고 명령하신다(35절). 앞의 나귀 사건(21-30절)과 이 세 번째 대면(31-35절)을 통해서 하나님은 발람이 할 역할에 쐐기를 박으신다. 사정이 이러하기 때문에 나중에 발람이 이스라엘을 음행에 빠뜨린 죄(참고, 민 31:8, 16)는 더욱 큰 문제가 된다. 그는 이스라엘을 향한 하나님의 마음을 훤히 알고도 그들에게 해를 끼치고자 획책하였던 것이다.

22장의 마지막 단원인 36-40절은 발락이 발람을 환대하는 내용을 담고 있다. 발락의 기대와 달리 발람은 앞의 12절과 35절의 하나님의 말씀대로 자신은 하나님이 자기 입에 넣어 주시는 말씀만을 할 수 있다고 밝힌다(38절).

22장의 마지막 절인 41절은 앞에서 말한 바와 같이 다음 장에 이어지는 발람의 신탁들의 서론 역할을 한다. 발락은 발람이 이스라엘 백성의 진 끝을 보고 신탁을 할 수 있게 바알의 산당으로 올려 보낸다.

이제 마지막으로 민수기 22-24장의 발람 이야기가 오경 전체의 맥락 속에서 가진 중요성을 살펴 보도록 하자. 이 중요성은 우선 특별히 창세기의 족장 이야기들과의 맥락 속에서 발견된다. 특별히 다음 세 가지 사항들이 부각된다.[4]

(1) 가장 표면적으로 두드러지는 것은 창세기의 족장들에게 주신 축복 및 저주와 관련된 사항들이다. 창세기 12:2-3에서 하나님은 "내가 너로

---

4 이하의 내용은 Gordon J. Wenham, *Numbers* (Sheffield: Sheffield Academic Press, 1997), 61-62의 통찰에 바탕을 둔 것이다. 그러나 그의 기여에 여러 가지 사항들을 보강하였다.

큰 민족을 이루고 네게 복을 주어 네 이름을 창대하게 하리니 너는 복이 될지라 너를 축복하는 자에게는 내가 복을 내리고 너를 저주하는 자에게는 내가 저주하리니 땅의 모든 족속이 너로 말미암아 복을 얻을 것이라 하신지라"고 말씀하셨는데, 이 주제가 발람 이야기의 플롯의 중심을 차지하고 있다.

민수기 22:6에서 모압 왕 발락은 발람을 부르면서 "나는 그대가 복을 비는 자는 복을 받고 저주하는 자는 저주를 받는다는 것을 알고 있다"고 말한다. 그러나 이에 대해서 하나님이 발람의 첫 번째 신탁을 통해 그의 입 속에 넣어 주신 응답은 "하나님께서 저주하지 않으시는데 내가 어찌 저주할 수 있겠는가, 여호와께서 방자하지[5] 않으시는데 내가 어찌 꾸짖을 수 있겠는가"라는 것이었다(23:8).

더 나아가서 세번째 신탁을 통해서는 "그가 수사자나 암사자같이 꿇어앉고 누우니, 누가 그를 일으키겠느냐? 너를 축복하는 자들은 복을 받을 것이고, 너를 저주하는 자들은 저주를 받을 것이다"라고 하심으로써 오히려 발락에게 저주가 돌아갈 것임을 말하게 하셨다(24:9). 또한 이렇게 직접적으로 창세기 12:2-3을 인용하는 듯한 문구를 사용하고 있지는 않았지만 이와 연결된 것이 분명한 다른 표현들도 발람 이야기 중에는 많이 등장한다(민 23:11, 13, 20, 23, 25, 27; 24:10).

(2) 두 번째 두드러지는 주제는 큰 민족에 대한 주제이다. 창세기의 족장들에게 주신 약속들 중에는 이 주제에 대한 구절들이 아주 많다(창 12:2; 15:5; 17:6, 16, 20; 18:18; 22:17; 26:4; 28:3, 14; 32:12; 35:11; 46:3). 이 주제 역시 발람 이야기의 핵심 주제들 중의 하나이다. 발락이 발람을 초청한 이유는 이스라엘 백성이 많아서 지면을 덮을 정도라고 느꼈기 때문이다(민 22:3, 5, 11). 이어지는 발람의 신탁들은 이스라엘 백성의 많음과 강함을 부각시키고 있다

5 "방자하다"라는 말의 의미는 23:7의 사역 해설에서 좀 더 자세하게 다루고 있는바와 같이 "남이 잘되지 못하게 하거나, 또는 재앙을 받게 하기 위하여 신에게 빌거나 방술을 쓰는 짓을 하다"란 뜻이다(표준대국어사전). 23:7절 전반절의 "저주하다"란 단어와 대구법을 이루고 있다.

(23:10, 24; 24:6-9).

(3) 세 번째 두드러지는 주제는 왕과 그의 나라에 대한 주제이다. 이 주제는 창세기에서 17장을 기점으로 해서 여러 구절들 속에 들어 있다(창 17:6, 16; 35:11). 그러나 또한 이것은 창세기 12:2의 하나님의 첫 번째 축복 속의 큰 민족에 대한 약속 안에도 이미 어느 정도 잠재되어 있다. 창세기의 이 주제 역시 발람 이야기 속에서 한 자리를 차지하고 있다. 민수기 23:21의 약간은 모호한 왕에 대한 언급으로부터 출발해서 24:7은 아말렉 족속의 아각보다 센 왕과 그의 나라에 대한 언급으로 나아간다. 이어서 24:17의 "한 별"과 "한 규", 24:19의 "주권자"는 이 왕에 대한 언급과 연결되어 있음이 분명하다. 특히 "규"(쉐베트, שֵׁבֶט)는 창세기 49:10의 유다 지파에게 주신 약속에서 출발해서 시편 45:6을 거쳐 히브리서 1:8까지 이어져서 예수 그리스도에게 적용되고 있다. 이처럼 이 주제는 성경의 가장 처음 부분으로부터 시작해서 가장 마지막 부분까지 연결시키고 있다.

발람 이야기가 오경 전체의 맥락에서 가진 다른 한 가지 중요한 역할은 이것이 이스라엘의 가나안 정복에 대한 긍정적 전조 역할을 하고 있다는 점이다. 이 이야기는 이스라엘이 하나님의 축복을 받은 존재임을 분명히 해주며, 이스라엘이 그 누구도 해할 수 없을 만큼 강하다는 것을 강조해주고 있다(민 23:24; 24:6-9, 17-22). 실제로 이스라엘은 비록 민수기 25장의 위기는 있었지만 결국 모압과의 전쟁을 승리로 이끌게 될 것이다(민 31장). 여호수아서에서 정복 전쟁이 본격적으로 시작하기 전에 언급된 마지막 전쟁의 기록인 이 기록은 이스라엘이 하나님 앞에서 영적 정결을 유지하기만 한다면 가나안 정복 전쟁을 성공적으로 수행하게 될 것임을 예견하게 해준다.

1단계: 사역

1. 이스라엘 자손이 길을 떠나 요단 건너편, 곧 여리고 맞은 편에 있는 모압 평지에 진

을 쳤다.

2. 십볼의 아들 발락이 이스라엘이 아모리인들에게 행한 모든 것을 보았다.
3. 모압이 [이스라엘] 백성이 많기 때문에 심히 두려워하였다. 모압이 이스라엘 자손 때문에 고뇌하였다.
4. 모압이 미디안 장로들에게 말했다. "이제 소가 밭의 풀을 뜯어먹음 같이 이 무리가 우리 주변에 있는 것을 싹 뜯어먹을 것입니다". 이 때에 십볼의 아들 발락이 모압 왕이었다.
5. 그가 브올의 아들 발람을 부르기 위해 그의 백성의 땅의 강에 있는 브돌로 사신들을 보냈다. "보라. 한 민족이 애굽에서 나왔다. 보라. 그들이 지면을 덮었다. 그리고 그들이 우리 맞은편에 거주하고 있다.
6. 자 이제 나를 위해서 이 백성을 저주해라. 이 백성이 나보다 강하기 때문이다. 어쩌면 내가 능히 그들을 치고, 그들을 이 땅에서 몰아낼 수 있을 것이다. 나는 그대가 복을 비는 자는 복을 받고 저주하는 자는 저주를 받는다는 것을 알고 있다".
7. 모압 장로들과 미디안 장로들이 손에 복채를 가지고 가서 발람에게 이르렀다. 그리고 그에게 발락의 말을 전하였다.
8. 발람이 그들에게 일렀다. "오늘 밤에 여기에서 지내라. 여호와께서 내게 말씀하시는 대로 너희에게 말씀을 전달하겠다". 그래서 모압 귀족들이 발람과 함께 머물렀다.
9. 하나님이 발람에게 오셔서 말씀하셨다. "너와 함께 있는 이 사람들이 누구냐?"
10. 발람이 하나님에게 말했다. "모압 왕 십볼의 아들 발락이 저에게 보낸 자들입니다.
11. [그가 말하기를] '보라 애굽에서 나온 민족이 지면을 덮었다. 자 나를 위해 그들을 저주하여라. 혹시 내가 그들을 쳐서 쫓아낼 수 있으리라'[고 합니다].
12. 하나님이 발람에게 이르셨다. "너는 그들과 함께 가지 말아라. 그 백성을 저주하지 말아라. 왜냐하면 그들은 복을 받은 자들이기 때문이다.
13. 발람이 아침에 일어나서 발락의 귀족들에게 이르렀다. "너희는 너희의 땅으로 돌아가라. 여호와께서 내가 너희와 함께 가는 것을 허락하기를 거부하셨다".
14. 모압 귀족들이 일어나 발락에게로 가서 일렀다. "발람이 우리와 함께 오기를 거부했습니다".
15. 발락이 다시 그들보다 더 많은, 그리고 더 높은 고관들을 보냈다.
16. 그들이 발람에게로 와서 그에게 일렀다. "십볼의 아들 발락의 말씀이 이렇게 말했습니다. '제발 나에게 오는 것을 스스로 막지 말라.
17. 내가 그대를 반드시 심히 존귀하게 하고, 그대가 내게 말하는 대로 해주겠다. 제발 와서 나를 위해 이 백성을 저주해라'".

18. 발람이 발락의 신하들에게 대답하여 일렀다. “비록 발락이 자기 집을 가득 채운 금과 은을 나에게 준다고 해도 나는 여호와 나의 하나님의 말씀을 어겨 큰 일이건 작은 일이건 할 수가 없다.

19. 자 이제 너희도 이 밤에 여기에서 지내라. 여호와께서 내게 무슨 말씀을 더하시는지를 알아보겠다”.

20. 밤에 하나님이 발람에게 오셔서 그에게 이르셨다. “그 사람들이 너를 부르러 왔거든 그들과 함께 가라. 하지만 내가 너에게 말한 것만을 행하여라”.

21. 발람이 아침에 일어나서 자기 암나귀에 안장을 지우고 모압 고관들과 함께 갔다.

22. 그가 가고 있는 것 때문에 하나님이 진노하셨다. 그래서 여호와의 사자가 그를 대적하려고 길 가운데 섰다. 발람은 자기 암나귀를 탔고, 그의 두 종은 그와 함께 있었다.

23. 그 암나귀가 여호와의 사자가 칼을 빼어 손에 들고 길에 서 있는 것을 보고 길을 벗어나 밭으로 들어갔다. 그러자 발람이 그 암나귀를 길로 돌이키려고 때렸다.

24. 여호와의 사자는 포도원 사이 좁은 길에 섰으며, 그 양편에는 담이 있었다.

25. 암나귀가 여호와의 사자를 보고 자신을 담에 대고 짓눌러서 발람의 발을 그 담에 짓눌렀다. 그러자 발람이 다시 [암나귀를] 때렸다.

26. 여호와의 사자가 더 나아가서 좌우로 비켜갈 수 없는 좁은 곳에 섰다.

27. 암나귀가 여호와의 사자를 보고 발람 밑에 엎드렸다. 발람이 노하여 자기 채찍으로 암나귀를 때렸다.

28. 여호와께서 나귀 입을 여셨다. 그리고 [나귀가] 발람에게 일렀다. “제가 당신에게 무엇을 하였기에 나를 이렇게 세 번이나 때립니까?”

29. 발람이 나귀에게 말하되 “네가 나에게 함부로 행했기 때문이다. 내 손에 칼이 있었다면 내가 너를 바로 죽였을 것이다”.

30. 나귀가 발람에게 일렀다. “저는 당신이 오늘까지 당신의 일생 동안 탄 당신의나귀가 아닙니까? 제가 당신에게 이렇게 하는 버릇이 조금이라도 있었습니까? 그가 일렀다. “없었다”.

31. 여호와께서 발람의 눈을 여시자 그가 여호와의 사자가 손에 칼을 빼들고 길에 선 것을 보고 머리를 숙이고 엎드렸다.

32. 여호와의 사자가 그에게 일렀다. “너는 도대체 왜 너의 나귀를 이렇게 세 번 때렸느냐? 보라 내가 너를 대적하려고 나왔다. 왜냐하면 내 앞에서 네 길이 악하기 때문이다.

33. 나귀가 나를 보고 이렇게 세 번을 내 앞에서 피하였다. 만약 나귀가 돌이켜 나를 피

하지 않았다면 내가 이제 너는 죽이고 나귀는 살렸을 것이다".

34. 그러자 발람이 여호와의 사자에게 일렀다. "제가 죄를 지었습니다. 당신이 저를 막으려고 길에 서 있는 줄을 제가 알지 못했습니다. 이제 만약 이것이 당신의 눈에 악하다면 저는 돌아가겠습니다".

35. 여호와의 사자가 발람에게 일렀다. "그 사람들과 함께 가라. 그러나 오직 내가 너에게 하는 말만을 너는 말해야 한다". 그래서 발람이 발락의 고관들과 함께 갔다.

36. 발락이 발람이 온다는 것을 들었다. 그가 그를 맞이하기 위해 국경 끝의 아르논 변경의 한 모압 성으로 나갔다.

37. 발락이 발람에게 일렀다. "내가 너를 부르기 위해 열심히 사람을 보내지 않았느냐? 왜 너는 내게 오지 않았느냐? 내가 정말로 너를 존귀하게 하지 못하겠느냐?"

38. 발람이 발락에게 일렀다. "자 제가 오기는 했습니다. 그러나 지금 제가 도대체 무엇을 말할 수 있겠습니까? 하나님이 제 입에 넣어 주시는 그 말씀을 저는 할 뿐입니다".

39. 발람이 발락과 함께 가서 기랏후솟에 이르렀다.

40. 발락이 소와 작은 네 발 가축을 잡았다. 그리고 발람 및 그와 함께 한 고관들에게 보냈다.

41. 아침에 발락이 발람을 취하여, 그를 바알의 산당에 올려 보냈다. 그가 거기에서 이스라엘 백성의 진 끝을 보았다.

2단계: 사역 해설

4절. "모압이": 개역개정은 미디안 장로들에게 말을 한 주체가 누구인지를 분명하게 밝히지 않고, 막연하게 처리하고 있다. 그러나 히브리어 원문에는 주어가 분명히 명시되어 있다. 사역은 이 점을 살렸다.

5절. "보라": 힌네(הִנֵּה). 개역개정은 이 단어를 한번밖에 번역하고 하고 있지 않지만 원문에서는 두 번 사용되고 있다. 발람을 초청하는 말인 이 대사를 통해서 모압 왕 발락은 화자가 청자의 주목을 요청할 때 사용하는 감탄사인 힌네를 두 번 사용함으로써 주술사 발람의 주목을 강하게 끌고자 하고 있다. 사역은 원문을 살려 놓았다.

6절. "자": 르칸나(לְכָה־נָּא). 동사의 원형은 할라크(הָלַךְ)이며, 그것의 명령형 남성 단수 형태이다. 이 동사를 사전의 기본 뜻대로 번역하면 "제발 가라"(please go!) 정도가 된다. 그러나 이 본문의 경우처럼 동사 다음에 바로 이어서 다른 명령형이 이어 나오는 경우 이 할라크의 명령형은 이어지는 명령을 하라고 촉구하는 감탄사 정도가 된다. 영어로는 "Come on!", 한국어로는 "자" 정도의 역할이다.

"어쩌면 내가 능히 그들을 치고": 이 문구의 히브리어 원문은 난제들이 들어있다. "내가 능히"에 해당하는 히브리어 단어인 우칼(אוּכַל)은 동사 야콜(יָכֹל)의 칼 1인칭 단수인 반면에 낙케(hK,n:)는 "치다"(to smite)란 뜻을 가진 나카(נָכָה)의 히필 1인칭 복수 형태인 것이다. 이 경우 이 본문의 구문은 이해하기 쉽지 않다. 그래서 나온 대안이 이 두 번째 동사를 피엘 부정사 연계형으로 보는 것이다. 개역개정이나 사역, 그리고 절대 다수의 성경 번역본들은 이 두 번째 견해를 반영하여 번역하고 있다. 문제는 나카란 동사는 주로 히필형이나 호팔형으로 쓰이며, 피엘형으로 사용된 적은 단 한번도 없다는 점, 그리고 피엘형의 수동형인 푸알은 구약성경에서 단지 두 번(출 9:31-32)밖에 사용된 적이 없다는 점 등이다.[6]

7절. "복채": 크사밈(קְסָמִים). 케셈(קֶסֶם)의 복수. 케셈은 "점(占), 미래에 대한 예언"(divination)을 의미하는 단어이다. 그러나 이 단어는 단순히 "점"을 의미하는 것뿐만 아니라 그 "점"으로 인한 결과나 효과를 나타내기도 하고, "점"에 대한 값을 의미하기도 한다.[7] 밀그롬은 이 단어에 대한 여러 가

---

6 이 문장이 가진 이런 문제들과 그 해결책에 대한 논의에 대해서는 Jacob Milgrom, *Numbers*, The JPS Torah Commentary (Philadelphia: Jewish Publication Society, 1990), 186; Timothy R. Ashley, *The Book of Numbers*, The New International Commentary on the Old Testament (Grand Rapids: Eerdmans, 1993), 441-442 등을 보라. 이 둘 모두 낙케를 피엘로 읽어야 한다는 설을 지지한다. 물론 형태상으로는 이것이 최선이다. 하지만 여전히 유보적인 태도를 버리지는 않다. 또한 애쉴리는 원문에 대한 수정을 요구하는 설들을 추가로 소개해주고 있다.

7 이 문제와 관련하여 상세하고 명쾌한 해설은 Baruch A. Levine, *Numbers 21-36: A New Translation with Introduction and Commentary*, Vol. 4A, Anchor Yale Bible (New Haven; London: Yale University Press, 2008), 151-152; Ashley, Numbers, 447; Eryl W. Davies, *Numbers*, New Century Bible Commentary (Grand Rapids: Eerdmans, 1995), 247을 보라.

지 논의를 하는 와중에 복채는 나중에 받는 것이기 때문에 장로들이 발람에게 먼저 복채를 가져갔을 리가 없다고 주장한다.[8] 그러나 레빈(Levine)이 앞의 문헌에서 잘 지적한 바와 같이 발락은 발람으로 하여금 자신의 초청에 강한 매력을 느낄 수 있게 많은 돈을 보냈을 가능성이 있다. 또한 이런 해석은 발람이 발락의 초청을 거부하라는 하나님의 강력하고 명확한 계시가 있었음에도 발락에게 가고 싶어 안달복달을 하는 모습과 잘 상응하는 것으로 보인다. 따라서 따라서 크사밈을 "복채"로 번역하는 것이 적절하다고 생각된다.

11절. "[그가 말하기를]…[고 합니다]": 이 구절의 내용은 10절에서 언급된 바와 같이발락의 파견을 받은 사신들이 그의 말을 직접화법으로 인용한 것이다. 이 점을 분명하게 해주기 위해 사역에서는 사각 괄호의 인용 표시 문구들을 보충하였다.

13–14절. "허락하기를": 르틸티(לְתִתִּי). 13절에서 발람은 이 문구를 분명히 사용함으로써 자신이 발락에게 가기를 거부하는 이유가 하나님이 허락하지 않으신 것 때문임을 분명하게 밝히고 있다. 그러나 사절단은 14절에서 발락에게 가서 말할 때는 이 문구를 빼뜨림으로서 발람의 거부 이유가 하나님 때문임을 감춰버렸고, 발락이 계속해서 초청을 시도하게 만들었다. 사역은 13절과 14절의 이런 차이를 좀 더 부각시키는 방향으로 번역하였다.

23절. "때렸다": 봐야크(וַיַּךְ). 사용된 동사의 원형은 "때리다"(to strike)란 의미를 가진 나카(נָכָה)이다. 이 동사는 25, 27, 28, 32절에도 역시 사용되고 있다. 그러나 때리는 도구가 언급된 경우는 오직 27절밖에 없다. 오직 이 구절만이 "채찍"(막켈, מַקֵּל)이라는 도구를 직접적으로 언급하고 있다. 그런데 문제는 개역개정이 27절 외의 나머지 구절들에서도 동사 나카를 계속해서 "채찍질하니"라고 의역하여 있다는 점이다. 그러나 어쩌면 저자가 27절

---

8 Milgrom, *Numbers*, 187.

에서만 "때리다"란 동사와 더불어 "채찍"이라는 도구의 사용을 언급한 것은 발람과 나귀 사이의 갈등의 고조를 나타내기 위한 도구일 가능성이 높다. 따라서 사역은 이 각 경우를 구분하여, 나카를 "때리다"로 번역하였고, 27절의 경우에만 "채찍"이라는 도구를 원문을 따라 살려 놓았다.

27절. "채찍": 막켈(מַקֵּל). 개역개정은 이 단어를 "지팡이"로 번역하였다. 그러나 이 단어는 이스라엘 사람들이 들고 다니던 지팡이를 지칭하는 단어인 맡테(מַטֶּה) 혹은 쉐베트(שֵׁבֶט)와는 분명히 다른 단어이다.[9] 현재 문맥에서는 이 단어는 이런 류의 지팡이가 아니라 나귀와 같은 짐승을 제어하기 위해 사용하는 채찍 같은 것을 가리키는 단어인 것으로 보인다. 따라서 사역은 개역개정의 "지팡이" 대신 "채찍"이란 번역을 채택했다.

29절. "네가 나에게 함부로 행했기 때문이다": 히트알랄트 비(הִתְעַלַּלְתְּ בִּי). 알랄(עָלַל)의 히트파엘형. 개역개정은 "네가 나를 거역하기 때문이니"라고 번역하고 있다. 그러나 알랄의 기본형인 칼형은 "~를 대하다"란 의미를 갖고 있으며, 그것의 히트파엘형은 "~에게 함부로 대하다" 정도의 의미를 갖고 있는 것으로 보인다.[10] 따라서 이 단어는 개역개정의 번역인 "거역하다"와는 좀 거리가 있다. 사역은 원문의 의미를 살리려고 하였다.

30절. "당신의 일생동안": 메오드카(מֵעוֹדְךָ). 명사 오드(עוֹד)는 명사로 쓰이는 경우 "지속, 계속"(duration, continuance)의 의미를 갖는다. 그러나 이 단어가 전치사 민(מִן)과 결합된 메오드(מֵעוֹד)는 일종의 관용적 표현처럼 고착화되어 메오디(מֵעוֹדִי, "내 일생 동안"[during my life]) 혹은 메오드카(מֵעוֹדְךָ, "당신의 일생 동안"[during your life])로만 쓰인다. 원래 이 표현을 문자적 의미로 직역하면 "내가 존재한 이래로"(since I was) 혹은 "당신이 존재한 이래로"(since you were)인데, 전통적인 성경 번역본들은 이 어구를 "~의 일생 동안"이라

---

9 좀 더 자세한 설명은 David M. Fouts, "מַקֵּל", in Willem VanGemeren (ed.), *New International Dictionary of Old Testament Theology & Exegesis* (Grand Rapids, MI: Zondervan Publishing House, 1997), 1088을 보라.

10 Clines (ed.), *The Dictionary of Classical Hebrew*, 6: 426.

고 적절하게 잘 번역하고 있다.

33절. "만약…하지 않았다면": 울라이(אוּלַי). 울라이는 "혹시"(perhaps)란 뜻이다. 이 단어로는 문장의 뜻이 통하지 않는다. 따라서 대부분의 연구자들은 이 단어가 원래는 룰레(לוּלֵי), 즉 "만약…하지 않았다면"이라는 뜻의 단어였을 것이라고 생각한다.[11] 이 룰레와 더불어 조건절과 귀결절에 완료형이 쓰이는 경우는 절대 일어나지 않았을 일에 대한 가정을 나타낸다.

37절. "열심히 보내지": 샬로아흐 샬라흐티(שָׁלֹחַ שָׁלַחְתִּי). 이 구문은 주동사에 그 동사의 부정사 절대형을 덧붙여 강조의 의미를 나타낸 것이다. 이 구문은 발락이 아주 간절한 마음을 가지고 발람을 초청하고자 했음을 나타낸다. 이런 점을 살려서 사역은 부정사 절대형을 "열심히"라는 표현으로 번역하였다.

40절. "작은 네 발 가축": 쫀(צֹאן). 개역개정은 "양"이라고 번역하고 있다. 그러나 이 단어는 양뿐만 아니라 염소를 포함하여 지칭하는 용어이다. 따라서 "양"이라고 번역하는 것은 적절하지 않다. 따라서 사역은 "작은 네 발 가축"이라고 번역하였다. 이 단어의 의미 및 기타 가축에 관한 히브리어 단어들과의 관계 등에 대해서는 민수기 11:22의 사역 해설을 보라.[12]

"잡았다": 여기에 사용된 히브리어 동사는 자바흐(זָבַח)이다. 이 단어는 주로 제사용 짐승을 도축하는 것을 나타낼 때 사용되지만 그냥 다른 목적으로 짐승을 잡을 때도 쓰일 수 있다. 현재 본문에서 이 동사가 위의 두 가지 중 어떤 의미로 쓰였는지에 대해서는 의견이 갈린다. 상당수의 학자들은 전자의 의미를 지지하고, 그 경우 이 짐승들은 화목제물로 도축된 것이라고 본다. 그러나 일부 학자들은 후자의 의미로 보기도 한다.[13] 사역에서는 후자의 의미를 택하였다.

---

11 Ashley, *Numbers*, 453, n. 10. 여기에 나오는 히브리어 구문론 관련 서적들도 역시 참고하라.

12 쫀에 대한 더 자세한 설명은 박철현, *레위기: 위험한 거룩성과의 동행* (서울: 솔로몬, 2018), 60-62, 86에 도식을 통해 제시되고 있다.

13 Ashley, *Numbers*, 462; Levine, *Numbers 21-36*, 161.

41절. "바알의 산당": 바못 바알(בָּמוֹת בָּעַל). 바못은 단수 바마(בָּמָה)의 복수 형태이다. 이 단어는 보통 영어 성경들에서는 "높은곳"(high place)라고 번역되는데, 이 단어는 고대 근동에서 산에서 드리는 제사가 더 신성하다는 생각들을 반영하고 있는 것으로 보인다. 따라서 개역개정은 이 "높은 곳"을 주로 고대의 예배 처소들이었던 "산당"이라고 번역하며, 이런 한국어 번역은 타당성을 갖고 있다.

현재의 구절에서는 일단 이 단어가 단수 대신 복수가 사용되고 있기 때문에 원론적으로는 "산당들"이라고 번역되는 것이 타당할 것이다. 하지만 문맥상 발락과 발람이 여러 산당들에 동시에 위치하지는 않았을 것이기 때문에 본문의 복수를 단수로 바꿔야 한다는 제안도 있다.[14] 그러나 바못이라는 단어가 단일 지명으로 사용된 것처럼 보이는 경우도 있으며(민 21:19), 구약에서 오직 모압에서만 이처럼 바못을 사용한 지명이 발견된다는 점을 고려할 때 이 곳 역시 어쩌면 "바울의 산당"이 아니라 "바못 바알"이라는 지명으로 이해해야 할 수도 있는 것으로 생각된다. 현재 사역에서는 개역개정의 번역을 따라서 "바울의 산당"이라고 번역하였다. 그러나 앞에서 언급한 가능성을 염두에 둘 필요는 있어 보인다.

3단계: 단락 구분

민수기 22장의 단락 구분에는 일단 앞의 "민수기 22장의 개관과 신학"에서 다룬 구조적 특성들을 이해해야 한다. 그런 상태에서 이것을 다시 정리해보면 다음과 같다.

22:1-40 발락의 발람 초청

14 David J. A. Clines (ed.), *The Dictionary of Classical Hebrew* (Sheffield, England: Sheffield Academic Press; Sheffield Phoenix Press, 1993-2011), 2: 185.

22:1-6 발락의 발람 초청 계획

22:1-4 발락의 상황 이해

22:5-6 발락의 초청의 말

22:7-35 발람의 초청 과정

22:7-14 첫 번째 초청

22:7 사신들의 전언

22:8 발람의 대응

22:9-12 발람과 하나님의 대화

22:13 초청에 대한 발람의 신탁

22:14 사신들의 전언

22:15-20 두 번째 초청

22:15-17 발락의 초청의 말과 전언

22:18-20 발람의 대답

22:21-30 말하는 나귀 사건

22:21-23 나귀와의 해프닝 I

22:24-25 나귀와의 해프닝 II

22:26-30 나귀와의 해프닝 III

22:31-35 발람에 대한 하나님의 경고

22:31 발람과 여호와의 사자의 대면

22:32-33 여호와의 사자의 말

22:34 발람의 대답

22:35 여호와의 사자의 지시

22:36-40 발락의 발람 환대

22:36-37 발락의 발언

22:38 발람의 발언

22:39-40 발람의 환대

22:41 첫 번째 신탁의 도입부

민수기 22장은 내러티브 본문이라 내용이 물 흐르듯이 흘러 가기 때문에 율법 본문과 달리 문단을 선명하게 나누는 것은 쉽지가 않다. 그럼에도 불구하고 등장인물, 장소, 시간 등의 내러티브적 요소들을 동원하여 단원을 나눠보면 다음과 같다.

우선 22장의 마지막 절인 41절은 22장의 나머지 부분과 선명하게 나뉜다. 이 구절은 분명히 23장 이하의 발람의 이스라엘에 대한 다른 신탁 본문들과 상응한다(23:13-14, 27-28).

22장의 나머지 본문인 1-40절의 본문 중에서 첫 번째 단원인 1-6절과 두 번째 단원인 7-35절, 그리고 세 번째 단원인 36-40절은 등장인물과 장소의 차이를 통해 구분된다.

우선 등장인물의 차원에서 보면 첫 번째 단원(1-6절)의 중심 인물은 발락이다. 그는 발람을 초청하기 위해 사람을 보내고자 한다. 두 번째 단원(7-35절)의 중심 인물은 주로 사신들과 발람이다. 세 번째 단원(36-40절)의 중심인물은 발락, 그리고 그의 초청을 수용한 발람이다.

이제 장소적 차원을 보자. 첫 단원의 무대는 모압이다. 두 번째 단원의 장소는 주로 발람의 집이나 길이다. 그리고 세 번째 단원의 장소는 다시 모압이다.

이런 면에서 볼 때 22장의 세 단원의 구성은 대체로 다음과 같이 교차대조법적 형태를 띠고 있다.

A. 발락-모압(1-6절)

B. 발람과 사신들-발람의 집과 길(7-35절)

A′. 발락과 발람-모압(36-40절)

위의 구조에서 가운데 단원, 즉 B에 해당하는 7-35절은 다시 네 개의 작은 단원으로 나뉜다. B의 첫 단원(7-14절)과 두 번째 단원(15-20절)은 사신들이 발람에게 와서 발락의 초청에 대해 알리고, 발람이 그에 대한 하나님의 말씀을 들어 전하는 형식으로 되어 있다. 첫 번째 단원에서는 하나님은 그가 초청에 응하지 못하게 하셨지만 두 번째 단원에서는 초청에 응하게 허락하신다는 점이 양 단원의 차이이다(12, 20절).

B의 세 번째 단원(21-30절)은 발람이 하나님의 허락에 따라 모압의 발락에게로 가는 중 여호와의 사자와 자기의 암나귀로 인해 벌어지는 해프닝을 담고 있다. 이 해프닝은 총 3회에 걸쳐서 반복된다(21-23, 24-25, 26-30절). 핵심은 발락이 인정한 유능한 주술가였던 발람(6절)이 나귀가 보는 것을 볼 수 없었다는 점이다. 이런 발람과 나귀 사이에 벌어진 세 번의 해프닝은 앞의 "개관과 신학"에서 제시된 구조에서 보듯이 B 단원 전체(7-35절)에서 하나님과 발람 사이에 일어난 세 번의 대면과 상응한다.

B의 마지막 단원(35-40절)은 두 번째 단원 마지막의 하나님의 엄중한 지시의 말씀, 즉 "내가 너에게 말한 것만을 행하여라"(20절)는 말씀과 비슷한 말씀인 "내가 너에게 하는 말만을 너는 말해야 한다"(35절)는 말씀으로 마무리 된다. 그래서 발람은 이 장의 마지막 단원인 36-40절에 이르러 발락을 만났을 때 "자 제가 오기는 했습니다. 그러나 제가 이제 도대체 무엇을 말할 수 있겠습니까? 하나님이 제 입에 넣어주시는 그 말씀을 저는 할 뿐입니다"라고 말한다.

4단계: 본문 해설

1-6절. 이 단원은 발람 이야기의 서론 역할을 하는 단원이다. 이 단원은 직전 본문인 민수기 21:10-35의 내용이 그 배경이다. 이 21장의 본문에 따르면 아모리 왕 시혼은 이스라엘의 정중한 통행 요청을 거절했다가 멸망 당했다(21:21-32). 그리고 바산 왕 옥은 이스라엘을 대적하다가 역시 멸망 당했다(21:33-35). 특히 이 중에서 아모리 왕 시혼은 예전에 모압 왕을 쳐서 "그의 모든 땅을 아르논까지 그의 손에서 빼앗았"던 적이 있었다(민 21:26).

이런 시혼을 무찌른 이스라엘은 모압에게 너무나도 강력한 존재로 여겨질 수 밖에 없었다.

1절은 이런 이스라엘이 "요단 건너편 곧 여리고 맞은 편에 있는 모압 평지에 진을 쳤다"고 말하고 있다(1절).

2-4절은 이스라엘의 이런 움직임이 모압 왕 발락과 모압 거민들에게 가져다 준 파동에 대해서 생생하게 묘사하고 있다. 우선 2절은 "이스라엘이 아모리인들에게 행한 모든 것을 보았다"고 말하고 있다. 1절 해설에서 언급한 바와 같이 발락은 이스라엘이 자기네들을 압도했던 아모리 사람들을 멸망시킨 것을 목도했다.

3절은 이런 막강한 이스라엘이 자기네 변경에 진 친 것이 모압 사람들에게 가져다 준 공포를 반복적인 표현들을 통해서 묘사한다: "모압이 [이스라엘] 백성이 많았기 때문에 심히 두려워하였다. 모압이 이스라엘 자손 때문에 고뇌하였다".

4절은 이렇게 공포에 빠진 모압이 미디안 사람들을 대표하는 미디안 장로들에게 협조를 구하는 내용으로 되어 있다: "이제 소가 밭의 풀을 뜯어먹음 같이 이 무리가 우리 주변에 있는 것을 싹 뜯어먹을 것입니다".

이 대목에서 미디안 장로들이 등장하는 것은 갑작스럽게 보일 수 있다. 특히 모세가 미디안 장로의 딸 십보라와 결혼한 점을 고려할 때 왜 미디안이 굳이 모압과 동맹하여 이스라엘에게 적대 행위를 하려고 하는가 하는 점이 이상하다고 생각될 수 있다(참고, 출 2:15-16; 3:1; 18:1-12).

그러나 이와 관련하여 우리가 알아야 할 것은 이 당시의 미디안이 어느 하나의 혈통으로만 구성된 지파가 아니라 부족들의 연합체 같은 것이었다는 점이다.[15] 아마 이 민수기 22장의 미디안 장로들은 미디안이라는 이름으로 지칭되는 모든 족속들을 대표하는 것이 아니라 일부 지파들만 대표했을

---

15 W. J. Dumbrell, "Midian: A Land or a League?" *VT* 25 (1975), 323-337. 이 견해는 J. Milgrom, *Numbers*, 78 등에 의해서 수용되고 있다.

것이다. 어찌 됐든 모압과 이 미디안의 일부 지파가 함께 민수기 22-24장의 발람 이야기와 25장의 바알브올 사건에서 계속 함께 하는 것으로 보인다(참고, 25:6, 14-15).[16]

5-6절에서 발락은 이스라엘에 대한 이런 두려움을 해결하기 위해 발람이라는 선지자 혹은 점술가를[17] 브돌[18]이라는 곳으로부터 초대하기로 한다. 이 발람은 오경 속의 이스라엘 사람들 중 성경외적 문헌 속에서도 그 이름이 등장하는 거의 유일한 인물이다. 그의 이름은 텔 데이르 알라(Tell Deir 'Alla)에서 발견된 금석문에서도 나온다.[19] 발락의 초청의 말은 다음과 같다(5-6절): "보라. 한 민족이 애굽에서 나왔다. 보라. 그들이 지면을 덮었다. 그

---

16 Dennis T. Olson, *Numbers*, Interpretation (Louisville: John Knox Press, 1996), 142.

17 발람의 정체가 정확히 무엇인지는 파악하기가 쉽지 않다. 비록 우리가 흔히 그를 "발람 선지자"라고 지칭하기는 하지만 성경은 그 어디에서도 그를 그렇게 부르고 있지 않다. 그는 구약의 다른 이스라엘 선지자들과는 달리 이방인이었다. 그리고 그의 역할에 대해서 민수기 22:6에서 발락은 "나는 그대가 복을 비는 자는 복을 받고 저주하는 자는 저주를 받는다는 것을 알고 있다"라고 말한다. 이 점은 발락이 발람을 마치 축복과 저주를 전문으로 하는 주술사로 간주하는 것으로 말하고 있는 것처럼 보이게 만든다. 한 편 발람은 자기 자신에 대해서 말하기를 "하나님의 말씀을 듣는 자, 전능자의 환상을 보는 자, 엎드린 채 눈이 열린 자"라고 한다(24:4). 또한 그는 하나님과 자신의 관계에 대해서 말하기를 "여호와 내 하나님"(22:18)이라고 지칭하기도 한다. 그러나 하나님이 그를 이스라엘 선지자들 중의 하나로 간주하셨을 것 같지는 않다. 이런 면에서 성경이 그의 직업적 정체를 무엇으로 보고 있는지는 불분명하게 남아 있다. 이런 점들에 대한 논의는 Robert R. Wilson, *Prophecy and Society in Ancient Israel* (Philadelphia: Fortress Press, 1980), 147-150; Michael L. Barré, "The Portrait of Balaam in Numbers 22-24", *Interpretation* 51 (1997), 254-266 등을 보라.

18 "브돌"의 히브리어 원어인 프토라(פְּתוֹרָה)를 어떻게 이해할 것인지에 대해서는 다양한 견해들이 있다. 첫 번째 견해는 프토라를 지명이라고 보고, 이곳이 유브라데스 강의 한 지류에 있는 피트루(Pitru)란 곳이라고 이해하는 것이다. 두 번째 해석은 프토라가 "해석하다"라는 뜻의 동사인 파타르(פָּתַר)에서 파생된 것으로 간주하여, "꿈 해석자"라는 의미를 갖고 있다고 보는 것이다(창 40:8,16,22; 41:8,12-13,15). 내가 현재 택하고 있는 견해는 첫 번째 견해이다. 이것이 본문의 흐름 상 가장 자연스러워 보인다. 또한 신명기 23:5의 "메소보다미아의 브돌 사람 발람"이라는 표현도 이 견해를 지지해주는 것으로 보인다.

19 발람의 이름이 등장하는 금석문은 요단강 동쪽 계곡, 즉 민수기 22-24장의 발람 이야기의 배경이 되는 장소 근처에 있는 장소인 텔 데이르 알라에서 발견된 신전의 벽에 새겨진 것이다. 이 금석문에 묘사된 신접자(diviner)로서의 발람의 모습은 민 22-24장에 그려진 발람의 모습과 상당히 유사한 측면이 있다. 이 금석문의 전문, 그리고 그 내용과 민수기 본문 사이의 관계에 대해서는 J. Milgrom, *Numbers*, 473-476을 보라. 또한 J. A. Hackett, "Balaam", in ABD, I:571-572을 참고하라.

리고 그들이 우리 맞은편에 거주하고 있다. 자 이제 나를 위해서 이 백성을 저주해라. 이 백성이 나보다 강하기 때문이다. 어쩌면 내가 능히 그들을 치고, 그들을 이 땅에서 몰아낼 수 있을 것이다. 나는 그대가 복을 비는 자는 복을 받고 저주하는 자는 저주를 받는다는 것을 알고 있다"

발락이 밝힌 초청 이유는 이스라엘에게 저주를 퍼붓는 것이다. 그는 발람의 저주로 인해 자신이 이스라엘을 물리칠 수 있기를 희망한다. 그의 말에 따르면 발람은 "그대가 복을 비는 자는 복을 받고 저주하는 자는 저주를" 받게 될 만큼 강한 주술 능력을 가진 자이다.

이 문단에서 우리가 특히 주목할 점은 두 가지이다. 첫째, 발락과 모압이 이스라엘에 대해 보이는 반응은 출애굽기 1장에서 바로와 애굽이 보이는 반응과 유사하다는 점이다. 둘째, 6절의 축복과 저주란 주제이다.

먼저 발락과 모압, 그리고 바로와 애굽 사이에 존재하는 유비(analogy)를 보도록 하자. 양자 사이에는 다음과 같은 여러 가지 언어적 상응점들이 존재한다.[20] 첫째, 이스라엘 백성이 "많다"는 표현(민 22:3)은 출애굽기 1:9에서 바로가 말한 표현과 같다(라브[רַב]). 둘째, 모압이 이스라엘 자손 때문에 "고뇌하였다"(민 22:3)는 표현은 출애굽기 1:12에서 애굽 사람이 이스라엘 자손 때문에 "근심하더라"란 표현과 동일하다(쿠쯔[קוּץ]). 셋째, 이스라엘 백성이 "나[개역개정, 우리]보다 강하다"(민 22:6)란 표현 역시 출 1:12의 "우리보다 강하다"란 표현과 사실상 동일하다.[21]

언어적 유사성 외에도 양자 사이에는 다른 유사점도 존재한다. 그것은 애굽과 모압 모두 실체가 없는 두려움을 가지고 이스라엘을 위협적 존재로

---

20 R. E. Friedman, *Commentary on the Torah* (New York: HarperSanFrancisco, 2001, 502).

21 Milgrom, *Numbers*, 473은 발락과 출애굽기의 바로 사이에 다른 유사성이 있음을 지적한다. 이 둘은 이스라엘을 향한 하나님의 계획을 좌절시키려는 시도를 각각 세 번씩 했다는 것이다. 발락의 경우에는 "세 번"이라는 숫자가 발락 자신의 입으로 분명하게 명시된다(민 24:10). 바로의 경우에는 이런 언급은 없지만 출애굽기 1-2장에서 세 번에 걸쳐서 이스라엘 말살 정책을 시도하는 것은 분명하다. 첫 번째는 중노동을 통해서 이스라엘의 생육과 번성을 제한하려고 했다. 이것이 실패하자 그는 히브리 산파를 써서 출생시에 이스라엘의 남자 아이들을 살해하려고 했다. 이것마저 실패하자 그는 출생 이후라도 남자 아이가 발견되면 나일 강에 던져 죽이는 정책을 시행했다.

인식한다는 점이다. 이들은 모두 이스라엘이 자신들을 어떻게 할까 봐 두려워한다. 출애굽기 1:10에서 바로는 "두렵건대 그들이 더 많게 되면 전쟁이 일어날 때에 우리 대적과 합하여 우리와 싸우고 이 땅에서 나갈까 하노라"고 근심한다. 민수기 22:4에서 모압은 "이제 소가 밭의 풀을 뜯어먹음 같이 이 무리가 우리 주변에 있는 것을 싹 뜯어먹을 것"이라고 걱정한다.

그러나 이들의 두려움은 실체가 없는 것이었다. 출애굽기 본문에는 이스라엘이 애굽을 해하려는 생각을 가졌다는 흔적이 없다. 또한 비록 민수기 22-24장의 발람 이야기 속에서 분명하게 취급되고 있지 않기는 하지만 오경의 다른 본문들의 언급을 통해 간접적인 추론을 해볼 때 이스라엘은 결코 모압을 해칠 생각이 없었던 것으로 보인다. 신명기 2:9에 따르면 모세는 이 당시 하나님께서 지시하신 바에 대해서 다음과 같이 언급한다: "여호와께서 내게 이르시되 모압을 괴롭히지 말라. 그와 싸우지도 말라. 그 땅을 내가 네게 기업으로 주지 아니하리니 이는 내가 롯 자손에게 아르를 기업으로 주었음이라". 그러므로 모압이 지레짐작으로 겁부터 먹지 않고, 이스라엘과 단도직입적으로 대화를 시도해 보았더라면 서로간에는 아무 일도 안 일어났을 가능성이 높다. 앞의 민수기 22:2에 기초해 볼 때 모압은 이스라엘의 동향을 예의주시하고 있었던 것으로 보인다. 따라서 그들은 에돔이 이스라엘이 자기네 영토를 통과하게 해달라고 요청한 것을 거부했을 때 이스라엘이 그에 대해서 아무런 보복을 하지 않았다는 것을 알 수 있었을 것이다(참고, 민 20:14-21). 안타깝게도 모압은 사실 확인 없이 근거 없는 두려움에 사로잡힌 채 자기들의 방식대로 문제를 처리하려다가 일을 크게 만들었으며, 결국은 파국에 이르게 된다(민 25, 31장).

이 단원과 관련하여 주목해 보아야 할 두 번째 사항은 축복과 저주란 주제이다. 발락은 "그대가 복을 비는 자는 복을 받고 저주를 하는 자는 저주를 받게 된다"는 찬사를 발람에게 한다. 그러나 이어지는 본문(민 22-24장)의 내용들 을 통해 분명하게 드러나 있듯이 축복과 저주의 권세는 발람에게 속한 것이 아니라 운명의 진정한 주관자이신 여호와께 속한 것이다. 여호와께서 허락하지 않으시면 그가 이스라엘을 향한 저주를 단 한 단어도 입에서 꺼낼 수가 없다는 것이 발람 이야기 전체를 통해서 분명하게 드러난다(민 22:12-14, 18, 38 등). 발락이 아무리 끈질기게 요구해도 결국 발람이 이스라엘을 위해 할 수 있는 말은 발락의 희망사항과는 정반대되는 말, 즉 "너(이스라엘)를 축복하는 자들은 복을 받을 것이고, 너를 저주하는 자들은 저주를 받을 것"(24:9)이라는 말이었다. 따라서 발람 이야기가 가진 중요한 신학적 목적은 축복과 저주의 진정한 주관자가 발람과 같은 자가 아니라 바로 여호와 하나님이시라는 점을 밝히는 것, 그리고 이스라엘이 이 축복의 주관자에 의해서 "복을 받은 자들"임을 천명하는 것이었다(민 22:12).

이 축복과 저주라는 주제와 관련하여 또 한 가지 살펴보아야 할 점은 하나님께서 창세기의 족장들에게 주신 축복과의 관련성이다. 이 점에 대해서는 앞의 민수기 22장의 "개관과 신학"에서 상세하게 다루었으니 거기를 참고하기 바란다.

이 축복과 저주의 문제와 관련하여 마지막으로 생각해볼 사항은 민수기 22-24장의 사건들이 이스라엘이 전혀 모르는 중에 진행되고 있다는 점이다. 발락의 저주 시도와 하나님의 개입은 이스라엘이 전혀 알지 못하는 사이에 진행되었다. 이처럼 비록 이스라엘은 하나님이 자신들을 돕고 계시다는 사실을 전혀 알지 못했지만 하나님은 아브라함에 주신 약속을 충실하게 지키셨으며, 그에 따라 그의 후손들을 보호하셨다.

이스라엘의 제한된 시점(視點)에서는 알지 못하는 사항을 내레이터의 전지적 시점에서 보여주는 이 놀라운 이야기는 우리가 왜 신실하고 전능하신 하나님에게 더욱 의지해야 하는지를 잘 보여준다. 하나님은 우리가 알지 못하는 중에도 항상 당신의 약속에 따라 당신의 백성의 안위를 돌보시는 분이시다. 이 전능자의 그늘(시 91:1)에 거할 때 우리는 진정한 의미에서의 평안을 누릴 수가 있다.

7-14절. 앞의 "개관과 신학" 및 "단락 구분"에서 이미 보았듯이 7-14절은 발람에 대한 발락의 초청 과정을 담은 상위 단원인 7-35절의 첫 번째 세

부 단원이다. 이 세부 단원의 시작은 발락이 파견한 사절단이 발람에게 초청의 말을 가지고 도착한 것으로부터 시작된다.

7절에 따르면 이 발락의 사절단은 모압 장로들과 미디안 장로들의 연합으로 구성되어 있었다. 본문은 이 사절단이 손에 "복채"를 들고 발람에게로 갔다고 말한다. 이처럼 사절단이 복채를 가지고 간 것에 대해서 발람을 비판적으로 이해하는 해석자들은 발람의 탐욕의 근거로 삼는다. 비록 이 해석이 궁극적으로 틀린 것은 아니나 내러티브의 흐름상으로 볼 때는 아직까지 발람의 탐욕이 수면 위로 드러난 것은 아니다. 따라서 현 단계에서는 복채를 주술가에게 가지고 가는 것은 당시의 자연스러운 관행일 수 있다고 보는 것이 더 적절해 보인다.[22] 단지 현재 상황에서 발락은 반드시 발람의 저주가 필요하다고 생각했기 때문에 이 복채는 통상적인 경우보다 훨씬 많은 것일 수가 있었을 것이다.

8절에서 발람은 사절단이 전하는 발락의 요청을 들은 후 그들에게 하룻밤 묶을 것을 권한다. 앞의 5-6절에서 언급한 텔 데이르 알라 금석문의 문구인 "[이 것은 브]오르의 [아들 발람의] 기록이다. 그는 신들의 선견자이다. 신들이 밤에 그에게 왔고, 그가 이상을 보았다"라는 문구에 나오듯이 발람은 그 밤에 하나님의 메세지를 듣고 판단을 내리고자 한 것으로 보인다.[23]

9절에서 하나님은 처음으로 발람과 대면하시고, 그에게 이 사절단에 대해서 물으신다.

10-11절에서 발람은 모압 왕 발락이 이 사절단을 보냈다는 것을 하나님께 아뢴다. 그리고 그들이 전한 그의 메시지에 대해서도 보고한다: "보라 애굽에서 민족이 지면을 덮었다. 자 나를 위해 그들을 저주하여라 혹시 내가 그들을 쳐서 쫓아낼 수 있으리라"(11절).

12절에서 하나님은 발람에게 두 가지를 명령하신다. 첫 번째 명령은

---

22 Ashley, *Numbers*, 447; Davies, *Numbers*, 247.

23 Milgrom, *Numbers*, 474-475를 보라. 이 인용문 중의 사각 괄호는 이 금석문의 손상된 부분을 학자들이 추정해서 복원한 부분을 나타낸다.

"그들과 함께 가지 말라"는 것이다. 두 번째 명령은 "그 백성을 저주하지 말라"는 것이다. 이런 명령의 이유로 하나님은 이스라엘이 하나님으로부터 복을 받은 자들이기 때문이라고 밝히신다.

13절에서 발람은 하나님의 지시사항을 사절단에게 전한다: "너희는 너희의 땅으로 돌아가라. 여호와께서 내가 너희와 함께 가는 것을 허락하기를 거부하셨다". 그러나 발람이 사절단에게 전한 하나님의 말씀은 앞에서 발락이 사절단을 통해서 전한 초청의 말, 그리고 이 초청의 말과 관련하여 하나님이 발람에게 주신 지시 사항들과 미묘하면서도 중요한 차이들을 갖고 있다.

앞에서 본 바와 같이 발락이 사절단에게 준 메시지는 두 가지 요소를 담고 있었다. 첫째는 "오라"는 것이었고, 둘째는 "이스라엘을 저주하라"는 것이었다. 그리고 이 초청의 말과 관련하여 하나님이 발람에게 주신 말씀의 내용은 세 가지였다. 첫째는 발람이 "그들과 함께 가지 말라"는 것이었고, 둘째는 이스라엘을 "저주하지 말라"는 것이었고, 세 번째는 이스라엘이 "복을 받은 자들"이라는 것이었다. 이 중 세 번째 사항은 발락의 메시지에는 없는 사항이었다.

발람이 이 하나님의 말씀을 사절단에게 전할 때 그는 두 번째, 세 번째 사항을 생략해버렸다. 그리고 오직 첫 번째 사항, 즉 하나님이 자신이 가는 것을 허락하지 않으신다는 것만을 언급하였다. 이런 미묘한 차이는 발람이 발락과 사절단에게 그의 거절에 대해 오해하게 만든다. 원래 발람이 하나님의 말씀의 핵심을 전하는데 충실했다면 발락과 사절단은 하나님이 발람으로 하여금 이스라엘에 대한 저주를 금지하셨다는 것을 파악했을 것이다. 그러나 발람은 이 핵심적인 내용을 생략해버렸다. 이후의 내용을 고려할 때 바로 이 때문에 발락은 발람의 거부의 이유가 더 많은 돈과 명예 때문이라고 오해한 것 같다(참고, 22:15-17, 37).[24]

---

24 구약의 내러티브의 저자들은 등장인물 사이의 대화에서 원래의 말을 다른 사람에게 전하면

이 단락의 마지막 구절인 14절에서 사절단은 발람의 거절에 대해서 발락에게 보고한다. 그러나 이 보고는 하나님이 원래 발람에게 전했던 메시지에서 한 걸음 더 멀어진다. 발람은 분명히 "여호와께서 내가 너희와 함께 가는 것을 허락하기를 거부하셨다"고 언급했다. 즉 자신이 갈 수 없는 이유가 하나님이 가지 말라고 하셨기 때문임을 분명하게 밝혔다. 하지만 사절단은 "발람이 우리와 함께 오기를 거부했습니다"라고만 보고했다. 그들은 발락의 초청에 대한 거부의 주체가 마치 발람 자신인양 이야기한다. 이렇게 해서 진실은 다시 한번 더 반 토막이 난다. 결국 최종적으로 발락이 사신들로부터 받은 보고는 그냥 발람이 오기를 거부했다는 것뿐이었다.

여기에서 발람 이야기를 해석하는데 있어서 중요한 사항은 발람이 왜 하나님의 말씀에 포함된 세 가지 사항들 중에서 첫 번째 사항인 가지 말라는 명령 외에 나머지 두 가지 사항을 생략해버렸는가 하는 점이다. 그는 고대 근동의 흥정 기법(참고, 창 23:11-15)을 따라서 값을 더 올리기 위해 한번 딴청을 부려본 것이었을까?[25] 많은 학자들은 14절에서 사절단이 발락에게 보고하면서 발람이 초청을 거절했다고 말할 때 이 사절단은 발람의 말을 이런 식으로 이해한 것이 분명하다고 주장하고는 한다.[26] 그러나 사절단의 말에 대한 해석이 옳다고 해도, 엄밀히 말해서 이것은 발람에 대한 이 사절단의 이해를 반영한 것일 뿐이다. 이들의 해석과 발람의 속마음은 전혀 별개의 사항이다.

현 단계에서는 분명하게 드러나지 않지만 발람이 하나님의 말씀을 이런 식으로 토막내서 오해의 소지가 있게 만든 것은 그의 이중적인 성격을 보

서 내용을 각색하는 것을 통해 해당 등장인물의 내면적 심리를 들여다볼 수 있게 해준다. 해당 등장인물이 들은 말과 전한 말 사이의 차이는 그 등장인물의 내면을 들여다볼 수 있게 해주는 창의 역할을 한다. 이런 점에 대한 분석의 좋은 예는 Shimeon Bar-Efrat, *Narrative Art in the Bible* (Sheffield: Sheffield Academic Press, 1989), 76-77을 보라.

25 Gordon J. Wenham, *Numbers: An Introduction and Commentary*, Vol. 4, Tyndale Old Testament Commentaries (Downers Grove: InterVarsity Press, 1981), 167.

26 Stephen K. Sherwood, *Leviticus, Numbers, Deuteronomy*, Berit Olam (Collegeville: The Liturgical Press, 2002), 175.

여주는 단서들 중의 하나인 것 같다. 한 편으로 그는 하나님이 자신의 출발과 이스라엘을 향한 저주를 막으셨을 때 그 뜻을 정확히 파악하고 있었다. 신의 말씀을 듣는 것이 직업인 그는 하나님의 강경한 태도를 무시하고 자신의 이익을 추구할 수 있는 여지가 별로 없다는 것을 깨달은 것이 분명하다. 그럼에도 불구하고 탐욕이 많은 사람(참고, 유 11)이었던 그는 이익이 확실하게 보장된 기회를 그냥 흘려 보내기는 마냥 아까웠던 것으로 보인다. 이런 이중적인 마음 때문에 그는 하나님의 말씀을 전하기는 하면서도 다른 한 편으로는 거래 상대방인 발락의 희망의 싹을 아예 잘라버리지는 않는 모호한 태도를 취한 것이 아닌가 생각된다.

현재 단원(7-14절)의 정보만으로는 발람의 이런 어정쩡한 태도는 아직 선명하게 드러나지 않는다. 그러나 앞으로 사건이 진행되는 추이를 살펴 보면 발람은 이러한 이중적인 태도 사이에서 위험한 줄타기를 하고 있는 것이 점점 더 분명해진다. 이 점이 바로 발람이 개입된 사건들을 다룬 민수기 22-25장의 내용의 본질을 파악하는데 있어서 핵심 사항이다.

15-20절. 7-35절의 두 번째 세부 단원인 이 본문은 첫 번째 초청 본문(7-14절)에서 발람이 초청을 거부했다는 사실을 들은 발락이 두 번째 초청 사절단을 보낸 내용을 담고 있다. 앞 본문에서 독자들은 하나님의 명백한 계시가 발람과 사절단에 의해 왜곡 축소되어 발락에게 전해진 것을 보았다. 발람의 거절 의사를 순전히 발람 자신의 것으로 받아들인 발락은 이것을 몸값 올리기 작전으로 이해한 듯하다. 이것이 바로 이 15-20절 본문의 배경이다.

15절에서 발락은 자신의 초청을 더 매력적인 것으로 만들기 위해 더 고위급에 더 큰 규모의 사절단(22:15)을 파견한다. 그리고 나중에 17절에서 보듯이 더 큰 보상(22:17)을 약속한다. 한 마디로 말해 발락은 발람의 마음을 동하게 하기 위해 사용할 수 있는 모든 수단을 다 동원한다.

16-17절은 두 번째 사절단이 전한 발락의 말을 담고 있다: "제발 나에게 오는 것을 스스로 막지 말라. 내가 그대를 반드시 심히 존귀하게 하고,

그대가 내게 말하는 대로 해주겠다. 제발 와서 나를 위해 이 백성을 저주해라".

첫 번째 문장인 "제발 나에게 오는 것을 스스로 막지 말라"는 말을 통해서 추론해볼 때 아마 발락은 발람이 스스로의 판단과 의지에 의해 자기의 초청을 거절한 것으로 생각하고 있는 듯하다. 여기에서 흥미로운 점은 "스스로 막다"란 의미로 사용된 마나([nm)란 단어가 민 24:11에 다시 한번 나온다는 점이다. 이 후자의 본문에 가서야 발락은 여호와께서 발람을 "막았다"는 것을 깨닫고 그를 돌려보낸다. 이것을 깨닫기 전까지는 그는 마치 다음 단락에 나오는 나귀 이야기 속의 발람처럼 자신의 잘못된 길을 돌이키려고 하지 않는다.

이어서 17절에서 발락은 만약 발람이 온다면 자신이 "그대를 반드시 심히 존귀하게 하고, 그대가 내게 말하는 대로 해주겠다"고 약속한다. 발 락의 이런 성대한 요청에 대해 발람은 어떤 반응을 보일까? 이에 대한 본문의 정보는 상당히 미묘하다.

18-19절은 사신들이 가져온 발락의 이런 말에 대한 발람의 대답을 담고 있다. 우선 18절에서 발람은 원론적인 대답을 한다: "비록 발락이 자기 집을 가득 채운 금과 은을 나에게 준다고 해도 나는 여호와 나의 하나님의 말씀을 어겨 큰 일이건 작은 일이건 할 수가 없다".

그러나 19절의 발람의 말은 생각해볼 여지가 있다: "자 이제 너희도 이 밤에 여기에서 지내라 여호와께서 내게 무슨 말씀을 더하시는지를 알아보겠다"(19절). 그는 이 사절단에게도 하룻밤 유숙할 것을 권한다. 그리고 자신은 "여호와께서 내게 무슨 말씀을 더하시는지" 알아보겠다고 말한다. 이 후자의 말에서 방점은 "더하시는지"란 문구에 찍힌다. 그는 첫 번째 사절단이 자기에게 왔을 때 하나님이 주신 계시에 추가적으로 덧붙이실 말씀이 있는지 알아보겠다고 말하고 있는 것이다.

여기에서 좀 더 따져봐야 할 사항은 그가 이 말을 했을 때 그는 이 문제에 대한 지난 번의 하나님의 계시가 부족하거나 충분히 명료하지 않다고 생각하고 있느냐 하는 것이다. 왜냐하면 앞 단락의 하나님의 말씀의 내용을 생각해 볼 때 그가 하나님께 다시 물어보겠다고 언급한 것은 놀라움으로 다가오기 때문이다. 그는 왜 굳이 하나님의 말씀을 더 들어보겠다고 한 것일까?

20절은 하나님의 응답의 말씀을 담고 있다. 이 응답은 예상을 뛰어 넘는 놀라운 것이었다. 하나님은 "그 사람들이 너를 부르러 왔거든 그들과 함께 가라. 하지만 내가 너에게 말한 것만을 행하여라"고 하셨다.

첫 번째 초청 때는 하나님은 발람이 절대로 가지 못하게 막으셨다. 그러나 이번에는 가라고 하신다. 하나님은 왜 갑자기 그를 보내는 쪽으로 마음을 바꾸신 것일까? 물론 하나님의 이 허락의 말씀에는 "내가 너에게 말한 것만을 행하여라"는 조건이 달려 있기는 하다. 그러나 지난 번 초청 때에는 그렇게도 단호하게 그의 가는 것을 막으신 것을 생각해볼 때 이번의 허락은 놀랍게 다가온다. 특히 하나님의 이런 태도의 변화는 발람 자신이 나중에 하는 23:19의 신탁의 말씀과 상치되는 것으로 보이기 때문에 더욱 더 충격적이다.

> 하나님은 사람이 아니시니 거짓말을 하지 않으신다.
> 사람의 아들이 아니시니 후회가 없으시다.
> 그가 발설하시고 행하지 않으시겠으며,
> 말씀하시고 그것을 실행하지 않으시겠는가?

하나님은 왜 마음을 바꾸신 것처럼 말씀하고 계신 것일까? 하나님은 도대체 왜 발람이 가는 것을 허락하신 것일까? 하나님이 생각하고 계시는 바는 이어지는 단락들의 내용을 더 살펴 봐야만 제대로 파악될 수가 있다.

21–23절. 이 본문은 21-30절의 발람과 나귀 사이에 벌어진 해프닝 단원의 첫 문단이다. 이 해프닝은 세 문단으로 나뉘어 있다. 21-23절, 24-25절, 26-30절이 그것들이다. 이 본문에서 아이러니컬한 것은 신의 말씀을 듣

는 것이 직업인 발람은 자기를 막아 선 여호와의 사자를 보지 못하는 반면에 하찮은 미물인 나귀는 본다는 것이다. 나귀는 세 번에 걸쳐서 여호와의 사자와 맞닥뜨리는 것을 피하고자 한다. 사태 파악을 전혀 하지 못한 발람은 세 번에 걸쳐서 나귀를 압박한다. 결국 하나님이 나귀로 하여금 말하게 하셨을 때에야 발람은 사태를 파악한다. 이처럼 여호와의 사자와 나귀로 인한 해프닝은 3회에 걸쳐서 일어나고, 그 때에 가서야 발람은 숨겨진 진실을 깨닫게 된다.

이 삼중 구조 본문의 첫 문단은 21-23절이다. 이 문단은 21절에서 발람이 사절단과 함께 모압으로 향하는 것으로부터 시작된다.

22절은 독자들을 깜짝 놀라게 하는 내용을 담고 있다. 그것은 "그가 가고 있는 것 때문에 하나님이 진노하셨다"는 것과 그로 인해 "여호와의 사자가 그를 대적하려고 길 가운데 섰다"는 것이다. 앞 단락의 마지막 절인 20절에서 발람이 발락의 초청을 받아들이는 것을 허락하셨던 하나님은 왜 갑자기 이 구절에서는 그것에 대해 진노하셨으며, 또 여호와의 사자를 보내 그의 가는 길을 저지하려고 하시는 것일까? 이런 의문을 독자에게 던져준 채로 내레이터는 이야기를 진행해 나간다.[27]

23절에서 발람의 나귀는 여호와의 사자가 칼을 빼어 손에 든 채 자기네들을 막고 있는 것을 보고는 길을 벗어나 밭으로 들어간다. 앞으로 살펴 보게 될 바와 같이 나귀 이야기 전체에서 여호와의 사자의 압박은 점점 더 심해지게 될 것이다. 그러나 아직 첫 번째 단계인 현재까지는 나귀는 여호와의 사자를 피해 길을 벗어날 여지가 있었다.

하지만 불행히도 복술가 발람은 자기가 타고 다니는 하찮은 짐승인 나귀가 보는 것을 보지 못한다. 그 결과 여호와의 사자를 보는 나귀와 보지 못

27 사실 하나님께서 어떤 사람에게 가라고 해놓고는 정작 출발 후에 공격을 하시는 경우는 생각보다 자주 있다. 대표적으로 출애굽기 4:24-26에서 하나님은 소명을 받아들이고 애굽을 향해 가는 모세 가족을 공격하신다. 또한 창세기 32:24-32에서 하나님은 얍복 강의 야곱을 공격하신다. 이 여행은 31:3의 하나님의 지시에 따른 것인데도 말이다.

하는 발람 사이에는 필연적으로 갈등이 생겨난다. 발람은 아마 나귀가 아무 이유 없이 말썽을 부리는 것으로 간주했던 것 같다. 그는 나귀에게 채찍질을 가해 제 길을 가게 만들려고 한다.

24-25절. 이 문단은 나귀 이야기의 두 번째 문단이다. 이 번에는 여호와의 사자가 압박의 강도를 높인다. 그는 포도원 사이의 좁은 길에 선다. 이 좁은 길은 좌우가 담으로 막혀 있기 때문에 첫 번째 문단의 경우와 달리 나귀가 여호와의 사자를 피해 길을 벗어날 수가 없었다. 이런 강한 압박 속에서 나귀는 발람의 전진을 멈추게 하기 위해 발람의 발을 담벼락에 짓누른다. 나귀가 보는 것을 보지 못하는 발람은 다시 한번 채찍질로 사태를 해결하려 든다.

26-30절. 이 문단은 나귀 이야기의 세 번째 문단이다. 다시 한번 여호와의 사자는 압박의 강도를 높인다. 그에 따라 나귀와 발람 사이의 갈등도 더 강해진다.

26절에서 여호와의 사자는 발람과 나귀를 향해 더 앞으로 나아간다. 이 번에는 길이 더 좁아져서 나귀에게는 달리 어찌해볼 방도가 없게 된다.

그러자 27절에서 나귀는 아예 그 자리에 주저앉아 버린다. 황당한 일을 겪은 발람은 "노한다". 이 "노하다"라는 표현의 히브리어는 22절의 하나님이 "진노했다"는 표현과 동일하다(하라 아프[חָרָה אַף]). 즉 발람과 하나님은 서로 유비 관계에 있다. 마치 발람의 숨겨진 탐욕에 대해 진노하셨던 하나님처럼 나귀의 이상 행동에 대해 진노한 발람은 이번에는 채찍이 아닌 지팡이로 나귀를 때린다. 보는 나귀와 보지 못하는 발람 사이의 갈등은 극에 달한다.

28절에서 이들 사이의 갈등은 그 누구도 상상하지 못한 방향에서 해결된다. 하나님께서 나귀의 입을 열어서 인간의 말을 하도록 만드셨던 것이다.[28] 성경에서 짐승이 사람의 말을 한 것은 이 나귀 외에는 딱 한번, 창세기

---

28 성경은 기적을 이야기하지만 기적을 남발하지는 않는다. 성경에서 짐승이 사람의 말을 한 것은

3장의 뱀뿐이기 때문에 이 사건은 성경에서 하나님이 베푸신 기적들 중 극히 예외적인 것이며, 인간의 상상을 초월하는 것이었다. 어찌 됐든 그 동안 세 번에 걸쳐서 억울한 꼴을 당한 나귀는 발람이 알아들을 수 있는 언어로 왜 자신을 세 번이나 때렸느냐고 항의한다.

29절에서 발람은 나귀가 자기를 거역하였기 때문임을 지적하고, 더 나아가서 만약 "내 손에 칼이 있었다면 내가 너를 바로 죽였을 것"이라고 언급한다.

30절에서 나귀는 발람이 충분히 신중하게 생각하지 못한 점을 지적한다. 즉 나귀는 그가 일생 동안 자기를 타고 다니면서 오늘처럼 자기가 이렇게 말을 안 듣는 것을 본 적이 있느냐고 항의한다. 이에 대해 발람은 "없었다"고 대답한다.

이렇게 해서 발람의 정당성은 와해된다. 발람과 나귀 사이의 해프닝은 발람이란 인간의 한계를 밑바닥까지 드러낸다. 그가 나귀를 학대한 것은 결국은 하찮은 미물인 나귀가 보는 것을 저명한 복술가인 그가 보지 못한 데서 비롯된 것이었다. 그러나 그가 비록 초월적인 현상을 보지 못했다고 하더라도 나귀와 자신 사이에 그 동안 지내온 나날들에 대한 사려 깊은 관찰만으로도 그는 나귀의 특이한 행동에서 뭔가 범상치 않은 일이 일어나고 있다는 것을 충분히 추론할 수 있었을 것이다. 하지만 그는 그러지 못했다. 이렇게 해서 그가 나귀보다 못하다는 사실이 까발려졌다. 발락이 꼭 초청하고 싶어할 만큼 유명한 주술가였던 그가 사실은 고작 나귀만도 못한 존재였던 것이다.

31–35절. 22장을 구성하는 큰 두 번째 단원(6–35절)의 마지막 세부 단원인 이 본문은 발람의 초청 과정의 마지막 단계를 보여준다.

31절에서 드디어 하나님은 발람의 눈을 열어 주신다. 그 결과 발람은 여호와의 사자가 손에 칼을 빼들고 자기의 앞 길을 막아선 것을 보고는 머리

단 두 번, 창세기 3장의 뱀과 이 발람의 나귀뿐이다.

를 숙이고 엎드린다.

32절에서 여호와의 사자는 발람이 나귀를 정당하지 못하게 세 번이나 때린 것에 대해서 지적한다. 이어서 그는 발람의 문제로 직진한다. 그는 이렇게 말한다: "보라 내가 너를 대적하려고 나왔다. 왜냐하면 내 앞에서 네 길이 악하기 때문이다"(32절). 여기에서 "악하다"라고 번역된 히브리어 동사 야라트(ירט)의 의미는 분명하지 않다. 이 동사는 구약성경에서 욥기 16:11과 여기밖에 나오지 않는다. 그리고 욥기 16:11에서는 타동사로 사용된 것이 여기에서는 자동사로 사용되고 있는 것이 거의 확실하다. 따라서 이 동사는 일종의 하팍스 레고메논으로 생각해 볼 수 있다. 다시 말해 이 동사는 이런 용례로는 구약성경에서 오직 한번만 사용된 것이다. 어쩌면 이 단어는 BDB 등의 히브리어 사전 등이 제시하듯이 "무모하게 서두르다"(to rush recklessly)란 뜻일 수도 있다. 또는 KJV, 개역개정판의 번역이 제시하고 있듯이 "사악하다", "잘못되다"(to be perverse)란 뜻일 수도 있다. 또는 밀그롬[29]이나 TNK[30]이 번역한 것처럼 "역겹다"(to be obnoxious) 정도의 의미일 수도 있다. 어떤 해석을 받아들이든지 간에 발람의 여행은 하나님이 긍정적으로 받아들일 수 있는 것이 아니었던 것만은 분명하다.

33-34절은 이 점을 분명하게 해준다. 첫째, 33절에서 여호와의 사자는 만약 나귀가 자신을 보고 피하지 않았더라면 벌써 발람을 죽였을 것이라고 지적한다. 발람의 여행은 하나님의 시각에 있어서는 그의 목숨을 위태롭게 할 만큼 문제가 있었던 것이다. 둘째, 34절에서 발람은 여호와의 사자의 말에 대한 응답으로 "제가 죄를 지었습니다"라고 말한다. 발람은 자신의 여행이 문제가 있음을 시인한 것이다. 셋째, 발람은 "이제 만약 이것이 당신의 눈에 악하다면 저는 돌아가겠습니다"라고 말한다. 그는 자신의 여행이 하나님이 싫어하시는 것일 수 있음을 인정한다.

---

29 Milgrom, *Numbers*, 192.

30 The Jewish Publication Society가 번역한 구약성경.

35절은 앞의 발람의 말에 대한 여호와의 사자의 말을 담고 있다. 그는 다시 한번 발람이 가도 된다고 허락한다. 그러나 이 허락은 20절과 마찬가지로 "오직 내가 너에게 하는 말만을 너는 말해야 한다"는 경고와 조건이 수반된 것이다.

이렇게 해서 우리는 7-35절 전체에서 가장 중요하고 흥미로운 사항, 즉 왜 하나님이 첫 번째 사절단이 왔을 때는 발람이 가는 것을 허락하지 않으셨다가 두 번째 사절단 때는 그가 가는 것을 허락하셨는지에 대한 하나님의 속마음을 어느 정도 들여다볼 수 있게 된다. 하나님의 생각은 다음의 몇 가지로 정리할 수 있다.

첫째, 첫 번째 초청이 왔을 때 발람을 가지 못하게 하셨던 하나님이 갑자기 마음을 정반대로 바꾸신 것은 결코 아니었다. 두 번째 초청이 왔을 때에도 여전히 하나님은 발람의 여행을 좋게 보지 않으셨다. 여호와의 사자와 나귀로 인해 벌어진 해프닝은 하나님이 그의 여행을 어떻게 받아들이고 계시는지를 분명하게 드러내 주기 위해서 준비하신 것이었다. 이와 관련하여 중요한 것은 바로 22장 서두의 "개관과 신학"에서 다룬 바와 같이 "나귀:발람~발람:하나님"의 도식이다. 27절에서 자기 말을 안 듣는 나귀에 대해 발람이 진노했듯이 하나님은 당신의 말씀을 분명히 듣고도 그 뜻을 충실히 따르는 대신 끝내 자신의 탐욕을 따르는 발람에게 진노하셨다(22절). 이 하나님의 진노를 보았을 때 발람은 자신이 정말 어떻게 행동해야 할지를 깨달아야만 했다. 그러나 불행히도 발람은 여러 가지의 우여곡절에도 불구하고 민수기 25장과 31장의 내용에서 보듯이 결국은 자신의 욕망을 따라 사망의 길을 가고 말았다(민 31:16; 유 1:11; 계 2:14).

발람과 나귀 사이의 해프닝을 통해 드러난 하나님의 두 번째 생각은 겉으로는 하나님의 뜻을 따르는 척하면서도 속으로는 자기 욕심을 차리려는 발람을 어떻게든 당신의 뜻에 맞는 도구로 사용하시고자 하시는 것이었다. 이렇게 하기 위해서 하나님은 사자를 통해 그에게 강력한 경고를 하셨다.

이제 마지막으로 나귀와의 해프닝이 주는 영적인 교훈을 살펴 보도록 하자. 첫째, 발람은 무조건적으로 하나님의 말씀에 순종했어야 했다. 그는 자신의 속마음이 어떻든 간에 결코 하나님의 뜻을 벗어날 수가 없다는 것을 깨달았어야 했다. 나중에 그는 발락 앞에서 신탁의 말을 하면서 이런 취지의 말을 자신의 입으로 한다(23:7-8). 그럼에도 불구하고 그는 끝내 하나님의 뜻을 거슬림으로 해서 결국 죽임을 당한다(민 31:16).

둘째, 유명한 주술사였던 발람은 하나님이 허락하지 않으시면 나귀보다 못한 존재에 불과할 뿐이었다. 본문 속에서 보듯이 하나님의 허락이 없으면 그는 하찮은 미물인 나귀가 보는 것도 볼 수가 없었다. 그는 자신의 능력의 주인이 자신이 아님을 깨달았어야 했다.

셋째, 이 이야기는 하나님께서 정말 당신의 말씀을 전하고자 하신다면 전혀 말하는 능력이 부여되어 있지 않은 나귀 같은 짐승을 통해서도 그렇게 하실 수가 있다는 것을 분명하게 보여준다. 누가복음 19:28-44에는 예수께서 마지막으로 예루살렘에 들어가실 때의 일들이 기록되어 있다. "제자의 온 무리가" 예수를 환영하면서 하나님을 찬양하자 어떤 바리새인들이 예수께 그 제자들을 책망하라고 요구한다. 그 때 예수는 "만일 이 사람들이 침묵하면 돌들이 소리 지르리라"고 대답하신다. 결국 하나님에게 중요한 것은 발람의 능력이나 경력이나 명성이 아니다. 하나님께서 원하시기만 하면 발람과 나귀의 자리는 언제든지 뒤바뀔 수도 있다.

넷째, 하나님의 말씀에 계속 거역하는 자는 자신을 위태롭게 할 수도 있다. 22:29, 33가 분명하게 보여주듯이 하나님께서 원래 가지 말라고 하신 길을 무작정 고집하는 것은 그의 목숨을 위험에 빠뜨린다. 실제로 발람은 25장의 우상 숭배 사건을 배후에서 조종한 것 때문에 결국 31장에서 죽임을 당한다.

36-40절. 22장의 마지막 큰 단원인 이 본문은 발락이 드디어 자기에게 온 발람을 환대하는 내용을 담고 있다.

36절에서 발락은 발람이 온다는 소식을 듣고 모압 국경지대의 끝자락에 있는 성까지 가서 그를 맞이한다. 이런 점에서 발락은 그에 대한 상당한 존중을 보여주며, 그의 이런 행태는 그가 얼마나 이스라엘의 일로 인해 노심초사하고 있는지를 보여준다.

37절의 발락의 말은 발람에 대한 그의 간절한 필요를 다시 한번 드러내준다. 7-20절의 내용들을 다루면서 언급한 바와 같이 발람이 자신의 초청을 거부한 진짜 이유를 모르는 그는 발람에게 왜 자기에게 오려고 하지 않았느냐고 따진다. 그는 "내가 정말로 너를 존귀하게 하지 못하겠느냐"고 말한다.

38절은 이에 대한 발람의 대답을 담고 있다. 그는 이미 12, 20절의 하나님의 직접적인 말씀, 그리고 나귀와의 해프닝을 통한 교육과 여호와의 사자의 35절의 추가적인 경고를 통해 자신이 하나님께서 주신 말씀만을 말해야 한다는 것을 분명하게 명령받은 상태였다. 따라서 그는 자신이 발락의 요청을 거부해온 것에 대해 발락이 지금까지 듣지 못한 진짜 이유를 직접 들려준다: "자 제가 오기는 했습니다. 그러나 제가 이제 도대체 무엇을 말할 수 있겠습니까? 하나님이 제 입에 넣어 주시는 그 말씀을 저는 할 뿐입니다".

여기에서 "지금 제가 도대체 무엇을 말할 수 있겠습니까"라는 문장은 세 가지 측면에서 강조적 표현을 사용하고 있다. 첫째, "지금"이란 뜻의 불변화사인 알타(עַתָּה)는 이 문장에 강한 어감을 부여한다. 둘째, 수사의문문 형식 역시 자신이 따로 할 수 있는 말이 없다는 것을 강조한다. 셋째, 이 문장은 동사의 강조어법을 사용하고 있는데, 이것 역시 자신이 이어지는 문장의 말과 같이 하나님께서 허락하시는 말씀 외에는 아무 말도 할 수 없다는 것을 강력하게 부각시킨다. 따라서 이러한 수사학적인 요소들을 살려서 사역같이 번역하는 것이 개역개정의 번역보다 더 적절하다. 이런 뉘앙스로 부각시키기 위해 유대교의 구약성경 영어번역본인 TNK는 "내가 자유롭게(freely) 말할 능력이 있습니까"라고 번역하고 있다. 이런 강한 표현들을 통해 발람은 자신이 하나님께서 자기 입에 넣어주시는 말 외에는 그 어떤 다른 것도 말할 권리가 없다는 것을 분명히 밝힌다. 이런 그의 고백은 나귀 사건을 통해 얻은 교훈임이 분명하다. 하나님이 허락하시면 나귀라도 말할 수 있고, 하나님이 허락하지 아니하시면 아무리 유명한 주술사인 그라도 그 어떤 말도 할 수가 없는 것이다.

발람의 이 말의 뜻을 아는지 모르는지 39-40절에서 발락은 기럇후솟이라는 곳으로 가서 발람과 사절단에게 후한 잔치를 베푼다. 이어지는 내용을 볼 때 아마 발락은 38절의 발람의 말 역시 자신이 이전에 사절단들을 통해서 들은 말들과 같이 그냥 자신의 품삯을 올리기 위한 상투적인 흥정의 말로 여기는 듯하다. 그래서 발락은 이어지는 23-24장에서 발람을 세 번이나 이곳저곳으로 끌고 다닌다. 마치 발람이 말 안 듣는 나귀를 채찍과 지팡이로 때려서 몰듯이 발락은 자신이 원하는 소리를 듣기 위해 발람을 이리저리 끌고 다닌다. 발람은 발락의 나귀이고, 발락은 나귀 이야기의 멍청한 발람인 것이다.

41절. 원래의 구성상 이 구절은 발람의 첫 번째 신탁을 다루는 본문인 23:1-2의 일부로 취급해야 한다. 그러나 편의상 여기에서 다룬다.

발람을 환대하고 난 다음날 아침 발락은 그를 데리고 "바알의 산당" 혹은 "바못 바알"이란 곳으로 간다. 그리고 거기에서 이스라엘 백성의 진 끝을 보여준다. 이 때 발람이 전한 첫 번째 신탁(23:7-10)의 내용이 자신이 원하는 것과는 정반대의 내용으로 이루어져 있자 그는 두 번째 신탁을 위해 발람을 다른 곳으로 데려 갔는데, 그 장소와 관련하여 그는 말하기를 "거기서는 네가 그들을 다 보지 못하고 그들의 끝만 보게 될 것"이라고 하였다(23:13). 여기에서 "그들의 끝만 보게 될 것"이라는 그의 말을 고려해볼 때 이 22:41의 "이스라엘 백성의 진 끝을 보았다"는 표현은 발람이 이 곳에서는 이스라엘 진영의 훨씬 더 많은 모습을 볼 수 있었다는 의미로 이해하는 것이 옳을 것이다. 발락이 이처럼 발람에게 진 끝을 보여준 이유는 저주가 효력을 갖기 위해서는 주술자가 주술의 희생자의 모습을 보아야 했기 때문인 것 같다.[31]

---

31 Milgrom, *Numbers*, 193-194.

5단계: 적용

1-6절. 이 본문은 모압 왕 발락이 주술사 발람을 동원하여 이스라엘을 저주하게 하려는 음모에 대해서 다루고 있다. 그러나 이 사실을 이스라엘이 알지도 못하는 중에 하나님은 발람의 저주를 막으셨다. 이처럼 우리가 하나님이 돌보시는 백성임이 분명하다면 비록 우리가 미처 다 깨닫지 못해도 하나님은 은밀한 중에 우리를 지키신다. 아비가일이 다윗에게 말한 바와 같이 하나님은 우리를 "생명싸개 속에" 싸시고, "원수들의 생명은 물매로 던지듯" 던지신다(삼상 25:29). 로마서 8:31은 이렇게 말한다: "그런즉 이 일에 대하여 우리가 무슨 말 하리요 만일 하나님이 우리를 위하시면 누가 우리를 대적하리요".

6절. "나는 그대가 복을 비는 자는 복을 받고 저주하는 자는 저주를 받는다는 것을 알고 있다": 발락은 발람이 축복과 저주의 권세를 갖고 있다고 말한다. 그러나 민수기 22-24장이 가르치는 바는 하나님이야말로 축복과 저주의 진정한 주인이시라는 것이다. 하나님이 허락하지 않으시면 아무리 뛰어난 주술사인 발람이라도 입도 뻥긋할 수가 없다. 따라서 우리는 생사화복에 대해서 오직 하나님에게만 의존해야 한다.

28절. "여호와께서 나귀 입을 여셨다": 이 구절은 성경에서 딱 두 번 나오는 사항, 즉 짐승이 사람의 말을 한 것에 대한 내용을 담고 있다. 한번은 창세기 3:1-5의 뱀의 이야기이고, 나머지 한번이 바로 이 본문이다. 하나님은 필요하다면 한갓 미물에 불과한 나귀의 입도 여실 수 있는 분이시다.

예수께서 십자가 사역을 위해 마지막으로 예루살렘 성에 들어가실 때 예수의 제자들(이들은 12제자보다 더 큰 무리를 지칭하는 것으로 보임)이 "자기들이 본 바 모든 능한 일로 인하여 기뻐하며 큰 소리로 하나님을 찬양하여 이르되 찬송하리로다 주의 이름으로 오시는 왕이여 하늘에는 평화요 가장 높은 곳에는 영광이로다"(눅 19:37-38)라고 외치자 바리새인들이 예수께 청하기를 이 제자들의 입을 다물게 하라고 하였다. 이에 대해 예수님은 말씀하시기를

"내가 너희에게 말하노니 만일 이 사람들이 침묵하면 돌들이 소리 지르리라"고 하셨다(19:40). 하나님은 필요하시다면 나귀로도, 그리고 돌들로도 말을 하게 하고 외치게 하실 수 있는 분이다.

가끔 우리는 착각하기를 자기가 없으면 하나님의 사역에 큰 구멍이 생길 것처럼 생각하고는 한다. 그러나 사실 전능하신 하나님은 굳이 우리의 도움을 필요로 하지 않으신다. 하나님은 필요하시다면 우리가 하는 일을 대체할 수 있는 그 어떤 사람이나 그 어떤 존재라도 동원하실 수 있는 능력이 있는 분이다. 우리가 하나님을 위해 어떤 일을 한다 할 때 그것은 하나님께서 우리에게 당신의 일에 동참할 수 있는 영광을 주신 것이지, 우리가 대체 불가능한 어떤 기여를 하나님에게 해드리는 것이 결코 아니다.

6단계: 설교 "믿는 자로서 걱정에 대처하는 법"(민 22:1-6)

기우(杞憂)라는 한자어가 있습니다. 옛날 중국 기(杞)나라에 어떤 어리석은 사람은 항상 하늘이 무너지면 어떻게 하나 하는 두려움으로 살았다고 합니다. 그러나 그의 일생 동안 그런 일은 전혀 벌어지지 않았습니다. 이 이야기에서 파생된 "기우"라는 한자어는 "쓸데없는 걱정"이라는 뜻을 갖고 있습니다.

어니 J. 젤린스키라는 심리학자가 쓴 "느리게 사는 즐거움"이란 책에 걱정에 대한 다음과 같은 내용이 나옵니다. 그는 사람들이 걱정하는 것들을 분류해보면 다음과 같다고 합니다. 먼저 걱정의 40퍼센트는 결코 일어나지 않을 일들에 대한 것이라고 합니다. 30퍼센트는 이미 일어난 일에 대한 것이라고 합니다. 22퍼센트는 아주 사소한 일들에 대한 걱정이라고 합니다. 이 걱정들은 이러나저러나 별로 차이가 없는 것들입니다. 이제 8퍼센트가 남았습니다. 이 8퍼센트 중 4퍼센트는 우리가 전혀 변화시킬 수 없는 어쩔 수 없는 것들에 대한 것이라고 합니다. 결국 우리가 정말로 걱정할 만한 가치가 있고, 걱정함으로써 뭔가를 해볼 수 있는 것은 오직 4퍼센트에 불과하다고 합니다. 결국은 이 4퍼센트의 걱정만이 우리가 뭔가를 해볼 수가 있는데도 불구하고 사람들은 96퍼센트의 것들, 즉 자신이 어찌해 볼 수 없는 것들에 대해서 걱정을 한다고 합니다. 그러나 이런 것들에 대한 걱정들은 자신을 고통스럽게만 할 뿐, 그가 그것들에 대해서 어찌 해볼 수 있는 것은 아무 것도 없습니다.

오늘 본문에서 모압 사람과 그 왕 발락의 모습이 딱 이렇습니다. 3절은 그들에 대해 이렇게 말씀하고 있습니다: "모압이 [이스라엘] 백성이 많기 때문에 심히 두려워하였다. 모압이 이스라엘 자손 때문에 고뇌하였다". 민수기 22-24장과 25장, 그리고 31장에서 이스라엘과 모압 사이에서 벌어진 모든 불행한 갈등은 모압 백성들과 모압 왕 발락이 이처럼 이스라엘의 강함을 쓸데없이 두려워하였기 때문에 발생했습니다. 그러나 사실 이런 걱정은 실체가 없는 것이었습니다. 신명기 2:9에 따르면 하나님은 모압 땅을 아브라함의 조카인 롯의 후손들에게 주었으므로 이스라엘이 모압과 싸워서는 안 된다고 명령하셨습니다. 따라서 만약 모압 왕 발락이 괜히 발람을 통해 이스라엘에게 저주를 퍼부으려고 획책하기 전에 먼저 이스라엘의 의향을 타진하였더라면 모든 것이 평화롭게 해결될 수도 있었고, 그는 마음의 평안을 얻을 수도 있었습니다.

이런 발락과 모압 사람들의 모습을 반면교사 삼아 하나님을 믿는 자로서 몇 가지 교훈을 얻고자 합니다.

첫째, 걱정이 되는 일을 만나거든 그 걱정의 실체를 따져보는 것이 중요합니다. 그 걱정이 위의 젤린스키의 분석에서와 같이 결코 일어나지 않을 40퍼센트의 것인지, 이미 일어나버려서 자기 손을 떠나버린 30퍼센트의 것인지, 걱정할 가치도 없이 사소한 22퍼센트의 것인지, 어차피 걱정해도 자신이 어찌 해볼 수 없는 4퍼센트의 것인지, 아니면 정말 걱정함으로써 변화를 가져올 수 있는 4퍼센트의 것인지 말입니다.

둘째, 만약 걱정함으로 변화를 가져올 수 있는 4퍼센트에 해당하는 걱정이라면 바른 해결책을 추구하는 것이 필요합니다. 이와 관련해서 아주 좋은 예는 여호수아서 2장의 라합입니다. 그녀는 이스라엘 백성에 의해서 반드시 죽임을 당해야 하는 가나안 족속의 한 일원이었습니다. 또한 그녀의 직업은 "기생" 혹은 "창녀"였습니다(수 2:1). 이스라엘에서 이 직업은 혐오의 대상이었습니다(참고, 레 19:29 등). 그러나 그녀는 걱정할 수밖에 없는 운명에 맞서서 최선의 선택을 합니다. 그녀는 이스라엘의 정탐꾼들을 먼저 숨겨 주고 나서 그들에게 자신이 선대한 것처럼 그들도 자신에게 선대하기를 여호와 앞에서 맹세하게 합니다(2:14). 그 결과 그녀는 여리고 성의 모든 사람들이 멸절을 당할 때 구원을 얻습니다(6:15-27). 심지어 그녀는 예수님의 족보에 포함되는 영광까지 누립니다(마 1:5). 바른 걱정과 바른 선택이 그녀를 구원합니다.

셋째, 성경은 인간이 자신의 걱정을 해결하기 위해 할 수 있는 가장 확실한 선택은 하나님께 의지하는 것이라고 가르칩니다. 로마서 8:28은 "우리가 알거니와 하나님을 사랑하는 자 곧 그 뜻대로 부르심을 입은 자들에게는 모든 것이 합력하여 선을 이루느니라"고 말하고 있습니다. 또한 이 로마서 말씀의 구약판이라고 할 수 있는 창세기 50:20에서 요셉은 "당신들은 나를 해하려 하였으나(원문의 직역은 "악을 계획하였으나") 하나님은 그것을 선으로 바꾸사 오늘과 같이 만민의 생명을 구원하게 하시려 하셨나이다"라고 밀합니다. 전능하신 하나님은 우리 삶에 무슨 악한 일이 생기든지 그것을 선으로 바꾸실 수 있는 능력이 있는 분입니다. 따라서 시편 56:3의 "내가 두려워하는 날에는 주를 의지하리이다"라는 말씀처럼 하나님을 의지하십시오.

넷째, 하나님을 의지하고 하나님에게 나의 걱정을 맡겨버릴 때 우리는 진정한 마음의 평강을 얻을 수가 있습니다. 빌립보서 4:6-7은 "아무것도 염려하지 말고 오직 모든 일에 기도와 간구로 너희 구할 것을 감사함으로 하나님께 아뢰라. 그리하면 모든 지각에 뛰어난 하나님의 평강이 그리스도 예수 안에서 너희 마음과 생각을 지키시리라"고 말씀하고 있습니다. 또한 예수 그리스도는 "평안을 너희에게 끼치노니 곧 나의 평안을 너희에게 주노라 내가 너희에게 주는 것은 세상이 주는 것 같지 아니하니라 너희는 마음에 근심도 말고 두려워하지도 말라"고 약속하고 권면하십니다. 그리고 베드로 사도는 이렇게 권면합니다. "너희 염려를 다 주께 맡겨 버리라 이는 저가 너희를 권고하심이니라('권고'[眷顧]'는 '관심을 가지고 보살핀다'는 의미)"(벧전 5:7).

성도 여러분, 혹시 현재 어떤 걱정이 여러분을 사로잡고 있습니다. 그 걱정으로 인해 두렵고 떨립니까? 오늘 본문을 통해 살펴본 가르침들을 되새김질해 보시길 바랍니다. 과감히 그 걱정에 맞서서 그것의 실체를 곰곰히 따져보시길 바랍니다. 그리고 걱정을 해결하는 가장 바른 해결책, 즉 하나님께 의지하고 하나님께 모든 염려를 맡겨 버리시기를 바랍니다. 세상이 주지도 못하고, 세상이 알 수 없는 하나님의 평강이 여러분의 마음을 지배하게 될 것입니다. 하나님의 평강을 충만히 누리게 되시기를 축원합니다.

민수기 23-24장

발람의 신탁(2)

민수기 23-24장의 신학 개관

발람 이야기의 나머지 부분, 즉 이제부터 민수기 23-24장의 내용은 "3+2"의 구조를 갖고 있다. 즉 발람이 발락의 강요에 의해 할 수 없이 하게 된 세 번의 신탁과 더불어 마지막으로 그가 발락과 헤어지면서 연달아 한 두 번의 신탁 이 이 긴 본문의 골간을 이루고 있다. 이 중 마지막 두 개의 신탁은 이스라엘의 미래와 더불어 주변 민족의 운명에 대해 예언함으로써 발람 이야기의 클라이막스를 이룬다.

1. 첫 번째 신탁(22:41-23:12)
2. 두 번째 신탁(23:13-26)
3. 세 번째 신탁(23:27-24:13)
4. 네 번째 및 다섯 번째 신탁과 결별(24:14-25)

앞의 세 번의 신탁 이야기의 본문의 구조는 거의 동일하다. 다음의 요소들이 반복된다.

(1) 발락이 발람을 특정 장소로 데려간다.

(2) 발람이 제사를 드린다. 일곱 제단, 일곱 수송아지, 일곱 숫양 등의 요소들이 동일하며, 세 신탁의 연결성을 부각시켜 준다.

(3) 처음 두 개의 신탁의 경우에는 발람이 발락을 떠나 혼자서 하나님의 말씀을 받는다.

(4) 처음 두 개의 신탁의 경우에는 "발락에게 돌아가서 이렇게 말하여라"라는 문구가 반복된다(23:5,16).

(5) 처음 두 개의 신탁의 경우에는 발람이 발락에게 돌아갈 때 발락과 모압의 고관들이 제단 옆에 서 있는 것에 대한 묘사가 비슷하게 등장한다(23:6,17).

(6) 신탁이 발락에게 전해진다.

(7) 발락이 신탁의 내용으로 인해 발람을 책망한다.

(8) 발람이 발락에게 항변한다. 자신은 여호와께서 주신 말씀 밖에 할 수 없다는 것을 분명히 한다.

물론 이 세 신탁 본문은 동일한 것이 다람쥐 쳇바퀴 돌듯이 반복되기만 하는 것이 아니다. 이 세 본문 사이에는 서로간의 차이와 더불어 플롯의 흐름이 존재한다.[1] 이러한 차이점들에 대해서는 세 개의 신탁을 차례대로 살펴 보는 과정에서 이야기하도록 하겠다.

민수기 23-24장의 구조는 위에서 보듯이 히브리어 원문과 이에 기초한 성경번역본들의 장 구분이 본문의 내용을 제대로 반영하지 못하고 있다. 따라서 이 두 장을 따로 취급할 경우 단락 구분 등이 장 경계선을 넘어서서 애매하게 걸치는 경우가 존재하며, 또한 내용상 이 두 장이 한 호흡으로 되어 있기 때문에 함께 다루도록 하겠다.

---

1 Jacob Milgrom, *Numbers*, The JPS Torah Commentary (Philadelphia: Jewish Publication Society, 1990), 467-468.

1단계: 사역

23:1 발람이 발락에게 일렀다. "여기에 저를 위해 일곱 개의 제단을 지으십시오. 그리고 여기에 수소 일곱 마리와 숫양 일곱 마리를 준비하십시오".

23:2 발락이 발람의 말대로 하였다. 그리고 발락과 발람이 [각] 제단에 수소와 숫양을 드렸다.

23:3 발람이 발락에게 일렀다. "당신의 번제물들 곁에 서 있으십시오. 저는 [저리로] 가겠습니다. 혹시 여호와께서 저를 만나러 나타나실 것입니다. 그가 저에게 보여주시는 것을 당신께 말씀드리겠습니다. 그리고 그가 민둥한 곳으로 갔다.

23:4 하나님이 발람에게 나타나셨다. [발람이] 일렀다. 제가 일곱 제단을 쌓고 [각] 제단에 수소와 숫양을 드렸습니다

23:5 여호와께서 발람의 입에 말씀을 주시며 이르셨다. "발락에게 돌아가서 이렇게 말하여라".

23:6 그가 [발락]에게로 돌아가니 그와 모압의 모든 고관들이 번제물 옆에 서있었다.

23:7 [발람]이 말씀을 내어 말하였다. [이르기를] "발락이 아람으로부터, 모압 왕이 동쪽의 산들로부터 나를 데려왔네. '자 나를 위해 야곱을 저주하라, 자 이스라엘을 방자하라'.

23:8 하나님께서 저주하지 않으시는데 내가 어찌 저주할 수 있겠는가, 여호와께서 방자하지 않으시는데 내가 어찌 꾸짖을 수 있겠는가?

23:9 내가 바위 위에서 그들을 보며 작은 산에서 그들을 내려다 보았네. 보라, 이 백성은 홀로 거할 것이로다. 자신을 열방 중의 하나로 여기지 않을 것이로다.

23:10 야곱의 티끌을, 그리고 이스라엘 사분의 일의 숫자를 누가 셌는가? 내 생명이 의인의 죽음을 죽게 되기를. 나의 끝이 그들과 같기를!"

23:11 발락이 발람에게 일렀다. "나에게 왜 이러느냐? 나의 원수를 저주하라고 너를 데려왔다. 그런데 보라, 너는 [그들을] 확고하게 축복하고 있다".

23:12 [발람이] 대답하여 일렀다. "여호와께서 내 입에 두신 말씀을 내가 어찌 충실하게 말하지 않을 수 있겠습니까?"

23:13 발락이 일렀다. "그들을 볼 수 있는 다른 곳으로 가자. 거기서는 네가 그들을 다 보지 못하고 그들의 끝만 보게 될 것이다. 거기서 나를 위하여 그들을 저주하여라".

23:14 그리고 그가 그를 소빔 들에서 비스가 꼭대기로 데려갔다. 그가 일곱 개의 제단을 쌓았다. 그리고 각 제단에 수와 숫양을 드렸다.

23:15 [발람이] 발락에게 일렀다. "여기 당신의 번제단 옆에 서 있으십시오. 저는 저기
에서 보이겠습니다".
23:16 여호와께서 발람에게 나타나셔서 그의 입에 말씀을 두시며 이르셨다. "발락에게
돌아가서 이렇게 말하여라."
23:17 [발람이] 그에게 갔다. 보라, 발락이 번제물 곁에 섰고 모압 고관들이 그와 함께
있었다. 발락이 발람에게 일렀다. "여호와께서 무엇을 말씀하셨느냐?"
23:18 [발람이] 말씀을 내어 일렀다. "발락이여 일어나서 들으라. 십볼의 아들이여, 내
게 귀 기울이라.
23:19 하나님은 사람이 아니시니 거짓말을 하지 않으신다. 사람의 아들이 아니시니 후
회가 없으시다. 그가 발설하시고 행하지 않으시겠으며, 말씀하시고 그것을 실행
하지 않으시겠는가?
23:20 나는 축복하라는 [명령을] 받았다. 그가 축복을 하셨다. 나는 그것을 돌이킬 수가
없다.
23:21 그는 야곱의 고난을 보지 않으시며, 이스라엘의 고통을 보지 아니하셨다. 여호와
그들의 하나님이 그들과 함께 계시며, 왕의 소리가 그들 중에 있다.
23:22 하나님이 그들을 애굽에서 이끌어내고 계신다. [그들은] 그에게 들소의 뿔과 같
구나.
23:23 야곱을 칠 점술이 없고 이스라엘을 칠 복술이 없구나. 이 때 야곱과 이스라엘에
대하여 말해지기를 '하나님이 어떻게 행하셨는지.
23:24 이 백성이 암사자 같이 일어나고, 숫사자 같이 자신을 일으키리라.
찢은 것을 먹으며 죽인 것들의 피를 마시기 전에는 눕지 않을 것이로다'.
23:25 발락이 발람에게 일렀다. "그들을 절대로 저주하지도 말고 축복하지도 말라"
23:26 발람이 발락에게 대답하여 일렀다. "제가 '여호와께서 말씀하신 모든 것대로 행
하겠나이다'라고 말하지 않았습니까"
23:27 발락이 발람에게 일렀다. "자 내가 너를 다른 곳으로 인도하겠다. 혹시 하나님을
기쁘게 하여 거기에서 네가 나를 위해 그들을 저주하리라".
23:28 발락이 발람을 예쉬몬을 내려다 보고 있는 브올 산 꼭대기로 데리고 갔다.
23:29 발람이 발락에게 일렀다. "저를 위하여 여기에 일곱 개의 제단을 쌓고 여기에 수
소 일곱 마리와 숫양 일곱 마리를 준비해 주십시오".
23:30 발락이 발람이 이른 대로 행하여 각 제단에 수소와 숫양을 드렸다.
24:1 발람이 이스라엘을 축복하는 것이 여호와의 보시기에 좋은 일이라는 것을 보았
다. 그래서 그가 다른 때들과 달리 점술을 쓰려고 하지 않고, 자기 얼굴을 광야로

돌렸다.
24:2 그리고 발람이 눈을 들어 이스라엘이 지파별로 거하고 있는 것을 보았다. 그 때
그의 위에 하나님의 영이 임했다.
24:3 [발람]이 말씀을 내어 말했다. "브올의 아들 발람의 말이다. 눈이 닫혔던 자의 말
이다.
24:4 하나님의 말씀을 듣는 자, 전능자의 환상을 보는 자, 엎드린 채 눈이 열린 자의
말이다.
24:5 야곱이여 네 장막들이, 이스라엘이여 네 거처들이 어찌 그리 좋은지!
24:6 [그것들이] 골짜기들 같이, 강 가의 정원들 같이 뻗어 있고, 여호와께서 심으신
침향목들 같고 물 가의 백향목들 같구나.
24:7 그의 물통에서는 물이 넘쳐 흐르고, 그 씨는 많은 물 속에 있을 것이다. 그의 왕
이 아각보다 높고, 그의 왕국은 높임을 받을 것이다.
24:8 하나님이 그를 애굽에서 이끌어 내고 계신다. [그는] 그에게 들소의 뿔과 같구나.
그가 자기의 적들인 열국을 삼킬 것이며, 그들의 뼈를 부러뜨리며, 자기 화살들
로 꿰뚫을 것이다.
24:9 그가 수사자나 암사자같이 꿇어 앉고 누우니, 누가 그를 일으키겠느냐? 너를 축
복하는 자들은 복을 받을 것이고, 너를 저주하는 자들은 저주를 받을 것이다.
24:10 발락이 발람에게 노하여 손뼉을 치며 말하였다. "내 원수들을 저주하기 위해 너
를 불렀는데 너는 이렇게 세 번이나 그들을 축복이나 하고 있구나.
24:11 자 이제 너는 네 처소로 도망하여라. 내가 말하기를 '내가 너를 심히 존귀하게 하
겠다'고 하였다. 그런데 보라, 여호와께서 너의 존귀케 됨을 막으셨구나".
24:12 발람이 발락에게 일렀다. "당신이 제게 보낸 사신들에게 이렇게 말하지 않았습니
까?
24:13 '비록 발락이 자기 집에 가득한 은과 금을 저에게 준다고 해도 저는 여호와의 말
씀을 어겨 선악간에 제 마음대로 할 수가 없습니다'라고요.
24:14 자 이제 보십시오. 저는 제 백성에게로 갑니다. 자 나중에 이 백성이 당신의백성
에게 할 것에 대해서 조언하겠습니다".
24:15 그리고 그가 말씀을 내어 말하였다. "브올의 아들 발람의 말이다. 눈이 닫혔던자
의 말이다.
24:16 하나님의 말씀을 듣는 자, 지존자의 지식을 아는 자, 전능자의 환상을 보는 자,
엎드린 채 눈이 열린 자의 말이다.
24:17 내가 그를 보지만 지금이 아니며, 내가 그를 바라보지만 가깝지가 않다. 한 별이

야곱에게서 나오며, 한 규가 이스라엘에서 일어날 것이다. 모압의 관자놀이들을 깨뜨리고, 또 셋의 자식들을 다 멸할 것이다.

24:18 에돔이 소유물이 되며 그의 원수들인 세일도 소유물이 될 것이다. 그리고 이스라엘은 용감히 행동할 것이다.

24:19 야곱에서 나온 자가 통치를 하게 되고, 그 성의 남은 자들을 멸하게 되기를 [원하니라]".

24:20 또 그가 아말렉을 보고 말씀을 내어 말하였다. "아말렉은 민족들의 처음이었지만 그것의 끝은 완전한 멸망이리라".

24:21 또 그가 겐 족속을 보고 말씀을 내어 말하였다. "너의 거처가 견고하고, 네 둥지가 바위들 속에 있구나

24:22 그러나 가인은 불에 타게 될 것이다. 언제나 앗수르가 너를 포로로 잡게 될까?"

24:23 그가 또 말씀을 내어 말하였다. "슬프다 하나님이 이 일을 행하실 때 누가 살 수 있겠는가?

24:24 깃딤의 해변에서 배들이 [와서] 앗수르를 괴롭히고, 에벨을 괴롭힐 것이다. 그러나 그것도 역시 멸망할 것이다".

24:25 그리고는 발람이 일어나서 자기 곳으로 돌아갔다. 발락도 역시 자기 길로 갔다.

2단계: 사역 해설

23:1. "수소": 파림(פָּרִים). "수소"(a bull)란 뜻을 가진 단어인 파르(פַּר)의 복수형. 개역개정은 "수송아지"라고 번역하고 있으나 파르란 단어는 나이 개념을 내포하고 있지 않다. "수송아지"란 번역은 타당하지 않으며, 과도하다.[2]

23:3. "민둥한 곳": 쉐피(שֶׁפִי). 원형은 쉬피(שְׁפִי). 절의 끝에서 강한 액센트를 받아서 모음이 길어졌다. 이 명사는 "벌거벗다"(to be naked)란 뜻을 가

---

2 개역개정이 제사용 짐승들에 자꾸 나이 개념을 넣어서 번역하는 것은 문제가 많다. 파르의 번역과 관련된 좀 더 상세한 논의는 박철현, *레위기* (서울: 솔로몬, 2018), 160을 보라.

진 샤파(שָׁפָה)란 동사에서 파생된 단어로서 사막 지역에서 상인 역할을 하던 대상(caravan) 등이 지나다니던, 나무 없는 언덕 등을 가리키는 용어였다.[3]

23:7. "말씀": 마샬(מָשָׁל). 이 단어는 각종 범주의 "말"(saying)을 의미하는 단어이다.[4] 문맥에 따라서 이 단어는 "잠언"(proverb), "격언"(wisdom saying) 등을 나타내기도 한다. 개역개정은 문맥적 의미를 따라 "예언"이라고 의역하고 있다. 사역에서는 좀 더 중립적으로 "말씀"이라고 번역하였다.

"방자하라": 조아마(זֹעֲמָה). 자암(זָעַם)의 명령형 남성 단수. 이 단어는 평행법적으로 바로 앞에 나오는 문장의 "저주하다"란 뜻의 단어인 아라르(אָרַר)와 동의어이다. 개역개정은 이 단어를 "꾸짖으라"는 뜻으로 번역하고 있으나 이것은 문맥상 정확한 뜻은 아니다. 사역에서는 두 동사의 평행법상의 역할과 동의어적인 상황을 고려하여 "저주하다"란 뜻의 동의어인 "방자(方子)하다"란 단어를 사용하여 번역하였다. 이 단어는 "저주하다"란 단어의 유의어로 표준대국어 사전에 따르면 "남이 잘되지 못하게 하거나, 또는 재앙을 받게 하기 위하여 신에게 빌거나 방술을 쓰는 짓을 하다"란 뜻이다. 히브리어의 평행법적 구성과 의미상의 연결을 그대로 반영하기에 아주 적절한 표현이다.

23:11. "확고하게 축복하고 있다": 베라크타 바레크(בֵּרַכְתָּ בָרֵךְ). 이 문구는 히브리어의 대표적인 동사 강조 어법, 즉 해당 동사에 그 동사의 부정사 절대형이 결합된 형태를 사용하고 있다. 사역은 이 점을 살려서 번역하였다. 개역개정의 "오히려 축복하였도다"란 번역 역시 이런 점을 반영하여 문

---

3 Wilhelm Gesenius and Samuel Prideaux Tregelles, *Gesenius' Hebrew and Chaldee Lexicon to the Old Testament Scriptures* (Bellingham, WA: Logos Bible Software, 2003), 844; Boyd V. Seevers, "שְׁפִי", in Willem VanGemeren (ed.), *New International Dictionary of Old Testament Theology & Exegesis* (Grand Rapids: Zondervan Publishing House, 1997), 4: 221 등을 보라.

4 William Lee Holladay and Ludwig Köhler, *A Concise Hebrew and Aramaic Lexicon of the Old Testament* (Leiden: Brill, 2000), 219.

맥에 맞추어 번역한, 괜찮은 번역이라고 생각한다. 단지 사역은 원문의 구문을 독자들이 좀 더 파악할 수 있게 하고자 하였다.

23:12. "충실하게 말하지": 에쉬모르 르다벱르(אֶשְׁמֹר לְדַבֵּר). 동사 샤마르의 기본적은 뜻은 "지키다"(to keep)이다. 그러나 이 단어가 바로 이어지는 다른 동사와 함께 사용될 경우 이 단어는 "정확히"(accurately), "충실하게"(faithfully) 등의 뉘앙스를 띈다. 개역개정은 이 점을 제대로 살리고 있지 않다.

23:15. "저는…보이겠습니다": 붸아노키 익카레(וְאָנֹכִי אִקָּרֶה). 동사 카라(to happen, come)의 니팔형, 즉 수동형 동사이다. 사역은 붸아노키 익카레란 문구의 직역을 담고 있다. 개역개정판은 거의 모든 성경번역본들과 마찬가지로 칠십인경의 전통을 반영하여 "내가…여호와를 만나뵐"이라고 번역하고 있다. 그러나 분명히 원문에는 "여호와"란 단어가 없다. 이 번역은 이 23장의 3, 16절의 본문을 반영한 의역일 뿐이다. 이 후자의 두 구절에서는 주어가 여호와로 되어 있는 반면에 이 15절에서는 주어는 발람을 가리키는 1인칭 표현인 "저는"이다. 이 표현을 통해서 발람은 자신이 신의 현현을 기다리겠다고 표현하고 있는 것이다. 발람은 개역개정의 번역처럼 자신이 하나님을 만날 것을 확정적으로 발락에게 말하고 있는 것이 아니다.

23:20. "나는 축복하라는 [명령을] 받았다. 그가 축복을 하셨다. 나는 그것을 돌이킬 수가 없다": 개역개정은 "내가 축복할 것을 받았으니 그가 주신 복을 내가 돌이키지 않으리라"라고 되어 있다. 개역개정의 번역이 의미상 틀린다고 할 수는 없지만 구문론적으로 히브리어 원문을 충실하게 반영하고 있지는 않기 때문에 사역은 원래의 구문을 살려 놓았다.

23:22. "그들을 이끌어내고 계신다": 모찌암(מוֹצִיאָם). 여기에 사용된 동사는 분사형으로 되어 있으며, 하나님의 출애굽 행위가 아직도 진행 중임을 나타내는 것으로 이해해야 된다. 신탁의 시각에서 볼 때 출애굽 행위가 가

나안 땅에 입성하기까지 계속 진행 중이라고 표현하고 있는 것인지,[5] 아니면 시적 허용(poetic license)을 통해 이 역사적 사건이 항상 현재적인 생동성을 갖고 있는 것으로 표현하고 있는 것인지의[6] 여부는 분명치 않다. 그러나 이 두 가지 견해 중 어느 것을 택하든지 간에 이 문구가 하나님의 현재적 사역을 묘사하고 있는 것만은 분명하다.

"[그들은]": 이 단어는 사각 괄호([…]) 표시를 통해서 보듯이 히브리어 원문에 나타나 있지 않다. 또한 이 22절 후반절을 전반절과 독립되어 봐야 하는지 등에 대해서는 논란의 여지가 많다. 이에 대한 포괄적인 논의는 앞의 각주들에 언급된 그레이(Gray), 애쉴리(Ashley) 등의 주석 및 거기에 나오는 참고문헌들을 보라. 이 사역는 후반절을 전반절과 독립된 절로 보는 것이 가장 자연스러운 해석이며, 이 문장의 주어는 이스라엘을 가리키는 "그들"이 생략되어 있다고 간주한다.

문제는 이 해석이 상당히 많은 주석들과 성경번역본들이 택한 해석과 충돌한다는 점이다.[7] 이런 자료들은 "그들"이 아니라 전반절의 하나님이 이 후반절의 주어라고 생각한다. 그러나 발람의 신탁에서 하나님이 동물이나 동물의 어떤 신체 부위와 비교되는 유일한 존재는 이스라엘이라는 점을 고려할 때 이 사역의 입장이 더 타당해 보인다.

"그에게": 로(לוֹ) 이 난해한 구절에서 이 3인칭 남성 단수인 "그"가 누구인지, 즉 하나님인지 이스라엘인지에 대해서는 역시 많은 논쟁이 있다. 그러나 후반절의 주어가 "그들"이라고 할 때 자연스럽게 이 "그"는 전반절의 하나님을 선행사로 받는 것으로 이해할 수밖에 없다.

"들소의 뿔들": 토아포트 르엠(תּוֹעֲפֹת רְאֵם). 토아포트는 구약성경에서

---

5 George Buchanan Gray, A Critical and Exegetical Commentary on Numbers. *International Critical Commentary* (New York: C. Scribner's Sons, 1903), 354.

6 Timothy R. Ashley, *The Book of Numbers*, The New International Commentary on the Old Testament (Grand Rapids: Eerdmans, 1993), 480.

7 예를 들어 Ashley, *Numbers*, 481, n. 46에 나오는 문헌들을 보라. 이것들과 반대로 이 사역의 입장과 같은 것은 NET 등이다

딱 네 군데에 사용되었다(민 23:22; 24:8; 시 95:4; 욥 22:25). 그리고 민수기의 두 평행본문을 제외하고 나머지 본문들에서는 다른 의미로 사용되고 있다. 즉 시편 95:4에서는 산들의 "높은 곳", 즉 "꼭대기"를 의미하는 것으로 보이며, 욥기 22:25에서는 "고귀한" 은(the choicest silver, NET), 즉 "최고"의 은을 나타내는 것으로 이해된다. 언뜻 보기에는 이런 의미들 사이에 연결이 없는 것처럼 느껴질 수 있지만 사실 이 본문들에서 이 단어의 뜻은 모두 동족어인 아라비아어의 야파아(יאשׁא:א), "우뚝 솟아있다"(to tower above, stand over)란 의미에서 유추될 수 있는 것으로 보인다.[8] 개역개정의 "힘이 들소와 같다"란 표현에서 "힘"에 해당하는 것이 이 토아포트인데, 이 해석은 현재는 폐기된 것이나 마찬가지의 견해이며, KJV의 번역에 의존하고 있다.

23:25. "절대로": 코브(קֹב)…바레크(בָּרֵךְ). 코브는 "저주하다"라는 뜻을 가진 카바브(קָבַב)의 부정사 절대형.[9] 그리고 바레크는 "축복하다"(to bless)는 뜻을 가진 동사 바라크(בָּרַךְ)의 부정사 절대형. 부정사 절대형은 동일한 동사의 다른 형태들과 함께 사용될 때 강조의 의미를 가진다. 사역은 이 부정사 절대형을 "절대로"로 번역함으로써 이런 강조의 의미를 살렸다. 발람이 자꾸 축복을 해대니 발락은 "절대로" 그렇게 하지 말라는 점을 강조하고 있는 것이다. 참고로 23:11 역시 바레크의 경우에 동일한 단어로 동일한 구문을 사용하고 있지만 문맥이 달라 이 강조 구문의 번역을 달리 하였다는 점을 유념하라.

23:28. "예시몬": 하예쉬몬(הַיְשִׁימוֹן). 예쉬몬이란 단어는 성경에 총 13회 나오며, 보통명사로는 "광야"(wilderness), "사막"(desert) 등의 뜻을 갖고 있다. 그러나 보통명사로 쓰일 때는 정관사가 쓰이는 법이 없으며, 민수기에서 특히 가나안 접경 지역의 지명으로 보통명사를 마치 고유명사처럼 쓰는 경향이 있다는 점을 고려할 때 이 단어를 고유명사 지명으로 이해하는 것

---

8 Holladay and Köhler, *A Concise Hebrew and Aramaic Lexicon*, 288.

9 Francis Brown, Samuel Rolles Driver, and Charles Augustus Briggs, *Enhanced Brown-Driver-Briggs Hebrew and English Lexicon* (Oxford: Clarendon Press, 1977), 866.

이 더 나은 것 같다. 개역개정은 본문에는 "광야"라고 번역하고, 난하주에는 "여시몬"이라는 지명으로 읽을 수 있다는 가능성을 제시하고 있다.

24:1. "다른 때들과": 크파암-브파암(כְּפַעַם־בְּפַעַם). 파암(פַּעַם)은 "발, 발걸음, 때"(foot, step, time) 등을 의미하는 단어이다. 히브리어에서 명사의 반복은 "모든, 각자"(every, each) 등의 의미를 가질 때가 많다. 그러나 그 중에서 반복되는 단어의 두 번째의 것이 전치사 브(בְּ)와 사용되는 경우는 어감이 좀 달라진다. 이 경우에는 복수적인 의미를 가지게 된다. 따라서 이런 뉘앙스를 살려서 크파암-브파암을 번역하면 "다른 때들처럼"(as at other times) 정도가 된다.[10] 사역은 이런 뜻을 문맥을 따라 살려서 "다른 때들과"라고 번역하였다.

24:6. "정원들": 간노트(גַּנֹּת). 원형은 간나(גַּנָּה). 남성형은 간(גַּן). 어근이 되는 동사인 가난(גָּנַן)은 "둘러싸다, 울타리를 치다"(to enclose, fence)이다. 간나의 의미는 그 남성형인 간과 마찬가지로 "정원"(garden)이다. 이 단어는 그 어근인 동사의 뜻에서 추론할 수 있듯이 울타리가 둘러쳐지고, 그 안에 많은 동식물과 풍부한 물이 있는, 잘 관리된 고대 근동의 왕들의 정원을 주로 가리키는 개념이었다.[11] 그리고 구약성경은 이 단어를 온 세상의 왕이신 하나님의 "정원"의 개념으로 사용하며, 에덴 "정원"(the "garden" of Eden)도 이런 뜻, 즉 하나님의 궁전에 있는 정원의 개념으로 사용된다. 따라서 에덴 "정원"은 구속사적으로 하나님의 백성이 반드시 회복해야 하는 하나님의 "정원"이라는 뉘앙스를 띄고 있다. 이런 면에서 개역개정 등의 한국어 성경들이 이 간나나 간을 자꾸 "동산"으로 번역하는 것은 좋은 번역 전통은 아닌 것으로 보인다. 물론 "동산"이 표준대국어 사전 등에 따르면 "큰 집의

10 Ashley, *Numbers*, 191; Friedrich Wilhelm Gesenius, *Gesenius' Hebrew Grammar*. Edited by E. Kautzsch and Sir Arthur Ernest Cowley. 2d English ed. (Oxford: Clarendon Press, 1910), §123c.

11 I. Cornelius, "גַּן / גַּנָּה", in Willem VanGemeren (ed.), *New International Dictionary of Old Testament Theology & Exegesis* (Grand Rapids: Zondervan Publishing House, 1997), 1:875-878.

정원에 만들어 놓은 작은 산이나 숲"을 의미하기도 하지만 현대 한국어에서 이 단어는 주로 "마을 부근에 있는 작은 산이나 언덕"을 뜻한다. 그리고 이 경우 이런 번역은 히브리어 단어가 가진 뜻을 전혀 전달해주지 못한다. 이 사역의 경우처럼 이 단어를 "정원"으로 바꾸어야 원래 본문의 뉘앙스가 제대로 전달될 수 있다고 생각한다.

24:7. 이 구절의 경우 70인경은 현재 본문의 문자적 차원을 훨씬 넘어서서 완전히 메시야적인 색채가 강한 문구를 사용하고 있다. 70인경의 해석은 다음과 같다: "한 사람이 그의 씨로부터 나올 것이며, 많은 열방을 다스릴 것이다. 곡(Gog)의 왕국이 높임을 받을 것이며 그의 왕국이 커질 것이다".

"그의 물통에서는 물이 넘쳐 흐르고": 잇잘-마임 믿달르야브(יִזַּל־מַיִם מִדָּלְיָו). 이 구절의 히브리어 원문은 그 자체로는 거의 논란의 여지가 없다. 단지 주어가 3인칭 남성 단수의 주어인 "그"이냐(KJV, NET 등), 아니면 "물" 이냐(ESV, YLT, 개역개정 등) 하는 정도이다. 여기에서는 개역개정의 번역을 따른다. 단지 개역개정은 "물통"이라고만 번역하고 있는데, 원문상에는 분명히 소유격 인칭대명사가 함께 사용되고 있기 때문에 "그의 물통에서는"이라고 사역하였다. 개역개정과 달리 "그의"(his)를 원문을 따라 번역에 살려 놓는 것은 중요한데, 그 이유는 이 문구의 앞뒤의 행들과 이 문구를 연결시켜주는 요소가 "그"(he), 즉 "하나님" 혹은 "여호와"라는 요소이기 때문이다. 다시 말해 "물통"은 그냥 막연한 물통이 아니라 "하나님의 물통"인 것이다.

참고로 칠십인경은 바로 위에서 본 바와 같이 7절 전체를 메시야적으로 번역하면서 원문을 바꿔 놓았으며, 또한 근대와 현대의 주석가들 역시 이 문구를 난해 구절로 간주하고 원문에 대한 수정을 시도하고 있는데, 본문에 대한 이런 수정들은 불필요하다고 생각된다.[12] 따라서 사역은 철저히 맛소라 사본의 원문에 대한 직역을 하고 있다.

12 이에 대한 상세한 정보와 논의, 그리고 반격은 Ashley, Numbers, 491을 보라.

24:10. "축복이나 하고 있구나": 원문은 부정사 절대형을 사용한 강조 구문을 사용하고 있다. "~이나 하고 있구나"라는 번역은 이런 강조의 의미를 살리기 위한 것이다. 개역개정에는 이런 점이 반영되어 있지 않다.

24:17. "별": 코카브(כּוֹכָב). "별"은 성경에서 왕에 대한 상징으로 자주 쓰인다(사 14:12; 마 2:2). 이런 점에서 이어지는 평행 구절 속의 "규"와 상응한다.

"규": 쉐베트(שֵׁבֶט). 기본 뜻은 "지팡이". 이 시가 메시야적인 것을 고려할 때 이 지팡이는 단순한 목자의 지팡이 같은 것이 아니라 왕이 드는 권위의 상징으로서의 지팡이였다. 요즘도 군대의 장성급 지휘관들이 손에 막대기를 드는 경우들이 많은데, 이것은 이런 고대의 전통에서 나온 것이다. 이 지팡이가 이런 왕이나 지휘관의 권위의 상징이자 메시야적 존재에 대한 상징으로 사용된다는 것을 나타내기 위해 개역개정은 "규"라는 용어를 사용하고 있으며, 사역도 이런 전통을 따랐다.

"모압의 관자놀이들을 깨뜨리고": "관자놀이들"에 해당하는 히브리어 단어는 페아(פֵּאָה)란 단어의 쌍수 연계형인 파아테(פַּאֲתֵי)이다. 이 단어는 개역개정이 약간 부연 설명하는 식으로 의역한 것과 같이 "이쪽에서 저쪽까지"라고 이해하는 것이 불가능한 것은 아니다. 그러나 이어지는 "셋의 자식들"이라는 문구를 고려할 때 모압은 현재 본문에서 의인화되어 있는 것으로 보이며, 이 경우 파아테를 "관자놀이들"이라고 번역하는 것이 더 적절하다고 생각된다.

24:18. "그의 원수들": 오예바브(אֹיְבָיו). 원문에서는 이 "그의 원수들"이라는 표현이 두 번째 문장의 주어인 세일의 동격으로 한번만 언급되고 있다. 그러나 개역개정은 이것을 첫 번째 문장의 주어인 에돔과 관련해서도 한번도 사용하고 있다. 사역은 원문을 충실하게 반영하고 있다. 최근의 영어 성경번역본들 역시 이런 의인화된 번역을 따르는 추세이다.

24:19. "야곱에서 나온 자가 통치를 하게 되고": 붸예르드 미야아코브(וְיֵרְדְּ מִיַּעֲקֹב). 동사의 원형은 "통치하다"(to rule over)라는 뜻의 라다(רָדָה)이며, 주어는 3인칭 남성 단수가 동사에 내포되어 있는 것으로 봐야 한다. 동

사의 동사형은 간접명령형(jussive)이라 "어떤 사람이 통치하게 되기를"(let one rule over) 정도의 기원의 의미를 갖고 있는 것으로 해석할 수 있다. 개역개정의 "주권자가 야곱에게서 나서"란 번역은 오역이라고 할 수는 없지만 좀 의역이 과한 것으로 생각된다. 사역은 원문의 문자적 의미를 최대한 유지하면서도 문맥과 상응하게 번역하려고 했다. 이 문장은 24장의 발람의 다른 시들과 마찬가지로 메시야적인 의미가 어느 정도는 깔려 있는 것으로 생각된다.

21–24. 발람의 이 신탁의 문구들은 해석이 거의 불가능한 것으로 악명이 높다. 그 이유들 중의 가장 큰 것들 중의 하나는 이 문구들이 몇 개의 극히 짧은 시들 속에 들어 있다는 점일 것이다. 아래의 해석은 전통적인 해석을 너무 넘어서지 않으면서도 현재의 문맥에서 최대한 문자적으로 가능한 의미를 살리려고 노력하였다. 좀 더 깊은 논의는 좀 더 전문적인 주석들과 거기에 제시된 여러 학자들의 논의를 참고하라. 그러나 이 학자들의 논의 역시 개연성을 가지고 있다고 보기는 힘들며, 그냥 잠정적인 해석에 불과하다는 점을 유념하라.

24:21. "네 둥지": 킨네카(קִנֶּךָ). 명사의 원형은 켄(קֵן). 켄, 즉 "둥지"란 단어는 겐 족속의 이름과 상응하는 단어를 이용한 언어유희다.

24:22. "가인": 카인(קָיִן). 이 "가인"이란 이름 역시 앞의 21절의 켄과 마찬가지로 겐 족속의 이름에 대한 언어유희로 사용된 것이다. 간혹 이것이 겐 족속이 가인의 후손이었다는 전승의 증거라고 보는 경우들(NET)이 있지만 이런 추측은 시적 표현을 역사적 표현으로 곡해한 것이라고 생각된다.

"불에 타게 될 것이며": 하야 르바에르(הָיָה לְבָעֵר). 바에르는 동사 바아르의 피엘 부정사 연계형이다. 동사 바아르는 동음이의어로 두 개의 단어가 있다. 첫 번째 것은 "타다"(to burn)란 뜻을 갖고 있고, 두 번째 것은 "(꼴을) 먹다"(to graze)란 뜻을 갖고 있다. 두 번째 단어의 경우 "(꼴을) 먹다"란 뜻에서 파생된 의미로, 짐승들이 꼴을 다 먹어치워 황폐화된 모습에서 "망하다"(to ruin)란 뜻이 나온 것으로 보인다. 성경 번역본들과 주석가들 사이에서는 이 두 동음이의어 단어들 중 어느 것을 선택해야 하느냐 하는 것과 관련하여 의견이 팽팽히 맞서 있다. 문맥상 두 견해는 다 충분히 가능성이 있어 보이며, 어느 한 쪽이 맞는지를 결정하는 것은 불가능한 것으로 생각된다. 개역개정판은 두 번째 단어의 뜻을 택했고, 사역은 첫 번째 단어의 뜻을 택했다.

3단계: 단락 구분

민수기 23-24장의 단락 구분은 다음과 같다.

22:41-23:12 첫 번째 신탁
- 22:41-23:6 신탁 준비 과정
- 23:7-10 첫 번째 신탁의 내용
- 23:11-12 신탁에 대한 반응

23:13-26 두 번째 신탁
- 23:13-17 신탁 준비 과정
- 23:18-24 두 번째 신탁의 내용
- 23:25-26 신탁에 대한 반응

23:27-24:13 세 번째 신탁
- 23:27-24:2 신탁 준비 과정
- 24:3-9 세 번째 신탁의 내용
- 24:10-14 신탁에 대한 반응

24:15-24 네 번째 및 다섯 번째 신탁
- 24:15-22 네 번째 신탁
- 24:23-24 다섯 번째 신탁

24:25 발람과 발락의 결별

민수기 22장을 다루면서 이미 취급은 22:41은 사실 발람의 신탁 본문의 일부라는 점을 앞에서 이야기한 바가 있다. 이 구절을 포함해서 고려할 때 발람의 신탁들에 대한 22:41-24:25의 본문의 전체 구조는 위와 같다. 사실 앞의"민 23-24장의 개관과 신학"에서 다룬 바와 같이 각 신탁에 대한 본문은 세분화하자면 총 여덟 개의 요소들을 갖고 있다. 그러나 이것들을 좀 더 단순화하자면 "신탁의 준비 과정-신탁-신탁에 대한 반응"이라는 세 개의 요소로 압축할 수 있다. 그리고 세 번째 신탁의 경우는 신탁에 대한 반응은 바로 준비 과정 없이 네 번째와 다섯 번째 신탁으로 이어진다.

마지막 신탁 후에 24:25은 바로 양자 사이의 결별을 언급한다. 이렇게 해서 발람의 신탁 본문은 막을 내린다. 그러나 이미 민수기 22장의 "개관과 신학"에서 다룬 바와 같이 사실 이 냉랭해 보이는 결별 직전에 아마 발람은 발락에게 이스라엘의 문제를 처리할 비책을 주었던 것 같고, 25장의 사건은 이 비책에 따라 시행된 것 같다.

4단계: 본문 해설

23:1–2. 앞 장에서 다룬 22:41과 더불어 이 본문은 발람의 첫 번째 신탁을 받기 위한 준비 과정에 대한 본문의 일부이다. 22:41에서 우리는 발락이 발람을 이스라엘의 진 끝이 보이는 곳으로 데려간 것을 보았다. 이제 이 본문에서 발람은 발락에게 일곱 개의 제단에서 수소 일곱 마리와 숫양 일곱 마리를 바치게 한다. 그리고 이 일은 23:14, 29-30에서 두 번째 및 세 번째 신탁을 위해서 반복된다.

23:3. 이렇게 제물을 바친 후에 발람은 발락을 번제물 곁에 남아 있게 하고는 혼자만 다른 곳으로 간다. 그는 "혹시 여호와께서 저를 만나러 나타나실 것입니다"라는 표현을 쓰는데, 여기에 "혹시"라는 조심스러운 표현을 고려할 때 그는 여호와 하나님과의 의사소통에 대해서 익숙하지 않으며, 또

한 자신이 주도권을 갖고 있지 않음을 인식하고 있는 것으로 보인다.

23:4-6. 그의 우려와 달리 하나님은 그에게 임하셔서 발락에게 전할 말씀을 계시하신다.

23:6. 발람이 하나님의 말씀을 가지고 발락에게로 갔을 때 발락과 그 신하들이 번제물 곁에 서있다.

23:7-10. 이 본문은 첫 번째 신탁의 내용을 담고 있다. 신탁의 문구를 고려할 때 발람이 일인칭 시각에서 이스라엘에 대해 말하는 형식으로 되어 있다는 점이 흥미롭다.

7절에서 그는 발락의 초청의 말을 약간 시적으로 변형하여 인용한다. 그의 초청은 이스라엘을 저주하기 위한 것이었다. 이스라엘을 지칭할 때 야곱과 이스라엘이라는 두 개의 칭호가 대구(對句)를 이루고 있는데, 이 점은 그의 신탁의 말 속에 반복적으로 사용되고 있다.

8절은 수사의문문을 써서 이르기를 하나님이 저주하지 않는 이스라엘을 자신이 저주할 수 없다고 밝히고 있다. 이 점은 22:12에서 하나님이 발람에게 주신 맨 처음 말씀과 상응한다.

9절에서 발람은 1인칭 시점에서 신탁의 내용을 말하고 있다. 이스라엘이 "홀로" 거하고, 자신을 열방 중의 하나로 여기지 않는다는 표현은 이스라엘이 하나님과 맺고 있는 특별한 지위 및 관계에 대한 강조로 이해된다.[13]

10절에서 발람은 자신의 "야곱의 티끌"을 셀 수 없다는 말을 한다. 여기에서 "티끌"이란 표현은 하나님께서 아브라함 가문에게 주신 큰 민족에 대한 약속을 상기시킨다(창 13:16; 22:17; 28:14).

"이스라엘의 사분의 일"이라는 표현은 아마 민수기 2:3-31에서 이스라엘 백성이 성막을 중심으로 해서 동서남북 각 방향으로 세 지파씩 배치된 것과 관련이 있는 것으로 보인다. 이스라엘의 진 끝(22:41)에서 발람이 볼 때

---

13 Ashley, *Numbers*, 471.

는 자신이 있는 방향에 보이는 세 지파만 제대로 보였을 것이다. 그러나 그 세 지파마저도 제대로 셀 수가 없었다는 점을 지적함으로써 이스라엘의 강함을 묘사하고 있다.

이어서 발람은 "내 생명이 의인의 죽음을 죽게 되기를. 나의 끝이 그들과 같기를"이라고 말하는데, 이 말은 자신이 이스라엘과 같이 운명을 갖고 하고 싶다는 의미이다.

물론 이 마지막 말은 하나님의 신탁을 발람이 말한 것이다. 정작 발람 자신은 이들과 운명을 같이 하지 않고, 오히려 그들을 해하려 들다가 죽임을 당했다(민 31:8, 16).

23:11–12. 자신의 희망과는 전혀 다른 신탁을 듣게 된 발락은 어처구니 없다는 반응을 보이고, 발람은 자신은 이미 여러 번 밝힌 바와 같이 하나님이 자기 입에 넣어주는 말만 할 수밖에 없다고 대꾸한다(참고, 민 22:38).

23:13. 이 구절은 발람의 두 번째 신탁 본문의 시작 구절이다. 앞의 발람의 신탁이 자신이 원하는 내용으로 주어지지 않자 이 번에는 발락은 이스라엘의 압도적인 진용이 덜 보이는 곳, 즉 "네가 그들을 다 보지 못하고 그들의 끝만 보게 될" 곳으로 데려 간다. 그는 이로 인해 자신이 원하던 저주가 발람의 입에서 나오게 되기를 바랐다. 그의 이런 시각은 그 당시의 고대 근동 사람들의 인식을 반영하고 있는 듯하다. 그들은 장소의 변경은 신탁에 있어서 다른 결과를 도출해낼 수도 있었다고 여겼던 것으로 보인다.[14]

23:14–17. 그렇게 발락은 발람을 데리고 소빔 들에서 비스가란 곳으로 간다. "소빔"이란 곳은 성경에 오직 여기에만 나오기 때문에 달리 그 정확한 장소를 알 바가 없다. 단지 이 "소빔"(쪼핌, צֹפִים)이란 이름이 "파수하다"(to keep guard)란 뜻을 가진 짜파(צָפָה)란 단어에서 파생되었을 가능성이 높다고 할 때 아마 주변 정세를 잘 살필 수 있는 곳의 지명으로 쓰였을 것으

14 Gordon J. Wenham, *Numbers* (Sheffield: Sheffield Academic Press, 1997), 174.

로 보인다.[15] 그리고 이런 판단이 맞다고 할 때 어쩌면 이곳은 첫 번째 신탁이 행해졌던 곳을 지칭하는 다른 이름일 가능성도 있다고 생각된다. 해당 장소에서 소빔이라는 장소로 이동했다는 언급이 따로 나오지 않기 때문이다.

하여튼 이 비스가 꼭대기의 장소로 이동해서 최종적으로 신탁이 발락에게 전달되기까지의 절차는 첫 번째 신탁의 경우와 별 차이가 없다. 다시 한 번 발락은 일곱 제단에서 수소와 숫양을 드렸다(14절). 발람은 발락에게 번제단에서 기다라고 한 후 자신은 다른 곳으로 간다(15절). 다시 한번 여호와께서는 그에게 나타나서 신탁의 말씀을 주신다(16절). 발람은 발락에게로 돌아간다(17절).

23:18–24. 이 본문은 발람의 두 번째 신탁의 내용을 담고 있다.

18절은 신탁의 수신자가 발락임을 명시한다. 첫 번째 신탁에서 발람 자신이 1인칭 관찰자의 시점에서 발락의 초청에 대한 언급을 한 것과 달리 여기에서는 그는 발락을 2인칭으로 호칭함으로써 발락이 신탁의 직접적 수취자임을 밝힌다.

19절의 신탁의 내용은 "하나님은 사람이 아니시니 거짓말을 하지 않으신다. 사람의 아들이 아니시니 후회가 없으시다"라는 것이다. 이 말씀은 인간과 차별화된 하나님의 성품을 강조하고 있다. 이 성품은 한번 이스라엘에게 주어진 축복을 돌이키는 것이 불가능함을 강조하기 위해 언급된 것이다.

이런 바탕 위에서 20절에서 발람은 앞의 하나님의 성품에 대한 천명을 자신의 사역과 연결시킨다. 그는 이스라엘을 축복한 것에 대해 후회가 없으신 하나님의 말씀을 자신이 바꾸려 하지 않겠다고 말한다. 이것은 첫 번째 신탁 중 23:8의 신탁으로부터의 발전을 보여 준다. 23:8이 이스라엘을 저주할 수 없다는 것을 강조하고 있다면 이 23:20은 거기에서 한 발 더 나아가서 이스라엘이 이미 저주가 아닌 축복을 확실하게 받은 자들이고, 자신은

15 Ashley, *Numbers*, 476.

그 축복을 돌이킬 수 없다는 점을 강조하고 있다.

이어지는 신탁의 내용은 하나님과 이스라엘의 관계를 과거, 현재, 미래의 흐름 속에서 말하고 있다. 먼저 21절 전반절은 과거의 내용이다. 하나님은 이스라엘의 고통을 참아 보지 않으셨다.

21절 후반절부터 22절까지의 내용은 현재의 모습이다. 하나님은 출애굽한 이스라엘과 함께 하시며, 그들의 왕처럼 그들을 인도하고 계신다. 이스라엘의 강력함은 들소의 뿔과 같다는 직유로 표현된다. 참고로 22절의 "하나님이 그들을 애굽에서 이끌어내고 계신다. [그들은] 그에게 들소의 뿔과 같구나"라는 문구는 세 번째 신탁 속에서도 그대로 반복된다(24:8).

23-24절은 미래에 대한 내용이며, 발락의 요구와 연결된다. 발락은 이스라엘을 저주하기 위해 발람을 불렀지만 이스라엘을 해할 점술이나 복술 같은 것은 없다. 이스라엘의 강인함은 사자에 대한 직유로 표현된다. 이스라엘은 사냥하는 사자처럼 승리를 거둘 것이다. 이 사자의 직유 역시 세 번째 신탁에서 반복된다(24:9).

23:25. 발락은 발람의 신탁을 들은 첫 번째 신탁의 경우보다 더 강한 어조로 발람을 책망한다. 그는 "절대로 저주하지도 말고 축복하지도 말라"고 말한다. 물론 이 말은 바로 이어지는 세 번째 신탁에 대한 시도에서 보듯이 발락의 진심은 아니다.

23:26. 발람은 다시 한번 자신은 하나님의 말씀대로 할 수밖에 없다는 점을 강변한다.

23:27. 이 구절은 세 번째 신탁을 둘러싼 본문의 첫 구절이다. 발락은 발람에게 다른 곳으로 가서 한번 더 시도를 해볼 것을 제안한다.

23:28-30. 신탁을 받기 위한 준비 과정은 앞의 두 번의 경우와 다를 것이 없다. 발락은 일곱 제단에 각각 일곱 마리의 수소와 수양으로 번제를 드린다.

24:1-2. 그러나 이 대목에서 세 번째 신탁 준비 과정에 대한 본문은 앞의 두 신탁본문과 달라진다. 앞의 두 번의 경우에는 발람은 자기 혼자만 다

른 곳으로 가서 하나님을 만나 말씀을 받는 시간을 가지고, 발락에게는 자신이 혼자 들은 말씀을 전하는 형식을 취했다.

그러나 이 번에는 그런 과정을 생략한다. 그 이유는 이 1절이 제공하고 있다. 발람은 "이스라엘을 축복하는 것이 여호와의 보시기에 좋은 일이라는 것을 보았다". 그 결과 그는 "전과 같이 점술을 쓰지" 않기로 했다. 앞에서 발람이 신탁을 위해 하나님을 만나려고 준비하는 과정에서 점술을 썼다는 언급은 나오지 않는다. 이에 대해서는 해결책은 두 가지인 것으로 보인다. 첫째는 신탁을 받기 위한 준비 과정에서 제단을 쌓고 수소와 숫양의 제물을 드리는 것 자체가 고대 근동에서 점술을 받기 위한 과정이었다고 보는 것이다.[16] 그러나 비록 본문이 언급은 하고 있지 않지만 아마도 발람은 발락이 제단을 만들어 거기에서 제물을 드리고 난 후에 그와 떨어져 따로 신탁을 기다리는 과정에서 자신만이 아는 은밀한 점술 작업을 시도했을 수도 있다. 어찌 됐든 이 세 번째 신탁을 준비하는 과정에서 발람은 그런 모든 시도들을 다 포기한다.

또한 앞의 두 번의 신탁에서는 발람은 발락을 떠나 혼자 있을 곳으로 가서 신탁을 받았다. 그러나 이 번에는 발람은 그냥 있는 그 자리에서 눈을 광야로 돌려서 이스라엘이 지파별로 배치되어 있는 곳을 바라본다(2절). 첫 번째와 두 번째 신탁에서 발락이 발람을 이스라엘의 전모를 보지 못하게 진 끝이 보이는 곳으로 인도했던 것을 고려할 때 발람이 보는 이 광경은 육신의 시력으로 보는 것을 넘어서는 것으로 이해하는 것이 더 나은 것으로 생각된다.[17] 그가 자신에게 익숙한 방식인 점술을 포기했을 때 그에게는 진정한 의미의 초월적 시각이 열린 것으로 보인다.

---

16 Ashley, Numbers, 486.

17 Milgrom, *Numbers*, 467-468 등은 발람이 이스라엘 진영으로 더 다가선 것으로 생각한다. 반면에 C. F. Keil and F. Delitzsch, *The Pentateuch: Biblical Commentary on the Old Testament*, Vol. III, Reprint (Eerdmans, 1983), 186; R. Dennis Cole, *Numbers*, New American Commentary (Nashville: Broadman, 2000), 416 등은 초월적인 눈으로 보는 것이라는 견해를 지지한다.

이와 더불어 앞의 두 개의 신탁의 경우와는 달리 이 번에는 "하나님의 영이 그 위에" 임한다. 발람이 22-24장에서 이미 여러 번 하나님을 만났지만 하나님의 영이 임했다는 언급은 이것이 처음이다. 그는 신탁의 새로운 국면에 들어간다.

24:3-9. 이 본문은 그가 하나님으로부터 받은 세 번째 신탁의 내용을 담고 있다.

3-4절은 신탁의 서두이다. 초월적인 시각이 열리고 하나님의 영이 임한 것을 계기로 해서 그의 세 번째 신탁은 앞의 두 개의 신탁과는 달리 대언자로서의 자신의 정체성을 강조하는 문구로 시작된다: "브올의 아들 발람의 말이다. 눈이 닫혔던 자의 말이다. 하나님의 말씀을 듣는 자, 전능자의 환상을 보는 자, 엎드린 채 눈이 열린 자의 말이다"(24:3-4). 이 문구는 또한 세 번째 신탁에 이어지는 네 번째 신탁의 서두로도 사용된(24:15-16).

5-6절에서 발람은 이스라엘이 진을 치고 있는 모습을 6절의 "정원들"에 대한 사역 해설에서 살펴본 봐와 같이 왕궁의 정원의 모습처럼 묘사하고 있다.

7절에서 이스라엘은 단수 "그"(he)로 지칭되며, 이것은 신탁이 끝나는 9절까지 계속 이어진다. 그리고 이처럼 이스라엘을 처음 두 신탁에서는 "그들"이라는 복수로 쓰다가 단수로 바꾼 것은 네 번째 신탁에서 좀 더 두드러지는 메시야적 왕에 대한 메시지로 전환하는 도구로 사용된 것 같다.

내용적인 면에서 이 구절은 이스라엘의 융성함을 표현하고 있다. 전반절은 이스라엘의 번성을 흘러 넘치는 물통, 그리고 풍부한 물과 함께 있는 씨앗으로 묘사하고 있으며, 후반절은 왕국이 강하게 될 것임을 노래한다. 이스라엘의 왕은 아말렉 왕 아각보다 위대하게 될 것이며,[18] 그의 왕국은 높

---

18 여기에서 아각이라는 이름이 사울 시대의 아말렉의 왕의 이름이라는 설이 있다. 이 설에 따르면 이 문장 혹은 이 세 번째 신탁 전체가 후대의 삽입이라는 가설이 성립된다. 그러나 이 이름은 아말렉 족속의 왕을 일반적으로 지칭하는 통칭으로 이해하는 것이 더 타당성이 있어 보인다. 마치 애굽의 바로라는 칭호가 애굽의 왕을 가리키는 일반적인 칭호였듯이 말이다. 이에 대해서는 W. Gunter Plaut, *The Torah* (New York: Union of American Hebrew Congregation, 1981),

임을 받을 것이다.

8절은 앞에서도 언급한 바와 같이 두 번째 신탁의 중간에 나오는 문구와 거의 비슷한 문구인 "하나님이 그를 애굽에서 이끌어내고 계신다. [그는] 그에게 들소의 뿔과 같구나"라는 문구를 다시 한번 언급한다(참고, 23:22). 두 구절의 원문상의 차이는 "그들"이라는 복수를 "그"라는 단수로 바꾼 것뿐이다.

그리고 여기에 새로운 문구, 즉 "그가 자기의 적들인 열국을 삼킬 것이며, 그들의 부러뜨리며, 자기 화살들로 꿰뚫을 것이다"란 전쟁과 관련된 묘사를 덧붙인다. 이스라엘의 강함은 단순한 추상적 힘이 아니라 군사적이고, 물리적인 힘이다. 이런 점에서 세 번째 신탁은 두 번째 신탁의 모티프들을 발전시키고 있다.

9절 역시 앞의 8절과 마찬가지로 두 번째 신탁의 모티프를 가져와서 더 상세하게 발전시킨다. 즉 이 구절은 23:24에서 이미 사용된 사자 이미지를 다시 한번 사용하고 있다. 사실 이미 앞의 8절 후반절에서 사자 이미지는 이미 시작되었다. 왜냐하면 "삼키다", "뼈를 꺾는다" 등의 이미지는 분명히 맹수의 이미지를 반영하고 있음이 분명하며, "자기 화살들로 꿰뚫다"란 표현 역시 사자가 발톱으로 상대방을 공격하는 이미지에 대한 은유적 표현이라고 볼 수 있기 때문이다.

이어서 9절의 후반부는 다시 한번 발람 이야기의 핵심인 축복과 저주의 주제를 언급한다: "너를 축복하는 자들은 복을 받을 것이고, 너를 저주하는 자들은 저주를 받을 것이다". 이 축복의 구절은 두 가지 점에서 주목 받을 가치가 있다. 첫째, 이 구절은 저주와 축복에 대한 앞의 두 신탁의 내용(23:8과 23:20)에서 다시 한번 진일보한 것이다. 이제 이스라엘은 단순히 축복의 수혜자에 머무는 것이 아니라 자기와 상대하는 모든 자들의 운명을 결정짓는 요소가 된다. 이스라엘을 축복하는 자들은 축복을 받고 이스라엘을 저주

1177; Cole, *Numbers*, 420-421을 참고하라.

하는 자들은 저주를 받게 될 것이다.

둘째, 이 구절은 창 12:3에서 아브라함이 받은 축복을 생각나게 한다. 믿음의 조상 아브라함이 처음 하나님의 부르심을 받을 때 받았던 이 축복의 권세가 이제는 오롯이 이스라엘에게 전승되었다는 것이 발람의 입을 통해서 확언된다.

24:10-11. 이 본문은 발람의 세 번째 신탁에서 대한 발락의 반응을 담고 있다.

우선 10절에서 발락은 발람의 신탁이 더욱 노골적으로 이스라엘에 대한 축복으로 기울자 손뼉을 치는 행동까지 수반하며 분노를 표시한다. 그는 자신이 이스라엘을 저주하려고 그를 불렀는데 그가 세 번이나 축복하고 있다고 불평한다.

이어서 11절에서 발락은 발람에게 빨리 자기 집으로 도망가라고 말하며, 자기가 발람이 이스라엘을 저주하는 값으로 그를 "심히 존귀하게 하겠다'고 했는데, 하나님이 그 일을 막으셨다고 언급한다. 그러나 사실 세 번의 신탁을 통해서 하나님이 진짜 막아 선 존재는 발람이 아니라 발락이었다. 발람은 오히려 이 세 번의 신탁에서는 하나님의 뜻에 순종했다.

이런 면에서 발락과 발람은 각각 나귀 사건에서의 발람과 나귀에 상응한다. 즉 발락은 나귀 사건의 발람의 역할을 하고 있고, 발람은 나귀 역할을 하고 있는 것이다. 이 나귀 사건 속에서 나귀가 하나님의 천사를 보고 자기 주인 발람을 살리기 위해 세 번이나 그의 명령에 순종하기를 거부했던 것처럼 세 번의 신탁 이야기에서 발람은 하나님의 명령에 따라 이스라엘에 대한 신탁을 한다. 그러나 발락은 계속해서 발람을 나귀처럼 몰아붙인다.

만약 발락의 말 중 "여호와께서 너의 존귀케 됨을 막으셨구나"라는 문구를 액면가 그대로 수용할 경우 발락은 발람의 세 번의 신탁이 결국은 하나님으로부터 나온 것임을 인식했다고 볼 수 있다. 이 경우 발락은 마치 나귀 이야기에서 발람이 세 번째 나귀의 반항에 직면해서야 자신을 막아선 여호와의 사자를 보게 된 것과 같다.

24:12-13. 발람은 앞의 두 번의 신탁의 경우와 마찬가지로 발락에게 자신은 선택의 여지가 없다는 것을 이 본문에서 항변한다. 24:12-13에서 발람이 사신들을 통해 발락에게 전하고자 했던 말은 22:18을 연상시킨다. 그러나 사실 이 말은 발락에게 전달되지 못했을 가능성이 꽤 있다. 왜냐하면 그가 이 말을 발락에게 전하기로 한 사절단과 함께 발락에게 도착했으며, 사절단은 굳이 이 말을 발락에게 할 필요는 없었기 때문이다. 그러나 혹시 사절단이 어떻게든 보고했다 할지라도 그것이 발락의 의지를 꺾지는 못했던 것으로 보인다. 발락은 우리가 살펴 본 대로 세 번에 걸쳐서 발람에게 저주를 강요했기 때문이다.

24:14. 발람의 반응을 담은 이 마지막 구절에서 발람은 자신은 발락의 앞의 24:11의 말처럼 자기 백성에게로 돌아갈 것이지만 이스라엘이 모압에게 할 것에 대해서 말해주겠다고 언급한다. 이 언급은 그의 네 번째 신탁(15-22절)으로 이어진다.

24:15-22. 이 본문은 네 번째 신탁을 담고 있다.

15-16의 이 신탁의 서두는 세 번째 신탁의 서두(24:3-4)와 거의 동일한 문구로 시작된다. 단지 한 가지 차이라면 16절 중간에 "지존자의 지식을 아는 자"라는 표현이 추가되어 있다. 이 문구는 미래에 대한 예언적인 성격이 강한 네 번째 신탁, 그리고 바로 이어지는 다섯 번째 신탁이 정말 하나님으로부터 나온 것, 즉 신적 기원을 가진 것임을 강조하기 위한 것으로 보인다.

17절 전반절은 네 번째 신탁의 성격을 분명하게 밝히고 있다. 이 신탁 속에서 발람은 "그"를 본다. 그러나 자신이 보고 있는 "그" 및 "그"에 대한 일은 "지금이 아니며…바라보지만 가깝지가 않다".

17절 후반절은 이 "그"를 "별"과 "규"로 언급한다. 이 두 단어는 모두 왕권을 상징한다. 따라서 발람이 보는 "그"는 왕이다. 이 왕은 모압을 멸망시킬 것이다.[19]

---

19 "셋의 자식들"이란 표현은 모압과 대구(對句)를 이루고 있기 때문에 모압에 대한 다른 호칭으

18-22절은 모압에서 확장하여 에돔, 아말렉, 겐 족속 등도 다 이 왕의 발 아래 놓이게 될 것을 언급하고 있다.

이 본문과 이어지는 본문에 대한 언급에서 학자들이 가장 난해하게 생각하는 부분은 22절 마지막의 앗수르에 대한 언급이다. 즉 문제의 핵심은 이 앗수르가 나중에 고대 근동을 뒤흔들어 놓는 대제국 앗수르를 가리키는 것이냐 아니냐 하는 것이다. 이와 관련하여 많은 주석가들은 지금까지의 발람 이야기에서의 논조를 고려할 때 결국 이스라엘마저도 곤궁에 빠뜨린 대제국 앗수르가 여기에서 언급될 리가 없다는 견해를 피력하며, 대신 여기에서의 앗수르는 네게브 지역에 있던 동일 이름의 소수 부족을 가리킨다고 본다(창 25:3, 18; 시 83:9).[20]

그러나 이런 견해는 몇 가지 곤란한 점이 있는 것으로 보인다. 첫째, 이런 견해는 이 발람의 신탁이 미래에 대한 예언적인 성격을 강하고 띠고 있다는 점을 충분히 고려하지 않고 있다. 먼 미래(참고, 24:17)까지 고려한 이 예언적 신탁은 충분히 대제국 앗수르의 활동 시기까지 포괄할 수 있다. 둘째, 소수 부족이었던 앗수르가 역사적으로 겐 족속을 정복하고 괴롭혔다는 내용은 존재하지 않으며, 또한 이어지는 본문에서와 같이 깃딤에서 온 배들이 이 다른 앗수르를 괴롭혔다는 내용도 찾아볼 수 없다.

24:23-24. 이 본문은 바로 이어지는 다섯 번째 신탁의 내용을 담고 있다. 사실상 네 번째 신탁과 내용상으로 이어지는 이 신탁을 내레이터가 이처럼 분리해서 적어 놓은 이유는 이 두 구절에서 벌어지는 일이 앞의 신탁의 내용이 실현되는 시기와 분리되어 있기 때문인 것으로 보인다. 다시 말해 이 두 구절의 일들은 시간적으로 앞의 신탁이 언급하고 있는 일들보다 한참 이후에 벌어질 것이다.

로 사용된 것으로 보는 것이 가장 적절하다고 생각된다. 이에 대한 좋은 지적들은 Cole, *Numbers*, 427을 보라.

20 이에 대한 정리는 Gordon J. Wenham, *Numbers: An Introduction and Commentary*. Vol. 4. Tyndale Old Testament Commentaries (Downers Grove: InterVarsity Press, 1981), 204; Cole, *Numbers*, 430 등을 보라.

이 두 구절에 따르면 앗수르마저도 깃딤에서 오는 민족에 의해 괴롭힘을 당하게 될 것이다. 주석가들은 대부분 부정적이지만 이것은 나중에 알렉산더 대왕이 메소포타미아 지역을 정복하는 것에 대한 예언일 수 있다(사 24:16; 렘 10:19; 15:10 등).

세계의 역사는 이처럼 하나님의 뜻에 흘러가게 될 것이다. 23절의 "하나님이 이 일을 행하실 때 누가 살 수 있겠는가?"란 문구는 역사에 대한 하나님의 주권을 강조하고 있다.

24:25. 앞의 다섯 번째 신탁을 끝으로 발람과 발락은 헤어져 각기 제 길로 간다. 그러나 이미 여러 번 언급한 바와 같이 민수기 31:8, 16과 기타 성경의 기록에 따르면 발람은 이 이별을 전후한 어느 시기에 민수기 25장의 음행 및 우상 숭배 사건의 빌미가 될 조언을 발락에게 준 것으로 보인다.

이렇게 해서 이스라엘의 운명에 중요한 이야기 하나가 이스라엘이 전혀 알지 못하는 사이에 끝이 난다. 비록 운명의 주체인 이스라엘이 전혀 모르는 채 일이 진행되었지만 이스라엘의 운명 자체는 강력한 주술사가 개입된다고 해도 전혀 해를 끼칠 수 없을 만큼 확고한 토대에 있음이 확인되었다. 이는 이스라엘의 운명의 주관자인 하나님이 이스라엘을 마치 강력한 황소의 뿔처럼 만드셨기 때문이다(23:22; 24:8). 이스라엘이 하나님의 편에 있는 한 그들의 운명을 바꾸거나 건드릴 수 있는 자는 아무도 없다는 것을 이 이야기는 확실하게 보여준다.

22-24장의 이야기를 끝내기 전에 다시 한번 이 이스라엘을 향한 신탁의 이야기 속에 담긴 등장인물들간의 유비에 대해서 정리를 하고 넘어가도록 하자. 이 이야기 속의 주요 등장인물인 모압 왕 발락과 발람은 각각 앞의 나귀 사건에서의 발람과 나귀의 역할을 담당한다. 이것을 도표화하면 다음과 같다:

나귀:발람 ~ 발람:발락

즉 발락이 나귀 사건의 발람 역할을 하고, 발람이 나귀 사건의 나귀 역할을 하는 것이다. 발락은 하나님의 준엄한 경고 때문에 마음대로 아무 것도 할 수 없는 발람을 세 번이나 이리저리 끌고 다니면서 이스라엘을 저주할 것을 강요한다. 이런 모습은 발람이 어떻게든지 나귀를 세 번이나 자신이 원하는 방향으로 끌고 가려고 했던 것과 비슷하다.

나귀 이야기에서 발람은 나귀를 결국 어찌 할 수가 없었다. 여호와의 사자가 그 앞에 칼을 들고 버티고 서 있었기 때문이다. 마찬가지로 발락도 발람이 이스라엘을 저주하는 대신 축복을 쏟아놓는 것을 어찌 할 수가 없었다. 하나님이 발람의 입을 철저히 통제하셨기 때문이다. 그 결과 결국 발락은 세 번째 신탁 후에 발람에게 진노하는데 이 모습은 발람이 나귀가 세번이나 이상한 행동을 하자 진노한 것과 유사하다.

나귀와 세 번의 충돌이 있은 후에 여호와의 사자는 발람에게 "만약 나귀가 돌이켜 나를 피하지 않았다면 내가 이제 너는 죽이고 나귀는 살렸을 것이다"고 말했다(22:33). 발락과 발람 사이의 이야기에서 발람은 발락이 요구하지 않은 네 번째 신탁을 통해 이스라엘이 모압의 멸망을 가져올 것임을 예언한다.

그러나 발람과 나귀 사이에는 유사성만 존재하는 것은 아닌 듯하다. 발람은 22장에서 두 번째 사절단이 왔을 때 하나님의 뜻과 관련하여 유보적인 뜻을 보인 적이 있음을 보았다. 그는 첫 번째 사절단이 왔을 때 계시를 통해 들었던 하나님의 분명한 뜻을 알고도 다시 파견된 새 사절단을 자기 집에 묵게 하면서 "여호와께서 내게 무슨 말씀을 더하시는지를 알아보겠다"고 말한다(22:19). 이것은 하나님의 선명한 계시에도 불구하고 여전히 자신의 탐심을 내비치고 있는 것으로 이해된다.

마찬가지로 그는 발락의 앞에서 오직 하나님이 주시는 말씀만을 하겠다고 하면서도 여전히 발락이 시키는 대로 따라다닌다. 그는 세 번째 신탁을 드린 후에야 "자기가 이스라엘을 축복하는 것을 여호와께서 선히 여기심을 보게" 된다(24:1). 여기에서 "본다"라는 표현은 "깨닫는다"는 의미로 이해해도 무방할 것이다. 사실 생각해보면 그는 첫 번째 신탁을 발락에게 말하기 전에 이미 자기 고향에서 사절단들로 인해 받은 계시들, 그리고 나귀 사건을 통한 경험들을 통해서 하나님의 뜻이 무엇인지 너무나도 잘 알고 있지 않았던가? 그런데 그는 왜 두 번의 신탁을 전달하고 나서, 세 번째 신탁을 위해 제사를 드린 후에야 이 사실을 보게 되었을까? 혹은 깨닫게 되었을까? 이것은 그가 탐욕으로 인해 정말 여호와께서 무엇을 원하시는지를 알면서도 여전히 "무슨 말씀을 더하시는지를 알아보고자" 했기 때문이 아닐까? 그가 최소한 나귀 정도의 인식 능력과 마음가짐을 가졌더라면 그는 발락의 집요한 요구에도 불구하고 그의 길에서 벗어나려고 하거나, 그를 향해 저항하거나, 최소한 나귀가 했던 것처럼 그냥 주저앉아버리는 정도의 태도를 취했어야만 하지 않을까?

불행히도 그는 한계에 몰려서 더 이상 달리 어찌해볼 수 없는 지경까지 자기의 탐욕의 지시를 따르는 듯하다. 비록 그는 입으로는 여호와께서 주신 말씀대로만 말할 뿐이라고 하지만 그의 행동은 지속적으로 그의 탐욕을 따르는 듯하다. 이런 모습은 예수께서 바리새인들을 책망하면서 하신 말씀과 너무나도 비슷하다. "주께서 이르시되 너희 바리새인은 지금 잔과 대접의 겉은 깨끗이 하나 너희 속인즉 탐욕과 악독이 가득하도다(눅 11:39). 발람 역시 드러난 말로 보면 하나님을 따르는 것처럼 보이지만 그의 행동은 탐욕을 따르고 있는 것으로 보인다. 따라서 만약 예수께서 발람에게 나타나셨다면 바리새인에게 하셨던 말씀을 발람에게도 하지 않았을까 하는 생각이 든다. 다음 단원에서 볼 민수기 25장의 사건의 배후에서 발람이 저지른 일은 오직 이 22-24장의 본문을 이런 시각에서 해석할 때에야 일관성 있게 이해될 수 있다.

5단계: 적용

24:10. "내 원수들을 저주하기 위해 너를 불렀는데 너는 이렇게 세 번이나 그들을 축복이나 하고 있구나": 발락은 이미 발람이 여러 차례 말한 사항, 즉 자신은 하나님께서 명령하시는 것 외에 그 어떤 것도 말할 수가 없다는 것을 발람 스스로의 말(민 22:38)과 신탁(23:8, 19-20)을 통해 몇 번이나 듣고도 세 번째 신탁을 들은 후에야 이런 말을 한다. 그는 이 때에 이르기까지는 자신의 원래의 계획, 즉 발람을 통해 이스라엘을 저주해보겠다는 계획(22:6)을 표기하려고 들지 않았다.

하나님의 뜻을 어떻게든지 자신의 뜻에 맞추고자 하는 이런 집요함은 꼭 발락과 같은 이방 왕뿐만 아니라 성경의 다른 많은 인물들, 그리고 현실 속의 많은 사람들에게서도 역시 발견된다. 일례로 요나와 같이 선지자는 처음에 하나님께서 요나서 1:2에서 니느웨를 쳐서 외치라는 말씀을 주셨을 때 이미 하나님께서 니느웨 백성들을 심판하실 것이 아니라 회개만 하면 용서하려 하신다는 것을 알았다. 그래서 요나는 1:3에서 다시스를 향하여 도망하기 전에 하나님에게 이 점에 대해서 이의를 제기했다. 요나서 4:2에 따르면 요나는 "여호와여 내가 고국에 있을 때에 이러하겠다고 말씀하지 아니하였나이까 그러므로 내가 빨리 다시스로 도망하였사오니 주께서는 은혜로우시며 자비로우시며 노하기를 더디하시며 인애가 크시사 뜻을 돌이켜 재앙을 내리지 아니하시는 하나님이신 줄을 내가 알았음이니이다"라고 말한다. 여기에서 분명히 요나는 "내가 고국에 있을 때에…말씀하지 아니하였나이까"라고 하였다. 따라서 그는 1:2의 하나님의 심판의 말씀과 1:3의 도망 사이에 이 점에 대해서 하나님의 뜻에 대한 논쟁을 벌였음이 분명하다. 이런 면에서 그의 도망은 단순한 불순종의 도망이 아니라 이방인의 회개와 용서라는 주제에 대한 하나님의 뜻과 자신의 뜻의 충돌 속에서 자신의 뜻을 관철시키기 위한 "신학적 도망"이다.

이런 요나를 깨우치기 위해 하나님께서는 바다 위에서 그를 추격하시고

(1장), 물고기 뱃속에 집어넣어 회개의 기도하게 하시고(2장), 결국 그를 니느웨로 가게 만드셔서 니느웨 사람들의 진실한 회개를 목도하게 하였음(3장)에도 불구하고 여전히 그는 집요하게 하나님의 뜻을 받아들이려 하지 않는다(4장). 그는 끝까지 하나님이 뜻을 돌이켜서 니느웨를 멸망시키시는 것을 목도하고 싶어하며(4:5), 그런 뜻이 받아들여지지 않자 하나님의 은혜로운 실물 교육에도 불구하고 고집을 피운다(4:6-9).

그러나 하나님은 발람의 신탁 속에서 말씀하신 바와 같이 "사람이 아니시니 거짓말을 하지 않으신다. 사람의 아들이 아니시니 후회가 없으시다"(민 23:19). 하나님이 마음을 정하시면 사람은 "그것을 돌이킬 수가 없다"(23:20). 우리는 발람 이야기 속의 모든 어리석은 자들에 대한 교훈의 역할을 하는 나귀 이야기(22:21-30)가 가르치는 바와 같이 누가 시킴을 받는 자이고, 누가 주인인지를 정확히 알아야 한다. 이 점을 제대로 깨닫지 못할 때 우리는 나귀 이야기 속의 발람, 그리고 22-24장의 발람 이야기 전체 속의 발락처럼 자신을 위험 속에 빠뜨리게 된다. 하나님의 말씀에 가감 없이, 그리고 즉각적으로 순종하는 자가 복되다.

6단계: 설교 나의 뒤에 계시며 보호하시는 주님(민 23:23)

"벤자민 버튼의 시간은 거꾸로 간다"라는 영화가 있습니다. 이 영화는 스코트 피츠제럴드라는 작가가 쓴 "벤자민 버튼의 기이한 사건"(The Curious Case of Benjamin Button)이라는 짧은 소설이 원작입니다. 흔히 소설을 영화화한 경우들이 그렇듯이 이 소설과 영화는 서로 동일한 모티프로 출발하지만 생각보다는 다른 점들도 많습니다. 저는 개인적으로 소설보다는 영화가 더 큰 울림을 주지 않나 생각합니다. 어쩌면 제가 영화를 먼저 보고 나서 소설을 보았기 때문에 그랬을 수도 있지만 말입니다.

사실 제가 영화를 보고 난 후 원작 소설을 찾아 읽고 싶어진 이유는 이 두 작품의 중심 모티프인 벤자민 버튼이라는 사람의 일생과는 별로 상관이 없는 부수적 내용 때문이었습니다. 소설에는 들어 있지 않은 영화의 한 대목에 따르면 벤자민 버튼이 평생 동안 사랑한 여인이 발레리나의 꿈을 포기하게 된 이유는 교통 사고 때문이었습니다. 영화는 이 교통 사고가 나기 얼마 전의 시간을 거슬러 올라가 그 사고에 연루된 사람들의 동선을 추적합니다. 시간의 흐름 속에서 이들 각 사람의 삶 속에서는 정말 우발적으로 일련의 일들이 벌어지고, 그 각 사건들은 인과관계의 연속 속에서 계속 다른 사건들을 일으키며, 그런 사건들이 서로 합쳐져서, 이 전혀 서로를 모르고, 서로 상관이 없는 사람들은 한날한시에 한 장소에서 교통사고를 통해 만납니다. 벤자민 버튼의 여자 친구에게는 극히 재수없고, 우발적이었던 이 사고는 날벼락과 같은 불행이지만 그녀를 포함해서 이 사고에 연루된 모든 사람들은 각자 필연적인 이유들을 가지고 그 운명의 굴레 속에서 만나서 어떤 사람은 가해자로, 어떤 사람은 피해자로, 또 어떤 사람은 사고의 원인 제공자 역할을 한 것입니다.

이 대목을 영화로 보면서 저는 전능하신 하나님의 능력과 우리 믿는 사람들의 운명에 대해서 묵상을 해보게 됐습니다. 영화는 우리에게 우연한 교통 사고에 연루된 사람들의 얼마간의 시간을 관람자들이 관찰할 수 있게 해줌으로써 전지적 시점을 부여해주었습니다. 그러나 현실의 우리는 결코 이런 전지적 시점을 가질 수가 없습니다. 우리 각자는 자신이 겪는 사건들의 연쇄 과정 속에서 그냥 각자의 시간을 살아갈 뿐입니다. 우리 각자는 1초 후에 자신의 인생에 무슨 일이 일어날지 알 수 없습니다. 그 일이 자신의 인생을 영원히 바꿔 놓을지, 아니면 그 순간까지 그래 왔듯이 그저 그렇게 1초씩 당분간은 별일없이 살게 될지 알 수 없습니다.

그러나 벤자민 버튼의 여자 친구의 경우가 그랬듯이 우연히 겪은 큰 일로 인해 인생이 영원히 바뀌는 경우 역시 생각보다 자주 발생합니다. 그리고 이처럼 너무나도 허무하게 벌어진 우연한 사고가 한 사람을 덮쳐서 그 인생을 완전히 바꿔 놓는 것을 보면서 전지적 시점을 갖지 못한 우리 인간은 심한 무력감에 빠지게 됩니다. 더도 말고 덜도 말고 딱 1초 후에 자신의 인생에 무슨 일이 일어날 지만 알아도 우리의 삶은 훨씬 더 안전하고 평온하겠지만 한정된 인지 능력을 가진 우리 인간에게는 그럴 힘이 없습니다.

이처럼 인간이 자신의 능력이 가진 한계를 깊이 깨닫게 될 때 우리 인간이 할 수 있는 가장 지혜로운 일은 진저하고 전능하신 하나님에게 의지하는 것입니다. 자신이 갖지 못한 것을 가지신 분에게 의지하는 것입니다.

오늘 본문을 둘러싼 민수기 22-24장의 이야기가 바로 그러합니다. 이 세 장에 걸친 이야기는 이스라엘이 전혀 알지 못하는 중에 진행됩니다. 발락은 이스라엘이 알지 못하는 중에 그들을 저주하고자 합니다. 이 일을 위해 발람이라는 강력한 주술사가 초청됩니다. 발락은 그의 능력에 대해서 말하기를 "나는 그대가 복을 비는 자는 복을 받고 저주하는 자는 저주를 받는다는 것을 알고 있다"라고 묘사합니다(22:6). 만약 이런 상황 속에서 발람의 주술이 통했다면 어떻게 됐을까요?

물론 성경의 세계관에 따르면 어차피 발람이 주술이 행하든 말든 이스라엘의 운명은 달라질 것이 없었을 것입니다. 왜냐하면 이 세상에서 일어나는 모든 일은 주술사의 주술에 좌우되는 것이 아니라 하나님의 주권에 의해 결정되기 때문입니다. 예수님께서 말씀하셨듯이 하나님께서 허락하지 않으시면 참새 한 마리도 땅에 떨어지지 않는 법입니다(마 10:29).

그러나 어찌 됐든 하나님은 민수기 22장에서 발람이 초청 받는 대목부터 이미 이스라엘이 알지도 못하는 중에 부지런히 움직이십니다. 발락의 첫 초청 때부터 발람을 만나서 그가 이스라엘을 저주하지 못하게 하십니다. 발람이 계속 탐욕을 포기하지 못하고 욕심을 부리는 것 같자 당신의 사자와 발람의 나귀를 동원해서 그에게 경고를 하십니다. 또 그의 신탁의 말을 계속 통제하심으로 발락의 뜻이 이루어지지 않게 막으십니다.

그 결과 이스라엘은 알지도 못하는 중에 큰 위협을 받았고, 또 알지 못하는 중에 하나님의 보호를 받았습니다. 이런 점은 벤자민 버튼의 여자 친구가 겪은 일과는 정반대입니다. 그녀는 자신을 덮치는 운명의 수레바퀴를 막아주는 존재가 없어 거기에 짓눌림을 당합니다. 그리고 그녀가 겪은 이런 일들은 현실 세계에서 많은 사람들이 실제로 겪는 일입니다. 반면 발람 이야기 속의 이스라엘은 자신들이 알지도 못하는 중에 자신들의 운명을 지켜주시는 분으로 인해 무사합니다.

오늘 설교 본문인 민수기 23:23은 이런 점을 분명히 해줍니다. 저주를 위해 초청을 받은 발람이 분명히 말한 바와 같이 하나님이 이스라엘을 보호하시는 한 "야곱을 칠 점술이 없고 이스라엘을 칠 복술이"란 게 있을 수가 없습니다.

이처럼 벤자민 버튼의 여자 친구의 이야기와 발람 이야기 속의 이스라엘의 운명을 비교해볼 때 우리는 몇 가지 교훈을 얻습니다.

첫째, 인간은 결코 전지적 시점을 갖지 못합니다. 그래서 우리 인간은 자신의 운명이 어떻게 될지 절대 알지 못합니다.

둘째, 따라서 인간은 자신의 운명 앞에서 겸손해야 합니다. 현실 세계에서 불행한 일을 겪는 많은 사람들과 마찬가지로 벤자민 버튼의 여자 친구도 사고가 나기 전까지는 인생에 대한 포부가 많았지만 교통 사고 한번으로 무너졌습니다. 성경은 이에 대해서 이렇게 말씀합니다. "하나님이 하시는 일의 시종을 사람으로 측량할 수 없게 하셨도다"(전 3:11). "내가 하나님의 모든 행사를 살펴 보니 해 아래에서 행해지는 일을 사람이 능히 알아낼 수 없도다 사람이 아무리 애써 알아보려고 할지라도 능히 알지 못하나니 비록 지혜자가 아노라 할지라도 능히 알아내지 못하리로다"(전 8:17). 그러므로 사람은 자신이 통제할 능력이 없는 운명 앞에서 겸손해야만 합니다.

셋째, 우리 인간의 한계가 이렇기 때문에 우리는 전능하신 하나님에게 의지해야 합니다. 오늘 본문의 이스라엘의 운명이 보여주듯이 비록 이스라엘 자신은 자신들의 운명에 대한 위협과 보호의 교차하는 것을 결코 알지 못했습니다. 그러나 전지하시고 전능하신 하나님이 그들을 지키셨습니다. 이와 같이 우리가 하나님을 경외하고, 하나님을 섬기며, 하나님과 바른 관계를 맺는 한 하나님은 우리를 당신의 눈동자처럼 지키십니다(신 32:10; 시

17:8; 슥 2:8). 하나님은 섭리의 주관자이고, 이 세상 모든 사람의 운명의 주관자입니다.

설교를 마칩니다. 성도 여러분, 결코 인생의 주인이 우리인 것처럼 생각하고 살지 마십시오. 자신을 더 크신 분, 전지전능하신 분의 선한 손에 맡기십시오. 전능자의 그늘에 자기를 숨기십시오. 하나님의 권능의 손이 언제나 성도 여러분을 보호하시기를 축원합니다.

민수기 25장

영적 간음과 영적 신실

민수기 25장의 신학 개관

민수기 25장은 민수기 전체 구조에서 광야 "제2세대의 실패와 희망"을 다룬 단원(20-25장, B′)의 마지막 장이다. 이 단원에는 그 제목이 시사하는 바와 같이 이스라엘의 실패와 희망의 이야기들이 교직(交織)되어 있다. 20:2-13의 맛사의 물 사건과 21:4-9의 놋뱀 사건이 제2세대의 실패 이야기들이라면 21:1-3, 21-35의 전쟁에서의 승리에 대한 내용들은 제2세대의 희망을 보여준다.

이런 "제2세대의 실패와 희망"이라는 주제는 민수기 22-24장의 이야기와 25장의 이야기 사이의 엄청난 대조를 통해서도 이야기된다. 앞에서 살펴본 22-24장의 발람의 신탁 이야기는 이스라엘이 하나님으로부터 받은 은혜와 축복이 불가항력적임을 강조했다. 반면에 이제 살펴 보게 될 25장은 이런 이스라엘도 하나님 앞에서 죄를 지으면 언제나 그 하나님의 심판의 대상이 될 수 있다는 것을 보여준다. 앞의 22-24장에서 보인 하나님의 은혜와 축복의 빛이 찬란하면 찬란할수록 25장의 이스라엘의 죄와 하나님의 심판은 짙은 그림자를 드리운다. 비느하스의 열심이 없었더라면 이스라엘의 운명은 다시 한번 종말을 고했을 것이다.

22-24장과 25장 사이의 이런 강렬한 대비, 그리고 하나님의 불가항력적 축복을 누리는 이스라엘의 급속한 타락의 이야기는 독자들에게 충격적

으로 다가온다. 그러나 사실은 성경은 이런 식으로 서로 대비되는, 급속한 반전의 이야기들을 맞붙여 놓은 곳이 많다는 점을 기억해야 한다. 창세기 12:1-9의 아브라함의 순종과 약속의 땅의 이야기는 12:10-20에서 그가 가뭄 때문에 약속의 땅을 떠나 애굽으로 가서 거짓말을 하는 이야기와 맞물려 있다. 약속의 땅의 도착과 이탈, 신앙과 거짓이 어떻게 그렇게 거의 동시 동작적으로 공존할 수 있는지가 놀랍기만 하다. 또한 출애굽기 25-34장에는 성막을 통한 하나님의 다가오심의 이야기(25-31장)와 황금 송아지의 죄를 통한 하나님의 멀어지심의 이야기(32-34장)가 병렬되어 있다. 이와 비슷하게 레위기 8-10장에는 아론 및 그 아들들의 첫 제사장 위임식 이야기(8-9장)가 그의 아들들의 불순종으로 인한 사망의 이야기(10장)와 맞닿아 있다. 제사장 위임식의 제사장의 사망으로 이어지는 것이다. 또한 갈멜산에서의 엘리야의 승리의 이야기(왕상 18장)는 낙심에 찬 엘리야의 호렙산으로의 도망의 이야기(19장)와 병치되어 있다.

이런 구약 본문들 속의 급속한 반전과 대조의 흐름은 신약에서도 역시 찾아볼 수 있다. 바로 앞에서 "내가 천국의 열쇠를 네게 주리니"라는 칭찬을 들었던 베드로(마 16:19)는 예수 그리스도의 고난에 대한 가르침에 반발하다가 "사탄아 내 뒤로 물러 가라 너는 나를 넘어지게 하는 자로다"라는 책망을 듣는다(16:23). 따라서 민수기 22-24장에서 25장의 이스라엘의 급속한 태도 및 운명의 변화는 전혀 놀라운 일이 아니다.

민수기 25장의 이야기를 제대로 파악하기 위해서는 반드시 유념해야 할 사항은 이 사건의 배후에 발람이 있다는 사실이다(민 31:16). 앞의 22-24장의 본문, 특히 네 번째 신탁을 다루고 있는 단락에서 발람은 이스라엘이 궁극적으로는 모압을 멸망시킬 것임을 예언하고 나서 발락과 헤어졌다(민 24:15-25). 그러나 민 31:16의 정보를 통해서 볼 때 아마 발람은 하나님의 자신에게 주신 모든 계시에도 불구하고 결국 모압을 위해 일한 것으로 보인다. 다시 말해 발람은 하나님이 이스라엘을 저주하는 일을 결코 허락하시지 않을 것임을 깨닫고, 대신 아주 인간적인 술수로 이스라엘을 무너뜨리는 모략을 발락에게 귀띔해준 것으로 보인다. 그 모략은 모압 여자들을 통해 이스라엘 남자들을 성적으로 유혹해서 결국은 자기들의 신을 따르게 만드는 것이었다. 이렇게 해서 발람은 발락이 소원하던 바, 즉 이스라엘이 저주받는 것을 인간적인 술수로 성취한다. 그 때문에 그는 결국 민수기 31장의 모압 정벌 과정에서 죽임을 당한다.

발람의 이런 양극단적인 심리는 인간이란 존재가 가진 심리의 깊은 심연을 보여준다. 앞의 민수기 22-24장에서 발람은 신탁들을 전달하는 와중에 점점 더 이스라엘 백성과 하나님의 편으로 경도된다. 그러나 그런 그가 왜 25장에서는 이스라엘을 해할 수단을 발락에게 알려준 것일까? 이런 변화는 마치 열왕기상 17-19장에서의 엘리야의 모습과 같다. 그는 18장에서 바울과 아세라 선지자 850명과 싸우면서 자신이 혼자 남았다는 것을 알고 있었다(왕상 18:22). 그러나 바로 다음 장에서 그는 자신이 이세벨의 협박에 대해 죽음의 공포를 느끼며 도망하는 이유로 역시 자신이 혼자 남았다는 것을 든다(19:10, 14). 혼자 남았다는 것에 대한 동일한 의식이 한번은 자신이 배교한 백성 전부 및 수많은 이방 선지자들과의 싸움에서 아무런 문제가 안된 반면 다른 한번은 깊은 공포와 좌절의 이유가 된 것이다. 이처럼 성경은 인간 심리에 논리적으로 다 설명할 수 없는 불가해한 심연이 있음을 천명하고 있으며, 민수기 22-24장에서 25장으로의 발람의 급격한 변화 역시 이런 것들 중의 하나라고 할 수 있다.

물론 여기에는 다른 복잡하지만 일관성이 있는 부분도 있다. 즉 비록 25장에서 발람이 22-24장의 하나님 경험과 하나님의 뜻에 대한 굴복에도 불구하고 결국 발락에게 매수된 것처럼 보이기는 하지만 다른 측면에서 볼 때 그는 22-24장 내에서 지속적으로 재물에 대한 탐욕이 넘치는 사람이라는 것이 은밀하게 제시된 바 있다. 이런 점에서 볼 때 발람은 신탁 이야기 속에서의 점진적 변화에도 불구하고 결국은 자신의 탐욕스러운 본성을 못 넘어서고 재물 앞에서 무너진 것으로 보인다. 이처럼 탐욕이라는 성품에 있어서는 그는 22-25장 전체에 걸쳐서 일관된 모습을 보이고 있다고 할 수 있다.

이제 민수기 25장 자체의 내용으로 들어가보자. 이 장은 크게 세 부분으로 나뉜다.

25:1-5 이스라엘의 죄와 하나님의 심판의 선언

25:6-15 비느하스의 속죄와 하나님의 칭찬

25:16-18 모압에 대한 여호와의 명령

첫 단원(1-5절)에서 이스라엘은 모압 여인들과 더불어 음행을 저지르며, 그 음행은 우상 숭배로 이어진다(1-3절). 이로 인해 하나님의 진노가 야기된다. 하나님의 진노는 하나님이 직접 선포하신 심판의 말씀(4절)과 모세가 전한 심판의 명령(5절)을 통해 표현된다. 이 두 구절은 이스라엘의 지도층과 25장의 음행 사건의 주동자들을 향한 것이다. 다른 한 편, 8-9절의 내용을 고려할 때 하나님은 이스라엘 진중에 염병을 내리셔서 많은 이스라엘 백성이 죽게 만드신 것 같다.

두 번째 단원(6-15절)은 이런 정황 속에서 발생한 충격적 사건과 그 사건에 대한 비느하스의 해결에 초점을 맞추고 있다. 6절에서 이스라엘이 하나님의 심판의 말씀을 듣고 울고 있는 가운데 한 이스라엘 남자가 어떤 미디안 여인을 데리고 형제들 앞을 지나 자기 장막으로 들어간다. 비느하스가 그들을 뒤따라 그의 장막으로 따라가서 성관계를 맺고 있는 남녀를 창 하나로 꿰어 죽인다(7-8절). 이들의 죽음과 함께 염병이 즉시 멈춘다(8절). 그러나 이미 염병으로 인해 죽은 자의 수가 24,000명이었다. 고라 사건 때 염병으로 죽은 자의 수가 14,700명(민 16:49[히, 17:14])임을 감안할 때 이 민수기 25장에서의 하나님의 진노의 크기를 간접적으로나마 가늠할 수 있다.

염병이 그친 후 하나님은 비느하스의 열심을 치하하신다(10-13절). 하나님은 "그가 자기 하나님을 위해 질투함으로써 이스라엘 자손을 위해 속죄" 하셨다고 말씀하신다(13절). 14-15절은 이 치하의 배경이 된 한 쌍의 음행

자들에 대한 상세한 정보를 제공하고 있다.

세 번째 단원(16-18)에서 하나님은 이 장에서 모압과 더불어 이스라엘을 타락시키는데 앞장 선 미디안 족속에 대한 보복을 명령하신다. 하나님이 왜 모압에 대한 보복은 언급하고 계시지 않는지 의문이지만 아마 그 이유는 아마 앞의 22:5-6의 본문 해설에서 언급한 바와 같이 이미 모압과는 싸우지 말라는 명령을 하셨기 때문이 아닌가 생각된다(참고, 신 2:9). 어찌 됐든 이 단원의 하나님의 명령은 민수기 31장에서 시행된다.

1단계: 사역

1. 이스라엘이 싯딤에 머물고 있을 때 백성이 모압 여자들과 음행하기 시작했다.
2. 그녀들이 자기 신들에게 드리는 제사로 [이스라엘] 백성을 초대하자 그 백성이 먹고 그녀들의 신들에게 절하였으며,
3. 이스라엘이 브올의 바알과 연합하였다. 그러자 여호와께서 이스라엘에게 진노하셨다.
4. 여호와께서 모세에게 이르셨다. "백성의 수령들을 잡아 해 아래에서 여호와 앞에 목을 매달아 여호와의 진노가 이스라엘에게서 떠나가게 하여라".
5. 모세가 이스라엘 재판관들에게 일렀다. "너희 각 사람은 브올의 바알와 연합한 사람들을 죽이도록 하여라".
6. 그런데 보라! 모세와 온 회중이 보고 있는 가운데 이스라엘 자손 중의 한 사람이 한 미디안 여인을 자기 형제들에게로 데리고 왔다. 그 때 그들은 회막 문 앞에서 울고 있는 중이었다.
7. 제사장 아론의 손자 엘르아살의 아들 비느하스가 [그것을] 보고 회중 가운데에서 일어나 손에 창을 들었다.
8. 그리고 이스라엘 남자를 따라 그의 장막 안쪽 방에 들어가 그 두 사람, 즉 이스라엘 남자와 그 여자를 그 여자의 배 쪽으로 꿰뚫었다. 그러자 염병이 이스라엘 자손에게서 멈췄다.
9. 그 염병으로 죽은 자가 24,000명이었다.
10. 여호와께서 모세에게 말씀하셨다.
11. "제사장 아론의 아들인 엘르아살의 아들 비느하스가 너희들 가운데에서 나를 위한

열심으로 크게 열심을 냄으로써 이스라엘 자손들에 대한 나의 진노를 돌이켰으며, [결과적으로] 나의 질투심으로 인해 내가 그들을 멸절시키지 않게 하였다.
12. 그러므로 말하여라. 내가 그에게 나의 평화의 언약을 준다.
13. [이 언약은] 그와 그의 후손에게 영원한 제사장 직분의 언약이다. [이것은] 그가 자기 하나님을 위해 열심을 냄으로써 이스라엘 자손을 위해 속죄했기 때문이다".
14. 미디안 여자와 함께 죽임을 당한 이스라엘 남자의 이름은 살루의 아들 시므리이다. [살루는] 시므온 지파의 한 가문장이었다.
15. 그리고 죽임을 당한 미디안 여인의 이름은 수르의 딸 고스비였다. [수르는] 미디안 백성의 한 가문에 속한 백성의 수령이었다.
16. 여호와께서 모세에게 말씀하셨다.
17. "미디안 사람들을 대적하여 그들을 쳐라.
18. 왜냐하면 그들이 브올의 일과 미디안의 지파장의 딸, 즉 브올의 일로 인해서 염병이 임했을 때 죽임을 당한 자기네 자매인 고스비의 일로 인해 너희를 속임수로 속였기 때문이다".

2단계: 사역 해설

3절. "브올의 바알": 브올은 발람이 마지막으로 신탁을 전하였던 장소이다(민 23:28). 이곳은 정확히 파악이 안 되기는 하지만 민수기 25:1이 말하고 있는 싯딤이라는 곳에서 가까운 곳으로 보인다. 이 지역의 신은 히브리어상으로는 어순이 "바알브올"이지만 한국어로 번역시는 "브올의 바알"이라고 하는 것이 더 적절할 것이다. 다수의 영어 성경 번역본들도 이런 번역을 따르고 있다(ESV, NIV, NASB 등). 그리고 개역 성경도 이 민수기 25:3의 본문에서는 바알브올이라고 번역하였지만 이 구절을 거의 그대로 인용하고 있는 시편 106:28에서는 "브올의 바알"이라고 번역하고 있다: "그들이 또 브올의 바알과 연합하여". 내 판단으로는 개역개정에서 이 시편 106:28의 번역이 민수기 25:3의 번역보다 더 나은 것으로 생각된다. 사역은 이 점을 반영하였다.

참고로 개역개정의 표기법상으로 볼 때는 발람을 지칭할 때 사용하는 표현인 "브올의 아들 발람"과 이 25장의 "브올"이 같은 장소를 지칭하는 것처럼 오해될 소지가 있다. 그러나 히브리어로 보면 발람의 처소인 "브올"은 브오르(בְּעֹר)이고, 이 25장의 "브올"은 프오르(פְּעוֹר)이다. 첫 자음이 분명히 다르다.

"연합하였다": 봐잊짜메드(וַיִּצָּמֶד). 동사 짜마드(צָמַד)의 니팔형. 이 동사는 민수기 25:3, 5과 이 본문을 인용한 시편 106:28에만 나오는 동사이다. 이 동사는 "멍에"(yoke)란 뜻의 명사인 쩨메드(צֶמֶד)에서 파생된 동사이며, 마치 소 두 마리가 하나의 멍에를 같이 매듯이 둘이 함께 묶여 있는 상태를 묘사하는 단어이다. 이 동사의 칼형은 구약성경에 나오지 않으며, 니팔형이 기본형처럼 사용되고 있다. 니팔형은 의미상 수동의 의미나 재귀의 의미가 될 수 있는데, 현재 문맥에서는 재귀형으로 보는 것이 더 적절해 보인다. 사역에서는 이런 점을 살려서 "연합하였다"라고 번역하였다. 참고로 개역개정은 "가담하다"라고 이 동사를 번역하고 있는데, 이런 번역은 이 단어가 가진 뉘앙스나 이후의 하나님의 진노와 심판의 정도를 고려할 때 그 의미의 강도가 충분하지 않다고 생각된다. 참고로 밀그롬은 우가릿어에 근거해서 이 단어가 언약적인 개념을 갖고 있다고 주장한다.[1]

4절. "목을 매달아": 붸호카(וְהוֹקַע). 동사 야카(יקע)의 히필형. 이 동사는 구약성경에 총 8회(칼 4회, 히필 3회, 호팔 1회) 사용되었으며, 그 정확한 의미에 대해서는 학자들 사이에서 논란이 있다. 고대의 성경 역본들은 이 단어에 대해서 상당히 다양한 의미, 즉 "찌르다"(to impale), 목매달다(to hang), "매달다"(to suspend), "알리다, 드러내다"(to make know, expose), "본을 삼다"(to make an example of), "탈골시키다"(to put out of joint) 등을 제시하고 있다. 또한 현대적인 역본들도 여러 가지 다양한 의미들, 즉 "죽여서 진열하다"(to

1 Jacob Milgrom, *Numbers*, The JPS Torah Commentary (Philadelphia: Jewish Publication Society, 1990), 212.

kill and expose, NIV), "목매달다"(RSV, NKJV), "찌르다"(to impale, NJPS) 등의 다양한 의미들을 제시하고 있다.[2] 학자들 사이에 이 각각의 의미들 중에 어느 한 가지에 대한 확정적인 견해는 없다. 사역은 개역개정을 포함하여 가장 많은 역본들이 채택하고 있는 번역인 "목매달다"란 번역을 택하였다.

6절. "그런데 보라!": 붸힌네(וְהִנֵּה). 이 어구는 히브리어 본문들 속에서 상당히 다양하고 많은 중요한 일을 한다. 그리고 그 각각의 기능을 일일이 다 구분하기는 쉽지 않다. 현재 문맥에서는 이 어구는 동시동작적 상황을 나타내고 있는 것으로 생각된다.[3] 즉 이 6절 서두의 어구는 4-5절의 내용이 전개되는 와중에 발생한 갑작스러운 사건을 통해 상황이 전혀 새로운 방향으로 흐르게 되는 것을 부각시키기 위한 용도로 사용되는 것 같다.[4]

"그 때…울고 있는 중이었다": 6절 후반절은 통상적인 히브리어 내러티브 속에서 사건의 순차적인 흐름을 나타내는 형식인 봐브 연속법 형태를 사용하고 있지 않고, 주어를 먼저 쓴 다음에 분사가 따라 나오는 형태로 되어 있다. 이것은 이 후반절의 내용이 전반절이 말하고 있는 상황과 동시적인 상황임을 나타내는 형식이다. 따라서 이 6절의 내용은 전부 동시동작적으로 벌어지는 상황을 묘사하는데 할애되어 있다고 할 수 있다.

8절. "장막 안쪽 방": 학쿱바(הַקֻּבָּה). 명사인 쿱바(קֻבָּה)는 구약성경에서 단 한번 나오는 단어이다. 이 단어는 원래 히브리어와 같은 어족에 속한 아랍어에서는 사막의 베두인 족속들이 낙타 등에 태우고 다니던 작은 장막을 가리키는 용어였으며, 그 안에는 부족의 우상들이나 신성한 돌(betyl)들이 안치되어 있었다. 이런 연유로 해서 이것이 부족의 신전을 가리키는 용어이

---

2 고대와 현대의 역본들에 대한 정리는 Timothy R. Ashley, *The Book of Numbers*, The New International Commentary on the Old Testament (Grand Rapids: Eerdmans, 1993), 512, n. 4의 정리를 빌려온 것이다.

3 Milgrom, *Numbers*, 214.

4 이런 기능에 대해서는 William Lee Holladay and Ludwig Köhler, *A Concise Hebrew and Aramaic Lexicon of the Old Testament* (Leiden: Brill, 2000), 82에 나오는 이 단어의 6번 뜻을 참고하라.

거나 성막을 가리키는 용어로 보고, 8절의 남녀의 성관계가 이런 신성한 곳에서 이뤄졌다는 주장들이 제기되는 경우들이 있었다. 그러나 현재 민수기의 문맥 내에서는 이런 종교적 요소와의 관련성은 별로 없는 것 같다. 이 단어는 단지 장막 속의 좀 더 안쪽에 배치되어 있는 구분된 장소를 가리키는 용어인 것으로 보인다.[5] 영어성경들은 주로 "방"(chamber)이라고 번역하고 있다(ESV, TNK). 사역은 이런 점을 살리기 위해 "장막 안쪽 방"이라고 번역하였다. 개역개정의 "막사"란 번역은 장막의 이런 구조적 특성을 충분히 반영해주지 못한다.

"그 여자의 배": 코바타흐(קֳבָתָהּ). 끝의 흐(הּ)는 "그녀의"(her)란 뜻의 3인칭 여성 단수 인칭대명사이며, 그 앞의 명사는 케바(קֵבָה)이다. 이 단어는 구약성경에서 단 두 번만 나오는데, 한번은 동물의 위(胃)를 가리키는 단어로 쓰였다(신 25:8). 그리고 다른 한번은 현재 본문에 나온다. 이 단어는 위를 포함한, 신체의 복부 부위를 가리키는 표현일 수도 있고, 여자의 성기를 가리키는 완곡어법적 표현일 수도 있다.

또 한 가지 생각할 점은 이 희귀한 단어가 쓰인 이유는 아마 앞의 학쿱바와의 언어유희를 위한 것으로 보인다는 점이다. 특히 고대의 히브리어 구약성경의 본문에서는 모음이 없이 오직 자음밖에 없었으며, 자음상으로는 이 두 단어가 완전히 동일하다는 점을 고려할 때 고대 독자에게 두 단어의 상응성은 훨씬 더 강하게 느껴졌을 것이다. 이런 언어유희를 통해 저자가 얻고자 했던 효과는 그녀가 당한 현재의 비참한 운명이 그녀의 죄와 상응한다는 점, 즉 그녀의 죽음에 공교롭게도 동해동형법(同害同刑法, lex talionis)이 적용되고 있다는 점을 독자들에게 전달하기 위한 것인 듯하다(참고, 출 21:22-25; 레 24:17-21 등).

11절. "나를 위한 열심으로 크게 열심을 냄으로써": 브칸오 에트-킨아티(בְּקַנְאוֹ אֶת־קִנְאָתִי). 이 문구와 관련해서 살펴 볼 점은 두 가지이다. 첫째는

---

5 Milgrom, *Numbers*, 215.

"열심"이라는 표현이다. 이 단어에 해당하는 동족어 동사와 목적어는 각각 카네(קָנָא)와 그 파생어인 킨아(קִנְאָה)이다. 이 단어들은 개역개정에서는 보통 "질투하다"와 "질투"란 단어로 번역된다. 그러나 사실 이 동족어 표현들은 기본적으로는 상대방을 향한 강렬한 감정을 나타내는 표현들이다. 이 감정은 상황에 따라 긍정적일 수도 있고, 부정적일 수도 있다.[6] 즉 문맥에 따라서 긍정적인 의미를 나타내는 "열심", 부정적인 의미를 나타내는 "질투"가 번역 어휘로 선택될 수 있다. 문제는 개역개정은 이 동족어 어휘들을 거의 항상 "질투"라는 부정적인 뉘앙스를 가진 단어로 번역하는 경향이 있다는 점이며, 이 때문에 때때로 이 단어들은 문맥상 잘못된 뉘앙스를 전달하게 되는 경우들이 발생한다. 특히 현재 본문에서는 이 동족어 어휘들은 하나님을 향한 비느하스의 긍정적인 감정을 표현하는 용도로 사용되고 있기 때문에 "열심"과 "열심을 내다"란 뜻으로 번역하는 것이 더 낫다. 사역은 이런 판단을 바탕으로 하고 있다.

둘째, 이 구절의 문구는 동족 목적어 구문이다. 즉 영어로 "꿈을 꾸다"라는 표현을 "to dream a dream"라고 하는 식으로 동사와 목적어가 동일한 어근을 사용하는 단어들로 묶여진 구문이다. 히브리어에서는 이런 동족 목적어 구문은 특히 현재 본문처럼 감정 등을 나타낼 때는 강조적인 의미가 들어 있는 경우가 많다. 사역은 이런 점들을 종합하여 "크게"란 부사를 추가하여 번역하였다.

3단계: 단락 구분

민수기 25장의 단락 구분은 다음과 같다.

---

6 H. G. L. Peels, "קָנָא", in Willem VanGemeren (ed.), *New International Dictionary of Old Testament Theology & Exegesis* (Grand Rapids, MI: Zondervan Publishing House, 1997), III: 937-940.

25:1-5 이스라엘의 죄와 하나님의 심판의 선언

25:1-3 이스라엘의 죄와 하나님의 진노

25:4 하나님의 심판의 말씀

25:5 모세가 재판관들에게 말씀 전달

25:6-15 비느하스의 속죄와 하나님의 칭찬

25:6-8a 음행하는 한 쌍의 남녀와 비느하스

25:8b-9 염병의 그침

25:10-13 하나님의 비느하스 칭찬

25:10 말씀 도입구

25:11 비느하스가 한 일의 의의

25:12-13a 하나님과 비느하스의 평화의 언약

25:13b 비느하스가 한 일의 의의

25:14-15 음행한 쌍에 대한 부가적 정보

25:16-18 미디안에 대한 여호와의 명령

25:16 말씀 도입구

25:17 미디안에 대한 공격 명령

25:18 명령의 이유

4단계: 본문 해설

1절. "이스라엘이 싯딤에 머물고 있을 때": 민수기 25장의 첫 단원인 1-5절의 서두를 여는 이 문구는 이 장의 사건의 공간적 배경을 소개하고 있다. 이 문구에 따르면 이스라엘은 "싯딤"이란 곳에 머무르고 있었다. 이 싯딤은 기본적으로 이스라엘이 아모리 왕 시혼과 바산 왕 옥에게 승리(민 21:21-25)를 거둔 후 여호수아의 지휘 아래 요단 강을 건너 여리고로 넘어갈 때까지 머무르던 모압 평지에 위치한 곳이었다(수 2:1; 3:1).[7] 따라서 민수기 22장부터 신명기와 여호수아 1장까지의 내용들은 기본적으로 이 싯딤 주변에서 벌어진 일들이었다. 바로 앞의 발람의 신탁 사건들(22-24장) 중에서 마지막 신탁들이 주어지던 장소인 브올 산(23:28)도 이 싯딤 근처였다. 그리고 이 25장에서 이스라엘이 숭배한 우상은 "브올의 바알"(3절)인데, 여기에서 브올은 곧 "브올 산"의 브올과 같은 곳이었다. 따라서 궁극적으로 25장의 장소적 배경은 앞의 22-24장과 대동소이하다고 할 수 있다. 앞의 22-24장에서 자신들이 알지도 못하는 사이에 하나님의 특별한 보호를 누렸던 이스라엘은 발람의 음모(참고, 민 31:8, 16, "발람의 꾀를 따라")에 빠져 이 곳에서 모압 여자들과 음행을 저지르기 시작하였다.

문제는 구약에서 "음행하다"(자나, זָנָה)라는 단어가 인간끼리의 음란한 관계 뿐만 아니라 우상 숭배하는 것을 묘사할 때도 사용된다는 점이다. 이처럼 이한 단어가 인간 사이의 음행 뿐만 아니라 영적인 음행을 다 나타낼 수 있듯이 이 두 종류의 음행은 서로 밀접한 관계가 있다. 인간 사이의 음행은 영적인 음행으로 나아가며, 영적인 음행은 인간적인 음행을 불러 온다. 솔로몬의 경우(왕상 11:1-5)가 그러했다. 그리고 이 점은 이 민수기 25장에서 우리가 보게 될 사항이기도 하다. 우리가 육적인 죄를 조심해야 하는 이유는 바로 이처럼 육적인 것이 영적인 것과 밀접하게 연결되어 있기 때문이다.

2-3a절. 모압 여자들과 더불어 음행을 저지른 이스라엘 백성들은 그녀들이 초대한 그녀들의 신들의 제사에 참여하고, 그 신들에 절하였다. 특히 3절이 말하고 있듯이 자신들이 머무르고 있는 곳과 가까운 지역인 브올의 바알 신과 "연합"하였다. 앞의 "사역 해설"에서 설명한 바와 같이 구약 성경에서 오직 이 사건에만 연결되어 사용되고 있는 이 동사는 소 두 마리를

---

7 A. E. Hill, "Shittim (Place)," in Walter Elwell and Barry J. Beitzel (eds.), *Baker Encyclopedia of the Bible* (Grand Rapids, MI: Baker Book House, 1988), 1957.

하나로 묶어서 부리는데 사용되는 "멍에"란 어원에서 보듯이 이스라엘이 단순히 스쳐 지나가는 바람처럼 이 바알에게 절한 것이 아니라 상당히 깊숙한 관계를 맺은 것을 묘사하고 있는 것으로 보인다. 그리고 이 점은 이 장에서의 하나님의 심각한 진노와 무거운 심판의 토대가 무엇인지를 밝혀주는 것으로 생각된다.

이렇게 해서 이스라엘은 모압 여인들과의 음행을 통해 결국 여호와 대신 새로운 신인 브올의 바알을 따라 갔다. 그 결과 그들은 십계명의 처음 두 계명, 즉 "나 외에 다른 신들을 네게 두지 말라"는 계명과 "[우상들에게] 절하지 말라"는 계명을 어긴다. 마치 출애굽기 32장에서 이스라엘이 황금 송아지를 만들고 절함으로써 이 두 계명을 어기듯이 말이다.

실제로 웬함은 이런 점들에 기초해서 다음과 같이 황금 송아지 사건과 이 민수기 25장의 싯딤에서의 사건 사이의 상응점들을 다음과 같이 지적하였다.[8] (1) 양 사건은 다른 신들을 숭배한 사건들이다(출 32:8; 민 25:2). (2) 양 사건에서 하나님은 사건에 연루된 자들에게 죽음의 심판을 가하신다(출 32:26-28; 민 25:7-8). (3) 양 사건 모두에서 레위인들이 중요한 역할을 한다. 출애굽기 본문에서는 레위 지파가 하나님을 위해 죽음의 심판을 수행하는 일을 하며(출 32:26-29), 민수기 본문에서는 레위 지파의 일원인 비느하스가 백성들 가운데서 뻔뻔스럽게 음행을 저지른 남녀를 그 행위 중에 죽임으로써 영원한 제사장직을 약속 받는다(민 25:11-13). (4) 양 이야기 모두에서 이스라엘은 자신들이 죄 짓기 전에 자신들의 운명과 관련하여 무슨 일이 일어났는지를 모른다. 출애굽기에서 하나님은 백성과 함께 하기 위해서 성막 건설에 대한 명령을 모세에게 주시고 있었다(출 25-31장). 민수기에서 하나님은 발락의 음모로부터 이스라엘을 지켜 주시고 있었다(민 22-24장).

이런 양 본문 사이의 유사성은 민수기 20-21장에서 이미 본 바와 같이

---

8 Gordon J. Wenham, *Numbers: An Introduction and Commentary*, Tyndale Old Testament Commentaries vol. 4 (Downers Grove, IL: InterVarsity Press, 1981), 207. 여기에 정리된 내용은 웬함의 통찰들에 몇 가지 손질과 부연 설명을 가한 것들이다.

다시 한번 광야 1세대와 2세대 사이의 유사성을 보여준다. 이스라엘은 세대가 지나도 그 본성이 변하지 않는다. 이들은 하나님의 신실과 은혜를 계속 경험함에도 불구하고 계속해서 넘어진다. 따라서 이들이 의지할 것은 자신들의 성품이 아니라 한결같이 신실하신 하나님의 성품이다(참고, 민 23:19; 삼상 15:29; 롬 11:29; 히 1:11-12; 13:8; 약 1:17).

4-5절. 이 죄로 인해 하나님은 진노하셔서 이스라엘에게 심판을 내리신다. 이 본문을 구성하고 있는 4절과 5절의 관계는 학자들 사이에서 상당한 논란을 불러일으켜 왔다. 이런 논란의 주제들은 다음과 같다. (1) 4절에서 하나님은 백성의 수령들을 잡아 죽이라고 명령하셨는데, 5절에서 모세는 바알과 연합한 자들을 죽이라고 재판관들에게 명령했다. 왜 하나님의 명령과 모세의 명령은 다른 것인가? (2) 이 두 명령 모두 그 시행에 대한 언급이 본문에 나오지 않는다. 이것들은 시행된 것인가, 아니면 시행되지 않은 것인가? (3) 이 두 명령과 7절의 24,000명이 염병으로 죽은 것 사이의 관계는 무엇인가? 이런 문제들이 이 본문의 논리적인 일관성의 측면에서 주석가들을 끊임없이 바쁘게 만들어 왔다.[9]

하지만 이 문제들에 대한 해결책들의 여부가 이 본문 전체의 해석에 크게 영향을 주는 것은 아닌 것으로 보인다. 우선 첫 번째 문제의 경우는 밧세바와의 간음을 빗대어 나단 선지자가 들려준 이야기(삼하 12:1-4)를 듣고 다윗이 스스로의 죄에 대해서 내린 처벌 사항들(12:5-6)과 나단이 선언한 심판 내용(12:7-12)이 차이가 나지만 양자는 상호보완 관계에 있는 것처럼 하나님과 모세의 심판 내용 역시 마찬가지라고 생각하면 될 것으로 보인다.[10]

두 번째 문제, 즉 왜 이 두 명령이 시행되지 않았는가 하는 문제는 이어지는 6-7절이 설명을 해주는 것으로 생각된다. 이 6-7절에 따르면 4-5절

---

9 이 문제들에 대한 여러 가지 견해들과 해결책들에 대한 정리는 R. Dennis Cole, *Numbers*, Vol. 3B. The New American Commentary (Nashville: Broadman & Holman Publishers, 2000), 437-440을 보라.

10 다윗에 대한 심판의 문제에 대한 상세한 해설은 박철현, *레위기: 위험한 거룩성과의 동행* (서울: 솔로몬, 2018), 43-45를 참고하라.

의 명령들이 시행되기도 전에 갑자기 모든 사람들이 목도하고 있는 가운데 진 안으로 들어온 남녀의 뻔뻔스러운 음란 행위가 발생하였고, 비느하스가 하나님에 대한 열심을 따라 이 남녀를 죽인 것이 하나님의 전향적인 용서를 가져 왔다. 그리고 이 용서 때문에 4-5절의 심판의 명령들이 시행될 필요가 없어지게 된 것으로 보인다.

세 번째 문제, 4-5절의 명령과 9절의 염병으로 인한 24,000명의 죽음 사이의 관계 역시 모순되는 사항으로 이해할 필요가 없는 것으로 생각된다. 4-5절의 명령들은 이 사건에서 지도자급 혹은 주동자급의 사람들에 대한 처벌과 관계된 것으로 보이며, 염병은 이와는 별도로 결국 이 죄에 연루된 일반 백성들에 대한 처벌에 관계된 것으로 보인다. 이 사건으로 인해 진노하신 하나님과 그 종 모세가 지도자 및 주동자급 인물들에 대한 처벌을 명령함과 더불어 하나님이 직접 죄에 빠진 백성들을 염병으로 처벌하고 계시는 와중에 비느하스의 열심이 더 이상 심판이 진행되는 것을 막았던 것 같다. 그리고 이처럼 하나님의 심판이 지도자급 인물들과 백성들에게 이중적으로 시행되는 비슷한 경우를 우리는 이미 민수기 16-17장의 고라의 반역 사건 때에 본 적이 있다. 물론 이 후자의 본문에서는 하나님이 지도자급 인물들에게만 심판을 국한시키려고 하셨지만 일반 백성들이 추가적으로 반발함으로써 할 수 없이 하나님이 염병으로 일반 백성까지 심판하시게 되었다는 점이 좀 차이가 나기는 하지만 말이다(민 16:41-50). 아마 이런 차이는 고라 사건의 경우는 원래는 지도자급 인물들의 반역 사건이었던 반면에 이 민수기 25장의 사건은 지도자 및 주도자 층과 온 백성이 다 처음부터 개입된 우상 숭배 사건이라는 점에서 기인하는 것 같다. 이 때문에 이 후자의 사건의 경우에는 하나님이 아예 처음부터 양쪽 모두를 심판하려고 하실 수밖에 없었을 것이다.

6-8a절. "그런데 보라": 25장의 두 번째 단원이자 가장 큰 단원의 시작은 독자들의 눈을 갑자기 확 잡아당기는 이 문구로 시작된다. 6절의 "사역 해설"에서 설명한 바와 같이 이 문구는 4-5절의 하나님과 모세의 명령이

주어지는 것과 동시적 상황을 나타내고 있는 것으로 보인다. 또한 이 어구는 이제 막 소개되는 새로운 정보를 통해 사건이 4-5절의 정보에서 예상되는 경로와는 전혀 다른 방향으로 흐르게 될 것임을 독자들이 주목하게 만드는 역할을 한다.

6절에서 내레이터는 이처럼 독자들의 주의를 환기시키는 이 문구에 이어 이스라엘 자손 중의 한 남자가 어떤 미디안 여인을 온 회중이 보는 앞에서 진 중으로 데리고 들어오는 것을 언급한다. "그런데 보라"란 문구가 암시하듯이 이것은 아주 충격적인 일이었다. 왜냐하면 6절 끝의 동시동작적 문장(참고, "사역 해설"), 즉 "그 때 그들은 회막 문 앞에서 울고 있는 중이었다"라는 문장이 밝히고 있듯이 이스라엘은 아마 4-5절의 하나님과 모세의 명령이 담은 심각한 심판의 명령 때문에 통곡하고 있는 중이었던 것 같다. 그런데 뻔뻔스럽게도 이런 와중에 이방 여인과 진 중에서 음행을 저지르려고 드는 인간이 있는 것이다! 그것도 모든 사람이 목도하고 있는 가운데서 말이다! 이들의 철면피와 같은 모습은 구약성경 내에서 그와 비슷한 예를 찾아보기 힘들 정도이다. 아마 이들이 곧 당할 처참한 운명은 이들의 이런 뻔뻔스러움과 잘 상응하는 듯하다. 이런 면에서 이들의 비참한 운명(8절)은 이들의 뻔뻔한 죄에 대한 일종의 인과응보라고 볼 수 있다.

참고로 14-15절은 이 참람한 죄를 지은 남녀의 신원에 대한 자세한 정보를 담고 있다. 내레이터가 이런 상세한 정보를 이미 알고 있음에도 불구하고 6절에서는 이것을 제공하지 않고, 그냥 막연하게 이 남녀의 등장을 소개한 이유는 이들의 등장의 갑작스러움을 좀 더 효과적으로 독자들에게 전달하기 위한 장치인 것 같다. 내레이터는 문제가 다 정리되고 난 후에야 이들에 대한 상세한 정보를 독자에게 제공해준다.

7a절에서 아마 이스라엘 진 중의 모든 사람들이 이들의 황당한 등장에 어리둥절하고 있는 것 같은 상황 속에서 비느하스가 긴박하게 움직인다. 6절의 남녀의 정체에 대한 느슨한 묘사와 대조적으로 비느하스에 대한 상세한 묘사는 인상적이다. 내레이터는 그가 "제사장 아론의 손자 엘르아살의

아들"이라고 묘사하고 있다. 이런 이유는 이 장의 비느하스의 역할을 그의 할아버지인 대제사장 아론과 상응함을 부각시키기 위한 것으로 보인다. 아론이 고라 자손의 반역 사건에서 했던 것(민 16:47-49)처럼 그는 이스라엘 자손을 심판의 염병에서 구한다.[11] 그 결과 그는 제사장 직분을 공고히 하게 되며(25:11-13), 나중에 자기 아버지 엘르아살의 뒤를 이을 중요한 존재가 될 것이다.[12] 그는 6절의 남녀들과 달리 이 한번의 등장을 끝으로 성경의 무대에서 사라질 인물이 아니다. 이 구절에서의 그의 공헌과 열심이 그를 중요한 인물로 만들어줄 것이다.[13]

7b-8a절에서 비느하스는 창을 들고 앞의 두 남녀를 따라 "장막 안쪽 방(큡바, קֻבָּה)"으로 들어간다. 그리고 그들이 음행을 저지르고 있는 와중에 창을 여자의 "배"(케바, קֳבָה) 쪽으로 찔러 두 남녀를 한꺼번에 꿰뚫는다. 구약성경 전체에서 각각 한번과 두 번밖에 안 나오는 이 두 단어는 서로 동일한 자음과 소리를 갖고 있는데, 이것은 내레이터가 이들의 죄와 죽음 사이의 상응성을 부각시키기 위한 수사학적 장치인 것으로 보인다. 다시 말해 내레이터는 이 두 단어 사이의 상응성을 통해 인과응보를 강조하고자 하는 것 같다(참고, "사역 해설"). 비느하스는 이 남녀의 과격하고 뻔뻔스러운 죄에 상응하는 벌을 시행한 것이다.

8b-9절. 이 본문은 비느하스의 신속한 행동이 가져온 결과를 말해주고 있다. 이스라엘은 음행의 결과로 4-5절에서 하나님과 모세가 선언한 심

---

11 민수기에는 이 25:8-9에 사용된 "염병"(막게파, מַגֵּפָה)란 단어가 총 아홉 번(14:37; 16:48-50[히브리어 원문 17:13-15]; 25:8, 9, 18; 26:1[히브리어 원문 25:19]; 31:16) 사용되었는데, 그 중에 일곱 번이 각각 16장과 25장의 아론과 비느하스와 관련하여 사용되었다. 이 점은 이 두 사람이 한 사역 사이의 밀접성을 보여준다.

12 비느하스가 대제사장이 되었다는 언급은 성경에 나오지 않는다. 그러나 역대상 6:4, 50에서 그는 엘르아살의 뒤를 잇는 인물로 언급되고 있다. 또한 그는 민수기 31:6과 여호수아서 22:13, 30-32; 24:33, 사사기 20:28 등에서 충분히 중요한 역할들을 한 것으로 보인다.

13 후대의 성경 본문들과 유대교 문헌들 속에서 그는 율법 준수와 이스라엘의 정결의 유지를 위해 어떤 희생이라고 감수할 "열심"(zeal)을 가진 존재로 추앙된다(시 106:30-31; 시락서 45:23-24; 마카비1서 2:26, 54; 마카비4서 18:12). 이에 대한 정보는 Allen C. Myers (ed.), *The Eerdmans Bible Dictionary* (Grand Rapids, MI: Eerdmans, 1987), 830의 "Phinehas" 항목을 보라.

판의 내용 외에도 하나님의 추가적인 처벌로 인해 24,000이 염병으로 죽을 정도의 상태에 있었다. 그런데 이 염병이 비느하스의 하나님을 향한 열심 덕분에 그친 것이다.

10-13절. 이 본문은 비느하스가 앞에서 한 일에 대한 하나님의 칭찬과 보상을 담고 있다.

10절은 하나님의 말씀의 내용을 도입하는 역할을 하고 있다.

11절에서 하나님은 앞의 6절의 내레이터의 말과 마찬가지로 다시 한번 비느하스의 신분에 대한 정보, 즉 "제사장 아론의 아들인 엘르아살의 아들"이란 정보를 언급하시면서 말씀을 시작하신다.

이어서 하나님은 비느하스가 하나님을 향한 열심을 크게 내어서 이스라엘에 대한 하나님의 진노를 돌이켰으며, 그 결과로 하나님이 그들을 멸절시키지 않게 했다고 말씀하신다. 이 때 "끝내다" 혹은 "멸절시키다"란 히브리어 동사 칼라(כָּלָה)는 민수기에서 총 7회(4:15; 7:1; 16:21, 31, 45[히 17:10]; 17:10[히 17:25])가 사용되었는데, 그 중에서 "멸절시키다"란 의미로 사용된 세 번(16:21, 45; 25:11)은 모두 이미 앞에서 본 바와 같이 고라 자손의 반역 사건과 이 25장의 사건에 국한되어 있다. 이런 면에서 비느하스는 다시 한번 아론과 상응한다.

12절에서 하나님은 11절에 언급된 비느하스의 공로에 대한 보답으로 "평화의 언약"을 주시겠다고 말씀하신다. 이 "평화의 언약"(브리트 샬롬, שָׁלוֹם בְּרִית)이란 표현은 이사야서 54:10과 에스겔서 34:25; 37:26에도[14] 나온다. 그리고 말라기 2:5에도 "평화의 언약"에 준하는 표현이 나온다.

13절은 12절의 "평화의 언약"에 대한 부연설명이다. 이 언약은 "그와 그의 후손에게 영원한 제사장 직분의 언약"이다. 즉 하나님께서 비느하스와 세우신 언약은 곧 그와 그의 후손에게 "영원한 제사장 직분"을 허락하신

---

14 이 후자의 세 본문에서 개역개정은 민수기 25:12의 "평화의 언약", 즉 *브리트 샬롬*을 "화평의 언약"이라고 번역하고 있다.

언약인 것이다. 말라기 2:5의 "레위와 세운 나의 언약은 생명과 평강의 언약"이라는 표현은 이 민수기 25:12-13에 바탕을 둔 것으로 보인다.

하나님께서 이렇게 평화의 언약을 비느하스에게 허락하신 이유는 그가 "하나님을 위해 열심을 냄으로써 이스라엘 자손을 위해 속죄했기 때문"이다. 그는 하나님을 향한 열심으로 인해 백성의 죄를 속죄했을 뿐만 아니라 자신과 자신의 후손을 위한 영원한 제사장 직분을 약속 받았다.

14–15절. 6절부터 이어진 갑작스러운 상황이 비느하스의 열심을 통해 정리된 후에 내레이터는 이 갑작스러운 변화의 원인이 된 음행을 저지른 두 남녀에 대한 자세한 정보를 제공해준다.[15] 남자는 시므온 지파의 가문들 중의 하나의 수장이었던 살루의 아들인 시므리였다. 그리고 여자는 미디안 족속의 한 가문의 수장인 수르의 딸 고스비였다. 이들의 정체에 대한 정보는 이 음행 사건이 단순히 한 이스라엘 남자와 한 미디안 여자 사이의 우발적인 치정 사건이 아니라 두 민족의 지도층이 연루된 음모와 결탁에 의한 것임을 보여준다. 따라서 이어지는 16-18절의 하나님의 말씀의 동기가 된다.

16–18절. 이 본문은 25장의 세 번째 단원이자 마지막 단원이다. 16절의 말씀 도입구에 이어 하나님은 미디안 여자 고스비의 일과 관련해서 미디안

---

15 역사비평학적인 주석들은 6-7절에 이 두 사람에 대한 정보가 언급되지 않고 이 14-15절에 언급되어 있는 이유는 이 후자의 본문이 후대의 삽입 본문이기 때문이라고 본다. 이런 주장을 하는 비평학자들의 상세한 목록은 Ashley, *Numbers*, 524, n. 48을 보라. 그러나 이런 정보의 배치는 위에서 설명한 바와 같이 내레이터의 서술 전략이라고 이해하는 것이 더 나아 보인다. 내레이터는 4-5절에서는 먼저 갑작스럽게 발생한 사건 자체에 집중하고, 나중에 문제가 해결되고 나서야 추가적으로 필요한 정보를 적절한 위치에서 제공하는 것이다. 이런 식의 정보의 배분 방식은 이곳뿐만 아니라 출애굽기 2장과 6장 등에서도 볼 수 있다. 내레이터는 먼저 1장의 이스라엘 전체의 노예생활과 바로의 인종 말살 정책에 이어지는 2:1에서는 "레위 가족 중 한 사람이 가서 레위 여자에게 장가 들어"라는 모호한 표현으로 모세의 아버지와 어머니를 소개한다. 그러나 모세와 아론이 하나님의 소명을 받아들여 이스라엘의 구원자와 그 대변자 역할을 하는 것이 한참 진행되고 난 후의 본문인 6:14-27에 가서는 부모에 대한 자세한 정보들뿐만 아니라 모세와 아론의 자손들, 특히 이 민수기 25장의 주인공인 비느하스에 이르기까지의 정보를 제공해준다. 이처럼 앞의 사건들과 이어지는 긴박한 상황의 묘사에서는 좀 막연하게 등장인물에 대해 서술하다가 상황이 좀 지난 다음에야 상세한 정보를 제공해주는 방식은 민수기 25장의 경우와 비슷하다.

족속이 이스라엘을 속임수로 속여서 브올의 일을 일으켰고, 그 결과로 이스라엘 백성들이 염병에 죽었기 때문이라고 말씀하신다.

특히 이 본문에서 중요한 표현은 "자기네 자매인 고스비"란 표현이다(18절). 고스비를 미디안 족속과 관련하여 "자기네 자매"라고 칭한 이유는 브올의 사건에 대한 미디안 족속의 연대 책임을 강조하기 위한 것이다. 이 사건은 단순히 한 여인의 일탈의 문제가 아니라 22-24장에서 모압 왕 발락과 함께 이스라엘을 멸망시키고 싶어 했던 미디안 족속 전체의 음모의 일환이었다. 따라서 고스비 사건과 관련하여 미디안 족속 전부는 그에 대한 책임을 져야 했다. 그리고 실제로 민수기 31장에서 이들은 이스라엘 족속이 감행한 공격을 통해 보응을 당하게 된다.

이 하나님의 말씀과 관련하여 한 가지 남은 숙제는 왜 모압은 이스라엘의 보복의 대상에서 제외되었느냐 하는 것이다. 분명히 모압 사람들은 이 장의 서두(1-3절)에서 보듯이 이 브올의 바알 사건에서 주동적인 역할을 했다. 그런데도 불구하고 왜 이 본문의 하나님의 말씀과 민수기 31장의 보복 전쟁 본문은 모압에 대해서는 침묵하고 있는가?

이 문제에 대한 대답은 이 장 내에서 찾기가 어렵다. 또 이 문제에 대해서 적절한 답을 하고 있는 글도 별로 없는 듯하다. 그러나 아마 앞의 민수기 22:5-6의 "본문 해설"에서 다룬 바와 같이 신명기 2:9의 하나님의 말씀, 즉 "여호와께서 내게 이르시되 모압을 괴롭히지 말라. 그와 싸우지도 말라. 그 땅을 내가 네게 기업으로 주지 아니하리니 이는 내가 롯 자손에게 아르를 기업으로 주었음이라"라는 말씀이 아직은 유효한 상태에 있기 때문이 아닌가 생각된다. 그러나 때가 되면 모압 역시 이스라엘을 통한 하나님의 심판의 대상이 될 것이다(민 24:17; 삼하 8:2).

이 장의 본문 해설을 마치면서 이 이야기가 주는 교훈을 다음의 몇 가지로 정리해 보도록 하자.[16] 첫째, 하나님과의 관계를 유지하는데 있어 진

16 이 정리는 박철현, "야누스적인 인간 발람과 이스라엘의 운명(민 22-25장)", *민수기 어떻게 설*

정한 위험은 외부에 있는 것이 아니라 내부에 있는 경우가 많다. 발락과 발람이 주술을 통해 이스라엘을 약화시키려고 한 시도는 성공하지 못했다(민 22-24장). 하지만 비록 발람의 음모가 바탕에 깔려 있었다고 할지라도 이스라엘이 스스로 하나님 이외의 다른 신을 섬기는 것을 택할 때 하나님은 이스라엘의 대적자가 되신다.

둘째, 이 25장의 이야기는 22-24장의 이스라엘을 향한 하나님의 축복이 자동적이고 무조건적인 것이 아님을 보여준다. 이스라엘이 하나님의 축복을 누리고 있는 것은 분명하다. 그들이 하나님과 바른 관계를 맺고 있는 한 이 축복은 이 세상의 그 무엇도 앗아갈 수가 없다. 그러나 그들이 하나님과의 관계를 상실하면 이 축복은 사라진다.

셋째, 이 이야기는 한 사람의 역할이 얼마나 중요한지를 보여준다. 발람 한 사람의 음모로 인해 이스라엘은 전부 죽을 수도 있는 위기에 빠졌다. 그러나 비느하스 한 사람의 열심으로 이스라엘은 이 위기에서 벗어날 수 있었다. 이것은 마치 아담 한 사람의 죄로 인해서 죄가 이 세상에 들어오고 예수 그리스도 한 분의 사역을 통해서 이 세상이 구원을 입은 것과 비슷하다(참고, 롬 5:12-21). 우리 각자는 스스로가 자신이 속한 공동체의 운명을 결정지을 수도 있다는 것을 인식하고 자신의 신앙과 행위를 언제나 조심해야 할 것이다. 우리 각자는 자기 공동체의 파괴자가 될 수도 있고 건설자가 될 수도 있다.

5단계: 적용

1절. "싯딤": 2002년 한국 축구의 붐을 가져온 히딩크 감독은 시합에서

교할 것인가 (서울: 두란노 아카데미, 2009), 349-350의 내용을 약간의 수정과 함께 발췌한 것이다. 이 부분을 가져오면서 인용부호는 생략하였다.

한국 선수들의 큰 약점 중의 하나로 처음 5분과 마지막 5분에 쉽게 무너지는 것이라고 지적했다. 그래서 그는 이 중요한 순간들에 절대 집중력을 잃지 않을 것을 주문했고, 스포츠 역사의 위대한 한 페이지를 만들어냈다.

25:1의 배경이 되는 "싯딤"은 여호수아가 정탐꾼을 여리고 성으로 파견했을 때 이스라엘이 주둔하고 있던 장소였다(수 2:1). 이곳은 요단강을 가운데 두고 여리고와 마주 보고 있던 장소였다. 다시 말해 민수기 25장에서 이스라엘은 약속의 땅을 코 앞에 두고 있는 상황이었다. 만약 이들이 이 장에서의 영적, 육적 음행에 빠지지 않았다면 이들은 하나님의 보호와 칭찬 속에 곧 가나안에 입성했을 것이다. 그러나 이스라엘은 마치 민수기 13-14장의 정탐꾼 사건 속의 이스라엘처럼 이 순간에 죄를 짓고 멸절을 당할 뻔한다(11절). 만약 비느하스의 열심이 아니었다면 이들은 약속의 땅의 경계선에서 멸망을 당했을 것이다.

이런 모습은 많은 사람들이 의외로 많은 경우에 위대한 역사적 순간을 앞두고 저지르는 실수이다. 많은 사람들이 성공의 최정점을 막 눈 앞에 둔 순간 허무하게 스스로 죄와 잘못에 굴복하여 멸망을 당한다. 따라서 우리는 이런 어리석은 사람들을 반면교사 삼아 항상 우리 자신을 단속해야 한다. 승리를 목전에 둔 순간이 곧 가장 위험한 순간이다. 하룻밤의 인내가 달콤하고 지속적인 승리를 보장할 수 있는데도 불구하고 그 순간을 견디지 못해 몰락하는 일이 있어서는 안 될 것이다.

6단계: 설교 "가장 무서운 적은 자기 자신이다"

(민 25:1-3; 히 12:1-3)

사상 최초로 올림픽 마라톤 2연속 금메달에 빛나는, 전설적인 선수인 비킬라 아베베는 에티오피아 출신입니다. 그는 1960년의 로마 올림픽에서 맨발로 우승을 자치해 "맨발의 왕자"라는 별명을 갖게 되었습니다. 그는 또한 다음 번 올림픽인 도쿄 올림픽에서 세계 신기록을 세우며 우승했습니다.

그는 도쿄 올림픽 전에 기자들과 인터뷰를 하면서 "가장 강한 적은 67명의 다른 주자들이 아니라 자기 자신"이라는 명언을 남겼습니다. 이 말에 대해 대다수의 운동 선수들은 동의합니다.

스포츠의 역사에서 보면 천재적인 선수들이 참 많습니다. 천부적인 재능 때문에 자신의 종목에서 훈련을 시작한지 얼마 되지도 않았는데 세계적인 반열에 오르는 경우도 꽤 자주 봅니다.

그러나 모두가 부러워할 수밖에 없는 이런 재능을 가진 선수들이 너무나도 허무하게 사라지는 경우도 역시 스포츠의 역사에서는 셀 수 없이 많이 있습니다. 그런 몰락의 경우 이유는 외부에 있는 것이 아니라 선수의 내부에 있는 경우가 대부분입니다. 그 선수가 자신의 천재성만 믿고 노력 없이 방탕하게 재능과 시간을 낭비하다가 속절없이 스스로 무너지는 것입니다. 그의 "가장 무서운 적은 자기 자신"이었던 것입니다.

오늘 본문인 민수기 25:1-3의 이스라엘의 경우도 이와 비슷합니다. 앞의 민수기 22-24장에서 모압 왕 발락은 주술가 발람을 써서 이스라엘의 힘을 약화시키려고 하였습니다. 그러나 하나님은 놀라우신 은혜로 자기 백성을 지키셨습니다. 하나님이 철저히 발람의 입을 통제하셨기 때문에 발람은 발락의 바람과는 달리 이스라엘에 대한 불가항력적 축복을 연속으로 내뱉을 뿐이었습니다.

하나님이 지키시는 한 이스라엘을 해할 수 있는 주술 같은 것은 없었습니다(참고, 23:23). 하나님이 함께 하시는 한 이스라엘을 해할 수 있는 대적 같은 것은 존재할 수가 없었습니다.

그러나 이스라엘을 해할 수단이 딱 한 가지가 있었으니, 그것은 이스라엘이 스스로 무너지게 만드는 것이었습니다. 거룩하신 하나님의 백성이 죄를 지어 하나님 앞에서 가증스러운 것이 되게 하거나, 하나님 외의 다른 신을 섬겨서 하나님의 미움의 대상이 되게 하는 것이었습니다.

이스라엘이 그런 죄에 빠지게 될 때에 하나님은 이스라엘의 대적자가 되십니다. 이스라엘을 심판하시는 심판자가 되십니다.

그러므로 이스라엘의 운명을 망하게 하는 가장 무서운 적은 바로 자기 자신이었습니다. 이스라엘이 조심해야 했던 적은 자기 자신이었던 것입니다. 오직 자신만이 자신을 무너뜨리는 존재가 될 수 있었던 것입니다.

하나님이 자신의 입을 막자 발람은 바로 이 점을 파고 든 것 같습니다. 비록 현재 본문에는 나오지 않지만 민수기 31:16은 "이들이 발람의 꾀를 따라 이스라엘 자손을 브올의 사건에서 여호와 앞에 범죄하게 하여 여호와의 회중 가운데에 염병이 일어나게 하였느니라". 발람은 비록 이스라엘을 해할 주술은 갖고 있지 못했지만 이스라엘을 무너지게 만드는 법은 알고 있었습니다. 그것은 발람 스스로 죄를 지어 하나님 앞에서 무너지게 만드는 것이었습니다. 발람은 이 점을 모압 사람들에게 알려줬던 것 같습니다.

그러나 비록 발람이 이런 사악한 꾀를 내었다 할지라도 이스라엘이 "가장 무서운 적은 자기 자신"이라는 것을 마음에 새기고 하나님 앞에서 자신들을 육적, 영적으로 정결하게 지켰더라면 어땠을까요? 아마 하나님은 앞의 민수기 22-24장에서 그랬듯이 발람의 이런 궤계에서도 그들을 지켰을 것입니다.

이런 점에서 우리는 약속의 땅을 바로 앞에 두고 민수기 13-14장과 25장에서 두 번이나 허무하게 무너져 내렸던 이스라엘과 같은 어리석음을 저질러서는 안 되겠습니다.

이런 면에서 히브리서 12장의 권면은 귀 기울여 들을 만합니다. 앞의 11장에서 믿음의 선진들의 모습을 구약성경 처음부터 죽 열거한 후에 히브리서 기자는 12:1-3에서 이렇게 권면합니다. "이러므로 우리에게 구름 같이 둘러싼 허다한 증인들이 있으니 모든 무거운 것과 얽매이기 쉬운 죄를 벗어 버리고 인내로써 우리 앞에 당한 경주를 하며… 너희가 피곤하여 낙심하지 않기 위하여 죄인들이 이같이 자기에게 거역한 일을 참으신 이를 생각하라".

저는 예전에 홍정길 목사님이 이 본문을 강해설교하셨던 내용이 꽤 오랜 세월이 지난 지금까지도 잊히지 않고 생생합니다. 목사님은 이 본문을 마라톤 경기 장면에 비유하셨습니다. 목사님에 따르면 12장에서 성도는 신앙의 마라톤의 거의 끝에 이르러 결승점이 있는 스타디움 안으로 막 들어선 상태입니다. 결승 직전의 마라톤 선수가 으레 그렇듯이 그는 체력이 바닥난 상태입니다. 그냥 시합이고 뭐고 다 포기하고 땅에 털썩 주저앉고 싶은 상태입니다.

그렇게 기진맥진한 상태에서 마지막 결승점을 향해 스타디움 안으로 들어섰을 때 관중석에는 "구름 같이 둘러싼 허다한" 믿음의 선진들이 꽉 차 있습니다. 3절이 말씀하고 있듯이 이 땅에서 대속 제물이 되시기까지 인내로 승리하신 예수님도 이 관중석에 앉아 있습니다. 이 허다한 관중들은 지친 몸을 이끌이 마지막 스퍼트를 남겨놓은 성도에게 환호를 보냅니다.

기진맥진해서 경기를 포기할 뻔했던 성도는 이 믿음의 주와 믿음의 선진들의 응원 소리를 들으며 새로 힘을 냅니다. 이미 바닥 나버린 기운을 다시 한번 쥐어짜내며 자기 이전에 이미 승리를 거둔 이들의 뒤를 따르려고 합니다.

히브리서 기자는 이어서 계속 여러 가지 권면의 말씀을 주고 나서 12:12-13에서 다시 한번 이렇게 격려합니다. "그러므로 피곤한 손과 연약한 무릎을 일으켜 세우고 너희 발을 위하여 곧은 길을 만들어 저는 다리로 하여금 어그러지지 않고 고침을 받게 하라".

마지막 순간에 이렇게 다시 한번 자신을 가다듬고 자신을 단속하는 자가 승리합니다. 민수기 22-24장이 보여주었듯이 하나님은 우리를 외부의 모든 해악들과 대적들로부터 당신의 눈동자처럼 지키실 것입니다. 그 어떤 것도 하나님의 은혜의 품 안에 있는 당신의 백성을 해할 세력이 없습니다. 하나님의 백성을 무너뜨릴 수 있는 유일한 존재는 자기 자신뿐입니다. 오늘 설교 제목처럼 우리의 "가장 무서운 적은 자기 자신"입니다. 민수기 25장의 이스라엘 백성을 반면교사 삼아 마지막 순간의 어리석음으로 믿음의 승리를 잃어버리는 자가 되시지 않기를 촉구합니다.

민수기 26장

다시 전열을 가다듬으며

민수기 26장의 신학 개관

1. 민수기 거시 구조상의 마지막 단원(26-36장)의 개관

광야 제2세대가 정복 전쟁을 하기 위해 인구조사를 하는 내용을 담고 있는 민수기 26장은 민수기의 거시적 구조상의 마지막 단원(26-36장)의 첫 장이다. 민수기 개관에서 제시한 바와 같이 거시 구조는 다음과 같다.

A. 1-10장: 제1세대의 가나안 여행 준비

B. 11-15장: 제1세대의 실패와 희망

C. 16-19장: 반역 세대의 소멸

B′. 20-25장: 제2세대의 실패와 희망

A′. 26-36장: 제2세대의 가나안 입성 준비

이 26장으로부터 시작해서 마지막 장까지를 포괄하는 A′ 단원(26-36장)은 "제2세대의 가나안 입성 준비" 사항들을 그 내용으로 한다. 이 단원은 민수기의 첫 단원인 A단원(1-10장)과 상응한다. 이 두 단원은 특히 모두 그 시작이 인구조사를 하는 내용으로 되어 있다는 점에서 일치한다(1, 3장과 26장). 마치 광야 1세대가 처음 시내산을 떠나 곧 가나안 땅 입구에 도착하여 정복 전쟁을 하기 위한 준비 단계로 인구조사를 했던 것처럼 제2세대 역시 얼마 안 있어 벌어질 정복 전쟁을 위한 인구조사를 행한다.

26장에 이어지는 A′ 단원의 나머지 내용을 간략히 정리하면 다음과 같다. 26장의 인구조사에 이어 27:1-11과 마지막 장인 36장은 슬로브핫의 딸들이 제기한 약속의 땅의 기업 문제를 다룬다. 이처럼 26장의 인구조사 후의 나머지 A′ 단원을 앞뒤로 감싸는 역할을 이 두 수미쌍관적 본문(inclusio)이 약속의 땅의 소유 문제를 본격적으로 부각시키고 있다는 점은 정복 전쟁이 임박했음을 알리는 신호탄 역할을 한다.

이어서 27:12-23은 모세로부터 여호수아로의 리더십 이양 문제를 다루고 있다. 모세의 수종자로서 그의 리더십을 오랫동안 지켜보았으며, 이미 군사 지도자로서의 면모(출 17:8-16)를 보인 적도 있는 여호수아는 모세를 계승해서 정복 전쟁을 지휘할 인물로서 가장 적합한 인물이다. 따라서 이 본문 역시 정복 전쟁 준비와 관계가 깊다.

그 다음에 오는 민수기 28-29장 역시 임박한 정복 전쟁 및 약속의 땅의 쟁취에 대한 기대감을 고조시키는 내용이다. 이 두 장은 이스라엘의 절기들의 목록을 담고 있는데, 평행 본문인 레위기 23장과 비교할 때 이 민수기 본문에는 각 절기마다 드려지는 제사에 병행되는 소제와 전제에 대한 아주 상세한 정보가 나온다는 점에서 차이가 있다. 이 소제와 전제들의 재료들은 이스라엘이 약속의 땅에 들어가서야 풍부하게 얻을 수 있는 것들이다.[1] 이런 면에서 이 두 장의 본문 역시 정복 전쟁과 약속의 땅에 대한 기대감을 고취시키는 역할을 한다.

민수기 30장과 현재 문맥의 관계는 표면적으로는 선명하지 않다. 그러나 우선 문맥상 이 장의 내용이 절기들에 대한 28-29장의 마지막 부분에 나오는 "서원제"라는 표현과 연결된다는 점을 생각할 수 있다(민 29:39).[2]

---

1 Gordon J. Wenham, *Numbers: An Introduction and Commentary*, Tyndale Old Testament Commentaries vol. 4 (Downers Grove, IL: InterVarsity Press, 1981), 219-220. 웬함이 계산해본 바에 따르면 28-29장에 사용된 곡식 가루는 1톤이 넘고, 포도주는 천 병이 넘는다고 한다.

2 Jacob Milgrom, *Numbers*, The JPS Torah Commentary (Philadelphia: Jewish Publication

또한 민수기 거시 구조 중 A단원(1-10장)과 A′(26-36장)의 상응성을 고려해 볼 때 A단원의 서원과 맹세에 대해서 다루고 있는 민수기 5-6장에 상응하는 내용이 A′단원에 있는 것은 자연스러운 일일 것이다.[3] 마지막으로 어쩌면 민수기 30장의 서원과 맹세에 대한 하나님의 명령을 받는 주체가 "이스라엘 자손 지파의 수령"(민 30:1[히브리어, 30:2])이라고 되어 있는 점이 중요한 사항일 수도 있는 것 같다. 문맥상 이 "수령"들은 민수기의 마지막 단원인 이어지는 본문들에서도 역시 중요한 역할들을 하는데(31:26; 32:28; 36:1), 아마 이런 본문들과의 연관성이 존재하지 않나 생각된다.

민수기 31장은 모세가 지휘한 마지막 전쟁이자 정복 전쟁의 서막을 알리는 전쟁에 대한 기록을 담고 있다. 이 전쟁은 앞서 민수기 25장의 싯딤에서의 음행 사건에 대한 보복 전쟁이기도 했는데, 이 전쟁을 끝으로 이스라엘은 가나안 정복에 집중하게 된다.

민수기 32장의 내용인 요단 강 동편의 두 지파 반, 즉 르우벤 지파, 갓 지파, 므낫세 반 지파에 대한 내용 역시 내용의 중심은 정복 전쟁의 수행 문제이다. 이 요단 동편 지파들은 서편 지역의 정복을 다른 지파들과 함께 끝까지 수행하겠다고 약속하는데, 이것 역시 이 단원의 중심 문제와 상응한다. 또한 이 지파들이 이 동편 땅을 차지했다는 것은 이미 정복 전쟁이 성공적으로 시작되었다는 것을 나타내준다.

민수기 33장의 큰 부분은 애굽에서부터 모압 평지까지의 광야 여정에 대한 상세한 목록이다(33:1-49). 그러나 이 여정기에 이어 하나님은 가나안 땅에서의 기업의 분배 및 약속, 그리고 가나안 주민들의 멸절 및 우상숭배의 위험성 등(33:50-56)에 대해서 다룸으로써 역시 A′단원 전체의 맥락과 상응한다.

Society, 1990), 250.

3 Wenham, *Numbers*, 231은 민수기 5-6장이 시내산 율법 본문(대략 출 19장-민 10장)의 일부라고 본다는 점에 있어서는 민수기의 거시 구조와 관련하여 나와는 다른 견해를 갖고 있기는 하지만 결국 30장이 5-6장과 상응하는 내용이라서 현재의 자리에 배치되어 있다고 보는 점에서는 같은 의견을 보이고 있다.

민수기 34장은 약속의 땅의 경계선(34:1-15)과 각 지파의 기업 분할 책임자(34:16-29)에 대해서 언급하고 있고, 35장은 약속의 땅의 지파들 속에 배정될 레위 지파들의 성읍(35:1-8)과 도피성들(35:9-34)에 대해서 언급하고 있다. 이런 내용들 역시 정복 전쟁의 성공과 약속의 땅의 소유를 기정사실화하고 있다.

단원의 마지막 장이자 민수기 전체의 마지막 장인 36장은 이미 앞에서 언급한 바와 같이 27:1-11과 수미쌍관법을 이룸으로써 이 단원에 통일성을 더해준다. 이처럼 A′ 단원의 모든 본문은 가나안 정복 전쟁 및 쟁취와 관련된 내용들로 이루어져 있다.

2. 민수기 26장의 개관과 신학

민수기의 거시구조에서 마지막 단원(A′)의 첫 장인 민수기 26장이 첫 단원(A)의 첫 부분인 민수기 1장 및 3장과 상응하는 내용, 즉 열두 지파 및 레위 지파의 인구조사에 대한 내용으로 이루어져 있다는 점은 위에서 언급한 바가 있다. 1, 3장에서 이스라엘은 처음 시내산을 떠나 가나안 정복 활동을 위해 떠나면서 인구조사를 한 바 있다. 그러나 불행히도 정복 전쟁을 준비하기 위한 이 첫 번째 인구조사는 민수기 13-14장의 정탐꾼 사건으로 의미를 상실했다. 이스라엘은 불순종 때문에 전쟁을 시작도 해보기 전에 가나안 땅을 목전에 두고 물러나서 거의 40년 동안 광야를 방랑해야 했다. 이제 26장에서 이스라엘은 다시 한번 약속의 땅 앞에 섰다. 독자들이 성경의 역사를 통해 이미 알고 있듯이 이 번에는 이스라엘은 26장의 인구조사 결과를 토대로 해서 전쟁을 수행하게 될 것이다.

인구조사란 내용을 공유하기 때문에 민수기 26장은 민수기 1장 및 3장과 상응하는 내용들을 많이 갖고 있다. 주로 1장의 내용과 상응하는 바가 많기 때문에 아래의 도표에서는 민수기 1장을 기준으로 해서 26장과 비교를 할 것이다. 이 양 본문 간에는 비슷한 점들도 있지만 약간의 차이점들도 있다. 이런 점들을 정리해보면 다음과 같다.

	민수기 1장	민수기 26장
도입구	양 본문 모두 시간과 공간적 배경에 대해서 언급하고 있음	
	"애굽 땅에서 나온 후 제2년 2월 1일에 시내 광야 회막에서"(1절)	"염병 후에"(26:1) "여리고 맞은 편 요단 가 모압 평지에서" -차이점으로는 1장에서는 여호와의 명령에 대해서 시행 기록만 나오는 반면에 26장에서는 여호와의 명령(1-2절)과 모세의 명령 전달(3-4절)로 나뉘어 있는 점을 들 수 있다.
인구조사 명령 도입부	"너희는 이스라엘 자손의 회중의 총수를 가문과 가족별로 파악하되, 모든 남자들 개개인의 수를 세어라. 이스라엘 중 이십 세 이상으로 전쟁에 나갈 수 있는 모든 자를 진영별로 너와 아론은 계수하여라"(2-3절).	"조상의 가문별로 20세 이상의 이스라엘 자손의 회중의 총수, 곧 이스라엘 중에 전쟁에 나갈 수 있는 모든 자의 [수를] 계수하여라"(26:2)
지파별 담당자 목록	5-16절	언급 없음 -26장에서는 아론의 아들 엘르아살이 모세를 보조하여 인구조사를 시행한 것이 강조되고 있음(1, 3, 63절)
인구 통계	20-46절 "그들에 대한 기록은 종족과 조상의 가문에 따라 이십 세 이상으로 싸움에 나갈 만한 각 남자를 그 명수대로 계수한 것이 이렇다"란 문구가 매 지파마다 반복됨(20, 22, 24, 26, 28, 30, 32, 34, 36, 38, 40, 42절).	5-51절 -옆에 인용된 것과 같은 1장의 이런 문구가 없는 대신 26장의 통계 목록에는 각 지파에 속한 하부 가문들의 목록이 나옴(예: 5-6절 등) -26장에는 또한 과거의 중요한 인물이나 사건, 그리고 미래에 중요하게 부각될 인물들에 대한 언급들이 나온 경우가 두 번 있음. 르우벤 지파에 속한 다단과 아비람이 고라와 저지른 반역 사건(8-11절)과 므낫세 지파에 속한 슬로브핫의 딸들의 목록(33절)이 중요함 -19-22절의 유다 지파의 경우에도 가문 목록 외의 창세기 38장 등과 관련된 내용들이 언급됨
기업의 할당 문제	언급 없음	기업의 할당 원칙에 대해서 다룸(52-56절)

레위 지파	레위 지파는 성막을 위해 할 임무가 따로 있으므로 1장의 인구 조사에 넣지 말라는 언급만 나옴(47-53절). 레위 지파의 상세한 인구조사 내용은 민수기 3장에 나옴	민수기 3장의 레위 지파의 인구 조사에 상응하는 내용이 간략하지만 언급됨(57-62). -모세와 아론의 가문인 고핫 가문의 족보와 아론의 아들 나답과 아비후의 죽음이 언급됨(58-61절)
결론구	간략하게 언급(54절)	12지파와 레위 지파에 대한 인구조사 수행에 대한 언급(63절). -1세대 중 갈렙과 여호수아 외의 모든 사람들이 다 죽었다는 것이 언급됨(64-65절)

위의 도표의 내용들 중 1, 3장과 26장의 사이에 특별히 차이가 많이 나는 점은 과거와의 결별 및 미래에 대한 준비와 관련된 내용들이 각각 두 가지가 나온다. 먼저 과거와의 결별에 대한 내용들은 두 가지인데, 이 두 가지 사건은 민수기에 기록된 부정적 사건들 중 광야 1세대가 저지른 가장 중요하고 큰 사건들이다. 첫째, 저자는 8-11절에서 르우벤 지파 중 발루 가문의 엘리압의 아들인 다단과 아비람이 고라와 함께 반역 사건을 저지르다가 죽은 것이 "경고"가 되었다고 말한다. 또한 저자는 64-65절에서 민수기 13-14장의 정탐꾼 사건을 언급한다. 광야 1세대의 사람들 중에 26장의 인구조사 때까지 생존한 사람이 "한 명도 없었다"는 것이 이 사건에서의 하나님의 심판의 말씀, 즉 "여분네의 아들 갈렙과 눈의 아들 여호수아 외에는 한 사람도 남지 않을 것이다"라는 말씀(65절; 참고, 민 14:28-30, 35, 38)의 성취라는 점이 강조된다. 이런 두 사건에 대한 언급을 통해 저자는 부정적 과거와의 결별을 묘사하고 있는 것으로 보인다.

긍정적인 내용 두 가지는 다음과 같다. 첫째, 52-56절 본문의 각 지파의 기업을 할당하는 원칙에 대한 하나님의 말씀은 가나안 정복을 기정사실화하고 있는 말씀이다. 둘째, 29-33절의 므낫세 지파에 속한 헤벨 가문의 슬로브핫의 딸들의 이름에 대한 자세한 목록은 바로 이어지는 27:1-11과 36장의 이들의 기업 배분과 관련된 본문들의 배경 역할을 한다. 이런 내용들은 가나안 정복 전쟁에서의 승리에 대한 낙관적 전망을 가능케 한다.

이런 면에서 이 26장의 광야 2세대의 인구조사에 대한 본문은 앞의 25장의 싯딤에서의 영적, 육적 간음 사건에도 불구하고 하나님의 은혜가 이스라엘에게 베풀어지고 있음을 보여준다. 이스라엘이 광야에서 살아남고, 결국 가나안 땅을 정복할 수 있었던 것은 결코 이스라엘 자신이 가진 어떤 미덕 때문이 아니라 "진노 중에라도 긍휼을 잊지 않는" 하나님의 신실하심 때문이었다(합 3:2).

1단계: 사역

1. 염병 후에 여호와께서 모세와 제사장 아론의 아들 엘르아살에게 이르셨다.
2. 조상의 가문별로 20세 이상의 이스라엘 자손의 회중의 총수, 곧 이스라엘 중에 전쟁에 나갈 수 있는 모든 자의 [수를] 계수하여라.
3. 모세와 제사장 엘르아살이 여리고 맞은편 요단 가 모압 평지에서 그들에게 말하였다.
4. 여호와께서 애굽 땅에서 나온 모세와 이스라엘 자손에게 명령하신 바와 같이 너희는 이십 세 이상 된 자를 [계수하여라]
5 이스라엘의 장자는 르우벤이다. 르우벤 자손은 하녹[에게서 난] 하녹 가문, 발루에게서 난 발루 가문,
6. 헤스론에게서 난 헤스론 가문, 갈미에게서 난 갈미 가문이다.
7. 이들은 르우벤의 가문들이다. 그 계수된 자가 43,730명이었다.
8. 발루의 아들은 엘리압이다.
9. 그리고 엘리압의 아들은 느무엘, 다단, 아비람이다. 이 다단과 아비람은 회중의 부름을 받은 자들인데, 이들은 고라의 무리가 여호와와 다툴 때 그들과 함께 모세와 아론과 다투었던 자들이다.
10. [그 때] 땅이 입을 벌려 그들과 고라를 삼켜서 그들을 죽이는 동시에 불이 이백오십 명을 삼켜서 경고가 되게 하였다.
11. 그러나 고라의 아들들은 죽지 않았다.
12. 시므온 자손의 가문들은 느무엘에게서 난 느무엘 가문, 야민에게서 난 야민 가문, 야긴에게서 난 야긴 가문,

13. 세라에게서 난 세라 가문, 사울에게서 난 사울 가문이다.
14. 이들은 시므온의 가문들이다. 그 계수된 자가 22,200명이었다.
15. 갓 자손의 가문들은 스본에게서 난 스본 가문, 학기에게서 난 학기 가문, 수니에게서 난 수니 가문,
16. 오스니에게서 난 오스니 가문, 에리에게서 난 에리 가문,
17. 아롯에게서 난 아롯 가문, 아렐리에게서 난 아렐리 가문이다.
18. 이들은 갓 자손의 가문들이다. 그 계수된 자가 40,500명이었다.
19. 유다의 아들들은 에르와 오난이었다. 에르와 오난은 가나안 땅에서 죽었다.
20. 유다 자손의 가문들은 셀라에게서 난 셀라 가문, 베레스에게서 난 베레스 가문, 세라에게서 난 세라 가문이다.
21. 또 베레스 자손은 헤스론에게서 난 헤스론 가문, 하물에게서 난 하물 가문이다.
22. 이들은 유다의 가문들이다. 그 계수된 자가 76,500명이었다.
23. 잇사갈 자손의 가문들은 돌라에게서 난 돌라 가문, 부와에게서 난 부니 가문,
24. 야숩에게서 난 야숩 가문과 시므론에게서 난 시므론 가문이다.
25. 이들은 잇사갈 가문들이다. 그 계수된 자가 64,300명이었다.
26. 스불론 자손의 가문들은 세렛에게서 난 세렛 가문, 엘론에게서 난 엘론 가문, 얄르엘에게서 난 얄르엘 가문이다.
27. 이들은 스불론 가문들이다. 그 계수된 자가 60,500명이었다.
28. 요셉의 아들들의 가문들은 므낫세와 에브라임이다.
29. 므낫세 자손의 가문은 마길에게서 난 마길 가문이다. 마길이 길르앗을 낳았으며, 길르앗에게서 난 것이 길르앗 가문이다.
30. 길르앗 자손은 이에셀에게서 난 이에셀 가문, 헬렉에게서 난 헬렉 가문,
31. 아스리엘에게서 난 아스리엘 가문, 세겜에게서 난 세겜 가문,
32. 스미다에게서 난 스미다 가문, 헤벨에게서 난 헤벨 가문이다.
33. 헤벨의 아들 슬로브핫은 아들이 없이 딸뿐이었다. 그 딸들의 이름은 말라, 노아, 호글라, 밀가, 디르사였다.
34. 이들은 므낫세의 가문들이다. 그 계수된 자가 52,700명이었다.
35. 에브라임 자손의 가문들은 수델라에게서 난 수델라 가문, 베겔에게서 난 베겔 가문, 다한에게서 난 다한 가문이다.
36. 수델라 자손은 에란에게서 난 에란 가문이다.
37. 이들은 에브라임 자손의 가문들이다. 그 계수된 자가 32,500명이었다. 이들은 가문에 따른 요셉 자손들이다.

38. 베냐민 자손의 가문들은 벨라에게서 난 벨라 가문, 아스벨에게서 난 아스벨 가문, 아히람에게서 난 아히람 가문,
39. 스부밤에게서 난 스부밤 가문, 후밤에게서 난 후밤 가문이다.
40. 벨라의 아들들은 아릇과 나아만이다. [아릇에게서 난] 아릇 가문과 나아만에게서 나아만 가문이 있다.
41. 이들은 자신들의 가문을 따른 베냐민 자손이다. 그 계수된 자가 45,600명이었다.
42. 단 자손의 가문은 수함에게서 수함 가문이다. 이는 자신들의 가문을 따른 단 가문이다.
43. 수함 모든 가문의 계수된 자가 64,400명이었다.
44. 아셀 자손의 가문들은 임나에게서 난 임나 가문, 이스위에게서 난 이스위 가문, 브리아에게서 난 브리아 가문이다.
45. 브리아의 자손으로는 헤벨에게서 난 헤벨 가문, 말기엘에게서 난 말기엘 가문이 있다.
46. 아셀의 딸의 이름은 세라이다.
47. 이들은 아셀 자손의 가문들이다. 그 계수된 자가 53,400명이었다.
48. 납달리 자손은 자신들의 가문별로 야셀에게서 난 야셀 가문, 구니에게서 난 구니 가문,
49. 예셀에게서 난 예셀 가문, 실렘에게서 난 실렘 가문이다.
50. 이들은 자신들의 가문별 납달리 가문들이다. 그 계수된 자가 45,400명이었다.
51. 이스라엘 자손의 계수된 자가 601,730명이었다.
52. 여호와께서 모세에게 말씀하셨다.
53. 명수대로 땅이 기업이 되게 할당되게 하여라.
54. 수가 많은 자에게는 기업을 많이 주고, 수가 적은 자에게는 기업을 적게 줘라. 각자에게 계수된 대로 기업을 주어라.
55. 오직 제비로 그 땅이 할당되게 하여라. 각자가 조상 지파의 이름을 따라 기업을 얻게 하여라.
56. 각자의 기업이 다소를 막론하고 제비에 따라 할당되게 하여라.
57. 이것들은 가문별로 레위인으로 계수된 자들이다: 게르손에 속한 게르손 가문, 고핫에게 속한 고핫 가문, 므라리에게 속한 므라리 가문.
58. 이것들이 레위 가문들이다: 립니 가문, 헤브론 가문, 말리 가문, 무시 가문, [그리고] 고라 가문. 고핫은 아므람을 낳았다.
59. 아므람의 처의 이름은 요게벳인데, 레위의 딸이며, 애굽에서 레위에게서 태어난 자

이다. 그녀가 아므람에게 아론과 모세, 그리고 그들의 누이 미리암을 낳아주었다.
60. 아론에게서는 나답, 아비후, 엘르아살, 이다말이 태어났다.
61. 그리고 나답과 아비후는 허락되지 않은 불을 여호와 앞에 드리다가 죽었다.
62. 일 개월 이상으로 계수된 레위인의 모든 남자는 23,000명이었다. 그들은 이스라엘 자손의 숫자에 들어가지 않았다. 왜냐하면 이스라엘 자손 중에서 그들에게 준 기업이 없었기 때문이다.
63. 이것들이 여리고 맞은 편 요단 가 모압 평지에서 모세와 제사장 엘르아살이 이스라엘을 계수한 수이다.
64. 그리고 이 수에는 모세와 제사장 아론이 시내 광야에서 계수한 숫자에 포함된 사람들이 한 명도 없었다.
65. 왜냐하면 여호와께서 그들에 대해 [다음과 같이] 말씀하셨기 때문이다. "그들이 반드시 광야에서 죽을 것이며, 여분네의 아들 갈렙과 눈의 아들 여호수아 외에는 한 사람도 남지 않을 것이다".

2단계: 사역 해설

1절. "염병 후에": 봐예히 아하레 함막게파(וַיְהִי אַחֲרֵי הַמַּגֵּפָה). 이 문구는 히브리어 원문상으로는 25:19로 되어 있다. 그러나 개역개정은 헬라어 성경의 전통을 따라 원문의 25:19의 내용을 26:1의 서두에 덧붙였다. 사역은 이런 성경 번역본들의 전통을 따르고 있다.

4절. "[계수하여라]": 이 문구는 히브리어 원문에는 없다. 그러나 문장의 자연스러운 흐름을 위하여 추가하였다.

5절. "[에게서 나온]": 뒤에 나오는 발루 등과 같은 경우에는 각 가문의 조상의 이름에 전치사 르(לְ)가 사용되어 그가 가문의 시조임을 밝히고 있다. 그러나 26장의 인구 조사 본문에서 나열된 첫 번째 가문인 하녹의 경우에는 이 전치사가 사용되고 있지 않다. 그러나 원래는 사용되어야 하는 것이 맞기 때문에 이 점을 살려서 사역에서는 "에게서 나온"이란 문구를 추가하였다.

8절. "아들": 우브네(וּבְנֵי). 이 히브리어 문구를 직역하자면 "그리고 ~의 아들들" 정도가 될 것이다. 이처럼 히브리어 원문은 "아들"이란 단어인 벤(בֵּן)의 복수 연계형을 사용하고 있는 반면에 이 "아들들" 다음에 열거된 사람의 수는 단 한 명, 즉 엘리압뿐이다. 따라서 개역개정은 단수 "아들"이라고 의역해서 번역하고 있다.

10절. "경고": 네스(נֵס). 이 단어는 원래는 신호용 깃발"(banner)이나 깃발을 다는 "장대"를 의미한다. 그러나 현재 문맥에서는 이런 뜻에서 파생되어 "(어떤 신호를 주는) 경고"(warning)라는 의미를 갖고 있는 것으로 이해된다.[4] 사역은 이런 문맥적 의미를 살리고자 했다.

40절. "[아룻에게서 난]": 이 문구는 히브리어 원문에는 빠져 있으나 이것이 있어야 함은 자명하다. 사역에서는 이것을 보충하여 번역하였다.

42절. "가문은": 원문상으로는 복수로 되어 있으나 열거된 가문이 하나뿐이기 때문에 현대적인 어법에 따라 단수로 번역하였다.

58절. "[그리고] 고라 가문": "고라 가문"은 히브리어 원문에 보면 앞의 네 가문과 이 가문을 구분 짓는 분리 액센트가[5] 사용되고 있다. 그리고 이처럼 이 고라 가문을 앞의 네 가문과 분리시켜서 읽는 것은 적절해 보인다. 왜냐하면 출애굽기 6:16-24와 민수기 38:18-20에 따르면 고라 가문은 58절에서 앞에 나열된 다른 네 가문보다 한 세대 더 아래의 계보에 속하기 때문이다. 고라는 레위의 세 아들인 게르손, 고핫, 므라리 중 고핫의 아들인 이스할의 세 아들들 중의 한 명으로 언급되고 있기 때문이다(출 6:18, 21). 이처럼 계보의 세대별 차이와 히브리어 본문상의 분리 액센트를 고려할 때 고라 가문은 앞의 네 가문과는 분리해서 읽어야 할 것으로 생각된다. 이 점을 반영하여 사역에서는 고라 가문을 앞과 분리해서 읽도록 독자를 유도하

---

4 David J. A. Clines (ed.), *The Dictionary of Classical Hebrew* (Sheffield: Sheffield Academic Press; Sheffield Phoenix Press, 1993-2011), 697.

5 분리 액센트는 네 번째로 언급된 가문의 이름인 "무시"란 이름의 히브리어 자음 위에 붙어 있는, 수직 방향으로 찍힌 두 개의 점으로 된 기호(◌֔)를 가리킨다. 이 분리 액센트는 이 기호를 기준으로 해서 앞의 내용들과 뒤의 내용들을 구분 지어준다.

기 위해 "[그리고]"란 문구를 추가하였다.

59절. "태어난": 얄다(יָלְדָה). "낳다"(to give birth to)란 뜻을 가진 얄라드(יָלַד)의 칼 완료 3인칭 여성 단수 형태이다. 이것을 일반적인 경우로 번역할 때는 "그녀가 낳았다"가 된다. 그러나 현재 본문에는 이 "그녀"가 누구인지, 즉 요게벳의 어머니가 누구인지가 명시되어 있지 않다. 이 문제에 대한 가장 좋은 해결책은 때때로 히브리어에서 주어가 명시되지 않은 능동태 동사가 수동의 의미로 쓰이는 경우로 이해하는 것이라고 생각된다.[6] 또는 맛소라 사본의 모음 표기를 살짝 바꿔서 칼 수동형, 즉 율다(יֻלְדָה)의 형태로 이해하는 것도 하나의 방법이 될 것이다. 이 경우 첫 번째 자음의 모음만 수정하면 되므로 충분히 개연성이 있다.[7] 이 두 견해 외의 다른 시도들은 과도하고 무의미하다고 생각된다.[8]

61절. "허락되지 않은": 자라(זָרָה). 자르(זָר)의 여성형. 이 단어는 기본적으로 '이상한'(strange), '이방의'(foreign), '완전히 다른'(completely different), '불법적인'(unlawful) 등의 뜻을 가진 단어이다. 그러나 이 단어는 나답과 아비후 사건의 배경이 되는 제의법 본문에서는 '허락되지 않은'(unauthorized), '금지된'(forbidden) 정도의 의미를 갖는다. 즉 하나님이 허락하지 않은 사람이나 사물을 지칭할 때 사용되는 단어이다. 따라서 개역개정의 모호한 번역인 "다른"보다는 사역과 같이 "허락하지 않은"으로 번역하는 것이 더 낫다.[9]

---

6 A. B. Davidson, *Introductory Hebrew Grammar Hebrew Syntax*, 3d ed. (Edinburgh: T&T Clark, 1902), 153.

7 Timothy R. Ashley, *The Book of Numbers*, The New International Commentary on the Old Testament (Grand Rapids: Eerdmans, 1993), 530, n. 42.

8 이 견해들의 간략한 소개는 Ashley, *Numbers*, 530, n. 42를 보라.

9 이 단어의 번역에 대한 좀 더 상세한 논의는 박철현, *레위기: 위험한 거룩성과의 동행* (서울: 솔로몬, 2018), 313-314를 보라.

3단계: 단락 구분

민수기 26장의 단락 구분은 다음과 같다.

26:1-51 인구조사 명령 및 시행
    26:1-2 여호와의 명령
        26:1 말씀 도입구: 모세와 엘르아살에게 말씀
        26:2 말씀 내용
    26:3-4 모세의 명령 전달
        26:3 명령 전달 도입구
        26:4 전달된 명령 내용
    26:5-51 열두 지파의 인구조사 통계
        26:5-50 각 지파의 인구조사 통계
        26:51 이스라엘 전체의 인구조사 통계
26:52-56 기업 할당 원칙에 대한 지시
    26:52 말씀 도입구
        26:53-56 기업 할당 원칙 지시
26:57-62 레위 지파의 인구조사 통계
26:63-65 결론구
    26:63 열두 지파 및 레위 지파의 인구조사 결론구
    26:64-63 부가적 말씀

이 본문은 크게 네 단원으로 내용이 나뉜다. 첫 단원이자 가장 큰 단원인 1-51절은 광야 2세대의 인구조사 명령 및 시행에 대해서 다루고 있다. 서두를 여는 1-4절에서는 여호와의 명령(1-2절)과 그 명령에 대한 모세와 엘르아살의 전달(3-4절)이 들어있다. 이 1-4절에서 가장 두드러지는 점이라면 아론의 아들 엘르아살이 모세와 더불어 하나님의 명령의 공동 청자(聽者)

로 언급되고 있다는 점이다. 이것은 그가 이 장과 그 이후의 본문들에서 하게 될 역할들의 중요성을 드러내준다. 이제 그는 자기 아버지 아론의 계승자이자 대체자로서 본격적인 활동을 하게 될 것이다(참고, 27:2, 19, 21-22; 31:6, 12, 21; 32:2, 28; 34:17).

첫 단원의 나머지 본문인 5-50절은 레위 지파를 제외한 나머지 열두 지파의 인구조사 통계를 각 지파별로 제시하고 있다. 이어서 51절은 이스라엘 회중 전체의 총계를 합산해서 제공하고 있다.

두 번째 단원인 52-56절은 레위기와 민수기에 흔하게 사용되는 하나님의 명령 도입구인 "여호와께서 모세에게 말씀하셨다"란 문구(52절)로 앞 단원과 구분된다. 이어서 약속의 땅의 기업의 할당 원칙이 제시된다. 그것은 인구수와 제비뽑기이다.

세 번째 단원인 57-62절은 "이것들은 가문별로 레위인으로 계수된 자들이다"라는 내레이터의 진술을 통해 앞의 단원들과 구분된다. 이 단원은 레위 지파의 가문을 언급하면서 이들이 이스라엘 자손의 숫자에 들어가지 않은 이유가 "그들에게 준 기업이 없었기 때문"이라고 밝힌다. 이런 면에서 열두 지파의 기업 할당에 대해서 다루고 있는 앞의 두 번째 단원(52-56절)과 구분된다.

마지막 단원은 이 장을 마무리 짓는 결론구이다. 이 장의 인구조사가 모세와 엘르아살에 의해서 행해진 것(63절)과 광야 1세대 중 여호수아와 갈렙 외에 아무도 남지 않았다는 것을 언급하고 있다(64-65절).

4단계: 본문 해설

1절. "염병 후에": 이 문구는 "사역 해설"에서 언급한 바와 같이 히브리어 원문에서는 25장의 마지막 구절이었다. 그러나 성경 역본들은 칠십인경의 전통을 따라 이 문구를 26:1절의 전반절을 형성하는 것으로 받아들였다.

이렇게 해서 26장의 인구조사는 25장의 싯딤에서의 사건과 밀접하게 연결되게 되었다. 이 장의 인구조사는 광야 제2세대의 심각한 음행 사건과 그로 인해 24,000명이 죽은 후에 시행된 것이다(25:9). 하나님은 비느하스의 열심을 통해 이스라엘을 용서하신 후에 바로 은혜를 베푸신 것이다.

"모세와 제사장 아론의 아들 엘르아살에게": 이 장에서 엘르아살은 중요한 역할을 떠맡는다. 하나님은 그를 모세와 더불어 하나님의 명령을 받는 존재로 부각시키고 있으며, 이 장의 인구조사를 모세를 도와 수행하는 존재로 만들고 있다. 민수기 1장의 인구조사에서는 모세를 도와 인구조사 작업을 하는 사람들이 지파별로 하나님에 의해 지목된 반면에 26장에서는 그런 사람들에 대한 언급이 없다(참고, 1:5-16). 대신 엘르아살이 모세와 함께 인구조사를 수행할 사람으로 지목되고 있다(15:63). 이런 점은 그가 이스라엘의 지도자로서 중요한 일을 수행하고 있음을 부각시켜준다.

실제로 이 순간 이후로 엘르아살은 민수기의 남은 본문들에서 중요한 역할을 하게 된다. 다음 장인 27:1-11에서 슬로브핫의 딸들이 기업 상속 문제로 이의를 제기하는 장면(27:2), 27:12-23에서 여호수아가 모세의 후계자로 안수를 받는 장면(27:19, 21-22), 31장의 미디안과의 전쟁 장면(31:6, 12, 21), 32장의 요단 동편 두 지파 반이 요단 강 건너편 땅을 지파의 기업으로 받기 위해 총회 앞으로 나오는 장면(32:2, 28), 그리고 각 지파에게 기업을 나누는 임무를 총괄하는 장면(34:17)에서 엘르아살은 모세나 여호수아 및 열두 지파의 지파장들과 더불어 이스라엘 회중의 최상급 지휘층의 일원으로 언급된다.[10] 특히 차기 지도자 여호수아의 안수식 때 하나님이 "그는 제사장 엘르아살 앞에 설 것이요"라고 말씀하신 점이 인상적이다(27:21).

다시 현재 구절로 돌아가서 볼 때 이 구절에서 그의 이름이 하나님의 명

---

10 개역개정은 열두 지파의 지파장들을 지칭할 때 이 본문들에서 주로 "지휘관"이라는 애매모호한 표현을 사용한다. 이 단어는 히브리어로는 나씨(נָשִׂיא)이다. 이 단어는 오경에서는 주로 열두 지파의 최고 우두머리를 가리키는 표현으로 사용되고 있다. 따라서 "지파장"이라고 번역하는 것이 문맥상 더 선명하다. 이에 대한 더 자세한 설명은 민수기 1:16의 "사역 해설"을 참고하라.

령의 청자로서 모세와 더불어 언급된 것은 그의 위상에 대한 이런 중요성을 반영한 것이다. 모세가 전에는 아론과 더불어 이스라엘을 대표했다면 이제는 엘르아살과 더불어 그렇게 하고 있는 것이다.

2절. 이 구절은 하나님의 인구조사 명령을 담고 있다. 인구조사의 대상은 "20세 이상의 이스라엘 자손의 회중의 총수…곧 이스라엘 중에 전쟁에 나갈 수 있는 모든 자의 수를 계수"하는 것이다. 다시 말해 이 인구조사는 "전쟁", 즉 가나안 정복 전쟁을 염두에 둔 것이다.

3-4절. 이 본문에서 모세와 엘르아살은 2절의 하나님의 인구조사 명령을 이스라엘 백성에게 전한다. 4절의 "여호와께서 애굽 땅에서 나온 모세와 이스라엘 자손에게 명령하신 바와 같이"란 표현은 이 장의 인구조사가 민수기 1장의 것처럼 시행되어야 한다는 점을 강조하고 있는 것으로 보인다.[11]

5-51절. 이 본문은 열두 지파의 인구조사 통계를 담고 있다. 이 통계와 민수기 1장의 것 사이의 관계에 대해서는 앞의 "민수기 26장의 개관과 신학"에서 다룬 바가 있다. 따라서 여기에서는 1장과 26장의 통계를 도표화해서 제시하고, 이 도표로 미처 다룰 수 없는 점들만을 따로 언급하도록 하겠다. 아래 도표에서 지파의 순서의 차이는 오직 요셉 지파 중의 므낫세 지파와 에브라임 지파의 경우에만 존재한다. 1장에서는 에브라임 지파(1:33)가 먼저 나오고 므낫세 지파(1:34-35)가 다음에 나오는 반면 26장에서는 므낫세 지파(26:29-34)가 먼저 나오고 에브라임 지파(26:35-37)가 나중에 나온다. 아래의 도표에서는 26장의 순서를 기준으로 해서 작성되었음을 유의하길 바란다.

---

11 Milgrom, *Numbers*, 221.

지파	민수기 1장	민수기 26장	차이
르우벤	46,500	43,730	-2,770
시므온	59,300	22,200	-37,100
갓	45,650	40,500	-5,150
유다	74,600	76,500	+1,900
잇사갈	54,400	64,300	+9,900
스불론	57,400	60,500	+3,100
므낫세	32,200	52,700	+20,500
에브라임	40,500	32,500	-8,000
베냐민	35,400	45,600	+10,200
단	62,700	64,400	+1,700
아셀	41,500	53,400	+11,900
납달리	53,400	45,400	-8,000
총수	603,550	601,730	-1,820

족보 내의 세부적인 사항들에 대한 관찰에 들어가기에 앞서 먼저 언급해야 할 사항은 이 족보가 하나님의 신실하심과 은혜를 보여주고 있다는 점이다. 광야 1세대의 총수인 603,550명와 2세대의 총수인 601,730명 사이에는 1,820명밖에 차이가 나지 않는데, 이것은 어느 총수를 기준으로 삼든간에 약 0.3퍼센트 정도의 차이이다. 이 정도면 양자 사이에는 거의 차이가 없다고 할 수 있다. 거의 40년 동안 광야 방랑을 하면서 이스라엘이 수많은 반역을 하고 하나님의 징계를 받아 많은 수가 죽임을 당하기도 했음에도 불구하고 결국 한 세대 후의 이스라엘 백성의 수는 거의 동일했다. 이것은 하나님의 놀라우신 은혜를 보여준다. 하나님은 백성들의 불신앙과 불순종에도 불구하고 그들에게 은혜를 베푸셔서 그들을 보호하신 것이다.

이제 세부적인 사항들을 살펴보도록 하자.

(1) 1장의 인구조사 목록에는 열두 지파의 각각의 숫자만이 언급된다. 반면에 26장의 인구조사 목록에는 각 지파에 속한 하부 가문들의 이름이

열거된다. 예를 들어 르우벤 지파의 경우를 비교해보면 다음의 도표와 같다. 이런 차이는 나머지 지파들의 경우에도 다 마찬가지다. 아마 이처럼 26장의 인구조사 목록이 1장의 것과 달리 하부 가문들의 이름도 언급하는 이유는 각 지파 및 가문별 기업의 배분을 염두에 둔 것으로 보인다.

1:20-21	26:5-7
20. 이스라엘의 장자 르우벤의 자손들, 그들에 대한 기록은 종족과 조상의 가문에 따라…계수한 것이 이렇다. 21. 르우벤 지파에서 계수된 자는 46,500명이었다.	5. 르우벤 자손은 하녹[에게서 난] 하녹 가문, 발루에게서 난 발루 가문, 6. 헤스론에게서 난 헤스론 가문, 갈미에게서 난 갈미 가문이다. 7. 이들은 르우벤의 가문들이다. 그 계수된 자가 43,730명이었다.

(2) 26장의 족보에는 족보상의 내용 외에 이전 혹은 이후의 사건들과 연결되는 사항들에 대한 추가적인 언급이 들어있는 경우들이 있다. 이런 언급들이 나오는 경우는 르우벤 지파, 유다 지파, 므낫세 지파이다.

먼저 르우벤 지파의 경우에는 발루 가문의 엘리압의 아들 느무엘, 다단, 아비람 중 후자의 두 명이 저지른 반역 사건이 언급된다(8-11절). 이들은 고라와 함께 반역을 일으켰다가 땅에 삼킴을 당했다. 그리고 이 사건은 이스라엘 백성들에게 "경고"가 되었다(10절; 참고, "사역 해설").

또한 놀랍게도 11절에는 "고라의 아들들", 즉 고라의 후손들이 죽지 않았다는 점이 언급되어 있다. 민수기 16:32-33에 따르면 고라의 가문 전체가 다 망한 것처럼 생각될 수 있지만 이 본문에 따르면 아마 이 16장의 구절들의 의미는 고라의 반역에 직접적으로 참여한 사람들만 심판을 받지 않았나 생각된다. 실제로 다윗이 성전 문지기로 임명한 자들에는 고라 자손이 포함되어 있었으며(대상 9:19; 대하 26:1-3), 시편의 여러 시들도 그들에게 속한 것으로 언급되고 있다(시 42-49; 84; 85; 87; 88).[12] 비록 고라의 반역은 민수기

12 Milgrom, *Numbers*, 222; Ashley, *Numbers*, 535.

내에서 가장 참람한 죄들 중의 하나였지만 나중에 그의 후손은 하나님과 좋은 관계를 누렸던 것이다.

다음으로 유다 지파의 경우에는 유다의 아들들 중 에르와 오난이 가나안 땅에서 죽고(창 38:1-10; 46:12), 유다의 셋째 아들인 셀라의 가문, 그리고 현재 본문에는 명시되어 있지 않지만 유다가 며느리 다말을 통해서 낳은 베레스와 세라의 가문, 또 베레스 가문에서 나온 헤스론 가문과 하물 가문(창 46:12)에 대해서 언급하고 있다(민 26:19-22). 민수기에서 갈렙 개인을 제외하고는 유다 지파가 민수기에서 별로 눈에 띄는 일을 하지 않았음에도 불구하고 그들에 대해서 단순한 족보 이외의 사항들에 대한 언급이 제공된 것은 의외이다. 그러나 굳이 이유를 생각해보자면 26장의 지파별 인구조사 통계를 볼 때 유다 가문이 최고로 사람 수가 많은 가문이었기 때문에 저자가 이 대표적인 지파에 대해서 특별히 추가적인 정보를 제공해주지 않았나 생각된다.

그리고 이 점은 베레스와 세라에 대해서 언급하면서도 유다와 하갈 사이의 사건 등에 대해서는 따로 언급하지 않은 점을 설명해주는 듯하다. 이런 점에서 볼 때 이 유다에 대한 정보를 민수기 저자가 후대의 자료들로부터 빌려왔다고 가정할 필요는 전혀 없어 보인다. 저자는 딱 민수기의 문맥 내에서 언급될 수 있는 사항들만은 언급하고 있다.[13]

마지막으로 이 인구조사 목록은 므낫세 지파와 관련해서도 추가적인 정보를 제공하고 있다(29-34절). 므낫세 지파는 마길 가문 하나로 이루어져 있고, 이 마길에게서 길르앗이 나오는데, 그의 아들들 중 헤벨의 아들이었던 슬로브핫은 딸들밖에 없었다. 이 정보가 중요한 이유는 슬로브핫의 딸들의 기업 할당과 관련된 내용이 민수기의 나머지 장들인 27-36장을 앞뒤로 감싸주는 수미쌍관식 구성을 이루고 있기 때문이다(27:1-11; 36장). 이 26장은

---

13 따라서 Ashley, *Numbers*, 535가 이 구절들은 후대 자료로부터 파생되었다고 추정한 점은 배격되어야 한다.

족보상의 정보를 통해 이들을 미리 소개시켜 줌으로써 이후의 장들에서 문맥이 자연스럽게 흘러가는 역할을 해주고 있다.

52절. 이 말씀 도입구는 53-56절의 기업 할당 원칙에 대한 하나님의 지시의 말씀을 도입한다.

53-56절. 이 본문은 기업 할당 원칙으로 두 가지를 제시하고 있다. 첫째, 53-54절은 인구수가 기업을 할당하는 기준이 되어야 한다고 말하고 있다. 그리고 55-56절은 제비뽑기가 기업 할당 기준이 되어야 한다고 말하고 있다. 이 때문에 학자들 사이에는 이 두 가지 기준 사이의 관계가 무엇인가 하는 것에 대해 논란이 많았다. 예를 들어 흔히 선택되어 온 해결책을 소개하자면 지파별 기업의 위치는 제비뽑기로 정하고, 인구수에 따른 기업 할당은 지파 내의 가문별로 기업을 할당할 때 적용되었다는 것이다.[14]

문제는 현재 본문이 이런 독법을 허용하느냐 하는 것이다. 이와 관련하여 밀그롬은 중세 시대 유대교 주석가들 사이의 논쟁을 소개한다.[15] 그에 따르면 위의 해석은 람반(Ramban)이[16] 이미 제시한 방법이지만 아브라바넬(Abravanel)에[17] 의해 반박되었다고 한다. 우선 만약 더 큰 단위인 지파의 기업을 할당하는 기준이 제비였다면 저자가 그것을 먼저 언급했을 텐데 현재 본문에서는 이것이 더 나중에 언급되었다. 또한 민수기 33:54는 제비뽑기가 단순히 지파뿐만 아니라 지파 내의 가문들의 땅을 나누는 기준이라고

---

14 Ashley, *Numbers*, 538. 이 페이지의 각주 65번에서 애쉴리는 이 견해에 동의하는 학자들의 상세한 목록을 제공하고 있다.

15 Milgrom, *Numbers*, 480-482의 "Excursus 62: The Apportionment of the Promised Land (26:52-56)"을 보라.

16 람반(Ramban)은 주후 1194-1270년에 살았던 중세 시대의 중요한 랍비로서 그 원래 이름은 나흐만의 아들 모세(Moses, son of Nahman)이다. 헬라식 이름을 따라 나흐마니데스(Nachmanides)라고도 부르며, "랍비, 나흐만의 아들 모세"(Rabbi, Moses, son[히브리어, ben] of Nahman)라는 이름을 줄여서 람반(Ramban)이라고도 흔히 부른다.

17 아브라바넬(Abravanel)이라는 이름을 가진 중요한 유대인들은 꽤 된다. 그러나 주석가로 유명한 사람은 주후 1437-1508년에 살았던 돈 이삭 아브라바넬(Don Isaac Abravanel)이다. 그는 정치가, 철학가, 성경 주석가, 금융인으로 다방면에서 활약하였다. 그의 이름은 인도-유럽어로 다양한 방식으로 표기되었기 때로는 혼란스럽다. 참고로 아바르바넬(Abarbanel), 아브라바넬(Abrabanel), 아브라바넬(Avravanel) 등이 그것들이다.

분명히 밝히고 있다: “너희의 종족(미쉬파호트[מִשְׁפְּחֹת], 즉 “가문”)을 따라 그 땅을 제비 뽑아 나눌 것이니 수가 많으면 많은 기업을 주고 적으면 적은 기업을 주되 각기 제비 뽑은 대로 그 소유가 될 것인즉 너희 조상의 지파를 따라 기업을 받을 것이니라”. 이런 반박 후에 아브라바넬은 자기 나름의 해결책을 제시했는데, 이에 따르면 우선 각 지파가 제비로 어느 지역에 있는 땅을 기업으로 받을 것인지를 정하고, 그 지역의 실제 면적은 지파의 인원수로 조정했다는 것이다.

밀그롬은 이런 아브라바넬의 견해를 수용하면서, 이 견해를 강화시켜 주는 논거를 현재 본문에서 찾아낸다. 그것은 인구수에 따른 기준이라는 언급(53-54절)과 제비뽑기라는 기준에 대한 언급(55-56절) 사이를 나누어 주는 아크(אַךְ)란 불변화사(不變化詞)이다. 이 단어는 두 본문 사이의 경계선인 55절 서두에 나오는데, 이 단어는 앞에서 언급한 내용을 다시 이어지는 내용을 통해서 제한하는 기능을 한다. 다시 말해 이 본문은 먼저 53-54절을 통해 땅의 기업의 크기가 지파 및 가문의 인구수에 의해서 결정되어야 함을 말한 다음에 다시 55-56절을 통해 인구수를 막론하고 제비에 의해 기업이 결정되어야 함을 말하고 있다는 것이다. 따라서 제비뽑기에 의한 기업 결정 방식과 인구수에 따른 방식은 두 개의 상호배타적인 기업 배분 방식이 아니라 상호보완적인 방식이라는 것이다. 밀그롬은 이 해석이 맞다는 것을 34:13, 16-29과 여호수아서 17:14에 대한 고찰을 통해서 추가적으로 증거한다. 이 본문에 대한 아브라바넬과 밀그롬의 해석과 기타 다른 본문들의 증거들을 고려할 때 이 해석이 앞에서 제시된 애쉴리 등의 해석보다 나은 것으로 보인다.

57절. 이 구절은 57-62의 레위 지파의 인구조사 본문의 서론 역할을 한다. 레위 지파를 나머지 지파와 분리시켜서 다루고 있는 이유에 대해 62절은 “이스라엘 자손 중에서 그들에게 준 기업이 없었기 때문”이라고 말하고 있다.

이 구절은 또한 레위 지파에 속한 세 가문에 대해서 언급하고 있다. 출애굽기 6:16과 민수기 3:17이 밝히고 있듯이 이들은 게르손 가문, 고핫 가문, 므라리 가문이다.

58절. 이 구절은 다시 한번 레위 지파에 속한 가문을 나열하면서 립니 가문, 헤브론 가문, 말리 가문, 무시 가문, 고라 가문을 열거하고 있다. 여기에서 마지막의 "고라 가문"은 "사역 해설"에서 다룬 바와 같이 앞의 네 개의 가문과 분리시켜서 읽어서 한다. 왜냐하면 앞의 가문들은 게르손, 고핫, 므라리의 아들 세대의 가문들이지만 고라 가문은 고핫 가문보다 한 세대 아래 가문인 아므람 가문, 이스할 가문, 헤브론 가문, 웃시엘 가문 중에서 이스할 가문에 속한 가문이기 때문이다(출 6:18, 21).

주석가들은 이 가문 목록이 이해가 힘든 점들을 몇 가지 갖고 있다고 지적해왔다. 이것들을 열거하면서 필요한 경우 문제점에 대한 답도 제시하고자 한다.

(1) 왜 저자가 57절에서 게르손 가문, 고핫 가문, 므라리 가문을 레위 지파라고 밝힌 후에 다시 58절에서 이들 가문에 속한 하부 가문들의 목록을 제시하면서, 역시 "레위 지파"라고 밝히고 있는지 알 수가 없다. 차라리 저자가 민수기 3:18-20에서 했던 것처럼 58절에서는 "게르손 가문은 다시 립니 가문과 시므이 가문으로 나뉘고, 고핫 가문은 다시 아므람 가문과 이스할 가문과 헤브론 가문과 웃시엘 가문으로 나뉘고, 므라리 가문은 말리 가문과 무시 가문으로 나뉜다"고 언급했다면 아무 문제가 없었을 텐데 말이다.

(2) 출애굽기 6:17-19와 민수기 3:18-20에 따르면 레위 지파에 속한 가문은 앞의 (1)에 언급한 바와 같이 총 8개이다. 그러나 이 민수기 26:58은 이 8개 가문 중에서 게르손 가문에 속한 립니 가문, 고핫 자손에 속한 헤브론 가문, 므라리 가문에 속한 말리 가문을 언급하고 나서, 다시 고핫 자손에 속한 이스할 가문의 한 세대 아래 가문인 고라 가문을 언급하고 있다.

이처럼 왜 레위 지파의 산하 여덟 개의 가문들 중 네 개만 언급하고 있는지에 대해서 주석가들이 어려워하기는 한다. 그러나 아마 이 문제는 구약의 족보들이 꼭 해당 계보에 속한 모든 명단을 다 적지 않고, 필요에 따라 일부를 생략하기도 한다는 점을[18] 생각하면 이게 꼭 불가해한 문제는 아니다.

또한 이 58절의 레위 지파 산하 가문들의 목록에 굳이 이 가문들의 하위 가문인 고라 가문을 언급했는가 하는 것도 학자들은 의문의 대상으로 삼는다.[19] 그러나 이 점은 26장의 앞 부분(8-11절)에서 다단과 아비람에 대해서 다루면서 고라와 그 가족들에 대해 언급한 점을 고려하면 해결되는 것 같다. 다시 말해 58절의 가문 목록은 게르손, 고핫, 므라리 세대의 가문만 언급하는 것이 아니라 그 다음 세대의 가문도 언급하기를 원했는데, 이 중에서는 특히 민수기에서 중요했던 고라 가문을 대표적으로 언급한 것이다. 이것은 아마 독자로 하여금 고라의 반역 사건을 다시 떠올리게도 하지만 마치 이스라엘이 25장의 우상 숭배 사건에도 불구하고 26장에서 하나님의 은혜를 받고 있듯이, 이 고라 가문 역시 시조인 고라의 반역사건에도 불구하고 살아 남는 은혜를 받고 있음을 보여주고자 하는 것이 아닌가 생각된다.

58절은 이렇게 레위 지파의 가문들의 하위 세대들을 언급한 후에 레위 지파 중에서 가장 중요한 가문인 고핫 가문에 대해서 좀 더 자세한 언급을 준비한다: "고핫은 아므람을 낳았다".

59–61절. 이 본문에서 저자는 모세와 아론의 아버지 아므람으로부터 시작해서 아론의 아들들까지 언급을 한다. 특히 아론의 아들들인 나답과 아비후가 "허락되지 않은 불을 여호와 앞에 드리다가 죽었다"는 사실을 언급

---

18 예를 들어 창세기 22:20-24의 나홀의 족보에서 저자는 나홀의 아들 브두엘의 자식으로는 오직 리브가만을 언급하고 있다. 그러나 사실 리브가에게는 그 유명한 라반이라는 오빠도 있었다(창 24:29). 그러나 이 나홀의 족보는 통상적으로 남자 위주로 족보를 구성하는 방식을 따르지 않고, 라반 대신 오직 리브가만을 언급하고 있다. 창세기 저자가 이렇게 한 이유는 창세기 22장에서는 이삭의 배우자 문제가 더 중요하였기 때문이다. 그리고 라반이 24:29에 가서야 소개된 이유는 그의 극적인 등장과 그의 등장시의 특징적인 모습(24:30)을 통해 그의 탐욕스러움을 더욱 크게 부각시켜 주고자 했기 때문이다.

19 예를 들어 Ashley, *Numbers*, 539는 바로 다음에 고핫이 나온다는 것에 기초하여 "고라 가문"을 "고핫 가문"으로 읽어야 하지 않느냐는 견해를 조심스럽게 제시한다. 그러나 이것은 이 목록의 문제를 해결해주지 않는다. 왜냐하면 "고핫 가문"은 58절에서 앞에 열거된 네 가문보다 한 세대 앞선, 상위의 가문이기 때문이다.

한다(레 10:1-2). 이것 역시 저자는 옛 시대에 대한 마무리와 결별의 차원에서 언급하고 있는 것 같다.

62절. 이 구절은 레위인의 인구조사 통계를 제공하고 있다. 일 개월 이상으로 계수된 모든 레위인의 숫자는 23,000명이었다. 이 숫자는 민수기 3-4장의 첫 번째 인구조사 때 언급된 숫자인 22,000명보다 천 명이 더 많은 숫자이다(참고, 3:39).

이어서 이 구절은 레위 지파에 대한 인구조사 결과를 따로 다루는 이유를 설명한다. 그것은 이들이 나머지 지파들과 달리 땅을 기업으로 받지 못할 것이기 때문이다. 그러나 35장이 다루고 있듯이 이들은 그 대신에 이스라엘 전역에서 레위 성읍들을 부여받게 될 것이다.

63절. 이 구절은 26장의 인구조사를 정리해주는 결론구의 역할을 한다. 1절에서 언급된 바와 같이 하나님의 명령의 청자였던 "모세와 제사장 엘르아살"이 인구조사를 수행했다.

64-65절. 26장을 마감하는 이 두 구절은 이 장의 인구조사가 보여준 중요한 신학적 사실을 지적한다. 이 인구조사 통계 속에는 광야 1세대 중에 갈렙과 여호수아를 제외하고는 살아남은 사람이 없다. 물론 모세가 1세대 사람이기는 하지만 그 역시 몇 가지 일을 마무리하고는 얼마 안 가 죽게 될 것이다(신 34장). 성경 본문상으로는 그의 죽음까지는 아직 한참이 남았지만 사실 시간상으로는 이 민수기 26장의 본문으로부터 신명기 34장의 그의 죽음까지는 극히 짧은 시간만 남아 있을 뿐이다.

이처럼 광야 1세대가 여호수아와 갈렙 외에는 아무도 살아남지 않았다는 사실은 민수기 13-14장의 정탐꾼 사건으로 인해 내려진 하나님의 심판(민 14:28-35)이 완료되었음을 나타낸다. 따라서 이제 이스라엘에게 남은 것은 이 심판 속에 주어진 바와 같이 광야 2세대에게 약속의 땅을 주시겠다는 하나님의 약속뿐이다(14:31). 부정적 과거는 물러가고, 희망적인 약속과 미래만 남은 것이다.

5단계: 적용

1절. "염병 후에": 26장의 인구조사는 앞의 25장의 바알에 대한 우상 숭배, 그리고 그에 대한 하나님의 심판으로 인한 염병과 24,000명의 죽음(민 25:9) 직후에 하나님 명령하신 것이다. 바로 앞에서 이스라엘은 죄로 인해 전원이 다 죽임을 당할 뻔했다(25:11-13). 그런 이스라엘에게 하나님은 다시 한번 기회를 주신다. 이 인구조사를 통해 이스라엘은 마치 민수기 1장의 경우처럼 다시 한번 정복 전쟁을 준비하게 될 것이다.

민수기 23:19에서 발람은 "하나님은 사람이 아니시니 거짓말을 하지 않으신다. 사람의 아들이 아니시니 후회가 없으시다. 그가 발설하시고 행하지 않으시겠으며, 말씀하시고 그것을 실행하지 않으시겠는가"라고 말한 바가 있다. 하나님은 수백 년 전에 아브라함에게 주신 약속대로 가나안 땅을 이스라엘 백성들에게 주실 것이다(창 15:18-21). 진실로 신실하고 변함이 없으신 하나님은 이스라엘의 모든 잘못에도 불구하고 여전히 당신의 약속을 지키시며, 은혜를 베푸실 것이다.

51절. "이스라엘 자손의 계수된 자가 601,730명이었다": 첫 번째 인구조사 때 얻은 이스라엘의 총수는 603,550명이었다. 그 뒤로 거의 40년 동안 광야를 방랑한 후 다시 인구조사를 해서 얻은 이스라엘의 총수는 601,730명이었다. 그 동안 정탐꾼 사건(민 13-14장), 고라와 다단과 아비람의 반역(16-17장), 불뱀 사건(21:4-9), 싯딤에서의 우상 숭배 사건(25장) 등이 있었고, 그 때마다 많은 사람이 심판을 받아 죽었음에도 불구하고 놀랍게도 하나님은 이스라엘의 숫자를 거의 원래대로 지켜 주셨다.

많은 순간 우리는 우리의 삶에서 벌어지는 큰 일들에 정신이 팔려 정말 봐야 할 것을 보지 못한다. 민수기의 이스라엘처럼 사건사고가 끊이지 않고 터지고, 그 때마다 이런 사람들이 죽는 것만 보면 우리는 좌절할 수밖에 없다.

그러나 그런 때에 신앙의 눈으로 상황을 바라 볼 수 있는 눈이 있는 사람들은 하나님께서 중요한 순간마다 여호수아와 갈렙, 그리고 비느하스처럼 하나님을 향한 열심을 가진 사람들을 보내주시기도 하시며, 심판으로 죽는 사람들의 숫자만큼 새로 아이들이 탄생하고 자라게 하심으로써 삶이 흐르는 강물처럼 마르지 않고 끊임 없이 흘러가게 하신다는 것을 본다. 비록 이 두 번째 인구조사의 결과가 나오기 전까지 독자들은 깨닫지 못했지만 하나님은 이런 일이 가능하도록 이스라엘을 계속 보호하고 계셨다.

그러므로 참된 신자들은 당장 눈에 자극적으로 다가오는 부정적인 것만 보는 것이 아니라 하나님의 섬세한 보호와 은혜도 볼 수 있어야 한다. 그럴 때 하나님의 백성은 끊임 없이 몰아치는 파도처럼 온갖 복잡다단한 일들이 다 터지는 삶의 현장 속에서도 진정한 평안을 누릴 수가 있다. 그런 사람들은 시편 121편의 기자처럼 "여호와께서 너를 실족하지 아니하게 하시며 너를 지키시는 이가 졸지 아니하시리로다. 이스라엘을 지키시는 이는 졸지도 아니하시고 주무시지도 아니하시리로다. 여호와는 너를 지키시는 이시라 여호와께서 네 오른쪽에서 네 그늘이 되시나니 낮의 해가 너를 상하게 하지 아니하며 밤의 달도 너를 해치지 아니하리로다"라도 노래할 수 있다(시 121:3-6).

53-56절. 이 본문은 약속의 땅의 기업을 분배하는데 있어서 두 가지 상호보완적인 원칙에 대해서 말씀하고 있다. 그것은 제비와 인구수이다. 제비는 하나님의 주권적인 결정을 의미한다. 이스라엘의 각 지파가 가나안 땅에서 어느 부분을 차지하게 될 것이냐 하는 것은 전적으로 제기뽑기를 통해 드러날 하나님의 뜻에 달려 있다. 그러나 그렇게 땅의 위치가 정해지고 나면 또한 인구수에 따라 실제 차지할 땅의 크기가 조정될 것이다.

이처럼 우리 성도의 삶의 모든 것들은 하나님의 주권과 우리가 가진 상황이라는 두 가지 기준에 따라서 정해질 것이다. 우리는 먼저 자신의 삶의 중요한 결정들에 있어서 하나님의 주권적 결정에 귀를 기울여야 한다. 가나안 정복 당시의 이스라엘 백성의 경우처럼 하나님은 어떤 지파에게는 산지를 주실 수도 있고, 어떤 지파에게는 평지를 주실 수도 있다. 어떤 곳은 좀 더 비옥하고, 어떤 곳은 좀 더 메마를 수 있다. 그 곳이 어떤 곳이든 우리는 하나님의 주권적 결정에 순종해야 한다.

그러나 하나님의 주권적 결정이 결코 우리의 합리적인 판단을 무조건 배제하는 것은 아니다. 일단 하나님의 주권적인 결정이 우리에게 주어지고 나면 우리는 그것에 기초해서 상황을 잘 판단하고, 마치 각 지파가 인구의 다수에 따라 해당 지역에서의 기업의 실제 크기를 조정했듯이 적절하게 합리적인 판단을 사용해서 하나님의 뜻이 우리의 삶에 잘 구현되게 조절할 수가 있다.

이처럼 하나님의 뜻에 대한 순종과 그 뜻을 상황에 맞게 조정하는 것은 결코 서로 충돌하는 사항이 아니다. 우리가 하나님의 드러난 뜻을 배격하려는 것이 아니라 그 뜻을 더 잘 구현하기 위해서라면 우리는 얼마든지 우리가 처한 상황과 조건들을 고려해서 적절한 조치들을 취할 수 있다.

6단계: 설교 "쇼는 계속 되어야 한다"(민 26:1-2, 62)

제 인생에 가장 영향을 많이 끼쳤던 글 중의 하나를 꼽으라면 저는 대학 1학년 교양영어 제1과에 실린 글을 꼽을 수 있습니다. 이 글의 제목은 "The Show must go on", 즉 "쇼는 계속 되어야 한다"는 것입니다.

이 글을 접한 때로부터 이제 한 30년여 년이 지났지만 이 글은 제 뇌리에 아직까지 선명하게 박혀 있고, 제가 힘든 순간들, 좌절하고 당장 쓰러져 다시는 못 일어날 것 같은 순간들, "이제는 모든 것이 끝났다"라고 말하고 싶은 순간들에도 계속해서 저를 붙잡아 주었습니다.

이 글은 원래 해리 골든(Harry Golden)이라는 작가 겸 신문발행인이 쓴 글입니다. 그의 글에서 특히 저에게 깊은 인상을 남긴 부분은 인도의 시성(詩聖) 타고르의 이야기입니다. 정신 작업에 깊이 몰두한 사람들이 흔히 그렇듯이 타고르도 시에 있어서는 그 누구보다 높이 날아올랐던 사람이지만 현실의 자잘한 것들, 즉 빨래, 식사 준비, 잠자리 정돈 등과 같은 일들은 어쩔 줄 몰라 했습니다. 다행히도 그의 분신과도 같은 충실한 하인이 그의 이런 점들을 잘 보필해 주었기 때문에 그는 시에 몰두할 수 있었습니다.

어느 날, 한번도 시간을 어기지 않고 항상 그의 모든 허드렛일을 다 담당해주었던 이 하인이 갑자기 일을 나오지 않았습니다. 타고르는 당장 뭘 어찌해야 할지 몰랐습니다. 그는 먹지도 씻지도 못하고 한참을 안절부절해야 했습니다. 한 시간, 두 시간 시간이 흐르는 동안 그는 온갖 감정의 널뛰기를 경험하다가 몇 시간 후에는 아예 이 하인을 당장 해고해 버리리라고 결심했습니다. 그가 오면 한번 확 쏴붙여 주고는 바로 잘라버리리라고 결심했습니다.

그 하인은 정오가 한참 지나서야 나타났습니다. 그리고는 심지어 인사조차 하지 않고, 말 한 마디도 없이 자기가 하던 일을 시작했습니다. 주인인 타고르의 옷을 챙기고, 때가 지나버린 식사를 만들고, 청소를 했습니다. 타고르는 이 하인이 뭐라도 자기에게 먼저 말해주기를 기다렸지만 그는 묵묵히 자기 일을 수행할 뿐이었습니다. 어이없는 눈으로 이 하인을 바라보던 타고르는 점점 분노에 차올랐습니다.

마침내 그가 소리쳤습니다. "자네 뭐하자는 건가? 모두 다 내려놓고 당장 꺼져버리게". 이 말을 듣고도 하인은 대꾸도 없이 묵묵하게 허드렛일을 해나갈 뿐이었습니다. 그러다 잠시 후 그가 조용히 말했습니다. "제 어린 딸이 지난밤에 죽었습니다, 주인님". 그리고 그 하인은 하던 일을 계속 했습니다.

인생을 살다 보면 이런 때가 있습니다. 삶에 브레이크가 걸려 한 순간도 더 앞으로 나아갈 수 없는 경우들이 있습니다. 그러나 그런 순간들에도 쇼는 계속되어야만 합니다. 타고르 이야기 속의 하인처럼 자기가 사랑하는 딸이 갑자기 죽었다고 해도 한 가정의 가장은 다른 가족 구성원들의 생계를 위해서 모든 슬픔을 가슴에 묻은 채, 충분히 슬퍼할 틈도 없이 다시 삶의 수레바퀴를 굴려야만 합니다. 이처럼 다른 사람들에게 자신의 마음을 좀 헤아려 달라고 외치고 싶지만 그 모든 외침을 마음 속에 묻고 하던 일을 계속 해야만 하는 때가 있는 것입니다. 쇼는 계속되어야만 합니다.

오늘 본문은 "염병 후에"라는 문구로 시작됩니다(민 26:1). 이 본문 바로 전에 나오는 민수기 25장에서 이스라엘은 다시 한번 하나님 앞에서 끔찍한 죄를 저질렀습니다. 그 바로 앞의 22-24장에서 하나님은 이스라엘을 저주하고자 하는 발락의 음모로부터 이스라엘을 지켜 주셨습니다. 그러나 이스라엘은 그런 것은 까마득히 모른 채 이방 여인들에게 빠지고, 그녀들의 신인 바알에게 빠졌습니다.

그 결과 하나님은 진노하셔서 염병으로 그들을 쳐서 24,000명이 죽는 일이 발생했습니다. 만약 비느하스의 하나님을 향한 열심이 없었더라면 이스라엘은 이 사건을 마지막으로 지면에서 사라졌을 것입니다(25:11-13).

그러나 이 큰 사건 직후, 즉 오늘 본문이 말씀하고 있는 바와 같이 "염병 후에" 하나님은 모세와 엘르아살에게 인구조사를 명령하십니다. 이것은 이스라엘로 하여금 가나안 정복 전쟁을 수행하도록 하시기 위한 것입니다. 하나님은 구속사가 완전히 멈추어 설 수밖에 없을 것 같은 상황 속에서 다시 한번 앞으로 나갈 기회를 허락하십니다. 하나님이 허락하시는 또 한번의 은혜를 통해 구속사는 다시 한번 앞으로 전진합니다. 쇼는 계속 됩니다.

성경에는 이처럼 모든 것이 다 끝장나버린 것과 같은 경우가 수도 없이 많습니다. 첫 인류는 창조된 그 첫 순간부터 하나님을 거역하여 역사의 수레바퀴가 멈출 뻔하게 만들었습니다(창 3장). 하나님이 첫 반역자들에게 원시 복음(창 3:15)을 허락하시고, 가죽 옷을 입혀 주시지 않았다면 이 우주는 창조된 첫 순간에 멈춰 섰을 것입니다. 마찬가지로 하나님이 홍수로 지면의 모든 생명을 다 심판하셨을 때에도 하나님께서 노아 가족을 살려주지 않으셨더라면 역시 구속사의 시계는 멈췄을 것입니다(창 6-9).

이런 일들은 성경 시대 안에 수도 없이 많았습니다. 아브라함이 하나님의 부르심 직후에 애굽에 가서 자기 아내를 누이라고 했을 때(창 12:10-20), 그가 이삭을 제물로 바치라는 명령을 받고 선택의 기로에 섰을 때(창 22장), 애굽에서 바로가 모든 히브리어 남자 아이를 죽이라고 명령했을 때(출 1-2

장), 황금 송아지 사건으로 인해 하나님이 모든 이스라엘 사람들을 멸절시키기로 결정하셨을 때(출 32:1-14), 아간의 죄로 인해 이스라엘의 가나안 정복이 멈춰버릴 뻔했을 때(수 7장), 하나님의 심판의 도구인 바벨론에 의해서 예루살렘과 성전이 무너졌을 때(왕하 25장) 등등 참으로 많았습니다.

그러나 이 모든 순간에 하나님은 항상 은혜를 베푸셨습니다. 거짓말로 인해 자신과 자신의 아내가 위험에 처한 상황 속에서 개입하셔서 오히려 아브라함이 거부가 될 수 있게 하셨고(창 13:1-2), 이삭을 대신할 제물을 예비하셨고(창 22:13), 히브리 남자 아이 중에 하나님이 구원의 대리자로 사용하실 모세가 살아 남게 하셨고(출 2:1-10), 아간의 죄에도 불구하고 가나안 정복을 가능하게 하셨고(수 7-12장), 바벨론에 사로잡혀간 자들이 돌아오게 하셨습니다(에스라서-느헤미야서)

이처럼 성경은 우리 인간들이 하나님께 반역하거나 죄를 지음으로 인해 구속사가 멈춰 설 뻔한 순간들을 많이 이야기하고 있지만 그런 순간들마다 하나님은 은혜를 베푸셔서 다시 그 구속사가 계속 될 수 있게 해주셨습니다. 이런 성경의 이야기들은 우리에게 희망을 줍니다.

더 나아가서 우리 믿는 자들은 앞의 타고르의 하인의 이야기와 성경의 구속사의 이야기들 사이에는 한 가지 중대한 차이가 있다는 점을 인식할 필요가 있습니다. 전자의 이야기가 숭고하고 감동적이기는 하지만 그 이야기는 결국은 보장이 없는 인생의 수레바퀴의 이야기일 뿐입니다. 이 수레바퀴가 멈추려고 할 때 그것을 굴리는 존재는 인간 자신입니다. 멈춘 바퀴를 한 번 더 굴릴 때 그 바퀴가 다음 순간에 다시 멈출지, 제대로 된 방향을 향해 나아갈 지 혹은 엉뚱한 데로 흘러가 상황이 더 악화될지 알 수가 없습니다.

그러나 성경의 구속사의 이야기들은 하나님이 멈출 뻔한 수레바퀴를 다시 굴러가게 하십니다. 전능자이자 역사의 주인이신 분이 다시 굴리는 수레바퀴는 방향이 정해져 있고, 도는 한 바퀴 한 바퀴가 다 의미가 있습니다.

그러므로 성도 여러분, 희망을 가지시기 바랍니다. 혹시 현재 여러분이 직면하고 있는 어떤 일로 인해서 여러분의 인생의 수레바퀴가 멈출 것 같은 순간에 있다 할지라도 희망을 잃지 마시기 바랍니다. 여러분의 인생이란 쇼가 중단될 것 같은 순간에도 좌절하지 마시기 바랍니다. 우리에게는 우리 인생의 무대에서 벌어지는 쇼가 멈추지 않게 지키시는 분이 계십니다. 혹시 우리가 그 쇼를 망쳐서 중단될 것 같은 상황에서도 그 모든 것을 수습하시고 다시 그 쇼가 계속 진행될 수 있게 해주시는 분이 계십니다. 하나님이 멈추지 않으면 쇼는 멈추지 않습니다. 그러므로 성도 여러분, 하나님이 우리 인생의 주인이고 감독이신 한 쇼는 계속 됩니다. 멈추지 마십시오.

약속의 땅은 이미 손 안에–슬로브핫의 딸들과 여호수아

민수기 27장의 신학 개관

민수기 27장은 두 개의 뚜렷이 구분되는 단원으로 이루어져 있다. 첫 단원(27:1-11)은 므낫세 지파에 속한 슬로브핫의 딸들이 여자에게도 아버지의 기업이 상속될 수 있게 해달라고 탄원하는 내용이다. 그리고 두 번째 단원(27:12-23)은 하나님이 모세에게 죽음을 선언하고, 여호수아를 후계자로 세우게 하는 내용이다.

먼저 첫 단원부터 살펴보도록 하자. 이 단원은 주변 문맥과 관련하여 다음과 같은 중요한 역할들을 하고 있다.

첫째, 이 단원은 민수기의 거시 구조의 마지막 단원(26-36장)에서 첫 장의 인구조사 본문(26장)을 제외한 나머지 본문을 수미쌍관식 구조를 통해 앞뒤로 감싸주는 역할을 하고 있다. 즉 이 단원(27:1-11)과 마지막 장(36장)은 모두 슬로브핫의 딸들의 기업 상속 문제를 다루고 있다는 점에서 서로 연결되어 있으며, 이런 연결을 통해 그 사이에 들어있는 본문들의 외곽틀 역할을 하고 있다.

둘째, 이 단원은 앞 장과 나머지 장들 사이의 연결고리 역할을 하고 있다. 앞 장인 26장의 인구조사 본문 속에서 저자는 이미 슬로브핫의 딸들에 대한 상세한 정보를 제공해 놓았다(26:33). 구약의 족보들이 주로 아들들에 대한 정보만으로 이루어진다는 점을 고려할 때 상당히 예외적인 이 딸들에 대한 정보는 바로 뒷장에 나오는 이 단원의 예고편 같은 역할을 한다. 그런 면에서 이 단원은 앞 26장과 밀접한 관련을 맺고 있으며, 그런 면에서 이 앞장과 뒷장들 사이의 다리 역할을 하고 있다.

이런 구조상의 역할은 내용상으로도 중요하다. 이 본문을 통하여 저자는 약속의 땅에 대한 하나님의 약속이 이미 실현된 것이나 마찬가지인 것으로 취급함으로써 민수기의 마지막 부분에 가서 이스라엘 백성의 희망을 고조시키고 있다. 현재 이스라엘은 이미 요단강 동쪽의 땅들을 정복(민 21:21-35)하기는 하지만 아직 이스라엘의 주무대가 될 서쪽의 땅은 차지하지 않은 상태이다. 그러나 저자는 이미 기업의 분배와 상속의 문제를 깊숙이 다루는 이 단원의 내용을 통해서 이스라엘 백성이 나머지 땅 역시 결국은 정복될 것에 대한 확신을 주고 있다.

물론 역사비평학자들은 아직 땅의 정복이 실현되지도 않았음에도 불구하고 이런 내용이 나온 것이 적절치 않다고 보고, 이 본문은 가나안 정복 후에 발생한 기업 분배의 문제를 일부러 모세 시대의 것인양 만듦으로써 이 문제에 대해서 이 중요한 인물의 권위를 빌리고자 했다고 주장한다. 그러나 역사비평학자들의 이런 주장들에 대해서 웬함은 다음과 같은 반박들을 했다.[1] 첫째, 이미 이 당시 이스라엘은 요단 강 동쪽 지역을 정복한 상태였다(민 21:21-35). 그리고 비록 르우벤 지파와 갓 지파와 므낫세 지파가 이 지역의 땅들을 기업으로 달라고 요청한 내용은 민수기 32장에 가서야 나오기는 하지만 이미 이 27장의 당시부터 이 지역을 자신들의 기업으로 삼아야겠다는 생각을 어느 정도는 하고 있었을 수 있다. 그리고 슬로브핫의 딸들의 요구는 이런 정황 속에서 나온 것일 수가 있다. 둘째, 웬함이 참고한 칼빈의 주장에 따르면 앞장인 26장에서 이미 모세는 정복 전쟁의 준비 단계로서 인구조사를 시행했다. 슬로브핫의 딸은 이 인구조사의 바탕에 딸린 하나

1 Gordon J. Wenham, *Numbers: An Introduction and Commentary*, Vol. 4. Tyndale Old Testament Commentaries (Downers Grove: InterVarsity Press, 1981), 216.

님과 모세의 뜻에 기초해서 약속의 땅의 기업에 대한 권리를 요구함으로써 전쟁의 승리에 대한 확고한 믿음을 보여주었다. 그리고 이처럼 아직 실현되지 않은 것에 대해 이들이 보여준 신앙적 태도가 후세에 귀감이 되도록 민수기 저자가 이것을 기록했다고 칼빈은 생각한다. 이처럼 웬함이 제시한 주장들은 역사비평학자들이 제기한 이 본문의 위치 문제에 대한 충분한 대답이 된다.

이 단원이 하는 마지막 역할은 민수기의 거시적 구조상의 마지막 단원(26-36장)의 주제에 관한 것이다. 약속의 땅의 기업 분배의 문제를 다루고 있는 이 단원은 민수기의 마지막 장인 36장과 수미쌍관적 구조를 형성함으로써 그 사이에 낀 본문들의 핵심 주제가 바로 땅의 정복이라는 점을 분명하게 해준다. 이 점에 대해서는 26장의 개관과 신학을 통해 이미 살펴본 바가 있다. 27:1-11과 36장의 수미쌍관식 구성은 이처럼 그 안에 담긴 내용의 간판 역할을 한다.

이제 27장의 두 번째 단원(12-23절)을 다루도록 하자. 이 단원은 모세의 리더십이 여호수아에게 이전되는 내용을 다루고 있다는 점에서 26-36장의 거시적 내용과 잘 상응한다. 그러나 이 단원의 경우에도 몇 가지 살펴볼 점들이 있다.

첫째, 이 단원은 민수기의 거시적 구조 속의 앞의 단원(민 20-25장)과 연결된 측면이 있다. 모세의 죽음 및 권한 이양에 대한 언급은 민수기 20:1의 미리암의 죽음 및 20:22-29의 아론의 죽음에 대한 본문과 연결된다. 특히 후자의 본문과의 연결성이 두드러지는데, 이 점에 대해서는 아래의 "본문해설"을 통해 좀 더 자세히 다룰 것이다. 어찌 됐든 이런 연결점을 통해서 현재 단원은 진정한 의미에서 광야 1세대의 마감을 알린다.

둘째, 하나님의 백성의 지도자가 모세에서 아론으로 전이되는 내용은 리더십의 성격이 모세로 대변되는 광야의 리더십에서 여호수아로 대변되는 전쟁의 리더십으로 바뀌는 것을 나타낸다(참고, 민 32:27-32; 34:17; 신 1:38; 3:21-22, 28; 31:3, 7, 23; 수 1:3-18 등). 그리고 이런 내용은 이 단원이 속한 문맥과 잘 상응한다.

셋째, 비록 이 본문이 여호수아의 안수에 대한 언급(18, 23절)을 하고 있지만 이것이 꼭 민수기의 시간의 흐름 속에서 이 단원에서 실행되었다고 볼 필요는 없다. 원래 오경의 내용들은 항상 연대기적 흐름을 엄밀하게 따르지 않고, 때에 따라서는 주제 등의 다른 요소가 연대기적 순서를 넘어설 때도 있다.[2] 현재 본문 역시 마찬가지다. 모세에서 여호수아로서의 권한 이양에 대한 내용은 오경의 본문상 한참 뒤인 신명기 31:1-8, 14, 23; 34:1-9에 나온다. 그리고 실제 안수한 것에 대한 다른 언급은 신명기 34:9에 나온다. 아마 현재 본문의 내용에 따르면 모세는 안수 직후에 죽었을 것으로 보이기 때문에 실제로 안수가 이루어진 순간은 아마 그의 죽음 직전의 내용을 담고 있는 신명기 34:9의 순간일 것이다. 따라서 현재 본문의 마지막 구절인 23절이 모세의 여호수아에 대한 안수를 과거형으로 사용하고 있는 것은 실제의 연대기상으로는 신명기 34:9에 일어날 일을 미리 당겨서 언급하고 있는 것으로 이해하는 것이 적절할 것이다.

1단계: 사역

1. 요셉의 아들 므낫세 가문들에게 속한 자로 므낫세의 현손 마길의 증손 길르앗의 손자 헤벨의 아들 슬로브핫의 딸들이 나아왔다. 그의 딸들의 이름은 말라, 노아, 호글라, 밀가, 디르사였다.
2. 그들이 회막 문에서 모세와 제사장 엘르아살과 지파장들과 온 회중 앞에 서서 말했다.
3. "우리 아버지가 광야에서 죽었습니다. 그는 여호와를 거슬러 모인 일당, 곧 고라의 일당에 들지 않았습니다. 그가 자기 죄로 죽었기 때문입니다. 그리고 그는 아들이 없습니다.
4. 왜 아들이 없다고 하여 우리 아버지의 이름이 자기 가문들 중에서 제거되어야 합니

---

2 오경의 연대기적 순서의 문제에 대한 간략한 논의와 관련 문헌들의 소개는 박철현, *레위기: 위험한 거룩성과의 동행* (서울: 솔로몬, 2018), 267 및 관련 각주를 보라.

까? 우리 아버지의 형제들 가운데에서 우리에게 기업을 주십시오".

5. 모세가 그녀들의 소송건을 여호와께 가져갔다.
6. 여호와께서 모세에게 이르셨다.
7. "슬로브핫 딸들이 말하는 것이 옳다. 너는 반드시 그녀들의 아버지의 형제들 가운데에서 그녀들에게 기업을 주어라. 그녀들의 아버지의 기업이 그녀들에게 전수되게 하여라.
8. 너는 이스라엘 자손에게 말하여라. 만약 어떤 사람이 죽고 그에게 아들이 없으면 그의 기업이 그의 딸에게 전수되게 해라.
9. 딸도 없으면 그의 기업을 그의 형제들에게 주어라.
10. 형제도 없으면 그의 기업을 그의 아버지의 형제들에게 주어라.
11. 그의 아버지의 형제들도 없으면 그의 기업을 그의 가문에서 그와 가장 가까운 근친에게 주어서 그가 그것을 물려 받게 하여라. 여호와가 모세에게 명령한 대로 이것이 이스라엘 자손에게 소송건의 규례가 되게 하여라".
12. 여호와께서 모세에게 이르셨다. "너는 이 아바림 산에 올라가서 내가 이스라엘 자손에게 준 땅을 바라보아라.
13. 그것을 보고 너는 네 형 아론이 돌아간 것 같이 너도 네 조상들에게로 돌아가게 될 것이다.
14. 이는 신 광야에서 회중이 분쟁할 때에 너희가 물에 관하여 나를 거룩한 자로 드러내라는 명령을 거역하였기 때문이다. 이것은 신 광야 가데스의 므리바 물이었다".
15. 모세가 여호와께 말하였다.
16. "여호와, 모든 육체의 영혼들의 하나님이시여. 한 사람을 이 회중 위에 세우소서.
17. 그가 그들 앞에서 출입하게 하시며, 그들의 출입을 인도하게 하셔서 여호와의 회중이 목자 없는 양과 같이 되지 않게 하소서".
18. 여호와께서 모세에게 이르셨다. "눈의 아들 여호수아, 곧 영이 그 안에 있는 자를 취하여 너의 손을 그의 위에 눌러 안수하여라.
19. 그리고 그를 제사장 엘르아살과 온 회중 앞에 세우고, 그들의 눈 앞에서 그에게 명하고,
20. 너의 권한을 그에게 맡겨, 이스라엘 자손의 모든 회중이 그에게 복종하게 하여라.
21. 그로 하여금 제사장 엘르아살 앞에 서게 하고, 엘르아살은 그를 위하여 우림의 판결을 가지고 여호와 앞에 묻게 하여 그와 온 이스라엘 자손 곧 온 회중이 그의 말에 따라 나가고 그의 말에 따라 들어오게 하여라".
22. 모세가 여호와께서 자기에게 명령하신 대로 행하였다. 그가 여호수아를 데려다가

제사장 엘르아살과 온 회중 앞에 세웠다.
23. 그리고 자기 손을 그의 위에 눌러 안수하여 그에게 위임을 하였다. 여호와께서 모세를 통해 말씀하신 대로였다.

2단계: 사역 해설

2절. "말했다": 레모르(לֵאמֹר). "말하다"(to speak)란 뜻의 동사 아마르(אָמַר)의 부정사 연계형에 전치사 르(לְ)가 부착된 합성 어구는 성경 히브리어에서는 등장인물의 직접화법을 나타내는 쌍따옴표의 역할을 하기 때문에 따로 번역하지 않는 편이 낫다. 특히 이 합성 어구가 "말하다"란 뜻을 가진 아마르나 다바르(דָּבַר) 등의 동사와 함께 쓰일 때는 더욱 그러하다. 그러나 현재의 문장에서는 이런 동사들이 없이 쓰였기 때문에 이 레모르는 직접화법을 나타내는 역할과 더불어 "말하다"라는 동사의 역할을 이중으로 하고 있지 않나 생각된다. 따라서 번역을 해주는 것이 본문의 흐름을 더 자연스럽게 해준다. 사역은 이 점을 반영하였다.

3절. "일당": 에다(עֵדָה). 이 단어는 오경에서 주로 이스라엘 "회중"을 가리킬 때 사용된 용어이다. 그러나 이 단어가 현재 본문에서는 고라와 같이 여호와께 반역을 주도한 집단을 가리키는 것이 분명하기 때문에 개역개정은 이스라엘 회중과의 구분을 위해 "일당"이라고 번역하고 있다. 사역도 이 점을 따르고 있다. 이 문제에 대해서는 이미 16:5의 "사역 해설"에서 다룬 바가 있음을 참고하라.

13절. "네 조상들에게로 돌아가게 될 것이다": 붸네에사프타 엘 암메카 감-알타(וְנֶאֱסַפְתָּ אֶל־עַמֶּיךָ גַּם־אָתָּה). 이 표현은 히브리어 표현은 직역하면 "네 백성들에게 모여졌다" 정도가 된다. 그러나 이 표현은 창세기 35:29의 개역개정의 번역과 같이 "네 열조에게로 돌아갔다" 정도로 번역되고 있다. 이 표현은 사람이 죽으면 이미 죽은 '자기 백성', 곧 '자기 조상들'이 가 있

는 곳으로 가게 된다는 것을 나타내는 의미를 나타내는 표현이다.[3]

17절. 히브리어 원문상으로는 이 17절의 모든 내용은 16절의 "한 사람"을 수식하는 관계대명사 구문들이다. 그러나 한글의 구절 구분 속에서는 원래의 어순을 살려가면서 이 선행사와 관계대명사를 적절하게 번역하는 것이 불가능하기 때문에 17절이 독립절인 것처럼 번역하였다는 점을 유의하라.

18절. "너의 손을": 야드카(יָדְךָ). 여기에 사용된 "손", 즉 야드(יָד)란 단어는 단수가 사용되었다. 즉 하나님께서 모세에게 여호수아의 머리에 손을 얹고 안수하라는 명령을 하셨을 때는 손을 단수로 언급하셨다. 그러나 이 명령을 23절에서 모세가 시행할 때는 손이 복수로 되어 있다. 이런 증거가 보여주는 바는 안수시 손이 단수냐 복수냐 하는 문제는 별로 중요하지 않은 것으로 생각된다는 점이다. 이 점은 상당히 중요한데, 왜냐하면 현재의 제의법 학계에서는 "손"이 단수냐 복수냐 하는 것에 따라 안수의 의미가 달라진다고 보기 때문이다. 하지만 이 18, 23절의 증거가 보여주는 바는 사실 안수시에 손의 개수는 중요하지 않다는 점이다.[4]

"눌러 안수하여라": 붸사마크타(וְסָמַכְתָּ). 원래 사마크(סָמַךְ)란 단어는 "지지하다, 지원하다"(to support, prop up)이란 뜻을 가진 단어이다. 이 단어가 "손"(hand)이란 단어와 함께 쓰여 "안수하다"란 뜻으로 사용된다. 그러나 이 경우 "안수하다"라는 단어가 너무나 숙어처럼 고착화되어 손을 어떤 대상의 위에 올려 놓는다는 개념 자체가 약화된 경향이 있다. 이런 점으로 인해 현재의 사역에서는 이 사마크를 번역할 때 한국어로는 약간 동어반복적인 요소는 있지만 "[손을] 눌러 안수하다"라는 식으로 번역하였음을 유념하라.

21절. 이 구절의 동사들은 전부 간접명령형(jussive)의 뉘앙스를 가지고

---

3 이 표현이 오경의 문맥 속에서 가진 추가적인 의미들에 대해서는 게리 쉬니처, *토라 스토리* (서울: 솔로몬, 2014), 376-377; 박철현, *레위기: 위험한 거룩성과의 동행* (서울: 솔로몬, 2018), 250을 보라.

4 이 문제가 제의법에서 가진 중요성에 대해서는 박철현, *레위기*, 64-65를 보라.

있는 것으로 생각되며, 사역은 이 점을 반영하였다.

23절. "손을": 야다브(יָדָיו). 한국어로는 애매하게 되어 있지만 원어로는 손(야드, dy:)은 쌍수("손"이나 "눈", "귀" 등과 같이 두 개의 짝으로 이루어진 것들을 나타낼 때 사용되는 명사 형태)로 되어 있다. 이 손의 개수가 가진 중요성에 대해서는 18절의 "손을"에 대한 사역 해설을 보라.

3단계: 단락 구분

민수기 27장의 단락 구분은 다음과 같다.

- 27:1-11 슬로브핫의 딸의 기업 분배 문제
    - 27:1-2a 단원 도입구: 내용의 배경
    - 27:2b-4 슬로브핫의 딸들의 기업 분배 문제 제기
        - 27:2b 말 도입구
        - 27:3-4 기업 승계 문제 제기
    - 27:5 모세가 하나님의 문제 전달
    - 27:6-11 하나님의 응답
        - 27:6 말씀 도입구
        - 27:7-11 응답의 내용
            - 27:7 슬로브핫의 딸들의 말 수용
            - 27:8-11 기업 승계의 원칙 천명
                - 27:8a 원칙 천명 도입구
                - 27:8b-11 기업 승계 원칙의 내용
- 27:12-23 모세의 권한 이양
    - 27:12-14 모세의 죽음에 대한 하나님의 선고
        - 27:12a 말씀 도입구

27:12b-14 선고 내용

27:15-17 모세의 반응

27:15 말 도입구

27:16-17 모세의 말: 새 지도자 요청

27:18-21 모세의 요청에 대한 하나님의 응답

27:18a 말씀 도입구

27:18b-21 여호수아에게 권한 위양 명령

27:22-23 모세의 명령 수행

이 장은 크게 두 개의 단원으로 이루어져 있다. 1-11절은 슬로브핫의 딸들의 기업 승계 문제에 대한 이의 제기에 대해서 말하고 있다. 그리고 12-23절은 모세의 죽음과 그의 권한을 여호수아에게 위양하는 것을 내용으로 하고 있다. 이 단원 사이의 전환에 대해서는 어떤 특별한 문학적 표지가 없지만, 그럼에도 불구하고 12절에서 완전히 새로운 내용, 즉 갑자기 모세의 죽음에 대한 선언의 말씀이 등장하는 것을 통해 갑작스럽게 단원의 전환이 이루어지고 있다.

먼저 첫 번째 단원(1-11절)을 보도록 하자. 이 단원은 1-2b절에서 그 배경이 되는 슬로브핫의 딸들의 등장에 대해서 언급하고 있다. 이들이 회막문으로 나와서 모세와 회중 앞에 서서 기업의 승계 문제에 대해서 자신들의 입장을 말함으로써 단원의 내용이 본격적으로 시작된다. 이들의 말에 따르면 기업을 승계할 아들이 없이 죽은 아버지의 기업이 딸인 자신들에게 주어져야 한다는 것이다(3-4절).

모세가 이 문제를 하나님께 전하자(5절) 하나님은 먼저 슬로브핫의 딸들의 권리 주장이 옳다는 것을 인정하신다(7절). 그리고 이것을 계기로 해서 기업 승계 원칙을 분명하게 천명하신다(8-11절).

두 번째 단원(12-23절)은 주로 등장인물의 말을 도입하는 문구, 즉 "~가 말(씀)하였다"라는 문구를 통해서 단락이 구분된다. 12-14절은 하나님의 말씀 도입구에 이어 모세의 죽음에 대한 하나님의 선언을 담고 있다. 15-17절은 모세의 말을 도입하는 문구에 이어 하나님께서 자기 대신 새로운 지도자를 세워줄 것에 대한 그의 요청을 담고 있다. 18-21절은 하나님의 말씀 도입구에 이어 모세의 요청에 대한 응답으로 여호수아에게 권한을 위양할 것을 담고 있다. 단원의 마지막 단락인 22-23절은 이런 말씀 도입구 구조 패턴을 벗어나 앞의 하나님의 명령에 대한 모세의 시행에 대한 내레이터의 서술을 담고 있다.

4단계: 본문 해설

1-2a절. 이 본문은 27장의 첫 단원인 1-11절의 배경적 정보를 담고 있다. 므낫세 지파에 속한 슬로브핫의 딸들이 회막문에 있는 모세와 회중 앞으로 나아와 자신들의 요구 사항을 밝힌다.

이 여인들의 요구사항은 오경과 여호수아서에서 상당히 중요하게 다뤄진다. 우선 오경에서 이 여인들과 관련된 내용은 이 단락과 더불어 민수기 끝 장인 36장에 담겨 있다. 이 두 본문이 민수기의 마지막 거시적 단원의 구조와 관련하여 중요하다는 점은 앞의 "개관과 신학"에서 언급하였다. 이 여인들에 대한 언급은 또한 여호수아서 17:1-13의 므낫세 지파의 기업 분배에 대한 본문의 한 부분을 장식하고 있다(17:3). 또 이 여인들은 역대기 1-9장의 방대한 족보에 언급된, 몇 안 되는 여인들 중의 하나이다(대상 7:15). 이런 면에서 이 여인들은 짧은 등장에도 불구하고 구약에서 중요한 인물들 중의 하나로 취급되고 있음이 분명하다.

내용에 있어서도 이 여인들의 요구는 향후 기업 승계에 대한 대원칙이 천명되는 계기를 이룬다는 점에 있어서도 중요하다(민 27:8-11). 특히 11절은 이 여인들의 판례가 "이스라엘 자손에게 판결의 규례가 되게" 하라는 하나님의 말씀을 통하여 영속적인 원칙이 되었음을 밝히고 있다.

2b절. 이 구절은 슬로브핫의 딸들의 말의 도입구이다.

3절. 그녀들의 말의 서두는 자기네 아버지가 아들이 없이 죽었다는 것을 밝히고 있다.

이 구절의 그녀들의 말에 있어서 특별히 중요한 점은 자기네 아버지의 죽음의 성격이다. 그녀들은 자기네 아버지 슬로브핫이 패역한 고라의 일당에 속하지 않았으며, 단지 "자기 죄로 죽었다"고 말한다. 그들이 이 말을 한 이유에 대해서 어떤 학자들은 그녀들이 자기 아버지가 재산을 몰수 당해야 할 만큼 중대한 범죄에 연루되지 않았기 때문에 자신들이 그의 재산을 상속할 권한이 있다는 것을 강조하고 싶었기 때문일 수 있다고 생각한다. 이 견해를 처음 제시한 와인그린(J. Weingreen)이라는 학자에 따르면 구약에는 중대한 범죄들의 경우 재산을 몰수하는 것이 원칙이었다는 것이다.[5] 이 점에 대해서 "기록된 토라"(Written Torah)에는 명시적인 규정이 나와 있지 않지만 이와 병행하여 존재한 "구전 토라"(Oral Torah)에는 이런 규정이 있었던 것으로 보인다는 것이다. 특히 그는 이세벨이 나봇을 모함해서 죽인 이유가 바로 이런 규정을 악용하기 위한 것이라고 본다. 다시 말해 나봇이 중대한 죄가 있어서 죽임을 당한 경우에는 그 재산을 합법적으로 몰수할 수 있기 때문에 이세벨이 그런 식으로 음모를 꾸몄다는 것이다. 그의 이런 견해는 중요한 민수기 주석가들의 지지를 받았다.[6]

그러나 이 견해의 문제는 오경의 율법 속에서 이와 같은 규정이 명시적으로 언급된 경우가 없다는 점이다. 그리고 우리가 이 점에 대해서 후대의 역사서의 기록들로부터 추론한 것에 기초해서 구전 토라에 이런 내용이 있었다고 단정짓는 것이 가능한가 하는 것도 역시 문제가 될 수 있다. 그러나 굳이 이런 전승이 없더라도 슬로브핫이 하나님의 심각한 심판을 받아 죄에

---

5 J. Weingreen, "The Case of the Daughters of Zelophchad", *VT* 16 (1966), 518-522.

6 예를 들어 Wenham, *Numbers*, 216; Timothy R. Ashley, *The Book of Numbers*, The New International Commentary on the Old Testament (Grand Rapids: Eerdmans, 1993), 545 등이 있다.

연루되었다면 그 딸이 기업 승계와 관련하여 기존에 고려되지 않았던 새로운 권리 주장을 하는데 있어서 부담이 되었을 가능성이 충분히 있다. 그런 면에서 딸들은 자기 아버지가 그런 범죄에 연루되지 않았다는 것을 주장하고 싶었을 것이다.

이 딸들의 언급들 중 "그가 자기 죄로" 죽었다는 언급 역시 해석의 여지가 있다. 웬함 등의 학자는 이 발언이 슬로브핫이 민수기 13-14장의 정탐꾼 사건에서의 이스라엘 백성 전체의 반역에 연루되어 다른 광야 1세대의 사람들과 마찬가지로 광야에서 40년의 방랑 와중에 소멸되었을 뿐이라는 의미로 말한 것이라고 본다(참고, 26:64-65).[7]

그러나 이 발언이 이렇게 구체적인 의미를 띠고 있을 것 같지는 않다. 그냥 이 여인들은 자기 아버지가 다른 사람들에게 해를 끼치는 류의 죄를 지은 사람이 아니라 그저 평범한 삶을 살다 죽은 사람이라는 것을 말하고 싶었던 것 같다.[8] 이처럼 그가 특별히 누군가에게 해를 끼친 사람이 아니라는 언급은 그의 기업이 그의 후손들에게 계승되는 데 있어서 아무런 장애가 없다는 것을 의미한다.

이런 언급들을 먼저 한 후에 그녀들이 자신들이 진짜 하고 싶어 했던 말을 이 구절의 마지막에 가서 드디어 꺼낸다: "그는 아들이 없습니다". 이 말은 4절의 그녀들의 기업 승계에 대한 주장으로 이어진다.

4절. 이 여인들은 구약의 이스라엘 백성들 중에서 정면으로 자신들의 권리를 주장한 최초의 여성들이라고 할 만하다. 구약에서 슬로브핫의 딸들에 대한 본문(민 27:1-11; 36장; 수 17:3-6) 이외에 여자가 기업을 물려받는 것에 대한 언급은 성경에 따로 나와 있지 않다. 이처럼 이 여인들은 이 문제에 대해서 선례가 없음에도 불구하고 수동적으로 몸을 굽히기를 거부하고 자신들의 권리를 주장하였다.

---

7 Wenham, *Numbers*, 216.

8 Jacob Milgrom, *Numbers*, The JPS Torah Commentary (Philadelphia: Jewish Publication Society, 1990), 231의 해석은 결국 이런 의미로 보인다.

참고로 기업과 관련한 구약의 전통은 크게 두 가지 원칙, 즉 기업이 남자 후손을 통해서만 전수된다는 원칙(참고, 신 21:15-17), 그리고 계승된 기업이 지파와 가족 내에 머물러야 한다는 원칙(민 36장)을 따르고 있는 것으로 보인다. 또한 이 두 가지 원칙 중에서 후자의 원칙을 위해 전자의 원칙이 필연적으로 요구되고 있는 것으로 보인다.[9] 그리고 형사취수 제도(혹은 "계대결혼", 신 25:5-10)나 희년에 가족이나 친족이 빚진 자 대신 기업을 무르는 규례(레 25:25-34)는 이 후자의 원칙을 지키기 위한 수단으로 생각된다.[10]

현재 구절에서 이 여인들은 이런 통상적인 생각을 당연하게 여기지 않고 자기 아버지의 이름을 보존하는 길은 아버지의 유일한 후계자들인 자신들, 즉 딸들에게 기업이 계승되는 것이라고 주장하였다. 이들은 아버지의 이름과 자신들의 권리를 지키려 한 점에 있어서 충분히 타당성을 가지고 있었다.

이런 면에서 볼 때 이 여인들은 구약성경에서 자신들의 권리를 능동적으로 지키려고 한 최초의 여인들 중의 하나이다. 창세기 38장에서 가나안 여인 다말이[11] 이방인으로서 하나님의 백성 안에서의 자기 자리를 위해 싸

---

9 W. H. Bellinger, Jr., *Leviticus, Numbers*, Understanding the Bible Commentary (Grand Rapids: Baker Books, 2012), 283.

10 Bellinger, *Leviticus, Numbers*, 283. 이런 기업에 대한 전통에 대해서 Wenham, Numbers, 215는 구약뿐만 아니라 고대 근동에도 역시 같은 원칙이 반영되어 있다는 점을 Z. Ben-Barak, "Inheritance by Daughters in the Ancient Near East", *Journal of Semitic Studies* 25 (1980), 22-33에 기초해서 주장한다. 그러나 이에 대해서 Raymond Westbrook, *Property and the Family in Biblical Law* (Sheffield: Sheffield Academic Press, 1991), 142-164은 반대를 한다. 특히 그는 Ben-Barak의 논문에 대한 비판을 158-160쪽에서 집중적으로 하고 있다. 그러나 그의 논증이 혹시 고대 근동의 경우에는 타당성이 있을 수 있다고 하더라도 여전히 위에서 지적한 바와 같이 성경내의 전통은 원래는 기업이 오직 아들들을 통해서만 계승되는 것을 원칙으로 하고 있는 것이 분명해 보인다. 딸에게 기업이 계승되는 경우는 현재 본문인 민수기 27장의 8-11절이 말하고 있듯이 예외적인 경우이며, 이 경우마저도 다시 가문의 사람들이 이의를 제기함으로써 보조적 조치가 가해져야만 했다(민 36장). 구약이 원래부터 딸에게도 기업이 전수될 수 있다는 것을 전제하고 있다는 견해는 이런 본문상의 증거들과 분명하게 충돌한다.

11 사실 성경 본문에는 다말이 가나안 여인이라는 언급은 없지만 정황상으로 볼 때 그렇다고 보는 것이 가장 적절해 보인다. J. D. Heck, "Tamar", in T. Desmond Alexander and David W. Baker, *Dictionary of the Old Testament: Pentateuch* (Downers Grove: InterVarsity Press, 2003), 827을 보라. 비록 그녀도 구약에 등장하는 여성들 중에 자신의 권리를 스스로 쟁취하려고

운 최초의 여인이라면 슬로브핫의 딸들은 이스라엘 백성의 일원으로서 자신들의 권리를 지키려고 나선 최초의 여인들이었다.

5절. 모세는 슬로브핫의 딸들이 제기한 문제를 하나님에게로 가져간다. 오경에는 모세가 규례와 관련하여 제기된 문제를 하나님께로 가져 가서 새로 지시를 받는 내용이 여러 번 나온다. 신성모독자의 처리 문제(레 24:10-23), 사정상 유월절을 제 때 지킬 수 없는 사람들의 문제(민 9:6-14), 안식일에 일을 한 사람의 처리 문제(민 15:32-36) 등이 그것이다. 이런 다른 예들과 마찬가지로 이 문제 역시 기업의 계승 문제와 관련하여 하나의 중요한 전범이 만들어지게 된다.

6절. 이 구절은 이 새로운 전범을 세울 하나님의 말씀(7-11절)에 대한 도입구 역할을 한다.

7절. 이 구절에서 하나님은 먼저 현재 문맥에서 화제가 되고 있는 사항, 즉 슬로브핫의 딸들이 아버지의 기업을 상속받게 해달라는 주장이 옳다는 것을 인정하시고, 그녀들에게 기업을 주라고 말씀하신다.

8-11절. 이어서 하나님은 그녀들이 제기한 사항을 수용해서 개정한 기업 승계 원칙을 이 본문에서 천명하신다. 7절이 슬로브핫의 딸들의 특수 판례에 관련된 하나님의 판정을 담고 있다면 8-11절은 그 특수 판례에 기초하여 전통적 기업 승계 원칙을 개정한 것이라고 할 수 있다.

8a절의 "너는 이스라엘 자손에게 말하여라"는 말씀은 7-11절의 하나님의 말씀을 두 부분으로 나눠주는 구분선 역할을 한다. 7절이 슬로브핫의 딸들의 특수 판례에 대한 말씀이라고 한다면 이 도입구 이후의 내용인 8b-11절은 이에 기초하여 개정된 일반 원칙에 대한 말씀이라고 할 수 있다.

8b절이 전제하고 있는 가장 기본적 원칙은 아들이 아버지의 기업을 승계하는 것이다. 그러나 슬로브핫의 딸들이 이의제기한 것을 하나님이 수용하시면서 달라진 원칙은 기업을 승계할 아들이 없는 경우에는 딸이 그것을

한 여인이기는 하지만 그녀는 이스라엘 태생은 아니었다.

승계를 한다는 것이다. 이렇게 해서 슬로브핫의 딸들이 제기한 판례가 기업 승계의 일반 원칙으로 전환된다. 그러나 이런 경우는 이 구절이 명시하고 있듯이 "그에게 아들이 없는" 경우에 국한된다.

아마 아들이 있는 경우에는 앞의 슬로브핫의 딸들이 말한 바, 즉 "우리 아버지의 이름이 자기 가문들 중에서 제거되어야" 하는 일(4절)이 발생하지 않기 때문에 기업은 아들에게만 계속 승계되었던 것 같다. 이 8b절은 이 점을 분명히 해준다.

9-11절의 내용은 위의 4절의 본문 해설에서 언급한 기업 승계의 두 개의 원칙 중 해당 기업이 지파와 가족의 소유로 유지될 수 있게 해야 한다는 점을 지키기 위한 조치이다. 그것은 이미 레위기 25:25-34의 희년의 기업 무름에 대한 본문에서 제시된 바와 같이 가문과 지파 내에서의 기업의 주인과 가장 가까운 친척이 그 기업을 승계하는 것이다.

12절. 이 구절은 27장의 두 번째 큰 단원(12-23절)의 첫 구절이다. 이 단원은 모세의 죽음에 대한 선고 및 여호수아에게로의 권한 위양에 대한 명령을 담고 있다.

우선 이 단원의 모세의 죽음에 대한 하나님의 선고의 시발점은 민수기 20:2-13의 므리바 사건이다. 이 사건에서 모세와 아론이 하나님의 거룩함을 나타내지 않은 것 때문에 하나님은 이들이 가나안 땅에 들어가지 못하게 될 것이라고 말씀하셨다. 그 결과로 먼저 아론이 이 사건 직후에 호르 산에서 죽었다(민 20:22-29). 그리고 이제 현 단원에 이르러 하나님은 모세 역시 약속의 땅에 들어가지 못하고 죽을 것임을 말씀하시고 있다.

12a절은 모세의 죽음에 대한 하나님의 말씀(12b-14절)의 도입구 역할을 하고 있다.

12b절은 하나님의 말씀의 첫 구절이다. 하나님은 모세에게 아바림 산에 올라가서 하나님께서 이스라엘 자손에게 준 땅을 바라보라고 말씀하신다. 이어지는 13절의 말씀을 고려할 때 이 장소는 그가 사망한 장소인 것으로 보인다.

문제는 그의 죽음의 장소에 대해서 성경 본문들이 다른 말들을 하고 있는 것처럼 보인다는 것이다. 신명기 3:27에서 하나님은 모세에게 "비스가 산 꼭대기"에 올라가서 약속의 땅을 먼발치에서 둘러 본 후에 그가 죽게 될 것으로 말씀하시고 있다. 그리고 신명기 32:49-52에서는 하나님은 모세가 "아바림 산에 올라가 느보 산에 이르러" 약속의 땅을 바라보고 나서 그가 죽게 될 것으로 말씀하신다. 마지막으로 신명기 34:1-5에서 내레이터는 "모세가 모압 평지에서 느보 산에 올라가 여리고 맞은 편 비스가 산꼭대기에 이르러" 약속의 땅 전체를 둘러보고 나서 죽었다고 기술하고 있다. 그러나 이러한 차이는 진정한 사실 관계의 모순이라고 할 수는 없다. 위의 본문들 중 신명기 32:49와 34:1의 말씀을 보면 각각 "아바림 산에 올라 느보 산에 이르러"와 "느보 산에 올라가…비스가 산꼭대기에 이르러"라고 되어 있기 때문이다. 따라서 "아바림 산", "느보 산", "비스가 산꼭대기"란 지명은 모세가 마지막으로 약속의 땅을 둘러본 동일한 장소를 각기 다르게 지칭하는 것이라고 볼 수 있다. 굳이 말하자면 "아바림 산"이 이 장소가 속한 지역을 지칭하는 이름이고, "느보 산"은 그것을 좀 더 구체적으로 좁혀서 언급한 것이고, "비스가 꼭대기"는 더 좁혀서 언급한 것이라고 할 수 있다.

또 한 가지 알아야 것은 앞의 "개관과 신학"에서 다룬 바와 같이 그의 죽음과 여호수아의 안수 및 권한 위양에 대한 내용이 신명기 31장과 34장에 나오는 것으로 볼 때 현재 본문의 내용이 꼭 연대기적으로 앞뒤 본문과 연결되어 있다고 볼 필요는 없다는 점이다. 모세가 정말로 죽는 시기는 연대기적으로 볼 때는 신명기 34장의 위치가 맞다. 단지 현재 본문이 모세의 죽음에 대해서 언급하고 있는 이유는 그의 죽음과 더불어 광야 1세대가 완전한 종말을 고하고, 여호수아를 중심으로 한 광야 2세대의 땅의 정복이라는 주제로 내용이 완전히 전환됨을 부각시키기 위한 것으로 보인다. 이처럼 오경은 때로는 주제를 위해 연대기적 순서를 희생하기도 한다는 점을 항상 염두에 둘 필요가 있다.

13절. 이 구절에서 하나님은 모세가 약속의 땅을 멀리서 바라본 후에

"네 형 아론이 돌아간 것과 같이 너도 네 조상들에게로 돌아가게 될 것"이라고 말씀하신다. 이 말씀은 민수기 20:23-29의 아론의 죽음에 대한 내용을 떠올리게 한다. 특히 "네 조상에게 돌아가게 될 것"이라는 표현은 20:24의 아론에게 적용된 표현과 본질적으로 동일하다.

14절. 이처럼 모세가 아론과 마찬가지로 약속의 땅에 들어가지 못하는 이유에 대해서 하나님은 므리바 사건(민 20:2-13)에서 그들이 여호와를 "거룩한 자로 드러내라는 명령을 거역하였기 때문"이라고 말씀하신다. 이것은 민수기 20:12의 므리바 사건 때 하신 말씀과 20:24의 아론의 죽음 때 하신 말씀을 종합한 것이다.

15-17절. 이 본문은 하나님의 이 말씀을 들었을 때의 모세의 반응을 담고 있다.

15절은 그의 말의 도입구이다.

16절에서 모세는 하나님을 "모든 육체의 영혼들의 하나님"이라고 부른다. 이 표현은 구약성경 전체에서 오직 민수기 16:22에만 한번 더 나온다. 이 후자의 본문에서 모세는 고라가 사람을 충동하여 모세와 아론의 리더십에 대항해서 일어났을 때 하나님께서 온 회중을 다 멸하려고 하시자 그들을 위해 중보기도를 하면서 하나님을 이렇게 불렀다. 그 때도 모세는 이스라엘 회중을 향한 하나님의 자비를 촉구하였는데, 이 번에도 역시 모세는 하나님에 대한 이런 호칭 이후에 하나님의 자비를 촉구한다. 그것은 자신의 죽음으로 생길 리더십의 공백을 하나님께서 세우시는 다른 지도자를 통해서 메꾸어달라는 것이다. 이런 면에서 모세는 민수기 12:7에서 하나님께서 직접 묘사하신 바와 같이 "나의 온 집에 충성스러운" 종이었다. 자신이 하나님의 거룩을 드러내지 못해 약속의 땅 입성이 거부된 가운데서도 그는 여전히 자기 자신에 대한 안위보다 하나님의 백성의 안위를 더 생각한다.

17절에서 그는 이처럼 하나님께서 세우실 새로운 지도자에 대해서 하나님께 간구하면서 그 새로운 지도자가 "그들 앞에서 출입하게 하시며, 그들의 출입을 인도하게 하셔서 여호와의 회중이 목자 없는 양과 같이 되지 않게 하소서"라고 말한다.

여기에서 "출입한다"라는 표현은 사람의 모든 일상적인 생활과 행동을 제유법(merism)적으로 나타낸 표현이다(시 121:8; 또한 신 28:6, 19; 시 28:6, 19 등).[12] 다시 말해 "출입한다"는 말은 삶의 모든 행동과 일들을 가리키는 표현인 것이다. 예를 들어 시편 121:8의 "여호와께서 너의 출입을 지금부터 영원까지 지키시리로다"라는 표현은 하나님께서 "너의 삶의 모든 영역에서 너를 항상 지키실 것이라"라는 의미이다. 따라서 현재 우리 구절에서 모세를 계승할 이 지도자가 이스라엘 회중 "앞에서 출입하고, 그들의 출입을 인도한다"는 말은 그가 그들과 함께 생활하며, 그들의 삶의 모든 영역을 주관한다는 것을 의미한다. 또한 "목자"란 용어는 고대 셈족의 전통에서 "지도자"를 의미하는 대표적 용어들 중의 하나였다.[13]

그러나 이 두 표현은 또한 군사적인 용도로도 많이 사용된다. "출입하다"는 표현은 군대의 출정과 귀환을 나타내는 용어로 사용된다(신 31:2-3; 수 14:11; 삼상 18:13, 16; 29:6).[14] 또한 "목자 없는 양"이라는 표현 역시 전쟁의 상황과 연결되어 사용되는 경우들이 많이 있다(왕상 22:17; 대하 18:16, 17; 렘 23:1-2; 50:6, 17; 겔 34:4-6 등).

우리는 민수기 전체, 그리고 특히 민수기의 거시적 구조 중의 첫 번째 단원(1-10장)과 마지막 단원(26-36)의 중요한 모티브들 중의 하나가 가나안 정복을 위한 군대로서의 이스라엘이라는 점을 살펴 본 적이 있다.[15] 이런 면에서 볼 때 현재 문맥에서 모세가 요청하는 지도자는 군사적인 지도자이며, 이 점은 민수기의 마지막 거시적 단원인 26-36장의 전체적인 주제와

---

12 Bill T. Arnold, "בּוֹא", in Willem VanGemeren (ed.), *New International Dictionary of Old Testament Theology & Exegesis* (Grand Rapids: Zondervan Publishing House, 1997), 1: 616.

13 Gerhard Wallis, "רָעָה", G. Johannes Botterweck, Helmer Ringgren, and Heinz-Josef Fabry (eds.), *Theological Dictionary of the Old Testament* (Grand Rapids, MI; Cambridge, U.K.: William B. Eerdmans Publishing Company, 2004), 13: 544-553.

14 Milgrom, *Numbers*, 234; Ashley, *Numbers*, 551.

15 민수기 1:2-4의 "본문 해설"과 민수기 26장의 "개관과 신학" 중 "I. 민수기 거시 구조상의 마지막 단원(26-36장)의 개관"을 참고하라.

잘 상응한다.

18–21절. 이 본문은 모세의 간구에 대한 하나님의 대답을 담고 있다.

18a절은 하나님의 말씀의 도입구이다.

18b절에서 하나님은 "눈의 아들 여호수아, 곧 영이 그 안에 있는 자를 취하여" 그에게 임무를 맡기라고 말씀하신다.

여기에서 "영이 그 안에 있는 자"란 표현은 구약의 다른 중요한 지도자적 인물들의 경우와 차이가 간다. 민수기 11장의 장로들의 경우는 하나님이 모세의 직위로 인한 짐을 덜어주기 위해 그의 영을 그들에게 나누어 주셨다(민 11:17, 25). 또 브살렐에게는 하나님께서 "하나님의 영"을 충만하게 하심으로써 그가 성막 건설에서 핵심적인 역할을 하게 하셨다(출 31:2-3). 그 외에도 후대의 사사들이나 중요한 인물들에게 하나님은 시시때때로 "하나님의 영"을 부어주셔서 그들이 사역을 할 수 있게 하셨다(삿 3:10; 6:34; 11:29; 14:6, 19; 삼상 10:6; 16:13; 대하 20:14 등). 그러나 여호수아의 경우는 이 구절이 명백하게 말씀하고 있듯이 그에게 이미 영이 있었으며, 이것이 하나님께서 그를 선택하신 근거가 되었던 것 같다.[16] 그는 준비된 지도자였던 것이다.

이 구절 마지막은 이처럼 하나님께서 여호수아를 선택하신 것을 표시하는 첫 번째 절차를 언급하고 있다. 그것은 모세가 여호수아의 머리에 손을 얹고 안수하는 것이었다. 이처럼 머리에 안수하는 것은 안수를 받는 사람이 어떤 직책을 부여받았음을 표시하는 것이었다(참고, 레위인들, 민 8:10).[17]

19-20절은 여호수아가 선택받았음을 표시해주는 두 번째 절차를 담고 있다. 그것은 그를 제사장 엘르아살과 온 회중 앞에 세우고 그들이 목도하는 가운데서 그에게 정식으로 임무를 맡기는 것이었다. 이렇게 하는 목적은 그와 더불어 이스라엘 회중의 리더십을 나누어 가질 엘르아살과 온 회중이 그가 모세의 후계자로 하나님에 의해서 선택받은 것을 분명히 인식하고, 그

16 Ashley, *Numbers*, 551-552.

17 Ashley, *Numbers*, 552.

로 인해 온 회중이 그에게 복종할 수 있도록 하기 위한 것이었다.

마지막으로 21절은 여호수아가 가질 리더십의 성격을 보여준다. 모세의 경우에는 하나님께서는 "그와 입에서 입으로 명백히" 말씀하셨다(민 12:6-8[특히 8절]). 이처럼 하나님께서 직접 당신의 뜻을 그에게 말씀하셨다는 것이 오경 내에 여러 차례 언급되어 있다(출 29:42; 33:9, 11; 34:29-35; 민 7:89).

반면에 여호수아의 경우에는 그가 "제사장 엘르아살 앞에 서야" 한다. 구약 성경에서 어떤 사람이 다른 존재의 "앞에 선다"는 표현은 그가 그 존재를 섬긴다는 의미를 나타낼 때가 있다. 예를 들어 레위인들은 사역을 위해 아론 앞에 세움을 받는다(레 3:6; 8:13).[18] 그리고 엘리야는 선지자로서 하나님 앞에 서 있다(왕상 17:1).[19] 이처럼 현재 구절에 따르면 하나님은 모세에게 여호수아를 엘르아살의 앞에 서게 하라고 말씀하신다.

물론 이것은 여호수아가 위에서 본 레위인들과 아론과의 관계 혹은 엘리야와 하나님과의 관계의 경우처럼 엘르아살에게 열등한 존재라는 뜻이 아니다. 단지 이 명령은 이제 여호수아의 경우에는 모세와 달리 하나님께서 직접 그에게 말씀을 주시는 것이 아니라 엘르아살과 그가 가진 우림을 통해 하나님의 뜻을 드러낼 것이라는 뜻이다. 이것은 여호수아와 엘르아살의 관계가 모세와 아론의 관계와는 달라진다는 것을 의미한다. 모세 사후로 더 이상 모세와 같은 자는 나오지 않을 것이다(참고, 신 34:10).

22-23절. 이 본문은 모세가 하나님의 명령대로 행한 것을 보고하고 있다. 그는 여호수아를 제사장 엘르아살과 온 회중 앞에 세우고, 그들이 보는 가운데에서 그에게 안수를 하여 자신의 직위를 위양한다.

---

18 Ashley, *Numbers*, 552. 개역개정은 "앞에 세우다"란 표현을 "시종하게 하다"(민 3:6)와 "봉사하게 하다"(8:13)로 번역하고 있다.

19 T. Desmond Alexander, "Jonah", in Donald J. Wiseman, T. Desmond Alexander, and Bruce K. Waltke, *Obadiah, Jonah and Micah: An Introduction and Commentary*, Vol. 26. Tyndale Old Testament Commentaries. (Downers Grove: InterVarsity Press, 1988), 111; 박철현, "등장인물 묘사방법에 대한 이해와 설교: 요나서 1장 9절의 요나의 말을 어떻게 이해할 것인가?", *설교한국* 3 (2011), 90-91.

여기에서 한 가지 고려할 점은 18절의 "안수하다"라는 표현과 23절의 동일한 표현에서 사용된 "손"이란 단어(야드, dy")가 각기 단수와 쌍수로 차이가 난다는 점이다. 즉 18절에서는 단수가 사용되고 있고, 23절에서는 쌍수가 사용되고 있다. 학자들 중에서는 안수와 관련하여 "손"의 수의 문제가 중요하다고 생각하는 이들이 많다. 그러나 현재 본문이 보여주고 있는 바에 따르면 안수시의 손의 개수는 전혀 중요하지 않다. 모세와 하나님 모두 이 문제에 대해서 문제를 제기하고 있지 않다.[20]

5단계: 적용

7절. "슬로브핫 딸들이 말하는 것이 옳다. 너는 반드시 그녀들의 아버지의 형제들 가운데에서 그녀들에게 기업을 주어라": 초대 교회의 이단이자 역사상 가장 유명한 이단 중의 하나는 마르시온(Marcion, AD 85-160)이다. 그는 구약성경이 말하는 하나님을 신약의 예수 그리스도의 아버지이신 하나님과 다른 신으로 보았다. 그리고 오직 신약의 하나님만이 참 신이라고 천명했다. 비록 많은 성도들은 이런 마르시온적 사상까지 나아가지는 않지만 그럼에도 불구하고 구약에 드러난 하나님의 성품과 관련하여 불편함을 느낄 때가 많다. 그들은 구약의 하나님이 너무 완고하고, 엄격하며, 징벌적이라고 느끼며, 이런 모습은 신약에 나타난 예수 그리스도의 아버지로서의 하나님의 사랑이 많으신 모습과 조화를 이루기 힘들다고 생각한다.

그러나 사실 이 민수기 27:1-11의 슬로브핫의 딸들의 이야기에서 보듯이 구약의 하나님은 놀라운 유연성을 보여주실 때가 많다. 하나님은 슬로브핫의 딸들이 제기한 문제를 모세를 통해 들으시고는 그녀들의 말이 옳음을 인정하신다. 그리고 그녀들의 말을 수용하여 기업 승계 규례에 유연성을 부

20 이 문제에 대해서는 앞의 23절의 사역 해설과 관련 참고문헌을 보라.

여하기도 하신다.

이처럼 하나님은 꽉 막히신 분이 아니다. 하나님은 자기 백성의 작은 자들의 목소리도 소중히 여기시고 작은 신음에도 귀를 기울이시는 분이다. 그리고 그들의 간구에 대해서 은혜롭게 대답하시는 분이다. 당신은 하나님의 이 온화하고 부드러운 모습을 경험하고 있는가?

16–17절. "하나님이시여. 한 사람을 이 회중 위에 세우소서…여호와의 회중이 목자 없는 양과 같이 되지 않게 하소서": 모세의 이 간구는 그가 어떤 사람인지를 보여준다. 그는 므리바 사건에서 하나님을 "거룩한 자로 드러내라는 명령을 거역"한 것으로 인해 약속의 땅 입성이 거부되었다(14절). 그러나 여기에는 분명히 모세 자신에게도 억울함이 있을 수 있었다. 그가 그처럼 하나님의 징계를 받은 근본적인 이유는 이스라엘 회중의 완악함이었기 때문이다(시 106:32, 33; 참고, 신 1:37; 3:26; 4:21).

그럼에도 불구하고 모세는 자신의 입장을 옹호하거나 고집하려고 들지 않고, 하나님께서 맡기신 양떼의 안위에만 관심을 기울였다. 그는 자기 백성이 목자 없는 양과 같이 되지 않게 해달라고 하나님께 간구하였다. 이런 면에서 그는 진정한 지도자의 표상이라고 할 수 있다. 하나님께서도 칭찬하셨듯이 그는 "나의 온 집에 충성스러운" 종이었다(민 12:7).

지금 한국 사회와 한국 교회에 필요한 종들은 바로 이런 종들이다. 그러나 불행하게도 한국 사회와 한국 교회에는 삯꾼 목자와 같은 지도자들이 너무나도 많다. 하나님께서는 그런 자들에 대해 지적하시기를 다음과 같이 말씀하셨다. "…주 여호와께서 이같이 말씀하시되 자기만 먹는 이스라엘 목자들은 화 있을진저 목자들이 양 떼를 먹이는 것이 마땅하지 아니하냐 너희가 살진 양을 잡아 그 기름을 먹으며 그 털을 입되 양 떼는 먹이지 아니하는도다 너희가 그 연약한 자를 강하게 아니하며 병든 자를 고치지 아니하며 상한 자를 싸매 주지 아니하며 쫓기는 자를 돌아오게 하지 아니하며 잃어버린 자를 찾지 아니하고 다만 포악으로 그것들을 다스렸도다"(겔 34:2-4). 그리고 그런 자들의 운명에 대해서 다음과 같이 말씀하셨다. "화 있을진저 양 떼를 버린 못된 목자여 칼이 그의 팔과 오른쪽 눈에 내리리니 그의 팔이 아주 마르고 그의 오른쪽 눈이 아주 멀어 버릴 것이라 하시니라"(슥 11:17).

하나님의 두려운 심판이 이르기 전에 한국 사회와 교회의 지도자들은 속히 하나님 앞에 회개하고 모세와 같이 "하나님의 집에 충성된 종"들이 되어야 할 것이다. 신앙을 가진 지도자급 인물들은 각자 하나님께 맡기신 위치에서 선한 목자가 되어서 하나님의 이름이 영광을 받으시게 해야 할 것이다. 또한 한국 교회의 지도자들 역시 목자 없는 양처럼 흩어져 있는 양떼들에게 하나님의 은혜를 회복시키는 선한 종들로 거듭나야 할 것이다.

6단계: 설교 "지도자 승계의 참 모델"(민 12:12-23)

요즘 한국의 언론에서는 기독교의 좋지 못한 모습이 연일 오르내리고 있습니다. 크고 작은 교회들에서 담임목사 승계가 안 좋은 모습을 보여주고 있기 때문입니다.

어떤 교회들 중에는 아버지가 설립한 교회를 남에게 주기 아까워 자기 아들에게 물려주는 경우들이 많습니다. 또 어떤 교회들 중에는 정당한 절차를 밟아서 후계자를 세웠다고는 하지만 이후에 원로 목사와 후임 목사 사이에 갈등을 겪는 경우도 많습니다.

문제는 이런 일이 화제가 될 때마다 하나님의 교회는 상처를 입습니다. 교회 안팎의 사람들은 교회 지도자들의 이런 모습에 실망을 합니다. 이런 와중에 교회는 빛과 소금, 그리스도의 향기 역할을 하기는커녕 썩은 고기와 같은 악취를 풍기게 됩니다.

이런 작금의 상황을 볼 때 오늘 본문의 모세와 여호수아의 지도자 직위 승계의 모습은 아름답기 그지 없습니다. 이것을 살펴 봄으로써 영적인 교훈을 얻고, 현재의 한국 교회의 상황과 관련하여 답을 찾고자 합니다.

첫째, 선임 지도자인 모세는 하나님의 교회의 지도자가 직위 승계와 관련하여 어떤 모습이어야 하는지에 대해서 좋은 모범을 보여줍니다. 그는 지난 40년 동안 인도해 온 이스라엘 백성을 데리고 약속의 땅으로 들어가고 싶은 마음을 갖고 있었지만 하나님은 그것을 거부하셨습니다(신 3:23-27).

하나님이 자신의 뜻을 받아 주시지 않는 것에 대해서 섭섭해 할 수도 있을 텐데 모세는 오늘 본문에서 먼저 하나님의 백성의 안위를 걱정합니다. 그래서 그는 16-17절에서 자신을 대신할 지도자를 하나님께서 세우셔서 하나님의 백성이 "여호와의 회중이 목자 없는 양"같이 되지 않게 해달라고 간구합니다.

그는 40년 동안 이스라엘 백성의 둘도 없는 지도자로 능력을 발휘해왔지만 결코 그 백성이 자기의 것이라고 여기지 않습니다. 그 백성이 "여호와의 회중"임을 분명히 합니다. 그리고 그 회중의 새 지도자를 자신이 세우는 것이 아니라 하나님이 세워 주시기를 간구합니다.

이런 모세의 모습에서 한국 교회의 목회자들은 목사직의 승계와 관련하여 교회의 주인이 누구인가 하는 문제를 분명히 해야 합니다. 불행히도 많은 목회자들이 입으로는 교회가 하나님의 것이라고 말하지만 마음으로는 그 교회가 자기 소유라고 생각하는 경우가 많습니다. 이처럼 교회를 개인의 소유물로 생각하기 때문에 당연히 그 소유물은 자기 자식에게 물려줘야 한다고 생각하는 것입니다.

이처럼 교회를 자기 소유물로 여기는 목회자들은 교회가 "하나님의 회중"이라는 점을 분명히 깨달아야 합니다. 거룩한 하나님의 교회는 결코 인간 목사 자신이 좌지우지할 수 있는 소유물이 아니라는 것을 깨달아야 합니다. 잘못된 생각을 하는 목회자들은 속히 모세의 이 마지막 모습에서 교훈을 얻기를 바랍니다.

둘째, 후임 지도자인 여호수아는 "영이 그 안에 있는 자"였습니다(18절). 다시 말해 그는 준비된 자였습니다. 그는 지난 40년 동안 모세의 수종자(출 33:11)로서 자신이 섬기는 모세를 보필하여 왔습니다. 그러나 그는 단순히 모세의 개인 시종의 역할에서 머무른 것이 아닙니다. 그는 이미 아말렉과의 전쟁에서 전쟁 지휘관으로서의 자질을 보여주었습니다(출 17:8-16). 또한 그는 정탐꾼 사건에서 용기와 더불어 하나님에 대한 열심을 보여주기도 했습니다(민 13-14장).

저는 특히 여호수아와 관련해서 그가 자기 선임자인 모세의 발자취를 따라 충성했던 것을 사랑합니다. 이와 관련하여 흥미로운 사항은 여호수아서 전반의 흐름입니다. 여호수아서 1:1에서 저자는 "여호와의 종 모세가 죽은 후에 여호와께서 모세의 수종자 눈의 아들 여호수아에게 말씀하여 이르시되"라고 말합니다. 여기에서 모세가 "여호와의 종 모세"라고 불리고 있는 점이 중요합니다. "여호와의 종"이란 표현은 그에 대한 최고의 예우를 나타내주는 표현입니다. 여호수아서 전반에는 이 칭호가 반복되어 사용됩니다(수 1:13, 15; 8:31, 33; 11:12; 12:6; 13:8; 14:7; 18:7; 22:2, 4).

모세가 여호와의 종이었다면 여호수아는 어떨까요? 여호수아서는 여호수아에게는 이 칭호를 맨 끝(24:29)에 이르기까지는 한번도 사용하지 않습니다.

대신 여호수아서는 여호수아가 자기 스승 모세와 비슷한 일들을 계속 행하는 것을 묘사하고 있습니다. 예를 들어 성도 여러분은 여호수아서 5장에서 여호수아가 여리고 성을 공격하러 가기 전에 여호와의 군대 장관을 만나는 이야기를 잘 아실 것입니다(수 5:13-15). 이 때 여호와의 군대 장관은 "그 곳은 거룩한 땅이니…네 발에서 신을 벗으라"고 말합니다. 이 말은 출애굽기 3장에서 하나님께서 모세를 처음 만났을 때 하신 말씀과 동일합니다. 또한 여호수아서 3:7-4:24의 요단강 횡단 이야기는 출애굽기 14-15장의 홍해 사건 이야기와 굉장히 유사합니다. "요단 가운데 마른 땅에 굳게 섰고…온 이스라엘 백성은 마른 땅으로 행하여"(수 3:17)란 말씀은 "바다가 마른 땅이 된지라…"(출 14:21)란 말씀을 연상시키는데, 이처럼 이 여호수아서 3-4장 본문에는 양자간의 연결고리들이 참 많이 있습니다. 이외에도 여호수아서 2장의 정탐꾼 사건은 민수기 13-14장의 정탐꾼 사건에 발판을 두고 있습니다. 또 여호수아서 8:18, 26에서 여호수아가 단창을 들어 아이성이 진멸할 때까지 내리지 않는 모습은 출애굽기 17:8-16에서 여호수아가 아말렉을 칠 때 모세가 전쟁이 승리로 끝날 때까지 손을 들고 있는 모습과 비슷합니다.

여호수아서는 이런 식으로 여호수아가 자기 스승 모세를 연상시키는 모습들을 계속해서 보여주는데, 이것들을 보다 보면 여호수아는 정말 열심히 자기 스승의 발자취를 좇아 살았구나 하는 생각이 듭니다. 마치 나다니엘 호오손의 그 유명한 "큰 바위 얼굴"이라는 소설의 주인공처럼 여호수아는 모세를 자기의 큰 바위 얼굴로 여기고 그 모습을 흠모하며 충성되게 살았던 것입니다.

이런 여호수아서에서 가장 감동적인 대목은 앞에서 언급한 바와 같이 여호수아서에서 딱 한번 여호수아가 "여호와의 종"이라고 불린 본문입니다: "이 일 후에 여호와의 종 눈의 아들 여호수아가 백십 세에 죽으매"(수 24:29). 여호수아는 평생을 자기가 존경하는 스승 모세의 발자취를 따라서 열심히 살았고, 그가 죽었을 때 그는 드디어 자기 스승과 마찬가지로 "여호와의 종"이라는 영광스러운 칭호로 불릴 수가 있었습니다.

이런 면에서 볼 때 여호수아는 하나님이 모세의 후계자로 세우실 만큼 "영이 그 안에 있는 자", 즉 준비된 자였습니다. 또 그는 자기 스승 모세를 계승한 이후로도 계속 자신이 존경하는 스승의 발자취를 따라서 열심히 살았습니다.

셋째, 위의 두 가지 사항을 종합해볼 때 우리는 진정한 리더십 승계의 아름다운 모습을 봅니다. 선임자인 모세는 자신에게 허락되지 않은 것을 하게 될 후계자를 질투하지 않고, 아무쪼록 하나님께서 좋은 후계자를 선택하셔서 자신에게 허락되지 않은 일을 하게 해달라고 간구하였습니다. 또 후임자인 여호수아는 선임자인 모세를 존경하는 마음을 평생 잃지 않고, 그 발자취를 따라 노력했습니다. 이렇게 하나님의 나라를 위해 서로가 서로를 질투하지 않고 존중하고 위하는 마음을 가질 때 그 교회는 얼마나 하나님이 기뻐하시는 곳이 되겠습니까?

말씀을 정리합니다. 오늘 본문을 통해 우리는 후임 문제로 너무나도 많은 갈등을 겪고, 추한 모습을 보이는 일이 많은 한국 교회가 바라보아야 할 모범을 모세와 여호수아의 모습을 통해 살펴보았습니다. 아무쪼록 한국 교회의 목회자들이 이들과 같은 모습을 갖추어 세상이 보기에 흠모할 만한 모습을 회복해야 하겠습니다. 하나님께서 한국 교회에 자비를 베푸셔서 이런 모습이 많아지기를 간구합니다.

민수기 28–29장

절기 규례

민수기 28–29장의 신학 개관

민수기 28-29장은 레위기 23장과 더불어 구약의 절기들을 가장 방대하게 집대성해 놓은 본문이다. 레위기 23장이 그 자체로 하나의 완결된 본문을 이루고 있듯이 민수기 28-29장도 그 내용 및 형식상 하나의 단원을 이루고 있음이 분명하기 때문에 이 두 장을 하나로 묶어서 다루도록 하겠다.

레위기 23장과 더불어 민수기 28-29장은 구약에서 절기들에 대한 가장 상세한 목록 및 내용을 담고 있는 본문이다. 에스더서가 바탕을 두고 있는 절기인 부림절을 제외한 성경 시대의 모든 절기에 대한 내용이 이 두 본문에 담겨 있다.[1] 다른 소규모 절기 본문으로는 출 23:10-19; 34:18-26; 신 16:1-17 등이 있지만 이런 본문들은 앞의 양대 본문에 비할 바는 아니다.

이 "개관과 신학"에서 가장 먼저 다루어야 할 사항은 위에서 언급한 바

1 성경에 언급된 절기들 중 유일한 다른 절기는 "수전절"(修殿節, the Feast of Dedication)이다(요 10:22-23). 그러나 이 절기는 구약성경에 바탕을 둔 절기가 아니라 신구약 중간기 시대의 중요한 외경인 마카비 1서에 기록된 사건에 바탕을 둔 절기이다. 이 외경서의 기록에 따르면 알렉산더 대왕 사후 그의 대제국을 계승한 네 왕조 중 하나인 셀류시드 왕조의 안티오쿠스 에피파네스 4세(Anitiochus Epiphanes IV)는 강력한 헬라화 정책을 통해 유대인들과 그들의 종교를 핍박하였으며, 특히 예루살렘 성전과 그 제의를 훼파한 것으로 악명이 높았다(주전 167년). 이렇게 해서 훼손된 성전을 유대교 제사장 일가였던 맛다디야 일가가 독립 전쟁을 통해 수복하고, 그것을 8일 동안 하나님께 다시 바치는 축제를 치른 것을 기념하는 것이 바로 "수전절"이다(주전 164년; 참고, 마카비 1서 4:41-61). 유대인들은 하눅카(Hanukkah, חֲנֻכָּה, "봉헌"[dedication]이라는 뜻)라고 이 절기를 부르며, 1년 중 가장 중요한 절기 중의 하나로 여긴다.

와 같이 민수기 28-29장과 더불어 가장 방대한 절기 목록을 담고 있는 레위기 23장과의 비교이다. 먼저 이 두 본문의 절기 목록을 도표화하면 다음과 같다.[2]

	민수기 28–29장	레위기 23장
상번제	28:3-8	
안식일	28:9-10	3절
초하루	28:11-15	
유월절/무교절	28:16-25	4-8절
초실절		9-14절
칠칠절(오순절/맥추절)	28:26-31	15-22절
나팔절	29:1-6	23-25절
속죄일	29:7-11	26-32절
초막절/초막절/수장절	29:12-39	33-43절

이 두 본문의 절기에 대한 목록에 나오는 절기들은 표면적으로만 보면 상번제(민 28:3-8)와 초하루(28:11-15), 그리고 초실절(레 23:9-14)의 경우를 제외하고는 사실상 그 배열 순서마저도 일치하기 때문에 양자 사이에는 별 차이가 없어 보인다. 그러나 사실 양 본문은 생각보다는 많이 다르다.

양 본문의 차이점들을 몇 가지 정리해보면 다음과 같다. 첫째, 양 본문에 드려지는 제물에 대한 언급이 차이가 나는 경우가 꽤 있다. 칠칠절의 경우를 예로 들자면 레위기 23:15-22의 본문과 민수기 28:26-31은 번제물과 속죄제물에 대해서는 정보가 일치한다. 그러나 레위기 본문에 따르면 화목제의 양 두 마리 역시 칠칠절의 제물로 언급되어 있다(레 23:20). 하지만 이에 대한 언급은 민수기의 평행 본문에는 나오지 않는다. 또한 속죄일의 경우에

2 레위기 23장과의 비교에 대한 내용은 박철현, *레위기: 위험한 거룩성과의 동행* (서울: 솔로몬, 2018), 610-614의 내용을 빌려 왔다. 굳이 바꿀 필요가 없는 내용은 비록 극히 일부이지만 그대로 전재(轉載)하기도 했다.

는 비록 레위기 23장의 본문(23:26-32)에는 제사 및 제물들에 대한 언급 자체가 나오지 않지만 레위기 16장의 속죄 의식에 드려질 제물들, 즉 아사셀 염소 등에 대한 정보가 바탕에 깔려 있다고 봐야 할 것이다. 그런데 민수기 29:7-11의 평행 본문에 언급된 제사 및 제물들의 정보는 이런 속죄 의식에 관련된 정보들을 생략하고 오직 절기를 표시하는 제사 및 제물의 목록만을 제공하고 있다. 이 점은 나중에 해당 본문을 다루면서 좀 더 자세히 언급할 것이다.

둘째, 레위기 23장의 본문은 절기의 성격과 준수 태도와 방식 등에 주로 초점을 맞추고 있는 반면에 민수기 28-29장의 본문은 각 절기에 드려야 하는 제물의 구체적 목록에 더 초점을 맞추고 있다. 이 점은 안식일의 경우를 예로 들어서 살펴 보면 분명해진다.

안식일	
민수기 28:9-10	레위기 23:3
그리고 안식일에는 일 년 되고 흠 없는 양 두 마리와 곡식 가루 2/10[에바]에 기름 섞은 소제와 그 전제를 [드려라]. 이것은 상번제와 그것의 전제와 더불어 안식일에 [드리는] 안식일의 번제이다.	엿새 동안은 일하여라. 그리고 일곱째 날은 특별한 안식의 기념을 위한 안식일이며, 거룩한 집회일이다. 너희는 아무 일도 하지 말라. 이것은 너희의 모든 거처에서 지킬 여호와의 안식일이다.

위의 비교 도표에서 보듯이 레위기 본문은 안식일의 성격과 백성들의 행동 지침 등에 대해서 주로 다루고 있다. 이에 따르면 안식일은 "안식의 기념을 위한 안식일이며, 거룩한 집회일"이다. 그리고 이 날에는 아무 일도 해서는 안 된다. 이스라엘은 자신들의 모든 거처에서 이 안식일을 지켜야 한다.

이처럼 레위기 본문이 안식일의 성격과 정신에 집중하는 반면에 민수기 본문은 철저하게 안식일에 드려야 하는 제물들의 목록에만 집중하고 있다. 이 본문에는 안식일의 본질적인 측면에 대한 언급은 전혀 없고, 이 날 바쳐져야 하는 제물의 종류, 즉 양 두 마리와 소제와 전제에 대해서만 언급하고 있다. 또한 이 안식일의 제물들이 28:3-8에 드려지는 상번제 및 그에 병행하는 전제 외에 추가적으로 드려지는 것임을 밝히고 있다. 이처럼 민수기는 주로 절기 제물의 종류 및 양에 초점을 마치고 있는데, 이 점은 민수기 28-29장의 절기 목록의 일관된 흐름이다.

이처럼 레위기 23장이 절기의 성격과 백성의 태도에 초점이 있고, 민수기 28-29장은 제물들에 초점이 있다는 점은 전자의 본문이 절기들의 성격을 알리기 위해 사용하는 어휘들을 후자의 본문이 어느 정도나 반영하고 있는지를 살펴 보면 좀 더 분명해진다. 전자의 본문에서 절기들을 다루면서 사용한 중요한 어휘들은 "절기"(모에드, מוֹעֵד)(레 23:2, 4, 37, 44절, 총 6회), "거룩한 집회일"(미크라 코데쉬, מִקְרָא קֹדֶשׁ, 개역개정, "성회")(23:2, 3, 4, 7, 8, 21, 24, 27, 35, 36, 37절, 총 11회), "안식일"(23:3, 32, 총 2회),[3] "특별한 안식의 기념(일)"(샵바트 샵바톤, שַׁבַּת שַׁבָּתוֹן)(23:3, 24, 32, 39, 총 5회)이었다.[4] 민수기 28-29장은 이런 용어들이 필수불가결한 경우를 제외하고는 거의 사용하지 않고 있다. "절기"(모에드)란 단어는 민수기 오직 2회, 그것도 28-29장의 서두와 결말 부분에만 사용되었다(28:2; 29:39). "거룩한 집회일"(미크라 코데쉬)은 6회가 사용되었다(민 28:18, 25, 26; 29:1, 7, 12). 이것은 레위기 23장과 비교할 때 사용 빈도가 절반 정도에 불과하다. 또한 "안식일"은 1회만 사용되었는데, 그것마저도 오직 "안식일"이라는 절기를 언급하기 위해서 사용되었다(28:10). 그리고 레위기 23장에서는 절기의 성격을 강조하기 위해서 자주, 그리고 강조적으로 사용되었던 "특별한 안식의 기념(일)"이란 표현은 아예 사용되지 않았다. 이런 어휘 사용상의 차이 역시 양 절기 본문의 기록 목적의 차이를 뚜렷하게 보여주고 있다. 레위기 본문이 절기의 성격에 집중하는 반면 민수기 본문은 절기에 드려지는 제사의 종류 및 제물의 양에 집중하고 있는 것이다.

---

3 이 절기 본문들 속에서 "안식일"이라는 용어는 단지 매 7일마다 돌아오는 그 안식일을 의미하는 것이 아니라 절기 중에 특별히 쉬는 것이 강조된 다른 날들을 가리키기도 한다. 박철현, *레위기*, 618의 *샵바트 샵바톤*이란 문구에 대한 "사역 해설"을 참고하라.

4 이 특별한 어휘의 의미에 대한 논의는 박철현, *레위기*, 618-619 및 거기에 나오는 참고문헌을 보라.

따라서 우리는 어떤 절기의 정신을 알고자 한다면 레위기 23장을 보는 것이 좋다. 그리고 해당 절기에 드려질 제물에 대한 정보를 알고자 한다면 민수기 28-29장을 보는 것이 좋다. 물론 양 본문에 생략된 정보의 종류가 차이가 나기 때문에 결국은 양 본문을 통합해서 봐야 전체적인 그림이 나오기는 하지만 말이다.

위 도표에서 왜 레위기 23장은 상번제(민 28:3-8)와 초하루(28:11-15)에 대해서 언급하지 않으며, 민수기 28-29장은 초실절(레 23:9-14)에 대해서 언급하고 있지 않은지에 대해서는 선명한 답을 찾기가 쉽지 않다. 그러나 최소한 매일 드려지는 제사인 상번제와 초하루의 경우에는 그것들이 드려지는 제물의 종류 및 양에 대해서 다른 그 어디에도 나오지 않는 정확한 정보가 꼭 필요했기 때문일 수 있을 것 같다. 그리고 이 점은 아마도 왜 민수기 28-29장이 레위기 23장에는 나오는 초실절에 대한 언급을 생략하고 있는지를 설명해줄 수도 있는 듯 하다. 왜냐하면 레위기 23장의 본문들 중에서 초실절에 대한 본문(23:9-14)만은 이 날 드려져야 하는 제물의 종류 및 양과 그에 병행하는 소제 및 전제의 양까지도 정확하게 제공하고 있기 때문에 민수기의 평행 본문은 굳이 추가적인 정보를 제공할 필요가 없었던 것 같다.[5]

이제 민수기 28-29장이 다루고 있는 절기들의 목록을 좀 더 자세하게 살펴보도록 하자.[6]

5 민수기 28-29장의 초실절의 생략에 대한 이런 설명은 박철현, *레위기*, 611과 차이가 난다는 점을 유념하라.

6 이 도표는 게리 쉬니처, 토라 스토리, 제 19장의 표 19-B와 19-C를 병합하고 거기에 누락된 용어나 내용들을 조금 더 추가해서 다시 만든 것이다.

날짜	절기	내용 및 증거 본문
매일	이름 언급 없음 (상번제)	• 출 29:38-46; 민 28:3-8 • 이것은 절기라고 할 수는 없고, 매일 드려지는 제사에 대한 본문이라고 할 수 있음
매 7일	안식일	• 출 20:8-11; 23:12; 31:12-17; 35:1-3; 레 23:3; 신 5:12-15
매달 1일	초하루	• 민 28:11-15
첫 달 (아빕월 [3-4월])[7] 14일, 총 8일 (참고: 아빕월 =니산월)	유월절 (14일)과 무교절 (15-21일)	• 이스라엘이 애굽에서 구원 얻은 것을 기념해서 "첫 달"로 취급 • 무교절 첫 날과 마지막 날은 안식일 • 3대 순례 절기(출 23:15) 중 하나 • 출 12:1-20; 13:3-10; 23:15; 34:18; 레 23:5-8; 민 9:1-14; 28:16-25; 신 16:1-8
무교절 다음날 (참고: 레 23:11)	초실절	• 하나님께 감사와 헌신의 행위로 첫 소산을 드리는 절기 • 레 23:9-1 • 민수기 28-29장에는 생략되어 있음
초실절로부터 일곱 안식일과 하루가 되는 날 (시반월[5-6월])	칠칠절 (오순절, 맥추절[8])	• 7주에 하루를 더하면 50일이 됨(즉 오순절) • 안식일 • 3대 순례 절기(출 23:16) 중 하나 • 출 23:16; 34:22; 레 23:15-21; 민 28:26-31; 신 16:9-12
7월 1일 (티쉬리월[9-10월]) (개역개정판은 '디스리'로 표기)	나팔절	• 두 주 후에 오는 순례 절기를 표시하기 위해 나팔을 부는 날 • 안식일 • 후대에 와서 이 날은 유대교의 새 해 첫 날, 즉 로쉬 하샤나[Rosh Hashanah]가 됨(참고, 이 히브리어 명칭은 시편 81:3에 근거한 것임) • 레 23:23-25; 민 29:1-6
7월 10일	속죄일	• 지성소, 제단, 성막, 제사장, 그리고 이스라엘 진영 전체를 정화시키는 날(레 16장) • 안식일 • 레 16장; 23:26-32; 민 29:7-11

7 사각 괄호 안의 달 표시는 현대 역법에서의 달을 가리키는 것이다. 성경 시대의 달은 현대 역법에서는 두 달 사이에 엇갈리게 걸쳐 있다.

8 출애굽기 34:22는 "맥추의 초실절"이라는 표현을 쓰고 있는데, 이것은 칠칠절,곧 맥추절을 가리키는 것이며, 도표에 나오는 초실절과는 구분해야 한다.

7월 15일부터 8일간 (15-22일)	초막절 (초막절, 수장절)	• 백성이 애굽을 출발했을 때 임시 거처들 속에서 살았던 것을 기념하기 위해 장막들 속에서 생활하는 절기. • 첫 날과 마지막 날은 안식일 • 3대 순례 절기(출 23:16) 중 하나 • 출 23:16; 34:22; 레 23:33-43; 민 29:12-38; 신 16:13-17; 31:10

민수기 27-28장 본문에서 가장 두드러지는 요소는 제사 및 제물의 종류와 수량이라는 점을 앞에서 지적한 바가 있다. 이것들을 정리하고, 이 본문에는 언급되어 있지 않는 초실절의 정보를 민수기 15장에 기초하여 보충하여 도표를 만들어보면 다음과 같다.[9]

절기	번제			속죄제
	소	수양	양	수염소[10]
매일(상번제) (민 28:3-8)	—	—	2*	—
안식일 (민 28:9-10)	—	—	2(4)**	—
초하루 (민 28:11-15)	2	1	7(9)**	1
유월절(14일)과 무교절(15-21일) (민 28:16-25)	2	1	7(9)**	1
초실절 (레 23:9-14)			1(3)***	
칠칠절 (오순절, 맥추절[11])	2	1	7(9)**	1

9 아래의 도표는 Wenham, *Numbers*, 221의 것을 참조하고, 거기에 누락된 사항들을 민수기 28-29의 정보에 기초하여 보완한 것이다.

10 절기들에 드려지는 속죄제물은 항상 숫염소이다. 레위기 4:1-5:13의 속죄제에 대한 본문에 따르면 숫염소는 대제사장의 속죄제(4:3-12)와 온 회중의 속죄제(4:13-21)를 위해 드려지는 소가 드려지는 것을 제외하고는 가장 비싼 제물이며, 보통은 지파장을 위한 속죄제물(4:22-26)로 사용되는 것이었다. 절기에는 이와 동급에 해당되는 제물이 드려진다고 생각하면 된다.

11 출애굽기 34:22는 "맥추의 초실절"이라는 표현을 쓰고 있는데, 이것은 칠칠절,곧 맥추절을 가리키는 것이며, 도표에 나오는 초실절과는 구분해야 한다.

나팔절	1(3)**	1(2)**	7(16)**	1(2)**
속죄일	1	1	7(9)**	1(2)**
초막절 (초막절, 수장절)				
제1일	13	2	14(16)**	1
2일	12	2	14(16)**	1
3일	11	2	14(16)**	1
4일	10	2	14(16)**	1
5일	9	2	14(16)**	1
6일	8	2	14(16)**	1
7일	7	2	14(16)**	1
8일	1	1	7(9)**	1

*절기에 드려지는 번제에는 기름, 소제, 전제가 때에 따라 여러 가지 조합으로 병행되었다.

소: 소제 3/10에바, 전제 1/2힌, 기름 1/2힌(참고, 민 15:9)[12]
숫양: 소제 2/10에바, 전제 1/3힌, 기름 1/3힌(참고, 민 15:6)
양: 소제 1/10에바, 전제 1/4힌, 기름 1/4힌(참고, 민 28:5)

**괄호 안의 숫자는 그 날 드려지는 해당 제물의 총 숫자를 가리킨다. 안식일의 경우 이 절기를 위해 양 두 마리가 드려진다. 그러나 이것은 매일의 상번제로 드려지는 두 마리 양에 추가적으로 드려지는 것이기 때문에 실제로 안식일에 드려지는 양의 마리 수는 총 네 마리이다. 이것이 괄호 안의 숫자가 의미하는 바이다. 또한 나팔절(7월 1일)은 초하루이기도 하기 때문에 초하루 절기에 드려지는 제물이 함께 드려진다. 괄호 속은 이것까지 포함한 것이다. 특히 양의 마릿수는 여기에 상번제의 양의 숫자까지 포함된 것이다.

***초실절은 민수기 28-29장에는 언급이 없다. 소제는 2/10에바, 전제는 1/4힌이다. 따라서 이 절기는 민수기 15; 28-29장에 나오는 다른 절기들과는 소제의 양이 상응하지 않는다. 왜냐하면 바로 위의 소제 및 전제에 대한 정보에서 참고하듯이 2/10에바는 양이 아니라 숫양을 위한 분량이기 때문이다. 또한 매년에 한번 드려지는 다른 절기들의 제사 및 제물의 종류 및 양을 고려할 때 초실절에는 양 한 마리만 달랑 드려지는 것이 타당한지에 대해서도 의문이 든다. 하지만 앞뒤의 다른 절기들에는 양이 일곱 마리가 드려진 반면에 초실절에는 한 마리밖에 안 드려졌다는 점을 고려하면 나머지 사항들도 다른 절기들과 차이가 있을 가능성도 높다.

12 비록 소제의 곡식 가루와 섞을 기름의 양이 수소와 숫양의 경우에는 언급되어 있지 않지만 민수기 28-29장에서 가장 작은 제물인 "양"(케베쓰, כֶּבֶשׂ, sheep)의 경우에 전제(drink offering)의 양과 일치하는 것을 고려할 때 아마 수소와 숫양의 경우에도 역시 마찬가지가 아니었을까 하고 추론하는 것이 합당해 보인다. 이런 점에 대해서는 민수기 15:11-12의 본문 해설에 나오는 도표 및 거기에 언급된 관련 참고문헌을 참고하라.

1단계: 사역

28:1 여호와께서 모세에게 말씀하셨다.
28:2 이스라엘 자손에게 명령하고, 그들에게 이르라. 내 예물, 내 음식을 내 화제, 곧 나
의 향기로운 냄새로 너희의 절기에 드리는 일을 준수하여라.
28:3 또 그들에게 일러라. 이것이 너희가 여호와께 드릴 화제이다. 일 년 되고 흠 없는
양 두 마리를 날마다 상번제로 드려라.
28:4 양 한 마리는 아침에 드리고, 양 한 마리는 해 질 녘에 드려라.
28:5 (이것을) 으깨어 짠 기름 1/4힌과 섞은 곡식 가루 1/10에바의 소제와 (함께 드려
라).
28:6 이것은 시내 산에서 향기로운 냄새로 정해진 상번제이다. 여호와께 드리는 화제
이다.
28:7 그리고 그것의 전제는 양 한 마리 당 1/4힌이다. 거룩한 곳에서 여호와께 발효주
로 전제를 부어 드려라.
28:8 해 질 녘에 두 번째 양을 드려라. 아침의 소제 및 그것의 전제와 같이 여호와께 향
기로운 냄새의 화제를 드려라.
28:9 그리고 안식일에는 일 년 되고 흠 없는 양 두 마리와 곡식 가루 2/10[에바]에 기름
을 섞은 소제와 그 전제를 [드려라].
28:10 이것은 상번제와 그것의 전제와 더불어 안식일에 [드리는] 안식일의 번제이다.
28:11 초하루에는 수소 두 마리, 숫양 한 마리, 일 년 되고 흠 없는 양 일곱 마리를 여
호와께 번제를 [드려라]
28:12 수소 한 마리 당 곡식 가루 3/10[에바]에 기름 섞은 소제, 숫양 한 마리 당 곡식
가루 2/10[에바]에 기름 섞은 소제,
28:13 양 한 마리 당 곡식 가루 1/10[에바]에 기름 섞은 소제이다. 이것이 여호와께 드
릴 향기로운 냄새의 번제이다.
28:14 그 전제는 소 한 마리 당 포도주 1/2, 숫양 한 마리 당 1/3힌, 양 한 마리 당 1/4
힌이다. 이것이 일 년 매월 초하루에 드리는 번제이다.
28:15 상번제 및 그 전제와 더불어 숫염소 한 마리를 속죄제로 여호와께 드려라.
28:16 1월 14일은 여호와를 위한 유월절이다.
28:17 그리고 이 달 15일은 절일이다. 7일 동안 무교병을 먹어야 한다.
28:18 그 첫날에는 거룩한 집회가 있을 것이다. 아무 일도 하지 말아야 한다.
28:19 여호와께 번제로 수소 두 마리, 숫양 한 마리, 일 년 된 양 일곱 마리를 화제, 곧

번제로 드려라. 그것들은 너희를 위해 흠 없는 것이어야 한다.

28:20 소제는 곡식 가루에 기름을 섞은 것이다. 수소 한 마리에는 3/10[힌], 숫양 한 마리에는 2/10[힌]을 드려라.

28:21 양 일곱에는 한 마리 당 1/0[힌]씩을 드려라.

28:22 또 너희를 속죄하기 위한 속죄제로 숫염소 한 마리를 [드려라]

28:23 상번제인 아침의 번제 외에 이것들을 드려라.

28:24 너희는 이처럼 7일 동안 매일 여호와께 향기로운 냄새인 화제의 음식을 드려라. 상번제 및 그것의 전제와 더불어 [이것들을] 드려야 한다.

28:25 일곱째 날에는 너희에게 거룩한 집회가 있을 것이다. 아무 일도 해서는 안 된다.

28:26 너희의 칠칠절의 처음 익은 열매를 드리는 날, 곧 너희의 새로운 소제를 여호와께 드릴 때에 너희를 위해 거룩한 집회가 있을 것이다. 아무 일도 해서는 안 된다.

28:27 수소 두 마리, 숫양 한 마리, 일 년 된 양 일곱 마리를 여호와께 향기로운 냄새를 위한번제로 드려라.

28:28 그것들의 소제는 기름을 섞은 곡식 가루이다. 수소 한 마리에 3/10[에바], 숫양 한 마리에 2/10[에바],

28:29 양 일곱 마리에는 양 한 마리마다 1/10[에바]이다.

28:30 또 너희를 속죄하기 위하여 숫염소 한 마리를 [드려라].

28:31 상번제와 그것의 소제 외에 [이것들을] 드려라. 그것들은 흠 없는 것이어야 하며, 그것들의 전제와 [함께 드려져야 한다].

29:1 제7월 1일에는 너희를 위해 거룩한 집회가 있을 것이다. 아무 일도 해서는 안 된다. [이 날은] 너희에게 있어서 [나팔을] 부는 날이다.

29:2 너희는 수소 한 마리, 숫양 한 마리, 일 년 되고 흠 없는 양 일곱 마리를 여호와를 위해 향기로운 냄새의 번제로 드려라.

29:3 그것들의 소제는 기름에 섞은 곡식 가루이다. 수소에는 3/10[에바], 숫양에는 2/10[에바],

29:4 양 일곱 마리에는 양 한 마리 당 1/10[에바]이다.

29:5 또 너희를 속죄하기 위하여 숫염소 한 마리로 속죄제를 [드려라]

29:6 그 달의 번제 및 그것의 소제, 그리고 상번제 및 그것의 소제와 그것들의 전제를 그것들의 규례에 따라 [드리는 것]과 더불어 [이것들이] 여호와께 향기로운 냄새가 될 화제이다.

29:7 제7월 10일에는 너희를 위해 거룩한 집회가 있을 것이다. 너희의 심령을 괴롭게 하며, 아무 일도 해서는 안 된다.

29:8 너희는 여호와께 향기로운 냄새의 번제로 수소 한 마리, 숫양 한 마리, 일 년 된 양 일곱 마리를 드려라. 이것들은 다 너희를 위해 흠이 없어야 한다.
29:9 그것들의 소제는 기름에 섞은 곡식 가루이다. 수소에는 3/10[에바], 숫양에는 2/10[에바],
29:10 양 일곱 마리에는 양 한 마리 당 1/10[에바]이다.
29:11 속죄를 위한 속죄제와 상번제와 그것의 소제 및 전제와 더불어 숫염소 한 마리를 속죄제로 드려라.
29:12 제7월 15일에는 너희를 위한 거룩한 집회가 있을 것이다. 아무 일도 해서는 안 된다. 7일 동안 여호와를 위해 절기를 지켜라.
29:13 너희는 여호와께 향기로운 냄새의 번제인 화제로 수소 열세 마리, 숫양 두 마리, 일 년 된 양 열네 마리를 드려라. 이것들은 흠이 없어야 한다.
29:14 그것들의 소제는 기름에 섞은 곡식 가루이다. 수소 열세 마리에는 한 마리 당 3/10[에바], 숫양 두 마리에는 한 마리 당 2/10[에바],
29:15 양 열네 마리에는 한 마리 당 1/10[에바이다.
29:16 상번제와 그것의 소제 및 전제와 함께 숫염소 한 마리를 속죄제로 드려라.
29:17 둘째 날에는 수소 열두 마리, 숫양 두 마리, 일 년 되고 흠 없는 양 열네 마리이다.
29:18 수소와 숫양과 양들을 위한 소제와 전제는 수효에 맞추어 규례대로 하여라.
29:19 상번제와 그것의 소제 및 그 전제와 함께 숫염소 한 마리를 속죄제로 드려라.
29:20 셋째 날에는 수소 열한 마리, 숫양 두 마리, 일 년 되고 흠 없는 양 열네 마리이다.
29:21 수소와 숫양과 양들을 위한 소제와 전제는 수효에 맞추어 규례대로 하여라.
29:22 상번제와 그것의 소제 및 그 전제와 함께 숫염소 한 마리를 속죄제로 드려라.
29:23 넷째 날에는 수소 열 마리, 숫양 두 마리, 일 년 되고 흠 없는 숫양 열네 마리이다.
29:24 수소와 숫양과 양들을 위한 소제와 전제는 수효에 맞추어 규례대로 하여라.
29:25 상번제와 그것의 소제 및 그 전제와 함께 숫염소 한 마리를 속죄제로 드려라.
29:26 다섯째 날에는 수소 아홉 마리, 숫양 두 마리, 일 년 되고 흠 없는 숫양 열네 마리이다.
29:27 수소와 숫양과 양들을 위한 소제와 전제는 수효에 맞추어 규례대로 하여라.
29:28 상번제와 그것의 소제 및 그 전제와 함께 숫염소 한 마리를 속죄제로 드려라.
29:29 여섯째 날에는 수소 여덟 마리, 숫양 두 마리, 일 년 되고 흠 없는 숫양 열네 마리이다.
29:30 수소와 숫양과 양들을 위한 소제와 전제는 수효에 맞추어 규례대로 하여라.
29:31 상번제와 그것의 소제 및 그 전제와 함께 숫염소 한 마리를 속죄제로 드려라.

29:32 일곱째 날에는 수소 일곱 마리, 숫양 두 마리, 일 년 되고 흠 없는 숫양 열네 마리이다.
29:33 수소와 숫양과 양들을 위한 소제와 전제는 수효에 맞추어 규례대로 하여라.
29:34 상번제와 그것의 소제 및 그 전제와 함께 숫염소 한 마리를 속죄제로 드려라.
29:35 여덟째 날에는 종결일로 지켜라. 아무 일도 하지 말아라.
29:36 번제로 수소 한 마리, 숫양 한 마리, 일 년 되고 흠 없는 숫양 일곱 마리를 여호와께 향기로운 화제를 드려라.
29:37 수소와 숫양과 양들을 위한 소제와 전제는 수효에 맞추어 규례대로 하여라.
29:38 상번제와 그 소제와 그 전제 외에 숫염소 한 마리를 속죄제로 드려라.
29:39 너희들의 절기들에 이것들을 너희들의 서원제, 자원제, 번제, 소제, 전제, 화목제 외에 여호와께 드려라.
29:40 (30:1) 모세가 여호와께서 모세에게 명령하신 모든 것대로 이스라엘 자손에게 말하였다.

2단계: 사역 해설

2절. "화제": 잇쉐(אִשֶּׁה). 이 단어는 흔히 "불"(fire)란 듯의 에쉬(אֵשׁ)에서 파생된 단어로서 "불의 제사"란 뜻의 "화제"(fire offering)으로 번역된다. 그러나 최근의 구약의 제의법 전문 학자들은 이런 어원적 근거가 적절하지 못하다고 보며, 차라리 이 잇쉐란 단어의 근원을 같은 셈족 언어(the Semitic language)에 속한 아카드어 등에서 찾아야 한다고 본다. 그리고 그 의미는 "음식 제사" 혹은 "선물 제사" 정도라고 본다. 그러나 이런 연구들은 아직 최종적으로 확정된 견해는 아니기 때문에 현재 글에서는 전통적인 번역을 유지한다. 그러나 독자들은 이 전통적인 번역이 정답은 아닐 수 있음을 주지하기 바란다.[13]

---

13 더 자세한 설명은 *레위기: 위험한 거룩성과의 동행* (서울: 솔로몬, 2018), 68 및 거기에 나오는 참고문헌을 참고하라.

3–4절. "양": 케베스(כֶּבֶשׂ). 원래는 이 구절의 경우와 같이 케베쓰로 쓰는 것이 더 일반적이기는 하지만 오경의 다른 제의법 본문들에서는 두 번째 자음과 세 번째 자음이 뒤집힌 케세브(כֶּשֶׂב) 형태도 많이 나온다(레 1:10; 3:7 등). 이 단어는 "양"(sheep)을 가리키는 총칭적 용어(a generic term), 즉 양 중에서 수컷이나 암컷, 늙은 양이나 어린 양 등을 가리지 않고 다 가리키는 단어이다. 이 단어 자체에는 나이 개념이 들어 있지 않다.[14] 제사용 제물에 사용된 가축들을 지칭하는 용어들에 대한 개역개정 성경의 번역은 문제가 심각한데, 특히 "양"과 관련된 단어들의 경우가 더욱 그러하다. 이 단어의 경우 이미 앞의 3절에서는 이 동일한 단어를 "숫양"이라고 번역해놓고는 4절에서는 아무 이유 없이 "어린 양"이라고 번역하고 있다. 그리고 이런 문제는 민수기 28-29장의 절기 제물들에 대한 본문 전체에 걸쳐서 계속 반복되고 있다. 또한 이런 문제는 구약성경 전반에도 자주 나타난다. 대한성서공회가 이 점에 대해서 반드시 속히 시정을 하기를 촉구한다.

"해 질 녘에": 이 놈은 민수기 10장의 비슷한 문구에 대한 해설 참조.

"상번제": 올라 타미드(עֹלָה תָּמִיד). 이 표현은 구약에서 오직 민수기 28-29장에만 나오는 것으로 보인다(28:3, 6, 10, 15, 23, 24, 31; 29:11, 16, 19, 22, 25, 28, 31, 34, 38). 3절처럼 되어 있는 경우는 이것이 유일하며, 나머지 경우는 올라(번제)가 연계형 형태인 올라트(עֹלַת)로 되어 있거나 타미드(תָּמִיד)에 정관사 붙어 할타미드(הַתָּמִיד)라고 되어 있는 형태가 많이 사용되고 있다.

5절. "(이것을)···(함께 드려라)": 원문상으로는 4절과 5절은 한 문장으로 이루어져 있다. 다시 말해 4-5절 전체는 4절 서두의 "드려라"는 동사 하나의 지배를 받고 있으며, 5절에는 따로 동사가 존재하지 않는다. 5절은 단지 4절의 문장에 부연적으로 상번제와 병행하여 드리는 소제에 대한 내용을 부

---

14 박철현, *레위기*, 129, 132-133, 406 n. 213을 보라. 또한 Committee on Translations, *Fauna and Flora of the Bible* (New York: United Bible Societies, 1972), 75-76; René Péter-Contesse and John Ellington, *A Handbook on Leviticus*, UBS Handbook Series (New York: United Bible Societies, 1992), 40, 60을 보라.

사구 형태로 담고 있을 뿐이다. 그러나 현재의 장절 구분 체계 속에서는 이 두 구절의 내용을 한 문장처럼 자연스러운 한국어로 번역할 방법이 없다. 따라서 부득이하게 이 괄호의 내용을 추가하여 5절을 번역하는 수밖에 없었다는 점을 유념하라.

"으깨어 짠": 카티트(כָּתִית). 이 히브리어 형용사는 "때리다"(to beat), "으깨다"(to crush)란 뜻을 가진 동사인 카타트(כָּתַת)에서 파생된 단어이다. 히브리어 형용사들 중에는 동사 원형의 첫 자음 아래의 모음은 그대로 두고, 두 번째 자음의 아래 모음을 이 단어의 경우와 같은 형태의 순장모음으로 바꾸어 놓은 형태가 있는데, 이런 형태의 형용사들은 그 동사의 수동형의 의미를 갖는다는 점을 알면 히브리어 원문을 읽는데 많은 도움이 된다. 즉 카티트의 경우 "으깨어 짜다"란 뜻의 동사에서 "으깨어 짜진"이란 의미를 가진 형용사가 파생된 것이다.

7절. "발효주": 쉐카르(שֵׁכָר). 이 명사는 "술 취하다"(to be drunk)란 뜻을 가진 동사인 샤카르(שָׁכַר)에서 파생된 명사이다. 개역개정은 이 단어를 "독주"로 번역하고 있는데, 이 번역은 알코올 도수가 높은 "증류주"를 연상시킨다. 그러나 고대 근동에는 증류 과정을 통해 알코올 도수를 강하게 만든 증류주는 존재하지 않았다. 따라서 "독주"란 번역은 적절하지 않으며, "발효주"가 좀 더 나은 번역으로 생각된다.

쉐카르와 관련하여 또 한 가지 유념할 사항은 이 쉐카르의 원료가 무엇인지에 대해서는 확정된 견해가 없다는 점이다. 학자들은 이 단어가 포도는 물론이고 대추야자(date), 곡식, 꿀 등 다양한 재료를 발효시켜 만든 다양한 종류의 발효주를 다 지칭할 수 있는 표현인 것으로 이해하는 경향이 있다.[15] 그러나 현재 본문 속의 쉐카르는 상번제에 대한 출애굽기의 평행 본문

---

15 쉐카르와 관련된 이 사역 해설의 내용에 대한 정보는 P. P. Jenson, "שֵׁכָר", in Willem VanGemeren (ed.), *New International Dictionary of Old Testament Theology & Exegesis* (Grand Rapids, MI: Zondervan Publishing House, 1997): 4:113-115 등의 표준적인 신학 언어 사전들에서 얻을 수 있다.

(출 29:39-46, 특히 40절, "포도주"[야인, יַיִן)의 정보를 고려할 때 포도주를 발효시킨 것이라고 봐야 할 것으로 생각된다.

9-10절. "[드려라]…[드리는]": 이 구절의 원문에는 동사가 없지만 문장의 흐름을 위해 번역에 삽입하였다.

11절. "수소": 파림 브네-바카르(פָּרִים בְּנֵי־בָקָר). 개역개정은 이 문구를 "수송아지"라고번역하고 있다. 그러나 사역처럼 "수소"라고 번역하는 것이 더 낫다. "송아지"라는 번역은 복수 브네의 원형인 벤(בֵּן)이 "아들"(son)을 의미한다고 오해한데서 나온 것이다. 그러나 사실 이 단어는 "종류"(kind)를 의미한다고 보아야 한다. 이 문구의 번역에 대한 더 자세한 설명은 민수기 7:15의 "사역 해설" 중 "수소 한 마리"에 대한 해설을 참고하라. 민수기 28-29장의 "수소"에 대한번역은 모두 "사역 해설"의 견해를 따르고 있다().

"숫양"…"양": 아일(אַיִל)…크바씸(כְּבָשִׂים). 크바씸(כְּבָשִׂים)은 케베쓰(כֶּבֶשׂ)의 복수. 문제는 개역개정이 아일과 크바씸을 모두 "숫양"이라고 번역함으로써 두 단어 사이의 차이를 없애버리고 있다는 점이다. 현재의 사역은 이 두 단어를 각기 "숫양"과 "양"으로 번역함으로써 두 단어를 구분 짓고 있다.

문제는 케베쓰가 앞의 3-4절의 사역 해설에서 다룬 바와 같이 "양"(sheep)을 가리키는 총칭으로 사용되고 있으며, 이 안에는 아일, "숫양" 역시 포함되는데 왜 굳이 구약의 제의법 본문들이 자주 이 케베쓰와 아일을 구분 짓고 있느냐 하는 점이다. 이 질문과 관련해서 우리는 이 양자 사이의 차이점을 몇 가지로 구분 지어볼 수 있을 것이다.

첫째, 암수, 연령을 불문하고 모든 양을 총칭하는 케베쓰와 달리 아일은 성숙한 숫양만을 가리킨다는 점에 있어서 분명한 차이가 있다. 일례로 케베쓰를 제물로 허용하는 번제(레 1:10-13), 화목제(3:7-11), 속죄제(4:32-35) 등과 달리 속건제(레 5:14-6:7)는 항상 아일만을 특정해서 바치도록 규정되어 있다. 이런 점은 구약의 제의법에서 "양"을 총칭하는 케베쓰와 "숫양"을 의미하는 아일의 용도가 확연하게 구분되어 있었음을 보여준다.

둘째, 비록 아일이 케베쓰의 부분집합이긴 하지만 양 중에서 성숙한 수컷을 지칭하는데 사용된 아일은 일반적으로 케베쓰에 의해 지칭되는 양보다 더 큰 개체를 가리키는 것이 분명하다. 이런 점은 다음의 몇 가지 사항을 고려할 때 분명하다.

(1) 우선 케베쓰는 제의법 본문들에서는 너무 크지 않은 개체들과 관련된 경우가 많다. 비록 앞의 3-4절의 사역 해설에서 설명한 바와 같이 케베쓰가 연령 개념을 내포하고 있지는 않지만 연령을 나타내는 설명구가 첨가된 경우를 보면 거의 예외 없이 "일 년 된"이란 문구가 달린다(출 29:38; 레 12:6; 14:10; 23:18-19; 민 6:12, 14; 7:15, 17 등). 이런 점을 고려할 때 케베쓰는 너무 성숙하지 하지 않은 양과 관련되어 있었을 가능성을 보여준다.

(2) 이제 제의와 관련된 본문들 중에서 아일의 경우를 살펴 보자. 이 단어가 유일하게 연령에 대한 언급과 함께 사용된 경우인 창세기 15:9를 보면 "삼 년 된 숫양(아일)"이라고 되어 있다. 이 점을 앞의 (1)과 비교해 볼 때 최소한 제의 관련 본문들에서는 아일이라는 용어가 케베쓰보다는 더 큰 개체를 나타낸다는 점을 인정할 수 있는 것 같다.[16]

(3) 두 어휘가 한 문맥에서 언급된 제의 본문들의 경우에 아일과 케베쓰에 병행하여 드려지는 소제 및 전제의 분량은 위의 관찰들을 정당화해준다(민 15:4-6; 28:11-14[17] 등). 앞에서 열거된 본문들에 따르면 아일들의 경우에는 소제의 곡식 가루가 2/10 에바, 전제의 포도주가 1/3 힌이 함께 드려진다. 케베쓰의 경우에는 이것들이 각각 1/10에바와 1/4 힌이다. 이런 소제와

16 David J. A. Clines, ed., *The Dictionary of Classical Hebrew* (Sheffield, England: Sheffield Academic Press; Sheffield Phoenix Press, 1993–2011), 360 역시 이런 견해를 피력하고 있다. 그러나 이 견해를 일반화하는 것은 위험하다. 제의 관련 본문, 그리고 이 두 단어가 한 문맥에서 나오는 경우를 제외하고는 케베쓰가 양을 가리키는 총칭적 어휘라는 점은 불변이기 때문이다.

17 후자의 본문(민 28:11-14)의 경우 개역개정이 특히 아일과 케베쓰에 대해서 아무런 일관성과 원칙 없게 번역하고 있는 것을 잘 보여준다. 이 본문에서 11절은 아일과 케베쓰 모두 "숫양"으로 번역함으로써 이 두 단어 사이의 구분을 없애버린다. 그러나 이어지는 12-14절에서는 케베쓰를 "어린 양"이라고 번역함으로써 11절과의 관계를 모호하게 만들고 있다. 한글로만 성경을 읽는 독자는 도대체서 12-14절의 "어린 양"이 갑자기 어디에서 튀어나왔는지 어리둥절할 수밖에 없을 것이다.

전제의 양의 차이는 아일이 케베쓰보다 더 큰 제물임을 보여준다.

위에서 열거한 여러 가지 사항들을 고려할 때 구약의 제의 관련 본문들이 케베쓰와 아일을 구분해서 언급하는 것이 납득이 된다. 비록 성장한 숫양만을 가리키는 아일이 총칭인 케베쓰의 부분집합이기는 하지만 여전히 아일은 전체 집합의 막연한 일부가 아니라 뚜렷이 구분될 수 있는 부분집합이며, 상황에 따라서는 케베쓰와 병행해서 사용될 수도 있는 부분집합인 것이다.

18절. "거룩한 집회": 미크라 코데쉬(מִקְרָא קֹדֶשׁ). 개역개정이 "성회"라고 번역하고 있는 이 문구는 문맥에 따라 "거룩한 집회" 혹은 "거룩한 집회일"을 의미한다.[18] 이 어구는 구약에 총 16회가 나오는데(출 12:16; 레 23:3, 7, 8, 21, 24, 27, 35, 36; 민 28:18, 25, 26; 29:1, 7, 12), 전부 "아무 일도 하지 말라"는 문구가 따라 나온다. 이런 면에서 볼 때 이 표현은 절기들 중에서도 특별히 노동이 철저하게 금지된 날들을 특정해서 언급하는 전문용어인 것으로 보인다. 참고로 레 23:7, 8; 민 28:18, 25에서 이 문구는 무교절 중에서 특별히 노동 금지가 명시되어 있는 첫날과 마지막 날을 특정해서 지칭하고 있다. 그러나 비록 드물지만 이 표현이 꼭 노동 금지가 명시되지 않은 절기들도 포함해서 지칭하는 경우도 있기는 하다(참고, 레 23:2, 4, 37). 하지만 이런 경우 이 표현은 노동이 금지된 특별한 날인 "거룩한 집회일"을 포함한 절기를 뭉뚱그려 표현하는 것으로 생각된다.

31절. "[함께 드려져야 한다]": 히브리어 원문상으로 이 마지막의 전제에 대한 언급은 구문론적으로 설명하기 쉽지 않으며, 이에 대한 학자들의 논의도 찾기가 쉽지 않다. 비록 설명은 없지만 레빈의 번역을 따라 사역처럼 번역하는 것이 가장 원문의 형태를 잘 지키는 것 같다. 이 경우 사각 괄

---

18 Louis Jonker, "קָרָא", in Willem VanGemeren (ed.), *New International Dictionary of Old Testament Theology & Exegesis* (Grand Rapids, MI: Zondervan Publishing House, 1997), 973.

호의 내용은 의미상으로 추가되어야 의미가 통한다.[19]

8절. "너희를 위해": 라켐(לָכֶם). 이 문구는 개역개정에는 빠져 있다.

11절. "속죄를 위한 속죄제": 할타트 학킾푸림(חַטַּאת הַכִּפֻּרִים). 개역개정은 이 문구를 그냥 "속죄제"라고 번역하고 있다. 그러나 이 문구의 원문은 "속죄제"를 뜻하는 할타트에 수식어로 학킾푸림, 즉 "속죄"(atonement)라는 문구가 추가되어 있다. 이것은 명백한번역상의 누락이며, 반드시 보충되어야 한다. 이 문구를 누락할 경우 이 구절에는 이 속죄제 외에도 다시 숫염소로 드리는 속죄제가 언급되어 있는데 이 양자 사이의 관계가 불분명해진다.

35절. "종결일": 아쩨레트(עֲצֶרֶת). 이 단어는 아짜라(עֲצָרָה)라고도 표기된다. 이 단어는 "억제하다"(to hold back), "삼가다"(to restrain) 등의 뜻을 가진 아짜르(עָצַר)에서 파생되었다. 아쩨레트와 아짜라는 합쳐서 구약성경에서 총 11회가 사용되었다. 이 단어들은 "일의 쉼"(withdraw from labor)이나 "절기의 마지막 날"(closing day)을 의미할 수 있는 것으로 보인다.[20] 사역은 이 두 뜻을 총괄하여 "종결일"이라고 하였다.[21]

39절. "너희의…자원제": 니드보테켐(נִדְבֹתֵיכֶם). "자원제"(free will offering)를 의미하는 단수 느다바(נְדָבָה)에 2인칭 복수 소유격 인칭대명사가 붙은 형태. 느다바는 화목제의 세부 항목인 "감사제"(thanksgiving offering), 서원제(vow offering), 자원제(freewill offering) 중의 하나이다. "자원제"란 용어와 관련하여 개역개정의 문제는 "자원제"(레 22:18, 23; 23:38; 시 119:108)란 번역과 "낙헌제"(민 15:3; 29:39; 시 54:6; 암 4:5)란 번역을 무원칙하게 섞어서 사용하고 있다는 점이다. 번역의 통일성이 필요한 대목이다. 나의 판단으로는 "스스로 자원해서 드린다"는 의미를 가진 "자원제"란 번역이 좀 더 나아 보인다.

---

19 Timothy R. Ashley, *The Book of Numbers*, The New International Commentary on the Old Testament (Grand Rapids: Eerdmans, 1993), 558.

20 Hartley, *Leviticus*, 388.

21 이런 점에 대해서는 박철현, *레위기: 위험한 거룩성과의 동행* (서울: 솔로몬, 2018), 620-621과 거기에 언급된 참고문헌을 참고하라.

3단계: 단락 구분

민수기 28-29장의 단락 구분은 다음과 같다.

28:1-2 도입구

28:3-8 상번제

28:9-10 안식일

28:11-15 초하루

28:16-25 유월절/무교절

28:26-31 칠칠절

29:1-6 나팔절

29:7-11 속죄일

29:12-38 초막절

29:39-40(30:1) 결론구

흔히 오경의 율법 본문들이 그러하듯이 이 민수기 28-29장의 절기 본문도 단락 구분은 명료해 보인다. 우선 28:1-2는 민수기 28-29장의 절기 본문 전체의 도입구 역할을 하고 있다. 1절은 율법 본문들의 전형적인 도입구 틀을 따라서 "여호와께서 모세에게 말씀하셨다"란 문구를 사용하고 있다(28:1). 그리고 2절 서두 역시 전형적인 틀을 따라서 대상 청중이 누구인지를 밝힌다. 현재 본문에서는 그 청중은 "이스라엘 자손"이다.

이어서 도입구의 마지막 내용(28:2b)은 민수기 28-29장 전체의 특징을 반영한다. 즉 이 큰 본문의 내용은 "내 예물, 내 음식을 내 화제, 곧 나의 향기로운 냄새로 너희의 절기에 드리는 일을 준수"하는 것이 그 핵심이다. 다시 말해 이 본문은 이스라엘의 절기들에 드려지는 제물들이 그 중심 내용인 것이다. 그리고 이런 점에 있어서 이 민수기 28-29장의 본문은 앞의 "민수기 28장의 개관과 신학"에서 언급한 바와 같이 그 평행 본문인 레위기 23

장과 차이가 난다.

이어지는 단락들은 위의 단락 구분에서 보듯이 각 절기에 대한 내용으로 되어 있다. 항상 그렇지는 않지만 대체로 각 단원들은 절기의 명칭 혹은 날짜에 대한 언급으로 단락을 시작하기 때문에 단락 구분에 있어서 모호함은 없다(28:9, 11, 16, 24).

4단계: 본문 해설

28:1–2. 이 본문은 민수기 28-29장의 절기 본문의 도입구이다. 이 본문은 이 율례의 말씀의 중심 청중이 누구인지, 그리고 그 중심 내용은 무엇인지를 밝혀주고 있다.

우선 중심 청중은 이스라엘 자손이다. 민수기 28-29장의 절기마다 드려지게 될 제물의 봉헌자는 일반 이스라엘 백성 개개인이 아니라 이스라엘 공동체 전부이다. 민수기 29:39가 밝히고 있듯이 28-29장의 절기 제사들은 이스라엘 백성 개개인이 드리는 "서원제, 자원제, 번제, 소제, 화목제" 외에 드려지는 공적 제물(public offerings)이었다.[22] 의외로 많은 사람들이 이 두 장의 절기 제사들이 각 개인이 드려야 하는 제사인 것으로 오해를 하는데, 앞의 "개관 및 신학"의 마지막 도표에서 보듯이 1년간 드려야 하는 제물의 양을 고려할 때 이 제사 제물들은 결코 개인이 감당할 수 있는 분량이 아니었다. 절기 제물들은 전민족적 혹은 국가적으로 드려지는 것이었음을 유념할 필요가 있다.

이 도입구가 담고 있는 두 번째 사항, 즉 28-29장의 중심 내용은 "내 예물, 내 음식을 내 화제, 곧 나의 향기로운 냄새로 너희의 절기에 드리는 일", 즉 절기에 드릴 제물들이 어떤 것들인가 하는 것이다. 특히 제물들은 "내

---

22 Ashley, *Numbers*, 571-572.

예물, 내 음식…내 화제, 곧 내 향기로운 냄새"라고 명시하고 있다.

우선 "예물"(코르반, קָרְבָּן)이라는 표현은 "다가가다"(to approach) 혹은 "가져가다"(to bring, 사역형) 등의 뜻을 가진 카라브(קָרַב)란 동사에서 파생된 명사로서, 구약의 제의법에서 "제물"을 지칭하는 가장 대표적인 단어이다(레 1:2 등).[23] 그리고 내 "화제, 곧 향기로운 냄새"란 표현 역시 레위기 1-3장에 나오는 번제, 소제, 화목제에 적용되는 표현이다(레 1:9, 13, 17; 2:2; 3:5 등).[24] 이런 점은 민수기 28-29장의 절기 제사에서 지배적인 제사가 번제라는 점과 잘 상응한다.

문제가 되는 것은 "내 음식"(my food, 라흐미, לַחְמִי)이란 표현이다. 레헴(לֶחֶם)은 좁게는 "빵"(bread)을 의미하기도 하지만 좀 더 넓은 의미로는 "음식"(food)이란 의미로 쓰일 수도 있다. 마치 한국어에서 "밥"이란 단어가 쌀로 만든 한국인의 주식을 의미하기도 하지만 "식사" 혹은 "음식"이라는 넓은 의미로 쓰이기도 하는 것처럼 말이다.

현재 구절에서 "내 음식"(라흐미)이란 표현은 앞에서 다룬 어휘들처럼 민수기 28-29장의 절기들에 드려지는 모든 제사를 가리키는 표현으로 사용되고 있는데, 이 경우 "제사"가 곧 "하나님의 음식"(레 21:6, 8, 17, 22, 25)인 것처럼 오해될 소지가 있다. 즉 제사는 하나님께 음식을 바치는 것이고, 하나님은 제사 음식으로 식사를 하시는 것처럼 오해될 소지가 있다.

물론 이런 해석은 잘못된 것이 분명하다. 구약성경을 통일성 있게 읽을 때 이런 견해는 설 자리가 없다. 대표적으로 시편 50:7-15는 분명히 하나님께서 제사를 식사로 필요로 하지 않으신다는 것을 밝히고 있다.[25]

---

23 박철현, *레위기*, 60.

24 박철현, *레위기*, 60.

25 비록 권위 있는 매체를 통해 공개된 학술적 자료는 아니지만 Nap Clark, "Does God really get hungry and have to eat food?" A Christian Thinktank, christianthinktank.com/gastricgod.html란 게시물은 이 "제사와 하나님의 음식의 관계"란 주제에 대해서 내가 아는 한 가장 방대하고 체계적인 연구를 담고 있는 것으로 보인다. 특히 이 게시물은 저자가 자신의 주제를 논증하기 위해 고대 근동과 구약의 수많은 본문들을 취급하고, 또 관련 학술 연구 자료들로부터 수집한 인용문들을 방대하게 모음집(anthology)처럼 일목요연하게 정리해놓고 있다. 이 주제에 관

그럼에도 불구하고 대부분의 비평학자들, 그리고 다수의 온건한 복음주의적 학자들마저도 제사는 하나님의 음식이라는 견해를 받아들인다. 예를 들어 밀그롬은 제사를 하나님의 음식으로 보는 이런 표현이 "신들이 먹고 마신다고 믿었던 시대로부터 파생된 언어학적 화석들(linguistic fossils)"이라고 지적한다.[26]

그러나 고대 근동의 문헌들과 달리 구약성경에는 제사와 하나님의 음식이라는 주제와 관련해서 다음과 같은 점들이 발견된다.[27]

(1) 하나님이 배고프시다거나 목마르다는 언급이나 암시가 없다.

(2) 하나님께서 실제로 먹고 마시거나 무엇을 섭취하신다는 언급이나 암시가 없다.

(3) 하나님께서 제물들을 "필요로 하신다"는 언급이 전혀 없다.

(4) 하나님의 음식인 제물을 제사장 등의 사람이 먹는 것에 대한 언급은 있다(레 6-7장; 민 18장 등).

(5) 때로는 이런 표현들은 단순히 하나님의 소유권 개념을 나타내기 위한 것이다. 즉 "하나님의 음식"이라는 표현은 제물들이 빵과 기름 등과 같은 음식물들로 구성되어 있기 때문이며, 이런 표현은 하나님이 이것들을 실제로 드신다는 의미가 아니라 그냥 이것들이 하나님께 귀속된다는 것을 밝히는 표

심이 있는 연구자는 이 자료를 적극 활용할 필요가 있다고 본다.

26 Jacob Milgrom, *Numbers*, The JPS Torah Commentary (Philadelphia: Jewish Publication Society, 1990), 238. 이 해석과 근본적으로 비슷한 해석은 많은 주석들에서 찾아볼 수 있다. 몇 가지를 적어 보자면 다음과 같다. George Buchanan Gray, *A Critical and Exegetical Commentary on Numbers*, International Critical Commentary (New York: C. Scribner's Sons, 1903), 407-408; Phillip J. Budd, *Numbers*, Word Biblical Commentary, vol. 5 (Dallas: Word, 1998), 315; W. H. Bellinger, Jr. *Leviticus, Numbers*, Understanding the Bible Commentary Series (Grand Rapids: Baker Books, 2012), 292.

27 Nap Clark, "Does God really get hungry and have to eat food?" Nap Clark은 아래의 정리 내용을 열거하면서 번호를 매기고 있지 않지만 여기에서는 그의 논거들을 선명하게 하기 위해 번호를 첨부하였다. 또한 인용 자체는 엄밀한 직접 인용 대신에 필요한 경우 적절한 환언(換言) 방식(paraphrasing)을 겸하여 차용을 했다.

현일 뿐이다.

"하나님의 음식"과 관련하여 구약에 반영된 이런 사상은 현재 우리의 문맥과도 잘 들어맞는다. 현재 본문(28:2)이 절기 제물들을 "내 음식"이라고 지칭할 때 이 표현은 결코 하나님께서 이 제물들을 당신의 배고픔이나 목마름을 해결하기 위해 필요한 제물로 여기신다는 뜻이 아니다. 하나님이 음식처럼 보이는 제물들을 사람들로부터 요구하시는 이유에 대해서 다음의 견해는 정곡을 찌르고 있다.

> "레위기 21:6과 민수기 28:2에서 제물들은 레헴으로 불리고 있는데, 그 이유는 이것들이 마치 음식이 사람에게 제공되는 것과 똑 같은 방식으로 하나님에게 제공되었기 때문이다. 대부분의 고대 사회들 속에서는 하나님이 생존을 위해 음식을 필요로 하시며, 자신들의 에너지와 힘을 제물에 의존하신다고 생각되었다. 신상들에게 음식을 제공하는 제의 의식들은 이집트와 메소포타미아에 존재했다…. 토라 법전들은 이런 고대 종교들과 동일한 표현들을 보존하고 있기는 하지만 그 절차를 약간 달리 이해했다. 하나님은 음식물이 필요해서가 아니라 예배자들의 헌신과 교제를 원하셨기 때문에 그들로 하여금 제물을 바치게 하셨던 것이다".[28]

위의 인용문이 언급하고 있듯이 민수기 28-29장의 절기 제물들은 결코 하나님에게 식사를 제공하기 위한 것이 아니다. 이것들은 하나님을 섬기는 봉헌자의 헌신과 친밀함의 표시인 것이다. 이런 면에서 우리는 제사와 제물을 너무 율법주의적으로 이해해서 안 된다. 하나님이 원하시는 것은 마음이지 강요된 의무감에서 파생된 외식적인 행위가 결코 아니다.

---

28 B. A. Levine, *Leviticus*, The JPS Torah Commentary (Philadelphia: Jewish Publication Society, 1989), 17. 이 인용문에 대한 정보는 Nap Clark, "Does God really get hungry and have to eat food?"를 통해서 얻었으며, 실제 자료를 확인하여 차용하였다.

28:3–8. 레위기 23장의 평행 본문에는 없는 이 단락은 매일 드려지는 상번제에 대해서 다루고 있다.

3a절은 1-2절의 절기 본문(민 28-29장) 도입구와 각 절기에 대한 단락들 사이의 교량을 하고 있다.

3b절은 상번제 본문의 서론 역할을 하고 있다. 이스라엘은 "일 년 되고 흠 없는 양 두 마리"를 날마다 상번제로 드려야 한다. "상번제"란 표현은 "번제"를 의미하는 올라(עֹלָה)와 "지속됨, 부단함"(continuance, unceasingness)을 의미하는 타미드(תָּמִיד)가 결합된 어구를 번역한 것이다. 즉 매일 아침과 저녁(4절)에 드려지는 번제는 끊어짐이 없이 계속 드려져야 한다. 이 점은 상번제가 다른 절기 제물들이 드려지는 때에도 반드시 빼놓지 않고 드려져야 함을 명시하고 있는 민수기 28-29장의 문구들을 통해서 분명하게 강조된다(28:10, 15, 23, 24, 31; 29:6, 11, 16, 19, 22, 25, 28, 31, 34, 38).

상번제의 제물이 될 양의 선택 기준은 "일 년 된 것"과 "흠 없는 것"이었다. 이 중에서 특히 중요한 것은 "흠 없는"(타밈, תָּמִים)이란 표현이다. 우리가 꼭 기억해야 할 것은 제물의 "흠 없음"이 단순히 제물의 상태에 대한 요구에 불과한 것이 아니라 그 제물을 바치는 봉헌자의 영적, 윤리적 상태가 어떠해야 하는 것에 대한 요구를 담고 있다는 점이다. 하나님이 궁극적으로 원하시는 것은 죄인을 대신해서 흠 없는 양이 계속 제물로 바쳐지는 것이 아니라 봉헌자 자신이 하나님 앞에서 영적, 윤리적, 도덕적으로 "흠이 없는" 존재가 되는 것이라는 점을 우리는 망각해서는 안 된다.[29]

4절은 상번제의 제물로 규정된 양 두 마리가 각각 아침과 저녁에 한 마리씩 드려져야 한다는 것을 보여준다. 이처럼 아침과 저녁에 나누어 드리는 모습은 연속성을 강조하는 상번제의 특성과 잘 어울린다.

5, 7절은 상번제물을 드릴 때 양 한 마리 당 곡식 가루 1/10에바에 "으

29 제물의 "흠 없음"에 대한 이러한 이해는 아주 중요하다. 이에 대한 상세한 설명과 관련 성경 구절들은 박철현, *레위기*, 72-74를 보라.

깨어 짠 기름" 1/4힌을 섞은 소제, 그리고 "발효주"(쉐카르, שֵׁכָר)로 된 전제를 함께 드릴 것을 규정하고 있다. 절기 제사들 중에서 상번제는 그에 병행되는 제사로 "발효주"가 요구된 유일한 제사였다. 나머지 절기 제물들의 경우에는 전제는 모두 포도주가 요구되었다. 하지만 이런 차이가 절대적인 것은 아니다. 우선 7절의 "사역 해설"에서 다룬 바와 같이 쉐카르가 포도주를 원료해서 발효시킨 것일 수가 있으며, 상번제에 대한 평행 본문(출 29:39-46)은 상번제에 병행하여 드리는 전제를 "포도주"라고 지칭하고 있기 때문이다. (참고, 민 28:14; 또한 15:5, 7, 10). (참고로 1/10에바는 2.2리터 정도이며, 1/4힌은 0.9리터 정도이다. 따라서 곡식 가루는 1리터짜리 우유팩 2개 정도, 발효주는 우유팩 1개 정도의 분량이 양 한 마리 당 소요되었다고 생각하면 그 양을 현대적인 계량법으로 이해하기가 쉬울 것이다.)

6절은 이런 상번제의 규정이 원래 "시내 산에서…정해진" 것이라고 말하고 있다. 이 때 이 문구가 의미하는 바는 상번제가 출애굽기 29:39-46의 말씀을 통해 제정되었다는 것이라고 생각된다. 이 후자의 본문에서 하나님은 상번제의 규정에 대해서 이 민수기 28:3-8과 거의 비슷한 내용을 말씀하시며,[30] 추가적으로 그것의 신학적 의의를 밝히신다. 이 본문의 내용에 따르면 하나님은 이처럼 이스라엘이 항상 상번제를 "여호와 앞 회막 문에서" 드릴 때 "내가 거기서 너희와 만나고 네게 말하리라"고 약속하신다(출 29:42). 그리고 이런 만남을 통해서 하나님의 영광으로 회막과 제단과 제사장들을 거룩하게 하실 것이며, 하나님은 그들의 하나님이 되고, 그들은 하나님의 백성이 될 것이라고 말씀하신다(출 29:43-46).

---

30 한 가지 중대한 차이는 민수기 28:7은 전제로 "발효주"(쉐카르)를 드리라고 되어 있는 반면에 출 29:40에는 "포도주"(야인)이라고 되어 있다. 이 두 본문을 조화시키고자 할 때 우리는 최소한 이 전제로 드려지는 술과 관련해서는 쉐카르가 야인의 부분집합이며, 따라서 다른 곡식이 아니라 포도주를 발효시킨 것을 가리킨다고 봐야 할 것이다. 비록 출애굽기 본문과의 관계에 대해서는 명시하고 있지 않지만 Milgrom, *Numbers*, 240은 상번제와 관련하여 쉐카르를 이렇게 좁은 의미로 이해하고 있는 듯하다.

밀그롬은[31] 이 상번제가 출애굽기 29:39-46에서 제정되었다고 할 때 이것이 과연 광야 시대 중에 계속 시행되었느냐 하는 것과 관련하여 유대교의 해석 전통 속에 나타난 견해들을 크게 두 갈래로 나누어 소개한다. 첫째 견해는 아모스서 5:25의 "이스라엘 족속아 너희가 사십 년 동안 광야에서 희생과 소제물을 내게 드렸느냐"라는 말씀 등에 기초하여 이 상번제 규정은 오직 약속에 땅에 들어간 이후에야 시행되었다고 본다. 두 번째 견해이자 앞의 견해와 정반대되는 견해는 레위기 9:17이 제사장 아론의 대제사장으로서의 첫 제사에 대한 언급을 하면서 "또 소제를 드리되 그 중에서 그의 손에 한 움큼을 채워서 아침 번제물에 더하여 제단 위에서 불사르고"라고 말한 것 등에 기초하고 있다. 이 견해에 따르면 상번제는 민수기 28-29장의 다른 절기 제사들과 달리 처음 제정된 때부터 계속해서 광야 시대에도 시행되었다고 본다. 그리고 이 후자의 견해를 택하는 해석자들은 전자의 견해의 근거 본문인 아모스서 5:25 등의 말씀은 민수기 28-29장이 말하고 있는 공적 제의 자체를 이스라엘이 광야 시대에 드린 적이 없다는 것이 아니라 개인 제사들을 그렇게 드리지 못했다는 뜻이라고 본다. 밀그롬은 이런 두 가지 견해 중 후자의 견해를 지지하는데, 실제로 성경 본문들도 역시 이 견해와 더 잘 상응하는 것으로 생각된다.

8절은 저녁에 드려지는 상번제 역시 앞에서 기술한 바와 상응하게 드려져야 함을 언급하고 있다.

28:9–10. 이 본문은 민수기 28-29장의 두 번째 절기인 안식일에 드려지는 제물에 대해서 다루고 있다. 절기의 성격에 집중하는 레위기 23장과 달리 제사와 제물의 종류 및 수량에 대해 집중하는 현 본문은 안식일의 성격에 대해서는 침묵하고, 철저히 제사와 제물에 대해서만 언급한다.

안식일의 제물은 "일 년 되고 흠 없는 양 두 마리와 곡식 가루 2/10[에바]에 기름 섞은 소제와 그 전제"이다. 2/10에바라는 것은 민수기 28-29장

---

31 이하의 내용은 Milgrom, *Numbers*, 239-240의 내용을 정리한 것이다.

의 전체 내용을 고려할 때 양 두 마리를 합친 것에 병행하는 소제의 양으로 생각된다. 왜냐하면 다른 본문들(28:5 등)에 따르면 양 한 마리에 병행되는 소제의 양은 1/10에바이기 때문이다.

또한 이 양 두 마리가 제물로 드려진 시기에 대해서 현재 본문에는 언급이 없지만 주변 본문(28:23)을 고려할 때 아침의 상번제가 드려진 직후인 것으로 생각된다.[32]

28:11-15. 이 본문은 매월 1일의 절기, 즉 초하루 절기에 대한 내용이다. 역시 절기 제물에 대한 정보에 집중하고 있다. 앞의 두 절기, 즉 상번제 및 안식일과 비교해서 제사 및 제물의 다양성 및 수량의 차이가 두드러진다.

우선 이 날에 드려지는 제물들은 번제와 속죄제이다(11, 15절). 속죄제에 대한 언급은 민수기 28-29장에서 여기가 처음이다.

번제에는 수소 두 마리, 숫양 한 마리, 일 년 되고 흠 없는 양 일곱 마리가 소요된다(11절). 그리고 속죄제로는 숫염소 한 마리가 드려진다(15절). 절기에 드려지는 속죄제물로는 항상 숫염소가 사용되었다는 점이 흥미롭다(28:15, 22, 30; 29:5, 11, 16, 19, 22, 25, 28, 31, 34, 38).

이처럼 민수기 28-29장에서 처음으로 이렇게 다양한 제사와 제물들에 대한 언급이 나오다 보니 거기에 수반되는 소제와 전제에 대해서 상세한 정보가 제공된다. 12-14절에 따르면 수소 한 마리에는 3/10에바의 곡식 가루에 기름 섞은 소제와 포도주 1/2힌의 전제, 숫양 한 마리에는 2/10에바의 곡식 가루에 기름 섞은 소제와 포도주 1/3힌의 전제, 양 한 마리에는 1/10에바의 곡식 가루에 기름 섞은 소제와 포도주 1/4힌의 전제이다.

28:16-25. 이 본문은 유월절 및 무교절에 대한 내용을 담고 있다. 무교절은 유월절 다음 날부터 7일간 치러지는 절기였기 때문에 오경에서는 항상 함께 취급되는 경우들이 많다(레 23:4-8; 또한 출 12:1-28; 12:43-13:16). 레위기의 평행 본문이 이 두 절기의 성격에 대해서 기술하고, 유월절 절기 및 규

---

32 Ashley, *Numbers*, 565.

례의 원조라고 할 수 있는 출애굽기 본문이 유월절 및 무교절에 이스라엘 백성들이 각 가정에서 준수해야 할 사항들에 대해서 상세하게 말하고 있는 반면에 이 민수기 본문은 그 특성상 이 날에 드려질 제물들에 집중하고 있다.

16-17절은 유월절과 무교절의 일자에 대해서 언급하고 있다. 유월절은 1월 14일이다. 이 점은 출애굽기 12:6, 15의 정보와 일치한다.

18, 25절은 첫째날과 일곱째 날은 "거룩한 집회(일)"(미크라 코데쉬, קֹדֶשׁ מִקְרָא)로 지켜야 함을 언급하고 있다(참고, 출 12:16). 사역 해설에서 설명한 바와 같이 이 "거룩한 집회(일)"이란 문구에는 항상 "아무 일도 하지 말아야 한다"란 문구가 따라 나온다. 출애굽기 12:16은 여기에 "각자의 먹을 것만 갖출 것이니라"는 말씀을 추가적으로 담고 있는데, 이것은 "아무 일도 하지 않는다"는 말이 식사를 위한 노동을 포함하지는 않는다는 것을 의미한다.

17-24절은 무교절에 드리는 제물들에 대해서 언급하고 있다. "매일"(24절) 드려야 하는 제물은 수소 두 마리, 숫양 한 마리, 일년 된 양 일곱 마리의 번제이다. 거기에 수반되는 소제는 다른 절기들에 언급된 것과 동일한데, 앞의 11-15절이 언급한 내용을 축약된 형태로 제공하고 있다. 그리고 여기에 속죄제로 숫염소 한 마리가 요구되고 있다(22절). 이것들은 상번제 중 아침의 번제 후에 드려진다(23절).

28:26-31. 이 본문은 "칠칠절"(샤부아, שָׁבוּעַ, 26절)에 대한 내용을 담고 있다. 이 칠칠절의 절기는 앞의 "개관 및 신학"에서 보듯이 "오순절" 혹은 "맥추절"이라고도 불렸다.

이런 명칭들은 레위기 23:15-16절의 절기에 대한 묘사에서 파생된 것들이다. 우선 칠칠절은 이 민수기 28-29장에는 언급되지 않고 레위기 23장 본문에만 언급되어 있는 초실절로부터 7주를 계수하고 난 다음날에 치르는 것이었다(7x7+1=50). 즉 7주를 일곱 번 계수한다고 해서 "칠칠절"인 것이다. 그리고 "오순절", 즉 "50일째 치르는 절기"란 표현은 이 절기가 앞의 7주를 셈하고 난 다음날 인 50일째 날에 치러진다고 해서 붙여진 이름이다. 그러나 구약 자체에 이 이름이 나오는 것은 아니며, 레위기 23:16의 "오십 일"이란 표현에 바탕을 두고 신약 시대에 부르던 이름이다(행 2:1; 20:16; 고전 16:8).

"맥추절"(학 할카찌르, חַג הַקָּצִיר, 직역하면 "추수의 절기")이란 이름은 민수기 28-29장이나 그 평행 본문인 레위기 23장이아니라 출애굽기 23:16에 나온다. 이 후자의 본문을 직역하면 "맥추절, 곧 너의 일의 첫 열매들(빅쿠레, בִּכּוּרֵי)의 절기"라고 되어 있다. 원문의 "추수의 절기"를 "맥추절"이라고 번역한 것은 좀 문제가 있다. 왜냐하면 "맥"(麥)이 "보리"를 의미하기 때문에 마치 이 날 추수한 것이 오직 보리뿐인 것으로 착각할 수 있기 때문이다. 그러나 사실 이 날은 다른 여러 가지 곡식들이나 기타 농산물들도 추수하는 시기였기 때문에[33] 원문을 직역하여 "추수절"이라고 번역하는 것이 더 좋게 생각된다. 이 절기의 영어 이름(The Feast of Harvest)는 이런 면에서 개역개정의 "맥추절"보다 더 정확하다고 할 수 있다.

26절은 이 절기 역시 "거룩한 집회"가 있으며, "아무 일도 해서는 안 된다"고 규정하고 있다.

27-30절은 이 절기에 드려지는 제물에 대한 정보를 주고 있다. 제물의 양과 종류는 앞의 무교절에 매일 드려지는 것과 동일하다.

31절 역시 이 제물들이 매일 드리는 상번제 외에 추가적으로 드려지는 것임을 밝히고 있다.

29:1-6. 이 본문은 이스라엘의 1년 중 가장 거룩한 절기가 많이 내포되어 있는 7월 1일, 즉 7월 초하루를 기념하는 날이다. 이 날은 "[나팔을] 부는 날"(יוֹם תְּרוּעָה)이었기 때문에 "나팔절"이라고 부른다.[34] 민수기 10:10

---

33 R. O. Rigsby, "Firstfruits", in T. Desmond Alexander and David W. Baker (eds), *Dictionary of the Old Testament: Pentateuch* (Downers Grove: InterVarsity Press, 2003), 313.

34 포로기 이후 시대의 역법에서는 7월이 새해의 첫 달이 되었으며, 나팔절의 나팔 부는 의식은 새해를 기념하는 의미를 띠게 되었다. 이런 이유로 해서 유대교에서는 이날을 로쉬 핫샤나(רֹאשׁ הַשָּׁנָה), 즉 '새해의 머리' 혹은 '새해의 시작'이라는 용어로 부르게 되었다. 이런 내용에 대해서는 박철현, *레위기*, 627과 거기에 언급된 추가적 참고문헌을 참고하라.

은 "또 너희의 기쁜 날과 정한 절기와 초하루에 너희의 번제와 화목제를 위해 나팔을 불어라 그것이 너희 하나님 앞에서 기념이 될 것이다"라고 말씀하고 있다. 나팔을 부는 날이 꼭 나팔절만은 아니었기 때문에 아마 나팔절의 나팔 부는 방식은 다른 날과는 좀 달랐을 것으로 추측된다. 이 날도 "거룩한 집회"를 갖고, 아무 일도 해서는 안 된다(1절).

나팔절에는 흥미롭게도 다른 달과 마찬가지로 초하루에 드려질 제물, 그리고 매일의 상번제에 나팔절을 기념하는 추가적 제물이 드려졌다. 이것을 정리하면 다음과 같다.

(1) 우선 초하루 제물인 수소 두 마리, 숫양 한 마리, 양 일곱 마리이 번제물, 그리고 숫염소 한 마리가 속죄제물로 드려졌다(참고, 6절). 물론 여기에 상응하는 소제와 전제 역시 병행되었다.

(2) 위의 초하루 제물과 더불어 나팔절을 기념하는 제물이 추가적으로 드려졌다. 그 제물의 양은 번제로는 수소 한 마리, 숫양 한 마리, 양 일곱 마리, 그리고 속죄제물로는 숫염소 한 마리였다. 역시 상응하는 소제와 전제가 병행되었다.

(3) 매일 드리는 상번제물인 양 두 마리와 그에 상응하는 소제 및 전제 역시 드려졌다.

결과적으로 위의 모든 제물들을 다 합산해 보면 수소 세 마리, 숫양 두 마리, 양 열여섯 마리였다.

29:7-11. 이 본문은 속죄일에 대한 내용을 담고 있다. "속죄일"(욤 학킵푸림, יוֹם הַכִּפֻּרִים)이란 이름은 레위기 23:26-32(특히 27절)에 나온다. 그리고 "속죄일"에 치러지는 상세한 의식 및 그것들의 신학적 의미에 대해서는 레위기 16장에 나온다.[35]

이 속죄일 역시 "거룩한 집회일"이기 때문에 아무 일도 해서는 안되었

35 레위기 16장과 23:26-32의 속죄제에 대한 해설은 박철현, *레위기*, 448-473, 267-268을 보라.

다(7절). 또한 이 날은 이스라엘의 절기들 중 가장 엄숙한 날로서 백성들은 자신들의 "심령을 괴롭게" 해야 했다(7절).

현재의 민수기 본문은 레위기 16장의 속죄일에 치러진 장엄한 속죄 의식에 사용되는 제물들에 대해서는 11절의 "속죄를 위한 속죄제"란 언급 외에는 완전히 생략하고 있는 것으로 보인다. 즉 레위기 16:3-5에 따르면 속죄일의 속죄 의식을 위해 드려진 제물들의 목록은 다음과 같다. 우선 대제사장은 자신을 위해 제물로 수소 한 마리의 속죄제물과 숫양 한 마리의 번제물을 드려야 했다. 그리고 백성을 위한 제물로 숫염소 두 마리의 속죄제물과 숫양 한 마리의 번제물을 드려야 했다. 이 때 "숫양"은 모두 완전히 장성한 수놈 양을 의미하는 아일(אַיִל)이다. 그리고 백성을 위한 속죄제물 중 한 마리가 바로 그 유명한 아사셀 염소이다(레 16:6-10). 이처럼 레위기 16장 본문은 속죄일의 속죄 의식에 사용된 이런 제물들과 의식들에 대해서 상세하게 언급하고 있지만 현재 민수기 본문은 이런 사항들을 뭉뚱그려서 11절에서 "속죄를 위한 속죄제"로 간략하게 언급하고 만다.[36]

대신에 민수기 본문은 이런 속죄일의 속죄 의식과는 별개로 절기를 표시하기 위해 드려져야 하는 제물들에 대해서 따로 언급하고 있는 것으로 보인다. 그 제물의 숫자는 번제로 수소 한 마리, 숫양 한 마리, 양 일곱 마리이며, 속죄 제물로 숫염소 한 마리이다(8, 11절). 물론 이 제물들은 민수기 28-29장의 다른 절기들이 그러하듯이 소정의 소제 및 전제를 동반하며(9-10절), 상번제 역시 별도로 드려진다(11절).

29:12-38. 민수기 28-29장에서 가장 긴 단원인 이 본문은 가장 많은 수의 제물이 드려지는 초막절에 대한 내용이다. 현재 본문 속에는 "초막절"(학 핫숙코트, חַג הַסֻּכּוֹת)이라는 명칭이나 그것의 다른 이름인 "수장절"(학 하아시프, חַג הָאָסִף)이라는 표현은 나오지 않는다. "초막절"이란 표현은 레위기 23:34

36 Milgrom, *Numbers*, 247; Ashley, *Numbers*, 570은 이와 비슷한 견해를 피력하고 있는 것으로 보인다.

과 신명기 16:13, 16에,[37] 그리고 "수장절"이란 표현은 출애굽기 23:16; 34:22에 나온다. 현재 본문은 이런 절기 명칭에 대한 언급 없이 단지 이 절기가 7월 15일에 시작되어 8일간 준수된다는 점만을 밝히고 있다(민 29:12, 35). 그 첫날에는 "거룩한 집회일"을 가졌으며(12절), 끝나는 날은 "종결일"로 지켰다(35절). 이 두 날에는 아무 일도 하면 안 되었다.

레위기 23장의 평행 본문(레 23:33-43)에 따르면 이 절기의 첫 날에 이스라엘은 "아름다운 나무 실과들과 대추야자 나무 가지들과 무성한 나무 가지들과 시내 버들"을 취하여 장막을 만들고 거기에서 거하며 출애굽과 광야 생활을 기억하고 기념했던 것으로 보인다(레 23:40, 42).[38] 그러나 이런 점에 대해서 본문은 철저히 침묵하고 있으며, 이 초막절의 매일마다 드려지는 제물의 수량에 대해서만 언급하고 있다.

8일 동안 드려지는 제물의 목록을 보면 흥미로운 점들이 좀 있다. 이것들을 정리하면 다음과 같다. (전체적인 숫자의 목록은 앞의 민수기 28-29장의 "신학과 개관" 마지막 부분에 나오는 도표를 참고하라.)

(1) 첫 7일과 마지막 날인 제8일의 "종결일" 사이에는 비연속성이 있다. 이 점은 양(케베쓰, כֶּבֶשׂ)의 숫자가 다른 날들에는 열네 마리 씩 드려진 반면에 8일에는 일곱 마리만 드려지는 점, 그리고 다른 날들과 확연하게 다르게 8일에는 수소가 오직 한 마리만 드려지는 점을 통해서 확연하게 드러난다.

(2) 첫 7일 동안에 다른 제물들, 즉 번제의 숫양과 양 및 속죄제의 숫염소의 숫자는 일정하게 각각 두 마리, 열네 마리, 한 마리가 드려진 반면에

---

37 "초막절"은 성경신학 서적들 속에서는 흔히 "장막절"이라고도 지칭된다. 그러나 흥미롭게도 대한성서공회가 출판한 개역개정, 개역한글, 새번역 성경은 "장막절"이라는 표현은 사용하고 있지 않다. 오직 표준새번역 성경이 단 한 번, 그것도 신약 본문 속에서 이 칭호를 사용하고 있을 뿐이다(요 7:2). 그리고 참고로 한국 카톨릭 교회의 공인성경인 공동번역과 공동번역 개정판도 오직 두 번만 이 칭호를 사용하고, 나머지의 경우는 모두 "초막절"이라는 표현을 사용하고 있다(대하 8:13; 스 3:4). 이 절기의 명칭과 관련하여 우리 나라의 성경 번역본들의 정황이 이러하므로 어휘의 통일성을 고려할 때 "장막절"이라는 표현 대신 "초막절"이라는 표현으로 통일할 필요가 있다. 성경학자들도 이 점에 유의할 필요가 있다고 생각된다.

38 이에 대한 해설은 박철현, *레위기*, 628-629를 보라.

가장 크고 비싼 제물인 수소의 경우에는 제1일에 13마리가 드려진 후 매일 한 마리씩 숫자가 줄어들어 제7일째에는 일곱 마리가 드려진다. 일부 학자들이 이 숫자의 감소 현상을 밤의 달의 크기가 줄어드는 현상이나 절기 축제의 즐거움이 첫 날에 정점을 찍은 이후로 점점 줄어드는 것의 상징 등으로 설명하려고 했으나 현재 본문의 정보만 가지고는 그 의미를 확인하는 것은 불가능하다.[39] 그나마 가장 설득력 있는 해석은 제7일에 완전수인 일곱 마리의 수소를 드리게 되도록 하기 위한 것이라는 해석이지만[40] 이마저도 결국은 추론에 불과하다.

이런 엄청난 양의 제물들은 매일 드려야 하는 상번제와 더불어 드려지는 것이었다. 그리고 결과적으로 이렇게 드려진 제물의 양은 일년 중 다른 절기들에 드려진 모든 제물의 양을 다 합친 것보다 압도적으로 많았다. 이런 면에서 초막절은 한 해의 모든 절기를 마무리하는 절기이자 민수기 28-29장의 절기 목록을 마무리하는 클라이막스로서 부족함이 없었다. 그리고 이 절기에 드려지게 될 엄청난 양의 제물들은 다시 한번 약속의 땅의 가까움과 그 땅의 풍성함을 잘 드러내주는 역할을 한다.[41] 이런 면에서 이 두 장의 절기 본문은 가나안 정복 전쟁 준비라는 중심 주제를 담고 있는 민수기의 마지막 거시적 단원(민 26-36장)의 문맥과 잘 상응한다.

29:39-40(30:1). 이 본문은 절기 본문의 최종적인 결론구 역할을 하고 있다.

39절은 이 절기 제물들이 "개인이 드리는 서원제, 자원제, 번제, 소제, 전제, 화목제 외에" 하나님께 드리는 공적인 제물들임을 밝히고 있다. 하나님의 백성인 이스라엘은 공동체로서 이 제물들을 하나님께 바쳤다. 따라서

---

39 Ashley, *Numbers*, 571.

40 Carl Friedrich Keil and Franz Delitzsch, *Commentary on the Old Testament*, vol. 1 (Peabody, MA: Hendrickson, 1996), 805. Ashley, *Numbers*, 571을 통해서 이 자료의 정보를 얻었음을 밝힌다.

41 Ashley, *Numbers*, 570-571.

현재 본문의 제물들이 각 개인이 드린 것이라고 착각해서는 안 된다. 또한 이 점은 초막절의 경우와 같이 막대한 양의 제물을 결코 각 개인이 바치는 것은 불가능하다는 점을 통해서도 명백하다.

40절(30:1)은 오경의 규례 본문들이 흔히 그렇듯이 모세가 여호와의 명령대로 수행하였다는 점을 명시하고 있다(참고, 민 1:54; 2:33-34 등). 성경 번역본들은 이 40절을 29장의 마지막 절로 취급하고 있지만 히브리어 원문상으로는 30:1로 되어 있다. 히브리어 원문상의 장절 구분보다는 역본들의 장절 구분이 더 내용과 부합하는 것으로 보인다.

5단계: 적용

2절. "내 예물, 내 음식을 내 화제, 곧 나의 향기로운 냄새로 너희의 절기에 드리는 일을 준수하여라": 상번제부터 초막절까지 각종 절기에 드려지는 제사의 성격이 무엇인지를 간략하게 정의해주는 이 말씀은 언뜻 보기에는 제사가 하나님께 바치는 "식사"라고 오해하기가 쉽다. 그리고 이런 오해에 따르면 하나님은 우리가 "식사"를 마련해드려야 하는 분인 것처럼 착각할 수가 있다. 실제로 성경 시대의 이스라엘을 둘러싼 고대 근동의 국가들이 남긴 문헌들 속에서는 이런 잘못된 사고방식을 많이 찾아볼 수 있다.

그러나 성경의 사상은 분명히 이것들과 차별화된다. 특히 시편 50:9-13은 이 점을 분명히 해준다. "내가 네 집에서 수소나 네 우리에서 숫염소를 가져가지 아니하리니 이는 삼림의 짐승들과 뭇 산의 가축이 다 내 것이며 산의 모든 새들도 내가 아는 것이며 들의 짐승도 내 것임이로다. 내가 가령 주려도 네게 이르지 아니할 것은 세계와 거기에 충만한 것이 내 것임이로다. 내가 수소의 고기를 먹으며 염소의 피를 마시겠느냐?" 이방의 거짓 신들과 달리 참 신이신 하나님은 온 세상의 소유주이시기 때문에 굳이 사람들로부터 이런 먹을 것을 구걸하실 필요가 없다. 오히려 하나님이 당신의 것을 사람들에게 나눠주셔서 사람들이 목숨을 연명하게 하시는 분이시다.

이 점을 참된 신앙인들은 망각하지 말아야 한다. 많은 기독교인들은 헌금을 낼 때 마치 자신들이 하나님에게 뭔가 기여를 한다고 착각한다. 그러나 성경이 말하는 진실에 따르면 우리가 가진 그 어떤 것으로도 우리는 하나님께 아무런 기여도 할 수가 없다. 우리가 가진 것들은 다 만유의 주재이신 하나님께서 은혜로 허락하셔서 누린 것들이다. 우리가 가진 모든 것들의 소유주는 우리가 아니라 하나님이다. 따라서 우리의 헌금은 하나님이 우리에게 주신 모든 것들에 대한 감사의 표시일 뿐이라는 점을 기억해야 한다. 그 분은 모든 것을 다 소유하신 분이시기 때문에 우리가 헌금을 안 갖다 바쳐도 하나님은 가난하시지 않다. 만약 우리 중에 누가 하나님에게 뭔가를 공급해준다고 생각하면 그 사람은 성경의 진리를 받아들이지 않는 불신자와 같다고 할 수 있다. 의외로 교회 안에 이런 생각을 하는 사람들이 많은데, 결코 우리는 그래서는 안 될 것이다.

앞의 시편 50편의 이어지는 본문은 제사에 대해서 추가적인 가르침을 준다. "감사로 하나님께 제사를 드리며 지존하신 이에게 네 서원을 갚으며 환난 날에 나를 부르라 내가 너를 건지리니 네가 나를 영화롭게 하리로다"(시 50:14-15). 이 구절에 따르면 제사를 드리는 정신은 하나님께 감사하는 마음을 갖는 것, 하나님께 신실함을 유지하는 것, 하나님에게 의존하는 마음을 갖는 것 등이다. 이런 것들이 보여주는 제사의 정신은 "예배자의 헌신과 교제"이다. 제사는 결코 예배자가 하나님께서 무엇을 갖다 드리는 대신에 뭔가를 반대급부로 얻어내는 것이 아니다.

우리들은 각종 예배에 참석하고, 하나님께 정성을 드리는 것을 일종의 물물교환처럼 생각하기 쉽다. 예배를 마치 천국 티켓을 확보하기 위한 스탬프를 얻는 행위로 여기거나, 헌금과 각종 봉사를 뭔가 하나님의 호의를 얻기 위한 자격을 얻기 위한 것으로 이해해서는 안 된다. 구약의 제사가 "예배자의 헌신과 교제"의 표시인 것처럼 현재 우리의 예배 역시 핵심은 하나님과의 인격적 교제이다. 하나님의 은혜에 감사하고, 하나님 앞에 결심한 것들을 지키고, 삶의 모든 영역에서 선한 주인이신 하나님께 의지하고, 그분을 찬양하는 마음을 표현하는 것이 예배이다. 이처럼 물물교환적 사고가 아니라 하나님과 바른 관계를 가지고, 하나님이 베풀어 주신 것들에 대한 감사를 나타내는 것이 예배이고, 헌금이고, 봉사임을 잊어서는 안 될 것이다.

4, 6절. "양 한 마리는 아침에 드리고, 양 한 마리는 해 질 녘에 드려라….이것은 시내 산에서 향기로운 냄새로 정해진 상번제이다": 이스라엘 회중이 공적으로 드리는 제사들 중 가장 많이 드려지는 것은 상번제였다. 이것은 출애굽기 29:39-46에서 처음 제정된 이후 언제나 빠지지 않고 광야 시대부터 드려졌던 것으로 보인다.

이 상번제의 기본 정신은 "꾸준함"이었던 같다. "상번제"란 표현에서 "상"에 해당하는 히브리어 단어는 타미드(תָּמִיד)였는데, 이것은 "지속됨, 부단함"을 의미했다. 이런 의미에 맞게 상번제는 매일 아침, 저녁으로 드려졌다. 또한 이 제사는 민수기 28-29장의 다른 절기 제사들, 즉 안식일 제사로부터 시작해서 초막절 제사까지 모든 절기 제사들이 드려지는 와중에도 항상 빼놓지 않고 드려져야 했다(28:10, 15, 23, 24, 31; 29:6, 11, 16, 19, 22, 25, 28, 31, 34, 38).

이 상번제처럼 우리와 하나님의 교제도 끊임이 없이 이어져야 한다. 이스라엘 회중이 하루의 시작과 끝을 상번제로 표시했듯이 우리의 삶 역시 그 시작과 끝이 하나님과의 교제 및 만남으로 시작해야 한다. 하루의 시작을 말씀과 기도로 시작하고, 끝도 그래야만 한다.

흥미롭게도 시편에서 1-2편의 서론적 시들 이후에 나오는 시편 3편과 4편은 각각 아침 시작의 기도와 저녁 잠들기 전의 기도로 하나님과 교제하는 내용을 담고 있다. 시편 3편에서 시인은 원수들과 대적들이 주위를 에워싸고 있는 상황에서도 하나님을 의지하기 때문에 다음과 같이 노래할 수 있었다. "내가 누워 자고 깨었으니 여호와께서 나를 붙드심이로다"(시 3:5). 또한 시편 4편에서 시인은 비록 사악한 자들이 주변에 있으나 하나님의 보호하심을 믿고 경험하는 가운데 평온한 잠자리에 드는 것을 노래할 수 있었다. "주께서 내 마음에 두신 기쁨은 그들의 곡식과 새 포도주가 풍성할 때보다 더하니이다. 내가 평안히 눕고 자기도 하리니 나를 안전히 살게 하시는 이는 오직 여호와이시니이다"(4:7-8). 이처럼 끊임 없이 매일 아침, 저녁으로 드려지는 상번제와 같이 우리가 매일 아침, 저녁으로 말씀과 기도를 통해 하나님과의 교제의 끈을 놓지 않을 때 우리는 원수들과 대적들로 가득 찬 현실 세계에서 살아가면서도 하나님이 주시는 평안을 누릴 수가 있다.

이 땅에 거하시는 동안 예수께서도 아침과 저녁을 하나님께 드리는 삶을 사셨다(마 14:23; 막 1:35; 6:46). 성자이신 예수께서 이러셨다면 그의 종인 우리들은 더욱 그래야만 할 것이다. 신앙의 골간은 자신의 삶의 상번제가 얼마나 제대로 시행되느냐 하는 것에 있다. 이 점을 명심하고, 각자 삶 속에서 자신의 말씀과 기도의 상번제가 끊이지 않게 해야 할 것이다.

6단계: 설교 "하나님이 원하시는 제사"(민 28:2)

시편 51:17은 제사와 관련하여 말씀하시기를 "하나님께서 구하시는 제사는 상한 심령이라. 하나님이여 상하고 통회하는 마음을 주께서 멸시하지 아니하시리이다"라고 말합니다. 마가복음 12:33에서 한 서기관이 "또 마음을 다하고 지혜를 다하고 힘을 다하여 하나님을 사랑하는 것과 또 이웃을 자기 자신과 같이 사랑하는 것이 전체로 드리는 모든 번제물과 기타 제물보다 나으니이다"라고 말했을 때 예수님이 "그가 지혜 있게 대답함을 보시고 이르시되 '네가 하나님의 나라에서 멀지 않도다'"라고 말씀하신 내용을 담고 있습니다(막 12:34). 이런 말씀들은 제사의 핵심이 단순히 제물을 바치는 것에 있지 않고, 진정으로 하나님을 사랑하고, 그 분께 진심과 혼신을 다한 마음을 드리며, 그 분과 바른 관계를 갖는 것에 있다는 것을 보여줍니다.

우리가 민수기 28-29장의 절기 제사에 대한 본문을 표면적으로만 보게 되면 우리는 이런 점을 간과하기 쉽습니다. 특히 28:2은 "내 예물, 내 음식을 내 화제, 곧 나의 향기로운 냄새로 너희의 절기에 드리는 일을 준수하여라"고 말씀하시고 나서, 이어지는 절기 제사에 대한 내용은 거의 기계적으로 매 절기마다 드려야 하는 제사와 제물의 목록을 나열하고 있는데, 이런 점들은 제사가 매 절기마다 하나님에게 음식을 규정대로 정확히 갖다 바치는 것만을 내용으로 하고 있는 듯한 느낌이 듭니다.

하지만 이것은 결코 이 본문들이 진실로 의미하고 있는 바가 아닙니다. 성경은 결코 제사가 정말로 하나님에게 음식을 제공하는 것이라는 개념을 가르치고 있지 않습니다. 물론 이런 식의 사고방식이 이스라엘을 둘러싼 이방 나라들의 신화 속에서는 자주 발견되는 개념입니다만 성경은 결코 그렇게 가르치고 있지 않습니다.[42] 일례로 시편 50:9-15절의 본문은 하나님이 사람의 제물을 필요로 하지 않으신다는 점을 분명히 하고 있습니다. 하나님은 "음식물이 필요해서가 아니라 예배자들의 헌신과 교제를 원하셨기 때문에 그들이 제물을 바치게 하셨습니다".[43]

따라서 하나님께 제사를 드리고자 하는 자는 반드시 하나님에게 바른 "헌신과 교제"의 마음으로 제사를 드려야만 합니다. 예수께서 말씀하셨던 바와 같이 "하나님은 영이시니 예배하는 자가 영과 진리로 예배"해야 합니다(요 4:24).

성경은 이처럼 하나님께서 진정으로 원하시는 제물은 이방의 헛된 신들의 경우와 달리 하나님의 시장기를 채워줄 음식으로서의 짐승이나 곡식과 포도주가 아니라 성도들의 진정한 마음과 충성, 그리고 하나님과의 관계라는 것에 대해서 많은 말씀들을 해주고 있습니다. 그 점들을 정리해보면 다음과 같습니다.

첫째, 하나님이 진정으로 이스라엘 백성들에게 요구하셨던 것은 제사와

---

42 이 점에 대해서는 앞의 1-2절의 본문 해설과 거기에 제시된 참고문헌들을 참고하라.

43 Levine, *Leviticus*, 17.

제물이 아니라 하나님과의 바른 관계 및 충성이기 때문에 하나님은 당신의 말씀에 불순종하는 자들의 제물을 결코 기뻐하지 않으십니다. 예레미야서 7:22-23은 이렇게 말씀하십니다. "사실은 내가 너희 조상들을 애굽 땅에서 인도하여 낸 날에 번제나 희생에 대하여 말하지 아니하며 명령하지 아니하고 오직 내가 이것을 그들에게 명령하여 이르기를 너희는 내 목소리를 들으라 그리하면 나는 너희 하나님이 되겠고 너희는 내 백성이 되리라 너희는 내가 명령한 모든 길로 걸어가라 그리하면 복을 받으리라". 이 말씀처럼 하나님이 진정으로 원하시는 것은 하나님의 말씀에 대한 청종이지 제물 자체가 아니기 때문에 순종함이 없는 제물을 하나님은 기뻐하지 않으십니다 (참고, 잠 15:8; 전 5:1; 렘 6:19-20; 암 5:21-22).

둘째, 반면에 하나님을 기쁘시게 하는 제사는 당연히 하나님의 뜻을 따라 바르고 정직하게 살며, 하나님 앞에 겸손한 태도를 가진 자들의 마음입니다. 잠언 21:3은 "공의와 정의를 행하는 것은 제사 드리는 것보다 여호와께서 기쁘게 여기시느니라"고 말씀하십니다. 또한 그 유명한 미가서 6:7-8은 이렇게 말하고 있습니다. "여호와께서 천천의 숫양이나 만만의 강물 같은 기름을 기뻐하실까 내 허물을 위하여 내 맏아들을, 내 영혼의 죄로 말미암아 내 몸의 열매를 드릴까? 사람아 주께서 선한 것이 무엇임을 네게 보이셨나니 여호와께서 네게 구하시는 것은 오직 정의를 행하며 인자를 사랑하며 겸손하게 네 하나님과 함께 행하는 것이 아니냐?"

셋째, 따라서 우리가 정말 하나님이 정말 기뻐하시는 제물을 드리고자 하면 먼저 하나님의 말씀을 청종하고, 그 말씀대로 사는 삶을 갖춰야 합니다. 우리가 그런 마음과 행위를 갖춘 상태에서 우리의 헌신과 교제의 마음을 담아서 예물을 드릴 때 하나님이 기뻐하시고, 흠향하십니다. 시편 40:6-8은 이렇게 말씀합니다. "주께서 내 귀를 통하여 내게 들려 주시기를 제사와 예물을 기뻐하지 아니하시며 번제와 속죄제를 요구하지 아니하신다 하신지라. 그 때에 내가 말하기를 내가 왔나이다 나를 가리켜 기록한 것이 두루마리 책에 있나이다. 나의 하나님이여 내가 주의 뜻 행하기를 즐

기오니 주의 법이 나의 심중에 있나이다 하였나이다". 이 말씀처럼 우리가 "주의 뜻 행하기를" 즐기고, "주의 법이 나의 심중에 있나이다"라고 말할 수 있을 때에야 비로소 우리가 하나님을 위해 준비한 예물들은 진정한 가치를 갖습니다.

말씀을 정리합니다. 성도 여러분, 오늘 본문 말씀과 같이 매일의 상번제와 안식부터 초막절까지의 모든 절기에 드려지는 제사는 하나님께 우리가 드리는 "예물"이고 "음식"입니다(민 28:2). 그러나 앞에서 설명한 바와 같이 이 말씀의 뜻은 제물의 고기와 소제의 곡식과 전제의 포도주가 정말로 하나님이 드시는 "음식"이라는 뜻은 아닙니다. 하나님은 우리 인생처럼 때에 따라 주리고 배고프신 분이 아닙니다. 진정으로 하나님이 원하시는 음식은 우리 자신입니다. 좀 더 정확히 말하면 우리의 "영과 진리"(요 4:24), 우리의 "마음과 지혜와 힘을 다한 사랑"(막 12:33), 우리의 "상하고 통회하는 마음"(시 51:17)입니다. 우리가 하나님께 드리는 헌신, 우리가 귀기울여 들은 하나님의 명령대로 사는 삶, 우리가 온 마음과 혼을 다해 하나님과 나누는 교제가 바로 하나님께서 진정으로 원하시는 제사이며 제물입니다.

그러므로 성도 여러분, 하나님께 나아올 때 빈 마음으로 나아오지 마십시오. 여러분의 영과 진리가 담겨 있지 않은 헌금만 가지고 하나님 앞에 나아오지 마십시오. 하나님은 그런 것들을 끔찍이도 싫어하십니다. 우리의 예배와 예물은 우리가 하나님께 깨끗한 영혼과 바른 육신을 가지고 드리는 것이어야 합니다. 그 때에야 비로소 이것들은 하나님께 향기로운 예물이 됩니다. 성도 여러분이 하나님이 싫어하시는 제사가 아니라 진정으로 기뻐하시고 흠향하시는 제사를 드리는 분들이 되시기를 주님의 이름으로 축원합니다.

민수기 30장

서원과 맹세에 대한 규례

민수기 30장의 신학 개관

민수기 30장은 서원에 대한 오경의 많은 본문들 중의 하나이다. 다른 종류의 규례들의 경우에도 마찬가지이지만 오경은 서원에 대해서 한 군데에서 몰아서 취급하는 다루는 대신에 여러 다른 문맥에서 서원에 대한 이러저러한 규례들을 제공하고 있다.[1] 예를 들어 지키지 못할 성급한 서원의 처리 규례(레 5:4), 서원 제물의 섭취에 대한 규례(레 7:16-18), 서원 제물의 자격 조건에 대한 규례(레 22:17-25), 서원을 무르는 대가에 관한 규례(레 27:1-31), 나실인의 서원과 관련된 사항들(6:2-21), 서원 제물과 더불어 바쳐야 하는 소제 및 전제에 대한 규례(민 15:1-10), 서원한 재물(財物)을 바치는 것의 금지 규례(신 23:18[MT,[2] 23:19]), 서원의 신속한 준수를 촉구하는 규례(신 23:21-23[MT, 23:22-24]) 등이 그것들이다.

이런 서원에 대한 규례들이 각각 서원의 어떤 특정한 측면들에 대해서 다루고 있는 것과 마찬가지로 민수기 30장 역시 여자의 서원의 유효성 및 취소라는 특수하고 제한적인 경우에 대해서만 다루고 있다.

1 Timothy R. Ashley, *The Book of Numbers*, The New International Commentary on the Old Testament (Grand Rapids: Eerdmans, 1993), 574. 이하의 서원 관련 본문들의 목록은 주로 이 자료에서 가져왔으나 여기에 약간의 내용을 추가하였다.

2 MT는 맛소라 본문(the Masoretic text)의 약자로서 히브리어 원문을 가리킨다.

이 장의 내용을 좀 더 자세하게 기술하자면 다음과 같다. 이 장은 도입구 및 서원의 일반 원칙을 담은 1-2(MT, 2-3[3])절과 결론구를 담은 16절을 제외한 나머지 구절들에서 여인의 서원 문제를 그녀의 결혼을 기준점으로 해서 크게 세 시기로 나누어서 다루고 있다. 이런 단락 구분은 아래의 내용 개관에서 각 단락의 시작 구절이 여자의 서원과 결혼 상황을 연결시키고 있다는 점을 통해서 분명하게 알 수 있다(3, 9, 10[4, 10, 11]절; 6[7]절은 서원 시점이 결혼 전이기 때문에 내용 개관상 3[4]절의 지배하에 있다고 할 수 있다).

(1) 서원의 시점이 여자가 결혼하기 전인 경우(3-8[4-9]절): "여자가 만약 혼인 전에 자기 아버지 집에 있을 때에"

가. 서원한 여인이 아직 혼인 전인 경우(3-5[4-6]절)[4]

나. 서원한 여인이 서원 이행 전에 결혼한 경우(6-8[7-9]절)

(2) 서원한 여인이 사별이나 이혼을 통해 결혼이 종료된 경우(9[10]절): "과부나 이혼 당연 여자의 서원"

(3) 서원의 시점이 결혼 이후인 경우(10-15[11-16]절): "만약 그녀가 남편의 집에

---

3 이하에서는 독자에게 도움이 되는, 꼭 필요한 경우가 아니면 맛소라 본문(MT) 표시를 하지 않도록 하겠다. 독자들은 괄호 안의 숫자가 히브리어 원문의 절 번호임을 기억하기 바란다. 맛소라 본문상의 29:40을 성경 번역본들은 30장으로 옮겨서 30:1로 할당하였기 때문에 히브리어 본문상의 절 번호는 민수기 30장에서는 항상 성경 번역본들의 절 번호보다 1이 높다.

4 Ashley, *Numbers*, 575는 이 구조 분석상의 "가" 항목과 "나" 항목을 아예 서로 독립된 사항으로 취급하고 있다. 그리고 이 점은 대부분의 주석가들의 견해이기도 하다. 그러나 이 두 항목은 서원의 시점이 결혼 전인 상황을 다루고 있다는 점에서 같은 범주 내에 속한 하부 항목들로 취급되는 것이 더 타당해 보인다.

언뜻 보기에는 본문의 구조에 대한 다른 매력적인 제안은 Gordon J. Wenham, *Numbers: An Introduction and Commentary*. Vol. 4. Tyndale Old Testament Commentaries (Downers Grove: InterVarsity Press, 1981), 230의 것이다. 이 제안에 따르면 민수기 30장의 중심 본문(2-15[3-16]절)이 두 개의 평행 본문(2-8/9-15[3-9/10-16]절)으로 나뉜다고 본다. 그리고 이 평행 본문 내의 하부 항목들, 즉 2/9(3/10)절, 3-5/10-12(4-6/11-13)절, 6-8/13-15(7-9/14-16)이 서로 짝을 이루며 평행을 이룬다는 것이다. 내용을 충분히 살펴보지 않은 상태에서는 이런 도식은 상당히 깔끔하고 매력적으로 보인다. 그러나 2(3)절이 서원의 일반 원칙을 다룬다는 점에서 3-15(4-16)절과 구분된다는 점은 그의 도식에 원천적으로 의문을 제기하게 만든다. 또한 이 구절은 9(10절)과 평행 본문으로 보기에는 내용이 많이 다르다. 그리고 기타 다른 본문들도 서로 상응성이 약하다. 그의 구조 분석은 본문을 면밀하게 살펴 볼 때 유지되기가 힘들다.

서 서원을 하였든지…자신을 구속하였는데".[5]

이 내용 전체를 관통하는 원칙은 여자의 서원의 유효성 여부가 그녀가 속한 가족의 가장의 의견에 종속된다는 것이다. 이 점을 위의 내용 개관에 맞추어 설명하면 다음과 같다.

(1)번 단원(3-8[4-9]절)은 여자가 결혼 전에 서원을 한 경우에 그 서원의 이행에 대한 의무가 이행 시점상의 그녀의 가족의 수장에 의해서 결정된다는 점을 밝히고 있다. 비록 서원은 결혼 전에 이루어졌더라도 서원 이행 시의 그녀의 결혼 여부는 다를 수가 있다. 이에 따라 이 단원은 다음과 같이 두 가지 경우를 나누어 다루고 있다.

"가"의 상황(3-5[4-6]절)은 그녀가 이행 시점에 아직 결혼을 하지 않은 상황이다. 이 경우에 그녀의 서원의 유효성 여부는 그녀의 아버지에 의해 결정된다.

"나"의 상황(6-8[7-9]절)은 그녀의 서원 자체는 결혼 전에 이루어졌더라도 그 이행 시점은 결혼 이후인 상황이다. 이 경우 서원의 유효성에 대한 결정은 그녀의 남편의 몫이 된다.

(2)의 단원(9[10]절)은 결혼을 통해 아버지의 휘하에서 벗어났던 여인이 다시 사별이나 이혼을 통해서 남편의 휘하에서도 벗어나게 된 경우를 다루고 있다. 이 경우 서원 이행의 결정권은 그녀에게 속한다. 서원이란 극히 예외적인 경우를 빼놓고는 반드시 이행되어야 하기 때문에 서원의 유효성 및 이행은 당연시된다(참고, 2[3]절).

(3)의 단원(10-15[11-16]절)은 여자가 결혼한 후에 서원을 한 경우를 다루고 있다. 가정의 수장은 남편이기 때문에 남편이 서원 이행에 대한 결정권

---

5 R. K. Harrison, *Numbers*, The Wycliffe Exegetical Commentary (Chicago: Moody Press, 1990), 378-379는 9-15절을 하나로 보아 10-15절의 내용 역시 사별하거나 이혼한 여인과 관련된 내용이라고 주장한다. 그러나 이것은 명백하게 잘못된 해석이다. 후자의 본문은 분명히 여자가 결혼 생활을 영위하고 있는 경우에 대한 것이다.

을 가진다.

이제 이 민수기 30장과 문맥의 관계를 살펴 보도록 하자. 언뜻 보기에는 왜 이 장이 현재의 문맥에 위치하고 있는지는 파악하기가 쉽지 않으며, 학자들도 이 점에 대해서 많은 어려움을 겪었던 것 같다.[6]

그러나 이것이 이야기의 끝은 아니다. 이 문제에 대해서 가장 포괄적인 해답을 시도한 사람은 웬함이다.[7] 그는 크게 네 개 정도의 연결점들을 조심스럽게 제시했다.

첫째, 구약 본문들에서 서원의 이행은 보통 서원 제사를 드리는 것으로 마무리되었는데(레 7:16; 시 50:14), 서원제를 드리기에 가장 좋은 때는 바로 앞의 민수기 28-29장이 다루고 있는 각종 절기들이었다. 실제로 사무엘서 1장은 한나가 만약 하나님이 아들을 낳게 해주시면 그를 하나님께 드리고 평생 삭도를 대지 않겠다는 서원이 성취된 것에 대한 보답으로 서원제를 절기에 바치는 내용을 담고 있다(삼상 1:11, 21-28).

둘째, 서원은 전쟁 때에 자주 드려지는데(민 21:2; 삿 11:30-31; 21:1-7), 현재 문맥에서 이스라엘은 전쟁을 치르기 직전이다(민 31-32장).

셋째, 시내산 언약 본문(대략 출 19장-민 10장) 중에 서원에 대한 내용(레 27장; 민 6장)이 들어있었던 것처럼 모압 언약 본문(대략 민 26장-신명기 34장?)에서도[8] 서원에 대한 내용이 들어있는 것은 적절하다.

---

6 예를 들어 August Dillmann, *Die Bücher Numeri, Deuteronomium und Josua*, Kurzgefasstes exegetisches Handbuch zum Alten Testament (Leipzig: S. Hirzel, 1886), 185; Martin Noth, *Numbers: A Commentary*, The Old Testament Library (Philadelphia, PA: The Westminster Press, 1968), 224는 아무런 문맥과의 연결점이 보이지 않는다고 주장한다.

7 Wenham, *Numbers*, 230-231. 웬함 외에도 많은 학자들은 앞 장의 끝 부분인 29:39의 "서원제"에 대한 언급과 이 30장의 서원에 대한 규례가 연결된다고 본다. 예를 들어 Jacob Milgrom, *Numbers*, The JPS Torah Commentary (Philadelphia: Jewish Publication Society, 1990), 250은 유대교 전통의 중요한 주석 전통인 Sifrei Numeri와 라쉬(Rashi)가 이런 견해를 제시했음을 언급하고 있다. 물론 이것은 충분히 흥미로운 통찰이다. 그러나 한 단어만으로는 두 본문 사이의 연결 관계를 설명하기에 불충분하다. 최소한 웬함이 제시한 것들과 같은 좀 더 포괄적인 논거들이 필요하다.

8 웬함은 모압 언약 본문의 범위에 대해서 분명하게 말하고 있지 않다. 위에서 제시된 모압 언약 본문 범위는 그의 제안의 내용을 고려하여 추정한 것이다. 문제는 이 본문 범위가 학계에서 이해

넷째, 이스라엘은 가나안을 멸절시키겠다고 서원한 적이 있는데(민 21:2-3), 만약 언약 관계가 하나님과 이스라엘의 관계를 부모와 자식, 혹은 남편과 아내의 관계(민 11:12; 25장)로 규정한다면 이스라엘의 서원에 대한 하나님의 침묵은 민수기 30장의 내용처럼 이 서원에 대한 하나님의 승인으로 간주할 수도 있어 보인다(참고, 민 30:4, 7, 11[5, 8, 12]).

물론 위의 웬함의 제안들이 다 설득력이 있는 것은 아니다. 이것들 중 가장 개연성이 없어 보이는 것은 네 번째 제안이다. 민수기 21장의 서원을 30장의 여인의 서원 문제와 연결시키는 것은 좀 억지스럽다. 저자의 뇌리 속에 이런 연결점이 담겨있었을 가능성은 극히 낮은 것으로 보인다.

세 번째 제안은 모압 언약 본문의 범위를 어디까지로 볼 것인가 하는 문제가 있다. 이것보다는 내가 "민수기 개관" 중 "민수기의 구조" 항목에서 언급한 바와 같이 민수기의 거시 구조 속에서 서로 마주 보고 있는 첫 번째 단원(민 1-10장)과 마지막 단원(민 26-36장)이 서원에 대한 규례 본문을 통해 서로 상응성을 보여주고 있다고 주장하는 것이 더 나아 보인다.[9]

첫 번째와 두 번째 제안은 충분히 흥미로와 보인다. 하지만 아쉽게도 본문 자체에는 민수기 저자가 이런 제안들이 제시하는 바를 고려하고 있다는 직접적인 단서는 담고 있지 않다. 그럼에도 불구하고 이 제안들의 타당성을 거부할 만한 증거들도 딱히 보이지 않다. 따라서 웬함의 제안들 중 첫 번째와 두 번째, 그리고 세 번째 제안에 대해 내가 수정한 견해가 잠정적으로는 민수기 30장의 문맥적 연결에 대한 설명으로 괜찮아 보인다.

아마 여기에 우리는 추가적으로 한 가지 더 문맥과의 연결성을 생각해 볼 수 있는 것 같다. 민수기 30장은 구약성경에서 오직 8회만 사용된 "막

하는 바와 별로 상응하지 않는다는 점이다. 통상적으로 모압 언약 본문의 범위는 주로 신명기 본문 내로 제한되며, 그것마저 정확히 규정되어 있지 않은 듯하다. 그리고 민수기의 후반부 본문들을 모압 언약 본문에 귀속시키는 경우는 거의 없다. Cf. R. P. Williamson, "Covenant", in T. Desmond Alexander and David W. Baker (eds.), *Dictionary of the Old Testament: Pentateuch* (Downers Grove, IL: InterVarsity Press, 2003), 152-153. 이 점은 그의 제안의 타당성을 심하게 훼손한다.

9 이 점에 대해서는 또한 민수기 26장의 "개관과 신학" 중 민수기 26-36장의 문맥적 이해를 보라.

다”(누, נוא)라는 동사를 사용하고 있는데, 이 동사는 시편 33:10; 141:5를 제외하고는 오직 민수기 30장과 32장에만 사용되고 있다(민 30:5[x2], 8, 11[6, 9, 12]; 32:7, 9). 그런데 이 두 본문은 또한 “이스라엘 자손 지파들의 우두머리들” 혹은 “이스라엘 자손의 지파들의 가족장들의 우두머리들”이라는 희귀한 표현을 공유하고 있다.[10] 성경에서 드물게 사용되는 이런 독특한 표현들은 민수기 30장의 서원 규례 본문을 근접 문맥인 민수기 32장의 요단 강 동쪽 지파들의 맹세에 대한 본문과 연결시키고 있는 것으로 보인다.

1단계: 사역

1 (2) 모세가 이스라엘 자손 지파들의 우두머리들에게 말하였다. 이것이 여호와께서 명령하신 것이다.

2 (3) 사람이 여호와께 서원하였거나, 자신을 [어떤 것에 대하여] 구속하기로 맹세하였다면 그것을 깨뜨리지 말고, 자신의 입에서 나온 모든 것대로 행해야 한다.

3 (4) 또 여자가 만약 혼인 전에 자기 아버지 집에 있을 때에 여호와께 서원하였거나 [어떤 것에 대하여] 자신을 구속하기로 했는데

4 (5) 그녀의 아버지가 그녀의 서원이나 그녀가 [어떤 것에 대하여] 자신을 구속하기로 한 것에 대하여 듣고도 그녀를 내버려뒀다면 그녀의 모든 서원들이 유효할 것이며, 그녀가 [어떤 것에 대하여] 자신을 구속한 모든 것들도 유효할 것이다.

5 (6) 그러나 만약 그녀의 아버지가 그것을 듣는 날에 그녀를 막으면 그녀의 모든 서원과 그녀가 [어떤 것에 대하여] 자신을 구속한 것들이 유효하지 않다. 여호와께서 그녀를 사하실 것이다. 그녀의 아버지가 그녀를 막았기 때문이다.

6 (7) 또한 만약 그녀에게 소원이 있거나 그녀가 [어떤 것에 대하여] 자신을 구속하는 경솔한 발언을 한 상태에서 그녀가 남편을 맞았는데

7 (8) 그녀의 남편이 그것을 들은 날에 그녀를 내버려뒀다면 그녀의 서원들이 유효할 것이며, 그녀가 [어떤 것에 대하여] 자신을 구속한 것들도 유효할 것이다.

8 (9) 그러나 만약 그녀의 남편이 그것을 듣는 날에 그녀를 막는다면 그는 그녀에게 속한 서원과 그녀가 [어떤 것에 대하여] 자신을 구속하여 한 경솔한 발언을 무효화시

10 이 어휘들에 대해서는 아래의 “사역 해설”을 보라.

킨다. 여호와께서 그녀를 사하실 것이다.

9 (10) 그리고 과부나 이혼 당한 여자의 서원, 곧 그녀가 [어떤 것에 대하여] 자신을 구속한 모든 것은 그녀에게 유효하다.

10 (11) 만약 그녀가 남편의 집에서 서원을 하였든지 [어떤 것에 대하여] 맹세를 통해 자신을 구속하였는데

11 (12) 그의 남편이 그것을 듣고도 그녀를 내버려두고 그녀를 막지 않았다면 그녀의 모든 서원들은 다 유효할 것이며, [어떤 것에 대하여] 그녀가 자신을 구속한 모든 것들도 다 유효할 것이다.

12 (13) 그러나 만약 그녀의 남편이 그것들을 듣는 날에 분명하게 무효화시킨다면 그녀의 소원들과 그녀가 자신을 구속한 것들에 대해서 그녀의 입밖으로 나온 모든 것이 유효하지 않다. 그녀의 남편이 그것들을 무효화시켰으며, 하나님은 그녀를 사하실 것이다.

13 (14) 모든 서원과 마음을 괴롭게 하기로 스스로 구속한 모든 맹세의 경우에는 그녀의 남편이 그것들을 유효하게 할 수도 있고, 무효하게 할 수도 있다.

14 (15) 그러나 만약 그녀의 남편이 차일피일 그녀를 내버려둔다면 그는 그녀의 모든 서원들과 그녀가 [어떤 것에 대하여] 자신을 구속한 모든 것을 유효하게 만든다. 그가 그것들을 유효하게 했다. 왜냐하면 그가 그것을 들은 날에 그녀를 내버려뒀기 때문이다.

15 (16) 그러나 만약 그녀의 남편이 그것을 듣고 나중에 가서야 그것들을 정말로 무효화시킨다면 그가 그녀의 죄를 짊어지게 될 것이다.

16 (17) 이것들은 남편과 그의 아내 사이에, 아버지와 혼인 전에 아버지 집에 있는 그의 딸 사이에 [관해서] 여호와께서 모세에게 명령하신 율례들이다.

2단계: 사역 해설

1(2)절. "지파들의 우두머리들": 라셰 함맡토트(רָאשֵׁי הַמַּטּוֹת). 이 표현은 구약성경 전체에서 딱 세 번만 나온다(민 30:2; 왕상 8:1; 대하 5:2). 이와 비슷한 표현인 라셰 아보트 함맡토트(רָאשֵׁי אֲבוֹת הַמַּטּוֹת)란 표현, 즉 "지파들의 가족장(家族長)들의 우두머리들"이란 표현은 민수기 32:28; 여호수아서 14:1;

21:1에만 나온다.[11]

이 "지파들의 우두머리들(라셰[רָאשֵׁי]의 원형은 로쉬, ראשׁ, "머리, 수장[首將]")"이란 표현을 이해하는데 있어서 결정적인 정보는 열왕기상 8:1이 이 표현을 "이스라엘 자손의 가족장들의 지파장들(원형, 나씨, נָשִׂיא)"이란 표현과 동일시하고 있다는 점이다. 민수기 1:16의 "사역 해설"에서 설명한 바와 같이 "지파장"이란 뜻의 나씨가 오경에서 주로 지파의 최고 지도자를 의미한다는 점을 고려할 때 "우두머리들"이란 표현은 "지파장들"이라는 말과 동의어로 이해하면 될 것이다.

2(3)절. "[어떤 것에 대하여] 구속하기로": 레소르 잇사르 알-나프쇼(לֶאְסֹר אִסָּר עַל־נַפְשׁוֹ). 이 구문은 동사와 목적어가 같은 어원을 가진 동족 목적어 구문으로서, 바로 아래에서 다룰 "맹세하였다면"이란 문구와 구문론적으로 같은 형식을 띠고 있다. 레소르란 문구에 사용된 동사의 원형인 아사르(אָסַר)는 어떤 것을 "묶다, 구속하다"(to bind)란 뜻을 갖고 있다. 그리고 그 동족목적어인 잇사르는 구약성경에서 총 11회 사용되었는데, 모두 이 민수기 30장에만 나온다. 현재 문맥에서 이 단어는 어떤 일에 대해서 사람이 맹세하여 지키기로 한 일에 자신을 스스로 얽어매는 것, 즉 반드시 그 일을 하겠다는 맹세에 대하여 자신을 결속시키는 것을 의미한다. 아래에서 다루는 "맹세하다"란 문구와 구분하기 위하여 사역에서는 "구속하다"란 표현을 사용할 것이다. 개역개정은 이 두 문구를 충분히 나누어 번역하지 않고 뭉뚱그려서 번역함으로써 내용을 모호하게 한 경향이 있다.

"맹세하였다면": 힛샤바 쉬부아(הִשָּׁבַע שְׁבֻעָה). 힛샤바는 샤바(שָׁבַע)란 동사의 니팔형으로서, 그 자체가 "맹세하다"(to swear)란 뜻을 갖고 있으며, 현재 본문에서는 동족목적어 구문 형식으로 사용되었다. 힛샤바에 대해서 좀 더 정확히 말하면 이것은 니팔 절대 부정사 형태이다. 절대 부정사가 이 문

11 George Buchanan Gray, *A Critical and Exegetical Commentary on Numbers*. International Critical Commentary (New York: C. Scribner's Sons, 1903), 414. 성경 프로그램들에는 여호수아서 14:1이 검색에서 누락된다.

장처럼 정동사(finite verb)가 와야 할 자리에 올 경우에는 앞의 정동사가 하는 역할을 이어 받는다. 다시 말해 이 구절의 경우는 앞의 "서원하다"란 뜻의 동사인 나다르(נָדַר)의 미완료형(잇도르, יִדֹּר)의 효력을 이어받는 역할을 하고 있다.[12]

3(4)절. "혼인 전에": 비느우레하(בִּנְעֻרֶיהָ). 느우림(נְעֻרִים)이라는 단어는 "젊음, 나이 어림"(youth)을 의미하는 단어이다. 그러나 현재 문맥에서는 이 단어는 아직 혼인을 하지 않아 아버지의 권한 하에 있는 상태를 가리킨다.[13] 따라서 문맥적인 의미를 분명하게 위해 이 단어를 "혼인 전"이라는 뜻으로 번역하였다. 개역개정의 "어려서"란 번역보다는 이것이 더 나은 번역이라고 본다.

4(5)절. "방치했다면": 붸헤헤리쉬(וְהֶחֱרִישׁ). 하라쉬(חָרַשׁ)라는 동사는 기본적으로 "귀머거리 상태"(deafness)를 기본 개념으로 하는 동사이다. 헤헤리쉬는 이 동사의 히필형이며, 어떤 것에 대한 정보를 듣고도 반응을 하지 않은 것을 나타낸다.

"유효할 것이며…유효할 것이다": 붸카무…야쿰(וְקָמוּ...יָקוּם). 쿰(קוּם)이란 동사는 기본적으로 "서다"(to stand up)란 뜻을 갖고 있는 단어이다. 여기에서 "유효하다"(to be valid)란 뜻이 파생되었다. 이 단어는 자동사인데, 개역개정은 "행할 것이요…지킬 것이니라"고 번역함으로써 부적절하게 이것을 타동사처럼 취급하고 있다. 사역은 원문의 원래의 의미를 따랐다.

5(6)절. "막으면": 헤니(הֵנִיא). 누(נוּא)의 히필형. 이 어휘는 구약성경에서 오직 8회만 나오며, 시편에 2회(33:10; 141:5) 나오는 것을 제외하고는 오직

---

12 A. B. Davidson, *Introductory Hebrew Grammar Hebrew Syntax*, 3d ed. (Edinburgh: T&T Clark, 1902), 122. 요즘 목회자들이 많이 사용하고 있는 성경 프로그램들 중에서 바이블웍스(BibleWorks)는 이 동사를 정확하게 파싱하고 있는 반면에 근자에 인기를 얻고 있는 로고스(Logos)는 이 동사를 부정사 연계형으로 잘못 파싱하고 있다. 로고스가 생각보다 히브리어 원문에 대해서 잘못된 정보를 담고 있는 경우가 많기 때문에 유념하기 바란다.

13 William Lee Holladay and Ludwig Köhler, *A Concise Hebrew and Aramaic Lexicon of the Old Testament* (Leiden: Brill, 2000), 240.

민수기 30장과 32장에만 6회가 사용되고 있다(민 30:5[x2], 8, 11[6, 9, 12]; 32:7, 9). 이런 점은 1(2)절의 "지파들의 우두머리들"이란 표현과 더불어 이 두 본문 사이의 연결성을 보여주는 증거가 된다.

6(7)절. 히브리어 원문상으로 보면 이 구절은 그녀가 결혼을 할 당시에 이미 그녀에게 서원이나 구속하는 바가 있는 상태였음을 분명히 말해주고 있다. 그러나 개역 개정의 번역은 이 점을 충분히 살려주고 있지 못하다. 사역은 원문의 뉘앙스를 충실하게 반영하도록 작성되었다.

12(13)절. "분명하게": 하페르(הָפֵר). 바로 뒤에 나오는 "무효화시키다"란 뜻의 동사인 파라르(פָּרַר)의 부정사 절대형. 이처럼 부정사 절대형이 정동사(finite verb)와 연이어 쓰이는 경우는 강조의 의미를 지닌다. 사역의 "분명하게"는 이 점을 살린 것이다. 개역개정은 원문의 이러한 점을 반영하고 있지 못하다.

14(15)절. "듣고 나중에 가서야": 아하레 쇼므오(אַחֲרֵי שָׁמְעוֹ). 원문을 직역하자면 "그것을 들은 후에"(after hearing it) 정도가 될 것이다. 그러나 이렇게 직역하면 원문의 의도와 뉘앙스가 좀 불분명하다. 이 문구가 정말 의미하는 바는 남편이 아내의 서원이나 맹세를 들은 즉시 제지하지 않고 듣고 난 후 어느 정도 이상의 시간이 흐른 후에야 제지하는 경우를 나타낸다. 사역은 이런 의미를 살려서 번역하였다.

"정말로": 이 문구는 12(13)절의 "분명하게"와 원문상으로 완전하게 동일하다. 단지 문맥에 맞추어서 이 강조형의 의미를 조정하였다. 아마 현재 문맥에서는 이 강조 구문은 상황의 중대성을 부각시키기 위한 것으로 보인다.

3단계: 단락 구분

민수기 30장의 단락 구분은 다음과 같다.

30:1(2)[14] 도입구

30:2(3) 서원의 일반 원칙

30:3-15(4-16) 여자의 서원의 취소와 유효성의 문제

30:3-8(4-9) 서원의 시점이 여자가 결혼하기 전인 경우

3:3-5(4-6) 서원한 여인이 아직 혼인 전인 경우

3:6-8(7-9) 서원한 여인이 서원 이행 전에 결혼한 경우

3:9(10) 서원한 여인이 사별이나 이혼을 통해 결혼이 종료된 경우

3:10-15(11-16) 서원의 시점이 결혼 이후인 경우

30:16(17) 결론구

4단계: 본문 해설

1(2)**절.** 이 구절은 민수기 30장의 도입구이다. 이 구절은 모세가 "이스라엘 자손 지파들의 우두머리들에게 말하였다"고 밝히고 있는데, "이스라엘 자손 지파들의 우두머리들"이라는 표현 자체가 사역 해설에서 다룬 바와 같이 상당히 독특하다. 왜 굳이 저자는 이 장의 내용의 직접적인 청중을 "이스라엘 자손" 전체(예, 28:1-2)가 아니라 이 지파의 우두머리들로 한정하고 싶어했을까? 그 구체적인 이유를 다 파악하기는 힘들지만 최소한 현재 우리가 갖고 있는 민수기 본문에서 이 청중에 대한 표현은 앞의 "개관과 신학"의 문맥적 연구에서 살펴 본 바와 같이 이 장을 민수기 32장의 요단 강 동쪽 지파의 맹세 본문과 연결시켜주고 있는 점만은 분명해 보인다.

또 한 가지 유념할 점은 비록 이 민수기 30장의 서원 본문의 청중이 이렇게 독특한 표현으로 되어 있기는 하지만 그 내용이 이스라엘 백성 전체에게 적용되는 내용임은 분명하다는 점이다. 이 점에 대한 오해는 없어야

14 괄호 안의 숫자는 히브리어 원문상의 절 번호이다.

하겠다.

2(3)**절.** 이 구절은 두 가지 사항에 대해서 언급하고 있다. 첫 번째 사항은 서원의 준수에 대한 일반 원칙이다. 앞으로 본격적으로 다룰 주제, 즉 여성의 서원의 유효성 및 취소와 관련된 사항들을 다루기 전에 이 구절은 원칙적으로 서원은 반드시 시행되어야 한다는 점을 명백히 하고 있다. 이런 점에서 이 구절은 서원 준수에 대한 오경 및 기타 책들의 사상과 일관성을 갖고 있다(신 23:21-23[MT, 22-24절]; 또한 민 20:9; 잠 20:25; 전 5:4-6; 말 1:14). 따라서 우리는 비록 이 상이 여성의 서원의 취소가 허용되는 경우들을 길게 다루고 있다 할지라도 구약성경의 대원칙은 서원을 반드시 이행하는 것이라는 점을 결코 망각해서는 안 된다.

둘째, 이 구절은 서원을 두 가지 종류로 나누어 언급하고 있다. 첫 번째 종류는 무엇을 하겠다는 것이고, 두 번째 종류는 무엇을 하지 않겠다는 것이다.

좀 더 부연 설명하자면 첫 번째 종류의 서원은 하나님께 어떤 것을 하겠다고 약속하는 것이다. 이 긍정적인 종류의 서원은 민수기 30장 내에서 계속 네데르(נֶדֶר)란 어휘를 사용하여 표현된다.

반면에 부정적인 종류의 서원은 어떤 것을 하지 않겠다고 자신에게 제약을 가하는 종류의 서원이다. 본문 안에서는 정확히 어떤 것들에 대해서 자신을 제약하는지가 명시되어 있지 않다. 어찌 됐든 이처럼 어떤 것을 하지 않기로 스스로를 구속하는 종류의 서원은 앞과 구분하여 본문 내에서는 잇사르(אִסָּר)란 단어를 사용하여 표현되고 있다.

한 가지 유의할 점은 이 두 번째 종류의 서원을 나타내는 잇사르라는 단어는 구약성경 전체에서 오직 민수기 30장에만 나오며, 나머지 성경에서는 앞의 네데르가 이 두 종류의 서원을 모두 포괄해서 지칭한다는 점이다. 왜 이 장만 잇사르라는 독특한 표현을 쓰고 있는지는 알 수가 없다.

3-8(4-9)**절.** 이 단원은 여자의 서원의 취소 및 유효성의 문제를 여자의 결혼 여부와 연관시켜 다루고 있는 세 단원 중 첫 번째 단원이다. 이 단원은

여자가 결혼하기 전에 서원을 한 경우에 대해서 다루고 있는데, 서원의 이행 시기와 관련하여 아직 결혼하기 전(3-5[4-6]절)과 결혼한 후(6-8[7-9])절)로 나누어 취급하고 있다.

이 두 가지 경우 모두 여자의 서원의 유효성 및 죄책의 여부는 기본적으로 아버지나 남편의 판단에 달려 있다. 만약 아버지와 남편이 여인의 서원에 대해서 들었지만 거기에 대해서 반대 의사를 밝히지 않고 놔뒀다면 그녀의 서원은 그들에 의해 수용된 것으로 간주된다(4, 7[5, 8]절). 따라서 그녀의 서원은 이행되어야 한다.

반면에 이들이 여자의 서원을 들은 즉시("들은 날에", 5, 8[6, 9]절) 그녀를 막으면 그녀의 서원은 무효가 된다. 서원 불이행에 대해서 그녀는 책임이 없으며, 하나님도 그녀에게 죄를 묻지 않으실 것이다.

이 단원이 규정하고 있는 바에 따르면 여자의 서원의 문제는 가정에서의 질서 문제와 결부되어 있다. 비록 그녀가 하나님께 서원을 한다 할지라도 그 서원의 유효성은 가장의 의사결정에 의해 좌우된다. 그녀의 서원은 하나님께서 정해주신 이 땅에서의 가족의 질서와 조화를 이루어야 한다. 다시 말해 그녀가 아무리 혼자 하나님께 은혜 받았다거나 거룩한 영적 부담을 갖고 있다고 해도 결코 자신이 마음대로 아무 것이나 할 수 있는 것은 아니다. 그녀의 영적 충동은 자신이 속한 가족의 뜻과 조화를 이루어야 한다.

비록 본문은 표면적으로는 이처럼 여자의 서원이 가족의 가장의 권위에 복속되어야 한다는 점에 초점을 맞추고 있지만 우리는 이 주제의 반대편에서 있는 사람들, 즉 이 단원 속의 아버지나 남편과 같이 그녀의 서원에 영향을 미치는 사람들과 관련해서도 생각해보아야 한다. 그녀의 서원의 유효성 및 이행에 영향을 미치는 의사결정을 내리는 책임자인 그녀의 아버지나 남편은 이 문제와 관련하여 선명성과 책임을 갖출 것이 요구된다. 이들은 서원을 듣는 날에 모호한 태도를 취하지 않고, "분명하게" 자신들의 의사표현을 해줘야 한다(12, 15[13, 16]절). 만약 이들이 즉시 거부 의사를 표현하면 그것으로 여자의 서원은 무효가 된다. 그러나 만약 이들이 그녀의 서원에 대해서 듣고도 제대로 의사표현을 하지 않고, 방기한 경우 그들은 그것에 동의한 것으로 간주된다. 그들은 추후에 여자의 서원 이행을 방해해서는 안 된다(참고, 15절). 이처럼 서원에 대한 신중한 태도는 단지 여자만에게만 요구되는 것이 아니라 가정의 의사결정 책임자에게도 역시 요구된다는 점을 우리는 간과해서는 안 된다. 민수기 저자는 이 점에 대해서 10-15(11-16)절에서 다시 한번 분명하게 취급할 것이다.

9(10)절. 이 한 절짜리 단원은 여자가 사별이나 이혼을 통해서 결혼 생활에서 벗어나게 된 경우를 다루고 있다. 그녀는 아버지와 아들의 의사결정권의 구속에서 벗어나 자신의 서원의 문제에 있어서 독자적인 주권을 누리게 된다. 따라서 그녀의 서원은 다른 사람의 판단에 영향을 받지 않고, 그 자체로 유효하게 된다.

그러나 이 구절로부터 야기되는 한 가지 궁금증은 만약 그녀가 사별이나 이혼 후 다시 아버지 집으로 돌아가거나(레 22:13) 아들에 의해서 부양되는 경우는 어떻게 되느냐 하는 것이다. 현재 구절이나 기타 성경 본문들은 이에 대해서 명확하게 언급하고 있지는 않다. 그러나 아마 이런 경우 그녀의 서원은 이 민수기 30장의 다른 본문들이 다루고 있듯이 다시 가족의 수장의 의사결정의 영향권 속에 들어간다고 봐야 할 것이다.[15]

10–15(11–16)절. 이 단원은 여자가 결혼을 한 상태에서 서원을 한 경우를 다루고 있다. 앞의 6-8(7-9)절의 경우와의 차이점은 서원의 시점이다. 앞의 단원에서는 서원의 시점이 여자가 결혼을 하기 전이었다면 현재 단원에서

---

15 Ashley, *Numbers*, 581은 그녀가 일단 결혼한 이후에 사별이나 이혼한 경우는 2(3)절에서 천명된 바와 한 "남자"와 같이 취급되어 독자적인 의사결정권을 누리게 된다고 주장한다. 그러나 2(3)절의 히브리어 단어 이쉬(אִישׁ)는 여자와 대조되는 표현으로서의 "남자"를 의미하는 것이 아니라 그냥 남녀노소를 가리지 않고 "사람"을 의미하는 단어로 봐야 한다. 또한 그는 이 구절을 다루면서 Roland de Vaux, *Ancient Israel: Vol. 1, Social Institutions* (New York: McGraw-Hill, 1961), 34-36, 39-40의 이혼 및 "과부"(widow)에 대한 내용 등의 고전적인 자료들의 영향을 받고 있는 듯한데, 드 보(de Vaux)의 견해는 놀라울 정도로 구대시적인 남성 우월주의적인 시각을 반영하고 있는 것으로 생각된다. 따라서 이 주제에 대해서는 Stephen G. Dempster, "Widow", in Walter A. Elwell (ed.), Baker's Evangelical Dictionary of Biblical Theology (Grand Rapids: Baker Book House, 1997), 816-818 등의 좀 더 균형 잡힌 시각을 통해서 교정될 필요가 있다.

는 여자의 서원의 시점이 결혼한 이후이다.

결혼 이후에 한 서원의 경우에도 앞의 3-8(4-9)절의 원칙이 적용된다. 다시 말해 그녀의 서원은 가정의 의사결정권자인 남편의 판단에 종속된다. 앞의 7(8)절에서 언급된 바와 같이 남편이 그녀가 한 서원에 대해서 듣고 반대의 의사를 표명하지 않으면 그녀의 서원에 동의한 것으로 간주된다.

그러나 만약 남편이 그녀의 서원을 "듣는 날 분명하게 무효화시킨다면" 그녀의 소원은 효력을 상실한다(12[13]절). 이 경우 하나님은 그녀가 서원을 이행하지 않는 것에 대해서 책임을 묻지 않으실 것이다. 이 구절에서 특히 중요한 것은 "분명하게"란 표현이다. 이것은 사역 해설에서 설명한 바와 같이 강조 구문을 통해서 표현되어 있다. 서원을 하는 것과 그것의 이행이 아주 엄중한 일(참고, 신 23:21-23[MT, 22-24])이므로, 여자의 서원 이행을 무효화시키기 위해서는 남편은 아주 분명하게 자신의 의사를 표현해야 한다. 그렇게 분명하게 의사가 전달되고 나면 "그녀의 입밖으로 나온 모든 것들이 유효하지" 않게 된다. 그리고 이 분명한 의사표현을 통해 서원을 취소시킨 것이 남편이기 때문에 여자에게는 죄책이 없다. 또한 15절의 말씀에 근거해서 추론해볼 때 서원을 취소시킨 남편에게도 죄책이 없는 것으로 보인다. 앞의 3-8(4-9)절의 본문 해설에서 설명한 바와 같이 이것은 남편의 권한에 속한 사항이기 때문이다.

13(14)절은 이 마지막 사항에 대해서 분명하게 밝혀준다. 남편은 그녀의 서원을 "유효하게 할 수도 있고, 무효하게 할 수도 있다". 그 어떤 것을 택하더라도 그것에 대한 권한은 남편에게 있다.

문제는 남편이 여자의 서원을 듣고도 방치한 경우이다. 이 점에 대해서 본문의 저자는 이미 7(8)절에서 잠깐 스치듯이 언급하고 지나간 적이 있는데, 이 14-15(15-16)절에서는 이 점을 좀 더 분명하게 규정하고 있다. 이 본문에 따르면 남편이 아내의 서원을 듣고도 "차일피일 그녀를 내버려둔다면" 그녀의 서원은 유효하게 된다(14[15]절).

그리고 이처럼 방기의 책임이 자신에게 있음에도 불구하고 그가 나중에 가서야 아내의 서원을 무효화시킨다면 서원을 이행하지 않은 죄에 대한 책임은 그녀가 아닌 그가 져야한다(15[16]절). 의사결정의 권한이 자신에게 있음에도 불구하고 그 권한을 적절하게 사용하지 않은 것은 그 자신이기 때문이다.

특히 이 본문은 남편이 나중에 가서야 억지로 서원을 무효화시키는 것이 큰 문제라는 점을 역시 앞의 12(13)절의 히브리어 강조 어법과 동일한 문구를 사용하여 강조하고 있다. 이처럼 나중에 가서 강제적으로 아내의 서원을 취소시키는 것은 중대한 문제인 것이다.

16(17)절. 이 마지막 구절은 민수기 30장의 서원 본문에 대한 결론구이다. 이 구절은 이 장이 다루고 있는 서원이 일반적인 경우들에 대한 것이 아니라 "남편과 그의 아내 사이에, 아버지와 혼인 전에 아버지 집에 있는 그의 딸 사이"에 관련된 것임을 명시하고 있다.

5단계: 적용

2(3)절. "사람이 여호와께 서원하였거나, 자신을 [어떤 것에 대하여] 구속하기로 맹세하였다면 그것을 깨뜨리지 말고, 자신의 입에서 나온 모든 것대로 행해야 한다": 이 구절은 하나님에게 한 서원을 사람이 반드시 행해야 한다는 것을 강조하고 있다. 또한 성경의 다른 많은 구절들, 예를 들어 신명기 23:21-23(MT, 22-24 등)의 구절들 역시 서원은 반드시 지켜야 한다는 점을 역설하고 있다. 하나님께서 민수기 30장의 주제인 서원의 취소에 대한 상세한 규정을 언급하시기 전에 먼저 이 서원의 준수에 대한 원칙을 말씀하신 이유는 바로 이것이 서원과 관련하여 선행되어야 하는 태도이고 마음가짐이기 때문이다.

물론 우리 인간이 연약하고 실수가 많은 존재이기 때문에 은혜의 하나님은 레위기 27장과 민수기 30장과 같이 서원을 무르는 방법이나 서원을 무효화시킬 수 있는 길을 열어 놓으셨다.[16] 그러나 하나님의 이런 허용적 은혜가 우리의 죄악된 심령의 도구가 되어서는 안 된다.

분명히 서원에 대한 성경의 대원칙은 그것을 이행하는 것이다. 따라서 우리는 레위기 27장이나 민수기 30장을 핑계 삼아서는 안 된다. 진정으로 거듭난 성도라면 어떻게 하나님을 더 잘 섬길 것인지를 고민해야지 잔꾀를 부려 빠져나갈 틈만 찾아서는 안 된다는 점을 우리는 항상 기억해야 한다.

5, (6)절. "그러나 만약 그녀의 아버지가 그것을 듣는 날에 그녀를 막으면 그녀의 모든 서원과 그녀가 [어떤 것에 대하여] 자신을 구속한 것들이 유효하지 않다. 여호와께서 그녀를 사하실 것이다. 그녀의 아버지가 그녀를 막았기 때문이다": 비록 2절에서 언급한 바와 같이 사람이 서원했으면 그것은 반드시 이행되어야 하지만 이런 서원에 대한 대원칙도 하나님께서 정하신 다른 질서와 계명들의 영향을 받는다. 예를 들어 여자가 결혼 전에 아버지의 슬하에 있을 때 한 서원은 가장인 아버지의 허락을 받을 때에야 효력이 있는 것으로 간주된다. 그리고 그녀가 결혼 후에는 역시 가장인 남편의 허락에 그녀의 서원의 유효성이 좌우된다(8[9], 12[13]절). 그녀는 하나님이 정하신 질서와 권위가 자신의 서원보다 우선한다는 것을 유념해야 한다.

이런 이유로 해서 예수님은 당시의 유대인들이 부모에 대한 책임을 피하기 위해 서원을 악용하는 것에 대해서 비판적이셨다.[17] "너희는 어찌하여 너희의 전통으로 하나님의 계명을 범하느냐? 하나님이 이르셨으되 네 부모를 공경하라… 하셨거늘 너희는 이르되 누구든지 아버지에게나 어머니에게 말하기를 내가 드려 유익하게 할 것이 하나님께 드림이 되었다고 하기만 하면 그 부모를 공경할 것이 없다 하여 너희의 전통으로 하나님의 말씀을 폐하는도다"(마 15:3-6).

---

16 레위기 27장의 서원 무름에 대한 본문에 기초해서 사사기 11장의 입다 이야기의 서원과 관련한 비극을 살펴보고 설교로 전환하여 다룬 것은 박철현, *레위기: 위험한 거룩성과의 동행* (서울: 솔로몬, 2018), 276-230을 보라.

17 이하의 적용점들은 Wenham, *Numbers*, 232-233의 통찰에서 모티프를 얻었다.

또한 사도들은 아내가 남편에게 복종할 것을 명령하였는데(엡 5:24; 벧전 3:1-7), 이런 점은 이 민수기 30장의 가르침과 잘 상응한다.

그러나 이런 질서는 오직 여자만 남자에게 순종하여야 한다는 식으로 너무 일방통행적으로 이해해서는 안 된다. 사도 바울은 남편과 아내가 서로에게 의무를 다 하여야 하며, 각자가 자신의 몸을 일방적으로 주장할 수가 없기 때문에 기도 등을 위하여 잠깐 상대방에 대한 의무를 연기할 수는 있어도 상대방의 동의 없고, 그리고 과도하게 긴 기간 동안 마음대로 할 수는 없다는 점을 가르쳤다(고전 7:3-5). 이처럼 남편과 아내는 하나님 앞에서 한 몸이 된 자들(창 2:24)로서 서로를 자기 자신처럼 여기고 상대방의 의사를 존중해야 했다.

6단계: 설교 "서원은 이렇게 하라"(민 30:2; 삼상 1:21-28)

신앙 생활을 하는 와중에 우리는 하나님께 서원을 하게 되는 경우들이 있습니다. 어떤 때는 우리 마음에 하나님의 은혜가 너무나도 크게 다가와서 우리 마음이 그 은혜를 억제하지 못하고 서원을 하게 됩니다. 또한 어떤 때는 우리의 삶이 너무 어려워서, 혹은 도저히 감당하지 못할 것 같은 큰 일이 앞에 있어서 하나님의 은혜를 간절히 바라는 마음으로 서원하게 됩니다.

오늘 우리는 이런 서원에 대한 이야기들 중에서 가장 유명한 것 중의 하나인 한나의 이야기를 살펴 보고자 합니다. 그녀는 마음의 고통이 많은 여인이었습니다. 그녀는 비록 남편의 사랑을 듬뿍 받기는 했지만 애를 낳지 못하는 것 때문에 끊임없이 첩인 브닌나로부터 시달림을 당해야 했습니다. 그것이 너무 고통스러워 그녀는 스스로 표현하기를 "나는 마음이 슬픈 여자라"고 말하고, "나의 원통함과 격분됨이 많다"라고 할 정도였습니다(1:15-16).

성도님들 중에도 여러 가지 이유로 해서 한나처럼 격심한 고통 중에 계시는 분들이 많을 줄로 압니다. 한나가 어떻게 해서 이 고통을 벗어나서 큰 기쁨을 누리는 자로 변할 수 있었는지를 살펴보고 여러분도 동일한 하나님의 은혜를 체험하고 누릴 수 있게 되시기를 바랍니다.

첫째, 한나는 자신의 마음의 고통을 하나님을 향한 진실하고 놀라운 서원으로 바꾸었습니다. 사무엘상 1:10은 "한나가 마음이 괴로워서 여호와께 기도하고 통곡하여 서원하여 이르되"라고 말하고 있습니다. 그녀가 당한 고통들은 사무엘상 1장에 구구절하게 나와 있지만 그녀는 이 고통들을 마음에 감싸 안고 있지 않고 하나님의 존전으로 가져와서 간절한 기도와 서원으로 바꾸었습니다. 그녀는 하나님 앞에서 마음을 퍼붓듯이 기도하며 서원했습니다(15절).[18]

한나처럼 참 신자는 자신의 고통을 하나님 앞에서 승화시킬 수 있어야 합니다. 하나님을 믿는 자가 마음의 고통을 한나처럼 승화시킬 수 없다면 믿지 않는 자와 다른 게 무엇이겠습니까? 우리는 우리의 고통을 선한 주인이신 하나님께로 가져가야 하겠습니다.

둘째, 한나는 하나님께 마음을 퍼부은 후에는 결과를 진정으로 하나님에게 맡겨버렸던 것으로 보입니다. 사무엘상 1:17에서 엘리가 "평안히 가라. 이스라엘의 하나님이 네가 기도하여 구한 것을 허락하시기를 원하노라"고 말하자 한나는 "당신의 여종이 당신께 은혜 입기를 원하나이다"라고 대답했습니다. 이어서 내레이터는 "(그녀가) 가서 먹고 얼굴에 다시는 근심빛이 없더라"라고 말하였습니다.

물론 한나의 소원을 들어주실 분은 엘리가 아닙니다. 그리고 우리 성경의 독자들은 엘리가 그다지 신뢰할 만한 영적 지도자도 아니었습니다. 물론 본문 속의 한나가 독자들처럼 엘리 제사장의 영적 상태를 파악할 만한 위치에 있었는지는 모르겠습니다.

---

18 개역개정의 "여호와 앞에 내 심정을 통한 것뿐이니"란 표현의 히브리어 원문을 직역하자면 "여호와 앞에 내 혼을 쏟아부었나이다" 정도가 된다.

그러나 어찌 됐든 여기에서 중요한 것은 한나가 하나님께 자신의 마음을 쏟아붓고, 하나님께 서원을 한 후에는 철저히 마음을 비웠다는 것입니다. "다시는 근심 빛이 없더라"는 표현은 그녀가 하나님께 모든 것을 맡겼다는 것을 보여줍니다.

그녀의 이런 태도는 마치 빌립보서 4:6-7의 말씀, 즉 "아무 것도 염려하지 말고 다만 모든 일에 기도와 간구로, 너희 구할 것을 감사함으로 하나님께 아뢰라. 그리하면 모든 지각에 뛰어난 하나님의 평강이 그리스도 예수 안에서 너희 마음과 생각을 지키시리라"란 말씀이 육화된 것을 보는 것 같습니다. 한나는 하나님께 자신의 마음을 아뢴 후에는 하나님의 평강에 자신을 내던진 것 같습니다.

기도와 서원을 통해 모든 것을 다 하나님께 의탁한 성도는 마땅히 이런 모습이어야만 합니다. 물론 저도 이것이 쉽지 않다는 것을 잘 압니다. 그러나 또한 이 한나와 같은 모습을 갖추지 못한 사람은 아직은 진정으로 하나님께 모든 것을 맡긴 자가 아니라는 것도 역시 사실입니다. 혹시 기도하고 진실한 서원을 드렸음에도 불구하고 한나와 같은 모습을 갖추지 못한 성도는 이런 모습을 갖출 때까지 하나님께 매달려야 합니다. 오직 그럴 때에야 그는 진정으로 신앙인이라고 불릴 수 있을 것입니다.

셋째, 한나 이야기의 가장 놀라운 점 중의 하나는 그녀가 하나님의 응답을 받은 이후에 자신의 서원을 그대로 이행했다는 점입니다. 그녀가 고통 중에 했던 소원은 "만일 주의 여종의 고통을 돌보시고 나를 기억하사 주의 여종을 잊지 아니하시고 주의 여종에게 아들을 주시면 내가 그의 평생에 그를 여호와께 드리고 삭도를 그의 머리에 대지 아니하겠나이다"는 것이었습니다(1:11).

사실 이 서원은 참으로 충격적입니다. 그녀는 아들이 없는 것으로 인해 지금까지 고통을 당해왔습니다. 그런데 그녀는 자신의 고통을 해소할 수 있게 하나님이 아들을 주시면 그 아들을 하나님께 평생 바치고, 그 아이가 일평생 나실인으로 살게 하겠다고 합니다. 아들을 얻기 위해 서원 기도를 하는데, 그 기도의 결과물인 아들을 바치겠다니요! 이렇게 서원하고 나면 그녀는 하나님의 응답으로 인해 얻는 것이 뭐가 있겠습니까? 그럼에도 불구하고 그녀는 이런 서원을 했다는 것은 그녀가 정말 큰 고통 중에 있었음을 보여줍니다.

자 그러면 이 황당한 서원을 걸고 한 기도가 응답 받았을 때 그녀는 과연 어떻게 할까요? 서원을 이행할까요, 아니면 나 몰라라 할까요? 우리는 흔히 화장실 갈 때 마음이 다르고 나올 때 마음이 다르다는 말을 하고는 합니다. 사람들이 정말 다급할 때는 뭐든지 하겠다고 하다가 정작 다급함이 해소되고 나면 마음이 싹 달라지게 마련입니다.

그러나 놀랍게도 한나는 자신이 다급할 때 했던 서원 기도를 하나님께서 들어주시자 정말 서원대로 이행했습니다. 이것은 정말 쉽지 않은 일이었을 것입니다. 그럼에도 불구하고 그녀는 실제로 서원을 이행했습니다.

이런 면에서 그녀는 오늘 본문 중의 하나인 민수기 30:2(3)이 천명하고 있는 서원의 대원칙, 즉 "사람이 여호와께 서원하였거나, 자신을 [어떤 것에 대하여] 구속하기로 맹세하였다면 그것을 깨뜨리지 말고, 자신의 입에서 나온 모든 것대로 행해야 한다"는 규례를 지켰습니다. 이처럼 진정한 성도는 하나님께 서원한 것을 이행하는 자입니다. 자신의 입이 있는 곳에 자신의 신앙도 있는 것입니다.

넷째, 이처럼 올곧게 서원을 지킨 한나는 자신이 서원한 것보다 훨씬 더 많은 하나님의 축복을 받습니다.

우선 그녀가 사무엘을 하나님께 바치고 난 이후에 하나님은 그녀를 축복하셔서 "세 아들과 두 딸을 낳게" 하셨습니다(삼상 2:21). 한나는 단지 한 명의 아들을 원했을 뿐인데 하나님은 그녀가 서원대로 바친 사무엘 대신에 이렇게 풍성한 자녀들을 허락하신 것입니다.

또한 하나님은 그녀가 바친 서원의 아들인 사무엘을 통하여 한 시대를 구원하셨습니다. 사무엘상 3:1에 따르면 처음에 "아이 사무엘이 엘리 앞에서 여호와를 섬길 때에는 여호와의 말씀이 희귀하여 이상이 흔히 보이지 않았"습니다. 그런데 3장 중간의 유명한 소명 기사를 통해 하나님은 사무엘을 불러 세우셨습니다. 그리고 이 부르심의 결과에 대해서 3장의 끝 부분에 가서 내레이터는 이렇게 말합니다: "사무엘이 자라매 여호와께서 그와 함께 계셔서 그의 말이 하나도 땅에 떨어지지 않게 하시니 단에서부터 브엘세바까지의 온 이스라엘이 사무엘은 여호와의 선지자로 세우심을 입은 줄을 알았더라. 여호와께서 실로에서 다시 나타나시되 여호와께서 실로에서 여호와의 말씀으로 사무엘에게 자기를 나타내시니라"(삼상 3:19-21). 한 여인의 신실한 서원의 이행이 암흑의 시대를 광명의 시대로 바꾼 것입니다.

이처럼 신실한 성도가 서원을 지키는 것은 놀라운 결과를 가져옵니다. 자신의 인생뿐만 아니라 주변 사람들, 그리고 같은 시대의 사람들의 운명마저도 바뀌는 일이 서원의 이행을 통해 일어날 수 있습니다.

말씀을 정리합니다. 성도 여러분, 혹시 여러분의 삶에 한나와 같이 극복하기 힘든 어려움이 있습니까? 삭힐 수 없는 슬픔이 있습니까? 그 어려움과 슬픔을 끌어안고 있지 말고 그녀처럼 과감히 그것들을 하나님 앞에서 쏟아부으십시오. 그것들을 서원으로 바꾸시는 도전을 해보십시오. 그리고 하나님께서 여러분의 기도에 응답하셨을 때 반드시 한나처럼 그 어떤 서원이라도 지키십시오. 상상도 못한 일이 벌어질 수 있습니다. 자신의 슬픔과 어려움을 하나님의 놀라운 권능의 체험으로 바꾸는 경험이 여러분의 삶에 있기를 축원합니다.

미디안에 대한 응징

민수기 31장의 신학 개관

이 본문은 민수기 25장의 브올의 우상 숭배 사건에 대한 보복으로 모압에 동조했던 미디안과의 전쟁에 대한 기록을 담고 있다. 하나님께서는 브올 사건에서 이미 이 일에 대하여 미디안 사람들을 공격하라고 명령하신 바가 있다(민 25:16-18). 민수기 31장은 이 명령의 실행을 담고 있다.

이 장은 단순히 25장과만 연결을 갖고 있는 것이 아니라 자신이 속한 민수기의 거시적 단원(민 26-36장)의 주제인 "가나안 정복"이라는 주제와 잘 상응한다. 미디안에 대한 승리는 이스라엘이 앞으로 경험하게 될 무수한 승리의 전조 역할을 하고 있기 때문이다.

이제 좀 더 직접적인 문맥을 살펴 보자. 이 장은 우선 민수기 28-29장의 절기 본문과 잘 상응한다. 절기들에는 이 본문의 "개관과 신학"에서 이미 지적한 바와 같이 엄청난 양의 제물들이 필요한데, 이 31장의 미디안과의 전쟁의 결과로 이스라엘은 이 많은 양의 가축들을 확보하게 된다.

또한 31장의 전쟁에 대한 기록은 바로 이어지는 32장의 르우벤 지파, 갓 지파, 므낫세 반 지파가 요단 동편 지역에 정착하게 되는 계기가 되는 것으로 보인다. 아모리 왕 시혼과 바산 왕 옥이 이미 멸망한 가운데, 31장의 미디안에 대한 승리가 이 지역에서의 이스라엘의 대한 위협을 잠재웠기 때문이다. 이 두 장 사이의 연결은 특히 "(전쟁을 위해 병사들이) 준비를 하다"라는 뜻을 가진 할라쯔(חָלַץ, 니팔형, to prepare for battle)란 단어가 민수기에 단 두 장에만 나오는데 그것이 바로 이 31, 32장이라는 점을 통해서 확실하게 드러난다(31:3, 5; 32:17, 20, 21, 27, 39, 30, 32).[1]

이제 본문 내용 자체를 살펴보도록 하자. 이 본문의 내용은 크게 전쟁 수행 과정(1-12절)과 그 사후 처리 과정(13-54절)으로 나뉜다. 그런데 그 흥미로운 점은 저자의 관심이 전쟁 수행 과정 자체에 있는 것이 아니라 그 사후 처리 과정에 있다는 점이다. 이 점은 전자의 내용이 총 12절에 불과한 반면에 후자의 내용은 42절이나 된다는 점을 통해서 알 수 있다. 본문의 비중의 이런 차이는 이 장의 진정한 관심사가 전쟁 자체보다는 그 이후의 사안들에 있다는 점을 보여준다.

좀 더 세부적으로 우선 미디안에 대한 전쟁 수행 과정을 살펴 보자. 전쟁의 출발점은 여호와의 명령(1-2절)이다. 하나님은 "이스라엘 자손의 원한을 미디안에게 갚아라"라고 모세에게 명령하신다(2절). 이 명령에 따라 모세는 한 지파 당 천 명씩을 차출하여 총 만이천 명의 군사를 파견한다(3-6절). 비느하스가 이 전쟁에서 성소 기구들과 신호 나팔을 담당한다(6절). 실제 전쟁 자체에 대한 묘사는 극히 짧다(7-12절).

31장의 이후의 내용(13-54절)은 전쟁이 끝난 후의 처리 과정에 대한 기술들로 채워져 있다. 그 시작은 모세가 승전보를 가지고 귀환한 병사들을 꾸짖는 내용이다(13-20절). 그는 병사들이 25장의 바알 브올의 사건의 핵심 참여자들이었던 모압 여자를 살린 것에 대해서 진노한다. 그래서 그는 그들 중에서 남자와 동침한 경험이 있는 모든 여인들을 죽이게 한다(15-18절). 왜냐하면 남자와 동침한 자들은 바알 브올 사건의 주동자들일 가능성이 있기 때문이다. 또한 그는 전쟁 참여자들과 전리품들에 대한 정결 의식을 지시한다(19-20절). 제사장 엘르아살이 전리품의 정결 의식에 대한 구체적 지시들

1 참고로 이 단어는 오경에 총 14회가 나오는데, 그 중에 2/3에 육박하는 9회가 이 민수기 31-32장에 사용되었다.

을 추가적으로 내린다(21-24절).

이어서 하나님은 모세에게 전리품들의 분배에 대한 지시를 하신다(25-30절). 전쟁에 참여한 병사들이 절반, 나머지 백성들이 절반을 차지한다(27절). 병사들은 자신들의 몫인 절반에서 1/500을 떼어서 제사장 몫으로 엘르아살에게 준다(28-29절). 백성은 자신들의 몫인 절반에서 1/50을 떼어서 레위인의 몫으로 내놓는다(30절). 이 장에서 가장 긴 부분을 차지하는 31-47절은 이 하나님의 명령의 시행에 대한 상세한 기록이다. 전리품 중 각 가축과 사람의 상세한 숫자와 제사장 및 레위인의 몫에 대한 통계가 나와 있다.

이 장의 나머지 내용(48-54절)은 군대의 지휘관들이 사상자들을 계수한 후에 단 한 사람도 죽지 않은 것을 발견하고 하나님께 자신들의 목숨을 속죄하기 위해 예물을 가져온 것을 기록하고 있다. 모세와 엘르아살이 이들이 가져온 예물을 회막으로 가져오면서 장이 마감된다.

1단계: 사역

1. 여호와께서 모세에게 말씀하셨다.
2. 이스라엘 자손의 원한을 미디안에게 갚아라. 그 후에 너는 네 조상에게 돌아가게 될 것이다.
3. 모세가 백성에게 말하였다. 너희와 함께 있는 사람들 중에서 전쟁에 나갈 사람들이 준비되게 하여라. 그들이 미디안을 쳐서 여호와의 원한을 갚기 위해 미디안을 대적할 것이다.
4. 이스라엘의 모든 지파들로부터 지파당 천 명씩 전쟁을 위해 파견해라.
5. 각 지파에서 천 명씩 이스라엘의 부대들로부터 만이천 명이 선택되었다. 전쟁을 위해 준비된 자들이 12,000명이었다.
6. 모세가 각 지파에서 천 명씩 그들을 전쟁에 보냈다, 즉 그들과 더불어 제사장 엘르아살의 아들 비느하스를 전쟁에 싸움에 보냈다. 성소의 기구들과 신호 나팔이 그의 손에 있었다.
7. 그들이 여호와께서 모세에게 명령하신 대로 미디안을 대항해서 싸워 모든 남자들을

죽였다.

8. 그리고 그들이 그 죽은 자들과 더불어 미디안의 왕들, 곧 에위, 레겜, 수르, 후르, 레바라는 다섯 명의 미디안 왕들을 죽였다. 또한 브올의 아들 발람도 칼로 죽였다.
9. 이스라엘 자손이 미디안의 여인들과 그들의 아이들을 사로잡고, 그들의 육축과 가축과 재물을 다 탈취하였다.
10. 그들의 거주지들에 있는 모든 성읍들과 주둔지들을 다 불로 태웠다.
11. 그리고 그들의 모든 탈취물들과 노략물들을 사람이든 짐승이든 다 빼앗았다.
12. 그들이 그 노략물들과 탈취물들을 여리고 맞은 편의 요단 강가의 모압 평지에 있는 진영의 모세와 제사장 엘르아살과 이스라엘 자손의 회중에게로 가지고 왔다.
13. 모세와 제사장 엘르아살과 회중의 모든 지도자들이 그들을 맞이하기 위해 진영 밖으로 나갔다.
14. 모세가 군대의 지휘관들, 곧 전투에서 돌아온 천부장들과 백부장들에게 진노하였다.
15. 모세가 그들에게 일렀다. "너희가 모든 여자들을 살렸느냐?
16. 보라. 이 여자들은 발람의 말을 통하여 브올의 사건에서 이스라엘 자손들로 하여금 여호와께 신실치 못하게 하였다. [그 때문에] 여호와의 회중 가운데에 염병이 있었다.
17. 자 이제 아이들 중에서 모든 남자를 죽이고, 남자와 동침하여 남자를 아는 모든 여자도 다 죽여라.
18. 그리고 남자와 동침하지 아니하여 남자를 알지 못하는 여자들은 다 너희를 위하여 살려 두어라.
19. 또 너희는 7일 동안 진영 밖에 머물러라. 너희, 즉 너희와 포로들 중에서 사람을 죽인 자나 죽은 시체를 만진 자는 모두 셋째 날과 일곱째 날에 몸을 정결하게 하여야 한다.
20. 그리고 모든 의복과 가죽으로 만든 모든 물품과 염소털로 만든 모든 물품과 나무로 만든 모든 물품을 정결하게 해야 한다".
21. 제사장 엘르아살이 전투를 위해 나갔던 군인들에게 일렀다. "이것은 여호와께서 모세에게 명령하신 규례이다.
22. 단지 금, 은, 동, 철, 주석, 납 등의
23. 불에 견딜 만한 모든 것은 불을 지나가게 하여라. 그리하면 정결하게 될 것이다. 단지 정결하게 하는 물로 그것들을 정결하게 하여라. 그리고 불에 견디지 못할 모든 것은 물을 지나가게 하여라.
24. 일곱째 날에 옷을 빨아라. 그러면 너희가 정결하게 될 것이다. 그 후에 너희가진영으로 돌아올 수 있다".

25. 여호와께서 모세에게 일렀다.
26. "너와 제사장 엘르아살과 회중의 가족장들의 수령들은 사람이든 짐승이든 사로잡은 노략물을 계수하여라.
27. 그 노략물을 전쟁에 참여한 자들, 곧 전쟁에 나간 자들과 모든 회중 사이에 반분하여라.
28. 전쟁에 나갔던 군인들로부터 사람이든 소든 나귀든 작은 네 발 가축이든 간에 오백분의 일의 수량을 여호와께 헌납하게 하여라.
29. 너희는 이것을 그 절반의 몫으로부터 취하여 이것을 여호와를 위해 들어올린예물로 제사장 엘르아살에게 주어라.
30. 또 이스라엘 자손이 [받은] 절반에서는 사람이든 소든 나귀든 작은 네 발 가축이든—즉 모든 가축이든—간에 1/50을 취하여라. 그리고 그것들을 여호와의 성막을 맡은 레위인들에게 주어라.
31. 모세와 제사장 엘르아살이 여호와께서 모세에게 명령하신 대로 하였다.
32. 전쟁에 나간 백성의 탈취물 외의 노략물들이 작은 네 발 가축이 675,000마리,
33. 소가 72,000마리,
34. 나귀가 61,000마리였다.
35. 그리고 사람의 경우에는 남자와 동침하지 아니하여 남자를 알지 못하는 여자들의 수가 모두 32,000명이었다.
36. 또 전쟁에 나갔던 사람들의 몫인 절반의 경우 작은 네 발 가축의 수가 337,500마리이며,
37. 작은 네 발 가축으로부터 여호와께 드린 수량이 675마리였다.
38. 소는 36,000마리였는데, 그 중에서 여호와께 드린 수량은 72마리였다.
39. 나귀는 30,500마리였는데, 그 중에서 여호와께 드린 수량이 61마리였다.
40. 사람은 16,000명이었는데, 그 중에서 여호와께 드린 수가 32명이었다.
41. 모세가 여호와께 들어올린 예물로 드릴 수량을 여호와께서 모세에게 명령하신 바와 같이 제사장 엘르아살에게 주었다.
42. 모세가 전쟁에 나갔던 자에게서 나눈, 이스라엘 자손의 절반[의 몫],
43. 곧 회중의 절반[의 몫] 중에서 작은 네 발 가축이 337,500마리,
44. 소가 36,000마리,
45. 나귀가 30,500마리,
46. 사람이 16,000명이었다.
47. 이스라엘 자손의 그 절반[의 몫]에서 모세가 사람과 짐승의 1/50을 이끌어낸 것을

취하였다. 그리고 그것을 여호와께서 모세에게 명령하신 것과 같이 여호와의 장막을 맡은 레위인들에게 주었다.

48. 군대의 지휘관들 곧 천부장과 백부장들이 모세에게 나아와서
49. 모세에게 일렀다. "당신의 종들이 그 손에 든 군인들을 계수했는데 한 사람도 축나지 않았습니다.
50. 그래서 각 사람이 찾은 것들, 즉 금 패물들, 곧 발목 고리, 손목 고리, 인장 반지, 귀고리, 목걸이를 여호와 앞에서 우리의 목숨을 속죄하기 위해 여호와께 드릴 예물로 가져왔습니다
51. 모세와 제사장 엘르아살이 그들에게서 그 금, 곧 모든 제작된 물품들을 취하였다.
52. 천부장과 백부장들이 여호와께 들어올린 예물인 금이 모두 16,750세겔이었다.
53. 군인들이 각자 자기를 위해 탈취한 것들이었다.
54. 모세와 제사장 엘르아살이 천부장과 백부장들에게서 금을 취하였다. 그리고 것을 여호와 앞에서 이스라엘 자손의 기념물로 회막에 가져왔다.

2단계: 사역 해설

5절. "부대들로부터": 메알페(מֵאַלְפֵי). 여기에서 "부대들"에 해당하는 단어는 "1000"을 의미하기도 하는 엘레프(אֶלֶף)란 단어의 복수형이다. 이 단어의 기본 뜻은 1000이지만, 여기에서 파생해서 부대의 단위나 지파의 하부 조직인 "가문"(clan)을 의미하기도 하고, 그런 사람들이 모여 사는 "지역"(district)를 의미하기도 하며, 아예 "지파"와 동의어로 사용되기도 했다.[2] 여기에서는 이 단어의 이런 뜻들 중에서 "부대"란 의미를 취해서 번역을 하였다.

9절. "그들의 모든 육축과 가축": 붸에트 콜-브헤므탐 붸에트-콜-미크네헴(וְאֵת כָּל־בְּהֶמְתָּם וְאֵת־מִקְנֵהֶם). "육축"은 브헤마(בְּהֵמָה), "가축"은 미크네

---

2 William Lee Holladay and Ludwig Köhler, *A Concise Hebrew and Aramaic Lexicon of the Old Testament* (Leiden: Brill, 2000), 18의 "III אֶלֶף" 항목을 보라.

(מִקְנֶה)의 번역이다. 비록 현재 문맥에서는 브헤마가 좀 더 넓은 집합의 가축을 의미하고, 미크네가 좀 더 범위를 좁혀 그 중에서 "소, 양, 염소" 등 제사 및 식용으로 쓸 수 있는 가축을 의미한다고 보아서 앞과 같이 번역하였다. 그러나 사실 두 단어는 문맥에 따라서 얼마든지 호환될 수도 있는 단어들이다. 개역개정은 이 단어들을 각각 "가축"과 "양 떼"로 번역했는데, 앞의 단어는 충분히 그런 번역이 가능하지만 후자의 단어, 즉 미크네를 "양떼"로 번역하는 것은 너무 의미를 축소한 것이라고 생각된다. 이 단어에는 소와 염소도 포함될 수 있기 때문이며, 특히 현재의 본문에서는 더욱 그러하다고 생각되기 때문이다. 사역은 이런 점들을 고려하였다.

11절. "노략물": 말코아흐(מַלְקוֹחַ). 이 단어는 "취하다, 사로잡다"(to take)란 뜻을 가진 라카흐(לָקַח)란 동사에서 파생된 명사이다. 이 단어는 전쟁의 노략물들 중 주로 사람이든 가축이든 살아 있는 존재들을 가리킬 때 사용되는 표현인 것으로 보인다.[3] 이 표현은 성경 전체에서 총 7회가 사용되었으며(민 31:11, 12, 26, 27, 32; 사 49:24, 25), 이 중 5회가 민수기 31장에 사용되었다.

13절. "지파장들": 느씨에(נְשִׂיאֵי). 나씨(נָשִׂיא)의 복수. 이 단어는 오경에서 대체적으로 열두 지파의 수장들을 가리키는 용어이다.[4] 이 구절에서도 개역개정의 막연한 표현인 "지도자"보다는 "지파장"이란 번역이 더 낫다.

16절. "발람의 말을 통하여": 비드바르 빌암(בִּדְבַר בִּלְעָם). 빌암은 "발람"의 히브리어식 표기이다. 그리고 비드바르에서 비는 전치사 브(בְּ)이다. 이 단어는 기본적인 뜻으로는 "~안에"(in)란 뜻을 갖고 있지만, 또한 "~를 통하여", "~로 인하여"(through)라는 의미로도 쓰일 수가 있다. 현재 문맥에서는 이 후자의 의미가 더 적절하다. 또한 "드바르"(דְּבַר)는 "말, ~것, 일"(word, thing) 등을 의미하는 단어이다. 현재의 문맥에서는 발람이 발락에

---

3 Timothy R. Ashley, *The Book of Numbers*, The New International Commentary on the Old Testament (Grand Rapids: Eerdmans, 1993), 596-597.

4 민수기 1:16의 사역 해설과 참고 문헌을 보라.

게 귀띔해준 바, 이스라엘을 해칠 수 있는 계책의 "말"을 의미하는 것으로 보이기 때문에 "말"이라고 번역하는 것이 가장 적절해 보인다. 따라서 사역은 "발람의 말을 통하여"라고 번역하였다. 개역개정은 "발람의 꾀를 따라"라고 번역하고 있는데, 여기에서 "꾀"는 KJV의 "counsel"을 번역한 것이다. 이런 표현은 바로 25장의 바알 브올 사건이 발람의 말, 조언, 혹은 모략을 따른 것임을 분명하게 해준다.

17절. "자 이제": 붸앝타(וְעַתָּה). 개역개정은 이 어구를 "그러므로"라고 번역하고 있다. 이 단어는 사역처럼 번역하는 것이 더 낫다. 이 어구는 대화 속에서 앞의 말에 기초하여 상대방의 어떤 행동과 결단을 요구할 때 사용되는 어구이다.

22절. "단지": 아크(אַךְ). 이 불변화사(不變化詞)는 앞의 내용과 반대되는 내용이나 앞의 말에서 제외되는 사항을 말할 때 사용되는 표현이다. 현재 문맥에서는 20절에서 하나님께서 모세에게 하신 말씀에 더하여 특별히 예외적으로 다뤄야 하는 사항을 언급하기 위해 이 문구가 사용되었다. 개역개정은 이 중요한 어구를 누락하고 있다.

26절. "사로잡은 노략물": 말코아흐 핫쉬비(מַלְקוֹחַ הַשְּׁבִי). 11절의 "노략물"이란 표현에 흔히 "사로잡힌 자, 포로"(captive)란 의미로 사용되는 단어인 쉬비(שְׁבִי)가 추가된 표현이다. 이 단어는 여기에서 논의되는 노략물들이 생명체들인 것을 더 분명하게 해준다.

28절. "작은 네 발 가축": 핫쫀(הַצֹּאן). 개역개정은 쫀(צֹאן)이란 단어를 "양 떼"라고 번역하고 있으나 이 단어는 양과 염소를 포괄하여 지칭하는 단어이다. 사역은 이 점을 반영하여 "작은 네 발 가축"이라고 번역하였다.[5]

"수량": 히브리어 단어 메케스(מֶכֶס)의 번역. 이 단어는 구약성경에서 오직 6회만 사용되었는데, 모두 이 민수기 31장에만 나온다(31:28, 37-41). 이

---

5 쫀에 대한 상세한 해설은 박철현, *레위기: 위험한 거룩성과의 동행* (서울: 솔로몬, 2018), 61-62와 거기에 제시된 도식을 보라.

단어가 "계산하다"(to count out)란 뜻을 가진 카사스(כָּסַס)란 동사에서 파생된 것이 맞다고 할 경우[6] 이 단어의 기본적인 뜻은 "수량"(counted number) 정도가 될 것이다. 이 단어에 대해서 히브리어 사전들은 문맥적 의역으로 "공물"(tribute) 등의 의미를 제시하고 있다. 그러나 굳이 이런 문맥적 의미가 아니더라도 어근에 따른 번역이 문맥과 충분히 잘 어울리기 때문에 사역에서는 "수량"이란 번역을 채택했다.

29절. "여호와를 위해 들어올린 예물": 트루마트 아도나이(תְּרוּמַת יְהוָה). 트루마(תְּרוּמָה)란 단어는 원래 여호와께 드려진 제물들 중에서 일단 하나님께 귀속되었다가 제사장의 몫으로 주어진 부위를 가리키는 용어였다.[7] 개역개정의 "거제"(擧祭, 영어로는 heave offering[KJV])란 표현은 "들어올린 제사"란 의미인데, 이 번역은 마치 이 트루마가 번제나 소제 등과 같은 제사의 일종인 양 오해될 소지가 있다. 하지만 이것은 결코 제사가 아니라 제사 제물의 일부가 하나님의 몫임을 나타내는 동작일 뿐이다. 따라서 사역과 같이 "들어올린 예물"이라고 번역하는 것이 낫다. 참고로 트루마란 단어는 52절에서 군인들이 바친 금 패물들을 바칠 때도 역시 사용되었다.

3단계: 단락 구분

민수기 31장의 단락 구분은 다음과 같다.

31:1-2 하나님이 모세에게 미디안에 대한 보복을 명하심

31:3-6 전쟁에 대한 모세의 지시와 이행

---

6 Ludwig Koehler et al., *The Hebrew and Aramaic Lexicon of the Old Testament* (Leiden: E.J. Brill, 1994-2000), 490; David J. A. Clines, ed., *The Dictionary of Classical Hebrew* (Sheffield, England: Sheffield Academic Press; Sheffield Phoenix Press, 1993-2011), 270.

7 박철현, *레위기*, 248.

31:3-4 모세의 지시

31:5-6 지시의 수행

31:7-12 전쟁의 묘사

31:13-54 전쟁 후의 처리 과정

31:13-20 모세의 책망과 사후 처리 지시

31:13 모세, 엘르아살, 백성들의 마중

31:14 모세의 진노

31:15-20 모세의 지시들

31:15a 지시 도입구

31:15b-18 모압 여인들의 처리 방식 지시

31:19-20 병사 및 전리품의 정결 의식 지시

31:21-24 엘르아살의 전리품 정결 의식 지시

31:25-30 전리품 분배에 대한 하나님의 지시

31:31-47 전리품 통계 및 분배

31:48-54 지휘관들의 속죄 예물 봉헌

4단계: 본문 해설

1-2절. 이 본문에서 하나님은 "이스라엘 자손의 원한을 미디안에게 갚아라"고 명령하신다. 이 명령은 25:16-18에서 바알 브올 사건의 후속 조치로 하나님께서 명령하셨던 것이다. 하나님은 그 이후에 그가 죽을 것이라고 말씀하신다. 미디안에 대한 보복의 지시(25:16-18)와 그의 죽음에 대한 예고(27:12-14)는 가나안 정복 전쟁 준비의 일환으로 이루어진 민수기 26장의 두 번째 인구조사 본문을 감싸고 있다. 그리고 인구조사 본문 앞뒤의 이 두 가지 내용이 다시 가나안 정복 전쟁의 전조 역할을 하는 이 민수기 31장에서 만나고 있다. 이런 면에서 민수기의 각 본문들 사이에는 많은 연결이 있음

을 알 수가 있다.

한 가지 의문은 왜 하나님이 25장의 바알 브올 사건에서 주범이었던 모압은 놔두고 미디안만 공격하느냐 하는 것이다. 이에 대해서 본문은 명시하고 있지만 민수기 22:5-6의 "본문 해설"과 신명기 2:9이 밝히고 있듯이 하나님께서 롯의 자손인 모압에게 은혜를 베풀고 있다는 점이 그 이유가 아닐까 한다. 언젠가는 모압을 향한 하나님의 은혜도 소진될 때가 있겠지만 아직은 아닌 것이다.

또 한 가지 생각할 점은 여기에서 미디안 사람들이 멸절 당했는데 왜 이후의 이스라엘의 역사에서 계속 이들이 등장하느냐 하는 것이다(참고, 삿 6-7장 등). 이에 대해서는 미디안 족속이 애굽에서부터 모압 평야와 유프라테스 지역에 이르는 광대한 지역에 분포하던 다민족 연합체였던 것으로 보인다는 것으로 설명할 수 있다.[8] 따라서 이 장에서 멸절 당한 미디안 족속은 고대 근동에 존재했던 미디안 족속 전체가 아니라 모압 평야에서 거주하던 집단에 국한된다고 보는 것이 더 적절할 것이다.

3-6절. 이 본문은 앞의 2절의 하나님의 지시에 맞추어서 모세가 이스라엘 백성들에게 명령하고, 백성들이 그 명령을 수행하는 것을 그 내용으로 한다.

3절에서 모세는 이스라엘 백성들 중에 출병할 자들이 준비를 갖추게 하라고 명령한다. 그는 특히 이 번 출정의 목적에 대해서 말하기를 "여호와의 원한을 갚기 위해"라고 밝힌다. 흥미로운 점은 그가 여호와께서 2절에서 "이스라엘의 자손의 원한"이라고 하신 말씀을 빌려오면서 여기에서는 "여호와의 원한"이라고 바꾸어서 말한 점이다. 하나님과 이스라엘은 언약 관계로 맺어져 있기 때문에 언약 백성의 원한은 곧 하나님의 원한이기도 한 것이다.

---

8 William J. Dumbrell, "Midian—a Land or a League?" *VT* 25 (1975), 323-337. 이 점에 대해서는 또한 민수기 22:3-4의 "본문 해설"을 보라.

4절에서 모세는 각 지파마다 천 명씩을 군사로 파견하라고 명령한다. 일부 학자들은 각 지파의 인구수의 편차가 상당한데 이렇게 일방적으로 천 명씩 차출하는 것은 현실성이 없다고 지적한다. 그래서 이들은 "천"(1000)에 해당하는 히브리어 단어 엘레프(אֶלֶף)가 "가문"(clan)이나 "부대"(military unit)를 의미하기도 한다는 점에 기초해서 각 지파마다 한 부대가 차출된 것이라고 주장한다. 이 경우 5절의 "만이천 명"이란 표현은 "열두 엘레프", 즉 "열두 부대"란 의미가 된다. 이 주장도 상당한 매력이 있기는 하지만 현재 문맥에서는 굳이 "천"이라는 의미를 틀렸다고 볼 만한 확고한 단서는 없어 보인다. 따라서 본 해설에서는 "천"이란 의미를 유지한다.

5-6절은 3-4절에서 모세가 명령한 것에 대한 실행을 담고 있다. 그의 지시대로 각 지파에서 천 명씩이 파견되었다. 그리고 제사장 엘르아살의 아들 비느하스가 성소의 기구들과 신호 나팔을 가지고 전쟁에 동참했다. 그의 동행은 이 전쟁이 여호수아서 6장의 여리고 전쟁 등과 같은 "거룩한 전쟁"(holy war)의 성격을 갖고 있음을 보여준다.

여기에서 "성소의 기구"란 표현이 정확히 무엇을 가리키는지는 분명하지 않다. 법궤, 신호 나팔, 제사장 의복 등 여러 가지 견해가 제시됐지만 현재 본문의 정보만으로는 결론을 내리는 것이 불가능하다.[9]

7-12절. 이 본문은 전쟁에 대한 묘사를 담고 있다. 그러나 여호수아 6장, 사사기 4, 6-7장 등의 전쟁에 대한 기록과 비교해볼 때 현재 본문의 묘사는 극단적일 정도로 짧다. 이런 점은 이 장에서 저자의 목적이 전쟁 자체에 대한 묘사에 있지 않다는 점을 보여준다. 그는 오히려 전쟁 후의 처리 과정을 아주 상세하게 묘사하고 있다(13-54절).

7절에서 저자는 전쟁 자체에 대한 기록을 단 한 절로 처리하고 있다. 이스라엘이 "여호와께서 모세에게 명령하신 대로 미디안을 대항해서 싸워 모

---

9 Gordon J. Wenham, *Numbers: An Introduction and Commentary*. Vol. 4. Tyndale Old Testament Commentaries (Downers Grove: InterVarsity Press, 1981), 235.

든 남자들을 죽였다".

8절은 전쟁의 결과로 미디안의 다섯 왕, 즉 에위, 레겜, 수르, 후르, 레바와 브올의 아들 발람을 칼로 죽였다고 말하고 있다. 이 중에서 수르는 25장의 바알 브올의 사건에서 비느하스에게 죽임을 당한 고스비란 여자의 아버지이다. 또한 발람은 비록 민수기 22-25장의 본문에서는 명시가 되고 있지 않지만 뒤에 나오는 16절의 말씀을 고려할 때 모압 왕 발락으로 하여금 바알 브올 사건을 저지르도록 조언한 것으로 보인다.[10] 이런 면에서 볼 때 8절은 이스라엘이 25장의 바알 브올의 사건에 대해서 확실한 복수를 했음을 보여준다.

9, 11절은 이스라엘이 미디안의 여인들과 아이들, 그리고 육축과 가축과 재물을 모조리 탈취하였음을 언급하고 있다.

여기에서 특별히 중요한 것은 여인들이다. 나중에 15절에서 모세는 병사들이 미디안 여인들을 살린 것에 대해서 책망을 하는데, 사실 신명기 20:14의 "거룩한 전쟁" 수행 방법에 대한 규례를 보면 여자들을 포로로 잡는 것 자체는 문제가 없었다.[11] 그럼에도 불구하고 모세가 책망을 한 진짜 이유는 16절에서 그가 밝히고 있듯이 25장의 바알 브올의 사건에서 미디안 여자들이 이스라엘 남자들을 유혹하여 음행을 저지르게 하는 일에 있어서 핵심적인 역할을 담당했기 때문이다.

10절은 이처럼 전리품들을 챙긴 후에 미디안 사람들의 모든 성읍들과 주둔지들을 다 불로 태웠다고 말하고 있다.

12절에서 이스라엘은 획득한 포로들과 노략물들을 이스라엘 진영으로 가져왔음을 언급하고 있다.

13-20절. 이 단원은 전쟁 후의 사후 처리를 다루고 있는 큰 단원(13-54

---

10 추가적인 설명은 민수기 22-23, 25장의 "개관 및 신학"을 보라.

11 Jacob Milgrom, *Numbers*, The JPS Torah Commentary (Philadelphia: Jewish Publication Society, 1990), 258은 이 9절의 전리품에 대한 목록이 신명기 20:14의 목록과 거의 동일함을 지적하고 있다.

절)의 첫 번째 단락이다. 사후 처리에 대한 내용이 전쟁 자체에 대한 묘사를 하고 있는 여섯 절(7-12절)의 일곱 배나 된다는 점은 저자의 관심이 바로 이 사후 처리 과정에 있다는 점을 잘 보여준다. 이런 사후 처리 과정에 대한 기록은 레위기와 민수기의 여러 본문들(레 11-16장; 민수기 5:1-4; 19장 등)이 담고 있는 정결 의식에 대한 내용들을 반영하고 있다. 이런 본문들에서는 단지 규례로 언급된 것들이 이 본문에서는 실제로 실행되는 내용을 담고 있는 것이다.

13절에서 모세, 제사장 엘르아살, 회중의 "지파장들"이 전쟁에서 돌아오는 군대를 영접한다. 영접자들의 목록은 이스라엘 백성의 최고 지도자들이 다 동원된 것을 보여준다. 이런 면에서 출전한 병사들은 광야 시대의 제 2세대의 최초의, 그리고 상징성이 많은 전쟁에 출전한 것에 대해서 최고의 예우를 받고 있는 것을 알 수 있다.

14-15절에서 분위기는 돌변한다. 최고의 예우를 위해 나갔던 모세는 갑자기 진노를 하는데, 그 이유는 이들이 미디안 여자들을 전부 살려서 데려왔기 때문이다.

16절은 모세의 진노의 이유를 제공하고 있다. 미디안 여자들은 미디안 왕 수르의 딸 고스비의 경우에서 보듯이 25장의 바알 브올 사건에서 발람의 모략을 따라 주동적인 역할을 했다. 따라서 그들을 살려 두는 것은 이스라엘 백성 및 여호와의 "원수"(2-3절)를 갚는 일에 적절하지 않다.

17-18절에서 이 문제의 처리에 대한 모세의 명령을 담고 있다. 우선 남자 아이들은 전부 죽임을 당해야 했다. 그리고 여자들 중에서는 남자와의 성적인 경험이 있는 자들은 전부 죽였다. 그 이유는 이들이 25장의 바알 브올 사건에 참여했을 가능성이 있기 때문이었던 것으로 보인다.[12]

19-20절은 병사들과 전리품의 정결 의식에 대한 지시를 담고 있다. 우선 19절은 민수기 19장의 "부정을 씻는 물"에 대한 규례에 따라 전쟁에 참

12 Milgrom, *Numbers*, 259.

여한 자들과 포로들 중 시체에 어떤 형태로든 접촉한 자들이 셋째 날과 일곱째 날에 정결 의식을 치러야 한다는 것을 언급하고 있다(참고, 민 19:11-12). 또한 20절은 모든 전리품들 역시 정결 의식을 치러야 한다는 점을 언급하고 있다. 이런 의식에 대한 지시는 레위기 11:32;[13] 민수기 19:15-19 등에 기초하고 있는 것으로 보인다.

21-24절. 이 본문은 앞의 19-20절의 모세의 지시에 대해서 제사장 엘르아살이 부연 설명하는 것을 담고 있다.

21절에서 엘르아살은 자신의 지시가 "여호와께서 모세에게 명령하신 규례"이며, 자신의 단독적인 규례가 아님을 밝히고 있다.

22-23절은 전리품의 정결 의식을 두 가지 종류로 나누어서 언급하고 있다. 불을 견딜 수 있는 것들은 불을 지나게 한다. 불을 견디지 못할 것들은 물로 씻어서 정결하게 한다.

24절은 일곱째 날에 옷을 빨면 정결하게 된다고 말씀하고 있다. 이 구절은 민수기 19:19에 기초하고 있는 것으로 보인다. 그러나 또한 19-20절의 모세의 지시 및 거기에 연루된 민수기 19장의 연계 구절들을 통해서 보충되어야 한다.

25-30절은 다시 한번 하나님의 지시를 담고 있다. 하나님은 인간 포로, 가축, 기타 전리품들을 계수해서 이스라엘 백성들의 구성원별로 분배하는 것에 대해서 지시하시고 있다.

25절의 도입구에 이어 26-27절에서 하나님은 "노략물"을 전쟁에 참여한 군인들과 나머지 회중 사이에 각각 반반씩 나누어 가지라고 말씀하신다.

28-29절에서 하나님은 참전 군인들이 차지한 절반의 노략물들, 즉 살아 있는 생명체들인[14] 사람과 가축들 중에서 1/500을 갹출하여 제사장의 몫으로 엘르아살에게 갖다주라고 명령하신다.

---

13 Milgrom, *Numbers*, 260.

14 11절과 26절의 "사역 해설"을 보라.

30절에서 하나님은 이스라엘 백성들이 받은 나머지 절반의 노략물에서 1/50을 각출하여 레위인들의 몫으로 주라고 명령하신다. 출전 군인들과 이스라엘 회중이 각각 절반씩을 나눠 가졌기 때문에 결국 레위 지파의 몫은 제사장 집단 몫의 열 배가 된다. 두 집단 사이의 이런 열 배의 분량의 차이는 민수기 18:26에 언급된 것과 상응한다: "너는 레위인에게 말하며 그들에게 일러라. 내가 이스라엘 자손에게 받아 너희에게 기업으로 준 십일조를 너희가 그들에게서 받을 때에 너희는 그 십일조의 십일조를 들어올리기로 여호와께 들어올려 드려라".

31–47절. 31장 내에서 가장 큰 단락인 이 본문은 노략물 전체의 양, 참전자들과 회중들이 차지한 각기 반반 씩의 몫, 이 각 집단이 제사장과 레위인들을 위해 내어놓은 몫에 대한 상세한 정보를 제공하고 있다. 이것들을 정리하면 다음과 같다.[15]

노략물	총량	참전자/회중 몫	제사장 몫	레위 지파 몫
작은 네 발 가축	675,000마리	각 337,500마리	675마리	6,750마리
소	72,000마리	각 36,000마리	72마리	720마리
나귀	61,000마리	각 30,500마리	61마리	610마리
여자	32,000명	각 16,000명	32명	320명

48–54절. 이 본문은 31장의 마지막 단락이다. 참전한 자들이 자신들의 목숨에 대한 속전을 여호와 하나님께 바치는 것을 내용으로 하고 있다.

48-50절에서 이스라엘의 지휘관들, 곧 천부장과 백부장들이 모세에게 나아와서 말하기를 군인들을 계수했는데 단 한 명도 축나지 않아서 각 사람이 찾은 각종 금 패물들을 하나님께 드릴 예물로 가져왔다고 말한다.

15 이 도표는 R. Dennis Cole, *Numbers*, vol. 3B, The New American Commentary (Nashville: Broadman & Holman Publishers, 2000), 503의 자료를 빌려온 것이다.

50절과 52절의 표현, 즉 "각 사람이 찾은 것들"과 "각자 자기를 위해 탈취한 것들"이란 표현에서 보듯이 군인들은 자신들이 찾아낸 전부를 하나님께 드린 것으로 보인다.[16]

특히 50절에서 중요한 표현은 군인들이 이 패물을 가져온 이유가 "여호와 앞에서 우리의 목숨을 속죄하기 위한" 것이라고 말한 점이다. 거의 대부분의 학자들은 이 표현을 출애굽기 30:11-16 및 사무엘하 24장의 다윗의 인구 조사 본문과 연결시킨다. 그리고 이 본문들과 이 민수기 31장의 공통분모가 "인구조사" 혹은 "계수"라는 것에 기초하여 이 민수기 31:50에서 군인들이 속죄를 위한 금 패물을 가져온 이유를 설명하려고 한다.

이런 설명에 따르면 고대 이스라엘에서는 사람들의 숫자를 계수하는 것은 재앙을 가져온다고 생각되었다는 것이다. 일례로 출애굽기 30:12와 사무엘하 24:13은 인구조사와 이런 재앙들을 연결시키고 있다고 생각되었다.[17]

	민 31장	출 30:11-16	삼하 24장
계수	X	O	O
속전	O	O	X
재앙	X	O	O

따라서 이 세 본문, 즉 민수기 31장, 출애굽기 30:11-16; 사무엘하 24장은 세 가지 요소, 즉 "인구조사 혹은 계수", "재앙", "속전"이라는 요소를 중심으로 해서 서로 연결되어 있다고 해석자들은 많이 생각했다. 그러나 사

16 Ashley, *Numbers*, 599.

17 출애굽기 30:12은 "질병"(네게프, נֶגֶף)이란 용어를 사용하고 있고, 사무엘하 24:13은 "전염병"(데베르, דֶּבֶר)이란 용어를 사용하고 있기는 하지만 이 두 단어는 구약성경에 거의 동의어처럼 사용된다. 민수기 14:11-12의 "본문 해설"을 참고하라. 참고로 민수기 14:11-12에 나오는 막게파(מַגֵּפָה)란 출애굽기 30:12의 네게프와 마찬가지로 "치다, 때리다"(to strike)란 뜻을 가진 동사인 나가프(נָגַף)에서 파생된 동족어 명사들이다.

실 이 본문들을 면밀하게 검토해 볼 때 이 세 가지 요소들에 기초해서 이 본문들을 연관 짓는 것은 타당성이 없다. 결코 이 세 본문들은 이 세 가지 요소들을 다 공유하지는 않는다. 이것을 도표화하자면 다음과 같다.

이 도표에서 보듯이 각 본문은 이 세 요소와 관련하여 서로 완전히 상응하지 않는다. 이 점들을 하나씩 살펴보자. 첫째, "인구조사 혹은 계수"란 차원에서 보면 민수기 31장의 본문은 출애굽기 31장이나 사무엘하 24장과 달리 정식 인구조사가 아니라 전쟁 참전자들 중 사상자를 확인하기 위한 것뿐이다. 따라서 현재 본문에서는 인구조사와 관련된 핵심 단어인 파카드(פָּקַד)란 동사가 "인구조사 혹은 계수"란 의미로 등장하지 않는다.[18] 둘째, "속죄"(to atone) 혹은 "속전"(ransom 혹은 ransom money)이란 주제(카파르, כָּפַר를 어근으로 하는 어휘들)를 사무엘하 24장은 전혀 언급하고 있지 않다. 물론 이 장에 죄의 용서와 관련된 주제가 아주 없지는 않지만 이 장에는 구약의 제의법 상으로 "속죄"란 주제와 관련하여 가장 중요한 전문용어인 카파르 관련 어휘들이 결여되어 있다(참고, 삼하 24:10[19]). 셋째, 민수기 31장은 "재앙"이란 주제에 대해서 작은 암시조차 하지 않고 있다. 이런 면에서 이 본문은 나머지 두 본문과 성격을 달리 한다.

이런 점들에 더하여 인구조사 및 재앙의 관계에 있어서도 세 본문은 서로 상응하지 않는다. 우선 민수기 31장은 재앙이라는 주제와 관련해서 아무런 암시도 하고 있지 않다. 출애굽기 31장의 본문은 거룩하신 하나님이 성막의 형태로 광야의 진 안에 함께 거하시게 됨으로써 이스라엘이 혹시나 죄로 인해 이 거룩하신 하나님과 충돌하지 않기 위해서 일종의 안전 장치

18 엄밀히 말하면 이 동사가 칼 분사 수동형(14, 48절)과 니팔 완료형(49절)으로 사용되기는 했다. 그러나 이 두 동사 형태는 각각 개역개정판에서 "지휘관"(14, 48절)과 "축나다"(to be missing)라는 의미로 번역되었으며, "인구조사" 혹은 "계수"란 주제와는 아무 상관이 없는 뜻을 갖고 있다.

19 이 구절에서 개역개정이 "사하여 주옵소서"라고 번역하고 있는 동사는 "지나가다"(to pass by)란 뜻을 가진 아바르(עָבַר)이다. 제의법에서 "속죄하다"란 뜻의 전문용어로 사용되는 카파르와 관련된 관련된 단어가 아니다.

로 속전을 미리 낸 것이다. 사무엘하 24장은 인구조사 자체가 문제가 아니라 다윗이 하나님의 능력을 신뢰하지 않은 것이 재앙의 원인이다.

이런 면에서 볼 때 구약에서 인구조사와 재앙의 관계는 결코 자동적이지 않다. 예를 들어 민수기 1장과 26장의 인구조사는 전혀 하나님의 재앙을 촉발하지 않았다. 따라서 인구조사와 재앙을 자동 매커니즘인 것처럼 연결시키는 것은 적절하지 않다.[20] 그리고 인구조사와 재앙에 대한 언급을 공유하고 있는 것처럼 보인다고 해서 이 본문들을 무조건 연결 짓는 것도 잘못이다.

이런 여러 가지 사항들을 고려할 때 우리 민수기 31:48-54의 본문에서 이스라엘 백성들이 금 패물들을 하나님께 바친 것은 인구조사로 인한 재앙이나 이 재앙을 안 당하기 위한 속죄의 수단과는 전혀 상관이 없고 그냥 본문에서 이스라엘 지휘관 자신들이 분명하기 밝히고 있듯이 이 큰 전쟁을 치르면서 자신들 중 아무도 "축나지 않은" 것이 대한 감사의 표시로 이해하는 것이 좋다(49-50절).[21]

이처럼 지휘관들이 금 패물을 봉헌하고 있다는 점은 다음의 몇 가지 추가적인 고려점들을 생각하면 더욱 분명해진다. 첫째, 앞의 50절과 52절에 대한 해석에서 언급한 바와 같이 출전병들은 자신들이 확보한 금 패물 전부를 다 갖다 바친 것으로 보인다. 만약 이들이 출애굽기 30:11-16과 같은 의미에서 속전을 드렸다면 이들은 "반 세겔" 등과 같이 정해진 액수만 드렸을 것이다(참고, 출 30:13-15). 이 경우 출전병 수가 12,000명이었기 때문에 6천 세겔만 드리면 되었을 것이다. 그러나 이들이 가져온 금 패물의 총량은

---

20 대부분의 학자들은 우리 민수기 본문을 위에서 다룬 출애굽기 30:11-16 및 사무엘하 24장과 연결하여 인구조사 및 재앙의 문제로 풀려고 한다. Ashley, *Numbers*, 600, n. 57은 이 견해를 따르는 학자들의 상세한 목록을 제시하고 있으며, 이 목록은 현존하는 거의 모든 민수기, 출애굽기, 사무엘하 주석으로 확장될 수 있는 듯 하다. 일례로 대표적 민수기 주석들 중의 하나인 Milgrom, *Numbers*, 264-265도 이런 견해를 따르고 있다. 하지만 이런 해석은 위에서 다룬 것처럼 본문의 엄밀한 해석 및 비교에 기초하고 있지 못하며, 반드시 수정되어야 한다고 생각된다.

21 Milgrom, *Numbers*, 264는 현재 본문의 금 패물 봉헌을 감사의 의미로 이해한 해석자로 필로 단 한 명만 언급하고 있다(Philo, 1 Mos. 317).

이것보다 2.8배나 많은 16,750세겔이었다(52절). 둘째, 위에서 본 바와 같이 이들이 바친 금 패물의 양은 이들의 목숨의 숫자와 상응하지 않는다. 이들은 하나님 앞에서 목숨 값 계산을 하고 있는 것이 아니라 그냥 감사의 의미로 자신들이 갖다바칠 수 있는 것을 다 바친 것 같다. 셋째, 이들이 바친 것은 출애굽기 30장과 달리 어떤 정형화된 된 돈 같은 것이 아니라 각종 금 패물이다. 50절이 언급하고 있는 바에 따르면 "각 사람이 찾은 것들, 즉 금 패물들, 곧 발목 고리, 손목 고리, 인장 반지, 귀 고리, 목걸이"이다. 이처럼 자신들이 갖다 바칠 수 있는 것을 다 갖다 바치는 모습 역시 이들이 감사의 표시로 이렇게 하고 있다는 증거로 생각된다.

51-54절은 모세와 제사장 엘르아살 이것들을 취하여 회막에 드린 것을 언급하고 있다. 금의 양은 총 16,765세겔이었다. 모세가 이것들을 "여호와 앞에 이스라엘 자손의 기념물(직카론, זִכָּרוֹן)"로 바쳤다. 여기에서 이 금 패물의 "기념물"은 두 가지 방향으로 작동하는 것 같다.[22] 첫째, 이것은 이스라엘이 이 미디안 전쟁에서 나타난 하나님의 놀라우신 구원의 능력을 기억하게 한다. 둘째, 이것은 이스라엘이 하나님의 구원에 대해서 신실하게 반응한 것을 보여준다.

5단계: 적용

2-3절. "이스라엘 자손의 원한을 미디안에게 갚아라…모세가 백성에게 말하였다. 너희와 함께 있는 사람들 중에서 전쟁에 나갈 사람들이 준비되게 하여라. 그들이 미디안을 쳐서 여호와의 원한을 갚기 위해 미디안을 대적할 것이다": 하나님과 이스라엘이 언약 관계에 있을 때 하나님의 원수는 곧 이스라엘의 원수였다. 그래서 모세는 "이스라엘 자손의 원한"이라는 하나님

22 Ashley, *Numbers*, 601.

의 말씀을 "여호와의 원한"이라고 바꿔 말할 수 있었다. 이스라엘이 하나님의 언약의 그늘 아래 있을 때 하나님은 아브라함을 처음 부르시면서 하신 말씀을 지키신다: "너를 축복하는 자에게는 내가 복을 내리고 너를 저주하는 자에게는 내가 저주하리니"(창 12:2).

미디안은 이스라엘을 저주하고 해하려고 하였다(참고, 민 22:1-7). 또한 발람의 모략(참고, 민 31:16)을 따라 바알 브올의 사건을 통해 이스라엘을 멸절시킬 뻔하기까지 했고, 실제로 이스라엘 백성들 가운데에서 이만사천 명이 죽기도 했다(민 25:8-9). 그러나 비록 이스라엘이 발람의 꾀에 넘어가 음행을 저지른 것은 잘못이기는 하지만 음모를 통하여 그들을 그렇게 만든 원인이 되는 미디안은 자신들의 죄에 대해서 책임져야 했다. 하나님은 언약 백성이 악인의 음모로 고통 당하는 것을 참지 않으신다. 아브라함에게 약속하신 바, "너를 저주하는 자에게는 내가 저주하리라"는 말씀을 하나님은 지키신다.

비록 모세는 "그들이…미디안을 쳐서…미디안을 대적할 것이다"라고 말했지만 31:48-56이 보여주듯이 이 전쟁은 실제로 하나님이 싸우신 전쟁이었다. 그렇기 때문에 이스라엘은 만이천 명이 출전하고, 엄청난 수의 상대를 맞서 싸운 전투에서 한 명도 축나지 않을 수가 있었다(49절). 이런 면에서 하나님은 진실로 아브라함을 통해 모든 언약 백성에게 주신 약속을 지키셨다.

현실에서 우리는 때로는 원수의 궤계로 인하여 큰 고통을 겪을 수가 있다. 그러나 우리가 하나님과의 언약 속에 있을 때 우리는 하나님의 보호와 궁극적 승리를 확신할 수 있다. 따라서 우리는 찬송가 300편 3절의 가사와 같은 일이 우리의 삶 속에서도 여전히 실현될 수 있음을 믿을 수 있고, 또 믿어야 한다: "환난이 닥쳐와서 어려움 당할 때 주님의 능력 입어 원수를 이기네".

8, 16절. "브올의 아들 발람도 칼로 죽였다…발람의 말을 통하여 브올의 사건에서 이스라엘 자손들로 하여금 여호와께 신실치 못하게 하였다": 발람은 민수기 22-24장에서는 하나님의 엄중한 경고에 따라 오직 하나님께

서 그에게 허락하신 말씀, 즉 이스라엘에 대한 축복의 말씀만을 전하였다. 그러나 그는 여전히 발락이 약속했던 재물들이 탐이 났던 것으로 보인다(참고, 유 11; 계 2:14). 그래서 그는 바알 브올 사건의 배후에 깔린 모략을 냈다. 하지만 하나님은 악인들의 숨은 악도 다 살펴 보시는 분이다(시 10:11-13; 시 59:7-8; 또한 욥 22:13-14; 사 29:15). 하나님은 악에 대해서 반드시 보응하시고(시 59:9-10, 12-13), 악을 행하는 자들을 낱낱이 찾아내어 벌하신다(습 1:12-13).

이로부터 얻을 수 있는 교훈은 두 가지이다. 첫째, 우리는 숨은 죄까지도 살펴 보시는 하나님을 믿는 마음으로 절대 악에게 굴복하지도 말고, 악인의 흥왕함을 부러워하지도 말아야 한다. 둘째, 우리 자신이 하나님의 이런 능력을 무시하고, 감히 숨은 죄를 지으려고 시도해서는 안 된다.

49–50절. "당신의 종들이 그 손에 든 군인들을 계수했는데 한 사람도 축나지 않았습니다. 그래서…여호와께 드릴 예물로 가져왔습니다": 민수기 31장의 미디안과의 전쟁은 하나님의 놀라운 권능과 은총을 보여준다. 하나님은 이스라엘의 원수를 벌하시는 이 전쟁에서 이스라엘 군대가 단 한 명도 죽지 않게 돌보셨다. 이 일을 보고 이스라엘 백성들은 하나님께 감사의 표시로 자신들이 찾은 모든 금 패물들을 하나님께 드렸다.

이 일로 배울 수 있는 교훈은 두 가지이다. 첫째, 우리가 믿는 하나님은 자기 백성을 하나도 잃어버리지 않을 권능을 가지신 분이다. 예수께서도 "나를 보내신 이의 뜻은 내게 주신 자 중에 내가 하나도 잃어버리지 아니하고 마지막 날에 다시 살리는 이것이니라"고 하셨다(요 6:39). 우리 성도는 모든 악과 싸울 때 하나님의 이러한 권능이 우리의 삶 속에서도 베풀어지기를 기대하고, 기도할 수 있다.

둘째, 하나님의 놀라우신 권능과 은혜에 감사를 표시하는 것은 중요한 일이다. 골로새서 3:15는 "너희는 또한 감사하는 자가 되라"고 명령하신다. 누가복음 17:11-19의 열 명의 나병환자의 이야기에서 오직 한 명만 하나님께 영광을 돌리고 예수 그리스도께 감사를 표현하였다(15-16절). 그러자 예수께서는 나머지 아홉 명의 감사 없음에 대해서 안타까워하시면서 이 한

명에게만 "네 믿음이 너를 구원하였느니라"고 말씀하셨다(19절). 열 명의 나병환자들이 다 병에서 고침을 받았는지는 몰라도 감사한 사람 한 명만 구원의 선언을 받았다. 이처럼 감사하는 태도는 중요하다. 하나님의 은혜에 대한 감사는 무엇보다 하나님을 기쁘시게 한다.

6단계: 설교 "하나님의 기억, 우리의 기억"(민 31:48-56)

민수기 31:48-56은 미디안에 대한 이스라엘의 원한을 갚는 전쟁의 결과를 담고 있습니다. 이 전쟁은 하나님께서 명령하신 전쟁이었습니다(민 31:2). 이 전쟁에서 하나님은 단순히 명령만 하신 것이 아니라 놀라운 권능으로 당신의 백성을 지키셨습니다. 그 결과 오늘 본문이 말씀하고 있듯이 이스라엘은 출전한 병사들 중 단 한 명도 목숨을 잃지 않고 대승을 거둘 수 있었습니다(49절). 이런 하나님의 은혜를 그냥 흘려 보내지 않고, 전쟁 출전자들은 자신들이 얻은 전리품들 중에서 가장 귀한 금 패물들을 전부 다 거두어서 하나님께 드립니다(50절). 모세가 그것을 "여호와 앞에서 이스라엘 자손의 기념물"로 회막으로 가져갑니다. 하나님은 은혜를 베푸셨고, 이스라엘은 감사의 표시를 했고, 그 감사의 표시가 "여호와 앞에서 이스라엘 자손의 기념물"이 된 것입니다(54절).

이 때 "여호와 앞에서 이스라엘 자손의 기념물"이란 표현은 쌍방향으로 작용합니다. 첫째, 이것은 이스라엘이 하나님의 보호와 구원을 기억하게 하는 물건이 됩니다. 둘째, 이것은 하나님이 이스라엘을 기억하시게 만드는 물건이 됩니다.

위의 사항들을 기초로 하여 하나님과 우리의 기억이라는 주제로 영적 교훈을 얻고자 합니다.

첫째, "여호와 앞에…기념물"이란 표현이 가진 중요성을 이해하기 위해서는 구약에서 "여호와께서 기억하신다"는 것이 무슨 뜻인지를 알아야 합니다. 한 마디로 정리해서 "여호와의 기억은 곧 구원의 스위치"라고 할 수 있습니다.

이 점을 위해서 우리는 몇몇 중요한 성경 구절들을 찾아보면 됩니다(창 8:1; 19:29; 30:22; 출 2:24; 삼상 1:11, 19 등). 우선 창세기 8:1은 "하나님이 노아와 그와 함께 방주에 있는 모든 들짐승과 가축을 기억하사 하나님이 바람을 땅 위에 불게 하시매 물이 줄어들었고"라고 말씀하고 있습니다. 이 구절의 중요성을 이해하기 위해서는 이 구절이 창세기의 홍수 이야기(6-9장)의 교차대조법적 구조의 정중앙을 차지하고 있다는 점을 알 필요가 있습니다. 이 구절 전에서 홍수는 점점 더 심해집니다. 그러나 하나님이 "노아와…들짐승과 가축을 기억하사"라고 언급되는 그 시점부터 홍수는 점점 줄어들기 시작합니다. 바로 "하나님이 기억했다"라는 문구가 노아 홍수 이야기의 전환점 역할을 하는 것입니다.[23] 이런 면에서 "하나님의 기억은 곧 구원의 스위치"라고 할 수 있을 것입니다.

이런 일은 창세기 19:29에서도 볼 수 있습니다. 롯이 소돔에 대한 하나님의 심판에서 살아나게 된 것은 그가 가진 어떤 선(善) 때문이 아니었습니다. 이 본문에 내레이터는 "하나님이 그 지역의 성을 멸하실 때 곧 롯이 거주하는 성을 엎으실 때에 하나님이 아브라함을 생각하사 롯을 그 엎으시는 중에서 내보내셨더라"고 말하고 있습니다. 이 때 "생각하사"란 표현은 사실은 히브리어로 "기억하다"(자카르, זָכַר)로 번역하는 것이 더 낫습니다. 즉 이 본문은 "하나님이 아브라함을 기억하사 롯을…내보내셨더라"로 이해하는 것이 더 낫습니다. 롯에게 있어서도 역시 하나님의 기억, 특히 아브라함에 대한 기억이 구원의 스위치가 된 것입니다.[24]

---

23 Gordon J. Wenham, *Genesis 1-15*, vol. 1, Word Biblical Commentary (Dallas: Word, Incorporated, 1998), 156.

24 위에서 언급된 다른 성경구절들을 포함하여 미처 여기에서 나열하지 못한 많은 구절들에서 "하나님께서…생각하였다"라는 개역개정의 번역은 "하나님께서…기억하셨다"라고 번역하는 것이 더 낫다(창 30:22; 삼상 1:11). 나의 판단으로는 이 중요한 신학적 주제를 담은 표현을 개역개정 번역팀이 좀 제대로 살려서 개정해 주었으면 한다.

그러므로 성도 여러분, 하나님의 기억은 중요합니다. 하나님이 여러분을 기억하시는 것은 중요합니다. 하나님의 기억은 성경의 인물들의 경우와 마찬가지로 여러분에게 있어서도 구원의 스위치가 됩니다. 여러분이 하나님이 기억하시는 분들이 되시기를 축원합니다.

둘째, 우리가 하나님과 그 하신 일들을 기억하는 것도 중요합니다. 모세가 죽기 전 이스라엘 백성들 앞에서 행한 고별 설교들을 담고 있는 신명기는 총 15회에 걸쳐서 "기억하라"고 권면하고 있습니다(신 5:15; 7:18[x2]; 8:2, 18; 9:7, 27; 15:15; 16:3, 12; 24:9, 18, 22; 25:17; 32:7).

대표적으로 우선 신명기 7:18-19는 이스라엘이 하나님과 그 하신 일을 잘 기억하면 하나님이 가나안의 모든 거민들에게도 출애굽 당시에 바로와 그 백성들에게 한 것처럼 행하실 것이라고 말씀하십니다. 반면에 신명기 8:18-19는 이스라엘이 기억하지 않으면 멸망을 당할 것이라고 하십니다. 이처럼 기억은 중요합니다.

이런 면에서 오늘 본문인 민수기 31장의 이스라엘 출전자들은 잘 하였습니다. 그들은 큰 전쟁에서 단 한 명도 죽지 않게 역사하신 하나님의 손길을 깨달은 즉시 자신들이 얻는 전리품 중 가장 귀한 전리품인 금 패물 전부를 "여호와 앞에서…기념물"로 내어놓음으로써 자신들의 기억 속에 이 일을 남겼던 것입니다.

성도 여러분, 기억하는 백성이 삽니다. 하나님이 기억하는 백성이 삽니다. 하나님을 기억하는 백성이 삽니다.

그러므로 성도 여러분, 하나님이 여러분의 인생에 베푸신 일들을 잘 살피고 기억하십시오. 그러면 하나님도 여러분을 기억하시고, 성경에서 하나님이 기억하셨던 모든 신앙의 선조들이 받았던 구원과 은혜의 역사를 여러분이 경험하게 하실 것입니다.

요단 건너편 지역의 정복

민수기 32장의 신학 개관

이 장은 르우벤 지파, 갓 지파, 므낫세 반 지파의 요단 강 동쪽 지역 정착에 대한 내용을 담고 있다. 본문 중 거의 대부분(1-38절)은 르우벤 지파와 갓 지파가 모세에게 이 지역에 정착할 것을 요청한 후 벌어진 일들을 다루고 있으며, 므낫세 반 지파의 이야기는 끝에 가서야 갑작스럽게 언급된다(33, 39-42절).

이 때문에 대부분의 역사비평학자들은 이 후자의 지파에 내용이 후대에 가서야 다른 자료에서 추가된 것이라고 주장한다.[1] 그러나 이 지파에 대한 본문이 정확히 어떤 경로를 통해서 현재 자리에 위치하게 됐는지에 대해서는 설득력 있는 이론을 제시하지 못하고 있다.

반면에 이 본문이 비록 갑작스럽기는 하지만 여전히 현재의 위치가 원래의 본문상의 자리라고 고려할 만한 요소들도 많이 있다. 우선 이 므낫세 반 지파의 요단 강 동쪽 지역의 기업 확보에 대한 내용은 구약의 여러 책들에서 찾아볼 수 있는 확고한 전승이었다(신 3:14-15; 4:43; 29:8; 수 12:6; 13:29; 14:3; 18:7).[2] 또한 40절에서 저자는 "모세가 길르앗을 므낫세의 아들 마길

---

1 물론 항상 그렇듯이 역사비평학자들은 므낫세 반 지파에 대한 내용이 원래의 본문에 추가되었다는 것에는 동의하나 정확히 어떤 과정을 통해서 그렇게 되었는가 하는 것에 대해서는 상당히 다른 입장들을 취하고 있다. 이 문제에 대한 학자들의 다양한 견해들은 Phillip J. Budd, *Numbers*, Word Biblical Commentary (Dallas: Word, 1998), 337-342에 상세하게 정리되어 있다.

2 Timothy R. Ashley, *The Book of Numbers*, The New International Commentary on the Old Testament (Grand Rapids: Eerdmans, 1993), 606.

에게 주니"라고 표현하고 있는데, 이 표현은 33절에서 그가 갓 지파와 르우벤 지파에게 요단강 건너편 땅을 준 것에 대한 언급과 평행을 이루고 있다. 혹시 이 장의 다른 부분이 묘사하고 있는 것보다 더 복잡한 상황 전개가 본문의 배후에 깔려 있다 할지라도 민수기 26장 이후로부터 신명기 마지막의 모세의 죽음까지에 대한 내용의 흐름을 고려할 때 어차피 므낫세 반 지파가 요단 강 동쪽 지역의 땅에 대한 권한을 얻게 된 시기는 결국 이 때 어간일 수밖에 없다. 바로 이 점 때문에 민수기 저자는 이 대목에서 이 지파의 기업 확보에 대한 내용을 언급한 것으로 생각해 볼 수 있다. 어찌 됐든 므낫세 반 지파에 대한 언급이 32장의 거의 대부분의 본문 속에서 언급되어 있지 않은 것을 볼 때 요단 강 동쪽 지역에 대한 지분의 요구는 처음에는 갓 지파와 르우벤 지파에 의해 이루어졌으며, 므낫세 반 지파는 오직 이 협상이 거의 마무리 되고 난 다음에야 끼어든 것으로 보인다.

이제 이 장의 내용 개관을 위해 먼저 이 장의 본문을 간략히 약술하면 다음과 같다. 이 장의 서론격인 1절에서 많은 가축을 소유한 르우벤 자손과 갓 자손은 야셀 땅(참고, 21:32)과 길르앗[3] 땅을 보고 매력을 느꼈다. 이 땅들은 이스라엘이 21:21-35와 바로 현 본문의 바로 앞 장인 민수기 31장의 미디안과의 전쟁을 통해서 확보한 장소였다. 그래서 그들은 "모세와 제사장 엘르아살과 회중의 지파장들"(2절)에게 와서 이 땅을 차지하게 해달라고 공손하게 요청한다(2-5절).

모세는 이들의 요구에 대해서 강력하게 책망한다(6-15절). 그에 따르면 이들의 요청은 다음과 같은 성격들을 갖고 있다. 첫째, 이것은 "이스라엘 자손을 낙심하게 해서" 약속의 땅으로 건너가지 못하게 하는 행위이다(7절).

---

3 길르앗이란 지명은 다양한 의미로 사용된다. 가장 넓게는 요단 강 건너편에서 이스라엘이 차지했던 모든 영역을 다 가리키는 표현일 수가 있으며, 좁게는 긴네렛 호수(즉 갈릴리 호수)에서 사해 사이의 요단강 지류인 얍복 강으로부터 사해 측면의 아르논 강까지의 지역이나 얍복 강으로부터 긴네렛 호수 남단의 야르묵 강까지의 지역을 가리키는 표현일 수 있었다. 현재 문맥에서는 두 번째 의미로 쓰이는 것으로 보인다. Allen C. Myers (ed.), *The Eerdmans Bible Dictionary* (Grand Rapids, MI: Eerdmans, 1987), 417; K. A. Kitchen, "Gilead," in D. R. W. Wood (ed), *New Bible Dictionary* (Downers Grove: InterVarsity Press, 1996), 412.

이 때 "낙심하게 하다"란 동사는 누(נוא)인데, 이 동사는 30장에서 여자의 서원을 아버지나 남편이 취소시킬 때 사용하는 표현(30:5[6], 8[9], 11[12])이다. 이 표현은 양 본문을 문맥적으로 연결시켜 줄 뿐만 아니라 갓 지파와 르우벤 지파가 하는 일의 성격을 잘 드러내준다.[4] 둘째, 그들의 요청은 민수기 13-14장의 열 정탐꾼의 부정적인 보도를 따라 이스라엘이 약속의 땅에 들어가기를 거부함으로써 그 세대가 다 죽기까지 40년 동안 광야를 방랑하게 만든 일과 같다(8-14절).[5] 만약 광야 첫 세대처럼 이들 지파가 이 요단강 건너편 지역에 머무르고자 하면 하나님이 "다시 이 백성을 광야에 버리실 것이며", 이 지파들이 "이 모든 백성을 멸망시키는 것"이 될 것이다(15절).

모세가 이처럼 이들의 요청에 강력하게 대응하는 이유는 크게 두 가지이다. 첫째, 이스라엘의 다른 지파들이 요단 강 건너편으로 정복 전쟁을 하러 가는데 이 두 지파만 여기에 머무르는 것은 "너희 형제들"을 배반하는 일이다. 둘째, 민수기 34:1-12에서 여호와께서 밝히시는 약속의 땅의 경계선에 따르면 요단 강 동쪽의 땅들 중 이스라엘의 영토로 허락된 것은 긴네렛 호수(갈릴리 호수) 윗쪽의 땅들이었다. 따라서 이 긴네렛 호수 남쪽으로부터 사해 어간에 이르는 땅을 달라는 요구는 하나님께서 정하신 약속의 땅의 영역을 벗어나는 것이었으며, 현재 단계까지 밝혀진 하나님의 계획에 어긋나는 것이었다.[6] 따라서 이것은 하나님의 명령을 거역하는 것으로 이해될 소지가 있었다.

이런 모세의 반응에 대한 대답으로 두 지파는 자신들이 가축을 위한 우리와 아이들을 위한 요새화된 성읍을 만들고 나서는 요단 강 너머로 다른 지파들과 함께 가서 싸울 것이며, 정복 활동이 끝나기 전에는 현재의 장소

---

4 괄호 안의 숫자들은 히브리어 원문상의 절 번호이다. 동사 누에 대한 설명은 민수기 30:5의 사역 해설을 보라.

5 Gordon J. Wenham, *Numbers: An Introduction and Commentary*. Vol. 4. Tyndale Old Testament Commentaries (Downers Grove: InterVarsity Press, 1981), 238, n. 59; 289, n. 61은 민수기 32장과 13-14장 사이의 어휘 및 표현의 연결점들에 대한 많은 정보를 제공하고 있다.

6 Wenham, *Numbers*, 237.

로 돌아오지 않겠다고 제안한다(16-19절). 이에 대해 모세는 이 약속대로 한다면 그들이 이 땅을 차지하도록 허락하겠다고 말한다(20-24절). 그러나 그는 만약 이 약속대로 하지 않으면 "너희가 여호와께 죄를 짓는 것이며, 너희의 죄가 너희를 찾으리라는 것을 알라"고 경고한다(23절). 두 지파는 이에 대해 다시 한번 자신들의 약속과 결심을 언급한다(25-27절).

아마 죽음을 얼마 앞두고 있기 때문에 자신이 이 문제의 결과를 볼 수 없을 것이 확실하기 때문에 모세는 이 문제를 관리할 제사장 엘르아살과 눈의 아들 여호수아와 지파의 우두머리들에게 이 문제에 대한 관리를 맡긴다(28-30절). 두 지파는 다시 한번 약속을 확인한다(31-32절).

이 대화의 결과로 모세는 갓 지파, 르우벤 지파, 므낫세 반 지파에게 그들이 말한 영토를 그들의 약속에 기초하여 허락한다(33절). 아마 므낫세 반 지파가 갑자기 언급된 이유는 앞에서 간단하게 다룬 대로 이들이 이런 논의의 마지막에 끼어들었기 때문일 수 있다. 마지막으로 34-42절은 이런 내용의 결과로 두 지파 반이 요단강 건너편 지역을 차지한 것을 간략하게 전하고 있다.

비록 두 지파 반의 요구는 하나님께서 원래 계획하신 약속의 땅의 영역과 다르지만 이것을 많은 주석가들의 생각과는 달리 너무 부정적으로 볼 필요는 없어 보인다. 이것은 아마 슬로브핫의 딸의 이야기들(민 27:1-11; 36장)처럼 하나님의 약속과 그것의 상황에 따른 변화의 수용의 문제일 것이다. 그리고 이 변화의 수용의 결과가 좋은 것인지 나쁜 것인지는 하나님의 약속에 변화를 요청한 사람들의 하나님과의 관계 및 신실성에 달린 것으로 봐야 할 것이다. 결과적으로 말한다면 이들은 충분한 신실성을 보이지 못했으며(수 17:14-18), 결국은 이스라엘 나라 중에서 가장 일찍 멸망한 세력이 되었던 것으로 보인다(대상 5:6, 22, 25-26).

1단계: 사역

1. 르우벤 자손과 갓 자손은 많고 강대한 가축 떼를 가졌다. 그래서 그들이 야셀 땅과 길르앗 땅을 바라보았는데, 그 곳은 목축할 만한 장소였다.
2. 그래서 갓 자손과 르우벤 자손이 와서 모세와 제사장 엘르아살과 회중의 지파장들에게 말하였다.
3. "아다롯, 디본, 야셀, 니므라, 헤스본, 엘르알레, 스밤, 느보, 브온,
4. 즉 여호와께서 이스라엘 회중 앞에서 치신 땅은 목축할 만한 장소입니다. 그리고 당신의 종들에게는 가축이 있습니다".
5. 그리고 그들이 말하였다. "만약 우리가 당신의 눈에 은혜를 입었다면 이 땅을 당신의 종들에게 소유로 주시고 우리로 하여금 요단 강을 건너지 않게 하여 주십시오.
6. 모세가 갓 자손과 르우벤 자손에게 말하였다. "너희 형제들은 싸우러 가는데 너희는 여기에 머무르고자 하느냐?
7. 너희가 어찌하여 이스라엘 자손을 낙심하게 하여 여호와께서 그들에게 주신 땅으로 건너가지 못하게 하느냐?
8. 너희 조상들도 내가 가데스바네아에서 그 땅을 보라고 보냈을 때 그렇게 하였었다.
9. 그들이 에스골 골짜기에 올라가서 그 땅을 보고 이스라엘 자손을 낙심하게 하여 여호와께서 그들에게 주신 땅으로 들어가지 못하게 하였다.
10. 그 때에 여호와께서 진노하여 맹세하시기를
11. '애굽에서 나온 자들 중에서 이십 세 이상 된 사람이 단 한 사람도 내가 아브라함과 이삭과 야곱에게 [주기로] 맹세한 땅으로 들어가지 못할 것이다. 이는 그들이 나를 온전히 따르지 않았기 때문이다.
12. 그러나 그나스 사람 여분네의 아들 갈렙과 눈의 아들 여호수아만은 [예외이다]. 이는 그들이 여호와를 온전히 따랐기 때문이다'라고 하셨다.
13. 여호와께서 이스라엘에게 진노하사 여호와의 목전에 악을 행한 그 세대가 다 끊어질 때까지 그들이 사십 년 동안 광야에서 방황하게 하셨다.
14. 보라! 너희는 너희 조상을 대신하여 일어난 죄인의 무리로서 이스라엘을 향하신 여호와의 진노를 더욱 심하게 만들고 있다.
15. 만약 너희가 그를 따르는 것에서 돌이키면 그가 다시 [이 백성]을 광야에 버리실 것이며, 너희가 이 모든 백성을 멸망시키는 것이 될 것이다".
16. 그들이 모세에게 나아와 일렀다. "우리가 여기에 우리 가축을 위한 우리와 우리 아이들을 위한 성읍을 건축할 것입니다.

17. 그리고 우리가 이스라엘이 자기네 곳으로 들어갈 때까지 그들 앞에서 진영을 갖추어 무장을 할 것이며, 우리의 아이들은 이 땅의 원주민으로 인해 요새화된 성읍 속에 머무를 것입니다.
18. 이스라엘 자손이 각자 자기 기업을 얻기까지 우리가 집으로 돌아오지 않겠습니다.
19. 우리는 요단강 너머에서 그들과 더불어 기업을 받지 않겠습니다. 우리에게 요단강 동편에서 기업이 주어졌기 때문입니다".
20. 모세가 그들에게 일렀다. "만약 너희가 이 일을 행한다면, 만약 너희가 여호와 앞에서 무장을 하고
21. 여호와 앞에서 다 무장하여 너희를 위해 건너가서 [여호와께서] 자기 원수를 자기 앞에서 쫓아내어
22. 그 땅이 여호와 앞에서 복속될 때까지 하고 그 후에 돌아오면 여호와 앞에서나 이스라엘 앞에서 죄가 없을 것이며, 이 땅은 여호와 앞에서 너희의 소유가 될 것이다.
23. 그러나 만약 너희가 그같이 아니하면, 보라, 너희가 여호와께 죄를 짓는 것이며, 너희의 죄가 너희를 찾으리라는 것을 알아라.
24. 너희 아이들을 성읍들을 짓고, 너희 가축 떼를 위한 우리를 지어라. 그리고 너희 입에서 나온 대로 행하여라".
25. 갓 자손과 르우벤 자손이 모세에게 말했다. "당신의 종들이 내 주께서 명령하고 있는 대로 할 것입니다.
26. 우리의 아이들과 여인들과 가축들과 짐승들은 이곳 길르앗 성읍들에 있게 할 것이며,
27. 당신의 종들이 내 주께서 말씀하신 대로 모두 무장을 하고 여호와 앞에서 전쟁을 위해서 건너갈 것입니다".
28. 그래서 모세가 그들에 대하여 제사장 엘르아살과 눈의 아들 여호수아와 이스라엘 자손들의 지파의 우두머리들에게 명령하여
29. 모세가 그들에게 일렀다. "만약 갓 자손과 르우벤 자손이 모두 무장을 하고 너희와 함께 여호와 앞에서 전쟁을 위해 요단 강을 건너서 그 땅이 너희 앞에서 복속되게 하면 너희는 길르앗 땅을 그들의 소유로 주어라.
30. 그러나 만약 그들이 너희와 함께 무장하고 건너지 아니하면 그들이 가나안 땅, 너희 가운데에서 땅을 갖게 해라".
31. 갓 자손과 르우벤 자손이 대답했다. "여호와께서 당신의 종들에게 명령하신 대로 우리가 행할 것입니다.
32. 우리가 무장하고 여호와 앞에서 가나안 땅으로 건너갈 것이니 요단강 이편에우리의

기업의 소유물이 있게 해 주십시오".
33. 모세가 갓 자손, 르우벤 자손, 요셉의 아들 므낫세 반 지파에게 아모리인의 왕 시혼의 왕국과 바산 왕 옥의 왕국, 곧 그 땅과 그 영토의 성읍들, 그 땅 둘레의 성읍들을 주었다.
34. 갓 자손이 디본, 아다롯, 아로엘,
35. 아다롯소반, 야셀, 욕브하,
36. 벧니므라, 벧하란의 요새화된 성읍들과 가축들을 위한 우리들을 지었다.
37. 르우벤 자손은 헤스본, 엘르알레, 기랴다임,
38. 느보, 바알므온을 건축하고 그 이름을 바꾸었다. 또 십마를 [건축하였다]. 그리고 자신들이 건축한 성읍들을 [바뀐] 이름들로 불렀다.
39. 므낫세의 아들 마길의 자손이 길르앗으로 가서 그것을 차지하였다. 그리고 그안에 있는 아모리인을 쫓아냈다.
40. 모세가 길르앗을 므낫세의 아들 마길에게 주니, 그가 거기에 거주하였다.
41. 또한 므낫세의 아들 야일이 가서 그것들의 촌락들을 차지하였고, 그것들을 하봇야일이라고 불렀다.
42. 그리고 노바가 가서 그낫과 그 마을들을 빼앗고 자기 이름을 따라서 노바라고 불렀다.

2단계: 사역 해설

1절. "심히": 아쭘 므오드(עָצוּם מְאֹד). 직역하자면 "매우 강한"(very strong) 정도의 의미를 갖고 있다. 비록 사본학적 증거는 없지만 아쭘 앞에 "그리고"란 접속사가 있었다고 보면 문제는 잘 해결되는 듯하다.[7] 이 경우 이 구절의 번역은 사역과 같이 "르우벤 자손과 갓 자손에게는 크고 강대한 가축 떼가 있었다" 정도가 될 것이다.

문제는 현재 구절에서의 이 어구에 대한 충분히 설득력 있는 번역은 고

---

7 참고로 Jacob Milgrom, *Numbers*, The JPS Torah Commentary (Philadelphia: Jewish Publication Society, 1990), 266이 제시한 평행 구절들(출 1:9; 신 9:14)은 전부 접속사 "그리고"를 갖고 있다.

금의 성경 번역본들과 주석들 속에 존재하지 않다는 점이다. 거의 전부라 할 수 있을 만큼 절대 다수의 이런 자료들은 그냥 이것을 이 문장 앞에 나오는 "많은"(라브, רַב)이란 단어의 동의어 내지 수식 부사 정도로 치부해버리고 만다.[8] 그러나 이런 견해들을 모두 현재 본문이 가진 구문론적, 의미론적 난점들을 무시하고 적당히 얼버무린 것에 불과하다. 앞에서 제시한 대로 비록 사본학적인 한계에도 불구하고 다른 평행 구절들을 고려하여 접속사 "그리고"만 집어 넣으면 문제는 해결된다.

3절. "브온": 브온(בְּעֹן). 이 지명은 아마 38절의 바알므온에 대한 사본상의 표기 실수일 수 있다. 브온(בְּעֹן)이 바알 므온(בַּעַל מְעוֹן)에서 중간의 글자들을 누락하고, 첫 자음과 끝의 두 자음만 적은 것일 수가 있는 것이다.[9] 그러나 이 지명은 어쩌면 르우벤 지파가 바알므온을 정복한 후에 '바알'이란 이방 신의 이름을 배제하기 위해 위와 같이 중간의 글자들을 누락하고 만든 새 이름일 수도 있다.[10] 참고로 바알 므온(민 32:28; 대상 5:8; 겔 25:9)이란 지명은 벧 바알 므온(수 13:17)이나 벧므온(렘 48:23)과 동일한 곳을 지칭하는 이름인 것 같다.

13절. "그들이 방황하게 하셨다": 봐예니엠(וַיְנִעֵם). 여기에 사용된 동사는 누아(נוּעַ)의 히필형이다. 이 단어는 7, 9절에 "낙심하게 하다"란 뜻으로 사용된 누(נוּא)라는 단어와 거의 소리가 비슷하다. 마지막 자음만 각기 아인

---

8 이런 문제에 대한 가장 상세한 분석 및 정보는 Robin Wakely, "עָצַם", in Willem VanGemeren (ed.), *New International Dictionary of Old Testament Theology & Exegesis* (Grand Rapids, MI: Zondervan Publishing House, 1997), 3: 487-499; N. Lohfink, "עָצַם", in G. Johannes Botterweck, Helmer Ringgren, and Heinz-Josef Fabry (eds.), *Theological Dictionary of the Old Testament* (Grand Rapids, MI; Cambridge, U.K.: William B. Eerdmans Publishing Company, 2001), 11: 289-303를 보라. 이 자료에서 아쭘(עָצוּם)이란 형용사 자체에 대해서는 490-495쪽에서 다루고 있으며, 현재 구절에 대한 분석은 495쪽에 나온다. 사전들과 이런 자료에서 핵심적인 논의는 아쭘과 절 서두의 형용사인 라브가 접속사 "그리고"를 통해 연결된 동어반복적인 표현이라고 봐서 "많은"이란 의미를 가진 동의어처럼 사용되었다고 보는 것이다. 그러나 나는 아쭘이 "강한"이란 독자적인 의미를 갖고 있으며, 이 두 단어가 합쳐서 "많고 강(대)한"이란 의미를 갖고 있다고 생각한다.

9 Milgrom, *Numbers*, 268 등의 자료를 보라.

10 Ashley, *Numbers*, 616.

(ע)과 알렙(א)으로 차이가 나지만 이런 소리의 차이의 거의 무시해도 될 정도다. 민수기 저자는 이 두 비슷한 단어의 사용을 통해 언어유희를 하고 있는 것으로 보인다. 즉 이스라엘 정탐꾼들이 이스라엘 백성을 "낙심하게"(누) 하여 가나안 땅에 들어가지 못하게 하자 하나님이 그들을 광야에서 "방황하게"(누아) 하신 것이며, 이것을 통해 이스라엘의 불순종의 죄에 대해 일종의 인과응보가 시행되고 있음을 강조하고 있는 것 같다.[11]

14절. "심하게 만들고 있다": 리스포트(לִסְפּוֹת). 이 단어는 동사의 형태만 보면 "채가다"(to snatch)란 뜻을 가진 사파(סָפָה)란 단어의 부정사 연계형으로 보인다. 그러나 이 단어는 문맥상 뜻이 전혀 어울리지 않는다. 따라서 히브리어 사전들과 주석가들은 이 단어를 "더하다"(to add)란 뜻을 가진 야사프(יָסַף)의 부정사 연계형으로 본다. 이 단어의 부정사 연계형이 스포트(סְפוֹת) 형태로 사용된 것으로 확인된 것은 이사야서 30:1에 나온다.[12] 그러므로 이 부정사 연계형 형태에 전치사 르(לְ)가 첨가된 형태가 현재의 본문에 사용되지 못할 이유는 없어 보인다. 한편 BHS의 사본비평란은 이 야사프(יָסַף)의 표준적인 부정사 연계형에 기초해서 원문을 라세페트(לָסֶפֶת)로 읽어야 함을 제시하고 있다.[13] 그러나 이사야서 본문을 고려할 때 굳이 이런 본문상의 수정은 필요하지 않다고 생각된다.

15절. [이 백성]: 오(וֹ). 원문상으로는 "이 백성"이란 표현은 그냥 "그를"이라고 되어 있다. 사역은 이 대명사가 무엇을 지칭하는지를 분명히 해주기 위해 의역하였다.

17절. "진영을 갖추어": 후쉼(חֻשִׁים). "서두르다"(to hasten)란 뜻을 가진

---

11 Milgrom, *Numbers*, 268; Ashley, *Numbers*, 616, n. 48.

12 Ludwig Koehler and Walter Baumgartner (eds.), *The Hebrew and Aramaic Lexicon of the Old Testament* (Leiden: E.J. Brill, 1994–2000), 418; Milgrom, *Numbers*, 269; Timothy R. Ashley, *The Book of Numbers*, The New International Commentary on the Old Testament (Grand Rapids: Eerdmans, 1993), 603 등을 보라.

13 앞의 Koehler and Baumgartner, *The Hebrew and Aramaic Lexicon*, 418 역시 모압 왕 메사의 비문에 나오는 형태를 고려하여 이 견해를 제시하고 있다.

후쉬(חוּשׁ)의 칼 분사 수동형. 그러나 사전들과 주석가들은 출애굽기 13:18; 여호수아서 1:14; 4:12의 비슷한 본문들에 기초해서 이 동사를 "50명씩 진열을 갖추다"(to be in groups of fifty)란 뜻을 가진 하마쉬(חָמַשׁ)의 칼 분사 수동형으로 수정해야 한다고 본다.[14] 사역은 이 견해를 따른다. 개역개정의 번역은 히브리어 원문에 대해 어떤 견해를 가졌는지 모호하다.

19절. "주어졌기": 바아(בָּאָה). 직역하자면 "왔기"(came)이다.

24절. "너희 가축 떼를 위한": 르쪼나아켐(לְצֹנַאֲכֶם). 본문에 따르면 "가축 떼"에 해당하는 표현은 쪼네(צֹנֶא)일 것으로 추측된다. 그러나 사전들은 이것이 "작은 네 발 가축 떼"(flock)란 뜻을 가진 쫀(צֹאן)으로 읽어야 한다고 본다. 표준 히브리어 성경 비평본인 BHS의 사본비평란은 사마리아 오경을 포함한 많은 사본들이 이런 사전들의 견해를 지지해줌을 보여주고 있다.

한 가지 유념할 것은 이 쫀이란 단어라 레위기 및 민수기 등의 제의법 본문들에서는 주로 양과 염소를 포괄하는 작은 가축들을 가리키는 집합 명사이기는 하지만 현재 구절에서는 이 것이 26절 등에 열거되는 모든 가축들을 가리키는 의미로 사용되고 있다는 점이다. 너무 전문적이지 않은 일반적인 대화에서는 이렇게 가축을 지칭하는 단어들이 원래의 의미의 범위를 넘어서서 좀 느슨하게 넓거나 좁은 의미로 쓰일 수 있었던 것으로 보인다.

26절. "이곳": 샴(~v'). 이 히브리어 단어의 원래의 뜻은 "거기에"(there)이다. 현재의 등장인물들이 있는 장소를 고려할 때 "이곳" 혹은 "여기에"(포, פֹּה)란 단어가 더 적절하다. 이런 난점을 해결하기 위해 헬라어 역본과 라틴어 역본은 샴의 번역을 생략하고 있다. 개역개정은 문맥을 고려하여 "이곳"이라고 이 문구를 번역하고 있으며, 사역은 이 결정을 따르고 있다.

33절. "곧 그 땅과 그 영토의 성읍들, 그 땅 둘레의 성읍들을 주었다":

14 David J. A. Clines (ed.), *The Dictionary of Classical Hebrew* (Sheffield, England: Sheffield Academic Press; Sheffield Phoenix Press, 1993–2011), 3: 178. Ashley, *Numbers*, 603, n. 13은 이런 견해를 가진 자료들에 대한 방대한 목록을 제공하고 있다.

이 부분의 히브리어 표현은 구문론적으로 명확하지가 않다.[15] 현재의 성경 역본들의 번역은 다 문맥상 느슨하게 번역한 것들이다.

36, 38절. "지었다…건축하고": 이 동사들은 사실 각각 34절과 37절에 나오는 것이지만 히브리어와 한국어의 어순 차이로 인해 이 구절에 포함시켜 번역하였다.

38절. "[건축하였다]": 이것은 앞의 "건축하고"라는 동사를 공유하지만 37-38절의 구문 구성상 이렇게 따로 떼어서 번역하는 것이 더 낫기 때문에 이렇게 독립적으로 번역하였다. 히브리어상으로 단어가 추가된 것은 아니기 때문에 괄호로 이 점을 표시하였다.

"[바뀐]": 이 표현은 히브리어상으로는 나오지 않지만 이것을 넣어야 의미가 분명해진다. 개역개정은 "새"(new)라는 형용사로 이 첨가 문구 부분을 처리하고 있다.

41절. "촌락들…하봇": 합보트(חַוֹּת). "촌락들"이란 단어의 히브리어가 바로 합보트이다. 개역개정은 이것을 "하봇"이라고 표기했다. 따라서 하봇야일은 "야일의 촌락들"이라는 의미이다. 현재 구절의 정복 전쟁의 내용과 상응한다.

3단계: 단락 구분

민수기 32장의 단락 구분은 다음과 같다.

32:1 요단강 건너편 지역에 대한 두 지파 반의 요청[16]

15 Milgrom, *Numbers*, 274, n. 60.

16 앞의 "민수기 32장의 개관과 신학"에서 다룬 바와 같이 이 단원은 거의 전부가 갓 지파와 르우벤 지파의 요단강 건너편 지역에 대한 요구로 촉발된 내용을 담고 있다. 오직 이 단원의 마지막 절인 33절에 가서야 므낫세 반 지파에 대한 언급이 등장한다.

32:2-33 이들의 요청과 수락의 과정

32:2-5 두 지파의 해당 지역에 대한 요청의 말

32:6-15 모세의 책망

32:16-19 두 지파의 약속

32:20-24 모세의 조건적 허락

32:25-27 두 지파의 약속 확인

32:28-30 모세가 두 지파의 약속 이행 감시자 세움

32:31-32 두 지파의 약속 재확인

32:33 모세가 두 지파에게 요단강 건너편 땅 허락

32:34-42 요단강 건너편 지역에 대한 간략한 정복기

32:34-36 갓 지파의 정복기

32:37-38 르우벤 지파의 정복기

32:39-42 므낫세 반 지파의 정복기

위의 단락 구분에서 보듯이 민수기 32장은 크게 세 부분으로 나뉜다. 첫 절인 1절은 32장 전체의 내용의 발단 역할을 한다. 많은 가축떼를 가졌던 두 번째 단원(2-33절)은 주로 갓과 르우벤, 이 두 지파가 요단강 건너편 지역을 기업으로 갖게 해달라고 모세에게 요청한 것으로부터 그 요청에 대한 모세의 수락까지의 일련의 과정을 주 내용으로 하고 있다. 므낫세 반 지파에 대한 언급은 오직 마지막 절인 33절에만 나온다. 세 번째 단원(34-42절)은 이 지파들의 요청에 대한 후속적인 내용으로서, 이 지파들의 요단강 정복기를 담고 있다.

한 절로 이루어진 첫 단원을 제외한 나머지를 조금 더 부연 설명하도록 하자. 두 번째 단원(1-33절)은 요단강 건너편 지역에 대한 요청과 그 요청의 정당성에 대한 논쟁 및 수락의 과정을 담고 있기 때문에 주로 대화로 이루어져 있다. 따라서 이 대화의 발단이 되는 1절과 결말을 언급하고 있는 마지막 절인 33절을 제외하고는 전부 "이르다" 혹은 "말하다"란 도입구로 시

작된다.

세 번째 단원(34-42)의 요단강 건너편 지역 정복기는 갓 지파(34-36절), 르우벤 지파(37-38절), 므낫세 반 지파(39-42절), 이 세 지파 각각의 가나안 정복기를 담고 있다. 33절에 가서야 겨우 언급된 므낫세 반 지파의 정복기가 가장 긴 것이 이채롭다.

4단계: 본문 해설

1. 이 구절은 32장의 내용 전체에 대한 발단이 된다. 내레이터는 르우벤 지파와 갓 지파가 "많고 강대한 가축떼를 가졌다"고 말한다. 그리고 그런 그들의 눈에 "야셀 땅과 길르앗 땅"이 "목축할 만한 장소"로 보였다고 언급한다. 따라서 이들이 이 요단강 건너편 지역을 탐한 것은 어쩌면 당연한 것일 수가 있다.

야셀 땅은 민수기 21:32에 이미 나온 바가 있다. 모세는 이곳에 정탐꾼을 보내고, 거기에 거하던 아모리 족속을 내쫓은 바가 있다. 이곳은 그 동안 민수기 25장의 바알브올의 음행 사건(민 25:1) 등이 있었던 싯딤으로부터 직선 거리로 20킬로미터가 채 안 되는 가까운 곳이었으며, 사해 북단에서 북동쪽으로 약 33킬로미터쯤 되는 곳이었다. 35절에 따르면 이곳은 갓 지파의 기업이 된다.

길르앗 땅은 앞의 "민수기 32장의 개관과 신학"에서 다룬 바와 같이 요단강 건너편의 이스라엘 땅 전 지역을 가리킬 수도 있고, 요단강 건너편의 사해 근처 지역을 가리킬 수도 있다. 3절에서 갓 지파와 르우벤 지파의 말속에 나오는 아다롯, 디본, 야셀, 니므라, 헤스본, 엘르알레, 스밤, 느보, 브온(38절의 "바알므온") 등의 장소들이 다 사해 동쪽이나 동북쪽 어간의 지역에 있는 지역들인 것을 고려할 때 아마 이 구절에서의 길르앗은 사해 동쪽의 지역을 가리키는 의미로 사용되고 있는 것으로 보인다.

이 두 지파가 탐을 낸, 요단강 동쪽의 이 지역들은 정말로 목축하기에 좋은 지역이었다. 일례로 19세기 말에 이 지역을 두루 탐험한 스미스(G. A. Smith)란 학자에 따르면 이 지역의 풍요로움은 다음과 같이 묘사되어 있다. "팔레스타인 동부 지역에 대해 우리의 기억 속에 줄줄이 남아 있는 장면들은…뜨거운 햇볕 속에서 길르앗의 시내들 속에 가축 떼들이 들어가 있거나, 저녁 때쯤 우리가 마을의 우물가 가까이에 있는 천막 속에 앉아 있을 때 목자의 피리 소리가 저 멀리 들리면 갑자기 양, 염소, 소 등이 언덕 모서리에서 나타나 비탈길을 내려와서 구유에서 자기 차례를 기다리곤 하는 것이었다. 요단 강 주변에서 우리는 거의 항상 소떼의 낮은 울음 소리나 목자의 피리 소리를 들을 수 있었다".[17]

많은 가축 떼를 소유한 그들이 아래의 2-5절에서 목축하기에 좋은 이 땅을 달라고 하는 것은 기본적 사실 관계에서는 충분히 납득이 간다. 그러나 최소한 두 가지 점에서 독자들은 이 요청에 껄끄러움이 느껴진다.

첫째, 이들이 요단강 건너편 지역, 그 중에서도 특히 사해 동쪽 주변 지역을 달라고 한 것은 창세기 13장의 아브라함과 롯의 이별을 떠올리게 한다. 거부가 되어서 서로 함께 할 수 없게 된 상태에서 아브라함이 롯에게 소유지를 선택하게 하였을 때 롯은 사해 동쪽의 소돔을 선택하였다. 그곳은 "소알까지 온 땅에 물이 넉넉하니 여호와께서 소돔과 고모라를 멸하시기 전이었으므로 여호와의 동산 같고 애굽 땅과 같았"다고 본문은 말하고 있다(창 13:10). 이렇게 롯이 선택하고 남은 요단 서쪽 땅에 남겨진 아브라함에게 하나님은 그 땅을 주시겠다고 약속하셨다(13:14-17). 롯처럼 현재 본문의 두 지파도 자신들의 가축을 기르기에 적당한 요단 강 동쪽 땅을 차지하겠다고 말한 반면 하나님께서 이스라엘에게 허락하신 가나안 땅은 요단 강 서쪽 땅, 즉 아브라함에게 약속하신 땅이었다.

---

17 G. A. Smith, *The Historical Geography of the Holy Land* (Hodder and Stoughton, 1894), pp. 523–524. Wenham, *Numbers*, 238–239에서 재인용.

둘째, 이들이 달라고 한 이 지역은 민수기 34:1-12에서 언급된 약속의 땅의 범위를 벗어나 있다. 이 후자의 본문에 따르면 하나님이 요단강 동쪽 지역에 허락하신 지역은 이 사해 근처 지역이 아니라 훨씬 더 북쪽의 긴네렛 호수(신약의 갈릴리 호수) 남단에서부터 시작해서 그 북쪽의 지역이었던 것 같다. 이런 면에서 이들의 요청은 하나님의 계획에서 벗어난 지역을 탐하고 있다는 점에 있어서 문제가 있었다. 모세가 6-15절에서 이들의 요청에 대해서 강한 거부감을 나타낸 이유는 바로 이것이었던 것 같다.

하지만 앞의 민수기 27:1-11의 슬로브핫의 딸들의 이야기와 뒤의 36장의 슬로브핫 가문의 사람들의 이야기에서 보듯이 꼭 하나님의 원래의 계획에 들어 있지 않은 것이 모두 다 부정적으로 읽혀져야 하는 것은 아니다. 하나님의 계획은 열린 결말일 수 있다.

2-5절. 이 문단은 갓 자손과 르우벤 자손의 요청의 말을 담고 있다.

2절은 이들의 말의 도입구이다. 이들은 이스라엘 백성의 최상층 지도자들, 즉 모세, 엘르아살, 그리고 지파장들을 찾아온다.

3-4절에서 이들은 5절의 요청을 꺼내들기 전에 먼저 자신들이 인식하고 있는 객관적 사실들에 대해서 언급한다. "여호와께서 이스라엘 앞에서 치신 땅", 즉 아다롯, 디본(민 21:30), 야셀(21:32), 니므라, 헤스본(21:25), 엘르알레, 스밤, 느보, 브온("바알므온", 38절)이 "목축한 만한 장소"이고, "당신의 종들에게는 가축이 있습니다"라고 말한다.

수사학적으로 볼 때 이들은 자신들의 요청을 하는데 있어서 상당히 조심하고 있는 것으로 보인다. 우선 이들은 자신들을 "당신의 종들"이라고 지칭함으로써 모세 앞에서 자신들을 한껏 낮춘다. 그리고 이런 태도를 이 장 전체에 걸쳐서 계속 유지한다(4, 5, 25, 27, 31절). 이들의 이런 모습과 칭호는 앞 장인 31장에서 미디안과의 전쟁에 출전했던 군대의 지휘관들이 속전으로 각종 금 패물을 가져오면서 보여주었던 태도 및 표현과 상응한다(31:49). 이런 점은 이들의 태도에 있어서 최소한의 긍정적 요소를 찾아볼 수 있게 해준다.

이들의 말의 두 번째 수사법적 요소는 "여호와께서 이스라엘 회중 앞에서 치신 땅"이라는 표현이다. 이 표현 역시 이 지역의 정복에 대한 주도권과 소유권이 하나님에게 있음을 나타낸다. 이 점 역시 이들이 자신들의 몸을 한껏 낮추고 있음을 보여준다.

5절에서 이들은 앞에서 자신들이 제시한 객관적 사실에 기초해서 요청을 한다. 3-4절에서 본 바와 같이 자신들이 보고 있는 땅은 목축하기에 좋은 장소이고, 자신들은 가축이 많다. 다시 한번 이들은 공손하게 "만약 우리가 당신의 눈에 은혜를 입었다면" 요단 강 건너편 땅을 자기들에게 주고, 자신들이 "요단 강을 건너지 않게" 해달라고 한다.

아마 이들의 공손한 태도와 조심스러운 수사법을 고려할 때 모세를 자극했던 말은 "요단 강을 건너지 않게" 해달라는 마지막 말인 것으로 보인다. 실제로 6-15절의 모세의 말의 서두는 바로 이 점에 대한 지적으로부터 시작된다.

6-15절. 이 문단은 앞의 지파들의 요구에 대한 모세의 대응을 담고 있다. 모세는 상당히 강력한 표현들을 써서 이들을 책망한다.

6절의 말의 도입구에 이어 모세는 "너희 형제들은 싸우러 가는데 너희는 여기에 머무르고자 하느냐"고 대꾸한다. 이것은 5절 끝의 이들의 말이 촉발시킨 반응이다.

7-8절에서 모세는 이들이 이스라엘 자손을 "낙심하게 해서" 약속의 땅에 건너가지 못하게 하는 것이 민수기 13-14장의 광야 1세대의 열 정탐꾼이 한 일과 같은 성격임을 지적한다.

여기에서 "낙심하게 하다"란 단어는 민수기 30:5, 8, 11(원문, 6, 9, 12절)에서 여인의 서원을 그 아버지나 남편이 무효화시키는 것을 가리킬 때 사용된 표현이다. 이들이 현재 하는 요구는 마치 서원의 취소처럼 여호와께서 주신 땅의 약속에 대한 취소와 같고, 열 정탐꾼의 "악평"(딥바, hB'DI)과 같은 것이다(민 13:32; 14:36, 37).

10-12절은 민수기 14:21-31의 여호와의 말씀을 느슨하게 인용하고 있

다. 하나님은 당신을 온전하게 따르지 않은 이스라엘 사람들 중 20세 이상 된 사람은 한 명도 조상들에게 약속해주신 땅에 들어가지 못하게 하실 것이며, 오직 여호와를 온전히 따른 갈렙과 여호수아만 예외적으로 그 땅에 들어가게 하실 것이다.

13절은 하나님의 맹세에 따라 광야 1세대가 정말로 40년 동안 광야에서 방랑을 해야 했음을 밝히고 있다. 이것은 민수기 14:32-35의 본문을 요약한 것이다.

14절에서 모세는 이제 광야 1세대에게 향했던 책망을 현재 본문의 두 지파에게로 돌린다. 그는 먼저 이들의 주의를 환기시키기 위해 "보라"라고 말한다. 이어서 그는 이들이 "너희 조상을 대신하여 일어난 죄인의 무리"이며, "이스라엘을 향하신 여호와의 진노를 더욱 심하게 만들고 있다"고 지적한다.

15절은 그의 말의 결론구이다. 만약 이 두 지파가 하나님을 따르는 것에서 돌이킨다면 하나님은 다시 한번 이 백성을 버리실 것인데, 이 때 이 백성의 멸망에 대한 책임은 이들 두 지파에게 있다고 한다.

16-19절. 이 본문은 모세의 이런 책망에 대한 두 지파의 대답을 담고 있다.

16-18절에서 말 도입구에 이어 이들은 자신들이 가축들을 위한 우리와 자녀들을 위한 "성읍", 곧 "요새화된 성읍"(17절)을 만든 후에 이스라엘이 요단 강 서편 지역 정복을 성공하고, 각자 자기 기업("자기네 곳")으로 들어가게 될 때까지 돌아오지 않고 "그들의 앞에서 진영을 갖추어" 싸우겠다고 말한다. 실제로 여호수아서에서 여러 차례 보듯이 이들은 자신들의 약속을 지켰고, 심지어 요단강 동편의 자기네 기업으로 돌아올 때 여호수아의 축복을 받기도 했다(수 1:14; 4:12; 22:1-6).

19절에서 이들은 또한 자신들이 이 요단강 동편 지역에서 이미 기업을 받았기 때문에 서편 지역에서는 더 이상 기업을 받지 않겠다고 말한다.

20-24절. 이 단락은 앞의 두 지파의 요청과 약속에 대해서 모세가 조건

적으로 허락하는 내용을 담고 있다. 그의 이 말은 크게 세 부분으로 나뉜다. 20절의 그의 말의 서두의 "만약"(임, אִם)과 23절 초두의 "그러나 만약"(붸임-로, וְאִם־לֹא), 그리고 24절의 명령("지어라")이 각 부분의 시작을 알리는 역할을 하고 있다.

우선 20-22절의 말 도입구에 이어 모세는 "만약" 두 지파가 자신들이 말한 대로 행하여 무장을 하고 나가서, 약속의 땅이 다 정복될 때까지 싸우고 돌아오면 그들이 여호와와 이스라엘 앞에서 죄가 없을 것이며, 이 요단강 동편의 기업은 그들의 소유가 될 것이라고 말한다.

여기에서 가장 중요한 문구들 중의 하나는 21절의 "너희를 위해"란 문구일 것이다. 언뜻 생각하기에는 두 기업이 이미 기업을 요단강 동편에서 확보한 상태에서 요단 강 서편의 정복 활동에 참여하는 것은 단지 다른 지파들을 돕기 위한 것일 뿐이라고 생각될 수 있다. 그러나 사실 이처럼 다른 지파를 위해 싸우는 것은 자신들을 위한 것이기도 하다. 이것은 단순히 현재 본문이 말하고 있듯이 여호와와 동포 이스라엘에게 죄를 안 짓는 것일 뿐만 아니라 자신의 동포들을 강하게 함으로써 그들을 통해 자신들의 안위를 강화하는 일이기도 하다.

하지만 23절에서 지적하듯이 "그러나 만약" 이 두 지파가 그렇게 하지 아니하면 이것은 여호와께 죄를 짓는 것이다. 모세는 특히 두 가지 사항을 통해 이 점을 강조하고 있다. 첫째, 그는 "보라"라는 표현을 통해서 자신의 청자들이 이 점에 집중하게 만들고 있다. 둘째, 모세는 "너희의 죄가 너희를 찾으리라"는 문구를 통해 "죄"를 의인화함으로써 두 지파의 약속 파기가 필연적으로 인과응보를 불러오리라는 것을 강조하고 있다. 이런 죄의 의인화는 창세기 4:7의 가인에게 주신 하나님의 경고의 말씀을 생각나게 한다.[18]

이런 조건절들을 통한 경고 이후에 24절에서 그는 이들의 말대로 아이

18 Ashley, *Numbers*, 613.

들을 위한 성읍들과 가축 떼를 위한 우리를 지을 것을 허락한다(참고, 16절).

25-27절. 이 단락에서 두 지파는 다시 한번 자신들이 했던 말과 모세의 말에 대해서 반복적으로 다짐을 한다. 그들은 "당신의 종들"이란 표현(25, 27절)을 반복적이고 지속적으로 사용함으로써 공손한 태도를 유지한다.

28-30절. 이 본문에서 모세는 두 지파가 약속을 수행하는지에 대한 감시를 자신의 후계자인 여호수아 및 기타 지도자들에게 맡긴다. 그가 이렇게 하는 이유는 므리바 사건으로 인해 자신이 가나안 땅에 들어가는 금지되었으므로, 정복 활동을 지켜볼 수 없었기 때문이다(민 20:2-13; 27:12-23).

28절은 모세가 감시 역할을 맡긴 사람들의 목록을 담고 있다. 그들은 여호수아, 제사장 엘르아살, 그리고 "이스라엘 자손들의 지파의 우두머리들"이다. 이 중에서 "지파의 우두머리들"은 2절의 "회중의 지파장들"과 동일한 사람들을 가리키는 표현다.

29-30절에서 모세는 만약 두 지파가 자신들의 말대로 요단 강을 넘어가 정복 전쟁을 수행하고, 그 땅을 정복시키면 이 요단 강 건너편의 땅을 그들의 소유로 허락하고, 만약 그렇지 않으면 이들이 다른 지파들과 함께 요단 강 서편에서 기업을 갖게 하라고 지시한다.

31-32절. 두 지파는 자신들이 반드시 약속을 지킬 것임을 맹세하면서 요단 강 동편 땅을 갖게 해달라고 요청한다.

33절. 이 구절은 두 지파의 요청에 대한 모세의 최종적인 허락을 담고 있다. 그는 이 지파들에게 아모리 왕 시혼의 왕국, 바산 왕 옥의 왕국, 그리고 그 주변 지역을 허락한다.

이 구절에서 독자들을 당황하게 하는 한 가지 의문점은 이 장 내에서 지금까지 한번도 언급되지 않았던 므낫세 반 지파가 갑자기 등장한다는 점이다. 저자가 왜 이렇게 하고 있는지 그 이유를 알기는 어렵지만 앞의 "민수기 32장의 개관과 신학"의 초두에 설명한 바와 같이 므낫세 반 지파가 이 정도의 시기에 요단 강 동편 지역을 르우벤 지파 및 갓 지파와 함께 확보하게 된 것은 분명해 보인다. 아마 므낫세 반 지파는 다른 두 지파가 모세의 허락을 받기 직전이나 직후에 동일한 맹세를 하고 이 지역에 터전을 확보하게 된 것으로 보인다.

34-42절. 32장의 이 마지막 단원은 두 지파 반이 차지한 영토에 대한 정보를 제공하고 있다. 정보의 순서는 갓 지파(34-36절), 르우벤 지파(37-38절), 므낫세 반 지파(39-42절)의 순이다.

34-36절은 갓 지파가 차지한 지역들을 언급하고 있다. 앞의 3절에서 언급된 성읍들보다 더 자세한 성읍들의 목록이 나열되고 있는데, 디본, 아다롯, 아로엘, 아다롯소반, 야셀, 욕브하, 벧니므라, 벧하란 등이다. 이 지역들은 사해 동쪽이나 북동쪽에 위치한 지역들이다. 여기에 이들은 16-17절에 말한 바와 같이 요새화된 성읍들과 가축 우리들을 지었다.

37-38절은 르우벤 지파가 차지한 지역들을 언급하고 있다. 헤스본, 엘르알레, 기랴다임, 느보, 바알므온, 십마 등이 그것들이다. 이것들 역시 위의 갓 지파의 지역들과 비슷한 위치에 분포해 있다. 이 성읍들 중 특별히 느보와 바알므온은 이름을 바꿔 불렀다고 언급되고 있는데, 그 이유는 아마 이 두 성읍이 이방신들의 이름을 포함하고 있었기 때문으로 생각된다. 특히 느보가 어떤 이름으로 바뀌었는지는 나오지 않지만 3절의 "브온"은 해당 절의 "사역 해설"에서 논의한 바와 같이 "바알므온"의 바뀐 이름일 수도 있는 것으로 생각된다.

39-42절은 아이러니컬하게도 33절에 가서야 갑자기 언급된 므낫세 지파에 대한 기록을 앞의 두 지파보다도 더 길고 상세하게 다루고 있다.

우선 39-40절에 따르면 므낫세의 아들 중 마길의 자손들이 길르앗을 차지하고, 모세로부터 그 소유권을 확보하였다.

41절은 므낫세의 아들, 즉 므낫세 지파의 한 "후손"인 야일이 일부 촌락들을 확보하고, 그것들을 "하봇야일", 즉 자신의 이름을 붙여서 "야일의 촌락들"이라는 이름으로 불렀음을 알리고 있다.

42절은 노바란 사람이 그낫과 주변 마을을 빼앗아 자기 이름으로 장소명을 정한 것을 언급하고 있다. 노바란 사람은 이 구절에만 나오며, 장소로서의 이름은 오직 사사기 8:11에만 나온다.

5단계: 적용

1. "…그들이…땅을 바라보았는데, 그 곳은 목축할 만한 장소였다": 이 문구는 창세기 3:6의 "여자가 그 나무를 본즉 먹음직도 하고 보암직도 하고 지혜롭게 할 만큼 탐스럽기도 한 나무인지라"란 문구를 떠올리게 하는 측면이 있다. 우선 이 구절의 개역개정의 번역은 히브리어 원문에서 저자가 의도하는 바가 무엇인지를 제대로 파악하기 힘들게 만들어 놓았기 때문에 원문을 살려서 직역을 하자면 다음과 같다. "그녀가 보기에 그 나무 [열매]는 먹기에 좋고, 탐스럽게 눈에 들어오고, 지혜롭게 해줄 만큼 매력적이었다". 또한 이 3:6은 다시 한번 더 거슬러 올라가자면 창세기 1장에서 매일의 창조마다 반복되는 반복구인 "하나님이 보시기에 좋았더라"는 문구를 흉내 낸 것이다(창 1:4. 10, 12, 18, 21,25, 31).[19] 따라서 3:6의 그녀의 모습에 대한 묘사는 바로 그녀가 선악과를 미처 따 먹기도 전에 미리 하나님이 된 듯이 행동하고 있다는 점을 부각시키고 있는 것이다. 마치 하나님이 당신이 만든 세상을 바라보고 그것들이 "좋다"고 느끼고 판단하셨던 것처럼 선악과를 따 먹기 전에 여자는 선악을 알게 하는 나무의 열매가 "좋다"고 느끼고 판단했던 것이다. 하나님과 여자 사이의 이런 상응성은 창세기 3:1-6의 주제인 "하나님처럼 된다"라는 주제와 잘 상응한다. 문제는 이처럼 여자가 하나님의 판단을 넘어서서 스스로의 판단을 내세움으로써 선악과를 먹지 말라는 하나님의 명령을 어기게 되었다는 점이다.

오늘 본문에서도 역시 갓 지파와 르우벤 지파는 이 위험한 판단을 한다.

---

19 히브리어 원문상으로는 창세기 3:6과 창세기 1장의 상응 구절들에서 "보기에…좋았다"라는 문구는 어휘와 어순이 서로 일치한다. 따라서 원문을 읽는 독자는 하나님과 여자 사이의 연결성을 쉽게 눈치챌 수가 있다.

그들이 보기에 자신들의 가축 떼를 기르기에 적합해 보이는 요단 강 건너편 지역은 하나님께서 원래 정하신 약속의 땅의 경계선을 넘어서는 곳이었다. 혹시 나중에 하나님의 뜻이 새롭게 드러나기 전까지는 그들이 해야 할 일은 하나님의 주어진 명령에 충실한 것이었다. 그들이 먼저 해야 할 것은 하나님의 명령에 대한 순종이지 독자적인 판단이 아니었다. 그럼에도 불구하고 그들은 하나님의 뜻에 대한 고려 없이 먼저 판단을 내리고, 그것에 대한 요청을 한다.

이런 일은 현재를 살아가는 우리 신앙인들의 삶 속에서도 흔히 나타나는 일이다. 이성 상대, 직업, 학교를 정할 때, 혹은 목회자들의 경우에는 자신이 사역할 교회를 정할 때 우리는 하나님의 뜻이 무엇인지를 먼저 파악하려고 하기 보다는 우리 눈에 보암직하고, 선택함직한 것을 먼저 선택하고 나서 하나님께서 이 선택을 인정해달라고 조르는 경우가 많다.

그러나 이런 태도는 인류의 첫 조상 어머니였던 하와, 아브라함의 조카 롯(창 13장), 그리고 현재 본문의 갓 지파와 르우벤 지파 등과 같이 성경의 인물들이 항상 저질러왔던 일들이다. 그러고 이런 경우 그 결과가 좋은 경우는 거의 없다.

우리가 하나님과 좋은 관계를 누리기 위해서는 우리 삶에 있어서 하나님의 주권을 인정하는 일이다. 하나님을 경외하고 그 앞에서 겸손한 것이 우리 삶의 근본이 되어야 한다. 그러할 때 하나님이 우리 삶의 모든 것을 책임지실 것이다. "여호와를 경외하는 것은 사람으로 생명에 이르게 하는 것이라. 경외하는 자는 족하게 지내고 재앙을 당하지 아니하느니라"(잠 19:23).

23절. "그러나 만약 너희가 그같이 아니하면, 보라, 너희가 여호와께 죄를 짓는 것이며, 너희의 죄가 너희를 찾으리라는 것을 알아라": 두 지파가 모세의 책망(6-15절)을 듣고 나서 약속하기를 자신들은 다른 지파들의 가나안 정복을 마치기까지 그들과 함께 하겠다고 한 것에 대해서 경고의 말로 이 23절의 말을 한다. 여기에서 특히 중요한 문구는 "너희의 죄가 너희를 찾으리라"는 문구이다. 이 문구에서 특징은 죄가 의인화되어 있다는 것인데, 이 의인화를 통해 모세는 죄에 대한 보응이 반드시 치러질 것을 강조하고 있다.

우리가 죄를 지을 때 그 죄는 그냥 사라지는 것이 아니다. 우리가 그것에 대해서 하나님 앞에서 바르게 해결하지 못할 때 죄는 반드시 우리에게로 돌아온다. 우리는 그 값을 치르지 않고 그 죄로부터 벗어날 방법이 없다. 위대한 설교가 매튜 헨리는 이 점에 대해서 언급하면서 "만약 사람이 자신이 겪어야 하는 죄의 값이 무엇인지를 안다면 그는 애초에 죄짓기를 두려워할 것이다"라고 말한 적이 있다.[20] 죄에 대한 보응의 필연성을 기억함으로써 우리는 하나님 앞에서 정결한 성도가 되어야 할 것이다.

6단계: 설교 "갈등과 해결"(민 32:1-15)

오늘 본문인 민수기 32장의 내용의 발단인 1절에서 갓 지파와 르우벤 지파는 하나님께서 족장들에게 약속의 땅으로 허락하신 영역의 범위 밖에 있는 사해 서쪽 지역에 대해서 탐을 냅니다. 그래서 모세에게 그 땅을 자기네가 갖게 해달라고 요청합니다(32:2-5). 이로 인해서 일련의 갈등과 타협의 과정이 촉발되며, 모세는 이들 지파로부터 여러 번에 걸친 약속을 받고서야 결국 그들의 요청을 승인합니다(32:6-33). 본문의 흐름을 따라가면서 몇 가지 교훈을 얻고자 합니다.

첫째, 이들의 요청(1-5절)은 이스라엘의 다른 지파들에 대한 배신으로 읽힐 수가 있습니다. 이들은 이 땅이 가축을 기르기에 적합하기 때문에 자신들이 이 땅을 가졌으면 한다고 말합니다. 그러나 현재 상황은 요단 강 서쪽의 약속의 땅은 들어가보지도 못한 상태입니다. 그런데도 이들은 자신들만

---

20 Matthew Henry, *Matthew Henry's Commentary on the Whole Bible: Complete and Unabridged in One Volume* (Peabody: Hendrickson, 1994), 233.

먼저 이 요단 강 동편 땅을 갖겠다고 말합니다. 이런 점에서 이들의 요청은 너무 이기적입니다. 모세나 동료 이스라엘의 다른 지파들은 이것을 배신으로 받아들일 수밖에 없는 일입니다.

이런 점 때문에 모세는 6절에서 이들의 요청에 대해 "너희 형제들은 싸우러 가는데 너희는 여기에 머무르고자 하느냐"고 책망을 합니다. 하나님의 백성을 구성하는 열두 지파가 지금까지 오랜 역경을 헤쳐 왔고, 현재 이들이 자기네 소유로 인정해달라고 요청한 땅은 이들 지파의 힘만으로 얻은 것이 아니라 열두 지파가 다 함께 싸워서 얻은 것입니다(참고, 민 21:21-35; 32:33). 그럼에도 불구하고 그들은 이 땅을 자기네들에게 주면 자신들은 이곳에 남겠다고 말하고 있는 것입니다.

이처럼 공동체의 일원들이 각자 자신들의 욕심만 차리려고 할 때 갈등이 발생합니다. 특히 교회 공동체는 예수 그리스도의 몸으로서 서로 뗄래야 뗄 수 없는 관계입니다(엡 4:12, 15-16). 각 지체는 자신이 전체의 한 부분임을 인식하고 자신의 욕심만을 차리려고 들어서는 안 됩니다.

둘째, 모세는 이들의 배신적인 요구가 민수기 13-14장의 정탐꾼 사건 때의 열 정탐꾼의 말과 행위만큼이나 치명적이라고 지적합니다. 오늘 본문 중 7-9절에 따르면 갓 지파와 르우벤 지파의 요청은 "이스라엘 자손을 낙심하게 하여 여호와께서 그들에게 주신 땅으로 건너가지 못하게" 하는 행위입니다. 그들의 요청은 정복 활동을 목전에 둔 다른 지파 사람들을 낙심하게 하는 것이며, 이 점에 있어서 광야 1세대의 열 정탐꾼이 한 행위와 마찬가지라는 것입니다. 이 일은 하나님의 진노를 야기해서 이스라엘 전체가 40년 동안이나 광야에서 방황해야 했으며, 그 세대 전체가 갈렙과 여호수아 외에는 아무도 살아남지 못하는 결과를 가져왔습니다(10-14절).

이처럼 공동체의 어떤 지체들의 탐욕과 배신은 단순히 그들 자신이 죄값을 치르는 것으로 끝나지 않고 공동체의 모든 사람들에게 심대한 해악을 끼칠 수 있습니다. 그들의 작은 욕심이 "이 모든 백성을 멸망시키는" 결과를 가져올 수 있는 것입니다(14절). 그리고 이렇게 될 경우 23절의 모세의 무서운 경고와 마찬가지로 "너희의 죄가 너희를 찾을" 것입니다. 만약 갓 지파와 르우벤 지파가 구세대처럼 고집을 부린다면 그들은 반드시 파국을 맞이할 것입니다.

셋째, 현재 본문에서는 다행히 두 지파는 모세의 책망에 귀를 기울이고, 긍정적이면서도 적극적인 자세를 취합니다. 그들은 모세에게 세 가지 점을 약속합니다. 첫째, 그들은 자신들이 아이들과 가축들을 위한 장소들을 마련하고는 곧바로 다른 지파들의 요단 강 서편 지역의 정복 전쟁에 나갈 것이며, 심지어 군대의 맨 앞에 서서 싸우겠다고 약속합니다(16-17절). 둘째, 그들은 이 정복 작업이 마무리되어 다른 지파들이 각자 자기 기업을 얻을 때까지 집으로 돌아오지 않겠다고 맹세합니다(18절). 다시 말해 그들은 형제들의 형편을 외면하지 않고, 그들이 자기네들처럼 다 기업을 얻게 될 때까지 그들과 운명을 함께 하겠다는 것입니다. 셋째, 이들은 자신들이 요단강 서편 지역에서는 기업을 갖지 않겠다고 합니다(19절). 즉 자신들이 현재 있는 곳을 기업으로 허락받으면 더 이상 형제들의 기업을 탐하지 않고, 순수한 마음으로 그들을 위한 정복 전쟁에 적극적으로 참여하겠다는 것입니다.

이들의 이런 적극적이고 긍정적인 제안은 모세의 양보를 얻어냅니다. 모세는 이들이 스스로 맹세한 대로 행하기만 하면 현재 있는 장소를 기업으로 허락하겠다고 말합니다(20-24절).

넷째, 이런 유의 일에는 항상 관리가 필요합니다. 이 장에서 이스라엘 공동체 내에서 발생한 갈등은 두 지파가 요단 강 동쪽 지역을 기업으로 달라고 요청하면서 발생했습니다. 비록 이 요청이 모세의 책망과 경고를 받기는 했지만 이 지파들이 적극적인 태도로 다른 지파들을 위한 약속과 헌신을 함으로써 긍정적인 방향으로 움직일 수 있었습니다.

하지만 한번 원래의 계획으로부터 벗어나서 다른 경로를 택하게 된 일의 경우에는 관리가 중요합니다. 특히 공동체 내에서 갈등을 야기한 이런 류의 일은 더욱 더 그러합니다. 따라서 모세는 28-30절에서 이 일을 자신의 후계자 여호수아, 그리고 그를 보필한 리더십의 일원들인 제사장 엘르아살과 지파장들에게 맡깁니다. 그는 두 지파가 한 약속이 완전히 이행된 것이 됐을 때에야 요단 강 이 편의 땅의 소유권을 최종적으로 인정해주라고 말합니다.

말씀을 정리합니다. 성도 여러분, 역사를 잊은 민족에게는 미래가 없다고 합니다. 오늘 본문에서 두 지파가 자신들에게 요단 강 동쪽 편의 땅을 달라고 해서 시작된 갈등은 이들이 과거의 정탐꾼 사건 때에 심판 받은 자들과 같은 전철을 밟지 않고, 자신들뿐만 아니라 다른 지파들의 기업을 위해서도 끝까지 헌신적으로 싸우겠다고 약속함으로써 일단락되었습니다. 오직 과거의 사건들에서 교훈을 배워 잘못을 반복하지 않겠다는 태도를 견지할 때에만 이 일은 해피앤딩으로 끝날 수 있을 것입니다.

여러 사람들이 모여서 이루어진 교회 공동체 내에서도 이런 일들은 항상 생길 수 있습니다. 많은 사람들이 교회의 이상향으로 생각하는 사도행전의 교회에서도 교회 내에는 각종 갈등들이 있었습니다. 오직 과거로부터 바른 지혜를 얻은 자들만이 바른 미래를 만들어낼 것입니다. 오늘 본문으로부터 우리 교회 공동체의 일원들이 지혜를 얻었으면 합니다.

광야 경유지 목록

민수기 33장의 신학 개관

민수기 33장은 출애굽 때부터 현재 본문에 이르기까지의 광야 여정에 대한 상세한 광야 여정의 기록을 그 주된 내용으로 한다. 이 본문을 이해하기 위해 이 광야 여정기를 중심으로 한 본문의 내용을 전체적으로 개관해 보면 다음과 같다.

1-2절 도입부
3-49절 광야 여정기
50-56절 임무 및 경고

먼저 1-2절은 33장의 여정기가 "여호와의 명령대로 모세가 기록"한 것임으로 밝히고 있다(2절).

3-49절은 상세한 광야 여정기를 담고 있는데, 그 내용은 이스라엘이 광야 시대 제1년 1월 15일에 라암셋을 떠난 것(3절)으로부터 시작해서 제40년째 되는 해에 모압 평지의 아벨싯딤에 진을 친 것(49절)까지의 상세한 흐름을 담고 있다. 처음과 끝의 장소를 포함하면 총 42개의 장소를 거친 것으로 되어 있다. 이 중 3절의 라암셋으로부터 시작해서 18절의 하세롯까지는 출애굽기 12:37로부터 민수기 12:16까지의 기록을 통해서 대체로 알 수 있

는 장소들이다. 반면에 18절 끝의 릿마로부터 35절의 에시온게벨까지의 지역은 한두 개의 예외를 제외하고는 최소한 오경의 문맥 내에서는 거의 언급이 전무한 장소들이다. 혹시 독자들에게 익숙할 수 있는 에시온게벨(35절) 마저도 이 민수기 33:35-36을 제외하고는 오직 열왕기상 9:26에 가서야 처음으로 언급이 나온다. 그리고 38-40절의 아론의 죽음과 그 당시의 상황에 대한 잠깐의 언급 이후에 나오는 41-49절의 지명들은 민수기 20:22 이후의 내용을 통해 알려진 것들도 있고, 알려지지 않은 것도 있지만 대체적으로 경로를 파악하는 데에는 큰 지장이 없다.

이처럼 이 장의 42개의 장소들 중의 어떤 장소들은 오경의 이전 문맥들에서 관련 내용을 찾아볼 수 있지만 또 어떤 장소들은 전혀 찾아볼 수 없기 때문에 학자들은 도대체 이것들이 취사선택된 이유가 뭔지를 찾고 싶어했다. 예를 들어 오리겐, 암브로스, 제롬 등의 교부들은 이 42개의 장소가 마태복음 1장의 예수님의 족보를 구성하는 42세대와 상응한다고 보았으나 이런 숫자의 일치는 단지 우연의 산물이라고 봐야 할 것이다.[1] 또한 웬함 같은 학자는 42장소를 일곱 개씩 묶어서 여섯 개의 집합으로 나누고, 여기에서 뭔가 일관된 흐름을 찾고자 했다. 그러나 그의 분석들 중 일부는 흥미로운 점들이 없지 않지만 여전히 이 장소들 전체를 아우르는 체계적인 분석은 요원해 보인다.[2] 따라서 현재까지는 이 여정 목록이 실제 걸어온 길의 정보일 뿐 이것들을 제시하는데 있어서 뭔가 추가적으로 체계적이고 의미 있는 도식적 배열을 가진 것은 아니라고 결론내리는 것이 더 적절해 보인다.[3]

---

1 이 정보는 Gordon J. Wenham, *Numbers: An Introduction and Commentary*, vol. 4, Tyndale Old Testament Commentaries (Downers Grove: InterVarsity Press, 1981), 242에 기초했다. 그는 다시 이 정보를 J. de Vaulx의 주석에 기초하고 있다.

2 그의 견해는 Wenham, *Numbers*, 243-245에서 찾아볼 수 있다.

3 이 여정 목록에 대한 연구사 및 여정 목록의 좋은 정리는 Jacob Milgrom, *Numbers*, The JPS Torah Commentary (Philadelphia: Jewish Publication Society, 1990), 497-499를 보라. 이 목록에 대한 추가적인 연구는 여기로서부터 시작하면 좋을 것이다.

이처럼 여정 목록 자체에는 뭔가 유의미한 결론들을 이끌어내기는 쉽지 않아 보인다. 그러나 몇 가지 특징들을 살펴보면 좀 더 생산적인 통찰들을 얻어낼 수는 있는 것으로 보인다. 먼저 특징들을 정리해보면 다음과 같다.

첫째, 여정의 뼈대는 "~를 떠나 ~에 진쳤다"라는 패턴을 주로 따르고 있다(예, 5절 등). 아주 특별히 추가적인 언급이 나오는 경우를 제외하고는 대부분의 장소명은 이 도식을 따라 연쇄적으로 소개되고 있다.

둘째, 앞의 패턴은 이 패턴에서 벗어난 부분들에 집중을 하게 만들어준다. 이것들은 다음과 같다.

(1) 3-5절: 애굽 출발 때의 이스라엘의 경험, 즉 유월절 사건에 대한 언급. 특히 장자를 치신 일(12:29-30)과 애굽의 신들에 대한 심판을 언급하고 있음(출 12:12; 18:11).

(2) 9절: 엘림의 샘물 열둘과 종려 70그루에 대한 언급(출 15:27).

(3) 14절: 르비딤에서의 일, 즉 맛사 사건에 대한 언급(출 17:1-7).

(4) 38-39절: 아론의 죽음에 대한 언급(민 20:22-29).

(5) 40절: 아랏 왕에 대한 언급(민 21:1-3).

아마 여기에 한 가지 사항을 더 추가해야 할 것이다. 비록 장소명에 언급 패턴을 따른다는 측면에서는 두드러지지는 않지만 47절의 "아바림 산"도 그 중요성을 놓쳐서는 안 될 것이다. 이곳은 모세가 죽을 곳이다(민 27:12-14; 신 32:49-52; 34:1-8). 이 중요한 점이 현재 본문에서는 부각되지 않은 이유는 아마도 아직 모세가 해야 할 일들이 민수기 34-36장과 신명기에 많이 남아 있기 때문일 것이다.

셋째, 신학적으로나 역사적으로 훨씬 더 중요할 수 있는 사건들인 시내산 언약 및 각종 율법 수여 본문(출 19-민 10장)이나 정탐꾼 사건(민 13-14장) 등에 대한 언급들은 철저하게 배제되고 있다. 단지 15-16절이 "시내 광야"란 장소명을 언급하고 있을 뿐이며, 정탐꾼 사건의 배경이 되는 "바란 광야”(민 12:16)에 대해서는 아예 언급조차도 없다.

넷째, 앞의 여정 패턴을 벗어나 추가적인 언급을 하고 있는 본문들은 광야 40년 역사의 첫 부분과 마지막 부분의 중요 사건들을 부각시키고 있는 것으로 보인다. 3-5절의 유월절 사건, 9절과 14절의 엘림 및 맛사의 물 사건은 광야 시대의 처음을 장식하는 중요한 것들이다. 그리고 38-39절의 아론의 죽음과 40절의 아랏 왕과의 전쟁 사건은 광야 시대의 마지막 순간을 장식하는 사건들로서 광야 1세대에서 2세대로 세대가 변환되는 것을 표시해주는 중요한 사건들이자 과거에서 현재로 시점을 옮겨 오는 사건들이다. 이런 면에서 이 사건들은 충분히 시사점들이 많이 있으며, 언급될 만한 가치가 있는 사건들이었다.

이제 민수기 33장의 마지막 단원인 50-56절로 눈을 돌리도록 하자. 이 단원에서 하나님은 두 개의 명령 본문과 하나의 경고를 주신다. 50절의 말씀 도입구에 51-53절은 가나안 땅에 들어가서 그 땅의 원주민을 쫓아내고, 그들의 모든 신상들과 산당들을 다 부수며, 그 땅을 빼앗아 거주하라는 하나님의 명령을 담고 있다. 이어지는 54절은 가문에 따라 그 땅을 제비 뽑아 기업을 나누라고 말씀하신다.

마지막의 55-56절은 하나님의 경고를 담고 있다. 만약 이스라엘이 그 땅의 원주민을 쫓아내지 않으면 이들이 “눈의 가시와 옆구리의 찌르는 것”이 되어 이스라엘 괴롭힐 것이다(55절). 그리고 하나님은 원래 가나안 원주민들이 겪을 운명을 이스라엘이 겪게 만드실 것이다(56절).

이 장의 이런 내용들은 과거, 현재, 미래라는 세 가지 측면으로 정리해볼 수 있다. 그리고 이 세 시기와 관련된 내용들은 모두 긍정적인 내용과 부정적인 내용을 담고 있다.

우선 이 장의 광야 여정 기록은 과거의 회고적 측면에서 살펴 볼 수 있는데, 이 회고는 긍정과 부정 혹은 희망과 경고라는 양 측면을 모두 바라보고 있다. 3-5절의 유월절 및 출애굽 사건에 대한 언급, 9절의 풍부한 물을 가진 엘림에 대한 언급은 이스라엘에게 희망을 주고, 하나님과의 동행이 가져다 주는 긍정적 그림을 제시해준다. 반면에 14절의 르비딤, 즉 맛사 사건은 이스라엘의 불평이 가져다 줄 수 있는 위험성에 대해서 경각심을 불러일으킨다.

이 장의 현재적 측면은 38-39절의 아론의 죽음에 대한 언급과 아랏 왕에 대한 언급을 통해서 이루어진다. 아론의 죽음은 그가 므리바 사건(민 20:2-13)에서 저지른 일로 인해서 발생한 일이라 부정적인 측면이 있다. 그러나 그의 죽음은 또한 세대의 전환을 표시해주는 역할을 하며, 이 새 시대는 아랏 왕과의 전쟁 사건을 통해 희망적인 메시지를 던져준다.

그리고 이런 희망적 경험에 대한 언급에 기초해서 하나님은 50-56절에서 미래에 대한 메시지를 던지신다. 이 미래의 메시지 역시 과거와 현재의 메시지처럼 긍정과 부정, 희망과 경고의 양면적인 요소를 갖고 있다. 먼저 51-53절의 가나안 정복에 대한 명령은 앞의 과거의 유월절 및 출애굽 사건, 그리고 가까운 현재의 아랏 왕과의 전쟁 결과에 비추어 볼 때 이스라엘에게 희망적 메시지를 던져준다. 과거과 현재에 이미 이런 일들을 가능하게 하신 하나님은 당신의 백성이 가까운 미래에 해야 할 가나안 정복이라는 임무를 성공적으로 수행하게 하실 능력이 있으시다. 또한 54절의 기업을 분배하라는 하나님의 명령 역시 가나안 정복이 순조롭게 진행될 것이라는 희망을 불러일으킨다.

그러나 과거와 현재와 마찬가지로 미래의 경우 역시 하나님의 백성은 하나님의 경고를 맞이한다. 가나안의 성공적인 정복은 오직 이스라엘이 하나님의 명령을 성실히 수행하며, 하나님의 뜻을 따를 때만이 가능하다. 이것을 소홀히 하게 되면 가나안 족속들은 이스라엘 백성에게 "눈의 가시와…옆구리의 찌르는 것"이 될 것이며, 가나안 백성에게 예정된 하나님의 징벌은 오히려 이스라엘의 차지가 될 것이다(55-56절).

지금까지 살펴 본 바와 같이 민수기 33장은 출애굽기로부터 민수기의 지금까지의 내용들에 대한 무수한 언급을 담고 있다. 그 중에서도 특히 직접적인 문맥에 대해서 살펴보자면 이 민수기 33장은 민수기의 거시 구조상의 마지막 대단원인 민수기 26-36장의 청사진과도 같은 역할을 하는 본문인 26:53-62에 언급된 기업 분배의 지시와 관련된 내용을 담고 있는 32-36장의 각 부분들과 밀접한 연관을 맺고 있다.

우선 32-36장에서 우리 민수기 33장의 50-56절, 그 중에서도 특히 54절은 그 중심 역할을 한다. 즉 이 본문은 우선 앞의 26:53-56에 언급된 기업 분배 원칙을 재천명하고 있다. 그리고 33장의 앞에 있는 32장은 이미 앞에서 살펴본 바와 같이 요단 강 동편 지파인 두 지파 반의 요구로 인해서 먼저 이들에게 기업이 분배된 일을 다루었다. 그리고 33장의 다음 장인 34장은 이 두 지파 반을 제외한 나머지 아홉 지파 반의 기업 분배에 대한 내용을 다루게 될 것이다. 또한 이 34장과 맞물려 있는 35장은 민수기 26:53-62의 기업 분배 명령 본문 중 후반부(26:57-62)의 레위인과 관련된 사항과 연결된다. 레위인에게는 다른 지파와 같은 기업이 주어지지는 않을 것이다(민 26:62절 후반절). 대신 레위 지파는 가나안 땅과 요단 강 동편 지역 전역에서 각 지파들의 기업들 가운데 레위 성읍들을 48개를 갖게 될 것이며, 그 중에서 여섯 개는 도피성의 역할을 할 것이다. 마지막 장인 36장은 이 기업 분배와 관련하여 27:1-11에서 이미 슬로브핫의 딸들이 제기했던 문제의 후속적인 전개 과정을 다루고 있다. 이 번에는 그녀들이 속한 지파의 사람들이 추가적으로 기업 분배의 문제를 제기하고, 해결을 받게 된다. 이런 내용들을 담고 있는 26-36장의 중심 자리를 차지하고 있는 33장은 이런 면에서 주변 문맥과의 연결이 확고하다고 할 수 있다.

1단계: 사역

1. 이것들이 모세와 아론을 통해 자신들의 진영별로 애굽 땅을 나온 이스라엘 자손들의 여정들이다.
2. 모세가 여호와의 명령대로 그 여정들을 따라 그들의 출발지들을 기록하였다. 그리고 이것들이 그들의 출발지들에 따른 그들의 여정들이다.

3. 그들이 첫째 달 열다섯째 날에 라암셋을 떠났다. 곧 유월절 다음 날에 이스라엘 자손이 애굽 모든 사람의 목전에서 의기양양하게 나왔다.
4. 애굽인은 여호와께서 그들 중에서 치신 그 모든 장자들을 장사하고 있었다. 여호와께서는 그들의 신들에게 심판을 행하셨다.
5. 이스라엘 자손이 라암셋을 떠나 숙곳에 진을 쳤다.
6. 숙곳을 떠나 광야 끝 에담에 진을 쳤다.
7. 에담을 떠나 바알스본 동쪽의 비하히롯으로 돌아가서 믹돌 앞에 진을 쳤다.
8. 하히롯 앞을 떠나 바다 가운데를 지나 광야로 들어가서 에담 광야에서 사흘 길을 행진하여 마라에 진을 쳤다.
9. 마라를 떠나 엘림으로 들어갔는데, 엘림에는 샘물 열 둘과 종려 칠십 그루가 있었다. 그들이 거기에 진을 쳤다.
10. 엘림을 떠나 홍해 가에 진을 쳤다.
11. 홍해 가를 떠나 신 광야에 진을 쳤다.
12. 신 광야를 떠나
13. 돕가에 진을 쳤다. 돕가를 떠나 알루스에 진을 쳤다.
14. 알루스를 떠나 르비딤에 진을 쳤다. 거기에는 백성이 마실 물이 없었다.
15. 르비딤을 떠나 시내 광야에 진을 쳤다.
16. 시내 광야를 떠나 기브롯핫다아와에 진을 쳤다.
17. 기브롯핫다아와를 떠나 하세롯에 진을 쳤다.
18. 하세롯을 떠나 릿마에 진을 쳤다.
19. 릿마를 떠나 림몬베레스에 진을 쳤다.
20. 림몬베레스를 떠나 립나에 진을 쳤다.
21. 립나를 떠나 릿사에 진을 쳤다.
22. 릿사를 떠나 그헬라다에 진을 쳤다.
23. 그헬라다를 떠나 세벨 산에 진을 쳤다.
24. 세벨 산을 떠나 하라다에 진을 쳤다.
25. 하라다를 떠나 막헬롯에 진을 쳤다.
26. 막헬롯을 떠나 다핫에 진을 쳤다.
27. 다핫을 떠나 데라에 진을 쳤다.
28. 데라를 떠나 밋가에 진을 쳤다.
29. 밋가를 떠나 하스모나에 진을 쳤다.
30. 하스모나를 떠나 모세롯에 진을 쳤다.

31. 모세롯을 떠나 브네야아간에 진을 쳤다.
32. 브네야아간을 떠나 홀하깃갓에 진을 쳤다.
33. 홀하깃갓을 떠나 욧바다에 진을 쳤다.
34. 욧바다를 떠나 아브로나에 진을 쳤다.
35. 아브로나를 떠나 에시온게벨에 진을 쳤다.
36. 에시온게벨을 떠나 신 광야, 곧 가데스에 진을 쳤다.
37. 가데스를 떠나 에돔 땅 끝의 호르 산에 진을 쳤다.
38. 아론이 여호와의 명령을 따라 호르 산에 올라가서 거기에서 죽었다. 이스라엘 자손이 애굽 땅에서 나온 지 사십 년째 오월 초하루였다.
39. 아론이 호르 산에서 죽을 때의 나이가 123세였다.
40. 가나안 사람, 곧 아랏 왕이 [소식을] 들었다. 이스라엘 자손이 올 때 그는 가나안 땅의 남방에 거주하고 있었다.
41. 그들이 호르 산을 떠나 살모나에 진을 쳤다.
42. 살모나를 떠나 부논에 진을 쳤다.
43. 부논을 떠나 오봇에 진을 쳤다.
44. 오봇을 떠나 모압 영토 안의 이예아바림에 진을 쳤다.
45. 이임을 떠나 디본갓에 진을 쳤다.
46. 디본갓을 떠나 알몬디블라다임에 진을 쳤다.
47. 알몬디블라다임을 떠나 느보 앞 아바림 산에 진을 쳤다.
48. 아바림 산을 떠나 여리고 맞은편 요단 강 가 모압 평지에 진을 쳤다.
49. 그들이 요단 강 가 모압 평지에서 벧여시못에서부터 아벨싯딤에 이르는 [지역에] 진을 쳤다.
50. 여리고 맞은편 요단 강 가 모압 평지에서 여호와께서 모세에게 말씀하셨다.
51. "이스라엘 자손에게 말하며, 그들에게 일러라. 너희가 요단 강을 건너 가나안 땅에 들어가면
52. 그 땅의 원주민을 너희 앞에서 쫓아내고, 그들의 모든 조각상들을 부수고, 부어 만든 모든 형상들을 부수며, 모든 산당을 파괴하여라.
53. 그리고 그 땅을 빼앗아 거기에 거주하여라. 내가 너희가 그 땅을 차지하도록 주었기 때문이다.
54. 너희의 가문들을 따라 그 땅을 제비 뽑아 기업을 나누어라. 수가 많으면 기업을 늘리고, 수가 적으면 기업을 줄여라. 각자 제비가 나온 곳이 자신의 소유가 될 것이다. 너희 조상의 지파대로 기업을 나누어라.

55. 만약 너희가 그 땅의 원주민을 너희 앞에서 쫓아내지 않으면 너희가 남겨둔 자들이 너희 눈의 가시와 너희 옆구리의 찌르는 것이 되어 너희가 거주하는 땅에서 너희를 괴롭힐 것이다.
56. 그리고 나는 그들에게 행하기로 생각한 것을 너희에게 행할 것이다".

2단계: 사역 해설

2절. "그들의 출발지": 모짜에헴(מוֹצָאֵיהֶם). 여기에 사용된 히브리어 단어 모짜(מוֹצָא)는 "나가다"(to go out)란 뜻을 야짜(יָצָא)에서 파생된 명사로서 현재 문맥에서는 "출발지"(point of departure)라고 번역하는 것이 가장 적절해 보인다.[4] 개역개정은 이 단어를 "행진한 것"이라고 번역하고 있는데, 이것은 이 단어에 대한 적절한번역은 아니다.

3절. "의기양양하게": 브야드 라마(בְּיָד רָמָה). 이 히브리어 어구를 직역하자면 "높이 들린 손으로"(with high hand)란 뜻이다. 이 표현은 구약성경에서 오직 3회만 사용되었다(출 14:8; 민 15:30; 33:3). 의미를 좀 달리하는 민수기 15:30을[5] 제외한 나머지 두 본문은 사실상 동일하다. 즉 민수기 33:3의 이 어구는 출애굽기 14:8을 인용한 것이다. 따라서 그 의미는 완전히 동일하다. 그런데 개역개정은 출애굽기 본문에서는 "담대히"(난하주, "높은 손으로")라고 번역하고, 여기에서는 "큰 권능으로"라고 번역함으로써 일관성을 지키지 못하고 있다. 문맥상 이 어구의 번역은 출애굽기의 경우처럼 "담대히"나 현재 사역처럼 "의기양양하게"가 더 좋아 보인다.

4절. "여호와께서 그들 중에서 치신 그 모든 장자들을": 에트 아쉐르 힠카 아도나이 바헴 콜-브코르(אֵת אֲשֶׁר הִכָּה יְהוָה בָּהֶם כָּל־בְּכוֹר). 이 히브리

---

4 David J. A. Clines (ed.), *The Dictionary of Classical Hebrew* (Sheffield, England: Sheffield Academic Press; Sheffield Phoenix Press, 1993–2011), 5: 185.

5 이 민수기 15:30에서의 이 단어의 의미에 대한 상세한 해설은 박철현, *레위기: 위험한 거룩성과의 동행* (서울: 솔로몬, 2018), 155-157을 보라.

어 어구는 일반적인 어순을 따르고 있지는 않다. 그러나 신명기 9:7 등이 이런 어순을 사용하고 있기 때문에 이런 어순이 불가능한 것은 아니다. 아마 이런 어순은 여호와께서 애굽인들을 치신 사실과 그 대상이 애굽의 장자들이라는 사실을 겸하여 강조하는 역할을 하고 있는 것으로 보인다.[6]

7절. "동쪽의": 알-프네(עַל־פְּנֵי). 프네의 원형인 파네(פָּנֶה)는 원래 "얼굴"(face), "앞"(front) 란 의미로 쓰이는데, 이 단어가 지리적인 방위를 나타낼 때는 "동쪽"(east)을 의미하기도 한다. 대부분의 성경 역본들은 이것을 "동쪽"의 의미로 이해하고 있다. 사역은 이것을 따랐다. 개역개정은 "앞"이라는 의미를 따르고 있다.

45절. "이임": 이임(עִיִּים). 이 지명은 앞의 44절(및 민 21:11)의 이예아바림과 동일한 지명인 것으로 보인다. 이예는 이임의 연계형 형태이다. 단어의 형태를 추측할 때 이임은 아마 이이(עִי)란 단어의 복수형이며, 이예는 이것의 복수 연계형일 것으로 추측된다. 그러나 대부분의 히브리어 사전들은 이 단어나 지명의 의미에 대한 정보를 제공하고 있지 않다. 그러나 상당히 고전적인 한 자료에 따르면 이 단어는 "폐허(더미)"(ruins, ruinous heaps)를 의미한다고 한다.[7] 민수기에서는 이 단어에 대한 뜻이 따로 제시되거나 이름과 관련한 어떤 유의미한 사건이 기록되어 있지 않다.

3단계: 단락 구분

민수기 33장의 단락 구분은 다음과 같다.

6 이에 대한 자세한 논의 및 문법 자료는 Timothy R. Ashley, *The Book of Numbers*, The New International Commentary on the Old Testament (Grand Rapids: Eerdmans, 1993), 620, n. 3을 참고하라.

7 Wilhelm Gesenius, *Gesenius' Hebrew and Chaldee Lexicon to the Old Testament Scriptures (Grand Rapids: Baker, 1990), 621.*

1-2절 광야 여정 기록

1-2절 도입구

3-49절 여정 본문

3a절 라암셋 출발

3b-4절 유월절 및 출애굽 사건

5-8절 라암셋부터 마라까지 여정

9절 엘림 사건

10-13절 엘림부터 알루스까지 여정

14절 르비딤 사건

15-37절 르비딤부터 호르 산까지 여정

38-49절 아론의 죽음 사건

40절 아랏 왕과의 전쟁

41-49절 호르 산부터 모압 평지까지 여정

50-56절 하나님의 명령들과 경고

50절 말씀 도입구

51-53절 가나안 정복, 원주민 추방, 성상 파괴 명령

54절 기업 분배 명령

55-56절 원주민 추방 실패시의 경고

4단계: 본문 해설

1-2절. 이 본문은 3-49절에 나오는 광야 여정기의 도입구이다. 한국어 번역에서는 잘 나타나 있지 않지만 히브리어로는 "이것은…여정들이다"라는 문구가 1-2절의 시작과 끝을 장식함으로써 수미쌍괄식 구성을 이루고 있다.

이 중에서 1절은 이 여정들이 "진영별로 애굽 땅을 나온" 이스라엘 자

손들에 대한 것임을 밝히고 있다. 여기에서 "진영별로"라는 표현은 민수기 1-2장에 자주 나온 표현이었다(1:3; 2:3, 10, 18, 25, 32). 이 표현은 이스라엘의 성격, 즉 약속의 땅의 정복을 위한 군대로서의 성격을 잘 보여주며, 1세대의 실패 이후에 다시 한번 가나안 정복을 준비하는 현재의 이스라엘의 성격을 다시 한번 부각시켜주고 있다.

이어서 2절은 모세가 이 여정기를 기록하였는데, 그 기록에 대한 명령은 하나님께서 주신 것임을 밝히고 있다. 정복을 위한 군대로서의 이스라엘은 단순히 세속적인 군대가 아니라 하나님의 군대이며, 지금까지의 모든 여정은 하나님의 명령에 의한 것, 즉 신적인 기원을 갖고 있는 것이었다. 그리고 앞으로 이어질 이스라엘의 모든 정복 행위들 역시 신적인 기원을 갖는 것이다. 이스라엘은 이런 자신들의 정체성을 정확히 인식할 때에야 성공적으로 자신들의 임무를 수행할 수 있을 것이다.

3-4절. 이 본문은 광야 여정기 본론의 첫 내용이다. 이스라엘은 광야 여정 제1년 1월 15일에 라암셋을 출발하였으며, 그 다음 기착지인 숙곳에 도착했다.

3절은 여정의 첫 출발지를 기록함과 동시에 이 출발을 가능하게 한 사건인 유월절 사건과 그 여파를 마치 여러 각도에서 현장을 찍은 스냅샷처럼 소개하고 있다.

우선 이스라엘에 대한 묘사는 그들이 애굽 사람들의 목전에서 "의기양양하게" 나왔다고 되어 있다. 이 때 "의기양양하게"라는 표현은 사역 해설에서 보듯이 직역하면 "손을 높이 들고"란 뜻이다. 이스라엘은 승리한 부대가 개선 행진을 하듯이 한껏 두 손을 쳐들고 걸어가는 것과 같은 모습으로 애굽을 빠져 나왔다. 이것은 하나님께서 열 가지 재앙, 그 중에서도 특히 열 번째 재앙 및 그 전날의 유월절 사건을 통해서 애굽의 바로와 기타 사람들과 가축들의 모든 처음 난 것들을 다 맹폭하셨기 때문에 가능한 것이었다. 이로 인해서 애굽 사람들은 "우리가 다 죽은 자가 되도다"라고 탄식하며, 이스라엘을 빨리 자기네 영토에서 내보내려고 하였다(출 12:33-36). 이스라엘은 정말 승리한 군대와 같았던 것이다.

4절은 다음 스냅샷으로 애굽 사람들의 모습을 제공해주고 있다. 유월절 사건을 통해 하나님께서 장자들을 치신 것 때문에 그들은 모두 장사를 치르고 있었다. 이 날은 또한 하나님께서 "그들의 신들에게 심판을 행하신" 날이었다(출 12:12; 참고, 출 18:11). 이처럼 유월절 사건을 통해 이스라엘은 신과 인간의 양 측면에서 모두 승리를 거두었다. 이런 3-4절의 내용, 즉 과거의 하나님의 백성이 이 양 측면에서 승리를 거둔 것은 결국 이 장의 마지막 단원인 50-56절의 가나안 정복에 대한 명령의 성공 가능성에 무게를 더해준다. 과거에 승리를 하신 하나님은 미래에도 승리를 가져다 주실 수 있을 것이다.

5-8절. 여기에는 특별한 사건에 대한 언급이 없이 라암셋, 숙곳, 에담, 믹돌 앞, 마라까지의 여정을 여정기의 기본 양식인 "~을 떠나 ~에 진을 쳤다"는 도식화된 표현을 통해서 소개하고 있다.

9절. 이 구절은 마라 다음의 장소인 엘림의 경험에 대한 구체적인 내용을 제공하고 있는데, 이것은 홍해를 건넌 후 이스라엘이 진짜 광야에서 처음으로 경험한 일을 기록하고 있는 출애굽기 15:22-27의 에피소드, 그 중에서도 특히 27절의 엘림에 대한 부분의 인용이다. 다시 말해서 9절은 이 출애굽기 단락 전체의 내용을 상기시키면서도 그 하일라이트인 27절의 엘림에서의 경험에 초점을 맞추고 있는 것이다. 이 출애굽기 단락에 따르면 이스라엘은 홍해를 건넌 후 처음 3일 동안은 물을 경험하지 못하고, 마라란 곳에 이르렀으나 그 곳의 물은 써서 먹을 수 없는 물이었다. 하지만 모세의 기도로 하나님께서는 쓴 물을 단 물로 바꾸셨다. 그리고 거기에서 더 가서 엘림이라는 곳에 이르렀을 때 이스라엘은 물샘 열 둘과 70그루의 종려나무를 보았다. 따라서 이 출애굽기 단락의 "물 없음→쓴 물→단 물→풍부한 물"의 도식은 이스라엘에게 하나님과 함께 할 때 경험할 수 있는 삶의 변화에 대한 희망적 메시지로 읽힐 수 있다.[8] 이렇게 이 여정기는 광야 시대의 첫 사건의 긍정적인 내용의 이야기를 언급함으로써 광야 시대에 대한 과거의 경험을 밝은 색으로 도색하고 있다.

10–14a절. 이 부분은 다시 별다른 사건에 대한 언급이 없이 엘림, 홍해가, 신 광야, 돕가, 알루스, 르비딤의 여정을 여정기의 특징적인 문구로 열거하고 있다.

14b절. 이 짧은 본문은 르비딤에서의 사건, 즉 맛사 사건(출 17:1-7)을 언급하면서 "백성이 마실 물이 없었다"라고 기록하고 있다. 이미 엘림에서 물과 관련하여 긍정적 경험을 한 이스라엘이 맛사 사건에서 하나님께 불평을 하고 "여호와께서 우리 중에 계신가 안 계신가"(출 17:7)라고 하면서 시험을 한 것은 충격적이다. 이런 점에서 이 구절의 언급은 광야 시대에 대한 부정적인 이미지의 대표적인 경우로 꼽힌다. 저자는 이 사건을 언급함으로써 광야 시대가 결코 엘림에서의 일과 같이 긍정적인 경험으로만 채워져 있지 않음을 보여준다. 이스라엘이 어떤 태도를 취하느냐에 따라 얼마든지 하나님 경험은 긍정적인 것에서 부정적인 것으로 바뀔 수가 있는 것이다. 이런 면에서 과거는 긍정과 부정, 희망과 경고가 날줄과 씨줄로 엮여 있는 천과 같으며, 이 점은 앞의 "개관과 신학"에서 다룬 바와 같이 현재와 미래도 마찬가지다. 과거는 현재와 미래의 거울이라 할 수 있다.

15–18절. 이 부분 역시 전형적인 여정기 도식을 사용하여 르비딤, 시내 광야, 기브롯핫다아와, 하세롯, 릿마의 여정을 기록하고 있다. 이 중에서 마지막의 릿마를 제외한 나머지 장소들은 출애굽기 17장-민수기 12장에 언급된 장소들이다.

19–36절. 역시 전형적인 여정기 도식을 따르고 있다. 여기의 장소들은 오경 내에서 거의 찾아볼 수가 없다. 15-36절 전체를 고려할 때 시내 광야

---

8 이런 분석은 민수기 10장과 11장 사이에 배치한 "민수기의 광야 사건들의 이해" 항목 및 이것이 기초하고 있는 박철현, *출애굽기 산책* (서울: 솔로몬, 2014), 135-159의 해당 내용의 설명을 참고하라.

에 위치한 시내 산에서의 언약식 및 율법 수여에 대한 내용(출 19장-민 10장) 이나 민수기 13-14장의 정탐꾼 사건이 언급되지 않은 것은 상당히 이채롭다. 그러나 이 점들이 아무리 우리의 흥미를 자극한다고 할지라도 더 이상의 해석을 하는 것은 불가능해 보인다. 침묵에 의한 논증으로부터 얻을 수 있는 것은 별로 없다.

37-40절. 이 본문을 통해서 광야 여정의 기록은 과거에서 현재의 시점으로 들어온다. 민수기 20장의 내용을 다루고 있는 이 본문은 제40년에 벌어진 일들을 다루고 있기 때문에 현재 본문인 민수기 33장과는 거시적인 측면에서 현재라는 시간의 범주에 속한다.[9] 이 현재적 사건으로는 아론의 죽음과 아랏 왕과의 전쟁이라는 두 개의 사건이 언급되고 있다. 이 두 사건 역시 현재적 관점에서의 긍정과 부정, 희망과 경고를 담고 있다.

우선 37-39절은 호르 산에서 아론이 죽은 것에 대해서 언급하고 있다(참고, 20:22-29). 그의 죽음은 광야 1세대에서 2세대로의 전환의 표시이기도 했지만 그 앞의 민수기 20:2-13의 므리바 사건에서 그와 아론이 여호와의 거룩을 제대로 드러내지 못했기 때문이기도 하다. 이런 면에서 그의 죽음은 현재 상황에서의 부정적 측면을 드러내준다.

반면에 40절의 아랏 왕과의 전쟁은 광야 2세대가 처음으로 치른 전투에서의 승리에 대한 언급이다. 이것은 장차 가까운 미래에 가나안 정복 전쟁을 치러야 하는 이스라엘에게 희망적 메시지를 던져 준다.

41-49절. 마지막으로 다시 한번 본문은 전형적인 여정기 도식을 사용하여 호르 산으로부터 모압 평지까지의 여정을 묘사하고 있다. 호르 산, 살모나, 부논, 오봇, 이예아바림, 디본갓, 알몬디블라다임, 아바림 산, 모압 평지가 언급되고 있다. 특히 마지막 기착지인 모압 평지의 경우에는 이스라엘이 벧여시못에서 아벨싯딤에 이르는 지역에 걸쳐서 진을 쳤다는 것을 언급

9 민수기 20:1은 "제1월"(개역개정, "첫째 달")이라고 밝히고 있는데, 이것은 광야 제40년의 1월임이 틀림 없다. 이에 대한 해설은 민수기 20:1의 "본문 해설"을 참고하라.

하고 있다. 이 모압 평지는 33장의 마지막 단원인 50-56절의 말씀이 주어진 배경으로 언급되고 있다(50절).

50–56절. 마지막 문단은 50절의 말씀 도입구에 이어 가까운 미래에 닥칠 정복 전쟁과 관련한 하나님의 명령들과 경고를 담고 있다. 앞의 33장의 과거와 현재에 대한 본문의 내용들이 긍정적인 것과 부정적인 것들 혹은 희망과 경고의 이중적 측면들을 가지고 있었던 것처럼 최종적인 하나님의 말씀 역시 같은 구성을 갖고 있다.

51-53절은 가나안 정복에 대한 하나님의 명령들을 담고 있다. 이 명령들은크게 다음의 두 가지로 이루어져 있다.

(1) 이스라엘은 그 땅의 원주민을 내쫓고 대신 그곳에 거주하라는 명령을 받았다. 이런 명령의 근거로 하나님은 이 땅을 이스라엘에게 주신 분이 바로 자신이라고 밝히시고 있다.

(2) 그 땅의 각종 신상들을 다 부수고, 산당들을 파괴하라고 명령하시고 있다. 그 땅은 하나님의 땅이기 때문에 하나님과 경쟁하는 모든 우상들과 관련된 것들은 그 땅에서 존재해서는 안 되었다.

54절은 기업 분배에 대한 명령을 하시고 있다. 이 구절에서 언급된 표현은 이미 26:53-56에서 천명하신 말씀의 반복이다.

55-56절은 하나님의 경고를 담고 있다. 우선 55절은 이스라엘이 원주민을 쫓아내지 않고 남겨두면 그들이 "눈의 가시와…옆구리의 찌르는 것"이 되어 이스라엘을 약속의 땅에서 괴롭힐 것이라고 말씀하신다. 여기에서 중요한 것은 원주민 자체가 그들이 섬기는 신들이다. 나중에 여호수아서 2장의 라합의 경우에서 보듯이 가나안 원주민이 모두 다 문제가 되는 것은 결코 아니다. 이런 류의 경고의 말씀은 이미 시내산 언약 본문인 출애굽기 23:32-33에 나와 있는데, 이 후자의 구절에 따르면 진짜로 문제가 되는 것은 이 원주민들이 섬기는 신들이다: "너는 그들과 그들의 신들과 언약하지 말라 그들이 네 땅에 머무르지 못할 것은 그들이 너를 내게 범죄하게 할까 두려움이라 네가 그 신들을 섬기면 그것이 너의 올무가 되리라". 이 점은

앞의 51-53절의 하나님의 명령에서도 나타나 있을 뿐만 아니라 나중에 신명기 7:4, 16이나 여호수아서 23:12-13 등에서도 계속 반복되고 있다.

마지막 구절인 56절에서 하나님은 인과응보적 원칙을 천명하시고 있다. 이스라엘의 운명은 결국 자신들이 하나님의 명령대로 수행하느냐 아니냐 하는 것에 달려 있다. 그들이 명령을 따르면 그들은 평안을 얻을 것이다. 그러나 명령에 순종하지 않으면 그들은 하나님께서 가나안 사람들에게 행하시기로 작정한 것들을 대신 당하게 될 것이다. 실제로 이스라엘은 이 경고가 실현되는 경험을 사사기를 통해 하게 된다(삿 2:2-3, 11-15).

5단계: 적용

3-4, 14절. "…이스라엘 자손이 애굽 모든 사람의 목전에서 의기양양하게 나왔다…애굽인은…장사하고 있었다. 여호와께서는 그들의 신들에게 심판을 행하셨다…르비딤에 진을 쳤다. 거기에는 백성이 마실 물이 없었다": 민수기 33장의 광야 여정기는 군데군데 과거와 가까운 현재의 기념할 만한 사건들을 간략하게 회고하고 있다. 이 회고의 내용들은 긍정적이고 희망적인 내용도 있고, 부정적이고 경각심을 불러 일으키는 내용도 있다.

이런 두 가지 기억은 다 각각의 가치가 있다. 우선 긍정적인 내용의 기억은 우리가 미래에 비슷한 일에 대해서 비슷한 희망을 가질 수 있게 해준다. 유월절과 출애굽 시에 하나님께서 보여주신 놀라운 능력에 대한 기억은 이스라엘이 가나안 땅을 정복할 때에도 역시 하나님께서 동일하게 역사하시리라는 것에 대한 소망을 갖게 해준다.

한 편, 부정적인 과거에 대한 기억은 우리로 하여금 같은 실수를 반복하지 않게 도와준다. 시편 95:8-11은 "너희는 므리바에서와 같이 또 광야의 맛사에서 지냈던 날과 같이 너희 마음을 완악하게 하지 말지어다. 그 때에 너희 조상들이 내가 행한 일을 보고서도 나를 시험하고 조사하였도다. 내가 사십 년 동안 그 세대로 말미암아 근심하여 이르기를 그들은 마음이 미혹된 백성이라 내 길을 알지 못한다 하였도다. 그러므로 내가 노하여 맹세하기를 그들은 내 안식에 들어오지 못하리라 하였도다"라고 말씀하시고 있다. 우리가 이런 과거를 기억하는 것은 뼈아픈 일이기는 하지만 그것들을 잘 기억하면 할수록 우리는 그런 일이 반복되는 것을 피할 수가 있다.

55–56절. "만약 너희가 그 땅의 원주민을 너희 앞에서 쫓아내지 않으면 너희가 남겨둔 자들이 너희 눈의 가시와 너희 옆구리의 찌르는 것이 되어 너희가 거주하는 땅에서 너희를 괴롭힐 것이다. 그리고 나는 그들에게 행하기로 생각한 것을 너희에게 행할 것이다": 하나님은 이스라엘이 가나안 땅의 원주민을 완전히 쫓아낼 것을 명령하시고 있다. 그리고 만약 그렇게 하지 않을 경우에는 그들이 "눈의 가시와…옆구리의 찌르는 것"이 될 것이며, "그들에게 행하기로 생각한 것을 너희에게 행할 것"이라고 경고하시고 있다.

이처럼 이방인을 방치하는 것의 진짜 문제는 그 이방인들 자체가 아니라 그들의 우상 숭배와 그들의 악한 풍습을 이스라엘이 배울 위험성이었다. 시편 106:34-36에서 시인은 지적하기를 "그들은 여호와께서 멸하라고 말씀하신 그 이방 민족들을 멸하지 아니하고 그 이방 나라들과 섞여서 그들의 행위를 배우며 그들의 우상들을 섬기므로 그것들이 그들에게 올무가 되었도다"라고 하였다. 이처럼 이방인들의 위험성은 그 이방인들이란 인간 자체에 있는 것이 아니라 그들의 우상과 가증스러운 행위였다. 만약 이스라엘이 하나님에 대한 신앙과 하나님의 계명의 말씀에 충실하지 못하고, 이방인들을 따라서 이런 것들에 빠지게 될 때 이것들은 이스라엘에게 올무와 가시와 찌르는 것이 될 수밖에 없으며, 이스라엘은 이들이 당할 운명을 대신 당하게 될 수밖에 없었다.

현재 우리도 이 점을 반드시 기억해야 한다. 우리가 하나님을 믿는다고 하면서도 우리 시대의 악한 풍조와 적당히 타협하면서 살면 우리 역시 55-56절의 경고의 대상이 될 수밖에 없다. 따라서 우리는 사도 바울이 말했던 것처럼 "악은 어떤 모양이라도 버리"려고 해야 한다. 이처럼 성경은 적당한 선에서 타협하는 것을 가르치고 있지 않다. 우리는 그 "어떤 모양이라도" 이런 것들이 우리 삶의 일부로 파고들게 해서는 안 된다.

6단계: 설교 "신분이 아니라 삶이 문제"

(민 33:50-56; 신 23:1-8; 룻 1:16)

오늘 우리는 구약의 사상과 관련하여 잘못된 이해를 교정하면서 구약이 추구하는 본질이 무엇인지를 살펴보고자 합니다. 우선 오늘의 중심 본문이 되는 민수기 33:50-56에서 하나님은 "그 땅의 원주민을 너희 앞에서 쫓아내라"고 명령하시고 있습니다. 그리고 그들을 "너희 앞에서 쫓아내지 않으면 너희가 남겨둔 자들이 너희 눈의 가시와 너희 옆구리의 찌르는 것이 되어 너희가 거주하는 땅에서 너희를 괴롭힐 것"이라고 말씀하고 있습니다.

이런 본문을 볼 때 우리는 하나님이 당신의 백성만 사랑하고 이방 민족들을 싫어하시는구나 하고 오해하는 경우가 많습니다. 또 이런 오해를 하나님의 주권적인 선택의 문제로 치부하고 말아 버립니다.

또한 이런 이해를 신명기 23:1-8과 같은 본문에 근거해서 정당화시켜버리고 맙니다. 이 신명기 본문은 어떤 사람들이 "여호와의 총회에 들어오지 못하는 자"인지에 대해서 규정하고 있습니다. 이 본문에 따르면 "고환이 상한 자나 음경이 잘린 자"(1절), 즉 신체에 특정한 종류의 결함이 있는 자들, "사생자"(2절), 즉 부모의 합법적이지 않은 성관계를 통해 태어난 자는 여호와의 총회에 들어가지 못한다고 합니다. 또한 "암몬 사람과 모압 사람"(3절)은 "십 대뿐 아니라 영원히" 여호와의 총회에 들어가지 못한다고 되어 있습니다. 그리고 "에돔 사람"과 "애굽 사람"은 3대 후에는 여호와의 총회에 들어갈 수 있다고 합니다(7-8절).

이런 본문들은 오늘의 중심 본문인 민수기 33:50-56과 잘 상응하는 것처럼 보입니다. 그러나 이것은 사실이 아닙니다. 더구나 이런 식의 성경 이해는 성경의 다른 말씀들과 중대한 충돌을 일으킵니다. 예를 들어 우리는 구원론과 관련하여 가장 중요한 본문들 중의 하나인 요한복음 1:12-13의 말씀을 생각해볼 수 있습니다: "영접하는 자 곧 그 이름을 믿는 자들에게는 하나님의 자녀가 되는 권세를 주셨으니 이는 혈통으로나 육정으로나 사람의 뜻으로 나지 아니하고 오직 하나님께로부터 난 자들이니라". 이 본문은 하나님의 자녀가 되는 권세가 "혈통으로나 육정으로나 사람의 뜻으로 나지 않는다"고 말씀하고 있습니다. 그런데 앞의 신명기 23:1-8의 경우들은 전부 혈통, 육정, 사람의 뜻으로 난 자들에 대한 것입니다. 이런 자들이 하나님의 백성이 될 수 없다는 이 본문의 말씀이 정말 문자 그대로의 뜻이라면 요한복음 본문의 말씀은 서로 조화를 이룰 수가 없습니다. 어느 하나가 맞으면 다른 하나는 틀려야만 하는 것입니다.

요한복음의 말씀이 좀 더 궁극적 원리에 대한 말씀이라면 신명기 본문의 말씀은 우리가 통상적으로 이해하는 그런 뜻이 아닐 것입니다. 실제로 이것이 궁극적 원리를 말씀하고 있지 않다는 것은 이사야서 56:1-8의 말씀이 밝혀줍니다. 이 본문에는 3절에 "여호와께 연합한 이방인", "고자" 등이 나옵니다. 이들은 바로 신명기 23:1-8이 말하고 있는 바, 여호와의 총회에 들어갈 수 없는 그런 부류의 사람들입니다. 이사야서 본문이 바로 이 신명기 23장의 말씀에 빗대어 말하고 있는 것이 분명합니다. 그런데 이사야서 본문은 말하기를 "여호와께 연합한 이방인은 나를 그의 백성 중에서 반드시 갈라내시리라 하지 말며 고자도 말하기를 나는 마른 나무라 하지 말라…나의 안식일을 지키며 내가 기뻐하는 일을 선택하며 나의 언약을 굳게 잡는 고자들에게는 내가 내 집에서…영원한 이름을 주어 끊어지지 아니하게 할 것이며 또 여호와와 연합하여…나의 언약을 굳게 지키는 이방인마다 내가…내 집에서 그들을 기쁘게 할 것이며 그들의 번제와 희생을 나의 제단에서 기꺼이 받게 되리니"라고 말씀하고 있습니다(사 53:3-7)

위의 말씀에서 보듯이 하나님께서 궁극적으로 중요하게 여기시는 것은 이방인이냐 아니냐, 음경이 상하고 고환이 잘려서 고자가 된 상태이냐 아니냐 하는 것이 아니라는 것입니다. 진짜 중요한 것은 여호와와 연합했느냐, 하나님의 언약을 굳게 붙잡느냐 하는 것입니다. 이런 자들에게는 신명기 23:1-8의 표면적인 의미가 적용되지 않습니다. 이 본문에 언급된 누구라도 하나님과 바른 관계를 갖고, 그 분의 언약과 말씀에 충실하고자 하는 자는 다 여호와의 총회에 들어가며, 하나님의 자녀가 되는 권세를 누릴 수 있습니다. 다시 말해 신명기 23:1-8이 진짜 말씀하고자 하는 바는 여호와의 총회에 들어가는 자의 외적인 신분이 아니라 내적인 마음 상태가 더 중요하며, 이것이 본질이라는 것입니다.

이런 해석을 염두에 두고 보면 구약에는 신명기 23:1-8의 표면적인 내용과 상충되는 경우들을 많이 볼 수 있습니다. 우선 룻의 예를 들 수 있습니다. 그녀는 모압 사람이었기 때문에 신명기 23:1-8의 말씀을 적용하자면 그녀는 여호와의 총회에 들 수 없었습니다. 또한 그녀의 4대손인 다윗 역시 이스라엘의 왕이 될 수 없었습니다.

하지만 그런 것은 전혀 문제가 되지 않았습니다. 그 이유는 그녀가 적극적으로 하나님의 백성이 되고자 했기 때문입니다. 룻기 1:16이 말씀하고 있듯이 그녀는 자기 시어머니 나오미에게 했던 말, "어머니께서 가시는 곳에 나도 가고 어머니께서 머무시는 곳에서 나도 머물겠나이다 어머니의 백성이 나의 백성이 되고 어머니의 하나님이 나의 하나님이 되시리니"라는 말에 충실했습니다. 그리고 그것으로 인해 그녀는 하나님의 은혜를 충만히 누렸습니다.

이와 같은 예를 우리는 구약에서 무수히 찾을 수 있습니다. 여호수아서 2장의 라합 같은 경우도 대표적이지요. 원래 가나안 사람들과 그들의 모든 물건들은 아간 사건(수 7장)에서 보듯이 다 헤렘으로 바쳐져야 했습니다. 그러나 그녀와 그녀의 가족은 구원을 얻습니다. 이유는 딱 하나밖에 없습니다. 그녀가 이사야서 56:3이 말씀하고 있는 바와 같이 "여호와께 연합한 이방인"이었기 때문입니다.

이런 점들을 고려하고 민수기 33:50-56의 말씀으로 돌아올 때 이 본문에서 진짜 문제는 이방인들 자체가 아닙니다. 하나님께서 이방인들을 약속의 땅에서 쫓아내라고 말씀하셨을 때 진짜 본질은 이방인들 자체가 아닙니다. 본문을 좀 더 주의 깊게 보면 본질은 이방 신들에 대한 신앙입니다. 그래서 하나님은 "너희가 요단 강을 건너 가나안 땅에 들어가거든…그 새긴 석상과 부어 만든 우상을 다 깨뜨리며 산당을 다 헐고"라고 말씀하시는 것입니다. 이것이 핵심이라는 점은 평행 본문인 출애굽기 23:20-33을 보면 더 분명해집니다. 이 본문은 "너는 그들의 신을 경배하지 말며 섬기지 말며 그들의 행위를 본받지 말고 그것들을 다 깨뜨리며 그들의 주상을 부수고…너는 그들과 그들의 신들과 언약하지 말라 그들이 네 땅에 머무르지 못할 것은 그들이 너를 내게 범죄하게 할까 두려움이라 네가 그 신들을 섬기면 그것이 너의 올무가 되리라"고 말씀하고 있습니다(24, 32-33절).

이처럼 이스라엘이 가나안 정복을 명령 받았을 때 핵심은 이방인의 인종 청소가 아닙니다. 핵심은 이방 신들입니다. 이방인들 중에서도 룻이나 라합처럼 하나님과 연합한 자들에게는 아무 문제가 없을 뿐더러 그런 사람들은 오히려 하나님의 더 큰 축복을 받습니다.

오늘의 중심 본문인 민수기 33:50-56으로 돌아가겠습니다. 이런 내용의 본문들을 우리는 구약에서 자주 만날 수 있는데, 이런 본문을 표면적으로 언뜻 느껴지는 의미로 이해하면 안됩니다. 그런 식의 이해로는 우리는 이런 본문들을 성경 전체의 사상과 조화시키기가 어렵습니다. 이런 식의 오해는 우리로 하여금 성경의 하나님에 대한 잘못된 이해를 하게 만들 수 있습니다. 하나님은 사랑의 하나님인데, 그 하나님이 어떤 사람들에게는 왜 이렇게 가혹하신가 하는 질문을 던질 수밖에 없게 하기 때문입니다.

그러나 위에서 살펴본 바와 같이 오늘 본문에서 본질은 이방인들 그 자체가 아닙니다. 그들이 섬기는 신들이 문제입니다. 그런 신들을 믿는 이방인들을 그대로 두면 하나님의 백성이 그들의 신들을 따라가고, 그 결과로 그들의 행위마저도 따라갈 수 있기 때문에 문제가 되는 것입니다. 그러나 그 이방인들이 이사야서 56:1-8의 이방인들처럼, 룻이나 라합처럼 하나님과 연합한다면 아무런 문제가 되지 않습니다.

이런 내용들을 살펴 보면서 우리가 얻을 수 있는 영적 교훈을 정리해보면 다음과 같습니다.

첫째, 하나님은 이방인이라고 해서 무작정 미워하시는 분이 아닙니다. 이런 본문이 "하나님은 사랑이시라"(요일 4:16)는 말씀과 위배되는 내용을 가르치는 것은 결코 아닙니다.

둘째, 본질은 이방 신들에 대한 신앙에 있습니다. 이방인들에게 있어서 진짜 문제는 그들 자신이 아니라 그들이 믿는 신들에게 있습니다. 이방 신앙을 가진 자들은 그 신들이 가르치는 삶의 방식을 따를 수밖에 없고, 그런 것들이 하나님에게는 가증스러운 것들이 됩니다. 자기 자녀들을 제물로 바치게 한다거나 이방 제의의 성전 창기 등과 같이 음행을 조장한다거나 하는 일들을 어찌 거룩하신 하나님이 참아 보실 수 있겠습니까? 하나님이 이방인을 땅에서 내쫓으라고 말씀하실 때에는 이런 것들이 문제가 되는 것입니다.

셋째, 본질이 이러할 때 정작 하나님의 백성이라고 일컬어지는 자들 중에서도 진정으로 여호와와 연합하지 못한 자들은 추방되어야 할 이방인들과 마찬가지의 존재들이라는 점입니다. 사도 바울이 말한 바와 같이 "네가 율법을 행하면 할례가 유익하나 만일 율법을 범하면 네 할례는 무할례가 되느니라…무릇 표면적 유대인이 유대인이 아니요 표면적 육신의 할례가 할례가 아닌" 것입니다(롬 2:25-28). 따라서 우리는 자신이 하나님의 백성의 무리에 육신적으로 소속되어 있다고 해서, 혹은 교회에 참석한다고 해서 자신이 진짜 하나님의 백성이라고 착각해서는 안 됩니다. 이스라엘 사람이 이방인보다 못한 경우가 성경에는 너무나도 많고, 반면에 성경에서 하나님의 칭찬을 받은 이방인들은 넘쳐납니다. 따라서 우리 각자는 자신과 하나님과의 관계에 대해서 겸손한 마음으로, 그리고 철저히 따져 보고, 재정립해야 할 것이 있으면 재정립해야 할 것입니다.

민수기 34장

약속의 땅의 경계 및 배분 담당자

민수기 34장의 신학 개관

아마 원래 의도된 민수기의 내용의 흐름을 따르자면 민수기 31장의 미디안과의 전쟁에 대한 기록과 33장의 광야 여정기는 이스라엘의 과거에 대한 극복과 정리 역할/을 하며, 34장의 기업 분배는 임박한 가나안 정복 전쟁의 서막을 했을 것이다. 그러나 갑자기 32장에서 두 지파 반, 즉 갓 지파와 르우벤 지파와 므낫세 반 지파가 요단 강 건너편 지역을 기업으로 달라고 요청한 것 때문에 이런 흐름은 잠시 중단되어버렸다.

이런 갑작스러운 중단을 34장은 다시 회복시키고 있다. 이 장은 32장의 두 지파 반에 이어 이스라엘의 나머지 아홉 지파 반(34:13)에게 나누어 줄 기업에 대한 언급을 재개하고 있는 것이다.

이 장은 "여호와께서 모세에게 말씀하셨다"라는 전형적인 말씀 도입구이자 중요한 단원 구분 표지를 통해서 크게 두 단원으로 나뉜다. 첫 단원은 1-15절까지인데, 이 단원은 하나님께서 이스라엘에게 허락하신 약속의 땅의 경계선을 천명하고 있다. 특히 이 단원의 끝 부분인 13-15절은 "모세가 이스라엘 자손에게 명령하였다"란 도입구를 통해 큰 단원 내의 세부 단원으로 분리되는데, 이 세부 단원은 이 약속의 땅이 열두 지파 전체의 것이 아닌 아홉 지파 반에게 주어질 것임을 밝히고 있다(13절). 왜냐하면 이미 두 지파 반이 위의 약속의 땅의 경계선에 포함되지 않은 요단 강 건너편 지역에서 기업을 확보했기 때문이다(14-15절).

이 장의 큰 두 번째 단원인 16-29절은 아홉 지파 반의 기업 분배를 담당할 지파장들로 각 지파의 수장들, 즉 총 열 명의 지파장들의 이름을 나열하고 있다.

이 장의 내용을 32장의 두 지파 반의 기업 분배와 관련시켜 고려해볼 때 두 가지 사항이 두드러진다. 첫째, 첫 단원(1-15절)에서 언급된 약속의 땅의 크기는 성경의 역사 속에서 이스라엘이 거의 차지해 본 적이 없을 만큼 크다(참고, 아래의 "본문 해설").[1] 이런 면에서 에스겔서 47:15-20에 종말론적으로 제시된 이스라엘의 영토가 이 민수기 34장에 제시된 영토와 같다는 점은[2] 시사하는 바가 크다. 원래 이 땅은 이스라엘이 차지하도록 주어진 땅이었지만 그들이 하나님과 언약에 충성되지 못함으로써, 오직 간헐적으로만 이 영토를 누렸으며, 결국 종말의 때에 가서야 그 완전한 실현을 꿈꿀 수 있는 땅이 되어 버렸던 것이다.

둘째, 앞에서 말한 대로 약속의 땅의 완전한 정복에 별로 성공적이지 못했던 이스라엘은 엉뚱하게도 1-15절에 제시된 약속의 땅의 밖에 있는 영역, 즉 요단 강 건너편 지역은 이미 기업으로 얻었다. 물론 이것은 민수기 32장에서 보았듯이 이 지역을 차지한 두 지파 반의 욕심 때문이었다. 그들은 나머지 지파들의 가나안 정복 작업에 끝까지 동참하겠다는 것과 그 지역에서는 기업을 분배 받지 않겠다는 것을 다짐한 후에야 겨우 모세의 허락을 받아낼 수 있었다(32:16-24). 민수기 27:1-11과 36장의 슬로브핫의 이야기에서 보듯이 꼭 하나님의 원래의 명령이나 계획에 대해서 이의를 제기하는 것이 무조건 다 나쁜 것은 아니다. 그러나 32장의 두 지파 반의 요단

---

1 Gordon J. Wenham, *Numbers: An Introduction and Commentary*. Vol. 4. Tyndale Old Testament Commentaries (Downers Grove: InterVarsity Press, 1981), 258. 웬함은 이스라엘이 정도의 영토를 역사상 한 번도 차지해본 적이 없다고 말하고 있으나 최소한 성경의 진술들이 사실인 것으로 받아들일 때 정확한 말이 아니다.

2 Jacob Milgrom, *Numbers*, The JPS Torah Commentary (Philadelphia: Jewish Publication Society, 1990), 284.

강 건너편 땅에 대한 요구는 뭔가 석연치 않은 뒷맛을 남긴다. 슬로브핫의 딸들의 이야기들의 경우처럼 "슬로브핫 딸들이 말하는 것이 옳다"는 하나님의 선명한 승인(민 27:7)도 없고, 이 지파들 편에서 뭔가 하나님의 뜻을 더 잘 구현하는 쪽으로 의견이 제시된 것도 없이 단지 자신들의 욕심 때문에 하나님이 계획하신 영토를 넘어선 땅을 탐하는 것은 뭔가 긍정적인 요소들을 찾기가 쉽지 않다.

1단계: 사역

1. 여호와께서 모세에게 말씀하셨다.
2. "너는 이스라엘 자손에게 명령하고, 그들에게 일러라. 정말로 너희가 그 땅, 곧 가나안에 들어가고 있다. 이곳은 너희의 기업이 될 그 땅, 곧 그 국경에 따른 가나안 땅이다.
3. 너희 남쪽 끝은 신 광야로부터 에돔 곁까지이다. 너희의 남쪽 경계는 동쪽으로는 염해 끝이다.
4. 너희의 경계는 아그랍빔 언덕의 남쪽으로 돌아서, 신을 지나, 가데스바네아 남쪽에서 끝난다. 또 하살아달에서 출발하여 아스몬으로 지나간다.
5. 그리고 그 경계선은 아스몬에서 돌아서 애굽 시내까지 이르며, 바다에서 끝이 난다.
6. 서쪽 경계로 말하자면 대해가 경계이다. 이것이 너희의 서쪽 경계이다.
7. 북쪽 경계는 이러하다. 대해에서부터 호르 산까지 선을 그어라.
8. 호르 산에서 르보하맛까지 선을 그어라. 그 경계선의 끝은 스닷까지이다.
9. 그 경계선이 또 시브론까지 갔다가 하살에난에서 끝난다. 이는 너희의 북쪽 경계이다.
10. 너희의 동쪽 경계를 위해서는 하살에난으로부터 스밤까지 선을 그어라.
11. 그리고 그 경계선은 스밤으로부터 아인 동쪽의 리블라로 내려가고, 그 경계선은 다시 더 내려가서 긴네렛 바다의 동쪽 편 곁에 이른다.
12. 그 경계가 또 요단으로 내려가서 염해에서 끝난다. 이것이 너희 땅의 사방 경계이다".
13. 모세가 이스라엘 자손에게 명령하였다. "이것이 너희가 제비를 통하여 할당 받을 땅이다. 이 땅은 여호와께서 아홉 지파 반 쪽에게 주라고 명령하신 것이다.

14. 왜냐하면 르우벤 자손의 지파와 갓 자손의 지파가 자신들의 가문을 따라 [자기네 기업을] 취하였으며, 므낫세 반 지파도 자신들의 기업을 취하였기 때문이다.
15. 이 두 지파와 반 지파는 여리고 동쪽, 요단 강 건너편, 곧 해 돋는 쪽에 자신들의 기업을 받았다".
16. 여호와께서 모세에게 말씀하셨다.
17. "너희들에게 땅을 기업으로 나눌 자들의 이름은 이러하다: 제사장 엘르아살, 눈의 아들 여호수아.
18. 너희는 또 기업의 땅을 나눌 지파장을 각 지파마다 한 명씩 취하여라.
19. 그 사람들의 이름은 이러하다: 유다 지파에서는 여분네의 아들 갈렙,
20 시므온 지파에서는 암미훗의 아들 스므엘,
21. 베냐민 지파에서는 기슬론의 아들 엘리닷,
22. 단 자손 지파에서는 지파장으로 요글리의 아들 북기,
23. 요셉 자손 중 므낫세 자손 지파에서는 지파장으로 에봇의 아들 한니엘,
24. 에브라임 자손 지파에서는 지파장 십단의 아들 그므엘,
25. 스불론 자손 지파에서는 지파장 바르낙의 아들 엘리사반,
26. 잇사갈 자손 지파에서는 지파장 앗산의 아들 발디엘,
27. 아셀 자손 지파에서는 지파장 슬로미의 아들 아히훗,
28. 납달리 자손 지파에서는 지파장 암미훗의 아들 브다헬.
29. 이들은 가나안 땅에서 이스라엘 자손에게 기업을 받게 하도록 여호와께서 명령하신 자들이다".

2단계: 사역 해설

2절. "정말로": 키(כִּי). 이 단어는 개역개정을 포함한 대부분의 번역본들에서 시간의 부사절을 이끄는 접속사, 즉 "~할 때"(when)로 간주되고 있다. 그러나 이 경우 뒤에 이어지는 문구들이 구문론적으로나 내용적으로 어색하게 된다. 이런 해석이 이 구절의 해석에 야기시키는 단점들은 다음의 몇 가지이다.

첫째, 이런 해석을 따를 경우 2절 전반부는 "너는 이스라엘 자손에게 명령하고, 그들에게 일러라. 너희가 그 땅, 곧 가나안에 들어갈 때"라고 번역

되며, 이 "들어갈 때" 부분에 2절을 이등분으로 나눠주는 강한 액센트인 아트나흐(֑◌)가 와 있다는 점이다. 다시 말해 2절을 양분하는 분리 액센트인 아트나흐가 시간의 부사절과 주절을 나누는 자리에 와 있다는 점이다. 그러나 이 분리 액센트의 일반적인 용도를 볼 때 이럴 가능성은 거의 없다.

둘째, 이 해석은 "들어가다"라는 뜻의 동사가 분사형을 쓰고 있다는 점을 잘 설명해주지 못한다. 그런데 이상하게도 주석가들은 왜 여기에서 분사형이 사용되고 있는지에 대해서 전적으로 침묵하고 있다.

셋째, 이 시간의 부사절 속에 있는 "그 땅, 곧 가나안"이란 문구는 시간의 부사절 속의 내용이 뒤의 주절과 연결될 때 문장 전체를 굉장히 부자연스럽게 만든다. 즉 키를 시간의 부사절로 간주하고, 이 부사절 동사가 분사형임을 감안한 상태에서 주절과 함께 억지로 직역하자면 "너희가 그 땅 곧 가나안에 들어가고 있는 때 이것은 너희에게 기업으로 할당될 땅이다"라고 되어야 하는데, 이 직역의 말이 상당히 어색하다는 것을 독자들은 감지할 수 있을 것이다.

이런 모든 난점들은 이 키란 단어를 "정말로"란 감탄사로 해석하면 다 해결된다. 하나님은 이 감탄사에 이어지는 문장을 통해 이제 이스라엘이 정말로 약속의 땅 입성을 목전에 두고 있다는 것을 강조하시고 있는 것이다. 사역은 이런 견해를 반영하여 작성되었다.

"그 땅, 곧 가나안": 하아레쯔 크나안(הָאָרֶץ כְּנָעַן). 이 구문에서 "그 땅"을 의미하는 하아레쯔와 "가나안"의 히브리어 명칭인 크나안은 동격 관계에 있다. 이 둘은 "가나안 땅"이라고 번역될 수 있는 일반적인 구문 형태인 "연계형-절대형"의 결합 형태로 이루어진 것이 아니다. 이 후자와 같이 되려면 아레쯔에서 정관사 하가 빠져야 한다. 위의 키란 문구의 사역 해설에서도 잠깐 언급했지만 "그 땅, 곧 가나안"이라는 동격 관계로 볼 때 2절의 문장들 사이의 관계가 부자연스러워지기 때문에 학자들은 이 구문에 의문을 제기하고 그냥 "가나안 땅"으로 읽는 독법을 거의 다 취한다.[3] 하지만 이것은 자음 본문을 손 대야 하기 때문에 적절하지 않다. 또한 현재 사역과 같이 키를 감탄사로 보고, 이 문구가 포함된 문장을 시간의 부사절이 아니라 감탄문으로 해석하면 현재의 원문은 아무런 해석상의 장애도 일으키지 않는다.

8절. "르보하맛": 개역개정은 이 곳의 장소를 "하맛 어귀"라고 번역한다. 이것은 히브리어 어휘인 르보 하마트(לְבֹא חֲמָת)를 문자적으로 번역한 것이지만 많은 학자들은 이 히브리어 어구 자체가 지명이라고 생각한다. 따라서 더 최근의 성경번역본들과 구약 전문 서적들은 "르보하맛"(Lebo-hamath)이라고 번역하기를 선호하는 경향이 있다(NIV, ESV, NET, Tanakh 등).[4]

10절. "선을 그어라": 붸히트압뷔템(וְהִתְאַוִּיתֶם). 이 동사의 어간은 아봐(אוה)가 되어야 하겠지만 학자들은 그 어간을 앞의 7-8절에서 "선을 긋다"는 의미로 사용된, 그리고 구약성경 전체를 통틀어 단 두 번만 사용된 동사인 타아(תָּאָה)로 봐야 한다고 제시한다.[5] 현대의 대부분의 번역본들은 이런 견해를 따르고 있고, 사역도 이 견해를 따라가고 있다. 이 견해의 유일한 난점은 이 단어 중간의 봐브(w)가 탈락되어야 한다는 점이며, 모음은 원래의 자음 본문에는 없었던 것이기 때문에 별 문제는 아니다.

13절. 이 구절의 하나님의 명령의 내용은 한 문장으로 되어 있으나 한국어로 이런 문장 구성을 유지하기 힘들어 두 개의 문장으로 나누었다.

14절. 이 구절에서 개역개정은 르우벤과 갓, 이 두 지파는 기업을 "받을 것이며", 므낫세 반 지파는 기업을 "받았음이니라"고 번역함으로써 오해의

---

3 이런 것에 대한 좋은 정리는 Timothy R. Ashley, *The Book of Numbers*, The New International Commentary on the Old Testament (Grand Rapids: Eerdmans, 1993), 637, n. 1에 언급된 자료들을 보라.

4 이에 대해서는 Walter A. Elwell and Barry J. Beitzel (eds.), "Hamath", *Baker Encyclopedia of the Bible* (Grand Rapids, MI: Baker Book House, 1988), 919-920 등의 자료를 참고하라. 르보하맛으로 번역하고 있는 성경 번역본들의 목록은 내가 따로 찾아본 것들이다.

5 Ludwig Koehler (ets.), *The Hebrew and Aramaic Lexicon of the Old Testament* (Leiden: E.J. Brill, 1994-2000), 1: 20.

소지가 있게 번역하고 있다. 마치 전자의 두 지파는 미래에 기업을 받게 될 것이고, 후자의 지파는 과거에 이미 기업을 받은 것처럼 되어 있는 것이다. 그러나 히브리어 원문은 이 두 집단의 경우 모두 완료형을 써서 이들이 이미 기업을 받은 것으로 말하고 있다.

15절. “받았다”: 라크후(לָקְחוּ). 14절과 마찬가지로 형태는 완료형으로 되어 있으며, 과거로 번역되어야 한다. 개역개정은 이것을 “받으리라”고 번역함으로써 원문과 상응하지 않는다.

19절. “지파장”: 나씨(נָשִׂיא). 나씨는 이미 민수기 1:16의 사역 해설을 통해서 설명한 바와 같이 오경에서 보통은 이스라엘 지파의 수장을 의미하며, “지파장”이라고 번역하는 것이 좋다. 개역개정은 이 단어를 특별한 이유 없이 자꾸 다른 단어로 번역하고 있는데 이것은 개정되어야 한다.

3단계: 단락 구분

민수기 34장의 단락 구분은 다음과 같다.

- 34:1-15 약속의 땅의 경계선
  - 34:1 말씀 도입구
  - 34:2-12 약속의 땅의 경계선
    - 34:2 경계선에 대한 말씀의 서론
    - 34:3-5 남쪽 경계선
    - 34:6 서쪽 경계선
    - 34:7-9 북쪽 경계선
    - 34:10-12a 동쪽 경계선
    - 34:12b 경계선 말씀의 결말구
  - 34:13-15 두 지파 반의 기업의 제외

34:16-29 약속의 땅의 분배 책임자 임명

34:16 말씀 도입구

34:17 총책임자 임명

34:18 지파별 책임자 명단

34:18 명단 서론

34:19-28 열 명의 지파별 책임자 명단

34:29 땅의 분배 책임자 명단 결말구

민수기 34장은 "여호와께서 모세에게 말씀하셨다"란 말씀 도입구(1, 16절)를 통해서 두 개의 큰 단원, 즉 1-15절과 16-29절로 나뉜다. 그리고 첫 단원의 끝 부분에는 "모세가 이스라엘 자손에게 명령하였다"는 도입구(13절)로 시작되는 세부 단원이 들어있다(13-15절). 큰 첫 단원은 약속의 땅의 경계선을 말하고 있으며, 큰 두 번째 단원은 기업의 분배 책임자의 목록을 다루고 있다.

4단계: 본문 해설

1절. "여호와께서 모세에게 말씀하셨다": 이 문구는 레위기와 민수기에서 흔히 보는 말씀 도입구이다. 34장의 첫 번째 큰 단원, 즉 약속의 땅의 경계선에 대한 정보를 제공하는 단원을 도입하고 있다.

2절. 이 구절은 약속의 땅의 경계선에 대한 하나님의 말씀을 담고 있다. 중간의 "정말로 너희가 그 땅, 곧 가나안에 들어가고 있다"는 문장은 사역 해설에서 보듯이 키라는 접속사와 동사의 분사형을 사용하여 가나안 입성이 목전에 다다랐음을 생생하게 표현하고 있다. 또한 마지막 문장의 "너희의 기업이 될 그 땅"이란 표현 역시 땅에 대한 약속이 곧 성취될 것임을 밝히고 있다. 그런 면에서 국경에 대한 정보와 기업 분배 담당자들의 목록을 담은 이 장은 통상적으로 성경의 독자들이 느끼는 바와는 달리 마치 유월절 사건 전날의 밤처럼 상당한 긴박감을 가지고 시작한다.

3-5절. 34장이 말하고 있는 가나안 땅의 경계선은 옆의 지도를 참고하라. 이 경계선과 관련하여 언급된 장소들을 완전히 다 파악하기는 힘들지만 학자들의 연구를 통해 최소한 학자들은 대략 지도에 있는 것과 같은 경계선은 거의 확정적으로 그릴 수 있다고 생각한다.

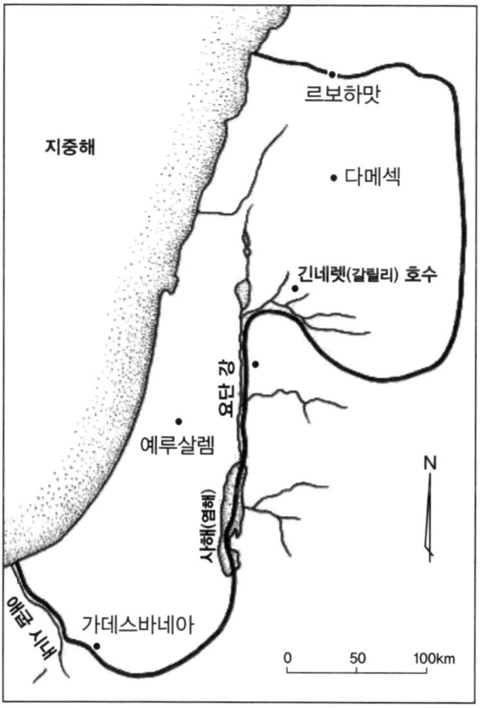

이 경계선 중 3-5절은 남쪽 경계선을 그리고 있다. 남쪽 경계선의 동쪽 끝은 사해, 곧 염해("소금 바다")의 최남단이다. 이 지점을 기점으로해서 오른쪽에는 하나님께서 공격하지 말라고 명령하신 에돔이 위치해 있다(참고, 신 2:4-6; 민 20:14-21의 "본문 해설"). 거기에서 서쪽으로 신 광야와 가데스바네아를 지나 애굽 시내에 이르며, 애굽 시내를 따라 지중해에 이르까지 경계선이 이어진다.

6절. 이 구절은 서쪽 경계선을 담고 있다. 서쪽 경계선은 "대해"(大海), 즉 지중해가 자연스러운 경계선의 역할을 한다.

7–9절. 이 본문은 북쪽 경계선을 담고 있다. 이 경계선은 서쪽 끝의 지중해("대해")에서 시작해서 "호르 산"까지 이어진다. 이 산은 당연히 아론이 죽은 산인 동명의 산과는 구분되어야 한다. 왜냐하면 그 산은 이스라엘의 남쪽에 있기 때문이다(민 20:22-29).

호르 산으로부터 다시 경계선은 이어져 르보하맛에 이른다. 이 르보하맛이 지도에서 보듯이 이후의 역사에서 아람의 핵심 도시였던 다메섹(Damascus)보다 훨씬 더 북쪽에 위치해 있다는 점은 인상적이다.

민수기 13:21에 따르면 열두 정탐꾼은 이 르보하맛까지 정탐을 갔는데, 이 점은 이들이 이곳까지 약속의 땅의 경계선으로 인식하고 있었음을 보여준다. 또한 다윗 시대에 그가 소바 왕 하닷에셀과의 전쟁을 했을 때 다메섹의 아람 사람들이 하닷에셀을 도우러 왔지만 그가 무찌르자 하닷 왕 도이가 그것을 축하했다는 언급이 나온다(삼하 8:3-10). 이 때 다윗은 다메섹에 수비대를 뒀다고 하는데(삼하 8:6), 이것은 이 곳이 그의 실효적 지배 아래 있었던 것을 보여준다. 그리고 열왕기상 8:65(=대하 7:8; 참고, 다윗, 대상 13:5)에 따르면 솔로몬이 성전 봉헌을 했을 때 "하맛 어귀(즉 르보하맛)에서부터 애굽 강(민 34:5의 "애굽 시내"와 히브리어 원문 동일)까지의 온 이스라엘의 큰 회중이 모여 그와 함께" 하였다고 말씀하고 있다. 이런 점들은 이스라엘의 가장 위대한 왕들인 다윗과 솔로몬이 합작한 시대에 이스라엘의 영토가 이 민수기 34장이 제시하고 있는 영토를 확보했다는 것을 오경 이후의 저자들이 강조하고 있음을 나타내 준다.

이 이상적인 왕들 이후에 약속의 땅을 이스라엘 국가가 차지한 것으로 언급된 유일한 때는 이스라엘의 가장 악한 왕들 중의 하나인 여로보암 2세의 시대였다(왕하 14:23-29). 이 본문은 "…여로보암이 이스라엘 영토를 회복하되 하맛 어귀에서부터 아라바 바다(참고, 사해 혹은 염해의 다른 이름)까지 하였으니…이는 여호와께서 이스라엘의 고난이 심하여 매인 자도 없고 놓인 자도 없고 이스라엘을 도울 자도 없음을 보셨고 여호와께서 또 이스라엘의 이름을 천하에서 없이 하겠다고도 아니하셨으므로 요아스의 아들 여로보암의 손으로 구원하심이었더라"고 말하고 있다(왕하 14:25-27). 이것은 이사야서 59:15-16의 "여호와께서 이를 살피시고…사람이 없음을 보시며 중재자가 없음을 이상히 여기셨으므로 자기 팔로 스스로 구원을 베푸시며"라는 말씀과 비슷하다.

이렇게 해서 민수기 34장에 제시된 약속의 땅의 경계를 이스라엘은 오직 이상적인 왕들인 다윗과 솔로몬 시대, 그리고 이스라엘이 가장 악했던 시대인 여로보암 2세의 시대에만 누릴 수 있었다. 따라서 하나님은 기본적으로는 당신의 마음에 합한 자들이 통치하던 시대에 땅의 약속의 성취를 온전히 맞보게 하셨지만 또한 여로보암 2세와 같이 악한 자가 통치하던 시대에도 온전히 당신의 마음 속에 터져 나오는 자발적인 자비와 은혜와 자비로 그것을 허락하시기도 하셨다. 이런 점은 약속의 땅에 대한 지배가 온전히 하나님의 주권과 은혜, 그리고 그것에 대한 신실에 달린 것임을 보여준다. 이처럼 약속의 땅이 역사상 온전히 누려질 때가 별로 없었다는 점, 그리고 이 누림이 오직 하나님의 주권과 은혜에 달렸다는 점을 생각할 때 에스겔서가 종말론적인 이스라엘의 회복을 이야기할 때 이 민수기 34장의 약속의 땅의 경계를 언급하는 것은 당연하다(겔 47:15-20).

어찌 됐든 약속의 땅의 북쪽 경계선은 이 르보하맛에서 다시 계속 이어져 하살에난이란 곳에서 동쪽 경계선의 북단과 만난다. 이렇게 해서 북쪽 경계선에 대한 하나님의 말씀이 마무리된다.

10-12절. 이 본문은 동쪽 경계선을 담고 있다. 그 경계선은 북쪽에서 계속 남쪽으로 내려가다가 아마 위의 지도에서 보듯이 서쪽 방향으로 구부러져서 긴네렛 호수, 즉 신약에서 "갈릴리 호수"라고 자주 불리는 곳의 동남단에 이르게 되는 것으로 보인다. 그리고는 자연적인 경계선을 이루는 요단 강을 따라서 사해 북단에 이른다. 12절의 끝은 약속의 땅의 전체 경계선 본문에 대한 결말로서 "이것이 너희 땅의 사방 경계이다"라는 말을 담고 있다.

여기에서 중요한 점은 이미 앞의 32장에서 동쪽 두 지파 반의 요단 강 건너편 지역에 대한 소유권 요구를 다루면서 언급했듯이 그들이 기업으로 요구한 지역은 이 34장의 약속의 땅의 경계선에서 벗어나 있다는 점이다. 비록 이들의 요구가 하나님께서 원래 계획하신 약속의 땅의 영역과 다르다고 해서 무조건 잘못된 것이라고 할 수는 없지만 이것이 어느 정도 긴장감을 자아낸다는 것은 분명하다. 실제로 이곳은 이스라엘 나라 중에서 가장 일찍 멸망한 곳이 되어버리고 말았던 것은 이런 점과 무관하지 않은 것 같다(참고, 대상 5:6, 22, 25-26). 이 점에 대해서는 앞의 민수기 32장의 "신학과 개관"을 보라.

13–15절. 이 본문은 모세의 명령을 담고 있다. 그는 이 경계선이 획정된 땅이 "아홉 지파 반"을 위한 것임을 밝힌다(13절). 이미 두 지파 반은 요단 강 동편에서 기업을 확보했기 때문이다(14-15절; 참고, 32장).

16–29절. 이 길지만 단순한 내용의 본문은 아홉 지파 반의 기업 분배를 담당할 담당자들의 목록을 담고 있다.

16절의 도입구에 이어 17절은 이 분배 업무를 담당할 총책임자들의 이름을 열거하고 있다. 그들은 제사장 엘르아살과 눈의 아들 여호수아이다".

지파	분배 책임자
유다	갈렙
시므온	스므엘
베냐민	엘리닷
단	북기
므낫세	한니엘
에브라임	그므엘
스불론	엘리사반
잇사갈	발디엘
아셀	아히훗
납달리	브다헬

18절은 이 총책임자들의 임무를 담고 있다. 그것은 지파별로 분배 책임자를 한 명씩 차출하는 것이다.

19-28절은 아홉 지파 반의 분배 책임자, 즉 총 열 명의 책임자들의 이름을 열거하고 있다. 그들의 명단은 다음과 같다. 이 도표들에서 눈에 띄는 점은 다음의 몇 가지이다.

첫째, 처음 세 지파, 즉 유다, 시므온, 베냐민 지파를 제외한 나머지 지파들의 경우에는 항상 "지파장"이란 명칭이 분배 책임자의 이름 앞에 나온다. 왜 이 두 부류의 지파들 사이에 이런 표기상의 차이가 있는지는 알려져 있지 않다.

둘째, 여기에 나오는 이름들 중 성경의 다른 곳에 언급된 이름은 오직 갈렙뿐이며, 나머지 이름들은 성경의 다른 곳에 언급된 바가 없다.[6] 이런 점은 광야 1세대 중 살아남은 사람이 여호수아와 갈렙밖에 없다는 점과 잘 상응한다(참고, 14:38).

29절은 지파장 목록 본문의 결론구를 담고 있다. 이들은 하나님께서 이스라엘 자손들로 하여금 기업을 받을 있도록 명령하신 자들이다.

5단계: 적용

8절. "르보하맛": 민수기 34장이 언급하고 있는 바 르보하맛까지를 포함한 약속의 땅의 경계를 온전히 다 누렸던 시대는 앞의 "본문 해설"에서 살펴 본 바와 같이 이스라엘 역사상 오직 다윗과 솔로몬의 시대, 그리고 여로보암 2세의 시대뿐이었다. 하나님은 이스라엘에서 가장 이상적인 왕들, 그리고 아이러니컬하게도 가장 악한 왕들 중의 하나였던 여로보암 2세 시대에 이스라엘이 이 영토를 누리게 하셨다.

---

6 Wenham, *Numbers*, 259.

이런 것들이 보여주는 중요한 점은 우선 일반적으로는 우리가 하나님의 축복을 온전히 누리는 것은 우리가 하나님의 마음에 합한 삶을 살 때이다. 이것이 신명기 28:1-14나 레위기 26:3-12의 언약의 축복에 대한 본문이 가르치고 있는 바이다.

그러나 하나님은 사람이 아니시며, 하나의 주권적인 인격체시라 하나님의 경륜은 꼭 이렇게 기계적으로만 작동하는 것은 아니다. 놀랍게도 하나님은 이스라엘이 가장 악했던 시대 중의 하나이며, 선지자 아모스와 호세아가 격렬하게 비판하던 시대였던 여로보암 2세의 시대에 이스라엘이 이 약속의 땅의 영토를 충만하게 누리게 하셨다. 이에 대해서 열왕기하 14:26-27의 본문은 이것이 온전히 하나님의 전적인 자비와 은혜에 의한 것이었음을 밝히고 있다. 이것은 마치 호세아서 11:7-9의 말씀을 보는 것과 같다. 이 본문에 따르면 먼저 7절, 즉 호세아서의 이전의 모든 내용들을 정리해주는 구절은 이스라엘이 하나님으로부터 떠나 돌아오려고 하지 않는다는 점을 지적한다. 이처럼 완고한 이스라엘에 대한 하나님의 판결은 당연히 심판과 멸망이다. 그러나 놀랍게도 그 다음 구절인 8절에서 하나님은 다음과 같이 외치신다: "에브라임이여 내가 어찌 너를 놓겠느냐 이스라엘이여 내가 어찌 너를 버리겠느냐 내가 어찌 너를 아드마 같이 놓겠느냐 어찌 너를 스보임 같이 두겠느냐 내 마음이 내 속에서 돌이키어 나의 긍휼이 온전히 불붙듯 하도다". 하나님은 이스라엘을 버리지 못하시겠다고 하신다. 여기에서 아드마와 스보임은 소돔과 고모라가 멸망할 때 함께 멸망한 도시들이다(신 29:23; 참고, 창 10:19; 14:2, 8). 하나님은 이스라엘을 이런 도시들처럼 멸망시키지 못하시겠다고 하신다.

이 8절에서 특히 중요한 내용은 그 끝의 "내 마음이 내 속에서 돌이키어 나의 긍휼이 온전히 불붙듯 하도다"란 말씀이다. 여기에서 "돌이키다"란 표현의 히브리어 단어는 하파크(הָפַךְ)란 단어이다. 이 단어는 원래는 소돔, 고모라, 아드마, 스보임의 멸망을 표현할 때 사용된 단어이다(신 29:23[히브리어 원문, 29:22]). 마치 하나님이 화덕 위에서 밀가루 반죽을 뒤집듯 이런 나라들을 뒤집으신다는 의미에서 심판의 메시지에 자주 사용되는 표현이다(참고, 욘 3:4의 "무너지리라"도 같은 단어를 사용하고 있음). 그런데 이 8절에서 하나님은 불순종한 이스라엘을 뒤집어버리듯 심판하신다는 선언 속에서 쓰셔야 할 이 표현을 당신의 마음의 마음에 쓰셨다. 이스라엘이 뒤집어져야 하는 상황에서 하나님의 마음이 뒤집어진 것이다. 그 결과 하나님의 진노의 마음은 긍휼의 마음으로 변한다.

이런 갑작스러운 변화의 이유에 대해서 9절에서 하나님은 이렇게 말씀하신다: "내가 나의 맹렬한 진노를 나타내지 아니하며 내가 다시는 에브라임을 멸하지 아니하리니 이는 내가 하나님이요 사람이 아님이라 네 가운데 있는 거룩한 이니 진노함으로 네게 임하지 아니하리라". 즉 하나님이 이스라엘을 벌하시지 않은 이유가 당신이 "하나님이요 사람이 아님"이기 때문이라고 하신다. 결국 이스라엘은 그 자신의 어떤 미덕 때문이 아니라 인간이 헤아릴 수 없는 하나님의 불가해한 은혜 때문에 구원을 얻은 것이다.

이처럼 여로보암 2세의 시대, 즉 이스라엘 역사 중의 가장 악했던 시대에 하나님은 갑작스럽게도 은혜를 베푸셨다. 이처럼 우리의 궁극적인 소망은 우리 자신에게 있는 것이 아니다. 불가해한 은혜를 가지신 하나님에게 있는 것이다. 이런 면에서 미가서 7:9-10의 말씀은 참되다: "내가 여호와께 범죄하였으니 그의 진노를 당하려니와 마침내 주께서 나를 위하여 논쟁하시고 심판하시며 주께서 나를 인도하사 광명에 이르게 하시리니 내가 그의 공의를 보리로다. 나의 대적이 이것을 보고 부끄러워하리니 그는 전에 내게 말하기를 네 하나님 여호와가 어디 있느냐 하던 자라 그가 거리의 진흙 같이 밟히리니 그것을 내가 보리로다".

6단계: 설교 "하나님의 은혜와 우리의 자세"

(민 34:7-9; 왕하 14:23-29; 딤전1:12-17)

오늘 설교의 첫 번째 본문인 민수기 34:7-9는 약속의 땅의 경계선에 대한 하나님의 말씀 중 북쪽의 경계선을 규정하고 있습니다. 이 본문에 따르면 이스라엘의 북쪽 영토는 "하맛 어귀", 즉 르보하맛이라는 곳까지였습니다. 이 곳은 열왕기서의 분열왕국 시대에 이스라엘을 끝도 없이 괴롭힌 아람이라는 나라의 수도였던 다메섹보다도 훨씬 더 북쪽에 위치한 곳이었습니다. 이 말은 하나님께서 성경 시대의 이스라엘이 차지했던 영토들 중 가장 큰 영토, 즉 오직 다윗과 솔로몬, 그리고 여로보암 2세 시대에만 누렸던 영토를 약속의 땅으로 계획하셨던 것입니다. 그러나 불행히도 이 약속의 땅의 온전한 형태는 오직 드물게만 이스라엘이 맛볼 수 있었습니다.

이처럼 드문 경우들 중에서 이스라엘이 역사상 가장 강력했고, 또한 하나님의 뜻에 가장 통치자들을 보유했던 다윗과 솔로몬의 시대에 대해서는 성도님들이 잘 알고 있습니다. 그러나 이 가장 온전한 형태의 약속의 땅이 하나님의 뜻과는 가장 동떨어지는 시대들 중의 하나였던 여로보암 2세의 시대에도 이스라엘에게 주어졌다는 점은 놀랍기만 합니다.

여로보암 2세에 대해서 오늘 설교의 두 번째 본문인 열왕기하 1:24는 말하기를 "여호와 보시기에 악을 행하여 이스라엘에게 범죄하게 한 느밧의 아들 여로보암의 모든 죄에서 떠나지 아니하였더라"고 말씀하고 있습니다. 이렇게 악한 왕이었음에도 불구하고 하나님께서 그의 시대에 약속의 땅의 가장 완전한 형태의 영토를 허락하신 것에 대해서 26-27절은 말하기를 "이는 여호와께서 이스라엘의 고난이 심하여 매인 자도 없고 놓인 자도 없고 이스라엘을 도울 자도 없음을 보셨고 여호와께서 또 이스라엘의 이름을 천하에서 없이 하겠다고도 아니하셨으므로 요아스의 아들 여로보암의 손으로 구원하심이었더라"고 하고 있습니다. 다시 말해 하나님은 그 시대가 너무 불쌍하여 오히려 연민을 베푸셨다고 말씀하시고 있는 것입니다.

이처럼 하나님의 은혜가 주어졌을 때 어떻게 해야 할까요? 성경에는 몇 가지 상반된 예들이 나타나 있습니다. 이 예들을 살펴 보면서 우리가 어떻게 해야 할 것인지에 대한 교훈을 몇 가지 얻고자 합니다.

첫째, 하나님의 이런 은혜를 누리고도 여전히 멸망에서 벗어나지 못하는 자들이 있습니다. 우선 여로보암 2세의 경우를 들 수 있습니다. 아모스서 7:10-17에는 여로보암 2세의 입장을 대변하는 "벧엘의 제사장 아마샤"가 나오는데, 그는 아모스 선지자의 메시지에 대하여 말하기를 "선견자야 너는 유다 땅으로 도망하여 가서 거기에서나 떡을 먹으며 거기에서나 예언하고 다시는 벧엘에서 예언하지 말라"고 합니다(7:12). 이처럼 여로보암 2세와 그의 왕국은 하나님의 말씀에 귀 기울이기를 거부함으로써 북왕국의 멸망을 자초합니다. 그는 하나님의 은혜의 손길을 거부한 것입니다.

아합 역시 이처럼 하나님의 은혜를 수용하기를 거부한 자입니다. 그는 처음에는 열왕기상 21장의 나봇의 포도원 사건을 통해 하나님의 사형 선고를 받았으나 겸비함을 보임으로써 하나님의 심판이 유예되는 은혜를 받았습니다(왕상 21:29). 만약 그가 이 때 조금만 더 적극적으로 하나님이 내미신 은혜의 손길을 잡았다면 그는 하나님과 화해를 했을 지도 모릅니다. 그러나 그는 불행히도 그 다음 장(22장)에서 미가야 선지자를 통해서 주어진 하나님의 명백한 예언의 말씀에도 불구하고 하나님과 자신의 운명을 건 게임을 하다가 결국 죽임을 당합니다.

이처럼 하나님의 은혜로 심판의 유예를 받았음에도 불구하고 하나님이 내미신 손을 붙잡기를 거부하는 자들이 당할 운명은 멸망입니다. 우리는 세상을 살아가는 중에 의도적이든 아니든 간에 죄에 빠질 수가 있습니다. 때로는 악랄한 죄를 지을 수도 있습니다. 그러나 이 때 중요한 것은 하나님이 베푸시는 은혜를 강하게 붙잡는 것입니다. 앞에서 언급한 성경의 인물들을 반면교사 삼아 우리는 이런 어리석은 일을 저지르지 않아야겠습니다.

둘째, 하나님께서 은혜를 베푸실 때 그 은혜를 붙잡는 자들도 성경에는 많이 있습니다. 우선 가장 대표적인 사람은 사도 바울입니다. 그는 유대교에 열심인 자로서 하나님의 교회를 크게 핍박한 자입니다(행 8:3). 그러나 그는 예수를 믿는 자들을 잡으러 다메섹으로 가는 중에 예수를 만나고는 완전히 변합니다. 이후로 그는 오늘 읽은 세 번째 본문의 말씀인 디모데전서 1:12-17의 말씀처럼 자신에게 베풀어진 하나님의 은혜를 온전히 붙잡고 열심히 하나님의 일을 하는 자가 되었습니다. 그는 이 본문에서 심지어 "죄인 중에 내가 괴수"라고 표현하면서 평생을 하나님의 은혜에 대한 감사의 마음과 겸손한 마음을 가지고 살았습니다. 이런 그를 하나님은 신약 시대의 가장 위대한 사도로 세우시고, 그를 통해서 하나님의 교회를 굳건하게 하셨습니다. 비록 큰 죄인들이었지만 하나님께서 주신 기회를 붙잡음으로써 하나님의 은혜를 누리게 된 다른 예는 요나서의 니느웨 백성들입니다. 이들은 자신들을 쳐서 외치는 요나의 메시지를 듣고 구약성경에서 가장 놀라운 회개의 모습을 보여줍니다(욘 1:2; 3:1-8). 그것을 통해서 하나님은 그들에게 놀라운 은혜를 베푸셔서 그들을 용서하십니다(3:9-10). 그리고 하나님은 자신이 이들마저도 사랑하신다는 것을 분명히 하십니다(4:10-11). 이처럼 아무리 극악무도한 죄인이라도 하나님의 은혜를 받아들이고, 적극적으로 하나님을 향한 길로 나아갈 때 "은혜로우시며 자비로우시며 노하기를 더디하시며 인애가 크시사 뜻을 돌이켜 재앙을 내리지 아니하시는 하나님"은 죄인들을 용서하십니다.

말씀을 정리합니다. 성도 여러분, 하나님은 "무릇 마음이 가난하고 심령에 통회하며 내 말을 듣고 떠는 자 그 사람"을 돌보십니다. 위에서 살펴본 성경의 인물들을 거울 삼아 우리는 은혜의 하나님께 겸손해야겠습니다. 그리고 그 하나님이 죄인인 우리에게 손을 내미실 때 그 손을 굳게 잡아야겠습니다. 그럴 때 우리는 한량없는 은혜를 가지신 하나님을 경험하게 될 것입니다. 우리 모두 이 은혜의 주인공이 되도록 합시다.

레위 지파의 성들

민수기 35장의 신학 개관

민수기 35장은 앞의 34장의 이스라엘의 아홉 지파 반의 기업 분배의 이야기에 이어서 레위 성읍들과 도피성에 대한 내용을 담고 있다. 민수기 내에서 이처럼 일반 지파들에 대한 언급 후에 레위 지파에 대한 언급이 나오는 것은 전형적인 패턴이다.[1] 민수기 1장은 일반 지파의 인구 조사에 대한 내용(1:1-46) 후에 레위 지파에 대한 내용(1:47-54)을 다룬다. 2장이 일반 지파의 진영 배치와 행진 순서에 대해서 다룬 다음에 3-4장은 레위 지파의 성막과 관련된 사역과 행진시의 임무에 대해서 다룬다. 26장의 두 번째 인구 조사 기록 역시 1-56절에서 일반 지파를 다룬 후에 57-62절에서 레위 지파를 다룬다. 이런 패턴을 따라 34장은 일반 지파의 기업 분배에 대해서 다루었으며, 35장은 그 지파들 속에 레위 지파에게 주어질 48개의 레위 성읍 및 도피성에 대해서 다루고 있다.

레위 지파에게 주어진 48개 성읍의 면적을 다 합치면 약속의 땅의 약 0.1-0.2퍼센트 정도가 될 것이라고 한다.[2] 물론 각 성읍과 그 주변 지역의

---

1 Gordon J. Wenham, *Numbers: An Introduction and Commentary*. Vol. 4. Tyndale Old Testament Commentaries (Downers Grove: InterVarsity Press, 1981), 259.

2 Wenham, *Numbers*, 259. 그는 4-5절에서 레위 지파의 면적을 최소로 보는 해석을 택하고 있으며, 이에 따라 레위인들에게 주어진 땅의 면적의 총합이 약속의 땅의 총 면적의 0.1퍼센트 정도가 될 것이라고 본다. 그러나 해석에 따라서는 이보다 두 배 어간 많은 정도의 땅이 주어졌을 수도 있

크기에 대한 34:4-5의 문구의 해석에 따라서 약간의 차이가 있기는 하지만 말이다. 이런 면에서 레위 지파의 기업 소유와 관련하여 하나님께서 "너는 그들의 땅에서 기업도 없을 것이며, 그들 가운데에서 아무런 분깃도 없을 것이다"라고 하신 말씀은 적절하다(민 18:20).[3]

이제 민수기 35장의 내용을 개관해보자. 이 장은 민수기의 율법 본문들이 흔히 그렇듯이 두 번의 하나님의 말씀 도입구를 통해서 두 단원으로 나뉜다. 첫 단원인 1-8절은 레위 지파의 성읍에 대한 기본 규정을 담고 있다. 이스라엘 백성들은 자기네 영토 전체에서 총 48개의 성읍과 그것을 둘러싼 지역, 즉 "교원"(참고, 2절의 "사역 해설")을 레위 지파에게 내주어야 한다. 이렇게 해서 이스라엘 전역에 배치된 레위 지파의 성읍들은 시내산 언약시에 선포된 하나님의 목적처럼 이스라엘이 "제사장 나라, 거룩한 백성"임을 상징적으로 나타내는 역할을 했다(출 19:6).[4]

민수기의 두 번째 단원인 9-34절은 레위 지파의 성읍들 중 여섯 개를 도피성으로 할당하는 것과 이 도피성의 역할에 대해서 다루고 있다. 이 도피성은 우발적인 살인을 한 자들이 보복에 의해 목숨을 잃는 것을 피하는 방법을 제공하는 것이다. 도피성에 피한 자들은 대제사장이 죽으면 보복의 위험으로부터 벗어나서 자기 집으로 돌아갈 수 있었다(25, 28절). 하나님께서 이런 규정을 주신 이유는 살인으로 흘려진 피가 약속의 땅을 더럽히는 것을 막기 위한 것이었다(33-34절). 이런 면에서 볼 때 표면적으로 볼 때는 레위 지파가 다른 지파들의 도움을 받고 있는 것 같지만 사실은 레위 지파가 다른 지파들의 수호자 역할을 하고 있다고 볼 수 있다.

다. 그럼에도 불구하고 그의 주장처럼 이 레위 지파에게 주어진 땅의 크기가 이런 계산 방법의 차이를 무시할 만큼 극히 작은 것은 분명하다. 따라서 레위 지파의 입지에 대한 그의 결론은 4-5절에 대한 어떤 해석을 택하든지 간에 여전히 유효하다.

3 Wenham, *Numbers*, 259.

4 Wenham, *Numbers*, 259.

1단계: 사역

1. 여호와께서 여리고 부근 요단 강 주변의 모압 평지에서 모세에게 말씀하셨다.
2. 이스라엘 자손에게 명령하여 그들이 받은 기업에서 레위인들에게 거주할 성읍들을 주게 하여라. 또 너희는 또 그 성읍들을 두르고 있는 교원(郊原)을 레위인들에게 주어라.
3. 성읍은 그들이 거주하게 하고, 교원은 그들의 가축과 재산과 짐승들을 위한 곳이 되게 하여라.
4. 너희가 레위인들에게 줄 성읍들의 교원은 성벽에서부터 밖으로 사방 천 규빗이다.
5. 성은 중앙에 있고, 성 밖 동쪽으로 이천 규빗, 남쪽으로 이천 규빗, 서쪽으로 이천 규빗, 북쪽으로 이천 규빗을 측량하여라. 이것이 성의 교원이 될 것이다.
6. 너희가 레위인에게 줄 성읍 중에서 살인자들이 피하게 할 도피성으로 여섯 성읍을 주어라. 또 [그 외에] 42성읍을 주어라.
7. 너희가 레위인에게 줄 성읍은 모두 48성읍, 곧 그것들과 그것들의 교원이다.
8. 너희가 이스라엘 자손의 소유에서 레위인들에게 줄 성읍들은 많이 받은 자들에게서는 많게, 적게 받은 자들에게서는 적게 주어라. 각자가 자신이 받은 기업들에 따라 레위인들에게 성읍을 주어라.
9. 여호와께서 또 모세에게 말씀하셨다.
10. 이스라엘 자손에게 말하고, 그들에게 일러라. 정말로 너희는 요단 강을 건너 가나안 땅에 들어가고 있다.
11. 너희를 위하여 성읍들을 정하며, 너희에게 도피성이 되게 하여라. 그리하여 부지중에 살인한 자가 그리로 피하게 하여라.
12. 너희를 위해 그 성읍들이 복수자로부터 도피하는 곳이 되게 하여, 그 살인자가 심판을 위하여 회중 앞에 설 때까지 죽게 하지 말아라.
13. 너희가 줄 성읍들 중에서 여섯 개가 도피성이 되게 하여라.
14. 세 성읍은 요단 이쪽에 두고, 세 성읍은 가나안 땅에 두어, 그것들이 도피성이 되게 하여라.
15. 이 여섯 성읍은 이스라엘 자손과 거류자들과 이스라엘 중에 머무는 자들을 위해 도피성이 될 것이다. 부지중에 살인한 모든 자가 그리로 도망할 수 있다.
16. 만약 [어떤 사람이] 철 연장으로 [사람을] 쳐죽이면 그는 살인자이다. 그 살인자는 반드시 죽어야 한다.
17. 만약 사람이 죽을 수 있을 만한 돌을 손에 들고 사람을 쳐죽이면 그는 살인자이다.

그 살인자는 반드시 죽어야 한다.

18. 만약 사람이 죽을 수 있을 만한 목재 물건을 손에 들고 사람을 쳐죽이면 그는 살인자이다. 그 살인자는 반드시 죽어야 한다.

19. 피를 복수하는 자는 그 살인한 자를 죽일 수 있다. 그를 만나면 그를 죽여라.

20. 만일 미움 때문에 밀거나 악의적인 계획으로 무엇을 던져 죽이거나

21. 악의를 가지고 손으로 쳐죽이면 그 친 자는 반드시 죽어야 한다. 그는 살인자이다. 피를 복수하는 자는 그 살인자를 만나면 죽여라.

22. 그러나 만약 악의가 없이 갑자기 사람을 밀거나 악의적인 계획이 없이 무엇을 던지거나

23. 사람이 죽을 수 있을 만한 돌을 [사람을] 보지 못하고 던졌는데 그것이 [어떤 사람] 위에 떨어져 그가 죽었다면 그는 원수도 아니고 악을 행하려고 한 것도 아니다.

24. 회중은 쳐죽인 자와 피를 복수하는 자 사이에 이런 규례들대로 판결하여라.

25. 그리고 회중은 피를 복수하는 자의 손에서 그 살인자를 구해내라. 그리고 회중은 그가 피하였던 도피성으로 그를 돌려보내어 그가 거룩한 기름 부음을 받은 대제사장이 죽기까지 거기 거주하게 하여라.

26. 그러나 만약 살인자가 어찌 됐든 간에 자신이 피하였던 도피성 밖으로 나갔는데

27. 피를 복수하는 자가 그 도피성 밖에서 그 살인자를 만나 그를 죽인다면 그에게는 피를 [흘린 책임이]이 없다.

28. 왜냐하면 그 살인자는 대제사장이 죽기까지 그 도피성에 머물러야 했으며, 그 대제사장이 죽은 후에야 그가 자기 소유의 땅으로 돌아갈 수 있는 것이기 때문이다.

29. 이것들이 너희가 거주하는 곳에서 너희의 대대로 판결할 규례이다.

30. 사람을 쳐죽인 모든 자들의 경우에는 그 살인한 자를 증인들의 말에 따라 죽여야 한다. 그러나 한 명의 증인의 증인만으로 그 사람을 죽여서는 안 된다.

31. 사형을 시킬 죄를 지은 살인자의 생명을 위해서는 속전을 받지 말아라. 그는 반드시 죽어야 하기 때문이다.

32. 또 도피성에 피한 자는 대제사장이 죽기 전에는 그가 자기 땅으로 돌아가 거주할 수 있도록 속전을 받는 일을 하지 말아라.

33. 너희가 있는 땅을 더럽히지 말아라. 피는 땅을 더럽힌다. 피 흘림을 당한 땅은 그 피를 흘리게 한 사람의 피가 아니면 속함을 받을 수가 없다.

34. 너희는 너희가 거주하는 땅, 곧 내가 그 안에 머무르는 땅을 더럽히지 말아라. 나 여호와가 이스라엘 자손 중에 있기 때문이니라.

2단계: 사역 해설

1절. 개역개정은 여리고 "맞은 편"이라는 표현을 사용하고 있으나 원문에는 이 "맞은 편"이란 표현이 없다.

2절. "교원(郊原)": 미그라쉬(מִגְרָשׁ). "교원"은 도시나 성읍을 둘러싸고 있는 영역을 가리키는 용어이다. 이 용어는 구약성경에 총 112회가 사용되었는데, 그 중의 거의 절대 다수의 본문에서 이 단어는 이 민수기 35장에서 하나님이 기업이 없는 레위 지파에게 허락하신 레위 성읍들을 둘러싼 지역을 가리키는 전문용어로 사용되었다. 특히 전통적인 성경저작설에 따를 경우 바벨론 포로기 이전의 것으로 여겨지는 모든 문헌들에서는 이것은 절대적인 사실이다. 단지 포로기나 그 이후 시대의 문헌들에 두 번의 예외(겔 36:5; 대상 5:16)가 나오는 것을 제외하고는 이 단어는 다 레위 지파의 성읍들을 둘러싼 지역을 의미하고 있다. 또한 두 번의 예외 역시 결국은 성읍을 둘러싼 지역을 의미한다는 점에 있어서는 나머지의 경우들과 상응한다. 따라서 이 단어는 개역개정의 번역과 같이 "목초지"란 의미로 이해하기 보다는 성읍을 둘러싼 지역을 가리키는 전문 용어이며, 그것도 다른 아무 성읍들의 주변 영토를 지칭하는 용어가 아니라 오직 레위 성읍들만을 가리키는 전문 용어였는데, 이것이 포로 시대나 그 이후에 극히 드물게나마 다른 지파들의 성읍 주변 영역도 가리키는 용어로 확장되었다고 봐야 할 것이다. 이런 점들을 고려하여 현재의 사역은 한국어에서 도시나 성읍을 둘러싸고 있는 영역을 가리킬 때 쓰는 어휘인 "교원"이란 어휘를 채택하여 번역하였다. 또한 이처럼 이 단어가 전문 용어처럼 사용되고 있기 때문에 이 단어가 사용된 총 112회 중 거의 전부라 할 수 있는 104회가 레위 성읍들에 대해서 자세히 다루고 있는 세 장(민 35장[5회]; 수 21장[57회]; 대상 6장[42회])에 집중되어 있다는 점을 주목할 필요가 있다. 이 점은 이 단어가 레위 지파 성읍의 주변 지역을 지칭하는 전문 용어임을 분명히 해준다.

3절. "그들의 가축과 재산과 짐승들을": 개역개정은 이 문구를 "그들의 재산인 가축과 짐승들을"이라고 번역하고 있으나 사역처럼 번역하는 것이 맞다.

6절. "[그 외에]": 히브리어 원문에는 이 표현이 없다. 그러나 바로 다음 절의 내용을 볼 때 레위인들에게는 총 48개의 성읍이 주어졌고, 그 중에서 여섯 개가 도피성으로 할당 되었다. 따라서 문맥상 의미를 분명히 해주기 위해 사역은 이 문구를 넣었다. 개역개정도 이 점에 있어서 마찬가지다.

20절. "악의적인 계획으로": 비쯔디야(בִּצְדִיָּה). 명사 쯔디야(צְדִיָּה)는 "매복하다" 혹은 "[다른 사람의] 목숨을 사냥하다"란 뜻을 가진 짜다(צָדָה)란 동사에서 나온 것으로 생각된다.[5] 동사의 의미로 둘 중에서 정확히 어떤 뜻이 문맥상 의도되었는지에 대해서는 학자들 사이에 논란이 있으나 어찌됐든 이 두 개념 사이에는 상응성이 있는 것으로 생각된다.[6] 매복은 미리 계획적으로 상대방을 해치기 위한 것이기 때문이다. 사역에서는 앞의 문맥에 나오는 의도적인 살인의 경우들과의 연결을 고려하여 "악의적인 계획"이라는 개념으로 이 명사를 해석하였다.

22절. "갑자기": 브페타(בְּפֶתַע). 이 히브리어 문구는 "갑자기"(suddenly)라고 번역하는 것이 문자적으로는 정확하다. 그러나 본문의 뉘앙스를 볼 때 개역개정의 "우연히"란 의역이 아주 나쁜 선택은 아닌 것 같다. 하지만 사역은 원문의 직역을 살리는 쪽을 택하였다.

23절. "그는 원수도 아니고 악을 행하려고 한 것도 아니다": 개역개정의 "이는 악의도 없고 해하려 한 것도 아닌즉"이란 번역은 원문을 너무 의역함으로써 의미를 너무 누그러뜨린 것으로 생각된다. 사역은 원문을 있는 그대로 살리려고 했으며, 이에 따르면 이처럼 의도성을 가지고 사람을 죽인 것이 아닌 경우에는 그 살인자는 "원수도 아니고 악을 행하려고 한 것도 아

---

5 David J. A. Clines (ed.), *The Dictionary of Classical Hebrew* (Sheffield, England: Sheffield Academic Press; Sheffield Phoenix Press, 1993–2011), 7: 74.

6 A. H. Konkel, "צְדִיָּה", in Willem VanGemeren (ed.), *New International Dictionary of Old Testament Theology & Exegesis* (Grand Rapids: Zondervan Publishing House, 1997), 3: 743-744.

닌" 사람이 된다. 도피성은 바로 이처럼 의도성을 가지지 않았음에도 살인이 발생한 경우에 그 우발적 살인자를 보호하기 위한 장치이다.

25절. "회중은…회중은…": 하에다…하에다(הָעֵדָה...הָעֵדָה...). 24-25절은 총 세 개의 문장으로 이루어져 있고, 그 문장 하나마다 원문에는 "회중"이라는 주어가 꼬박꼬박 사용되고 있다. 이것은 이처럼 우발적 살인자를 회중이 보호해야 할 책임을 강조하고 있는 것으로 보인다. 하지만 개역개정은 이 회중을 24절의 첫 번째 문장에만 표기함으로써 이런 강조점을 약화시켜 버렸다. 사역은 원문의 의도를 살리고자 하였다.

26절. "어찌 됐든 간에": 야쪼 예쩨(יָצֹא־יֵצֵא). 히브리어 원문을 직역하면 "정말로 [밖으로] 나간다면"란 뜻이다. 부정사 절대형을 사용한 강조어법이 사용되고 있다. 이 히브리어 문구가 의도하는 바는 "만에 하나라도 살인자가 밖에 나가는 일이 발생한다면" 정도의 뉘앙스를 전달하는 것이다. 이것을 영어 성경들은 주로 "at any times"라고 번역하고 있고, 개역개정은 이런 번역을 반영하여 "어느 때든지"라고 번역하고 있다. 그러나 이것보다는 사역의 "어찌 됐든 간에"가 위의 원문의 의도를 더 잘 반영하는 것으로 보인다.

30절. "그러나 한 명의 증인의 증인만으로 그 사람을 죽여서는 안 된다": 히브리어 원문을 직역하자면 "그러나 한 명의 증인이 그 사람을 죽게 증언을 할 수는 없다" 정도가 된다. 이것을 한국어 어법에 맞게 자연스럽게 번역하자면 사역과 같다.

31절. "사형을 시킬 죄를 지은": 라샤 라무트(רָשָׁע לָמוּת). 개역개정은 "살인죄를 범한"이라고 이 문구를 번역하고 있다. 그러나 이것은 히브리어 원문에 대한 명백한 오역이다. 이 문구가 의미하는 바는 위에서 언급한 규례들에 의해 살인자가 사형을 당해야만 하는 경우를 지칭하고 있다. 사역은 이것을 교정하고 있다.

3단계: 단락 구분

민수기 35장의 단락 구분은 다음과 같다.

35:1-8 레위 지파의 성읍들

- 35:1 말씀 도입구
- 35:2-3 레위 성읍들에 대한 명령
- 35:4-5 레위 성읍들의 크기에 대한 규정
- 35:6-7 레위 성읍들과 도피성의 개수
- 35:8 레위 성읍 배정 원칙

35:9-34

- 35:9-10 말씀 도입구 및 서론
- 35:11-15 여섯 개의 도피성에 대한 기본 규정
- 35:16-29 도피성 운영 규정
    - 36:16-21 고의적 살인자의 처리 원칙
        - 36:16-18 고의적 살인의 예들
        - 36:19-21 고의적 살인자의 처리
    - 36:22-28 우발적 살인자의 처리
        - 36:22-25 우발적 살인자의 처리 원칙
        - 36:26-28 원칙의 예외
    - 36:29 중간 결말구
    - 36:30-32 기타 사항들
        - 36:30 증인의 문제
        - 36:31-32 속전의 문제
    - 36:33-34 도피성 규례의 신학적 토대

이 장은 두 번의 말씀 도입구, 즉 "여호와께서[…]모세에게 말씀하셨

다"(1, 9절)란 말씀을 통하여 두 단원으로 나뉜다. 첫 단원(1-8절)은 레위 지파의 성읍들에 대한 일반 규정을 다루고 있으며, 두 번째 단원(9-34절)은 레위 성읍들 중에서 할당하게 되는 여섯 개의 도피성의 역할 및 운영과 관련된 내용들을 자세하게 다루고 있다.

4단계: 본문 해설

1절. 이 문구는 35장의 첫 단원인 1-8절의 레위 지파 성읍에 대한 하나님의 말씀의 도입구이다. 통상적인 도입구가 "여호와께서 모세에게 말씀하셨다"라고 단순하게 되어 있는 반면에 이 도입구는 "여리고 부근 요단 강 주변의 모압 평지"라는 공간적 배경에 대한 정보를 제공하고 있다. 이 정보는 민 22:1; 26:3, 63; 31:12; 33:48, 50; 36:13에도 나오며, 이 단원들 사이에 연결점을 제공하고 있다. 이 중에서 민수기 22:1을 제외한 나머지 정보는 모두 민수기의 거시 구조 속에서 마지막 큰 단원인 민수기 26-36에 나온다. 이스라엘은 약속의 땅을 바로 눈 앞에 두고 이 땅의 레위 지파 소유지에 대해서 이야기하고 있는 것이다.

2-3절. 이 본문은 1-8절의 레위 지파 성읍들에 대한 명령을 약술해서 두괄식으로 제시하고 있다. 이스라엘 지파들은 레위인들에게 그들이 거할 성읍들과 그 둘레 지역, 즉 "교원"(郊原)을 레위 지파에게 주어야 한다.

이 때 한 가지 주목할 사항은 "교원"이라는 어휘이다. 이 어휘는 2절의 "사역 해설"에서 다룬 바와 같이 미그라쉬(מִגְרָשׁ)이다. 이 단어가 거의 전적으로 레위 지파 성읍들에 국한되어 사용되는 것을 볼 때 이 단어는 성읍 주변의 땅을 가리키는 일반 용어가 아니라 레위 성읍과 관련된 전문 용어라고 보는 것이 더 적절할 것이다. 레위 성읍과 그 교원은 레위 지파가 자신들 소유의 가축, 재산, 짐승들을 관리하는 터전이다.

4-5절. 이 본문은 레위 지파의 성읍과 교원의 크기를 규정하고 있다. 문

제는 4절과 5절의 규정 사이를 어떻게 조화시키냐 하는 것이다. 왜냐하면 4절은 교원의 크기가 "성벽에서부터 밖으로 사방 천 규빗"이라고 말하고 있는 반면에 5절은 "성은 중앙에 있고, 성 밖 [동서남북 각 방향으로] 이천 규빗"이라고 말하고 있기 때문이다. 아마 70인경이 4절에서 "천 규빗"을 "이천 규빗"으로 바꿔 번역하고 있는 이유는 이런 내용상의 충돌을 해결하기 위한 시도에서 나온 것으로 보인다.[7]

이 문제에 대해서 가장 많은 학자들이 받아들이는 해석은 4절은 실제 레위 성읍의 벽으로부터 각 방향으로 교원의 외곽 경계선까지의 거리를 표기한 것이고, 5절은 마치 원의 중심과 같이 가상적인 점을 중심으로 동서남북 각 방향의 변의 길이를 재면 이천 규빗이라고 규정하고 있다는 것이다. 이 경우 이 두 구절은 특별한 어려움 없이 조화를 이룬다. 그리고 실제 레위 성읍과 교원의 크기는 해당 성읍의 실제 크기가 얼마인지에 따라서 정해진다.[8]

6-7절. 이 본문은 레위 지파의 성읍의 수에 대한 규정을 담고 있다. 그 수는 총 48개이고, 그 중에 여섯 개를 도피성으로 배정해야 한다. 이 장의 두 번째 단원인 9-34절은 도피성과 관련하여 더 자세한 규례들을 제공하고 있다. 이 레위 성읍들은 당연히 교원을 포함하고 있다.

8절. 첫 단원의 마지막 구절인 이 구절은 열두 지파 가운데에서 레위 성읍의 수를 어떻게 갹출할 것인지에 대한 규정을 담고 있다. 그 원칙은 민수기 26:54와 33:54에서 이미 제시된 바와 같이 "[기업을] 많이 받은 자들에

---

7 Timothy R. Ashley, *The Book of Numbers*, The New International Commentary on the Old Testament (Grand Rapids: Eerdmans, 1993), 646.

8 이 견해를 따르는 학자들과 문헌들에 대한 목록은 Ashley, *Numbers*, 646, n. 8을 보라. M. Greenburg, "Idealism and Practicality in Numbers 35:4–5 and Ezekiel 48," *Journal of the American Oriental Society* 88 (1968) 59–66를 비롯하여, 카일(Keil), 웬함(Wenham), 노르트쩨이(Noordtzij), 버드(Budd), 밀그롬(Milgrom) 등의 중요한 민수기 주석가들이 나열되고 있다. 여기에 Baruch A. Levine, *Numbers 1–20: A New Translation with Introduction and Commentary*, vol. 4, Anchor Yale Bible (New Haven: Yale University Press, 2008), 552 등을 추가해야 한다.

게서는 많게, 적게 받은 자들에게서는 적게" 갹출한다.

9절. 이 말씀 도입구는 35장의 두 번째 단원인 9-34절의 도피성에 대한 상세한 규례를 도입하는 역할을 한다.

10절. 이 구절은 도피성에 대한 규례를 시작하기에 앞서 그 전제 조건이 되는 가나안 땅 입성에 대해서 언급하고 있다. 이 언급은 "정말로 너희는 요단 강을 건너 가나안 땅에 들어가고 있다"란 표현을 사용하고 있는데, 이것은 34:2의 구절과 거의 흡사하며, 가나안 입성이 정말로 목전에 다가와 있음을 강조하고 있다.

11–15절. 이 단락은 도피성에 대한 기본 규정을 말하고 있다. 그 내용은 다음과 같다.

(1) 도피성은 살인자들이 피신할 수 있는 곳이다(11절).

(2) 이 곳에서 살인자는 회중 앞에서 정당한 판결을 받게 될 때까지 복수자로부터 목숨을 부지할 수가 있다(12절)

(3) 도피성의 총 수는 여섯 개인데, 요단 강 서편에 세 개, 동편에 세 개가 있게 된다(13-14절).

(4) 도피성 규례의 적용 대상은 이스라엘 자손, 거류자들, 이스라엘 중에 체류하는 자들이다(15절). 여기에서 "거류자들"(게르, גֵּר)과 "체류하는 자들"(토샤브, תּוֹשָׁב)은 중언법(hendiadys)적으로 사용된 표현으로서, 이 두 단어는 서로 동의어로 본다.[9] 이 "거류자" 혹은 "체류하는 자"라는 표현은 종교적인 의미에서는 "개종자"(proselyte)처럼 사용되며, 실제로 70인경은 헬

---

9 Jacob Milgrom, *Numbers*, The JPS Torah Commentary (Philadelphia: Jewish Publication Society, 1990), 284. 또한 H. G. Stigers, "גור", in Ernst Jenni and Claus Westermann (eds.), *Theological Lexicon of the Old Testament* (Peabody: Hendrickson Publishers, 1997), 1:307–310 (특히 309-310); D. Kellerman, "גור", in G. Johannes Botterweck and Helmer Ringgren (eds.), *Theological Dictionary of the Old Testament* (Grand Rapids: Eerdmans, 1977), 2:439–49 (특히 448); in A. H. Konkel, "גור", in Willem VanGemeren (ed.), *New International Dictionary of Old Testament Theology & Exegesis* (Grand Rapids, MI: Zondervan Publishing House, 1997), 1: 836-839 (특히 837)을 보라.

라어로 이렇게 번역하고 있다.[10] 따라서 오경은 이들과 이스라엘 백성에게 동일한 법이 적용된다는 것을 언급하고 있는 율법 조항들이 많이 있다(예를 들어 민 15:15의 "본문 해설"을 보라).

16–21절. 앞의 도피성에 대한 규례는 한 가지 오해를 불러 일으킬 수 있는데, 그것은 모든 종류의 살인자들이 다 도피성을 피난처로 삼을 수 있다는 착각이다. 이런 오해에 대해서 이 단락은 교정제의 역할을 한다. 이 단락에 따르면 "미움" 때문에, 혹은 "악의적인 계획"에 의해서 살인한 자는 도피성을 회피처로 삼을 수 없으며, 반드시 죽임을 당해야 한다(20-21절).

16-18절은 "악의적인 계획"을 가진 살인이 무엇인지에 대한 예로서 "철 연장"(16절), "사람이 죽을 수 있을 만한 돌"(17절), "사람이 죽을 수 있을 만한 목재 물건"(18절)으로 사람을 쳐죽인 경우를 들고 있다.

19-21절은 이런 연장을 가지고 사람을 죽인 자들의 마음 상태를 다루고 있다. 이들이 살인 시 가진 "미움"이나 "악의적인 계획"을 가진 경우, 이들은 반드시 죽음을 당해야만 한다.

22–28절. 이 본문은 위의 단락과는 반대로 "악의가 없이" 우발적으로 사람을 죽인 경우를 다루고 있다. 도피성으로 피할 수 있는 자들은 이런 자들이다.

22-23절은 이처럼 우발적으로 살인을 저지른 자들은 "원수도 아니고 악을 행하려고 한 것도 아니"라고 말하고 있다(23절).

24-25절은 이런 우발적 살인자를 구별하여 내어 "피를 복수하는 자의 손에서" 이런 자들을 구해내라고 말씀하고 있다. 비록 우발적이든 아니든 간에 죽음을 당한 사람의 친인척들은 그 죽은 자의 피에 대해서 복수를 할 수는 있다(26-28절). 그러나 회중은 또한 우발적 살인자를 도피성이란 회피처를 통해 보호할 책임이 있다.

회중의 판결에 따라 도피성으로 피한 우발적 살인자는 "대제사장이 죽

---

10 Stigers, "גּוּר", 1:309.

기까지" 그가 거기에서 거주하게 한다. 이 사람은 자기 생전에 대제사장이 죽는 경우 자신의 우발적 살인의 책임에서 벗어나게 되며, 아무런 보복의 두려움 없이 자기 소유의 땅으로 돌아갈 수 있다(28절).

26-28절은 이런 도피성의 역할과 관련하여 예외 규정을 언급하고 있다. 비록 우발적 살인자가 이곳으로 피신하면 목숨을 부지할 수 있지만, 그것은 오직 그가 도피성 경내에 머무를 때뿐이다. 그는 그 곳에서 대제사장이 죽기 전까지 머물러야 하며, 오직 그의 죽음 이후에야 보복의 위험 없이 자기 집으로 돌아갈 수 있다.

29절. 이 구절은 이런 도피성 규례의 중간 결말의 역할을 한다. 이어지는 30-32절은 도피성 규례와 관련은 있지만 부수적인 사항들에 대해서 다룬다.

30절. 첫 번째 부수적인 사항은 살인이 우발적인지 아닌지를 판결할 때 증인은 최소한 두 명 이상이어야 한다는 것을 규정하고 있다. 이런 규정은 오경의 율법과 이후의 성경 본문들 속에서 일관되게 언급되고 있는 사항이다(신 17:6, 7; 19:15; 마 18:16; 요 8:17, 18; 고후 13:1; 딤전 5:19; 히 10:28; 계 11:3).

31-32절. 이 본문은 살인자의 목숨을 대신하여 내는 속전의 문제와 관련하여 두 가지 사항을 다루고 있다.

(1) "죽어야 하는 죄를 지은 살인자", 즉 의도적으로 살인을 한 자의 죄는 속전으로 해결될 수 없다. 그는 반드시 죽어야 한다(31절).

(2) 도피성으로 피할 수 있는 살인자, 즉 우발적 살인자의 경우에도 속전을 내고 집으로 돌아갈 수가 없다. 그는 28절에 규정된 바와 같이 대제사장의 죽음 이후에야 자기 집으로 무사히 돌아갈 수 있다.

33-34절. 이 장의 마지막 단락인 이 본문은 도피성 규례의 신학적 이유를 제공하고 있다. 정당하지 못하게 흘려진 피는 땅을 더럽힌다. 그리고 이렇게 해서 땅이 부정해지면 이스라엘 가운데 거하시는 하나님의 거룩성과

충돌한다.[11] 이런 일을 미연에 방지하기 위해서는 무고한 피가 흘려지지 않게 해야 하며, 피가 흘려진 경우 정당하게 처리되어야 한다.

피를 정당하게 처리하는 방식은 다음과 같다. 첫째, 의도적으로 살인을 한 자는 반드시 죽임을 당해야 한다(16-18절). 민수기 35장의 방식에 따르면 "피를 복수하는 자"가 그를 죽이는 것도 허용된다.

둘째, 우발적으로 살인이 벌어진 경우에는 도피성이 제공된다. 그는 대제사장이 죽기까지 그곳에 피신해 있다가 대제사장이 죽은 후에는 무사히 집으로 돌아갈 수 있다(28절). 그러나 만약 그가 대제사장의 죽음 이전에 어떤 이유로든 도피성 밖으로 나가는 경우 피를 복수하는 자가 그를 죽이는 것이 허용된다(26-27절).

5단계: 적용

3-7절. "이스라엘 자손에게 명령하여 그들이 받은 기업에서 레위인들에게 거주할 성읍들을 주게 하여라…너희가 레위인에게 줄 성읍은 모두 48 성읍, 곧 그것들과 그것들의 교원이다": 하나님께서는 레위인들에게 따로 기업을 주지 않으시고, 단지 가나안 땅의 기업들과 요단 강 건너편의 두 지파 반의 기업 중에서 총 48개의 작은 성읍들과 그 주변 지역만을 그들의 소유지로 허락하셨다. 이들이 차지한 면적은 가나안 땅의 전체 면적, 그리고 이스라엘 백성 전체 대 레위인들의 비율을 고려할 때 극히 작은 면적에 불과했다.

따라서 이 지상에 차지한 소유물의 기준으로 보면 레위인들은 가난할 수밖에 없었다. 하지만 거룩한 직분을 가진 자로서 레위인들은 세상의 물질

11 이 주제에 대해서는 박철현, *레위기: 위험한 거룩성과의 동행* (서울: 솔로몬, 2018), 144-149, 338-340을 보라.

을 탐하는 것이 아니라 하나님께서 허락하신 것들에 만족하고, 오직 자신들의 소명에만 초점을 맞추어야 했다. 진정한 의미에서 이들은 오직 "그의 나라와 그의 의를" 구하는 자들이어야만 했다.

이처럼 세상의 물질이 아니라 하나님이 주신 거룩한 사역만을 추구하는 자로서의 사역에 이들이 충실할 때 이들은 "이스라엘 자손들을 대신하여 일하게 하며 또 이스라엘 자손들을 위하여 속죄하게" 하는 일을 감당할 수 있었다(민 8:19).

이처럼 세상의 물질을 바라보지 않고, 오직 하나님께서 맡기신 사역에만 충실한 모습을 갖추는 것은 쉽지 않다. 그러나 이런 모습에 충실할 때 그것은 세상의 그 어떤 일보다 더 영광된 일이 될 것이다. 마치 사도 바울이 자신의 사역에 대해서 묘사하기를 "무명한 자 같으나 유명한 자요 죽은 자 같으나 보라 우리가 살아 있고 징계를 받는 자 같으나 죽임을 당하지 아니하고 근심하는 자 같으나 항상 기뻐하고 가난한 자 같으나 많은 사람을 부요하게 하고 아무 것도 없는 자 같으나 모든 것을 가진 자"라고 한 것처럼 온 세상을 부요하게 하는 자들이 될 것이다(고후 6:9-10).

지금 한국 교회가 이렇게 초라한 것은 하나님의 거룩한 직분자들이 하나님께서 주신 소명과 사역에 충실하지 않고 자꾸 다른 것들을 바라보기 때문이다. 자꾸 하나님이 허락하신 것 이상을 차지하려고 들기 때문이다. 한국 교회의 회복은 성직자들이 거룩한 일에만 바라보는 모습이 회복될 때 가능할 것이다.

33-34절. "피는 땅을 더럽힌다…너희는 너희가 거주하는 땅, 곧 내가 그 안에 머무르는 땅을 더럽히지 말아라": 무고하게 흘려진 피는 땅을 더럽힌다. 그리고 땅이 더럽혀지면 하나님의 심판을 야기하게 된다(레 18:24-30; 신 21:1-8, 23; 왕하 21:16; 24:4; 사 26:21; 22:27). 따라서 하나님의 백성은 자신들이 사는 땅에서 결코 무고한 피가 흘려지는 일이 없도록 노력해야 한다.

더 나아가서 산상수훈 중에서 예수님은 "살인하지 말라"는 계명을 확장하신다. 실제로 살인을 저지르는 것뿐만 아니라 "형제에게 노하는" 것, 형제에게 "라가"라[12] 하거나 "미련한 놈"이라고 말하는 것, 형제와 화목하지 못하고 원망 들을 짓을 하는 것, 주변 사람들과의 재판에 휘말리는 것 등도 역시 그에 못지 않게 심각한 죄라는 것을 지적하시고 있다(마 5:21-26). 따라서 우리는 가족이나 형제, 기타 주변 사람들과 화평하게 지내는 것 역시 적극적인 의미에서 무고한 피를 흘리지 않고, 땅을 더럽히지 않는 것이 된다는 점을 기억해야 할 것이다.

6단계: 설교 "가난한 자 같으나 많은 사람을 부요하게 하는 자"

(민 35:3-6; 고후 6:3-10)

오늘 읽은 민수기 35장의 본문은 레위 지파의 성읍과 도피성에 대한 내용을 담고 있습니다. 레위인들은 이스라엘의 다른 지파들과 달리 약속의 땅에서 기업을 받을 수가 없었습니다. 대신 그들에게는 이스라엘 전역에 48개의 성읍과 그 주변 지역이 주어졌습니다. 언뜻 보기에는 이것이 많은 것 같아도 레위 지파가 차지한 땅은 다 합쳐도 1퍼센트에도 한참 못 미치는 아주 작은 땅이었습니다. 그들이 숫자로는 이스라엘 열두 지파에 버금간다는 점을 고려할 때 하나님께서 그들에게 주신 땅은 정말로 보잘 것 없는 것이었습니다. 이런 면에서 하나님께서 민수기 18:20, 23-24에서 레위 지파가 "이스라엘 자손 가운데에서 기업이 없을 것"이라고 하신 말씀은 진실이었던 것입니다(민 18:20, 23-24).

이처럼 하나님은 레위 지파에게 지상에서의 물질의 측면에서는 제한을 두셨지만 이것이 그들을 초라하게 만드는 것은 결코 아니었습니다. 왜냐하면 하나님께서 이 레위 지파에게 이스라엘의 다른 지파들이 할 수 없는 임

---

12 "라가"(라카, ר:אכא)는 아람어의 레카(רֵיקָא)를 음역한 것이다. 이 아람어 단어는 모욕적인 어휘로서, "바보"나 "골빈 놈" 정도의 뜻이다.

무를 맡기셨기 때문입니다. 민수기 18:5에서 하나님은 "너희는 성소의 직무와 제단의 직무를 담당하여라. 그러면 진노가 다시는 이스라엘 자손에게 미치지 않을 것"이라고 말씀하셨습니다. 이스라엘 중에서 물질적으로 가장 작은 자인 레위 지파가 사실은 이스라엘을 보호하는 역할을 맡은 자들인 것입니다.

오늘 읽은 고린도후서 6:3-10에서 사도 바울도 이와 비슷한 말을 합니다. 우선 3-8에서 사도 바울은 자신과 동료들이 하나님께서 맡기신 직분에 충성을 다하느라 많은 것을 견디고, 여러 가지 환난을 겪었으면서도 "깨끗함과 지식과 오래 참음과 자비함과 성령의 감화와 거짓이 없는 사랑과 진리의 말씀과 하나님의 능력"으로 모든 것을 해냈다고 말합니다. 그러면서 그런 자신들이 사람들이 외형적으로 보는 것과 달리 놀라운 것들을 품고 있다고 말합니다. 그는 자신들이 "속이는 자 같으나 참되고 무명한 자 같으나 유명한 자요 죽은 자 같으나 보라 우리가 살아 있고 징계를 받는 자 같으나 죽임을 당하지 아니하고 근심하는 자 같으나 항상 기뻐하고 가난한 자 같으나 많은 사람을 부요하게 하고 아무 것도 없는 자 같으나 모든 것을 가진 자"라고 말합니다.

하나님께서 레위 지파에게 비록 물질적으로는 가난하나 이스라엘을 위해 큰 일을 맡기신 것과 마찬가지로 사도 바울도 자신이 겉으로는 불쌍해 보이나 사실은 남들을 "부요하게 하는" 자이며, "모든 것을 가진 자"라고 말한 것은 우리 말씀 사역자들이 어떤 마음가짐을 가져야 하는 지에 대해서 커다란 도전이 됩니다.

지금 한국 교회가 위기라는 말을 참 많이 합니다. 실제로 한국 교회는 심히 어려운 시기를 지나고 있는 것은 사실입니다. 그리고 이런 위기의 이유로 우리는 여러 가지 것들을 찾아볼 수 있을 것입니다. 그러나 그런 모든 이유들 중에서도 가장 중요한 이유들 중의 하나는 아마 말씀 사역자들이 사도 바울이 가진 시각을 놓쳐 버렸기 때문이 아닌가 생각됩니다. 이런 면에서 저는 오늘 본문 말씀에 기초해서 몇 가지 교훈을 얻고자 합니다.

첫째, 하나님의 말씀의 사역자들은 결코 자신의 사명보다 물질적 욕망의 추구를 앞세워서는 안 됩니다. 하나님께서는 제사장들과 레위 지파에게 기업을 주지 않으셨습니다. 대신 하나님은 자신이 "이스라엘 자손 가운데에서 너의 분깃이며, 너의 기업"이라고 말씀하셨습니다. 따라서 말씀 사역자는 자신의 모든 물질적 필요는 철저하게 하나님에게 맡기고 하나님의 일을 하는 것에 자신의 온 마음과 힘을 쏟아야 합니다.

하나님은 당신의 종들인 말씀 사역자들이 육신을 가진 존재이며, 먹을 것과 마실 것 등의 "모든 것이…있어야 할 줄을 아시는" 분입니다(마 6:32). 심지어 하나님은 사도 바울의 입을 빌어 말씀하시기를 "곡식을 밟아 떠는 소에게 망을 씌우지 말라"고 하심으로써 말씀 사역자들 역시 먹고 살아야 하는 존재이며, 교회가 그들의 의식주를 해결해줘야 한다는 점을 분명히 해주기도 하셨습니다.

그러나 중요한 것은 이런 것에 대한 관심은 선한 주인이신 하나님에게 맡기고, 말씀 사역자들은 그냥 사명에 매진하는 것입니다. 이렇게 사역자들이 "그의 나라와 그의 의"를 추구하는 일에 전념할 때 하나님은 당신의 교회와 사역자의 삶 전부를 책임지실 것입니다.

제가 경험한 바에 따르면 사역자들 중에서 자꾸 물질적인 것에 과도한 관심을 가지고, 성도들을 그것으로 괴롭게 하는 사람들은 물질도 얻지 못하고 사역도 못하는 경우가 많습니다. 반면에 사역자가 하나님의 사역에만 집중하고 있으면 하나님께서 물질도 알아서 해결해 주시는 것을 많이 봤습니다. 이것은 마치 "무릇 있는 자는 받아 풍족하게 되고 없는 자는 그 있는 것까지 빼앗기리라"는 말씀이 성취되는 것과 같습니다(마 25:29). 그러므로 동역자 여러분 오늘 본문 말씀들처럼 오직 하나님께서 맡기신 일에 매진하십시오. 나머지는 우리 선한 주인께서 알아서 해주십니다.

둘째, 말씀 사역자가 물질적 욕망을 넘어서서 하나님의 사역을 잘 하게 되는 방법은 자신의 사명의 위대함을 깨닫는 것입니다. 오늘 본문인 민수기 35장에서 레위 지파는 하나님께서 자신들에게 주신 48개 성읍들 중 여섯 개를 도피성으로 삼으라는 지시를 받았습니다. 이 도피성은 악의를 갖지 않고 우발적으로 살인을 저지른 자들이 피의 보복을 당하지 않고 목숨을 보존할 수 있는 피난처였습니다. 이스라엘 중에 가장 가난한 지파인 레위 지파가 사람들을 살리는 했던 것입니다.

오늘의 다른 본문인 고린도후서 6장에서 사도 바울의 말 역시 이런 내용을 담고 있습니다. 사역자 자신들은 인간적인 시각에서는 별볼일 없는 존재들이고, 고난과 고통을 받는 존재들일 뿐이지만 하나님은 그런 사역자들을 사용하여 다른 사람들을 살리는 일을 하게 하셨습니다. 사역자들은 비록 가난한 자들처럼 보이지만 사실은 다른 사람들을 부요하게 하는 역할을 하는 자들인 것입니다. 이런 면에서 말씀 사역자는 "아무 것도 없는 자 같으나 모든 것을 가진 자"입니다(고후 6:10).

이런 주제와 관련되어 볼 때 제 마음에 항상 떠오르는 이미지는 프랑스인들이 성경 다음으로 많이 읽는 책이라는 소설 레미제라블의 미리엘 주교의 이미지입니다. 그 당시 주교는 굉장히 수입이 많았습니다. 그는 마음만 먹는다면 떵떵거리며 살 수가 있었습니다. 그러나 그는 자신의 모든 수입을 가난한 사람들을 위해 사용하고는 자신은 아주 검소하게 살아갑니다. 그런 그에게 세상에 대한 원한을 가득 품은 장발장이 거의 굶어 죽을 것과 같은 상태로 찾아 옵니다. 주교는 그를 위해 자신이 가진 유일한 귀중품인, 은으로 된 촛대로 장식한 식탁에서 은으로 된 식기를 사용하여 식사를 대접합니다. 그 날 밤 장발장은 그 은 식기들을 훔쳐 가지고 도망을 가다 경찰에 잡혀서 주교의 집으로 끌려 옵니다. 그는 전과가 있었기 때문에 만약 다시 한번 감옥에 가게 된다면 감옥에서 일생을 마쳐야만 했습니다. 경찰은 주교에게 이 은 식기들을 장발장이 훔쳐 가지 않았느냐고 묻습니다. 주교는 자신이 그것들을 그에게 선물로 주었다고 말합니다. 그리고는 왜 은 촛대는 두고 갔느냐고 말합니다. 이어서 그는 장발장에게 이렇게 덧붙입니다. "절대 잊지 마십시오. 이 은그릇들은 정직한 사람이 되기 위해 쓰겠다고 당신은 나와 약속했습니다. 내 형제 장발장이여, 나는 그대의 영혼을 샀습니다. 나는 그대의 영혼을 사악한 것으로부터 끌어내 하나님께 바치고자 합니다".

주교가 장발장에게 베푼 이 놀라운 은혜는 그를 완전히 변화시킵니다. 그는 자신의 나머지 인생을 주교가 베푼 은혜에 걸맞은 삶을 살기 위해 보냅니다. 세상에 대한 원망과 원한으로 가득 찼던 한 사람의 마음을 자발적 가난을 실천하고 있던 미리엘 주교가 부요하게 만든 것입니다. 주교는 "아무 것도 없는 자 같으나" 장발장이란 사람의 인생을 완전히 바꾸어놓고, 그의 인생을 부요하게 만든 것입니다. 하나님의 말씀 사역자들은 이 미리엘 주교처럼 자신이 하나님으로부터 받은 사명의 위대함을 깨닫게 그것을 이루기 위해 헌신해야 할 것입니다. 그럴 때 하나님은 그 사역자들을 통해서 세상의 많은 영혼들을 부요케 만들어 주실 것입니다.

말씀을 정리합니다. 말씀 사역의 동지 여러분, 하나님께서 동지들에게는 일반 사람들과는 다른 소유물들을 주셨으며, 다른 사명을 주셨습니다. 하나님은 우리를 세상의 다른 이들처럼 물질에 얽매이게 부르시지 않으셨습니다. 우리에게는 그것을 넘어서는 숭고한 사명을 주셨습니다. 우리는 이 사명에 집중해야 합니다. 우리가 그러할 때 하나님께서는 우리의 헌신을 거름삼아 다시 한번 한국 교회에 은혜를 베푸실 것입니다. 그 은혜가 베풀어지는 것을 목도하는 축복을 누리는 사역자들이 되시기를 주님의 이름으로 축원합니다.

약속의 땅은 이미 손 안에-다시 슬로브핫의 딸들

민수기 36장의 신학 개관

민수기의 역사상의 여정, 그리고 민수기 독자들의 독서 여정은 이 36장과 더불어 끝을 맺는다. 민수기의 이 마지막 장은 앞의 민수기 27:1-11과 수미쌍괄식(inclusio)를 이루고 있다. 다시 말해 이 36장의 내용은 27장의 전반부의 본문과 짝을 이룸으로써 그 사이에 담긴 내용들을 앞뒤로 감싸주는 역할을 하고 있다.

이처럼 짝을 이루는 민수기 27:1-11과 36장은 동일한 주제, 즉 하나님께서 주신 기업을 어떻게 지키느냐 하는 문제를 다루고 있다. 먼저 전자의 본문, 즉 27:1-11에서는 슬로브핫의 딸들이 아들 없이 죽은 자기 아버지의 땅을 지킬 수 있게 해달라고 요청했고, 이에 대해서 하나님의 승인을 받았다. 이제 36장은 이 27장의 하나님의 승인이 야기시키는 문제는 해결하기 위해 슬로브핫이 속한 길르앗 가문의 다른 일원들이 요청한 바를 다루고 있다. 그 요청은 만약 슬로브핫의 딸들이 땅의 소유권을 가진 채로 다른 지파의 사람들에게로 시집 가버리면 하나님께서 자기네 가문에 할당해주신 기업이 다른 지파에게 귀속되는 일이 벌어진다는 것이다(3-4절). 이에 대해서 하나님이 주신 해결책은 슬로브핫의 딸들이 "자기네 조상 지파의 가문들에게로만 시집을 가라"는 것이었다(6절). 이렇게 하면 해당 지파의 기업이 다른 지파에게 넘어가는 것이 방지될 수 있었다(7-9절).

결과적으로 슬로브핫의 딸들은 "여호와께서 모세에게 명령하신 대로 행하였다"(10절). 지금까지 민수기를 주의 깊게 살펴 온 독자들은 따옴표 안의 문구가 특별히 민수기의 거시구조 속의 첫 단원인 민수기 1-10장에 자주 반복되었으며, 이것을 통해 하나님과 이스라엘 사이의 긍정적 관계가 강조되었음을 살펴 본 바가 있다(민 1:54; 2:34; 3:51; 4:49; 8:3 등). 이런 면에서 슬로브핫의 딸들의 순종의 이야기는 민수기 첫 단원과 수미쌍괄식적 구성을 이루고 있으며, 민수기의 전체 내용을 감싸주는 역할을 하고 있다.[1]

이런 면에서 슬로브핫의 딸들의 순종 이야기로 민수기가 끝이 나는 것은 아주 적절하다. 그러나 또한 이 순종의 이야기는 바로 이어지는 신명기의 배경으로서도 적절하다. 신명기에서 모세는 자신이 출애굽 때부터 이스라엘을 이끌어온 40년의 역사를 반추하고 재조명하며, 그들에게 하나님의 말씀에 철저히 순종할 것을 촉구할 것이다(참고, 11장; 26:16-19 등). 또한 약속의 땅의 정복과 그 땅에서의 지속적인 형통 또한 이 순종에 의해서 좌우될 것이다(참고, 수 1:1-9; 삿 2:11-23 등). 이처럼 뒤에 이어지는 내용들과 관련해서 슬로브핫의 딸들의 이야기는 이상적인 모범의 역할을 한다.

1단계: 사역

1. 요셉 자손의 종족 중 므낫세의 손자 마길의 아들 길르앗 자손 종족들의 우두머리들이 나아서 모세 앞과 이스라엘 자손의 가문들의 우두머리들인 지파장들 앞에 말하였다.
2. 그리고 그들이 일렀다. "여호와께서는 이스라엘 자손에게 제비 뽑아 그 기업의 땅을 주라고 명령하셨습니다. 또한 우리 주께서는 우리 형제 슬로브핫의 기업을 그의 딸들에게 주라는 명령을 여호와로부터 받았습니다.

---

1 또한 이 문구는 이후에도 하나님과의 관계가 긍정적으로 묘사되는 순간들마다 마치 순종의 표지처럼 사용되어 온 것은 사실이다(15:36; 29:40[30:1]; 31:7, 31, 41, 47). 그러나 이런 구절들은 민수기 1-10장처럼 해당 단원 전체의 표지 역할은 하지 못한다는 점에서 앞의 참고 구절들과는 역할상의 차이가 있다.

3. 그런데 만약 그들이 이스라엘 자손의 다른 지파들의 남자들의 하나에게 아내가 되면 그녀들의 기업이 우리 조상의 기업에서 떨어져 나가 그녀들이 속하게 될 그 지파의 기업에 더해질 것입니다. 그러면 우리가 뽑을 기업의 제비로부터 떨어져 나가게 될 것입니다.
4. 그리고 만약 이스라엘 자손의 희년이 된다면 그녀들의 기업이 그녀들이 속하게 될 지파에 더해질 것입니다. 그리고 그녀들의 기업은 우리 조상 지파의 기업에서 떨어져 나가게 될 것입니다".
5. 모세가 여호와의 말씀으로 이스라엘 자손에게 명령하였다. "요셉 자손의 지파가 말하는 것이 옳다.
6. 이것이 슬로브핫의 딸들에 대해서 여호와께서 명령하신 말씀이다. '슬로브핫의 딸들은 자기들 눈에 선한 대로 시집을 가기는 하지만 오직 자기네 조상 지파의 가문들에게로만 시집을 가라.
7. 그러면 이스라엘 자손의 기업이 이 지파에서 저 지파로 더해지지 않을 것이다. 이스라엘 자손은 다 자기 조상 지파의 기업을 지켜야 한다.
8. 이스라엘 자손의 지파 중 기업을 얻은 딸들은 모두 자기 조상 지파의 가문에 시집을 가야 한다. 그러면 이스라엘 자손이 각자 자기 조상의 기업을 물려받게 될 것이며,
9. 기업이 한 지파에게서 다른 지파에게로 더해지지 않을 것이다. 이스라엘 자손 지파는 각자 자기 기업을 지켜야 한다'".
10. 슬로브핫의 딸들이 여호와께서 모세에게 명령하신 대로 행하였다.
11. 슬로브핫의 딸 말라, 디르사, 호글라, 밀가, 노아가 다 자기네 숙부들의 아들들의 아내들이 되었다.
12. 그녀들이 요셉의 아들 므낫세 자손의 가문 사람들에게 시집을 갔으며, 그녀들의 기업이 그녀들의 가문의 지파에게 남게 되었다.
13. 이것들이 여리고 부근 요단 강 주변의 모압 평지에서 여호와께서 모세를 통하여 이스라엘 자손에게 명령하신 계명들과 규례들이다.

2단계: 사역 해설

3절. "그런데 만약…되면…더해질 것입니다": 붸하유…붸노사프(וְהָיוּ...וְנוֹסַף). 히브리어에서 조건절은 임(אִם)이나 키(כִּי)와 같은 접속사가 사용되어

야 한다. 그러나 이 경우에서도 보듯이 드물게 이런 접속사가 없이 오직 단순 접속사 봐브와 완료형의 조합이 두 번 연속되는 것을 통해 조건절과 귀결절이 표현되는 경우들이 있다.[2]

3단계: 단락 구분

민수기 36장의 단락 구분은 다음과 같다.

36:1-4 길르앗 가문의 이의 제기
　36:1 길르앗 가문이 모세와 지파장들에게로 옴
　36:2a 말 도입구
　36:2b-4 길르앗 가문의 이의 제기 내용
36:5-9 모세의 응답
　36:5a 말 도입구
　36:5b-9 모세의 하나님 말씀 중계
36:10-12 일의 결말
36:13 전체 결말

36장은 총 네 개의 단원으로 이루어져 있다. 첫 단원인 1-4절에서 므낫세 지파 중 슬로브핫의 딸들이 속한 길르앗 자손의 종족이 모세와 지파장들 앞에 나와서 27:1-11의 그녀들과 기업의 소유 문제에 대해서 행한 조치가 추가적인 문제를 야기할 수 있다는 점에 대해서 이의를 제기한다. 그것

2 이런 구문론적 정보에 대해서는 S. R. Driver, *A Treatise on the Use of the Tenses in Hebrew and Some Other Syntactical Questions* (Oxford: Oxford University Press, 1892), §147-149을 보라. 그리고 이것을 이 구절에 적용시킨 것에 대해서는 Timothy R. Ashley, *The Book of Numbers*, The New International Commentary on the Old Testament (Grand Rapids: Eerdmans, 1993), 658, n. 6을 보라.

은 땅의 소유권을 확보한 그녀들이 다른 지파의 사람에게 시집을 가면 자기네 지파의 기업의 땅이 그 지파로 넘어가게 된다는 것이다.

두 번째 단원인 5-9절은 이에 대해서 모세가 전한 하나님의 명령을 담고 있다. 그것은 그들이 제기한 문제와 관련하여 각 지파별로 분배된 기업이 다른 지파에게 넘어가서는 안 된다는 대원칙(7, 9절)을 훼손하지 않는 방법으로 슬로브핫의 딸들이 자기 기업 안에서 남편을 찾으라는 것이었다.

세 번째 단원인 10-12절은 그녀들이 하나님의 이 명령에 순종함으로써 모든 문제가 해결된 것을 다루고 있다. 이것을 통해서 27장과 36장에서 두 번에 걸쳐서 제기됐던 기업 소유의 문제가 종료되었다.

네 번째 단원인 13절은 36장의 종료 역할을 하지만 또한 더 크게는 민수기의 거시 구조 중 마지막 단원(민 26-36장)과 민수기 전체의 종료 역할을 하는 것으로 보인다.

4단계: 본문 해설

1절. 이 본문은 36장의 첫 단원의 도입부이다. 27장에서 슬로브핫의 딸들은 자기 아버지가 아들이 없이 죽자 딸에게 아버지의 기업을 상속받을 권리를 달라고 요청하였으며, 이에 대해 하나님의 승인을 받았다. 또한 이것을 계기로 해서 이와 같은 경우에는 딸이 상속받도록 규례가 보완되었다. 그런데 이제 36장에서는 슬로브핫이 속한 가문의 사람들 중 지도자들이[3] 이스라엘 총회의 지도자들인 모세와 지파장들에게로 새로운 요청을 하기 위해 나온다.

---

3 참고로 이 슬로브핫 가문 지파의 지도자들, 즉 "종족들의 우두머리들"(라셰 하아보트, הָאָבוֹת רָאשֵׁי)란 표현은 구약성경에서 총 19회가 나오는데, 그 중에서 오경에서는 오직 여기에만 나오며, 나머지 경우들은 모두 포로기 이후 시대의 역사를 다룬 책들인 에스라서, 느헤미야서, 역대기에만 나온다

2-4절. 이 본문은 이 슬로브핫의 딸들이 속한 가문의 지도자들이 총회 지도자들에게 이의를 제기한 내용을 담고 있다.

2절에서 이들은 27:2-4의 슬로브핫의 딸들의 요청 및 그에 대한 하나님의 조치를 약술하고 있다. 이 조치를 통해 이 딸들은 아들이 없이 죽은 자기 아버지의 기업을 상속받게 되었다.

3-4절에서 가문의 지도자들은 앞의 하나님의 조치로 인해 기업을 소유하게 된 슬로브핫의 딸들이 다른 지파들의 남자들에게로 시집을 가게 되면 자기네 지파에 속한 기업의 일부가 그 지파들에게 소속되게 될 것이며, 희년이 와도 그 것이 회복될 수 없다는 점을 지적한다. 이것은 각 지파의 기업이 침해를 받아서는 안 된다는 대원칙(7, 9절)에 위배된다.

5절. 앞의 슬로브핫이 속한 가문의 지도자들이 제기한 문제에 대해서 모세는 "여호와의 말씀"을 받아서 이스라엘 자손에게 새로운 명령을 내린다. 먼저 그는 그들의 말이 "옳다"는 점을 선언한다. 이 "옳다"는 문구는 27:7에서 슬로브핫의 딸들의 제기한 문제에 대해서도 역시 적용된 바가 있다.

6-9절. 이 본문은 모세가 전한 하나님의 말씀이다. 직접 인용의 형식을 취하고 있다. 다시 말해 이 본문이 천명하고 있는 조치는 하나님이 모세에게 하신 말씀으로서, 분명한 신적 권한을 갖고 있다.

먼저 6절에서 하나님은 새롭게 보완되는 조치의 핵심을 말씀하신다. 슬로브핫의 딸들은 자기 지파 내에서 신랑감을 찾아야 한다.

7절에서 하나님은 이 조치의 효과를 밝히신다. 슬로브핫의 딸들이 지파 내에서 남편감을 찾으면 앞에서 가문의 지도자들이 우려했던 사항, 즉 지파의 기업이 다른 지파에게로 넘어가는 일이 미연에 방지되게 된다.

8-9절은 이 특수한 판례를 일반화하는 하나님의 명령을 담고 있다. 이스라엘 백성들 중에서 만약 어떤 여인이 슬로브핫의 딸들과 같이 그 아버지가 아들이 없는 관계로 기업을 얻게 된 경우 그녀는 자기 지파 내의 사람에게로 시집을 가야 한다. 그렇게 하면 지파 사이의 기업의 이동 문제는 발

생하지 않을 것이다.

10-12절. 이 본문은 이런 하나님의 보완적 조치에 대한 슬로브핫의 딸들의 순종을 기술하고 있다.

10절은 그녀들의 순종에 대해서 표현하면서 "여호와께서 모세에게 명령하신 대로 행하였다"라고 말하고 있다. 이 표현은 민수기에서 이미 여러 번 나온 바가 있다(민 1:19, 54; 2:33; 3:16, 42, 51; 8:3, 22; 15:36; 17:11[26]; 20:9; 26:4; 27:11, 22; 31:7, 31, 41, 47; 36:10). 그리고 이런 경우들마다 기본적으로는 긍정적인 결과를 가져온다.[4] 이와 마찬가지로 현재 본문에서도 슬로브핫의 딸들의 순종은 긍정적인 결과를 가져온다. 이것을 통해서 민수기의 거시 구조상의 마지막 단원(26-36장)은 첫 단원(1-10장)과 마찬가지로 이스라엘의 철저한 순종의 모습으로 막을 내리게 된다. 이처럼 민수기는 그 처음과 끝이 이스라엘의 순종에 대한 묘사로 이루어져 있으며, 이런 수미쌍괄적 외곽 틀은 그 사이에 담긴 이스라엘의 무수한 불순종의 이야기들(11-14장, 16-17장, 20-21장, 25장)을 덮어준다. 끝이 좋으면 다 좋은 법이며, 마치 십자가 오른 편에 달린 강도의 이야기처럼 좋은 결말은 허다한 죄를 덮는 법이다.

11-12절은 10절에서 이미 약술한 그녀들의 순종을 좀 더 자세하게 언급한다. 이 본문은 이 딸들의 이름을 일일이 열거하고 있으며, 이들이 자기 지파의 사람들에게 시집을 갔다는 점을 상세하게 밝히고 있다. 또한 그 결과로 그녀들의 기업이 지파 내에 머무르게 되었다는 점을 언급하고 있다.

13절. 이 구절은 36장의 마지막 구절이자 민수기의 거시 구조상의 마지막 단원(민 26-36장)의 마지막 구절이고, 민수기 전체의 마지막 구절이다. 이런 면에서 이 구절은 여러 차원에서 민수기를 마감하고 있다고 할 수 있다.

이런 여러 차원들 중에서 한 가지 주목할 점은 "여리고 부근 요단 강 주변의 모압 평지에서"(브아르보트 모아브 알 야르덴 예레호, מוֹאָב עַל יַרְדֵּן יְרֵחוֹ

---

4 아마 유일한 예외의 가능성이 있는 20:9일 것이다. 이 본문에서 모세는 하나님의 말씀을 따라 물을 내기는 하지만 불필요하게 과도한 행동과 말을 통해 자신과 아론이 가나안 땅에 못 들어가게 되는 결과를 낳는다.

בְּעַרְבֹת)란 표현이다. 이 표현은 민수기의 거시 구조상의 마지막 단원에서 자주 반복되는 표현이다(민 26:3, 63; 31:2; 33:48, 50; 35:1; 36:13).[5] 이런 면에서 이 표현의 일차적 기능은 이 단원을 마감하는 역할이라고 할 수 있다.

그러나 이 표현은 또한 거시 구조상의 첫 단원(1-10장)과 짝을 이룬다. 첫 단원이 시내산에서의 출발(민 10장)을 이야기하고 있다면 마지막 단원은 이스라엘의 가나안 입성 준비의 마감을 이야기하고 있다. 이제 이스라엘은 다음에 이어지는 신명기의 모세의 고별 설교들을 듣고,[6] 그를 장사 지낸 후에 여호수아의 지휘 아래 가나안 정복을 수행하게 될 것이다.

5단계: 적용

5절. "요셉 자손의 지파가 말하는 것이 옳도다": 하나님께서는 슬로브핫의 딸들이 기업 상속과 관련하여 문제를 제기했을 때 그들의 말이 "옳다"라고 말씀하신 적이 있다(27:7). 이제 이 딸들이 속한 지파의 지도자들이 27장의 하나님의 조치에 대해서 추가적인 이의 제기를 했을 때 하나님은 다시 한번 그들의 주장을 들으시고, 그들의 말이 정당하다는 것을 인정하신다. 이처럼 오경 속에서 하나님은 열린 분이시다. 하나님은 마치 르호보암과 같이 자신의 좁은 주장을 내놓고, 거기에 대해서 사람들이 아무리 타당한 이의 제기를 해도 귀를 막고 계시는 분이 아니다(왕상 12:1-20). 성경의 하나님에 대한 바른 이해를 위해서 가장 중요한 것, 그리고 많은 신앙인들이 굉장

---

5 Jacob Milgrom, *Numbers*. The JPS Torah Commentary (Philadelphia: Jewish Publication Society, 1990), 299는 여기에 민수기 22:1의 본문을 포함시킨다. 그러나 이 후자의 구절은 위에서 열거된 구절들에 나오는 표현과 좀 차이가 있으며, 따로 취급해야 하는 것으로 생각된다.

6 Edward J. Woods, *Deuteronomy: An Introduction and Commentary*, vol. 5, Tyndale Old Testament Commentaries (Nottingham: Inter-Varsity Press, 2011), 38. 해석자들은 신명기가 이렇게 모세의 세 개의 연설(1:1-4:43; 4:44-28:68; 29:1-30:20)을 중심으로 해서 구성되어 있다는 데에 거의 다 동의한다. 물론 각 설교 본문의 범위가 정확히 어디까지인가 하는 것에 대해서는 약간의 견해 차이가 있지만 이러한 차이는 사소한 것이다.

히 잘못 알고 있는 것들 중의 하나는 바로 오경 율법 속에 묘사된 하나님이 이처럼 활짝 열린 분이시라는 사실이다. 이 점을 깨달을 때 우리는 하나님의 법에 충실하면서도 진정으로 자유를 누릴 수 있다.

7, 9절. "이스라엘 자손은 다 자기 조상 지파의 기업을 지켜야 한다… 이스라엘 자손지파는 각자 자기 기업을 지켜야 한다": 그러나 앞에서 말한 하나님의 개방성 및 우리의 자유와 관련하여 한 가지 조심해야 할 점이 있다. 그것은 하나님께서 아무 원칙도 없이 이랬다저랬다 하시는 것이 아니라는 점이다. 하나님이 슬로브핫이 속한 지파의 지도자들의 말을 들으신 이유는 그들이 지파간 기업의 불변성이라는 대원칙을 잘 붙들었기 때문이다(7, 9절). 이처럼 우리가 하나님께 뭔가를 요청할 때는 그것이 "그의 나라와 그의 의"를 위한 것인지를 먼저 잘 살펴야 한다(참고, 마 6:33). 우리의 요청이 마치 만나와 메추라기 사건(출 16장; 민 11장) 때처럼 그냥 우리의 욕심이나 불평을 해소하기 위한 것이어서는 안 된다.

10, 12절. "슬로브핫의 딸들이 여호와께서 모세에게 명령하신 대로 행하였다…그녀들의 가문의 지파에게 그녀들의 기업이 남게 되었다": 27:1-11에서 슬로브핫의 딸들이 문제를 제기함으로써 시작된 기업 분배 규례의 상황에 따른 보완 작업은 그녀들의 순종을 통해 드디어 마무리되었다. 그녀들은 자기 지파 사람들의 요청에 대해서 하나님께서 추가적인 조치로 그녀들이 지파 내에서 남편을 얻어야 한다고 명령하셨을 때 그 명령에 순종했다. 그녀들은 자기네 아버지의 기업에 대한 자신들의 정당한 권리가 침해되었을 때 문제를 제기할 줄도 알았지만 자기들이 제기한 문제로 인해 자신들이 속한 공동체에 손해가 끼쳐질 때는 필요한 희생과 순종도 할 줄 알았다.

현대인들은 그녀들로 하여금 지파 내에서 배우자를 찾도록 하신 하나님의 결정이 인권과 자유에 대한 침해라고 생각할 수도 있다. 그러나 그녀들은 27장의 자신들의 요구에서 촉발된 36장의 최종적인 하나님의 결정이 지파간 기업 분배의 대원칙을 지키기 위한 것임을 이해하고 거기에 순종한 것이다. 이처럼 신앙인들은 자신보다 더 높은 권위에 순종할 줄 알아야 한다. 그리고 11-12절의 내용을 고려할 때 그녀들은 한 명 한 명 무난하게 지파 내에서 배우자를 찾을 수 있었던 것으로 보인다. 이렇게 해서 그녀들의 순종은 결과적으로 하나님과 공동체와 자신들 모두에게 최상의 결과를 가져왔다. 이제 모든 문제를 아름답게 해결한 이스라엘 백성은 약속의 땅에 들어갈 준비를 마쳤다. 결국 하나님이 가장 사랑하시는 것은 순종이다. "순종이 제사보다 낫고 듣는 것이 수양의 기름보다 나으니"(삼상 15:22).

6단계: 설교 "하나님의 나라는 순종을 통해서 이루어진다"
(민 36:1-12; 창 3:1-7)

민수기 36장은 27:1-11의 내용의 후편이라고 할 수 있습니다. 민수기 27장에서 슬로브핫의 딸들은 기업을 상속할 아들이 없이 죽은 자기 아버지의 기업을 물려 받게 해달라는 담대한 요청을 했고, 그에 대해서 보상을 받았습니다. 이제 36장은 그녀들의 기업 상속으로 인해 지파의 기업에 잠정적인 손실이 발생할 것을 우려한 지파의 가문의 지도자들이 추가적인 조치를 요청한 것을 그 내용으로 합니다. 이 요청에 대해 하나님은 그녀들이 지파 내에서 배우자를 찾으라고 명령하셨고, 그녀들이 이 명령에 순종함으로써 모든 것은 아름답게 정리됩니다. 성경이 다른 커다란 공로가 없는 그녀들의 이름과 이야기를 이렇게 상세하게 여러 번 기록하고 있는 이유는 이처럼 그녀들의 순종이 귀감이 되기 때문일 것입니다(참고, 민 26:33; 민 27장; 민 36장; 수 17:3; 대상 7:15). 이 여인들의 순종을 통해 이제 하나님의 백성은 가나안 땅에 입성할 준비를 완전히 마쳤습니다.

오늘 본문에서 우리는 다음의 몇 가지 교훈을 얻을 수가 있습니다. **첫째, 하나님은 열린 분이십니다.** 하나님은 단지 아들이 없다는 이유로 해서 자기 아버지의 기업이 사라지는 것에 대해서 이의제기를 한 슬로브핫의 딸들의 주장에 귀를 기울이셨습니다. 그리고 그녀들의 주장의 수용으로 인해 지파의 기업에 손상이 가해질 것을 우려한 지파 지도자들의 주장도 들어 주셨습니다. 이처럼 오경에서 율법을 주신 하나님은 놀라운 유연성을 갖고 계십니다. 하나님은 단지 당신의 주권만을 내세우시는 분이 아니십니다. 하나님은 자기 백성의 목소리와 필요에 귀를 기울이시고, 상응하는 조치들을 취해 주는 분이십니다.

둘째, 하나님의 유연성은 무원칙한 것이 아닙니다. 오늘 본문의 7, 9절에서 하나님 자신이 밝히시고 있는 바와 같이 이 모든 조치들에 바탕이 되는 대원칙은 "이스라엘 자손은 다 자기 조상 지파의 기업을 지켜야 한다"는 것입니다. 이것은 하나님의 백성의 생존과 경제 정의를 위해서 극히 중요한 사항이었습니다(레 25:38, 42, 55). 하나님께서 슬로브핫의 딸들과 그 지파 지도자들의 요청에 따라 조치들을 취하실 때 대원칙은 바로 이것이었습니다. 이처럼 하나님의 백성은 하나님에게 어떤 것을 요청할 때 항상 이런 원칙이 작용한다는 점을 이해해야 합니다. 하나님은 질서의 하나님이시고, 하나님의 나라는 질서에 의해서 통치되는 곳이지 개인의 욕망을 마음껏 채우는 곳이 아니라는 점을 알아야 합니다.

셋째, 슬로브핫의 딸들의 모습은 우리에게 교훈을 줍니다. 그녀들은 자기네 아버지의 기업이 단지 그에게 아들이 없다는 이유만으로 사라지게 될 위험에 처하자 과감히 하나님께 이의 제기를 합니다. 그러나 자신들의 요청으로 인해 이 번에는 지파의 기업에 손상이 가해질 가능성이 생기자 이에 대한 하나님의 조치에 순종합니다. 이처럼 하나님의 나라는 자신의 주장만 내세우는 것이 아니라 공동체의 유익을 위해 기꺼이 자신의 개인적인 욕망을 절제하는 사람들을 필요로 합니다. 이 여인들처럼 자신들의 주장에 있어서 절제를 아는 사람들이 있는 공동체는 참으로 화목하고 원만할 것입니다.

말씀을 정리합니다. 민수기 27장과 36장의 슬로브핫의 딸들과 관련된 이야기는 우리에게 하나님의 성품, 하나님의 결정의 작동 방식, 그리고 하나님의 공동체에 필요한 순종 등에 있어서 우리에게 좋은 교훈을 줍니다.

하나님의 교회의 일원들이 이 본문을 통해서 이런 중요한 교훈들을 깨닫고 하나님의 교회 속에서의 자신들의 삶 속에 잘 적용함으로써 좋은 열매를 맺을 수 있기를 축원합니다.